ISBN-10: 3-935220-26-X
ISBN-13: 978-3-935220-26-2

Band 7

Der Segelflugzeugführer
Aus- und Weiterbildung

Autorenteam:

Fred W. Weinholtz,
Dieter Franzen,
Jan Kupzog,
Peter Prybylski

Band 7   **Der Segelflugzeugführer**
Aus- und Weiterbildung

ISBN: ISBN-10:   3-935220-26-X
ISBN-13: 978-3-935220-26-2

Fachliche Aktualisierung   **Dr. Angelika Machinek**
der 9. Auflage:

Autorenteam: Fred W. Weinholtz,
Abschnitte: Meteorologie, Technik, Verhalten in besonderen Fällen

Dieter Franzen, Abschnitt: Flugfunk

Jan Kupzog, Abschnitt: Menschliches Leistungsvermögen

Peter Prybylski, Abschnitte: Navigation, Motorsegler

Herausgeber, Verlag   LUFTFAHRTVERLAG
und Copyright: Friedrich Schiffmann GmbH & Co. Kommanditgesellschaft,
Bergisch Gladbach
Geschäftsführer: Heinrich Wittemann
Verlagsleitung: Birgit Frank
E-Mail: b.frank@schiffmann.de, Internet: www.schiffmann.de

Gesamtherstellung: Schiffmann-Gruppe
51427 Bergisch Gladbach
Germany

Auflage: 9. überarbeitete Auflage Juni 2006

Der Band 7 „Der Segelflugzeugführer" der Luftfahrtverlag Friedrich Schiffmann GmbH & Co. Kommanditgesellschaft ist bis zur 6. Auflage als Band 4 der Hesse-Luftfahrt-Lehrbuchreihe im Dr. Wolfram Hitzeroth Verlag Marburg erschienen.

Nach der Übernahme der gesamten HESSE-Lehrbuchreihe im Jahre 1994 hat es sich der Luftfahrtverlag Friedrich Schiffmann GmbH &. Co. KG zur Aufgabe gemacht, das bisherige, inhaltlich stark veraltete Werk gründlich zu überarbeiten und zu aktualisieren.

Die Ihnen jetzt vorliegende Neuauflage basiert in ihrer Gliederung weiterhin auf den „Richtlinien für die Ausbildung und Prüfung des Luftfahrtpersonals" des Bundesministeriums für Verkehr, Bau- und Stadtentwicklung und enthält somit alle Vorschriften und Stoffgebiete, die für den angehenden Segelflugzeugführer von Bedeutung sind.

Bergisch Gladbach im Juni 2006

Vorwort zum Lehrbuch „Der Segelflugzeugführer"

Segelfliegen ist ein anspruchsvoller Sport. Die Handhabung des Flugzeugs will durch viele Übungsflüge erlernt werden, und erst wenn zu dem Wunsch nach Fliegen auch das theoretische Wissen kommt, wird der Erfolg greifbar.

Dafür bietet sich dem fertigen Segelflieger eine unvergleichbare Erlebniswelt aus Hightech und Natur. In einem eleganten Luftfahrzeug höchster aerodynamischer Güte bewegt er sich ungebunden und frei über aller Landschaft; ungebunden im dreidimensionalen Raum und frei von Treibstoff und Lärm, beinahe wie auf eigenen Flügeln.

Dieses Lehrbuch trägt den Anforderungen an das theoretische Wissen des Segelfliegers Rechnung. Der Stoff aus den relevanten Fachgebieten ist verständlich aufbereitet und mit zahlreichen Graphiken und Bildern anschaulich gemacht.

In die stark überarbeitete Neuauflage des „Segelflugzeugführers" sind die Veränderungen durch das 2003 europäisierte Luftrecht eingeflossen. Einerseits orientiert sich der Band an den Erfordernissen der Praxis und bietet das Hintergrundwissen für das Verständnis des Segelflugs. Ganz klar ist die angebotene Theorie dabei andererseits auch auf die Erfordernisse der amtlichen Prüfung abgestimmt, um den Luftfahrerschein-Anwärter mit allen dort geforderten Kenntnissen auszustatten.

Das Lehrbuch ist somit für den Flugschüler eine unentbehrliche Hilfe beim Erwerb des Grundwissens für den Segelflug, aber es dient auch dem fortgeschrittenen Segelflugzeugführer als Nachschlagewerk für die persönliche Weiterbildung.

Dem Segelfluglehrer ist mit dem Lehrbuch ein nützliches Arbeitsmaterial zur Vorbereitung und Durchführung der theoretischen Ausbildung gegeben.

Deshalb empfiehlt die DAeC-Segelflugkommission dieses Lehrbuch den Segelfliegern für ihre Aus- und Weiterbildung.

Im Juni 2006

Dr. Angelika Machinek

1 Luftrecht

1.1 Allgemeines

Segelfliegen ist kein Sport wie jeder andere. Die Nutzung des Luftraums ist an eine Lizenz gebunden, für deren Erwerb eine Reihe von Kenntnissen vorausgesetzt wird. Das Fachgebiet Luftrecht enthält das rechtliche Wissen über das Verhalten in der Luft und am Boden beim Betrieb eines Luftfahrzeugs; dazu gehören Verkehrs- und Verfahrensregeln, die Strukturierung des Luftraumes, die Ausbildung von Luftfahrern, Umfang und Gültigkeit von Erlaubnissen und Berechtigungen, Rechte und Pflichten von Luftfahrern sowie Festlegungen zur Zulassung, Instandhaltung und Wartung von Luftfahrzeugen.

Basis der Luftrecht-, Luftverkehrs- und Flugsicherungsvorschriften sind internationale Regeln, die weltweit gelten und damit die Grundlage für einen sicheren grenzüberschreitenden Luftverkehr sind.

Der gegenwärtige Weg zu einem politisch und wirtschaftlich einheitlichen Europa hat auch entscheidende Auswirkungen auf die Gestaltung des Luftrechts. Ziel ist es, einheitliche Voraussetzungen für die Ausbildung von Luftfahrern, den Umfang und die Gültigkeit der Lizenzen sowie für die Zulassung und Instandhaltung von Luftfahrzeugen zu schaffen.

Mit dem Inkrafttreten von JAR-FCL am 1. Mai 2003 ist ein großer Schritt in die Richtung eines gemeinsamen Luftrechts in Europa getan. Und die Gesetzgebung ist weiter in Bewegung. In Zukunft wird die EASA (European Aviation Safety Agency) zentral für Europa viele der Aufgaben übernehmen, für die zuvor regionale Behörden (RPs und Luftämter), Ministerien oder Bundesbehörden in Deutschland zuständig waren.

Eine Folge wird sein, dass das deutsche Luftrecht weiter angepasst werden muss und in den nächsten Jahren weiterhin gründlich überarbeitet wird. Es wird deshalb empfohlen, für das Studium im Fach Luftrecht, Luftverkehrs- und Flugsicherungsvorschriften den Band 5 Luftrecht aus der Reihe „Der Privatflugzeugführer" von Wolfgang Kühr zu nutzen. Durch ständige Aktualisierung dieses Bandes ist der Luftfahrtverlag Friedrich Schiffmann bemüht, der Entwicklung des Luftrechts Rechnung zu tragen. Im Folgenden wird an Hand der Ausbildungsrichtlinien für den Segelflugzeugführer nur der Umfang der theoretischen Ausbildung im Fach Luftrecht, Luftverkehrs- und Flugsicherungsvorschriften dargestellt.

Inhalte der Ausbildungsrichtlinien sind:

1.2 Rechtsvorschriften

Luftverkehrsgesetz, Luftverkehrs-Zulassungs-Ordnung, Luftverkehrs-Ordnung, Prüfordnung für Luftfahrtgerät, LuftPersV, LuftBO, weitere Gesetze und Rechtsverordnungen, soweit sie für den Segelflugzeugführer von Bedeutung sind.

1.3 Nationale und internationale Organisation der Luftfahrt

Bundesministerium für Verkehr, Bau und Stadtentwicklung (BMVBS), DFS Deutsche Flugsicherung GmbH, LBA Luftfahrt-Bundesamt, DWD Deutscher Wetterdienst, Luftfahrtbehörden der Länder, International Civil Aeronautical Organisation (ICAO), European Aviation Safety Agency (EASA), Joint Aeronautical Authorities (JAA); Zuständigkeiten und Aufgaben.

1.4 Veröffentlichungen für Luftfahrer

Luftfahrthandbuch AIP Teil I, II und AIP VFR (Gliederung und Benutzung), Nachrichten für Luftfahrer Teil I und II, NOTAM, VFR-Bulletin, Luftfahrtkarten ICAO.

1.5 Flugplätze

Arten der Flugplätze, Flugplatzzwang, Außenstart und Außenlandung; Notlandung.

1.6   Luftfahrzeuge (und zulassungspflichtige Ausrüstung)

Arten und Zulassungen, Prüfungen, Lufttüchtigkeitsanweisungen.

1.7   Luftfahrtpersonal

Ausbildung, Erteilung, Erweiterung, Verlängerung, Erneuerung und Entziehung der Erlaubnisse und Berechtigungen für Segelflugzeugführer.

Fachliche Voraussetzungen für den Erwerb der Lizenz für Segelflugzeugführer sind die theoretische und die praktische Ausbildung sowie die erfolgreiche Teilnahme an einem Kurs „Sofortmaßnahmen am Unfallort".

Die **theoretische Ausbildung** umfasst sieben Fachgebiete:

1. Luftrecht, Luftverkehrs- und Flugsicherungsvorschriften, einschließlich Rechtsvorschriften des beweglichen Flugfunkdienstes und die Durchführung des Sprechfunkverkehrs bei Flügen nach Sichtflugregeln,

2. Navigation,

3. Meteorologie,

4. Aerodynamik,

5. allgemeine Luftfahrzeugkenntnisse, Technik,

6. Verhalten in besonderen Fällen,

7. menschliches Leistungsvermögen.

Die **praktische Flugausbildung** umfasst mindestens 25 Flugstunden auf verschiedenen Segelflugzeugmustern innerhalb der letzten vier Jahre vor der Prüfung, davon 15 Stunden im Alleinflug. Wird die Flugausbildung innerhalb von 18 Monaten abgeschlossen, so ermäßigt sie sich auf mindestens 20 Flugstunden, davon 10 Stunden im Alleinflug.

In der Flugausbildung müssen 60 Starts und Landungen enthalten sein – davon 20 Alleinstarts – und drei Landungen aus einer Position außerhalb der Platzrunde mit Fluglehrer. Ferner sind drei Landungen (mit oder ohne Fluglehrer) auf einem anderen als dem Ausbildungsflugplatz gefordert und mindestens eine Außenlandeübung mit Fluglehrer. Außerdem gehört zur Ausbildung eine theoretische und praktische Einweisung in besondere Flugzustände sowie in das Verhalten in Notfällen. Den Abschluss der Ausbildung bildet ein selbständig vorbereiteter und im Segelflug durchgeführter Überlandflug mit einer Flugstrecke von mindestens 50 Kilometern; dieser Alleinüberlandflug kann durch einen Streckenflug über 100 Kilometer mit Fluglehrer ersetzt werden.

Nach der **bestandenen theoretischen und praktischen Prüfung** wird die **Lizenz für Segelflugzeugführer** erteilt. Die Lizenz berechtigt zum Führen von Segelflugzeugen im nichtgewerbsmäßigen Luftverkehr am Tage und in den eingetragenen Startarten.

Die **Ausbildung für die einzelnen Startarten** muss mindestens umfassen:

1. für den Windenstart 10 Starts mit Fluglehrer und 10 Alleinstarts,

2. für den Gummiseilstart fünf Alleinstarts unter Anleitung und Aufsicht eines Fluglehrers,

3. für den Schleppstart hinter Luftfahrzeugen fünf Starts mit Fluglehrer und fünf Alleinstarts,

4. für den Eigenstart von Segelflugzeugen mit Hilfsantrieb eine Einweisung durch einen Fluglehrer in deren Führung und Bedienung sowie 10 Starts mit Fluglehrer und 10 Alleinstarts; die Einweisung und die Starts mit Fluglehrer können auch auf Reisemotorseglern durchgeführt werden.

Die Motorsegler-Berechtigung, die zuvor eine eigenständige Lizenz war, kann seit 2003 als **Klassenberechtigung für Reisemotorsegler** in die Lizenz für Segelflugzeugführer eingetragen werden. Voraussetzung für den Erwerb der Klassenberechtigung für Reisemotorsegler ist wiederum eine theoretische und praktische Ausbildung zum Führen und Bedienen von Reisemotorseglern, deren Beherrschung in besonderen Flugzuständen und zum Verhalten in Notfällen. Die Flugausbildung umfasst mindestens 10 Flugstunden, in denen 20 Alleinstarts enthalten sein müssen, An- und Abflüge von und zu kontrollierten Flugplätzen und durch Kontrollzonen unter Einhaltung von Flugverkehrs- und Sprechfunkverfahren sowie die selbständige Vorbereitung und Durchführung von mindestens zwei Navigationsdreiecksflügen, davon einer in Begleitung eines Fluglehrers und einer als Alleinflug über eine Strecke von jeweils mindestens 270 Kilometer, bei dem auf zwei vom Startplatz verschiedenen Flugplätzen Landungen bis zum vollständigen Stillstand durchzuführen sind. Nach der **bestandenen theoretischen Ergänzungsprüfung und der praktischen Prüfung** wird die Klassenberechtigung für Reisemotorsegler erteilt.

Die Lizenz wird unbefristet erteilt; sie ist nur gültig in Verbindung mit einem gültigen fliegerärztlichen **Tauglichkeitszeugnis**.

Die **Rechte** einer im Luftfahrerschein **eingetragenen Startart** dürfen nur ausgeübt werden, wenn der Inhaber der Lizenz mindestens 25 Starts und Landungen, davon mindestens je fünf Starts in den eingetragenen Startarten innerhalb der letzten 24 Monate durchgeführt hat. Ist diese Voraussetzung nicht oder nicht vollständig erfüllt, hat er die fehlenden Starts mit einem Fluglehrer oder unter Aufsicht eines Fluglehrers durchzuführen.

Die **Rechte** einer im Luftfahrerschein eingetragenen **Klassenberechtigung für Reisemotorsegler** dürfen nur ausgeübt werden, wenn der Inhaber der Lizenz mindestens 12 Flugstunden auf Reisemotorseglern, einmotorigen Landflugzeugen mit Kolbentriebwerk oder aerodynamisch gesteuerten Ultraleichtflugzeugen innerhalb der letzten 24 Monate durchgeführt hat. In den 12 Flugstunden müssen mindestens sechs Stunden als verantwortlicher Luftfahrzeugführer sowie 12 Starts und 12 Landungen sowie ein Übungsflug von mindestens einer Stunde Flugzeit in Begleitung eines Fluglehrers auf Reisemotorseglern enthalten sein. Sind diese Voraussetzungen nicht erfüllt, so können sie durch eine Befähigungsüberprüfung mit einem anerkannten Prüfer auf einem Reisemotorsegler oder, bei Inhabern der Lizenz für Privatflugzeugführer, auf einem einmotorigen Landflugzeug mit Kolbentriebwerk ersetzt werden.

1.8 Teilnahme am Luftverkehr

Pflichten der Teilnehmer am Luftverkehr, allgemeine Regeln, Sichtflugregeln, Luftraumklassifizierung, Flugsicherungsvorschriften, Flüge im grenzüberschreitenden Verkehr; nach der Prüfordnung für Luftfahrtgerät: Allgemeine technische Betriebsvorschriften, Ausrüstung der Luftfahrzeuge sowie allgemeine Flugbetriebsvorschriften.

1.9 Flugfunkdienst (wird in diesem Lehrbuch unter Kapitel 7 behandelt)

1.9.1 Rechtsvorschriften des beweglichen Flugfunkdienstes (national und international), Zulassung und Genehmigung von Funkanlagen, Funksprechverfahren, Not- und Dringlichkeitsverkehr, Verordnung über Flugsicherungsausrüstung von Luftfahrzeugen.

1.9.2 Durchführung des Sprechfunkverkehrs bei Flügen nach Sichtflugregeln mit Segelflugzeugen an einem Flugplatz ohne Flugverkehrskontrollstelle in deutscher Sprache unter Verwendung der festgelegten Redewendungen, Ausdrücke, Verfahren, Abkürzungen einschließlich der Not- und Dringlichkeitsverfahren.

1.9.3 Durchführung des Sprechfunkverkehrs bei Flügen nach Sichtflugregeln von und zu einem Flugplatz mit Flugverkehrskontrolle in deutscher Sprache (BZF II) oder in deutscher und englischer Sprache (BZF I) unter Verwendung der festgelegten Redewendungen, Ausdrücke, Verfahren, Abkürzungen einschließlich der Not- und Dringlichkeitsverfahren.

1.9.4 Lesen und mündliche Übersetzung eines Textes in englischer Sprache (etwa 10 Schreibmaschinenzeilen) aus dem Fluginformationsdienst (nur für BZF I erforderlich).

1.10 Haftung des Segelflugzeugführers und Versicherungspflicht des Luftfahrzeughalters

1.11 Straftaten, Ordnungswidrigkeiten

A Spezielle Segelflugregelungen des DAeC – Innerbetriebliche Vorschriften und Festlegungen

In Ergänzung zu den Luftrecht-, Luftverkehrs- und Flugsicherungsvorschriften sollen die so genannten **innerbetrieblichen Vorschriften** vorgestellt werden.

Diese innerbetrieblichen Vorschriften und Festlegungen basieren auf den o. g. Rechtsvorschriften, dürfen ihnen auch nicht widersprechen, regeln aber Besonderheiten im Betrieb gerade einer bestimmten Luftfahrzeugart oder den Sportbetrieb in diesem Bereich.

Dazu gehören die:

- Segelflugsport-Betriebs-Ordnung (SBO),
- Segelflugausbildung – Methodik, Richtlinien und Bestimmungen,
- Startwindenfahrerbestimmungen,
- Wettbewerbsordnung für Segelflugmeisterschaften.

Herausgeber ist die Segelflugkommission des Deutschen Aero Club e.V., die in diesem größten Luftsportverband Deutschlands dazu autorisiert ist.

A1   Segelflugsport-Betriebs-Ordnung (SBO)

Die Segelflugsport-Betriebs-Ordnung (SBO) ist bindend für den Segelflugbetrieb im Deutschen Aero Club e.V. (DAeC). Unter anderem werden hier folgende Punkte geregelt:

A1.1   Allgemeines

Verantwortliche Personen im Segelflugbetrieb:
Als verantwortliche Personen, die mit der Organisation und Durchführung des Flugbetriebes betraut sind, gelten der Flugleiter, Startleiter, Ausbildungsleiter bzw. Cheffluglehrer, Fluglehrer und Startwindenfahrer.

Verantwortliche Personen, die Kontroll- oder Aufsichts-Aufgaben haben, sind der Flugsicherheitsinspektor (FSI) und der Bezirksausbildungsleiter bzw. Gruppenfluglehrer.

Verzichtserklärung, Unfall- und Haftpflichtversicherung:
Jeder Teilnehmer am Segelflugbetrieb sollte eine Verzichtserklärung abgeben sowie eine Flugunfallversicherung besitzen; für die Ausbildung ist das in der Ausbildungsgenehmigung zwingend vorgeschrieben. Für Personen mit einer verantwortlichen Funktion sollten entsprechende Haft- bzw. Rechtsschutzversicherungen abgeschlossen sein.

Sicherheit, Gerät und Personen und Kontrolle vor dem Start:
Eine exakte Vorflugkontrolle gehört unabdingbar zu einem sicheren Flugbetrieb, sie hat nach einer auf den Flugzeugtyp abgestimmten Klarliste zu erfolgen. Danach ist durch eindeutige Handzeichengebung die Startbereitschaft anzuzeigen. Ein Rettungsfallschirm soll immer mitgeführt werden.

A1.2   Startarten

Die zu beachtenden Regeln für den Windenstart, Luftfahrzeug- und Auto-Schleppstart sind in diesem Kapitel festgeschrieben (Methodik wird in den Kapiteln „Technik" und „Verhalten in besonderen Fällen" näher behandelt).

Zu den Regelungen gehören:

- Absperrung des Startstreifens und der Startstelle,
- Seilausstattung und Auslegen des Start- bzw. Schleppseils,
- Sprechverbindung und Kommandos,
- Ablauf bei Startunterbrechung.

A1.3   Empfehlungen für das Verhalten beim Thermikflug

Diese Empfehlungen sind das wichtigste Handwerkzeug eines Segelfliegers, wenn er sich und andere in der Luft nicht gefährden will. Es wird empfohlen:

- Zur Vermeidung von Zusammenstößen mit anderen Segelflugzeugen müssen die Flugbewegungen im Aufwindgebiet aufeinander abgestimmt werden. Koordination ist wichtiger als gegenseitiges „Auskurbeln".

- Der erste im Aufwind bestimmt die Kreisrichtung. Alle nachfolgenden Piloten haben die gleiche Kreisrichtung einzunehmen. Seitlich in den Kreis einordnen. Bei geringerem Höhenabstand möglichst gleiche Kreisbahnen fliegen, um Überschneidungen zu vermeiden. Gleiche Kreisrichtung beim Kurbeln muss auch dann eingenommen werden, wenn zwischen zwei Segelflugzeugen eine ausreichende Höhendifferenz besteht, da ansonsten weiteren hinzukommenden Segelflugzeugen keine eindeutige Kreisrichtung vorgegeben ist.

- Stets so fliegen, dass man sieht und gesehen wird. Die eigene Position immer so wählen, dass Sichtkontakt mit den Mitfliegern besteht. Nicht im toten Winkel, bezogen auf die Sicht des Mitfliegers, fliegen. Besondere Rücksicht erfordern Flugschüler und ungeübte Piloten.

- Die Anzahl und die Position der Segelflugzeuge, mit denen man zusammen fliegt, sollen stets kontrolliert und überwacht werden.

- Vor Richtungsänderungen nach links und rechts sowie nach unten und oben ist der Luftraum zu überprüfen. Hochziehen in eine Gruppe kreisender Segelflugzeuge ist unbedingt zu vermeiden.

- Überraschende, abrupte Flugmanöver in der Gruppe vermeiden.

- Beim Überholen im thermischen Kreisflug muss der sich von hinten Nähernde für einen ausreichenden Sicherheitsabstand sorgen.

– Auch in kleineren Gruppen darf die Zusammenstoßgefahr nicht unterschätzt werden. Beim Zusammentreffen, z. B. auf Streckenflügen, ist die Bord-Bord-Frequenz 122,80 MHz zu rasten. Bei Wettbewerben kann für diese Zwecke auch eine besondere Sicherheitsfrequenz vorgeschrieben werden.

– Grundsätzlich müssen Sichtbehinderungen vermieden werden (z. B. Kartenspiegelungen in der Haube). Sonnenhüte mit breitem Rand oder mit großem Schirm dürfen nicht verwendet werden.

A1.4   Segelfluggelände-Ordnung

Zunächst ist wichtig zu wissen, dass nach der Luftverkehrs-Zulassungs-Ordnung (LuftVZO) Landeplätze und Segelfluggelände von der Luftfahrtlandesbehörde genehmigt werden. Diese Genehmigung kann mit Auflagen verbunden sein. Entsprechend dieser Auflagen muss die Segelfluggelände-Ordnung gestaltet werden. Sie ist ein Bestandteil der Flugplatzzulassung und in einem Aushang am Flugplatz zu veröffentlichen.

Umfang der Segelfluggelände-Ordnung:
Inhaltlich sind in dieser Ordnung folgende Sachverhalte geregelt:

– Geländesicherung,
– Rollfeldeinteilung und Notlandefelder,
– Luftraumordnung,
– Hangflugordnung (soweit erforderlich).

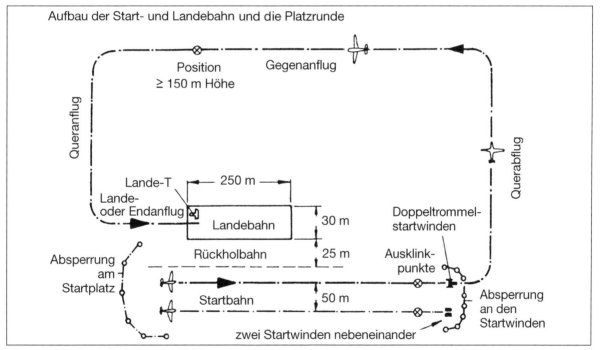

1.1   Aufbau der Start- und Landebahn und die Platzrunde

Luftraumordnung:
Die Luftraumordnung regelt den Platzrundenbereich und die Einteilung, das Verlassen sowie das Einordnen in die Platzrunde.

Hangflugordnung:
Die Hangflugordnung bestimmt die Hangflugstrecke, die Hangflugzone, den Kreuzungspunkt, die Wendemarken, den An- und Abflug zur Hangflugzone sowie die Notlandefelder.

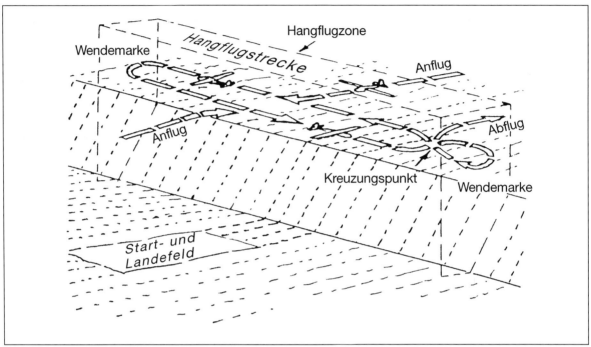

1.2   Schema für den Hangflug (Skizze)

A2   Segelflugausbildung – Methodik, Richtlinien und Bestimmungen

Die Festlegungen der Verordnung über Luftfahrtpersonal (LuftPersV) und der Ausbildungsrichtlinien werden in diesem Ausbildungsleitfaden methodisch umgesetzt, das heißt Inhalt und Verlauf der Flugausbildung sind hier geregelt.

A3   Startwindenfahrerbestimmungen

In den Startwindenfahrerbestimmungen werden spezielle Festlegungen zur Ausbildung von Windenfahrern und den Betrieb von Segelflugstartwinden getroffen.

A4   Wettbewerbsordnung für Segelflugmeisterschaften

In der Wettbewerbsordnung für Segelflugmeisterschaften werden unter anderem spezielle Festlegungen zu Fragen der Voraussetzungen über die Teilnahme an Wettbewerben, Klassifizierung der Wettbewerbsgruppen (Segelflugzeugklassen), Flugregeln, Sicherheitsbestimmungen sowie Rechte und Pflichten der Wettbewerbsfunktionäre getroffen.

2 Navigation

2.1 Einführung

Flugnavigation ist die Kunst, unter Verwendung geeigneter Hilfsmittel sicher auf dem kürzesten Wege vom Abflugort zum gewünschten Ziel zu kommen. Wenn auch viele der möglichen Navigationsverfahren nicht im Segelflug eingesetzt werden können, so sollen sie doch hier erwähnt werden.

Für den Segelflieger kommt hauptsächlich die **terrestrische Navigation,** also die **Sichtnavigation** in Betracht. Wie der Name schon sagt, wird der Flug mit Bodensicht unter Einbeziehung von markanten Geländepunkten und -linien von einem Ort zum anderen durchgeführt.

In Verbindung mit diesem oder anderen Navigationsverfahren ist die **Koppelnavigation** zu nennen. Hier wird der Standort eines Flugzeugs rechnerisch aus Geschwindigkeit, Richtung, Zeit und Windeinfluss ermittelt. Unter „koppeln" versteht man das Ankoppeln (Anlegen) der bereits geflogenen Strecke an den letzten bekannten Standort.

Mit der fortschreitenden Entwicklung und Miniaturisierung der Elektronik haben inzwischen nicht nur komplexe, computergestützte Rechner, sondern auch **Funk- und Satellitennavigation** Eingang in den Segelflug gefunden. GPS-Empfänger unterstützen die Navigation, und Flugdatenrekorder (Logger) zeichnen den Flugverlauf elektronisch auf. Eine Beschreibung folgt am Ende dieses Abschnitts. **Astronomische-, Doppler-, barometrische- und Trägheitsnavigation** ergänzen die Palette, kommen für den Segelflug aber nicht in Frage.

Welches Verfahren auch immer angewandt wird, Voraussetzung für eine sichere Navigation ist die absolute Beherrschung der einzelnen Geräte, Rechner und Hilfswerkzeuge sowie das Vorhandensein der neuesten Karten und Daten.

Nachstehend die für den Segelflug sinnvollen Navigationsarten und zugehörigen Hilfsmittel:

Navigationsart	Hilfsmittel	Anwendung im Segelflug
Sichtnavigation	Karten, Kompass, Kursdreieck, Rechner, (Funk)	Segelflüge in normalen Höhen bei gutem Wetter
Funknavigation mit GPS, Funk, VOR	wie oben und entsprechende Bordgeräte	QDM/QDR-Peilungen, GPS, evtl. auch (mobile) VOR
Koppelnavigation, ggf. mit Segelflug-Computer	wie oben und ggf. entsprechenden Rechner	auch im Segelflug, ohne Computer aufwändige Rechenarbeit

2.2 Grundlagen

2.2.1 Die Gestalt der Erde

Die Erde ist ein kugelförmiger Planet, der auf einer fast kreisförmigen Bahn die Sonne umkreist. Ferner dreht sich die Erde wie ein Kreisel um die Erdachse, welche man sich als Linie zwischen Nord- und Südpol denken kann. Auf halbem Wege zwischen den beiden Polen durchläuft die Erdachse den Mittelpunkt der Erde, das **Geozentrum** (Bild 2.1).

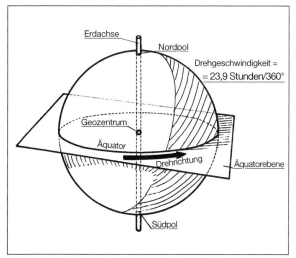

Bild 2.1. Erdachse, Pole, Äquator

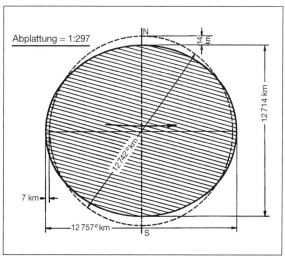

Bild 2.2 Form und Ausmaße der Erde

Nord- und Südpol sowie das Geozentrum sind die drei grundlegenden Fixpunkte, durch die eine Standortbestimmung auf der Erde möglich wird. Halbieren wir den Erdball gedanklich in eine nördliche (obere) und südliche (untere) Hälfte, so erhalten wir eine senkrecht zur Erdachse stehende Ebene, deren äußerer Kreis den Äquator bildet. Da die Erdkugel nicht völlig starr, sondern plastisch verformbar ist, dehnt sie sich durch Rotation und Fliehkraft am Äquator aus und hat dort einen Umfang von 40 076 km. Dagegen entsteht an den Polen eine Abplattung, so dass hier der Erdumfang 40 009 km beträgt. Diese Abplattung beträgt also nur knapp ein Dreihundertstel des Erddurchmessers (1:297) und kann für die herkömmliche Navigation vernachlässigt werden (Bild 2.2).

2.2.1.1 Ausmaße der Erde

Mittlerer Durchmesser: 12 740 km
                          6 880 NM
Mittlerer Erdumfang: 40 000 km
                         21 600 NM

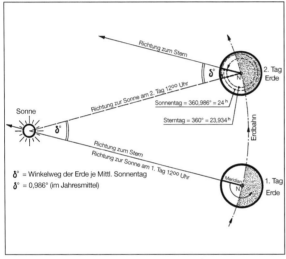

Bild 2.3   Sterntag und Sonnentag

2.2.1.2 Bewegung der Erde

Die Erde dreht sich um ihre Achse von West nach Ost. Bei Betrachtung auf den Nordpol also entgegen dem Uhrzeigersinn. Für eine volle Drehung um 360° benötigt sie eine Zeit von **23,9345 Stunden**. Diese Zeit nennt man **Sterntag**. Die Rotationsgeschwindigkeit am Äquator beträgt somit 1670 km/h bzw. 900 kt.

Während eines Sterntages (einer Erdumdrehung von 360°) bewegt sich die Erde aber auf der Erdbahn noch ein Stück weiter. Damit aber ein beliebiger Ort der Erde wieder in die gleiche Richtung wie am Vortag (z. B. nach Süden) zeigt, muss sich die Erde noch um 3,93 Minuten weiter drehen, um einen vollen Tag von 24:00 Stunden (= Sonnentag) zu vollenden (Bild 2.3). Die genaue Länge eines Sonnentages ändert sich im Laufe des Jahres wegen der elliptischen Erdbahn. Man nimmt deshalb die mittlere Dauer und bezeichnet sie als **mittleren Sonnentag**. Dieser wird in 24 Stunden zu je 60 Minuten (die Minute zu 60 Sekunden) unterteilt.

nach Süden 12 UTC → Sonne rechts oben

> **Die Dauer einer Sekunde wurde genau festgelegt und ist die Grundlage unserer Zeitmessung. Sie beruht auf der Anzeige von Caesium-Atomuhren und ist die Basis für die „Koordinierte Universalzeit" (UTC = Universal Time Coordinated, früher GMT = Greenwich Mean Time).**

Die **Umlaufbahn der Erde** um die Sonne ist fast kreisförmig, wobei in einem der Brennpunkte dieser schwachen Ellipse die Sonne steht. Die mittlere **Bahngeschwindigkeit beträgt 29,8 km pro Sekunde,** so dass die Gesamtumlaufzeit 365 Tage (1 Jahr) dauert. Genauer betrachtet sind es **365 1/4 Tage.** Da unser Kalender aber auf 365 Tagen basiert, werden die Viertel-Tage zusammengezogen und jeweils nach vier Jahren (Schaltjahr) am 29. Februar angehängt (Bild 2.4).

Die Ellipsenform der Erdbahn hat zur Folge, dass die Erde im Laufe des Jahres nicht immer gleich weit von der Sonne entfernt ist. Im Winter (der Nordhalbkugel) steht sie ihr um **6 Millionen km näher (Perihel)** als im Sommer **(Aphel).** Die mittlere Entfernung beträgt 150 Millionen km.

Da die Erdachse nicht senkrecht zur **Ebene der Erdbahn (= Ekliptik)** steht, sondern eine Neigung von 66° 33' zu ihr hat, bildet die Ebene des Erdäquators einen Winkel von 23° 27' mit der Ebene der Ekliptik. Dieses bewirkt, dass sich die Sonne zweimal im Jahr um je 23° 27' vom Erdäquator entfernt, und zwar einmal in nördlicher und einmal in südlicher Richtung. Daraus entstehen die verschiedenen Jahreszeiten (Bild 2.4 und 2.5). Am 21. März (Frühlingsanfang auf der Nordhalbkugel) steht die Sonne genau über dem Äquator. Danach wandert sie in nördlicher Richtung zu einem Punkt, der auf 23° 27' nördlicher Breite liegt. Er wird am 21. Juni (Sommeranfang Nordhalbkugel) erreicht und als nördlicher Wendekreis oder als „Wendekreis des Krebses" bezeichnet. Von hier aus wendet sich die Sonne langsam wieder nach Süden und steht am 23. September (Herbstanfang Nordhalbkugel) wieder über dem Äquator. Nun geht sie langsam auf die Südhalbkugel über und steht am 21. Dezember im Zenith eines Punktes, der auf 23° 27' südlicher Breite liegt (südlicher Wendekreis oder auch „Wendekreis des Steinbocks" = Winteranfang auf der nördlichen Halbkugel).

Sonne 5° = 20 min

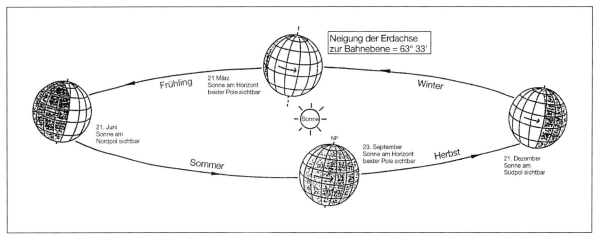

Bild 2.4   Bewegung der Erde auf der Planetenbahn

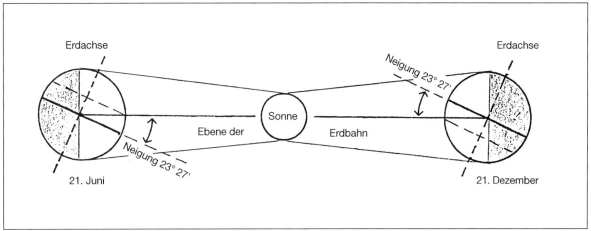

Bild 2.5   Sonnenwendepunkte am nördlichen und südlichen Wendekreis

2.2.2   Standortfestlegung auf der Erde

Will man irgendeinen beliebigen Punkt auf der Erde genau bestimmen, so bedient man sich eines gedachten Gradnetzes (Koordinatensystem), welches die gesamte Erdkugel überzieht. Grundlage hierfür sind die so genannten Groß- und Kleinkreise, die durch das Anschneiden der Erdkugel in verschiedenen Ebenen entstehen (Bild 2.6).

2.2.2.1   Großkreise

Jede Ebene, die durch das Geozentrum verläuft – ganz gleich ob sie zur Erdachse senkrecht steht, sie in sich aufnimmt oder zu ihr in einem beliebigen Winkel steht – schneidet die Erdoberfläche in einen Großkreis. Größere Kreise gibt es auf der Erde nicht.

Je nach Richtung, in der die Schnittebene liegt, unterscheiden wir verschiedene Arten von Großkreisen, welche für die Standortfestlegung, für Entfernungsmessungen und Richtungsbestimmungen ganz wesentlich sind (Bild 2.6 A, B, C).

> **Alle Schnittebenen der Großkreise gehen durch das Geozentrum der Erde und teilen die Erdkugel in zwei Hälften.**

1. Der Äquator (Bild 2.6 A)
Hier steht die Schnittebene senkrecht zur Erdachse. Die Schnittlinie dieser Ebene mit der Erdoberfläche heißt Äquator und ist die horizontale Nulllinie des Erdkoordinatensystems; also der Breitengrad Null.

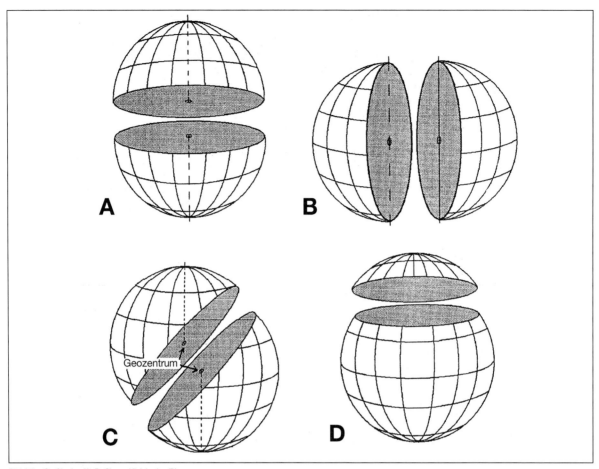

Bild 2.6   Großkreise (A, B, C)   Kleinkreise (D)

2. Die Meridiane (auch Längenkreise, Bild 2.6 B)

Hier nimmt die Schnittebene die Erdachse in sich auf. Es gibt unendlich viele Meridiane, die alle durch den Nord- und Südpol verlaufen.

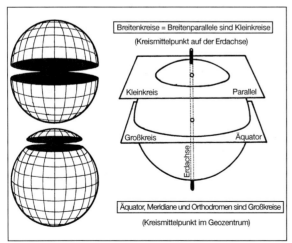

Bild 2.7   Kleinkreise

Alle übrigen Großkreise (Bild 2.6 C) schneiden zwar auch das Geozentrum, stehen aber mit der Schnittebene in einem mehr oder weniger großen Winkel zur Erdachse. Alle diese Großkreise (einschließlich Äquator und Meridiane) ergeben auf der Kugeloberfläche (Erdoberfläche) eine gerade Linie und stellen damit die kürzeste Verbindung zweier Punkte auf der Erde dar. Aus diesem Grunde werden die Großkreise auch **Orthodrome** (griech.: gerader Weg) genannt.

2.2.2.2   Kleinkreise

Die Schnittlinien aller Ebenen, die nicht durch das Geozentrum gehen, werden als Kleinkreise bezeichnet (Bild 2.6 D). Liegen diese mit ihrer Schnittebene parallel zur Äquatorebene, so sprechen wir von Parallelkreisen oder Breitenkreisen. In der Flugnavigation werden sie auch Breitenparallele genannt (Bild 2.7).

2.2.2.3   Das Erdkoordinatensystem

Aus den vorstehend erläuterten Groß- und Kleinkreisen sind nur der Äquator, die Meridiane und die Breitenkreise für das Koordinatensystem zu verwenden. Die **horizontale Nulllinie** des Systems (Abzisse) ist der **Äquator,** während die **vertikale Nulllinie** (Ordinate) durch den **Meridian** definiert wird, welcher durch die alte Londoner Sternwarte im Stadtteil Greenwich verläuft. Er wird als **Nullmeridian** bezeichnet (Bild 2.8).

Geographische Breite und Länge
Den Abstand eines Punktes auf der Erdoberfläche vom Äquator nennt man die **geographische Breite.** Da der Äquator in der Mitte zwischen beiden Polen liegt, gibt es eine nördliche (+) und eine südliche (–) Breite. Die größtmöglichen Breiten sind die beiden Pole mit 90°+ (Nordpol) und 90°– (Südpol).

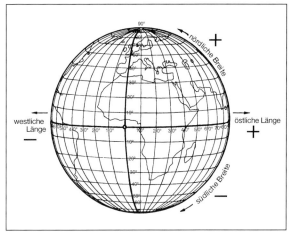

Bild 2.8   Das Erdkoordinatensystem

Den Abstand eines Punktes vom **Greenwich-Meridian (Nullmeridian)** bezeichnet man als **geographische Länge.** Auch hier unterscheiden wir Plus (+) und Minus (–). Vom Nullmeridian ausgehend werden östlich liegende Punkte (bzw. Meridiane) mit Plus bezeichnet, während die westlich liegenden Punkte mit Minus bezeichnet werden. Die größtmögliche geografische Länge ist 180°, wobei 180° östlich und 180° westlich den gleichen Längengrad bezeichnen. Dieser liegt genau gegenüber dem Nullmeridian.

Der Abstand eines Punktes auf der Erdoberfläche vom Äquator und vom Nullmeridian wird, da die Erde eine Kugel und keine Ebene ist, nicht in Längeneinheiten (km/Meilen) angegeben, sondern in **Bogengraden.** Unter einem Bogengrad versteht man den 360sten Teil eines vollen Kreisumfanges. Der Bogengrad ist also ein **Winkelmaß.** In Bild 2.9 ist der Bogen AB 3 964 km lang. Der zugehörige Winkel, dessen Scheitelpunkt das Geozentrum (M) ist, ist A–M–B und 35° 40' 12" groß.

Die Gradskala zum Messen der geographischen Breite finden wir auf der Luftfahrtkarte auf einem Meridian. Die Gradskala zum Messen der geographischen Länge auf einem Breitenparallel. Werden für eine Standortbezeichnung die beiden Erdkoordinaten (Breite und Länge) angegeben, dann nennt man immer **zuerst die Breite und dann die Länge.** Diese Reihenfolge ist international vereinbart. Hat ein Punkt auf der Erdoberfläche z. B. die Koordinaten +42°, +68° bedeutet dieses, dass er auf dem Breitenkreis 42° nördlich vom Äquator und auf dem Meridian 68° östlich vom Nullmeridian liegt. Auf diese Weise kann man ihn auf jeder Karte, die das betreffende Gebiet zeigt, sofort genau finden (Bild 2.10).

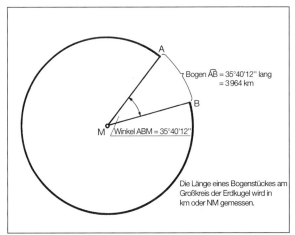

Bild 2.9   Winkel- und Bogenmaß

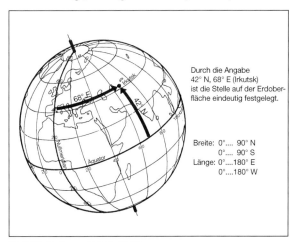

Bild 2.10   Breiten- und Längenangabe

2.2.2.4   Richtungsfestlegung/Himmelsrichtungen

Wie vorher beschrieben, wird die Lage eines Punktes auf der Erdoberfläche durch die Angabe der Erdkoordinaten festgelegt. Um nun aber von Punkt A nach Punkt B zu gelangen bzw. zu fliegen, benötigen wir zusätzlich noch die Richtung von A nach B.

Hier helfen uns die Himmelsrichtungen (Bild 2.11) und die Gradzahlen der Kompassrose (Bild 2.12).

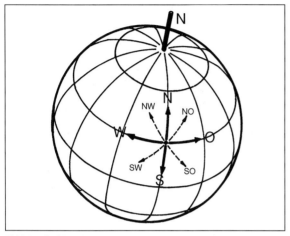

Bild 2.11   Die Himmelsrichtungen   Bild 2.12   Die Kompassrose

Die vier Haupthimmelsrichtungen sind:

- **Nord (N)/north (N),**   • **Ost (O)/east (E),**
- **Süd (S)/south (S),**   • **West (W)/west (W)**

Zur genaueren Richtungsbestimmung dienen die Zwischenrichtungen:

- **Nordost (NO)/north-east (NE),**   • **Südost (SO)/south-east (SE),**
- **Nordwest (NW)/north-west (NW),**   • **Südwest (SW)/south-west (SW)**

Da für die Flugnavigation diese Richtungsangaben jedoch nicht ausreichend und zu ungenau sind, werden sie durch ein nummerisches System ersetzt. So gibt man in der Navigation als Richtungsbezeichnung den Winkel zwischen Bezugsrichtung und der Richtung zum Zielort an.

Bezugsrichtung ist die Richtung eines Längengrades (Meridian) zum geographischen Nordpol (Bild 2.12).

Diese Bezugsrichtung heißt: **rechtweisend Nord = rwN**
true north = TN

Von dieser Nordrichtung aus (000°) wird der ganze Horizont rechts herum (im Uhrzeigersinn) in 360° eingeteilt. Würden wir nach NO (Nordost) fliegen wollen, müssten wir also auf der Kompassrose von 000° (rwN) 45° nach rechts gehen. Diese Gradzahl ist dann die festzulegende Richtung. Die Gradzahlen werden immer dreistellig angegeben, wenn sie sich auf die Windrichtung oder eine Kursangabe beziehen: z.B. 045°, 090°, 280°.

2.2.2.5   Die Entfernungsmessung

Die Entfernung zwischen zwei Punkten auf der Erdoberfläche wird immer entlang eines Großkreises gemessen, weil dieser die kürzeste Verbindung darstellt.

Vorab sei gesagt, dass je nach Art der Navigationskarten Ungenauigkeiten auftreten können, die für den Segelflug jedoch unerheblich sind.

2.2.3 Maßeinheiten der Luftfahrt

2.2.3.1 Grundlagen für die Maßsysteme

Nachdem wir zur Standortfestlegung Breite und Länge angeben können und für die Richtungsbestimmung die Gradzahlen der Kompassrose benutzen, fehlen uns jetzt noch die Maße für die Entfernung und die Höhe.

In der Luftfahrt verwenden wir für die Entfernung Kilometer und Meilen, während die Höhe in Fuß, im deutschen Segelflug aber auch in Meter angegeben wird. **Grundlage für die Längeneinheit ist der Erdmeridianquadrant** (Bild 2.13).

Als Längeneinheit wurde im Jahre 1875 der Meter von der „Meterkonvention" anerkannt.

Der Meter ist der 10millionste Teil der Länge eines Erdmeridianquadranten. Dieser reicht vom Äquator bis zum Nordpol und ist 10000 km lang.

Die Länge des Meters lässt sich auch von der Lichtgeschwindigkeit ableiten. Seit dem 20. Oktober 1983 gilt als Definition:

Der Meter ist die Länge der Strecke, die das Licht im Vakuum während des Intervalls von

$$\frac{1}{299\,792\,458} = \text{Sekunden durchläuft.}$$

(abgerundet 300000 m/s)

Auch die angelsächsischen Länder, die der Meterkonvention nicht angehören, leiten ihre Längenmaßeinheit von der Länge der Erdmeridianquadranten ab, und zwar im Bogenmaß. Hierbei wird der Erdmeridianquadrant in 90° zu 60 Bogenminuten aufgeteilt.

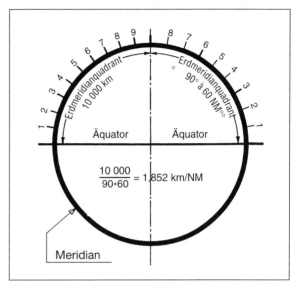

Bild 2.13   Der Erdmeridianquadrant als Grundlage der Längeneinheiten

Die Länge einer Bogenminute des Meridians heißt **Seemeile** oder **nautische Meile (NM).** Der Quadrant ist demnach 90 x 60 Bogenminuten = 5400 Bogenminuten bzw. NM lang.

Eine Strecke von 10000 km entspricht einer Länge von 5400 nautischen Meilen. Hieraus ergeben sich folgende **Umrechnungszahlen:**

$$\frac{10000}{5400} = 1{,}852 \quad \text{also} \quad 1\text{ NM} = 1{,}852\text{ km}$$

$$\frac{5400}{10000} = 0{,}540 \quad \text{also} \quad 1\text{ km} = 0{,}540\text{ NM}$$

Die **Faustformel** für die **Umrechnung** ist einfach zu behalten und lautet:

km in NM = km : 2 + 10% = NM   NM in km = NM x 2 – 10% = km

In den angelsächsischen Ländern (Großbritannien, USA, usw.) wird außer der NM auch noch oft die **englische Landmeile** (engl.: statue mile = ML) für Entfernungsangaben in der Luftfahrt verwendet. Wird im angelsächsischen Sprachgebrauch von Meilen gesprochen, so ist immer die Landmeile gemeint. Ihre Länge beträgt 1,609 km.

2.2.3.2 Weitere Maßeinheiten

Als Längeneinheit für die Höhenmessung in der Luftfahrt wird allgemein der „Fuß" angewandt **(engl.: foot, Mehrzahl: feet, Abkürzung: ft).** Obwohl in den deutschen Fliegerkarten die Höhenbezeichnungen in foot ausgedrückt sind, hat sich im Segelflug im deutschsprachigen Raum die Meterangabe eingebürgert.

Für die Geschwindigkeit werden folgende Maßeinheiten verwendet:

Horizontalgeschwindigkeit:

km/h   = Kilometer pro Stunde
kt (= Knoten)   = NM/h (nautische Meilen pro Stunde)
MPH = ML/h   = Landmeilen pro Stunde (miles per hour)

Vertikalgeschwindigkeit:

m/s   = Meter pro Sekunde
ft/min   = Fuß pro Minute (feet per minute)

Faustformeln für die Umrechnung:

- **km/h in Knoten**   = km/h : 2 + 10 %   = kt (wie bei km in NM)
- **Knoten in km/h**   = kt x 2 – 10 %   = km/h
- **m/s in Fuß pro Minute**   = m/s x 200   = ft/min
- **Fuß pro Minute in m/s**   = ft/min : 200   = m/s
- **m in ft**   = m : 3 x 10   = ft
- **ft in m**   = ft x 0,3   = m

Die folgende **Umrechnungstabelle** zeigt uns das Verhältnis der wichtigsten Längenmaße zueinander:

Einheit	km	NM	ML	Fuß (ft)	Einheit	m	ft	Yard (yd)
1 km	–	0,54	0,62	3 280	1 m	–	3,28	1,0936
1 NM	1,852	–	1,15	6 076	1 ft	0,3048	–	0,33
1 ML	1,609	0,8684	–	5 280	1 yd	0,9144	3	–

2.3   Karten für die Luftfahrt

2.3.1   Darstellung der Erdkugel auf der Kartenebene

2.3.1.1   Merkmale von Kartenprojektionen und Navigationskarten

Für die Flugnavigation benötigen wir als wichtige Hilfsmittel präzise Luftfahrtkarten. Diese Karten stellen die gekrümmte (kugelförmige) Erdoberfläche auf einer Ebene in einer Form dar, welche den besonderen Anforderungen der Flugnavigation gerecht wird.

Die Umsetzung der Geländedarstellung der Erdkugel in eine ebene Fläche bereitet einige Schwierigkeiten, da möglichst drei Bedingungen erfüllt sein sollen:

a) **Flächentreue:** Abgebildete Flächen werden im gleichen Verkleinerungsverhältnis übertragen, so dass der Maßstab auf dem ganzen Kartenblatt gleich ist.

b) **Längentreue:** Strecken (Entfernungen) werden im gleichen Verkleinerungsverhältnis übertragen, damit eine korrekte Entfernungsmessung möglich ist.

c) **Winkeltreue:** Zwei Linien (bzw. Kurven) schneiden sich in ihrem Schnittpunkt auf der Karte unter dem gleichen Winkel wie in der Natur. Die Meridiane und Breitenkreise, welche das Gradnetz (Koordinatensystem) bilden, sollen sich also im rechten Winkel (90°) schneiden.

Da es unmöglich ist, alle diese Bedingungen fehlerfrei zu übertragen, wird je nach Verwendungszweck einer Luftfahrtkarte ein Kompromiss in die eine oder andere Richtung eingegangen.

2.3.1.2   Gebräuchliche Projektionsarten

Man stelle sich die Erdkugel als Globus aus Glas vor, auf dessen Oberfläche das Gradnetz und alle Einzelheiten eingezeichnet sind. Versieht man jetzt diesen Globus im Mittelpunkt mit einer starken Lampe, könnte man das Abbild auf ein lichtempfindliches Fotopapier projizieren, welches als Zylinder oder Kegel über den Globus gestülpt ist (Bild 2.14).

Der belichtete Zylinder oder Kegel wird dann in eine Ebene abgewickelt und zeigt nach der Entwicklung nun eine mehr oder weniger verzerrte (ebene) Abbildung der (gekrümmten) Erdoberfläche (Bild 2.15).

Es handelt sich hierbei um eine **perspektivische (optische)** Projektion, im Gegensatz zur nicht perspektivischen Projektion, bei der die Übertragung rein mathematisch erfolgt.

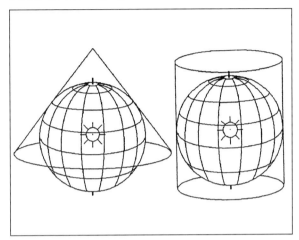

Bild 2.14   Kegel- und Zylinderprojektion

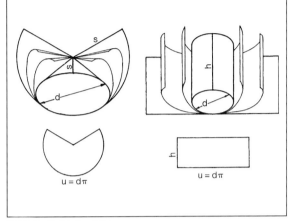

Bild 2.15   Abwickelbare Flächen

Je nach Art der Lage der Projektionsfläche unterscheiden wir demnach:

a) **Zylinderprojektion** (Mercator)
b) **Kegelprojektion** (Lambert)
c) **Ebenenprojektion** (Azimutal)

Ferner wird je nach der Lage der Erdachse und Projektionsachse zueinander unterschieden:

a) **Polständige** Projektion
b) **Äquatorständige** Projektion
c) **Zwischenständige** Projektion

In Bild 2.16 sind die verschiedenen Möglichkeiten aufgezeichnet, wobei die Namen „Lambert" und „Mercator" auf die Erfinder der Projektionsarten hinweisen. Die in der Mitte des Bildes dargestellte Projektionsart bezeichnet man demnach als „Äquatorständige Zylinderprojektion" oder auch als „Querachsige Mercatorprojektion".

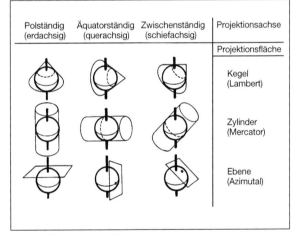

Bild 2.16   Verschiedene Projektionsarten

Welche Projektionsart bei der Kartenherstellung verwendet wird, hängt in jedem Fall vom späteren Verwendungszweck der Karte ab.

2.3.1.3   Kegelprojektionen

In Bild 2.17 ist der Globus zusammen mit einem darüber gestülpten Kegelmantel dargestellt, auf den das Erdkoordinatennetz projiziert wird.

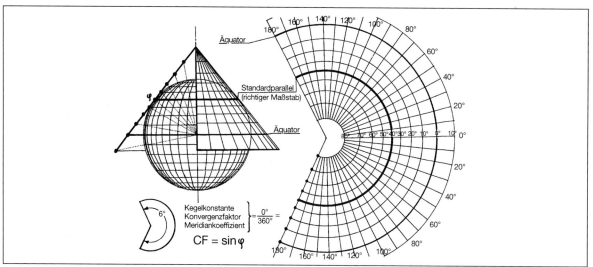

Bild 2.17   Berührungsprojektion

Bei dieser einfachen Kegelprojektion unterscheiden wir:

1. **Das Projektionszentrum:** Es ist der Punkt im Inneren des Globus, von dem aus das Gradnetz der verkleinerten Erde auf den Kegel projiziert wird; er befindet sich im Geozentrum.

2. **Das Standardparallel:** Es ist das Breitenparallel (Breitenkreis), in dem sich Globus und Kegel berühren. Es ist der einzige Kreis, auf dem der Maßstab des Globus und der Maßstab auf dem Kegel (also auf der abgewickelten Karte) gleich ist. Wie aus dem Bild ersichtlich, wird der Maßstab zum Pol und auch zum Äquator hin immer größer.

3. **Die Breitenparallelen:** Sie erscheinen auf der abgewickelten Kegelkarte wieder als Kreise, jedoch mit vergrößertem Durchmesser, und haben hier den Pol als gemeinsamen Mittelpunkt.

4. **Die Meridiane:** Sie sind auf dem Globus Großkreise und erscheinen auf der Karte als gerade Linien, die vom Pol ausgehen.

   Die Berührungskegelprojektion ist nur entlang des Bezugsbreitenkreises genau längen- oder maßstabsgetreu!

2.3.1.4   Die winkeltreue Lambert-Schnittkegelkarte

Für Luftfahrtkarten hat die ICAO (International Civil Aviation Organisation) eine spezielle Art der so genannten **Kegelprojektion** als Standardprojektion ausgewählt, die sich besonders gut zur Herstellung von Karten für die terrestrische Navigation (Sichtnavigation) eignet.

Es handelt sich um die **Lambert-Schnittkegelprojektion,** die winkeltreu ist und zwei längentreue Bezugsbreitenkreise (auch Bezugsbreitenparallele genannt) aufweist (Bild 2.18). Andere in der Navigation zur Anwendung kommende Projektionsarten sind die **Zylinder- und Azimutalprojektionen.** In der Luftfahrt werden sie nur für besondere Zwecke, wie Langstreckennavigation oder auch für Polarflüge, eingesetzt.

In Bild 2.16 sind die verschiedenen Globusprojektionen zusammengestellt, bei denen die Projektionsfläche den Globus berührt. Der Maßstab auf der Karte stimmt immer nur in den Berührungslinien oder Berührungspunkten mit dem zu erzeugenden Maßstab des Globus überein.

Um die Verzerrungsverhältnisse besser zu verteilen, kann man den Globus auch von der Projektionsfläche (Zylinder, Kegel oder Ebene) schneiden lassen. Tut man das bei der Kegelprojektion, so erhält man die so genannte Schnittkegelprojektion (Bild 2.18).

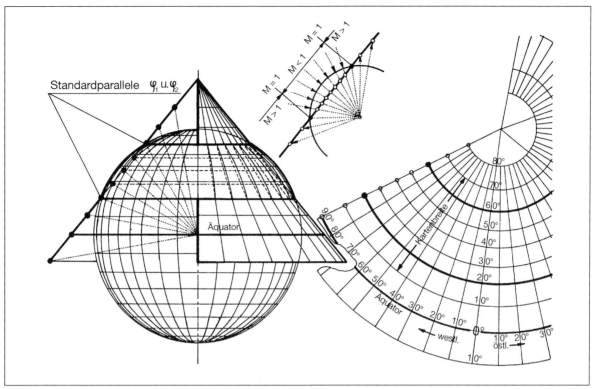

Bild 2.18 Die Schnittkegelkarte (Lambert)

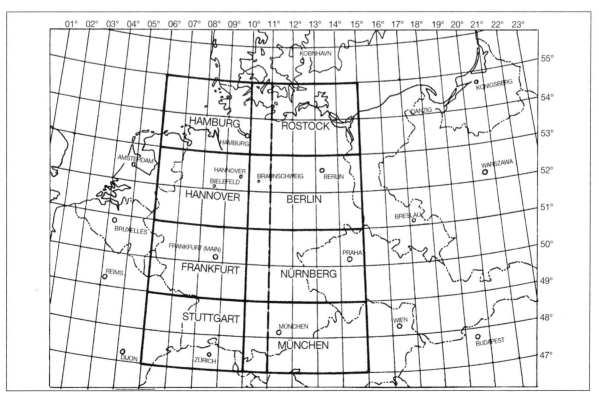

Bild 2.19 Die ICAO-Karte Deutschland 1:500 000

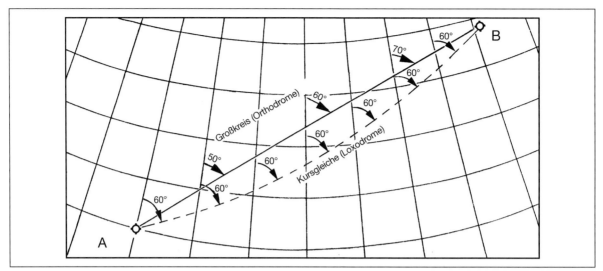

Bild 2.20   Orthodrome und Loxodrome

An den Stellen, an denen die Projektionsfläche den Globus schneidet, erhalten wir **zwei Standardparallelen,** an denen die Verzerrung null ist. Das Gebiet zu beiden Seiten der Standardparallelen ist nur wenig verzerrt. Damit die Abweichung auf einem Kartenblatt nicht zu groß wird, begrenzt man das Blatt und verwendet nur ein Viertel des Abstandes zwischen den beiden Standardparallelen für die Darstellung nördlich des oberen und südlich des unteren Standardparallels. Im Fall des Bildes 2.18 nördlich bis 70° N und südlich bis 10° N. Da diese Schnittkegelkarte wohl sehr längentreu – für die Navigation aber nicht genügend winkeltreu ist –, wird das **Gradnetz auf mathematischem Wege korrigiert,** so dass die Karte winkeltreu (konform) wird. Diese Korrektur wurde von dem deutschen Physiker J. H. Lambert (1728–1777) konstruiert und berechnet.

Für die Bundesrepublik Deutschland steht eine **ICAO-Karte im Maßstab 1:500 000** zur Verfügung. Die Karte (nach dem Lambert-Schnittkegel-System) ist in 8 Einzelblätter aufgeteilt und reicht von 47° N bis 55° N (Breite) und 06° E bis 15° E (Länge). Die einzelnen Kartenblätter sind nach Großstädten benannt: Hamburg, Rostock, Hannover, Berlin, Frankfurt, Nürnberg, Stuttgart und München. Die ICAO-Karte 1:500 000 ist auch als **Segelflugkarte** erhältlich. Die benachbarten Blätter überlappen sich (Bild 2.19).

Bei genauerem Hinsehen müssen wir jedoch feststellen, dass die eben beschriebene ICAO-Karte doch noch einen kleinen Fehler hat. Wenn wir z. B. auf dem Kartenblatt Rostock **am unteren Kartenrand den Abstand vom Meridian 12° O zum Meridian 13° O messen, ergibt sich ein Wert von 134,0 mm.**

Am oberen Kartenrand ist der Abstand zwischen beiden Meridianen aber nur 127,5 mm groß. Die Meridiane laufen also polwärts zusammen (konvergieren). Will man nun in der Praxis auf einem Großkreisbogenstück von A nach B fliegen – in unserem Beispiel von Flugplatz Lüneburg nach Bornholm-Ronne, etwa 350 km –, so stellt sich bei der Flugvorbereitung heraus, dass es gar nicht so einfach sein wird, auf dieser kürzestmöglichen Verbindungslinie zu fliegen. Sie **schneidet nämlich alle Meridiane unter einem anderen Winkel.** In unserem Beispiel würden wir am Startort einen Kurs von 052,5°, in der Mitte der Strecke einen Kurs von 054,3° und kurz vor dem Ziel einen solchen von 056,0° der Karte entnehmen. **Die Richtung des Großkreises ist also nicht konstant, sondern ändert sich laufend.**

Das Prinzip ist aus Bild 2.20 zu entnehmen. Auf diesem Bild ist auch die **Kursgleiche (Loxodrome = Linie, die alle Meridiane unter dem gleichen Winkel schneidet)** eingezeichnet. Fliegt man konstant nach diesem Kurs, ist der zurückgelegte Weg natürlich **länger als auf dem Großkreis,** was auf kürzeren Strecken vertretbar ist. Auf einer Strecke London–New York beträgt die Entfernung auf dem Großkreis 5 593 km, auf der Loxodrome dagegen 5 834 km, also 241 km mehr. Würde man auf einer Loxodrome mit Kurs von z. B. 045° immer weiter fliegen, käme man letztendlich am Nordpol an.

2.3.1.5   Die Zylinderprojektion

In Bild 2.21 ist der Globus zusammen mit einem (zum Teil abgewickelten) Zylindermantel dargestellt, auf den das Gradnetz der Kugel projiziert wurde. Das Projektionszentrum ist auch hier wieder der Erdmittelpunkt (das Geozentrum), die Projektionsfläche ein Zylinder, welcher die Kugel entlang des Äquators berührt. Wir sprechen hier von einer **„polständigen Zylinderprojektion".** Diese Art der Projektion hat in der Äquatorgegend fast keine Verzerrung. Je weiter man sich aber dem Pol nähert, desto größer wird der Maßstab und damit auch die Verzerrung.

Zeichnet man in das so hergestellte Gradnetz eine **Loxodrome** (Linie mit konstantem, rechtweisenden Kurs), dann entsteht eine gekrümmte Linie (Bild 2.22 rechts). Das bedeutet, dass dieses Gradnetz nicht winkeltreu ist und als Navigationskarte nicht in Frage kommt.

2.3.1.6 Die winkeltreue Mercatorkarte

Verschiebt man die Parallelkreise der Zylinderprojektion so, dass die Karte winkeltreu wird, erhält man eine für die Navigation brauchbare Karte. Der deutsche Kartograph Gerhard Kremer (1612–1694), der sich latinisiert **„Mercator"** nannte, ist Erfinder dieser rechnerisch berichtigten Zylinderprojektion, auf der die Loxodrome eine gerade Linie ist (Bild 2.22).

Die Pole werden hierbei jedoch nicht abgebildet, da dort der unendlich große Maßstab eine Entfernungsmessung sehr erschweren würde. Für die Polgebiete kann nur die äquatorständige, winkeltreue Zylinderprojektion verwendet werden.

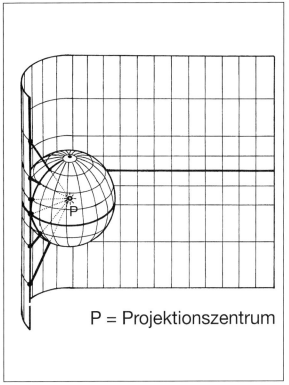

Bild 2.21 Prinzip der Zylinderprojektion

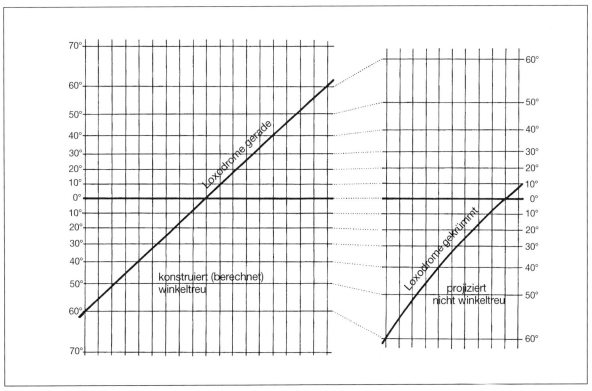

Bild 2.22 Die konstruierte Mercatorkarte

2.3.2   Maßstäbe und Kartensymbole

2.3.2.1   Maßstäbe

Unter **Maßstab** versteht man in der Kartenkunde das Verhältnis:

> Länge auf der Karte : Länge in der Natur = M (Maßstab)

Von einem großen Maßstab spricht man bei Abbildungsverhältnissen von 1:5000 oder 1:100000.

Verhältnisse von 1:250000, 1:500000 und 1:2500000 werden dagegen als klein bezeichnet.

Die Angabe von z.B. 1:500000 bedeutet: 1 cm auf der Karte sind 5 km (500000 cm) in der Natur.

Auf der Karte kann die Entfernung entweder mit dem Lineal oder dem Stechzirkel abgenommen werden. Mit der cm-Einteilung des Lineals kann auf der Karte direkt eine Entfernung abgemessen und umgerechnet werden. Mit dem Stechzirkel wird aus der Karte eine Strecke abgenommen und auf der Maßstabskala am unteren Rand der Karte oder auf einem Meridian die Länge der abgenommenen Strecke abgelesen. Siehe auch Abschnitt 2.3.3.3 „Entnahme von Entfernungen aus der Lambert-Schnittkegelkarte".

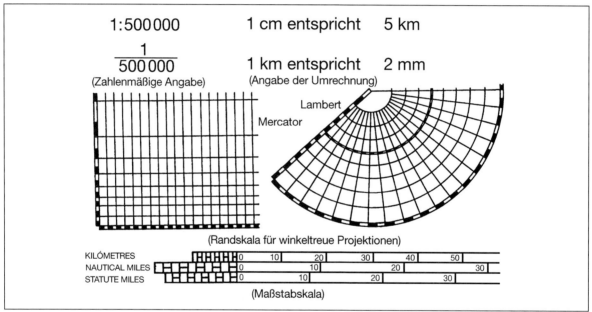

Bild 2.23   Verschiedene Arten der Maßstabangabe

2.3.2.2   Weitere Karten

Mit einem einheitlichen Kartenbild für ganz Europa werden die Jeppesen-Luftfahrtkarten angeboten. Der Maßstab ist 1:500000. Für Deutschland und den Alpenraum gibt es diese Karte auch als Segelflugkarte mit metrischen Maßen.

Die Streckenkarte der DFS (Funknavigation) im Maßstab 1:1000000 ist eine Spezialkarte, die für den Segelflug keine Rolle spielt. Die Sichtflug- und Flugplatzkarten der deutschen Flugplätze aus dem Luftfahrthandbuch Band AIP VFR können dagegen bei Streckenflügen (Ziel- und Wendepunkte usw.) wertvolle Hilfen sein.

2.3.2.3   Kartensymbole

Die ICAO-Karte enthält deutlich den Flugsicherungsaufdruck und gut erkennbare Einzeichnungen von Straßen (rot), Eisenbahnlinien (schwarz), Gewässern (blau), Städten (gelb), Luftfahrthindernissen, Funkfeuern, Flug- und Landeplätzen, Bodeninformationen usw.

Die wichtigsten Symbole, die beim Überlandflug hilfreich sein könnten, sollte man im Kopf haben (siehe Bild 2.24.a–c). Zwar sind sie auf der Rückseite jeder Fliegerkarte zu finden, doch wer blättert und faltet zwischen Steigen, Sollfahrt, Luftraumbeobachtung usw. gern die großformatige Karte im engen Cockpit hin und zurück!?

Flugplätze – Aerodromes

HAMBURG — Internationaler Flughafen / International Airport

NIEDERRHEIN — Flughafen bzw. Landeplatz IFR / Airport resp. Airfield IFR

BÜCHEL — Militärflugplatz / Military aerodrome

HOHENFELS — Landeplatz (Zivil/Militär-) / Airfield (civil/military)

BREITSCHEID — Landeplatz, Ausrichtung der längsten befestigten Start- und Landepiste / Airfield, alignment on the longest hardened runway

HETTSTADT — Landeplatz, Ausrichtung der längsten Gras-Start- und Landebahn / Airfield, alignment on the longest grass runway

⊗ — Flugplatz, geschlossen / Airfield, closed

— Wasserlandeplatz / Water airfield

SAFFIG — Hubschrauberlandeplatz Zivil bzw. Militär / Heliport Civil resp. Military

H — Hubschrauberlandeplatz für Krankentransporte / Heliport for ambulances

BALDENAU — Segelfluggelände Flugzeugschlepp bzw. Windenschlepp / Glider site aero tow resp. winch launching

BERG — Ultraleichtflug- bzw. Hängegleitergelände / Ultra light flying site resp. Hang glider site

CALW — Fallschrimabsprunggelände, geringe bzw. intensive Aktivitäten (Betrieb über FIS oder INFO einholen) / Parachute jumping site, low resp. high activities (Contact FOS or INFO for activity)

AITRACH — Freiballonstartplatz / Free balloon site

— Flugplatzleuchtfeuer / Aerodrome beacon light

123.000 650m — Kürzere der verfügbaren Landestrecken der längsten RWY / The shorter of the available landing dist of the longest RWY

— Verfügbare TWR/INFO Frequenz (unterstrichen: VDF verfügbar) / Available TWR/INFO frequency (underlined: VDF available)

2.2 E — Höhe und Lage der Platzrunde / Altitude and position of traffic pattern (2.2 = 2200 ft MSL/E = Ost/East)

118.450 A/A — Bord/Bord Kommunikation (Frankreich) / Air/Air Communications (France)

Funknavigationsanlagen – Radio Navigation Facilties

VOR — UKW-Drehfunkfeuer / VHF omnidirectional radio range

VORTAC — Örtlich vereint aufgestellte VOR- und TACAN-Anlagen / Co-Located VOR and TACAN faclities

TACAN — UHF Taktische Flugnavigationshilfe / UHF tactical air navigation aid

VOR/DME — UKW-Drehfunkfeuer mit Entfernungsmessgerät / VHF omnidirectional radio range with distance-measuring equipment

DME — Entfernungsmessgerät / Distance measuring equipment

NDB — Ungerichtetes Funkfeuer/Platzfunkfeuer / Non-directional radio beacon/Locator

— Allgemeines Zeichen für Funkeinrichtung / Basic radio facility symbol

Luftraumstruktur – Airspace Structure

grün/green — Luftraum **C, D** / Airspace

grün/green — Sektor Luftraum **C, D** / Sector Airspace

rot/red — Kontrollzone Luftraum **D** / Control zone Airspace

rot/red — 1 000 ft GND / blau/blue — 1 700 ft GND } Luftraum **E** / Airspace

blau/blue — Luftraum **F (HX)** / Airspace

Luftraumbeschränkungen – Airspace Restrictions

ED – R 44 — Gebiet mit Flugbeschränkung / Restricted area

ED – D 44 — Gefahrengebiet / Danger area

Weitere Lufträume – Other Airspace

blau/blue — Fluginformationsdienst (FIS) / Flight information service (FIS)

rot/red — 250-Fuß-Tieffluggebiet / 250 feet low flying area

Transponderschaltung – Transponder setting

blau/blue — Dringende Empfehlung zur Transponderschaltung (Code 0021) in Flughafenbereichen / Strong recommendation for transponder setting (Code 0021) within airport areas

blau/blue — TMZ Transponder Mandatory Zone / Pflicht zur Transponderschaltung / transponder setting obligatory

Bild 2.24.a   Kartensymbole

Bebaute Gebiete – Built-Up Areas

KÖLN Großstadt/City
>500 000 Einwohner/inhabitants

KIEL Großstadt/City 100 000–500 000

ULM Stadt/City 50 000–100 000

LAHR Stadt/City 20 000–50 000

O Neuhaus Ortschaft/ Village 5 000–20 000

Grenzen – Boundaries

— ·· — ·· — · Staatsgrenzen
Boundaries (International)

Geländehöhen, Hindernisse – Ground heights, Obstacles

· *440* Höhenpunkt über MSL in Fuß
Spot elevation above MSL in feet

· 3222 Höchster Höhenpunkt im Kartenblatt
Highest spot elevation on chart

Λ Λ̂ Hindernis und Hindernisgruppe (unbefeuert)
Obstacle and group of obstacles (unlighted)

Λ̇ Λ̈ Hindernis und Hindernisgruppe (befeuert)
Obstacle and group of obstacles (lighted)

人 人̂ Hinderniss 1 000 ft/305 m GND und höher
Obstacle 1 000 ft/305 m GND and higher

500 (300) Höhe über MSL in Fuß (über GND in Fuß)
Obstacle above MSL in feet (above GND in feet)

Maximum Elevation Figure

27
rot/red = 2 700 ft MSL
(dargestellt wird der höhere Wert/
the higher value is depicted)

Eisenbahn – Railways

Eisenbahn (eingleisig/mehrgleisig) mit Bahnhof
Railway (single/multiple track) with station

Eisenbahn (stillgelegt oder in Bau befindlich)
Railway (abandoned or under construction)

Eisenbahntunnel/-brücke
Railway tunnel/bridge

Seil- oder Schwebebahn
Aerail railway

Straßen – Roads

 A3 Autobahn mit Auffahrt, Schnellstraße/in Bau
Dual highway with entry/under construction

Fernverkehrsstraße, wichtige Verbindungsstraße
Primary road, secondary road

Straßenbrücke/-tunnel
Road bridge/tunnel

Landschaftsmerkmale – Landmarks

⊕ ⚲ Aussichts-/Fernsehturm, Leuchtturm
Lookout-/Television tower, Lighthouse

♂ ⚱ Kirche, Kloster
Church, Monastery

⚒ ⬤ ▬ Bergwerk, Steinbruch, Fabrik
Mine, Quarry, Factory

♂ Ⱥ Schloss, Denkmal
Castle, Monument

□ ¤ Ruine, Festung
Ruin, Fort

Λ ● Ölfeld/Öltank
Oilfield/Oiltank

⊕ Krankenhaus
Hospital

✖ Mühle
Mill

  Hochspannungs-Einfach- und Mehrfachleitung
High tension line, single and multiple

  Wind-Generator, Windpark (befeuert/unbefeuert)
Wind generator, wind park (lighted/unlighted)

  Windsack, befeuert/unbefeuert
Wind sock, lighted/unlighted

(D) Industrieanlagen hoher Gefahrenklasse
Industrial Plants of High Danger Categorie

  Vogelschutzgebiet/Naturschutzgebiet
Bird reserve/Nature reserve

Gewässer – Hydrography

  Watten, Deich, Sanddüne
Tidal flats, dike, sand dunes

  Buhne, Mole, überspülter Felsen
Groyne, mole, supmerged rock

  Landungsbrücke, Fähre
Pier, ferry

  Fluss, Staudamm
River, barrage

  See, Talsperre
Lake, dam

  Sumpf
Swamp

  Kanal, Schleuse, Schiffshebewerk
Canal, lock, ship hoist

Geländedarstellung – Topography

 Wald
Wood

 Depressionsgebiet
Depression area

 Gletscher
Glaciers

 Böschung, Damm
Slope, dam

Verschiedenes – Miscellaneous

— 1° E — Linien gleicher Missweisung (2002)
Isogonic lines (2002)

※ Gebiet hoher elektromagn. Feldstärke mit einem
Radius von 600 m und einer Höhe von 2 000 ft
über dem Hindernis
High intensity radio transmission area (HIRTA) with
a radius of 600 m and a height of 2 000 ft above
the obstacle

(▲) Pflichtmeldepunkt für VFR-Flüge
Compulsary reporting point for VFR flights

(△) Meldepunkt auf Anforderung
On request reporting point

☆ Flugplatzleuchtfeuer
Aerodrome beacon light

Hindernisfeuer
Obstruction light

Blitzfeuer
Flashing light

o Punktfeuer
Point light

Ergänzende Kartensymbole aus der ICAO-Segelflugkarte 1 : 500 000

Geländehöhen, Hindernisse – Ground heights, Obstacles
Höhen in Meter – ELEV in Metre

300m (300m) Höhe über MSL (über GND)
Elevation above MSL (above GND)

•2343m)•(2343m Höhenpunkt, Pass
Spot elevation, summit

• 983m Höchster Höhenpunkt im Kartenblatt N 50°39′33″
Highest spot elevation on chart E 010°44′45″

Λ ⋀ Hindernis und Hindernisgruppe (unbefeuert)
Obstacle and group of obstacles (unlighted)

Λ ⋀ Hindernis, Hindernisgruppe, befeuert
Obstacle, group of obstacles, lighted

Windkraftanlage, Fernsehturm, Schornstein
Wind power plant, television tower, chimney

Kirche, Gittermast, Hochspannungsmast
Church, lattice-pylon, high-tension pylon

Gebäude, Halde, Seilbahn
Building, dump, cable cars

Bild 2.24.c   Kartensymbole

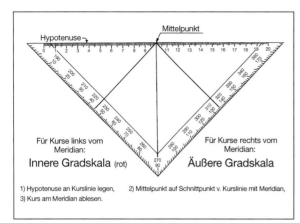

Bild 2.25   Kursdreieck zur Ermittlung des Kartenkurses

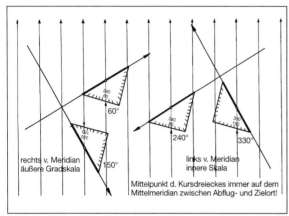

Bild 2.26   Kursermittlung mit dem Kursdreieck

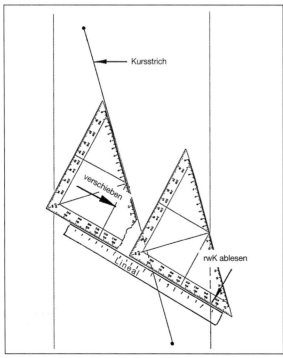

Bild 2.27   Parallelverschiebung mit dem Kursdreieck

2.3.3 Entnahme von Kursen und Entfernungen

2.3.3.1 Ermittlung des rechtweisenden Kurses aus der Karte

Zur Ermittlung des Kartenkurses, der beim Flug von einem Abflugort A zu einem Zielort B eingehalten werden soll, dient das in verschiedenen Ausführungen im Handel erhältliche Kursdreieck (Bild 2.25). Es ist ein rechtwinkliges, gleichschenkliges, durchsichtiges Dreieck mit einer Winkeleinteilung. Die lange Seite des Dreiecks ist die Hypotenuse, welche mit einer cm/mm-Einteilung versehen ist. Die von ihrem Mittelpunkt ausgehenden Richtungen sind an den beiden Katheten (kurze Seiten des Dreiecks) durch die Gradeinteilungen festgelegt. Die äußere, schwarze Skala zeigt die Winkel von 0° bis 180°, die innere, rote Skala, die Winkel von 180° bis 360°. In der Mitte des Dreiecks ist ein kleiner Handgriff angebracht, so dass auch während des Fluges eine sichere Handhabung möglich ist.

Um nun einen Kurs festzulegen, müssen wir den Winkel zwischen einem Meridian (geographische Nordrichtung) und der Kurslinie ermitteln. Man geht dabei folgendermaßen vor:

Zunächst ziehen wir auf der ICAO-Karte eine gerade Linie zwischen Startort und Zielort.

Empfehlungen: Es gibt hier verschiedene Möglichkeiten, die dem eigenen Geschmack angepasst werden sollten. Da die Karten mit und ohne Folienüberzug zu bekommen sind, kann auf den Papierkarten mit Bleistift gezeichnet werden, was beim Entfernen zu umständlichem Radieren führt. Die zwar teurere Folienkarte lässt sich dagegen mit Fett- oder Permanentstiften beschriften und mit Verdünnung oder Azeton wieder gut reinigen. Experten kleben hier in Kursrichtung einen (möglichst matten) Tesafilmstreifen auf, beschriften denselben und können ihn nach Gebrauch leicht von der Karte abziehen. Mittlerweile gibt es auch transparenten farbigen Klebefilm für Papierkarten, der sich als Kurslinie aufkleben und rückstandslos wieder abziehen lässt.

Dann legen wir das Kursdreieck mit der **Hypotenuse an die Kurslinie** und verschieben es so lange, bis der **Mittelpunkt genau auf einem Meridian** zu liegen kommt, der sich etwa auf **halber Strecke des Flugweges** befindet. Der Mittelpunkt des Kursdreiecks liegt dann auf dem **Schnittpunkt von Kurslinie und Mittelmeridian.** Auf der **Gradskala lesen** wir nun **über dem Meridian,** der durch den Mittelpunkt des Dreiecks geht, den **rechtweisenden Kurs (rwK)** ab.

Um die Sache zu schematisieren, stellen wir fest, dass alle Kurse von 0° bis 180°, also von N über O bis S, rechts vom geographischen Meridian liegen und auf der äußeren Skala des Dreiecks abzulesen sind. Die Kurse von 180° bis 360°, also von S über W nach N, liegen links vom Meridian und entsprechen der inneren Skala des Dreiecks.

Wir merken uns also:
- **Kurse links (westlich) vom Meridian = innere, rote Skala**

- **Kurse rechts (östlich) vom Meridian = äußere, schwarze Skala**

In Bild 2.26 ist dieses Schema anhand von vier Beispielen erkennbar. Manchmal liegt die Kurslinie in nord-südlicher Richtung zwischen zwei Meridianen, so dass kein Schnittpunkt auf dem Meridian gefunden werden kann. Hier hilft nur eine Parallelverschiebung des Dreiecks (Bild 2.27). Man legt an eine Kathete ein Lineal an und verschiebt das Dreieck so, dass der Mittelpunkt wieder einen Meridian schneidet. Dann wird wie üblich abgelesen.

Als weiteres Hilfsmittel für die Kursentnahme sind noch das Kursviereck und die Gradscheibe zu nennen. Beide Geräte haben eine 360°-Teilung, werden aber vorzugsweise für Kreuzpeilungen eingesetzt. Andere Geräte (z. B. Navimat) bestehen aus zwei zentral gelagerten Plexiglasschenkeln in Form eines großen Zirkels. Mit Gradskala und Entfernungsmaßstab versehen, kann man damit u. a. eine Strecke abgreifen und sofort die Entfernung ablesen (Bild 2.28).

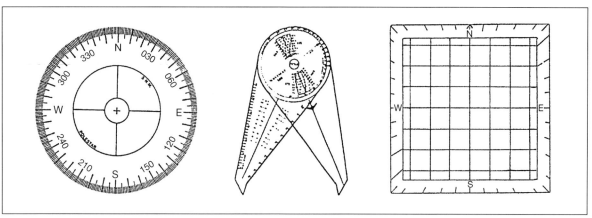

Bild 2.28   Gradscheibe, Navimat-Zirkel, Kursviereck

2.3.3.2   Kreuzpeilung

Bei Orientierungsverlust kann man durch eine Kreuzpeilung seinen augenblicklichen Standort feststellen. Über Funk ruft man nacheinander zwei Flugplätze an, die einen entsprechenden Peiler besitzen. Auf der ICAO-Karte sind die Frequenzen dieser Plätze unterstrichen. Nachstehend der Arbeitsgang für eine Kreuzpeilung mit Gradscheibe und Kursdreieck (Bild 2.29).

Zunächst rufen wir nacheinander die Flugplätze A, B und evtl. auch C, mit der Bitte um ein QDM (siehe auch BZF II). Angenommen, wir bekommen von A den Wert 030°, von B den Kurs 100° und vom Flugplatz C = 140° durchgesagt. Diese **missweisenden Kurse** müssten wir fliegen, um zu den drei Plätzen zu gelangen. Da wir aber wissen wollen, wo wir uns in Bezug zu den drei Plätzen befinden, brauchen wir das QDR, also den Gegenkurs. Links das Verfahren mit der Gradscheibe, rechts das mit dem Kursdreieck:

Verfahren mit Gradscheibe	**Verfahren mit Kursdreieck**
1. Gradscheibe mit Mittelpunkt auf Platz A	1. Kursdreieck Mittelpunkt auf A
2. Nordsüd genau auf den (Karten-) Meridian legen. SÜD jedoch in Nordrichtung!	2. Mittelpunkt und 030°-Markierung (QDM) genau auf den (Karten-) Meridian legen.
3. 030°-Marke (QDM) auf der Karte (mit Schreibstift) markieren	3. Längs der Hypotenuse nach links (SW) Strich ziehen*
4. Mit Lineal von A über Markierung nach links (SW) Strich ziehen*	4. Entfällt beim Kursdreieck
5. Punkte 1–4 für Platz B mit QDM 100 = 280° QDR wiederholen.	

* Eventuell muss der Strich (Standlinie) verlängert werden.

Der Flugplatz C liegt, wie in den meisten Fällen, nicht genau auf einem Meridian. Hier muss man entweder einen Hilfsmeridian einzeichnen, was im Fluge kaum gelingt, oder aber mit Kursdreieck oder Gradscheibe improvisieren. Siehe auch Bild 2.27 „Parallelverschiebung mit dem Kursdreieck". Unter Umständen können auch die in der ICAO-Karte eingezeichneten Kursrosen der VOR-Funkfeuer hilfreich sein.

Der **Schnittpunkt der beiden Standlinien** (Peilstrahlen) ist der **Standort des Flugzeugs**. Da die Peilungen QDM und QDR missweisend angegeben werden, müssten wir korrekterweise die Ortsmissweisung einbeziehen. Zurzeit (2006) beträgt die Ortsmissweisung in Deutschland zwischen 0° und 2° Ost. Selbst bei 2° OM würde der Fehler bei 100 km Entfernung nur 3 km ausmachen, so dass wir bei VFR-(Sicht-)Flügen im Segelflug diese Abweichung vernachlässigen können. Dieses gilt jedoch nicht für eine normale Kursberechnung.

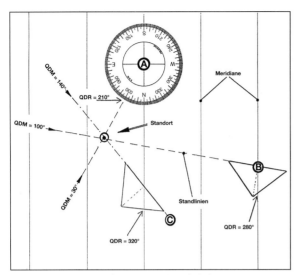

Bild 2.29   Kreuzpeilung mit Gradscheibe und Kursdreieck

2.3.3.3   Entnahme von Entfernungen aus der Lambert-Schnittkegelkarte

Um eine Strecke navigatorisch zu berechnen, benötigen wir auch die Entfernung vom Start A zum Ziel B.

Der Maßstab einer Lambert-Karte kann für den praktischen Gebrauch als über das gesamte Kartenblatt gleich bleibend angesehen werden. Diese Eigenschaft der Karte macht es möglich, dass man die in Grade (°) und Minuten (') unterteilten Meridiane (Längenkreise) als **Entfernungsmaß für nautische Meilen/Seemeilen (NM)** verwenden kann.

Will man eine Entfernung von A nach B genau bestimmen, so verwendet man einen Stechzirkel zur Entfernungsmessung. Die zu messende Strecke wird mit dem Steckzirkel abgegriffen und die Länge auf einen Meridian in der Gegend der Mittelbreite übertragen. Hier kann man jetzt auf der Skala die Entfernung in nautischen Meilen ablesen (Bild 2.30).

> **Für den Segelflug genügt es, die Kartenentfernung mit dem Lineal (Hypotenuse des Kursdreiecks) nachzumessen. Natürlich können wir auch den Längenmaßstab (NM, km) am unteren Rand der ICAO-Karte 1:500 000 für Entfernungsbestimmungen nutzen.**
>
> **Anmerkung: Bei jeder Kurs- und Entfernungsentnahme, Kurs-, Wind- oder Zeitberechnung sollte das Ergebnis gedanklich überprüft werden, da gerade Anfänger leicht km und Meilen, Plus und Minus, links und rechts verwechseln, Dezimalstellen falsch interpretieren oder Zahlen verdrehen.**

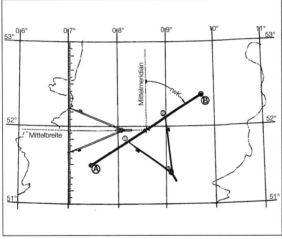

Bild 2.30   Entfernungsmessung mit dem Zirkel

2.3.4   Geographie Deutschlands

2.3.4.1   Typische Navigationsmerkmale

Der Segelflugzeugführer sollte das zu überfliegende Gebiet möglichst genau kennen. Dadurch kann er jederzeit seine Routenführung durch Beobachtung und Vergleich mit der Landschaft kontrollieren. Ferner ist die Kenntnis der Landschaftsmerkmale nötig, um sich bei Verlust der Orientierung rasch wieder zurechtfinden zu können. Daher sind eingehende Kenntnisse der Geographie wichtig.

Wesentliche Merkmale in der Landschaft sind:

1. Auffang- und Leitlinien: Autobahnen, Flüsse und Kanäle, Eisenbahnen, Höhenzüge;

2. Fixpunkte (markante Punkte):   Große Städte oder Seen, Sendetürme, Aussichtstürme, markante Berggipfel usw.

3. Landschaftsmerkmale: Bewaldung, Ackerflächen, Heide, Moor, Industriegebiete, Flach- oder Hügelland, Gebirgszüge usw.

Die folgenden Beschreibungen der Geographie Deutschlands können aus Platzgründen nicht erschöpfend behandelt werden, geben aber einige wichtige Hinweise. Unerlässlich ist das Studium guter Landkarten vor und nach einem Überlandflug.

2.3.4.2   Wasserläufe und Seen

Wasserläufe und Seen (Bild 2.31) haben in Deutschland charakteristische Formen, so dass sie sowohl als Leitlinien oder auch als Auffanglinien während des Fluges dienen können.

Der **Rhein** ist der größte Fluss (Strom) Deutschlands, der seine Laufrichtung mehrmals deutlich ändert und verschiedenartige Landschaften durchfließt. An seinen Ufern liegen deutlich unterscheidbare Städte, so dass man erkennen kann, an welcher Stelle man sich gerade befindet.

Aus dem Bodensee kommend, fließt er westwärts bis Basel und bildet größtenteils die Grenze zwischen der Schweiz und Deutschland. Südlich von ihm liegt hier das Schweizer Mittelgebirgsland, mit den Westalpen im Hintergrund. Nördlich befindet sich der Schwarzwald. Etwa in der Mitte dieser 100 km langen Strecke mündet südlich die **Aare** in den Rhein.

In Basel ändert der Rhein seine Fließrichtung nach Nord und tritt in die rund 50 km breite Oberrheinische Tiefebene (Oberrheingraben) ein. Er behält diese Richtung 280 km lang bei. Die wichtigsten Städte in diesem Abschnitt sind Straßburg, Karlsruhe, Mannheim und Ludwigshafen. Linksrheinisch von Basel bis Straßburg finden wir die Vogesen, rechtsrheinisch den Schwarzwald.

Etwa auf der Höhe von Karlsruhe, kurz vor dem 49. Breitengrad, weicht die deutsch-französische Grenze nach Westen aus, während bis hierher der Rhein die Grenze bildete. Der weitere Stromabschnitt hat nun beiderseits deutsche Ufer. Jetzt liegt links der Pfälzer Wald, rechts immer noch der Schwarzwald, der bei Karlsruhe zurückweicht. In Mannheim mündet von Osten her kommend der **Neckar** in den Rhein. Rechtsrheinisch liegt jetzt der Odenwald. Auf dem 50. Breitengrad macht der Rhein eine rechtwinklige Richtungsänderung nach Westen und hält diese Richtung 45 km weit bei. An der Knickstelle mündet von rechts der **Main.** Hier liegen die Städte Mainz und Wiesbaden.

Nun ändert der Rhein wieder seine Richtung scharf nach NNW und durchbricht das Rheinische Schiefergebirge bei Bingen in einem scharfen und tiefen Einschnitt. Beiderseits sind steile Ufer mit Weinbergen. An beiden Ufern führen Straßen und Eisenbahnen bis nach Koblenz, wo knapp vorher von rechts die **Lahn** und in Koblenz von links die **Mosel** einmünden.

Zwischen Bingen und Koblenz ist links der Hunsrück und rechts der Taunus. Hinter der Mosel-Mündung liegt links (westlich) die Eifel und rechts der Westerwald. Zwischen der **Ahr**-Mündung von links und der **Sieg**-Mündung von rechts tritt der Rhein in die Niederrheinische Tiefebene ein. Das Gebiet westlich des Rheins ist nun flach, während östlich die Berge des Sauerlandes liegen. Von der Ahr-Mündung bis zur holländischen Grenze (ca. 200 km) behält der Strom seine Richtung bei. Hauptorte sind Köln und Düsseldorf. Nördlich von Duisburg zweigt der **Dortmund-Ems-Kanal** nach Osten ab und schwenkt später nach Nord.

Der **Mittellandkanal** bietet eine Schifffahrtsverbindung zwischen Rhein, Weser, Elbe, Berlin und Oder. Er beginnt am Rhein mit dem **Rhein-Herne- und Dortmund-Ems-Kanal**, welcher ab Rheine parallel zur Ems weiter nach Norden führt. Ab Rheine führt der eigentliche Mittellandkanal in Richtung Ost. Die **Weser** wird bei Minden mit einer Kanalbrücke überschritten. Im Süden des Kanals liegt das Wiehengebirge und zu beiden Seiten der Weser das Weserbergland. Etwa südlich parallel dazu der Teutoburger Wald. Von Berlin aus setzt sich die Wasserstraße als **Oder-Spree-Kanal** bis zur Oder fort. **Oder** und **Neiße** bilden die Grenze nach Polen. Bei Stettin mündet die Oder auf jetzt polnischem Gebiet in die Ostsee.

Der **Main** entspringt im Fichtelgebirge und mündet bei Mainz von Osten her in den Rhein. Typisch ist sein mäanderförmiger Lauf, der mit einem nördlich gekrümmten Bogen in die südlich von ihm gelegene Fränkische Alb beginnt. Bei Bamberg mündet von links die **Regnitz**. Von hier aus fließt der Main südlich der Hassberge ca. 10 km nach Westen und macht dann im so genannten Maindreieck eine zackige Kurve nach Süden und dann wieder nach Nordwest, an Würzburg vorbei. Anschließend kurvt er um den nördlich gelegenen Spessart herum und fließt dann weiter in westlicher Richtung durch Frankfurt und südlich des Taunus bis zum Rhein.

Die **Donau** entspringt im südwestlichen Teil Deutschlands zwischen Schwarzwald und Schwäbischer Alb in Donaueschingen. In nordöstlicher Richtung fließt sie parallel zur Schwäbischen Alb an deren Südseite und passiert die Städte Ulm und Ingolstadt. In Regensburg ändert die Donau die Laufrichtung nach Südost und fließt südlich entlang des

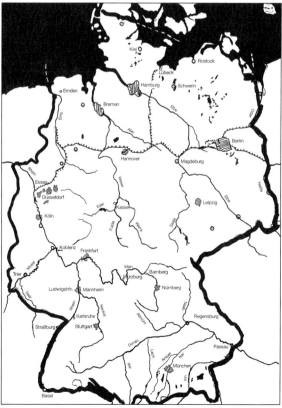

Bild 2.31   Flüsse und Seen in Deutschland

Bayerischen Waldes bis Passau. Hier verlässt sie Deutschland, durchfließt Linz und Wien in Österreich und mündet später ins Schwarze Meer. Die wichtigsten Nebenflüsse auf deutschem Gebiet heißen: **Iller, Lech, Isar, Inn** (von rechts mündend) und **Altmühl, Naab, Regen** (von links mündend).

Die **Weser** wird durch den Zusammenfluss von **Werra** und **Fulda** bei Hannoversch-Münden gebildet. Alle drei Flüsse fließen in nördlicher Richtung. Die Fulda entspringt in der Rhön, an der sie westlich vorbeifließt. Die Werra entspringt dagegen im Thüringer Wald, an dem sie ebenfalls westlich vorbeifließt. Zwischen den beiden Flüssen, kurz vor ihrer Vereinigung zur Weser, liegen die Rhön und der Meißner. Im weiteren Verlauf beschreibt die Weser östlich des Teutoburger Waldes einen großen Bogen nach Westen. Dabei passiert sie den Solling und Ith auf der Westseite und den Süntel und das Weser-Gebirge auf der Südwest-Seite. Nach einem scharfen Rechtsbogen bei Bad Oeynhausen fließt sie bei Minden unter dem Mittellandkanal hindurch in die Norddeutsche Tiefebene. Nördlich von Bremen gelangt sie bei Bremerhaven in die Nordsee. Die wichtigsten Nebenflüsse sind die **Diemel** und die **Aller**.

Die **Elbe** entspringt in Tschechien und tritt durch das Elbsandsteingebirge auf deutsches Gebiet. In nordwestlicher Richtung fließt sie zunächst durch Dresden, dann an Dessau vorbei, um bei Magdeburg einen Schwenk nach NNO zu machen. Nach ca. 80 km fließt sie wiederum in die alte Richtung (NW) und weitet sich ab Hamburg zu einem breiten Strom mit viel Hochseeschifffahrt. Bei Cuxhaven mündet sie in die Nordsee. Die größten Nebenflüsse sind die **Saale** (von links) und die **Havel** (von rechts kommend).

Seen und Talsperren sind in Deutschland in fast allen Landschaftsgebieten mehr oder weniger zahlreich vorhanden. Der markanteste See Deutschlands ist der **Bodensee**. Im Südwesten, an der Grenze zur Schweiz gelegen, erstreckt er sich über viele Kilometer in Richtung NW–SO. Weiter nach Osten sind die bayerischen Seen **Ammersee, Starnbergersee und Chiemsee** zu nennen. Weitere, kleinere Seen schließen sich an.

Nördlich von München bis hinauf nach Frankfurt sind dagegen keine größeren Seen anzutreffen. Im westfälischen Sauerland sind wieder einige markante Talsperren zu finden. Nicht allzu groß, aber deutlich zu erkennen, sind nördlich vom Mittellandkanal der **Dümmersee** und nordwestlich von Hannover das **Steinhuder Meer**. Noch weiter nördlich liegen bei Plön in der Holsteinischen Schweiz viele mittlere und kleine Seen. Östlich von Lübeck beginnt die **Mecklenburgische Seenplatte,** welche sich über 150 km über Schwerin, Waren (a. d. Müritz) bis nach Nordbrandenburg hinzieht. Von hier aus in südlicher Richtung bis Berlin erstreckt sich die **Strelitzer Seenplatte**. Zusammen mit den Seen um Berlin liegen zwischen Elbe und Ostsee hunderte von kleineren und größeren Gewässern. Die größten hiervon sind der **Müritzsee, Schweriner See und Plauer See**. Im Bereich des Harzgebirges und des Thüringer Waldes gibt es einige Stauseen.

Bei der Vielfalt der Formen ist es unbedingt erforderlich, sich vor einem Flug die in Frage kommenden Seen einzuprägen.

2.3.4.3   Autobahnen, Straßen, Eisenbahnlinien

Die besten Auffang- und Leitlinien sind meist die Autobahnen, genauso wie mehrgleisige Eisenbahnlinien, wenn sie nicht in Ballungsräumen liegen, wie z. B. dem Ruhrgebiet. Hier können viele autobahnähnliche Querverbindungen und mehrspurige Umgehungsstraßen für Verwirrung sorgen. Auch eingleisige Eisenbahnlinien sind oftmals schwer zu erkennen, vor allem wenn sie durch bergiges, bewaldetes Gebiet führen und durch zahlreiche Kurven und evtl. Tunnel unübersichtlich sind. Zumal aus großer Höhe kleine Gleisstrecken oft kaum zu erkennen sind.

2.3.4.4   Größere Städte, Ballungsräume, Industrielandschaften

Da jede größere Stadt ein besonderes Aussehen und womöglich weithin sichtbare Wahrzeichen hat, sollte man sich diese Besonderheiten merken. Aufschlussreich sind in diesem Sinne wiederum Autobahnen, Flüsse, Eisenbahnstrecken usw., die in einer bestimmten Richtung in die oder aus der Stadt führen und mit der Karte verglichen werden können.

So ist z. B. Köln schon von Ferne an seinem Wahrzeichen, dem Kölner Dom, zu erkennen. Duisburg erkennt man dagegen an dem großen Binnenhafen, an den vielen mit „Esso" beschrifteten Tanks und an den parallelen Kais.

Das Ruhrgebiet ist eine Anhäufung von 12 Groß- und 10 Kleinstädten. Dichte Besiedlung herrscht auch zwischen den Städten, viele Industrieanlagen, Fördertürme, Halden, Gaskessel sowie starker Straßen- und Schiffsverkehr charakterisieren die Landschaft. Industriedunst kann hier die sonst gute Sicht verschlechtern.

2.3.4.5   Bergzüge und markante Berggipfel

Berge sind aus der Ferne an ihrer besonderen Form zu erkennen und haben oft charakteristische Türme und Antennen. So ist z. B. der Königsstuhl bei Heidelberg durch seinen Sendeturm markant. Der Donnersberg im Pfälzer Wald hat einen großen Fernsehturm und viele Relaisantennen der amerikanischen Relaisstation als unverwechselbare Merkmale.

Es darf aber nicht verschwiegen werden: Je höher man fliegt, umso flacher wirkt das Gelände und umso schlechter sind die Bergprofile und Einzelheiten zu erkennen.

Bergzüge sind als Leit- und Auffanglinien brauchbar, wenn sie sich durch Form und Bewuchs von der näheren Umgebung unterscheiden. In Bild 2.32 sind die hauptsächlichen Gebirgszüge von Deutschland und den angrenzenden Staaten schematisch zusammengestellt. Die Hauptgipfel dieser Gebirgszüge sind auf den Navigationskarten leicht zu finden. Sie sind namentlich genannt oder zumindest mit einem Punkt und zugehöriger Höhenangabe versehen.

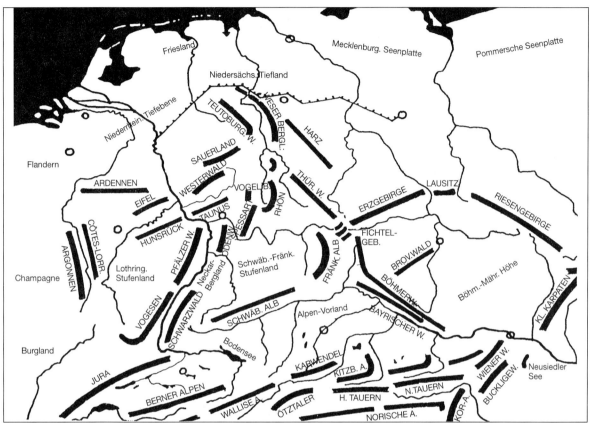

Bild 2.32   Gebirge und Höhenzüge in Mitteleuropa

2.3.4.6   Höhengliederung Deutschlands

Das **Norddeutsche Tiefland** erstreckt sich von der Nord- und Ostsee mit einer durchschnittlichen Höhe von 50 m über NN bis zur Linie Ruhrgebiet–Hannover–Magdeburg–Cottbus. Die nordsüdliche Ausdehnung beträgt im Durchschnitt 250–300 km. Das Gebiet wird unterteilt in: die Niederrheinische Tiefebene, das Niedersächsische Tiefland und die Mecklenburgische Seenplatte.

Südlich anschließend folgt das **mitteldeutsche Gebirgsland**, welches bis zur Linie Hunsrück–Taunus–Spessart–Rhön–Thüringer Wald–Erzgebirge und Riesengebirge (Polen) reicht. Die Höhe beträgt 200 bis 300 m über NN mit Bergen bis 900 m Höhe. Die nordsüdliche Ausdehnung erstreckt sich durchschnittlich über 200 km.

Das **süddeutsche Gebirgsviereck** wird von drei Gebirgen und einem Fluss begrenzt. Im Osten ist es der Böhmer Wald, im Süden sind es die Alpen, im Westen der Schwarzwald, während die Main die nördliche Grenze bildet. Diagonal wird es von der Schwäbischen Alb und der Fränkischen Alb durchzogen.

Das **Alpenvorland** besteht aus der schwäbisch-bayerischen Hochebene (bis 900 m hoch). Die deutschen Alpen im Süden steigen fast bis 3000 m (Zugspitze 2969 m) an.

2.3.4.7   Landschaftscharakteristiken

Norddeutsches Tiefland: Die ostfriesische Inselkette ist der Nordseeküste vorgelagert. Zwischen den Inseln und der Nordseeküste liegt das Wattenmeer (bei Ebbe ohne Wasser). Landeinwärts, vom Meer durch Deiche getrennt, folgt die fruchtbare Marsch mit vielen Einzelhöfen und schwarzfleckigen Rindern. Weiter landeinwärts folgt die Geest. Sie ist mit 50 m über NN höher gelegen als die Marsch (eiszeitliches Aufschüttungsgebiet) und hügelig. Weidegebiete, Heide, viele

Moore und Schifffahrtskanäle wechseln sich ab. In Schleswig-Holstein sind Wiesen und Felder oft mit Buschwällen umgrenzt, die als Windbrecher dienen und die Feuchtigkeit im Boden halten. Ferner sind auch viele umwaldete Seen und bewaldete Hügel zu finden.

Die **Ostseeküste** unterscheidet sich deutlich von der Nordseeküste. Während an der Nordsee vorwiegend Flachufer zu finden sind, wechseln an der Ostsee Flach- und Steilufer schnell ab.

Mecklenburgisches Flachland: Mecklenburgische Seenplatte mit Erhebungen (nördlicher Landrücken, Endmoränenzüge) bis 180 m über NN.

Havelland: Es erstreckt sich von der Elbe zwischen Burg bei Magdeburg und Wittenberge im Westen durch das von Elbe und Spree durchflossene sumpf- und seenreiche Elbe-Oder-Tiefland, einschließlich dem Ballungsraum in und um Berlin.

Südlicher Landrücken: Südwestlich von Berlin zieht sich der Fläming (bis 200 m Höhe) von NW nach SO bis zu den Lausitzer Höhen quer durch das Land. Verbreitet sind Kieferforste und Ackerbau.

Teutoburger Wald: Unmittelbar aus der Ebene aufsteigender, lang gezogener (ca. 100 km), dicht bewaldeter Wall mit dicht nebeneinander liegenden Kämmen (200 bis 450 m über NN). Zu beiden Seiten Weideland und unterschiedlich starke Besiedlung. Am südwestlichen Ende das Hermanns-Denkmal mit Detmold. Gegenüber, auf der Südseite des „Teutos", liegt die Senne (Sand-Heideland) mit einem großen Truppenübungsplatz.

Weserbergland: Hügeliges, reich bewaldetes Bergland, zum Teil mit schroffen Felsabfällen (Ith). Nur im Oberlauf der Weser bis zum 52. Breitengrad enge, schmale Täler. Später breites Wesertal. Mäßig starke Besiedlung mit kleinen Gemeinden. Markanter Weserdurchbruch durch das Weser-Wiehengebirge (Porta Westfalica), das Kaiser-Wilhelm-Denkmal westlich und ein Fernsehturm östlich davon auf den Hängen.

Harz: Steiler Gebirgskegel, unmittelbar aus den Hügeln aufsteigend. Fichtenwälder, steile Schluchten und Hänge mit Kanzeln und teils überhängenden Felsen. Kuppe (Brocken, 1 142 m) zum Teil bebaut. Schmalspurbahn bis zur Kuppe.

Das **Thüringer Becken**, eine weiträumige, flache Mulde, liegt in seinen zentralen Teilen nördlich von Erfurt auf nur 150–200 m NN; an seinen Rändern steigt das Gelände dagegen bis auf 500 m über Meereshöhe an und bildet das Vorland zum Thüringer Wald.

Der **Thüringer Wald**, etwa 60 km lang und durchschnittlich 10 km breit, ist mit vielen Tälern durchzogen. Die höchsten Erhebungen sind der **Große Beerberg** (982 m) und der **Große Inselsberg** (916 m).

Das **Erzgebirge, Elbsandsteingebirge** und die **Lausitzer Berge** bilden den südöstlichen Grenzverlauf zur Tschechischen Republik. Das Erzgebirge erstreckt sich dabei zu beiden Seiten der Grenze über 130 km Länge und 30–35 km Breite. Die höchsten Berge im westlichen Teil sind der **Keilberg** (1 244 m) in Tschechien, der **Fichtelberg** (1 214 m) und der **Auersberg** (1 019 m) in Deutschland. Das Elbsandsteingebirge, markant durch starke Erosion, liegt mit maximal 400 m wesentlich tiefer. Desgleichen die Lausitzer Berge.

Sauerland: Parkähnliche Landschaft mit viel Wald, Viehzucht und Ausflugsbetrieb. Viele umwaldete Stauseen. Typisch: schwarz-weiße Fachwerkhäuser.

Eifel: Vulkaneifel mit den Maaren, von Wall oder Wald umgeben. Gut ausgebaute Ost-West-Straßen. Nördlich davon die Hocheifel (Hohe Acht) mit dem Nürburgring. Wenig Ackerbau, viele Wälder und Wiesen.

Mosellandschaft: Tief eingeschnittenes Flusstal mit vielen Windungen. Moselkanalisierung mit zahlreichen Staustufen. Grüne Seitentäler und Schluchten. An den Sonnenhängen liegen Weinberge, an den Schattenseiten Wälder. Zahlreiche Burgen.

Schwäbische und Fränkische Alb: Hochflächen mit wenig Siedlungen; nur Zwergstädte. Weiße Feldwege (Kalk-Sandstein). Vereinzelt grauweiße Klippen und Türme.

Alpenvorland: Von der Donau aus flach zu den Alpen ansteigend; ohne Bergkuppen. Moore, Fichten- und Buchenwälder. Viel Viehwirtschaft, viele Seen und Stauseen. Typisch: Barock-Zwiebeltürme.

2.4 Flugnavigation

2.4.1 Kompasslehre

2.4.1.1 Erdmagnetismus und Ortsmissweisung

In Abschnitt 2.3.3 wurde erläutert, wie der Kurs aus der Navigationskarte entnommen wird. Es ist der Winkel zwischen dem geographischen Nordpol und der Flugrichtung. Eine Bestimmung dieses Winkels (rwK = rechtweisender Kurs) ist mit Hilfe des Kursdreiecks und den Meridianen auf der Karte am Boden relativ einfach. Da wir in der Luft unser Flugzeug auf den gewünschten Kurs bringen wollen, die Meridiane aber auf der Erdoberfläche nicht zu sehen sind, benötigen wir einen Kompass, der uns den Winkel zwischen Nordpol und rechtweisendem Kurs (rwK) anzeigt.

Die Nadel eines Magnetkompasses richtet sich in Richtung Nordsüd aus. Allerdings stimmt diese Richtung nicht mit dem geographischen Nord- und Südpol überein. Der Grund dafür ist das erdmagnetische Feld, welches die Erde umgibt (Bild 2.33).

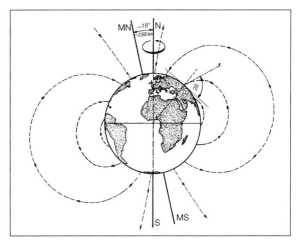

Bild 2.33   Das erdmagnetische Feld

Man kann sich einen starken Stabmagneten im Inneren der Erde vorstellen, der dieses Magnetfeld erzeugt. Die Pole dieses gedachten Magneten schneiden die Erdoberfläche an den so genannten magnetischen Polen, die aber nicht mit den geographischen Polen identisch sind. So liegt der magnetische Nordpol (MN) etwa 2 000 km vom geographischen Nordpol entfernt (Bild 2.34).

Unser Flugzeugkompass richtet sich also auf magnetisch Nord (MN) aus und zeigt damit eine missweisende Richtung an. Wir sprechen in diesem Fall von **missweisend Nord = mwN.**

Den Winkel, um den die Kompassnadel an einem bestimmten Ort von dem auf der Navigationskarte eingetragenen geographischen Meridian abweicht, nennt man **Ortsmissweisung (OM) oder englisch: Variation (Var).**

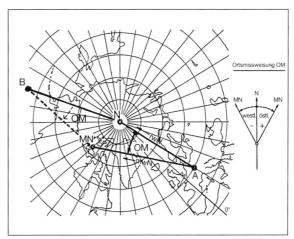

Bild 2.34   Entstehung der Ortsmissweisung

> Die Richtung des **geographischen Meridians** nach Nord heißt:
> **rechtweisend Nord = rwN**
> **(engl.: True North = TN).**
>
> Die Richtung des **magnetischen Meridians** nach Nord heißt:
> **missweisend Nord = mwN**
> **(engl.: Magnetic North = MN).**

Die Ortsmissweisung (Variation) wird vom geographischen Meridian aus nach rechts (000° bis 180°) als östliche (+) Abweichung bezeichnet und gemessen. Die Missweisung nach links (000° bis 180°) als westliche (–) Abweichung.

Das Beispiel A in Bild 2.34 zeigt eine westliche Abweichung, die mit Minus (–) bezeichnet wird. Wäre unser Standort B, also links auf der Polkarte, so zeigte uns die gestrichelte Linie eine östliche plus (+) Abweichung. Die Ortsmissweisung ist also nur vom Standort abhängig.

Verbindet man alle Orte der Erdoberfläche, welche die gleiche Ortsmissweisung haben, durch Linien, dann erhält man die so genannten **Isogonen** (griechisch: iso = gleich,

Bild 2.35   Isogonen

gonos = Winkel, also **Linien gleicher Missweisung).** Isogonen mit 0° OM heißen **Agonen.** Die Isogonen sind auf den Navigationskarten als blau oder rot gestrichelte, oft geschwungene Linien eingezeichnet und am Kartenrand mit dem OM-Wert gekennzeichnet (Bild 2.35).

Infolge der Wanderung der magnetischen Pole ändert sich die OM jährlich um etwa +0,07°. Zurzeit (2006) haben wir in Deutschland Ortsmissweisungen zwischen 0° und 2° Ost. Zu Anfang unseres Jahrhunderts lag der magnetische Nordpol auf der kanadischen Halbinsel Boothia Felix. Inzwischen ist er jedoch mehr als 600 km davon entfernt.

2.4.1.2   Kompassablenkung durch Flugzeugbauteile

Magnetisch gewordene Eisenteile oder stromführende Bordgeräte sowie Leitungen können ein magnetisches Feld im Flugzeug erzeugen, das die Kompassanzeige verfälscht. In erster Linie ist der Einfluss des erdmagnetischen Feldes hierfür verantwortlich. Durch diese Einflüsse zeigt der Kompass eine Nordrichtung an, die sowohl von der geographischen als auch der magnetischen abweicht. Diese Richtung wird **Kompass-Nord (KN, engl.: Compass North = CN)** genannt. Die Ablenkung selber bezeichnen wir als **Deviation (Dev).** Sie wird durch Kompensation so weit wie möglich ausgeglichen. Die Restdeviation wird in einer Tabelle aufgezeichnet, die in der Nähe des Kompasses angebracht ist (Bild 2.36).

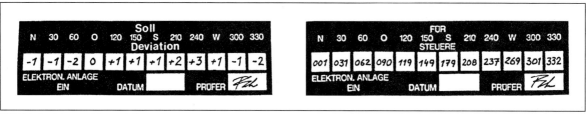

Bild 2.36   Deviations- und Steuertabelle

In der linken Tabelle sind die Abweichungswerte mit + und – (östlich und westlich) angegeben und müssen rechnerisch verarbeitet werden. Die rechte (Steuer-) Tabelle zeigt dem Piloten dagegen direkt die Zielinformation des zu steuernden Kurses. Die Werte sind natürlich für jedes Flugzeug anders und ändern sich in Größe und Richtung mit dem jeweils anliegenden Kurs des Flugzeugs.

Wir können bisher **drei** verschiedene **Nordrichtungen** und **zwei Korrekturgrößen** unterscheiden:

- **rechtweisend Nord**   **= rwN**   engl.: **True North**   **= TN**
- **missweisend Nord**   **= mwN**   engl.: **Magnetic North**   **= MN**
- **Kompass-Nord**   **= KN**   engl.: **Compass North**   **= CN**

- **Ortsmissweisend**   **= OM**   engl.: **Variation**   **= Var**
- **Deviation**   **= Dev**   engl.: **Deviation**   **= Dev**

Außerdem merken wir uns für die spätere Kursberechnung:

- **nach rechts abgetragene Winkel haben immer ein positives (+)**
- **nach links abgetragene Winkel haben immer ein negatives (–)**

Vorzeichen und werden mit umgekehrten Vorzeichen (z.B. + statt –) in die Rechnung eingebracht.

Durch Kurvenflug, Beschleunigung und Querneigung entstehen in Verbindung mit dem Magnetsystem der Erde und des Kompasses verschiedene weitere Anzeigefehler, die im Kapitel Technik unter 4.3.5 „Der Magnetkompass" eingehend behandelt werden.

2.4.2   Kursbegriffe und Kursarten

2.4.2.1   Die drei Bezugskurse

Unter der Bezeichnung Kurs verstehen wir den Winkel zwischen der Bezugsrichtung (z.B. geographisch Nord) und der Kursrichtung, die wir angeben wollen. Je nachdem, wie wir die Bezugsrichtung wählen (rwN, mwN, KN), erhalten wir für ein und dieselbe Kursrichtung (= K in Bild 2.37) drei verschiedene Winkel bzw. Kurse. Jeder dieser Kurse hat eine andere Bezugsrichtung (deshalb „Bezugskurs").

Auf den nächsten Seiten folgt eine Zusammenfassung aller im Segelflug gebräuchlichen Kursbegriffe mit Erklärung, Abkürzung und englischer Übersetzung.

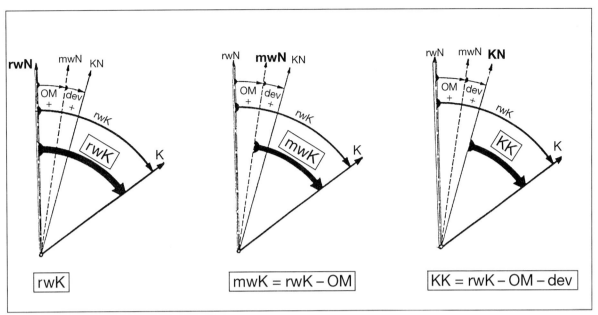

Bild 2.37   Die drei Bezugskurse

Kursbegriffe:

Deutsch			Englisch	
Benennung	Abkürzung	Erklärung	Benennung	Abkürzung
Abtrift (-winkel)	A	Winkel zwischen der Voraus-Richtung der Flugzeuglängsachse und der tatsächlichen Richtung des Weges über Grund	Drift Angle	DA
Breitenkreis		Verbindungslinie aller Orte mit der gleichen geographischen Breite	Parallel of Latitude	
Deklination		anderer Begriff für Missweisung (siehe Missweisung)	Variation	Var
Deviation	Dev	Winkel zwischen missweisend Nord und Kompass-Nord, ausgehend von missweisend Nord	Deviation	Dev
Gegenwind-komponente	GWKp	Längs des Weges über Grund auf das Flugzeug wirkende Komponente des Windes mit einem Windwinkel von 0° bis maximal ± 90°	Head Wind Component	HWC
Geographische Nordrichtung	gN	Richtung zum geographischen Nordpol	True North	TN
Geschwindigkeit über Grund	V_G	Geschwindigkeit des Flugzeugs über Grund	Ground Speed	GS
Kartenkurs	K	Die der Navigationskarte entnommene beabsichtigte Richtung des Weges über Grund, in der Norm auch als KaK bezeichnet	Course	C
Kompasskurs	KK	Winkel zwischen Kompass-Nord und der Richtung des Kartenkurses	Compass Course	CC
Kompass-Nord	KN	Kompass-Nordrichtung	Compass North	CN
Kompass-Steuerkurs	KSK	Winkel zwischen Kompass-Nord und der Voraus-Richtung der Flugzeuglängsachse	Compass Heading	CH

Deutsch			Englisch	
Benennung	Abkürzung	Erklärung	Benennung	Abkürzung
Koordinaten		Beschreibung eines Ortes durch geographische Breite und Länge. **Merke:** Breite immer vor Länge	Coordinate System	
Koppelort	O_k	Voraussichtliche Position des Flugzeugs über Grund nach einer bestimmten Flugzeit unter Berücksichtigung des angenommenen Windes	Dead Reckoning Position	DR-Pos
Kurs über Grund	KüG	Beobachtete (tatsächliche) Richtung des Weges über Grund	Track	T
Längenkreis		Verbindungslinie aller Orte mit der gleichen geographischen Länge	Meridian of Longitude	
Luvwinkel	L	Winkel zwischen Kartenkurs (Richtung des beabsichtigten Weges über Grund) und Steuerkurs (Voraus-Richtung der Flugzeuglängsachse)	Wind Correction Angle	WCA
Meridian		andere Bezeichnung für Längenkreis	Meridian	
Missweisend Nord	mwN	Richtung der Horizontalkomponente des erdmagnetischen Feldes	Magnetic North	MN
Missweisender Kurs	mwK	Winkel zwischen der magnetischen Nordrichtung und der beabsichtigten Richtung des Weges über Grund	Magnetic Course	MC
Missweisender Steuerkurs	mwSK	Winkel zwischen der magnetischen Nordrichtung und der Voraus-Richtung der Flugzeuglängsachse	Magnetic Heading	MH
Missweisung	Mw	Winkel zwischen rechtweisend Nord und missweisend Nord, ausgehend von rechtweisend Nord nach Osten (E) mit positivem Vorzeichen, nach Westen (W) mit negativem Vorzeichen	Variation	Var
Nullmeridian		Willkürlich festgelegter Meridian, der als Ausgangslinie für die Bezeichnung der Meridiane ausgewählt wurde (verläuft durch die Sternwarte von Greenwich)	Greenwich Meridian (Prime Meridian)	
Ortsmeridian		Bezeichnung für den Meridian, der durch einen bestimmten Ort verläuft	Local Meridian	
Ortsmissweisung	OM	andere Bezeichnung für Missweisung	Variation	Var
Rechtweisend Nord	rwN	Geographische Nordrichtung	True North	TN
Rechtweisender Kurs	rwK	Winkel zwischen rechtweisend Nord und der beabsichtigten Richtung des Weges über Grund (auch Kartenkurs)	True Course	TC
Rechtweisender Steuerkurs	rwSK	Winkel zwischen rechtweisend Nord und der Voraus-Richtung der Flugzeuglängsachse	True Heading	TH
Rechtweisender Kurs über Grund	rwKüG	Winkel zwischen rechtweisend Nord und der tatsächlichen Richtung des Weges über Grund	True Track	TT
Rückenwindkomponente	RWKp	Längs des Weges über Grund auf das Flugzeug wirkende Komponente des Windes bei einem Windwinkel von ± 090° bis ± 180°	Tail Wind Component	TWC

Deutsch			Englisch	
Benennung	Abkürzung	Erklärung	Benennung	Abkürzung
Standort		andere Bezeichnung für den beobachteten Ort	Fix Position	
Steuerkurs	SK	Voraus-Richtung der Flugzeuglängsachse	Heading	H
Tatsächliche Richtung		Flugrichtung, die sich als Folge aller wirkenden Einflüsse ergibt (Kurs über Grund)	Track	T
Wahre Eigengeschwindigkeit	V_E	Eigengeschwindigkeit des Flugzeugs gegenüber der umgebenden Luft (Einbaufehler und Dichtekorrektur sind berücksichtigt)	True Air Speed	TAS
Weg über Grund		Bewegungsrichtung des Flugzeugs, auf den Boden projiziert	Track	T
Windeinfallwinkel	we	Winkel zwischen Steuerkurs (Voraus-Richtung der Flugzeuglängsachse) und der Richtung, aus welcher der Wind kommt	Relative Wind Angle	RWA
Windgeschwindigkeit	V_W	Bewegungsgeschwindigkeit des Windes	Wind Speed	WS
Windrichtung	W_R	Höhenwind: Winkel zwischen rechtweisend Nord und der Richtung, aus welcher der Wind kommt Bodenwind: Winkel zwischen missweisend Nord und der Richtung, aus welcher der Wind kommt	Wind Direction	WD
Windwinkel	ww	Winkel zwischen Kurs über Grund (Richtung des Weges über Grund) und der Richtung, aus welcher der Wind kommt	Wind Angle	WA
Windstillepunkt	WSP	Position des Flugzeugs relativ zur umgebenden Luft nach einer bestimmten Flugzeit	Air Position	AP
Windpunkt	WP	Gedachter Standort eines Flugzeugs nach einer Stunde ohne Eigengeschwindigkeit (wie ein Ballon) nur durch Windversetzung	Windpoint	WP

Bei den Abkürzungen für Geschwindigkeiten, wie z. B. V_E oder V_W, wird der zweite bezeichnende Buchstabe auch oft klein geschrieben (V_e oder V_w).

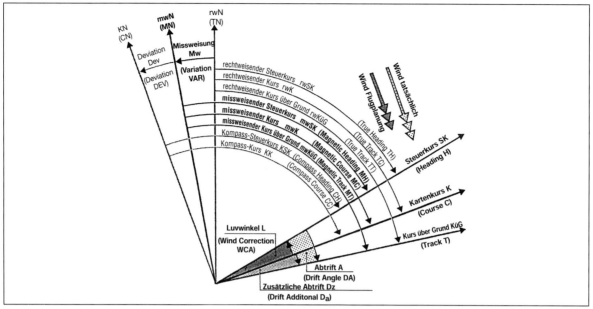

Bild 2.38   Vollständiges Kursschema

2.4.2.2   Kursumrechnungen

Nachdem sich die drei Bezugskurse nur um die Ortsmissweisung (OM) oder um die OM + Deviation (Dev) unterscheiden, kann man die Kurse einfach umrechnen. Aus dem Bild 2.37 sind die Umrechnungen leicht zu ermitteln.

$$\frac{mwK = rwK - OM}{KK = mwK - Dev = rwK - OM - Dev}$$

Beim Rechnen mit Zahlen ist auf das jeweils richtige Vorzeichen (+, –) zu achten. OM west (= minus) und OM ost (= plus). Wie schon zuvor erläutert, wird z.B. eine westliche Ortsmissweisung von 10° mit –10° bezeichnet, aber mit +10° zum rwK addiert. Bild 2.39 (rechts) zeigt das Kursschema und Beispiel 2 die zugehörige Rechnung. Bei östlicher Missweisung wird die Plus-Bezeichnung mit minus von der Rechnung abgezogen. Siehe Bild 2.39 (links) und Beispiel 1.

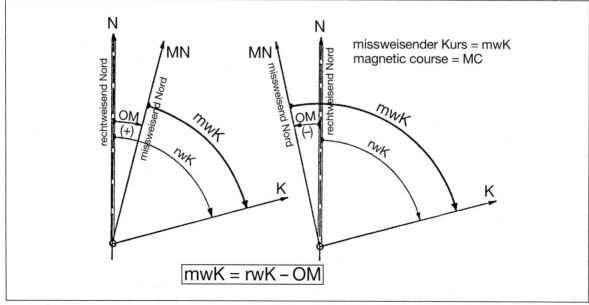

Bild 2.39   Östliche OM (+) und westliche OM (–)

Beispiel 1 (Bild 2.39, links)   mwK = rwK − OM   **Rechnung:**   rwK = 080°
gegeben: rwK = 080°, OM = 10° Ost (+)   −OM = −10°
mwK = 070°

Beispiel 2 (Bild 2.39, rechts)   mwK = rwK − OM   **Rechnung:**   rwK = 080°
gegeben: rwK = 080°, OM = 10° West (−)   −OM + 10°
mwK = 090°

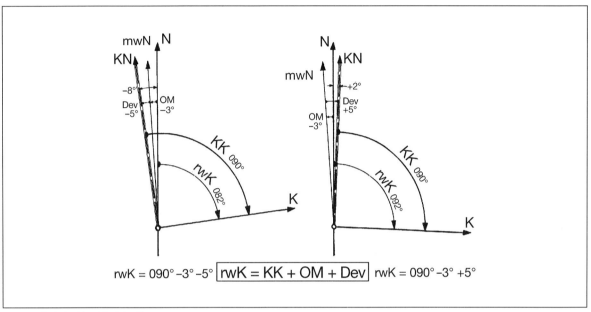

rwK = 090° −3° −5° $\boxed{\text{rwK = KK + OM + Dev}}$ rwK = 090° −3° +5°

Bild 2.40   Deviation (+) und Deviation (−)

Bei der Berechnung des Kompasskurses wird mit der Deviation ebenso verfahren: Um vom mwK zum KK zu gelangen, wird eine negative (−) Dev addiert, eine positive (+) Dev wird subtrahiert. In Bild 2.40 und den zugehörigen Rechnungen sind wiederum zwei Beispiele aufgeführt.

Der Kompass zeigt 090° (Kompasskurs, KK). Wir wollen wissen, wie groß der Kartenkurs (rwK) ist.

Beispiel 3 (Bild 2.40, links)   rwk = KK + OM + Dev   **Rechnung:**   KK = 090°
gegeben: KK = 090°, OM = 3° West (−), Dev = −5°   OM = −3°
Dev = −5°
rwK = 082°

Beispiel 4 (Bild 2.40, rechts)   rwk = KK + OM + Dev   **Rechnung:**   KK = 090°
gegeben: KK = 090°, OM = 3° West (−), Dev = +5°   OM = −3°
Dev = +5°
rwK = 092°

Um zu errechnen, nach welcher Kompassanzeige wir fliegen müssen, wenn wir den in Beispiel 4 genannten Kartenkurs (rwK) einhalten wollen, ist dieser der Ausgangspunkt für unsere Rechnung, die (ohne Windeinfluss) folgendermaßen aussieht:

Kartenkurs =   **rwK = 092°**
Ortsmissweisung West (−3°)   **OM = +3°**
Deviation (+5°)   **Dev = −5°**
Kompasskurs   **KK = 090°**

Wir sehen, dass hier die Vorzeichen umgekehrt eingesetzt werden müssen, um den richtigen Kompasskurs zu bekommen.

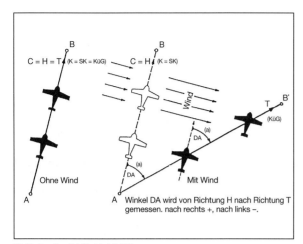

Bild 2.41   Der Abtriftwinkel A (DA)

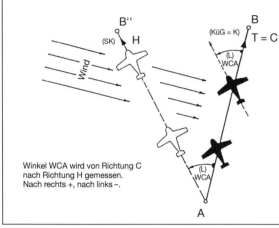

Winkel WCA wird von Richtung C
nach Richtung H gemessen.
Nach rechts +, nach links –.

Bild 2.42   Der Luvwinkel L (WCA)

2.4.2.3   Die Kurse unter Windeinfluss

Der Kompass zeigt unter Berücksichtigung von OM und Dev die Richtung der Flugzeuglängsachse in Flugrichtung an. In diese Richtung würde unser Segelflugzeug bei Windstille von A nach B fliegen, und zwar auf der beabsichtigten **Kartenkurslinie (K, auch KaK,** engl.: Course = C).

Die durch die Flugzeuglängsachse gegebene Kurslinie nennt man **Steuerkurslinie** (SK, engl.: Heading = H). Die Kurslinie, die das Flugzeug über Grund zurücklegt, heißt **Kurs über Grund (KüG,** engl.: Track = T). Siehe Bild 2.41.

Bei **Windstille** ist demnach:

K = SK = KüG (engl.: C = H = T). Im Klartext: Kartenkurs, Steuerkurs und Kurs über Grund sind gleich.

Wenn sich die Luftmasse aber bewegt (Wind), wie im Bild 2.41 rechts dargestellt, wird das Segelflugzeug gegenüber dem Erdboden von der Steuerkurslinie (SK, H) abgetrieben und bewegt sich dann über Grund auf einem anderen Flugweg, nämlich dem Kurs über Grund (KüG, T); in dem gezeichneten Fall nach rechts. Das Segelflugzeug fliegt von A nach B', statt von A nach B.

Der **Winkel,** den der **Kurs über Grund** (KüG, T) mit der **Steuerkurslinie** (SK, H) einschließt, heißt **Abtrift (A,** engl.: Drift Angle = DA).

Wichtig: Die **Abtrift** wird von der **Steuerkurslinie** SK (H) aus gemessen, und zwar je von 0° bis 180° nach rechts und links, wobei rechts mit positiv (+) und links mit negativ (–) bezeichnet ist.

Die oft gebrauchten und hauptsächlichsten Kursbegriffe sowie das komplette Kursschema (siehe Bild 2.38) sollte man sich einprägen und auch mit den englischen Bezeichnungen vergleichen. Zusätzlich wird die Lektüre der **Flugsicherheitsmitteilung 2/86 des LBA** (zum Download auf der DAeC-Homepage) empfohlen, in der in geraffter Form das Thema Navigation behandelt wird.

Will man bei Wind auf der beabsichtigten Kurslinie K über Grund fliegen, so dass KüG = K ist, dann muss das Segelflugzeug entsprechend der Windrichtung und der Windstärke gegen den Wind gesteuert werden (Bild 2.42).

Der Winkel zwischen der gewünschten Kurslinie K und der benötigten Längsachsenrichtung SK heißt **Vorhaltewinkel** oder **Luvwinkel (L).** Die Luvseite ist die Seite, von der der Wind kommt, und die Leeseite ist die Seite, zu der der Wind hinweht. Auf englisch heißt der Luvwinkel Wind Correction Angle = WCA.

Wichtig: Der Luvwinkel wird von der Kurslinie K aus gemessen. Nach rechts positiv (+), nach links negativ (–) von 0° bis 180°. **Luvwinkel und Abtrift sind nicht gleich groß!**

2.4.2.4   Die Kursbezeichnungen

Die Kursbegriffe wurden bereits komplett beschrieben. Nachstehend nochmals zur Vertiefung eine Zusammenfassung:

- **Rechtweisend** bezieht sich immer auf geographisch Nord, **missweisend** auf magnetisch Nord.
- **Steuerkurse** beziehen sich immer auf die Voraus-Richtung der Flugzeuglängsachse.
- **Kompasskurse** gehen immer von der Kompassnordrichtung aus.
- **Geschwindigkeiten** werden immer mit einem großen V und einem weiteren (tiefgestellten) kleinen Buchstaben bezeichnet.

2.4.2.5 Das Winddreieck

Das Winddreieck ist eine einfache vektorielle, zeichnerische Darstellung des Windeinflusses auf ein im Fluge befindliches Flugzeug. Es wird in der flugnavigatorischen Praxis vor allem zur Lösung folgender Aufgaben verwendet:

- Ermittlung des rechtweisenden Steuerkurses (rwSK/TH)
- Bestimmung der Geschwindigkeit über Grund (V_g/GS)
- Berechnung der Flugzeit von A nach B

Um Verständnis für die Zusammenhänge bei der Navigation zu erwerben, ist es für jeden Flugschüler erforderlich, ein Winddreieck konstruieren zu können und es später als Hilfsmittel bei der Navigationsberechnung einzusetzen. Planen wir einen Streckenflug, so setzt sich der Weg über Grund aus dem Weg des Segelflugzeugs in der umgebenden Luftmasse und aus dem Weg dieser Luftmasse (Wind) über dem Erdboden zusammen. Wir haben es hier mit der **Summe von zwei Vektoren** zu tun, und zwar mit dem **Steuerkursvektor** und dem **Windvektor.** In der Mathematik versteht man unter dem Begriff Vektor eine Größe, der eine bestimmte Richtung zugeordnet ist. Ein Vektor benötigt immer **zwei** Angaben: Die **Richtung und seine Größe,** z. B. die Windrichtung und die Windgeschwindigkeit (W/V).

Ein Winddreieck besteht aus drei Vektoren (Bild 2.43), von denen jeder eine Richtung und eine Größe hat:

a) Steuerkursvektor (Air Vector):
Richtung	**=**	**Flugzeuglängsachse in Flugrichtung rwSK**	**= True Heading**	**TH**
Größe	**=**	**Eigengeschwindigkeit V_e**	**= True Airspeed**	**TAS**

b) Windvektor (Wind Vector):
Richtung:	**=**	**in die der Wind weht (!!!) W**	**= Wind Direction**	**WD**
Größe	**=**	**Windgeschwindigkeit V_w**	**= Wind Speed**	**WS**

c) Grundvektor (Ground Vector)
Richtung	**=**	**Kurs (Weg) über Grund KüG**	**= Track**	**T**
Größe	**=**	**Geschwindigkeit über Grund V_g**	**= Ground Speed**	**GS**

Es sind also insgesamt sechs Bestimmungsstücke. Sind vier davon bekannt und davon wenigstens eine Länge, dann können die restlichen mit Hilfe des Winddreiecks bestimmt werden.

Zum Windvektor ist zu sagen, dass beide Bestimmungsstücke (Richtung und Größe) immer gemeinsam als **Wind (W/V)** bezeichnet werden. Zuerst wird die **Richtung,** aus welcher der Wind weht, genannt, dann die **Geschwindigkeit in Knoten (kt).** Auf englisch heißt die gemeinsame Bezeichnung **wind velocity.**

Geschwindigkeiten werden als Längen dargestellt. Alle Richtungen im Winddreieck sind immer auf rechtweisend Nord (rwN/TN) bezogen. Sollten die Richtungen missweisend oder kompassbezogen vorliegen, dann ist vor dem Zeichnen des Winddreiecks auf rechtweisend Nord umzurechnen.

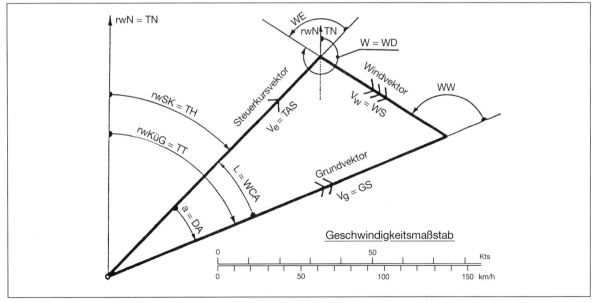

Bild 2.43   Bezeichnungen und Symbole am Winddreick

Für die Darstellung der Geschwindigkeiten ist ein Geschwindigkeitsmaßstab (wahlweise in km oder nautischen Meilen) festzulegen, der unbedingt **für alle Vektoren gleich sein** muss. Die einzelnen Vektoren werden wie folgt gekennzeichnet:

Steuerkursvektor	1 Pfeil	——>——
Grundvektor	2 Pfeile	——>>——
Windvektor	3 Pfeile	——>>>——

Bekommen wir eine Windangabe von z. B. 270°/15 so heißt das, dass der Wind aus Westen kommt und mit 15 Knoten (= 27,8 km/h) weht. Windangaben, die sich auf den Bodenwind an Flugplätzen beziehen, sind **missweisend,** alle anderen Angaben **(Höhenwind) rechtweisend**.

Am Winddreieck in Bild 2.43 sind folgende Winkel zu erkennen:

a) Windwinkel ww/WA
Winkel zwischen Kurs über Grund (Richtung des Weges über Grund) und der Richtung, aus der der Wind kommt. Der Winkel wird vom Grundvektor aus nach rechts von 0° bis 180° positiv (+) gemessen; nach links von 0° bis 180° negativ (–).

b) Windeinfallwinkel we/RWA
Winkel zwischen Steuerkurs (Voraus-Richtung der Flugzeuglängsachse) und der Richtung, aus welcher der Wind kommt. Er wird vom Steuerkursvektor auch nach rechts von 0° bis 180° positiv (+) gemessen; nach links von 0° bis 180° negativ (–).

c) Abtrift A/DA
Winkel zwischen der Voraus-Richtung der Flugzeuglängsachse und der tatsächlichen Richtung des Weges über Grund. Er wird vom Steuerkursvektor aus nach rechts von 0° bis 180° positiv (+) gemessen, nach links von 0° bis 180° negativ (–).

d) Luvwinkel L/WCA
Winkel zwischen Kartenkurs (Richtung des beabsichtigten Weges über Grund) und Steuerkurs (Voraus-Richtung der Flugzeuglängsachse). Er wird vom Kartenkursvektor aus nach rechts von 0° bis 90° positiv (+) gemessen; nach links von 0° bis 90° negativ (–); in der Praxis kommen jedoch kaum größere Luvwinkel (Vorhaltewinkel) als 30° vor.

2.4.2.5.1 Die Konstruktion des Winddreiecks

Für diese Aufgabe soll hier das zeichnerische Verfahren zur Lösung beschrieben werden. Gegeben sind:

rwK (TC) = 070° V_e (TAS) = 100 kt   W/V = 300/20 kt

Schritte zur Konstruktion des Winddreiecks:

1. Geschwindigkeitsmaßstab festlegen. Um die zeichnerische Lösung noch auf einem DIN A4-Blatt unterbringen zu können, sollten Knoten (1 cm = 10 kt) gewählt werden.

2. Geographische Nordrichtung rwN (TN) festlegen, also einen Meridian zeichnen. Bei östlichen Kursen am besten auf der linken, bei westlichen Kursen auf der rechten Blattseite.

3. Rechtweisenden Kurs rwK (TC) einzeichnen.

4. In Kursrichtung Hilfsmeridian (gestrichelt) einzeichnen.

5. Im Schnittpunkt von Hilfsmeridian/rechtweisender Kurs den Wind einzeichnen (Ursprungsrichtung und Windgeschwindigkeit = Windvektor).

6. Um den Anfangspunkt des Windvektors mit dem Zirkel einen Kreisbogen mit der wahren Eigengeschwindigkeit V_e (TAS) bis auf den rechtweisenden Kurs schlagen.

7. Schnittpunkt Kreisbogen/rechtweisender Kurs mit dem Anfangspunkt des Windvektors verbinden (= Steuerkurs-Vektor).

8. Auf dem rechtweisenden Kurs (= Kurs über Grund-Vektor) Geschwindigkeit über Grund V_g (GS) ausmessen (Maßstab!).

9. Luvwinkel L (WCA) zwischen rechtweisendem Kurs rwK (TC) und rechtweisendem Steuerkurs rwSK (TH) entnehmen.

Anmerkung: Der Luvwinkel L (WCA) wird immer vom rwK zum rwSK gemessen (Vorzeichen!).

Lösung zur vorstehenden Aufgabe: **V_g (GS) = 112 kt / L (WCA) = –9°.**

Da in der Praxis die zeichnerische Konstruktion eines Winddreiecks in der vorstehenden Form oft auf Schwierigkeiten (Flugvorbereitung am Startplatz usw.) stößt, wird beim Segelflug gern ein Formblatt verwendet, welches in der Hauptsache aus einer vorgedruckten Kursrose besteht (Bild 2.45).

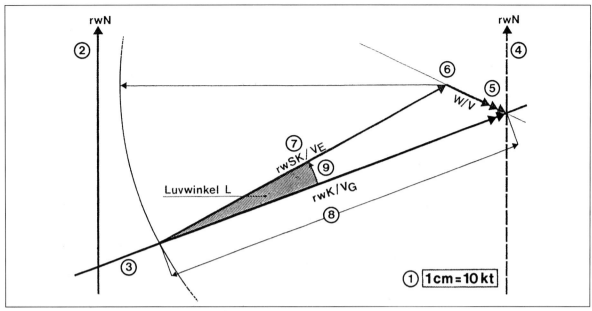

Bild 2.44   Konstruktion des Winddreicks zur vorstehenden Aufgabe

Zur Veranschaulichung wird die gleiche Aufgabe wie in Bild 2.44 dargestellt. Die Reihenfolge der Konstruktion ist allerdings etwas anders.

Zu 1: Geschwindigkeitsmaßstab (km/h oder Knoten) festlegen.
Zu 2: Entfällt, da vorgedruckt.
Zu 3: Rechtweisenden Kurs einzeichnen.
Zu 4: Entfällt
Zu 5: Windvektor vom **Mittelpunkt A (Startort)** in Richtung, in die er weht, einzeichnen. **Das Ende des Vektors ist der Windpunkt WP (nicht Windstillepunkt!).**
Zu 6: Vom Windpunkt WP **(Ende des Windvektors!)** Kreisbogen mit V_e (TAS) schlagen.
Zu 7: Schnittpunkt Kreisbogen/rwK mit **Endpunkt WP** des Windvektors verbinden.
Zu 8: Von der Mitte A (Startort) bis Schnittpunkt rwK/rwSK die Geschwindigkeit über Grund messen.
Zu 9: Luvwinkel zwischen rwK und rwSK ausmessen (Vorzeichen + oder –).

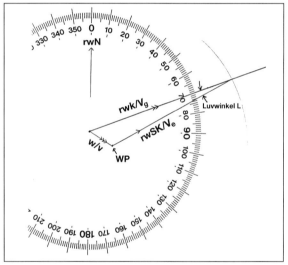

Bild 2.45   Winddreick auf Formblatt

Anmerkung: Auf einem Formblatt lassen sich bequem drei Streckenkurse unterbringen, wobei der Windvektor im Normalfall bloß einmal eingezeichnet werden muss.

2.4.2.6   Mittlere Reisegeschwindigkeit

In den Beispielen zur Anwendung des Winddreiecks (Abschnitt 2.4.2.5) wird die (wahre) Eigengeschwindigkeit (V_e = TAS) als gegeben betrachtet. Im Gegensatz zum Motorsegler oder Motorflugzeug, bei denen es möglich ist, die Eigengeschwindigkeit in bestimmten Grenzen frei zu wählen, kann der Segelflieger keinen festen Wert einsetzen. Er muss hier auf die Angaben der Wetterberatung zurückgreifen und anhand der Thermikvorhersage das zu erwartende **mittlere Steigen** abschätzen. Dann wird mit der jeweiligen Geschwindigkeitspolare des verwendeten Segelflugzeugs die **mittlere Reisegeschwindigkeit** ermittelt, die in die Kursberechnung als Eigengeschwindigkeit (V_e = TAS) eingesetzt werden kann.

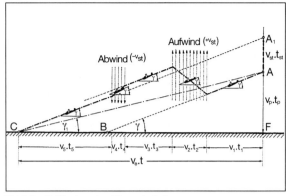

Bild 2.46   Gleitflug in senkrecht bewegter Luft

2.4.2.6.1   Das mittlere Steigen

Das mittlere Steigen ist ein Maß für die Thermikstärke, gemessen in Meter pro Sekunde. Bei einer das Segelflugzeug umgebenden, bewegten Luftmasse (Wind) gibt es eine horizontale und eine vertikale Komponente der Luftbewegung. Beide Bewegungen werden vom Segelflugzeug mitgemacht. Wie sich die horizontale Komponente (**Windgeschwindigkeit V_w = WS**) auf die Reisegeschwindigkeit (**Grundgeschwindigkeit V_g = GS**) auswirkt, wurde bereits in Abschnitt 2.4.2.3 „Die Kurse unter Windeinfluss" behandelt. Die Größe dieser Auswirkung wird mit dem Winddreieck zahlenmäßig ermittelt (siehe Abschnitt 2.4.2.5).

Die vertikale Komponente (Auf- oder Abwind) wird zur Sinkgeschwindigkeit (V_p = Sinken lt. Polare) des Segelflugzeugs gegenüber der ruhenden Luft addiert (Abwind) oder subtrahiert (Aufwind), um die jeweils wahre Vertikalgeschwindigkeit des Segelflugzeugs gegenüber der Erde zu erhalten (siehe auch Abschnitt 4.3.3 „Das Variometer" – Stichwort: Nettovariometer).

In Bild 2.46 sind die Verhältnisse schematisch dargestellt. Gleitet das Segelflugzeug bei absoluter Windstille vom Punkt A mit dem Gleitwinkel X nach unten, dann erreicht es die (horizontal gedachte) Erdoberfläche im Punkt B.

2.4.2.6.2   Begriffe und Abkürzungen im Segelflug

Bevor wir uns weiter mit dem vorgenannten Thema beschäftigen, sind zunächst einige Begriffe zu klären. Wir haben es mit verschiedenen Sink- und Steiggeschwindigkeiten sowie auch Horizontalgeschwindigkeiten zu tun, die alle mit der gleichen Abkürzung „**V**" verbunden werden. Leider gibt es verschiedene Auffassungen, welche Abkürzung jeweils korrekt ist.

- **Steiggeschwindigkeit V_{st}**   Aufwärtsgeschwindigkeit (allgemein) im Aufwind, in m/s.

- **Mittleres Steigen V_{stm}**   Durchschnittliche Steiggeschwindigkeit im Aufwind, in m/s.

- **Sinkgeschwindigkeit V_s**   Sinkgeschwindigkeit (allgemein) im Abwind, in m/s.

- **Sinkgeschwindigkeit lt. Polare V_p**   Aus dem Polardiagramm eines Flugzeugmusters lässt sich für jede Vorwärtsgeschwindigkeit die zugehörige Sinkgeschwindigkeit (das Eigensinken) des Segelflugzeugs ermitteln.

Nutzt das Segelflugzeug unterwegs den in Bild 2.46 angedeuteten Aufwind und ist dessen Aufwärtsgeschwindigkeit größer als das **Eigensinken (V_p)** des Segelflugzeugs, dann steigt das Segelflugzeug relativ zur Erdoberfläche.

Durchfliegt das Segelflugzeug während des weiteren Gleitfluges das gezeichnete Abwindgebiet, dann addiert sich die Abwärtsgeschwindigkeit der Luft zur Sinkgeschwindigkeit (V_p) des Segelflugzeugs und es sinkt schneller als in der ruhenden Luft. Anschließend gleitet das Segelflugzeug wieder in ruhender Luft und erreicht die Erdoberfläche im Punkt C.

Soll das Segelflugzeug über dem Fixpunkt F abfliegen und bei ruhender Luft im Punkt C den Erdboden erreichen, dann darf es nicht im Punkt A beginnen, sondern im höher gelegenen Punkt A1. Dieser Höhengewinn durch die zwischenliegenden Aufwinde erfolgt innerhalb der Gesamtflugzeit von F nach C. Die Durchschnittsgeschwindigkeit beim Steigen von A nach A1 (Steighöhe h) nennt man das **mittlere Steigen (V_{stm}).**

Das Messen der Zeit t beginnt in dem Augenblick, in dem man keine Höhe mehr zur Streckengewinnung abfliegt, und endet, wenn man wieder auf Kurs geht. Auch das Suchen und Zentrieren eines Aufwindschlauches sowie der damit eventuell verbundene Höhenverlust fallen mit in die Zeit t. Beträgt die mittlere Variometeranzeige im Bart z.B. 3 m/s Steigen, dann kann es sein, dass das wirkliche **mittlere Steigen** nur 2 m/s beträgt. Wir müssen also Folgendes feststellen und uns merken:

- **a) In das mittlere Steigen fließen nicht nur die wetterbedingten Gegebenheiten ein, sondern auch die Fähigkeit eines Piloten, Aufwinde schnell und sicher zu erfassen, zu zentrieren und auszunutzen.**

- **b) Erst im Bart können wir die Aufwindstärke und damit das erste mittlere Steigen messen. Die Werte der zu erwartenden Auf- und Abwinde im Verlauf der weiteren Strecke können wir nur schätzen und aufgrund der ersten Werte hochrechnen. Für den normalen Streckenflug ist diese Methode jedoch ausreichend.**

Zum **Errechnen des mittleren Steigens** gibt es verschiedene Methoden:
Die konventionelle Methode funktioniert mit Uhr und Kopfrechnen. Vom Beginn des Suchens bis zum Abflug aus dem Bart wird die Zeit gestoppt. Die während dieser Zeit (Minuten) gewonnene Höhe wird durch die Anzahl der Sekunden geteilt. Z. B. 600 m Höhengewinn in 5 Minuten = 300 Sekunden. Wir rechnen 600 m geteilt durch 300 Sekunden ergibt 2 m/s mittleres Steigen. Für eine kurze Zeit von 100 Sekunden lässt sich das mittlere Steigen direkt am Höhenmesser ablesen: Höhengewinn z. B. 250 m in 100 Sek. = 2,5 m/s V_{stm}.

Einfacher geht es natürlich mit einem entsprechenden Diagramm oder einem **mechanischen Thermikschieber** (Bild 2.47 und 2.48). Im Diagramm sucht man unten die gestoppte Zeit t für das Suchen und Steigen.

Von hier aus geht man senkrecht nach oben bis zu der horizontalen Linie, die dem am Höhenmesser abgelesenen Höhengewinn entspricht. Vom Schnittpunkt aus geht es dann schräg rechts nach oben, wo am Rand des Diagramms der Wert für das mittlere Steigen in m/s abgelesen werden kann.

Einfacher zu handhaben ist der in Bild 2.48 abgebildete, von der Entwicklungsgesellschaft Sport- und Segelflug entwickelte **Spezialrechenschieber**, der später von **J. Holtkamp** weiterentwickelt wurde. Eine genaue Beschreibung erfolgt in Abschnitt 2.4.3.2 „Navigationsrechenschieber von J. Holtkamp".

Im modern ausgestatteten Segelflugzeugcockpit übernimmt der **Bordcomputer** die Ermittlung des mittleren (integrierten) Steigens. Das **elektrische/elektronische Variometer** erkennt und unterscheidet Geradeaus- und Kreisflug und integriert ständig die vertikale Bewegung z. B. über die letzten 30 Sekunden. Damit ist der Pilot des Kopfrechnens entlastet und hat über eine digitale Anzeige den fraglichen Wert ständig vor Augen.

Die elektronischen Bordrechner werden in einem weiteren Abschnitt (2.7.4) separat behandelt.

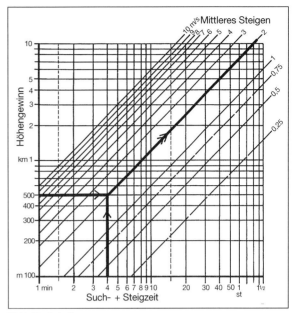

Bild 2.47   Steigdiagramm

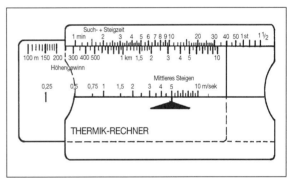

Bild 2.48   Thermik-Rechner

2.4.2.6.3 Begriffe der Horizontalgeschwindigkeiten

Bei den Horizontal-Geschwindigkeiten haben wir es im Segelflug ebenfalls mit verschiedenen Begriffen zu tun:

- **Wahre Eigengeschwindigkeit V_e (TAS):** Tatsächliche Vorwärtsgeschwindigkeit innerhalb einer vertikal und horizontal ruhenden Luftmasse.

- **Mittlere Reisegeschwindigkeit V_{rm}:** Durchschnittliche Vorwärts- (Reise-) geschwindigkeit innerhalb einer horizontal ruhenden Luftmasse (Windstille) unter Ausnutzung von Thermik oder anderen Aufwinden. Dieser Wert wird in den Navigationsberechnungen (nur beim Segelflug) als V_e (TAS) eingegeben.

- **Grundgeschwindigkeit V_g (GS):** Auch Geschwindigkeit über Grund genannt, ergibt sich aus einer normalen Kursberechnung (Winddreieck).

- **Sollgeschwindigkeit V_{soll} (Sollfahrt):** Wirtschaftlichste Gleitfluggeschwindigkeit bei gegebenen Auf- und Abwindstärken (nach McCready). Je nach Segelflugzeugmuster unterschiedlich. Siehe auch Abschnitt 4.3.3 „Das Variometer".

Die durchschnittliche Reisegeschwindigkeit (ohne Berücksichtigung des Windeinflusses) hängt vom mittleren Steigen im Aufwind ab. Beim thermischen Segelflug lässt sich die Durchschnittsgeschwindigkeit steigern, wenn das Segelflugzeug zwischen den Aufwinden schneller fliegt als mit der Geschwindigkeit für das beste Gleiten. Je besser die Thermik, desto schneller kann zwischen den Aufwinden geflogen werden. Die Geschwindigkeit des **optimalen Gleitens** hängt von der Steiggeschwindigkeit im nächsten Aufwind ab. Da man den Steigwert unter der nächsten Wolke nicht kennt, richtet sich die Geschwindigkeit zwischen den Bärten am besten nach dem bisherigen mittleren Steigen, mit einem gewissen Auf- oder Abschlag für die optische Güte der vorausliegenden Wolken. Legt man, ausgehend von der jeweiligen Steiggeschwindigkeit, eine Tangente an die Geschwindigkeitspolare (Bild 2.49), so kann man die **voraussichtliche,**

durchschnittliche Reisegeschwindigkeit (ohne Windeinfluss) dort ablesen, wo sich Tangente und die waagerechte Geschwindigkeitsachse schneiden. Dies gilt, wenn zwischen den Aufwinden keine Abwinde sind. In Bild 2.50 sind die mittleren Reisegeschwindigkeiten für das mittlere Steigen der in Bild 2.49 gezeichneten Polare gegenübergestellt.

Die mittlere Reisegeschwindigkeit wird bei größerem Steigen im Verhältnis zur günstigsten Fahrt besser. Bei 0,5 m/s mittlerem Steigen beträgt die mittlere Reisegeschwindigkeit ungefähr 1/3 der günstigsten Fahrt, bei einem Steigen von 2 m/s schon 1/2 und bei einem Steigen von 4 m/s sogar 2/3 der günstigsten Fahrt.

Diese Angaben beziehen sich auf den (fast nie vorkommenden) Fall, dass keine horizontale Luftbewegung vorhanden ist.

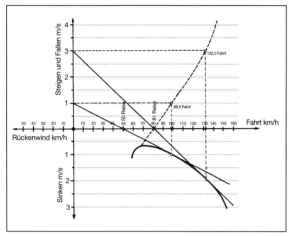

Bild 2.49   Reisegeschwindigkeit aus den Polaren

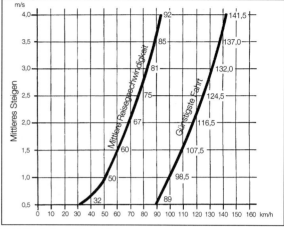

Bild 2.50   Steigen, Fahrt und Reise

Um die tatsächliche Reisegeschwindigkeit zu erhalten, müssen mit dem Winddreieck der nötige Vorhaltewinkel und der Steuerkurs und vor allem die Geschwindigkeit über Grund (V_g) ermittelt werden.

Als **Eigengeschwindigkeit V_e** wird die **mittlere Reisegeschwindigkeit V_{rm}** für die geplante Strecke eingesetzt.

2.4.2.7   Anwendung des Winddreiecks

Eine der wichtigsten Aufgaben der Navigation ist die Berechnung des Windeinflusses auf den gewünschten Flugweg über Grund. In den Abschnitten 2.4.2.1 bis 2.4.2.5 wurden bereits die Voraussetzungen und Begriffe für eine Kursberechnung besprochen und auch die Konstruktion eines Winddreiecks erklärt. Hinzuzufügen wäre noch, dass das Winddreieck meistens als **Stundendreieck** gezeichnet wird. Hierbei entsprechen die Seitenlängen des Dreiecks dem Weg, den das Segelflugzeug oder der Wind in einer Stunde zurücklegt. Nachstehend nochmals eine

Grundaufgabe A (Bild 2.51):

- Bestimmung des **Vorhaltewinkels L** (WCA),
- des **Kompasssteuerkurses KSK** (CH) und
- der **Grundgeschwindigkeit V_g** (GS).

Diese Aufgabe liegt jedes Mal vor, wenn vor Antritt eines Fluges auf bekanntem Kurs und mit bekanntem Ziel die Richtung der Flugzeuglängsachse (SK, heading) bestimmt werden muss.

Gegeben:

Eigengeschwindigkeit	V_e	(TAS)	=	80 km/h
Gewünschter Kurs	rwK	(TC)	=	045°
Windrichtung	W	(WD)	=	120°
Windgeschwindigkeit	V_w	(WS)	=	11 kt (= 20 km/h)
Ortsmissweisung	OM	(VAR)	=	–4°(west)
Kompassablenkung	Dev	(dev)	=	+2°

Gesucht:

Vorhalte- (Luv-) winkel	L	(WCA)	=	?
Kompasssteuerkurs	KSK	(CH)	=	?
Grundgeschwindigkeit	V_g	(GS)	=	?

Achtung: Nachdem die Eigengeschwindigkeit in km/h angegeben wurde, muss die Windgeschwindigkeit ebenfalls in km/h umgerechnet werden.

Die Schritte zur **Lösung** entsprechen dem Schema wie in Bild 2.45. Die zeichnerische Lösung (ohne Formblatt) sieht so aus:

1. Geschwindigkeitsmaßstab festlegen.

2. Meridian (rwN) zeichnen.

3. Gewünschten Kurs (rwK) 045° von A nach C einzeichnen.

4. Windrichtung (aus 120° in Richtung 300°) einzeichnen.

5. Windgeschwindigkeit (20 km/h = 2 cm) von A nach B (Windpunkt = WP) eintragen.

   Würde sich das Segelflugzeug wie ein Ballon ohne Eigengeschwindigkeit nur mit dem Wind bewegen, wäre es nach einer Stunde am Windpunkt (WP) B.

6. Von B (WP) aus einen Kreisbogen mit 80 km/h schlagen, so dass der rwK geschnitten wird. Der Schnittpunkt zwischen Kreisbogen (= Isochrome) und der Kurslinie rwK (auch K) ist der Punkt C. Es ist der Standort des Segelflugzeugs nach einer Stunde.

   Würde das Segelflugzeug vom Windpunk B aus in irgendeine Richtung eine Stunde lang ohne Windeinfluss nur mit der Eigengeschwindigkeit V_e fliegen, dann würde es sich irgendwo auf einem Kreis mit dem Mittelpunkt B und dem Radius V_e befinden.

Die Strecke B–C gibt uns die Richtung rwSK an, in die das Segelflugzeug gesteuert werden muss. Die einzelnen Vektoren werden noch mit den entsprechenden Pfeilen gekennzeichnet. Das Winddreieck ist fertig, und wir können nun alle gesuchten Werte ablesen bzw. abmessen:

Luvwinkel (Vorhaltewinkel)	L	= + 14° (nach rechts, gegen den Wind)
Rechtweisender Steuerkurs	rwSK	= 059°
Grundgeschwindigkeit	V_g	= 72,5 km/h

> **Merke:** **Wind von links** = **Luvwinkel minus**
> **Wind von rechts** = **Luvwinkel plus**

Nachstehend der Kopf des Navigation-Formblattes mit der kompletten Lösung. In Bild 2.51 das zugehörige Winddreieck.

Kursberechnung		Kurs	1	2	3	4	5
Startort:	Flughöhe-Höhe	Alt.	–				
Wende 1	Wind >>>	W/V	120/11				
Wende 2	rwK >>	TC	045°				
Wende 3	L +/–	WCA	+14°				
Wende 4	rwSK >	TH	059°				
Ziel:	OM –4° west	Var	+4°				
Bemerkungen:	mwSK	MH	063°				
	Dev +2°	Dev	–2°				
	KSK (KK)	CH	061°				
	Dist.	DIST					
	$V_e = V_{rm}$	TAS	80 km/h				
	V_g	GS	72,5 km/h				
	Flugdauer	EET					

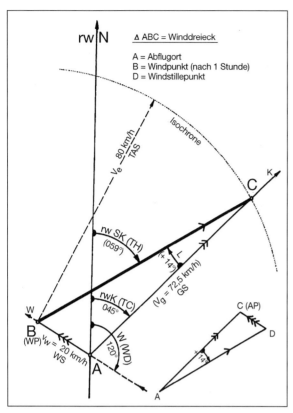

Bild 2.51 Bestimmung des Luvwinkel, des rechtweisenden Steuerkurses und
          der Grundgeschwindigkeit

Grundaufgabe B (Bild 2.52):

Bestimmung des **Windes nach Richtung und Stärke**
(W und W_v = WD und WS) = W/V.

Diese Aufgabe liegt vor, wenn nach einer bestimmten
Flugzeit das Segelflugzeug nicht in der erwarteten und vor-
herberechneten Position ist und die richtige Windrichtung
und Windgeschwindigkeit neu ermittelt werden müssen.

Gegeben:

V_e	= 80 km/h	(lt. Fahrtmesser)
rwSK	= 068°	(lt. Kompass und Karte)
KüG	= 042°	(aus der Karte)
Distanz A–C		(aus der Karte)

Gesucht:

Tatsächliche Windrichtung und Windgeschwindigkeit = W/V.

Lösung:

Wir beginnen genau wie bei der vorigen Grundaufgabe A:

1. Maßstab festlegen und

2. Bezugslinie rwN zeichnen. Jetzt aber

3. Startpunkt A auf dem Nordmeridian festlegen.

4. Geflogene Grundkurslinie KüG = 042° (TT) (aus der Karte)
   einzeichnen und Flugzeit von A nach C einzeichnen (C ist
   der auf der Karte erkannte Fix-Punkt, also der augenblickliche Standort).

5. Vom Abflugort A die Steuerkurslinie rwSK (068°) einzeichnen.

6. Eintragen des Windstillepunktes B. (Nicht mit Windpunkt verwechseln!) Die Entfernung von A nach B ist V_e mal Flugzeit,
   wie sie in Punkt 4 ermittelt wurde. Der Windstillepunkt (Air Position AP) ist der Punkt, an dem sich das Segelflugzeug
   befände, wenn Windstille herrschte (siehe Nebenskizze in Bild 2.51).

7. Verbindungslinie von B nach C einzeichnen (Windrichtung W (WD).

8. Punkt B1 einzeichnen. B1 ist der Windstillepunkt für eine Stunde Flugzeit = 80 km/h.

9. Parallel zu B–C den Windvektor B1–C1 einzeichnen. Das Winddreieck A–B1–C1 ist fertig. Man kann jetzt ablesen bzw.
   abmessen:

Wind = 105°/21 =   Windrichtung   W (WD)   = 105°
                          Windgeschwindigkeit V_w (WS) = 21 kt = 39 km/h.

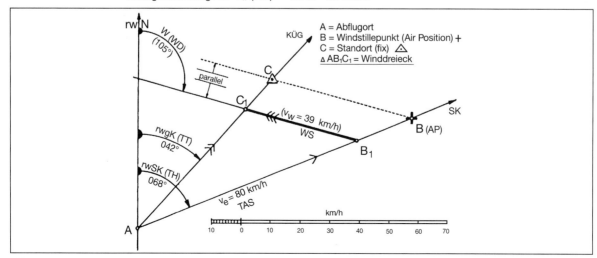

Bild 2.52 Bestimmung des Windes

Wir merken uns: Das Segelflugzeug befände sich im

- **WP = Windpunkt,**
  wenn es ohne Eigengeschwindigkeit (wie z. B. ein Ballon), nur vom Wind bewegt, geflogen wäre.

- **WSP = Windstillepunkt,**
  wenn es ohne Windeinfluss (bei Windstille) nur mit Eigengeschwindigkeit geflogen wäre.

Vergleich zwischen Abtrift und Luvwinkel

Stellt man während eines Fluges eine Abtrift A (DA) fest und will man diese durch einen Luvwinkel L in gleicher Größe ausgleichen, so entsteht ein Steuerkursfehler. In der Regel ist der Abtriftwinkel kleiner als der erforderliche Vorhaltewinkel. In Bild 2.54 wird diese Tatsache anschaulich gemacht. Man sieht, dass die Seitenwindkomponente bei Verwendung des Vorhaltewinkels (oberes Dreieck) größer ist als beim Flug ohne Vorhaltewinkel (unteres Dreieck). Deshalb muss der Luvwinkel größer sein als der Abtriftwinkel. Da der entstehende Steuerkursfehler meist kleiner als 1° oder 2° ist, kann er in der Praxis allerdings außer Acht gelassen werden.

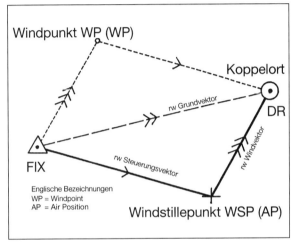

Bild 2.53   Windstille- und Windpunkt

Bild 2.54   Der Vorhalte- und Abtriftwinkel

2.4.3   Navigationsrechner

Navigationsrechner können in der Praxis die Berechnung des Winddreiecks und die Ermittlung von Kursen erleichtern oder ganz übernehmen. Das erspart den Umgang mit Zeichenbesteck am Start.

2.4.3.1   Kursrechentafel von Heinz Huth

Die Funktionsweise der Rechentafel zeigt Bild 2.55.

Gegeben:

Mittlere Reisegeschwindigkeit	$V_{rm} = V_e$	(TAS)	= 80 km/h
Rechtweisender Kartenkurs	rwK	(TC)	= 120°
Windrichtung	W	(WD)	= 195°
Windgeschwindigkeit	V_w	(WS)	= 22 kt = ca. 40 km/h

Gesucht:

Rechtweisender Steuerkurs	rwSK	(TH)	= ?
Vorhaltewinkel	L	(WCA)	= ?
Grundgeschwindigkeit	V_g	(GS)	= ?

Wir rechnen zuerst im Kopf: Windrichtung minus rechtweisender Kartenkurs und erhalten den Windwinkel WW

mit Vorzeichen: 195° − 120° = +075° WW (+ heißt, Wind kommt von vorn rechts)

Ist das Ergebnis größer als 180°, dann subtrahieren wir 360°, ist das Ergebnis größer als −180°, dann addieren wir 360°. Wir erhalten den WW mit dem richtigen Vorzeichen.

In der Kursrechentafel gehen wir vom Nullpunkt 0 aus entlang des Radialstrahles 075° bis zum Windgeschwindigkeitskreis (V_w) 40 km/h und erhalten den Punkt A. Von A aus gehen wir waagerecht bis zum Reisegeschwindigkeitskreis (V_e) 80 km/h und erhalten den Punkt B.

Den Abstand von A nach B greifen wir mit dem Zirkel ab (oder messen mit dem Zentimetermaß) und ermitteln die Länge an der waagerechten Geschwindigkeitsskala am Fuß der Rechentafel. Wir erhalten so die Grundgeschwindigkeit V_g von 60 km/h. Von Punkt B aus gehen wir radial nach außen und entnehmen dort den Luvwinkel L = +29° (plus, weil auch WW plus war).

Den rechtweisenden Steuerkurs erhalten wir, indem wir zum Luvwinkel (Vorzeichen beachten!) den Kartenkurs addieren.

rwSK (TH) = +29° + 120° = 149°

Diese Rechnungen können alle im Kopf ausgeführt werden.

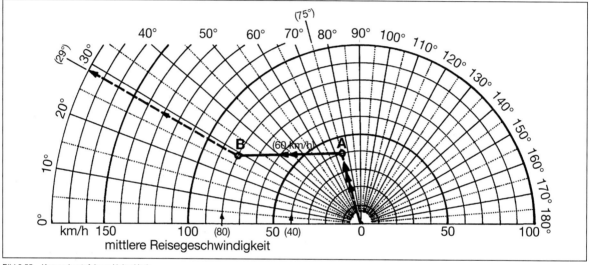

Bild 2.55   Kursrechentafel von Heinz Huth

2.4.3.2   Navigationsrechenschieber von J. Holtkamp

Dieser Rechner ist eine Weiterentwicklung der Rechentafel von H. Huth und des Thermikschiebers der Entwicklungsgesellschaft für Sport- und Segelflug. Bei diesem Rechenschieber entfällt die Berechnung von WW im Kopf und das Ablesen der Grundgeschwindigkeit erfolgt direkt, ohne Verwendung eines Zirkels. Die Navigationsseite des Schiebers besteht aus drei Teilen (Bild 2.56).

Teil 1:
Klarsichtscheibe mit konzentrischen Kreisen, deren Radien der mittleren Reisegeschwindigkeit V_e entsprechen (von 10 zu 10 km/h abgestuft). Die Geschwindigkeiten sind am oberen und unteren Rand aufgedruckt. Über der waagerechten Mittellinie wird der rechtweisende Kurs (rwK) der Kompassrose (= Kreisscheibe Teil 2) eingestellt.

Teil 2:
Durchsichtige Kreisscheibe, die drehbar auf Teil 1 befestigt ist, so dass die Mittelpunkte und die Radialstrahlen zusammenpassen. Diese Kreisscheibe ist als Kompassrose in 360° eingeteilt und beziffert.

Teil 3:
Schieber, der unter den beiden durchsichtigen Teilen 1 und 2 waagerecht bewegt werden kann. Der Schieber hat eine senkrechte Nulllinie und links davon senkrechte Geschwindigkeitslinien. Diese sind für die Grundgeschwindigkeit V_g im gleichen Maßstab wie die Teile 1 und 2 (von 5 zu 5 km/h) eingeteilt und reichen von 0 bis 170 km/h. Die waagerechten Linien des Schiebers sind nur Hilfslinien zum leichteren Ablesen der Werte.

Diese drei Teile des Navigationsrechners gestatten, miteinander gekoppelt, das erforderliche Winddreieck zusammenzustellen. Durch die handliche Größe (die Kompassrose hat einen Durchmesser von etwa 7 cm) lassen sich allerdings kleine Werte von 1°–2° nur schwer einstellen. Die Radialstrahlen von Teil 1 legen mit den Geschwindigkeitskreisen den

Steuerkursvektor (rwSK, V_e) fest. Die Radialstrahlen von Teil 2, zusammen mit den Geschwindigkeitskreisen, legen den Windvektor (W/V) fest. Die horizontalen Hilfslinien auf Teil 3 legen, zusammen mit den Geschwindigkeitsgeraden, den Grundvektor (rwKüG, TT) fest.

Daraus ergibt sich die Anwendung des Schiebers, die anhand eines Beispieles klargemacht werden soll (Bild 2.57).

Gegeben:

Kartenkurs	rwK	(TC)	=	240°
Mittlere Reisegeschwindigkeit	V_e	(TAS)	=	70 km/h
Wind	W/V	(WD/WS)	=	190°/16 kt
Ortsmissweisung	OM	(Var)	=	−4° (west)
Kompassablenkung	Dev	(DEV)	=	−3°

Gesucht:

Kompasssteuerkurs	KSK	(CH)	=	?
Grundgeschwindigkeit	V_g	(GS)	=	?
Gegenwindkomponente	GWKp	(TWC)	=	?

Die Windgeschwindigkeit ist in Knoten angegeben, so dass auf 30 km/h umgerechnet werden muss.

Lösung:

Wir drehen die Kreisscheibe so weit, bis die Gradzahl des Kartenkurses (240°) auf der mittleren, waagerechten Linie des Schiebers liegt. Dann ermitteln wir auf der Kreisscheibe den Schnittpunkt A zwischen dem 190°-Radial (Windrichtung) und dem Geschwindigkeitskreis 30 km/h (Windgeschwindigkeit).

Jetzt wird der Schieber waagerecht so verschoben, dass die Nulllinie von Teil 3 genau unter dem Punkt A durchläuft. Vom Punkt A nach links zum Geschwindigkeitskreis 70 km/h (mittlere Reisegeschwindigkeit $V_{rm} = V_e$) erhalten wir den Punkt B.

Die Richtung O–B lesen wir an der Gradskala der Kompassrose mit 221° ab, es ist der rwSK (TH). Wir rechnen gleich im Kopf:

$$\begin{aligned} \textbf{KSK} &= \text{rwSK} - \text{OM} - \text{Dev} = \\ &= 221° - (-4°) - (-3°) = \\ \text{also} &= 221° + 4° + 3° = \textbf{228°} \end{aligned}$$

Von Punkt B aus gehen wir senkrecht nach oben (oder nach unten) und lesen an den klein geschriebenen Geschwindigkeitswerten die Reisegeschwindigkeit über Grund ab: **V_g (GS) = 47 km/h**.

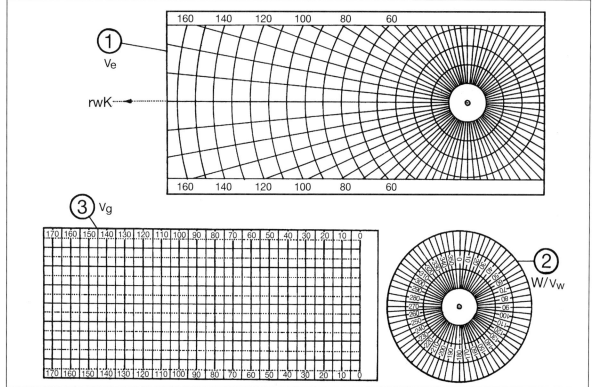

Bild 2.56   Die Teile des Holtkamp-Navigationsschiebers

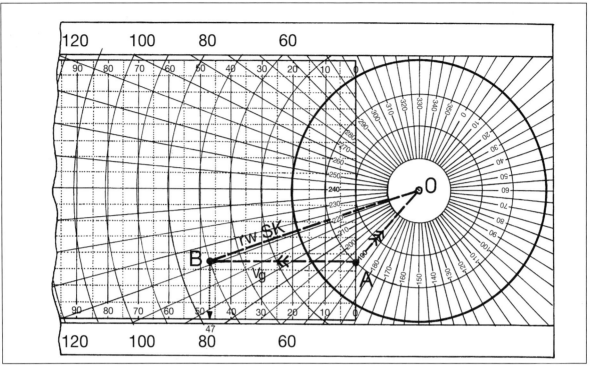

Bild 2.57   Gebrauch des Holtkamp-Navigationsschiebers

Die **Gegenwindkomponente** (GWKp), engl. = Head Wind Component (HWC), ist die Differenz zwischen der mittleren Reisegeschwindigkeit (70 km/h) und der Geschwindigkeit über Grund (47 km/h), also **23 km/h**. Diese Geschwindigkeit müssen wir beim Zielanflug (Endanflug) berücksichtigen.

Bild 2.58 zeigt die **Vorderseite des Holtkamp-Rechners**. Der Rechner erlaubt es, verschiedenartige Rechnungen durchzuführen und arbeitet, ähnlich wie ein normaler Rechenschieber, mit zwei gegenüberliegenden logarithmischen Skalen. Ferner ist auf der verschiebbaren Zunge eine Schar McCready-Kurven für verschiedene Steigwerte aufgebracht, denen auf der Vorderseite eine Skala für Rücken- und Gegenwind gegenübersteht. Die Zunge ist jeweils für ein Segelflugzeugmuster ausgelegt und kann ausgewechselt werden. Außer Zeit-/Wegaufgaben lassen sich Gleitweg, Steiggeschwindigkeitsberechnungen und Endanflugbestimmungen durchführen.

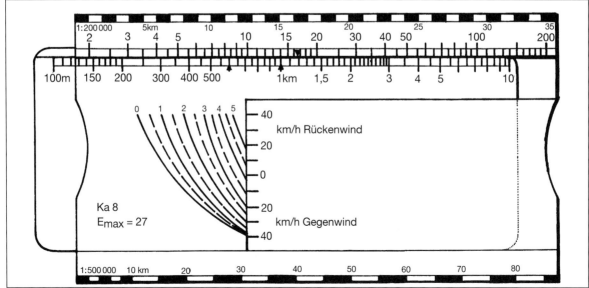

Bild 2.58   Vorderseite des Holtkamp-Streckenflugrechners

Mittlere Steiggeschwindigkeit

Wir benutzen die beiden logarithmischen Skalen. Die obere Skala (2–200) wird hierbei als Zeitskala für die gestoppte Zeit in Minuten eingesetzt. Auf der unteren Skala (100 m bis 10 km auf der verschiebbaren Zunge) lesen wir den Höhengewinn (lt. Höhenmesser) während der gestoppten Steigzeit ab. Verschiebt man jetzt die Zunge so, dass der Höhengewinn unter die gestoppte Zeit zu stehen kommt, kann man unter dem Pfeildreieck (bei 16 2/3) der oberen festen Skala auf der unteren Zungen-Skala das mittlere Steigen in m/s ablesen. Dabei muss man sich statt der aufgedruckten km-Bezeichnung die Steiggeschwindigkeit in m/s denken.

Zum Beispiel:

Steigzeit = 7 Minuten, Höhengewinn 500 m.
500 m unter 7 Minuten stellen und unter dem
Pfeil 1,2 m/s ablesen.

Zeit-/Weg-Berechnung:

Zum Beispiel: Mittlere Reise V_{rm} (V_e) = 90 km/h.
Welche Zeit für 30 km?
900 m der unteren Skala unter 30 km der oberen Skala stellen.
Über dem linken Pfeil der unteren Skala = 20 Minuten auf der oberen Skala ablesen.

Zielanflug und Gleitzahl

Auf der verschiebbaren Zunge in Bild 2.59 erkennen wir die Kurvenschar für Steiggeschwindigkeiten von 1–5 m/s, in diesem Fall für eine Ka 8. Ferner befinden sich auf den Zungen Tabellen mit folgenden Angaben:

a) Die Zahlenwerte zum Anfertigen eines McCready-Ringes.

b) Die dem jeweiligen mittleren Steigen entsprechenden mittleren Reisegeschwindigkeiten.

c) Die Abfluggeschwindigkeiten nach McCready.

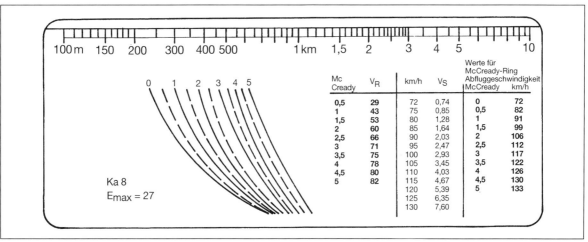

Bild 2.59   Zunge des Holtkamp-Streckenflugrechners

Auf dem Schieberrahmen, der auch die obere logarithmische Skala trägt, befindet sich rechts eine Blende, die die zuvor genannten Tabellen normalerweise verdeckt. Auf dem linken, vertikalen Rand dieser Blende ist eine Skala für die Windgeschwindigkeitskomponente, die beim Zielanflug berücksichtigt werden muss; sie reicht von 40 km/h Gegenwind bis 40 km/h Rückenwind.

Hat man im letzten Bart z. B. ein tatsächliches Steigen von 3 m/s festgestellt, dann stellt man die Zunge so, dass die mit 3 bezeichnete Kurve auf die den Zielanflug beeinflussende Windkomponente führt. In Bild 2.58 sind es 20 km/h Gegenwind, die an der vertikalen Skala der Blende abzulesen sind.

Haben wir bis zum Ziel z. B. noch 25 km zu fliegen, dann lesen wir auf der oberen logarithmischen Skala bis 25 und lesen darunter die benötigte Zielanflughöhe von 1 800 m ab.

Bei sehr geringen Steigwerten empfiehlt es sich, zur Zielanflughöhe einen Zuschlag als Sicherheit einzuplanen. Bei höheren Werten ist die Sicherheit dadurch gegeben, dass bei unerwartetem Höhenverlust der McCready-Ring zurückgedreht und langsamer geflogen werden kann.

Über dem Dreieckspfeil bei 1 km der unteren Skala können wir gleichzeitig die Gleitzahl von 14 ablesen und außerdem laufend kontrollieren, ob unsere augenblickliche Höhe noch bis zum Ziel reicht.

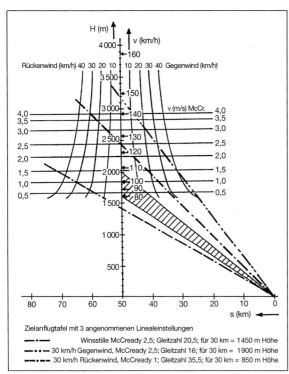

Bild 2.60   Zielanflugtafel von Heinz Huth

2.4.3.3   Weitere Rechner

Weitere Rechner sind die **Endanflugrechner** von **Huth,** der **Polarenrechner** von **Henry,** Eigenkonstruktionen und auch der kommerziell hergestellte **ARISTO-AVIAT-Rechner.** Alle diese Rechner sind mehr oder weniger für den Segelflug geeignet und werden kurz vorgestellt, ohne ausführlich auf die Bedienung einzugehen.

Der mehrmalige Segelflugweltmeister **Heinz Huth** hat zu seiner Kursrechentafel (Bild 2.55) eine **Zielanflugtafel** konstruiert, mit der man die Werte für den Endanflug unter Berücksichtigung von Windeinfluss und mittlerem Steigen ablesen kann. Im Zielpunkt ist ein schwenkbares Lineal befestigt, welches auf Windeinflusskurven und Steiggeschwindigkeiten fixiert werden kann und auf der senkrechten Mittellinie die für den Endanflug erforderliche Höhe angibt (Bild 2.60). Vorteil: Durch das Lineal wird der Gleitwinkel optisch dargestellt. Nachteil: Keine Zeit-/Weg-Berechnungen.

Der **Polarenrechner von Henry** bedient sich ebenfalls eines Lineals als Gleitpfad (Bild 2.61). Der Polarenschieber lässt sich aber auswechseln und kann so für verschiedene Flugzeugmuster eingesetzt werden. Auf der Rückseite befindet sich eine Kursrechentafel (Huth) wie in Bild 2.55 gezeigt. Nachteil: Keine Zeit-/Weg-Berechnungen. Beide Geräte sind relativ einfach herzustellen.

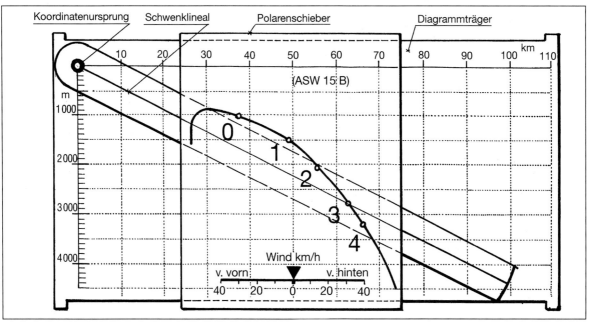

Bild 2.61   Polarenrechner von Henry

Den **ARISTO-AVIAT** gibt es in zwei Grundausführungen: Einmal als Kreisrechenscheibe, mit der auch Winddreiecksaufgaben rein mathematisch gelöst werden können, und eine Schieberversion, bei der die Berechnung des Winddreiecks graphisch erfolgt. Beide Arten werden jedoch auch von anderen Herstellern in verschiedenen Qualitäten angeboten (Bild 2.62).

Für den Segelflug sind diese Rechner jedoch weniger geeignet, weil sie keine Kalkulation des Zielanfluges anbieten. Der Zielanflug könnte bestenfalls rein mathematisch berechnet werden.

Der Kreisrechner bietet jedoch mit seinen beiden logarithmischen Skalen viele Rechenmöglichkeiten, so dass kurz auf einige eingegangen werden soll.

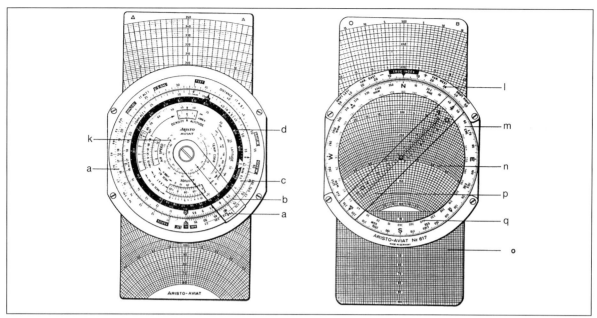

Bild 2.62   Vorder- und Rückseite des ARISTO-AVIAT

2.4.3.4   Umwandlung von Maßeinheiten

Bild 2.63 zeigt eine (nicht vollständig dargestellte) Kreisrechenscheibe mit Festmarken für die umzurechnenden Maßeinheiten: km, m, ltr (Kilometer, Meter, Liter) YARDS, FEET, NAUT.M., STAT.M., IMP.GAL. und U.S.GAL.

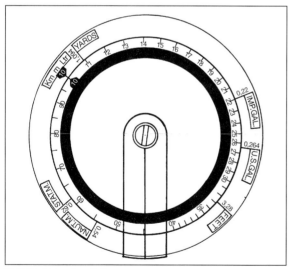

Bild 2.63   Kreisrechenscheibe

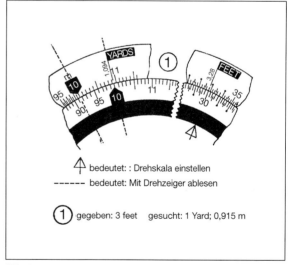

↑ bedeutet: : Drehskala einstellen

------ bedeutet: Mit Drehzeiger ablesen

① gegeben: 3 feet   gesucht: 1 Yard; 0,915 m

Bild 2.64   Umrechnung von Maßen

Ferner hat der Rechner eine innere, drehbare Skala mit der Bezifferung von 10 bis 100. Außerdem ist ein ebenfalls um den Mittelpunkt drehbarer Zeiger vorhanden. Will man eine Maßeinheit in eine andere umrechnen, dann verfährt man wie folgt:

Mit der inneren Drehskala stellt man den bekannten Wert unter die auf dem Außenring angebrachte, zugehörige Festmarke (Bild 2.64).

Gegeben: z. B. = 30 feet   **Gesucht:** z. B. a) YARDS, b) Meter

Man stellt also die Zahl 30 der Innenskala unter die Festmarke „FEET" auf der äußeren Skala. Dann dreht man den Zeiger bis zur Festmarke „YARDS" und kann unter seinem Strich auf der Innenskala „10" ablesen.

Also: 30 feet = 10 yards.

Um den Wert für Meter zu bekommen, verfahren wir genauso: Drehzeiger weiter nach links auf die Marke für m–km–ltr und unter dem Strich „915" = 9,15 m ablesen.

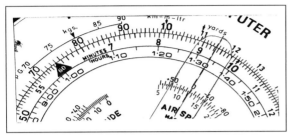

Bild 2.65   Flugzeit bei gegebener Stundengeschwindigkeit

Ein weiteres Beispiel zeigt Bild 2.65:

Gegeben: z. B. V_e = 74 km/h

Gesucht: Flugzeit für 115 km

Das schwarze Stundendreieck (bei 60 Min. auf der Innenskala) unter „74 km/h" auf der Außenskala stellen. Auf der Außenskala weiter rechts, unter „115" (km) = 81 Min. auf der Innenskala ablesen. Unter der „8" (bzw. 80 Min.) lässt sich gleich die Zeit in Stunden ablesen = 1:20 Std.

Es würde den Rahmen dieses Buches sprengen, alle möglichen Berechnungen anzuführen. Will man einen bestimmten Rechner zur Lösung von Navigationsaufgaben benutzen, ist es unbedingt erforderlich, die Anleitung gewissenhaft zu studieren und Fallbeispiele öfter durchzurechnen. Nur so kann man die Geräte beherrschen und korrekte Ergebnisse erzielen.

2.5   Navigatorische Flugvorbereitung

Nachdem die theoretischen Kursberechnungen und Planungen für Streckenflüge in Fleisch und Blut übergegangen sind, ist es an der Zeit, einen einfachen Streckenflug durchzurechnen.

Nach den ersten Versuchen beim 50-km-Flug wird man sich für Leistungsstreckenflüge Kurse aussuchen, welche weitgehend frei sind von Kontrollzonen, Beschränkungs- oder Gefahrengebieten. Trotzdem wird es sich nie ganz vermeiden lassen, auf solche „Hindernisse" zu stoßen. Die meisten Streckenflüge beginnen am Heimatflugplatz und führen anfangs selten über einen Radius von 80 bis 100 km hinaus, so dass die zu überfliegende Gegend einigermaßen bekannt ist. Ohne auf die thermischen Besonderheiten der Strecke einzugehen, planen wir zunächst einen Zielflug auf geknickter Bahn über eine Entfernung von ca. 250 km.

2.5.1   Luftfahrthandbuch (AIP), Nachrichten für Luftfahrer (NfL), NOTAMs und Bulletins

Diese Veröffentlichungen sind amtliche Unterlagen, aus denen Frequenzen, Öffnungszeiten, Hinweise auf Beschränkungs- und Gefahrengebiete usw. zu entnehmen sind.

2.5.2   Angaben für Planung und Berechnung eines Zielstreckenfluges

Ein 250 km langer Zielstreckenflug auf geknickter Bahn. Fotografische Beurkundung des Wendepunktes. Beachtung (bei Planung und Durchführung) aller in Frage kommenden Vorschriften, Wetterinformationen usw., Kartenblatt Berlin, aktuelle Ausgabe (Bild 2.67, 2.68 und 2.69).

Flugstrecke:	Startflugplatz: Bad Gandersheim (ca. 40 km westlich vom Brocken/Harz)
	Wendepunkt: Flugplatz Laucha (ca. 30 km südwestlich Halle/Saale)
	Zielflugplatz: Lüsse (ca. 40 km südwestlich Potsdam)

Startzeit: Samstags, Juni, 0930 UTC (Ortszeit = Sommerzeit)

Pilot: Gültige Lizenz für Segelflugzeugführer GPL

Segelflugzeugmuster: Astir CS, Kennzeichen D-1234, Abfluggewicht: 350 kp (lt. Polardiagramm), V_e ist aus der Geschwindigkeitspolare (Bild 2.70) zu entnehmen. Die durchschnittliche Reisegeschwindigkeit V_{rm} ergibt sich aus dem mittleren Steigen V_{stm}. Auf der ersten Teilstrecke ist ein mittleres Steigen von 2 m/s zu erwarten, auf der zweiten Teilstrecke ein solches von 3 m/s. Die daraus resultierenden mittleren Reisegeschwindigkeiten (V_{rm}) sind 72 km/h bei 2 m/s und 95 km/h bei 3 m/s.

Ortsmissweisung: Die OM soll 2° Ost (= 02°+!) betragen (tatsächlich liegt der fragliche Kartenausschnitt zurzeit – 2005 – zwischen den Isogonen 1° und 2° Ost).

Deviationstabelle:

030°	060°	090°	120°	150°	180°
+05°	+04°	+/–0°	–02°	–03°	–01°
210°	240°	270°	300°	330°	360°
–05°	–03°	–02°	+/–0°	+/–0°	+03°

Wetter: Siehe automatische Flugwetteransage (GAFOR) für die Gebiete: 10, 16, 17, 21, 22, 24 und 43 (Bild 2.66). Windvorhersage lt. GAFOR: Achtung! Als mittleren Wind (W/V$_w$) = 180°/15 kt einsetzen und auf km/h umrechnen.

Ab 0900 UTC (= 11.00 Uhr Sommerzeit): Einsetzen der Thermik.

1. Teilstrecke = 2 m/s V$_{stm}$. 2. Teilstrecke = 3 m/s V$_{stm}$.

Weitere Aussichten: Möglichkeiten für den Leistungsflug: Mittleres Steigen 2 bis 3 m/s. Wolken 4/8 Cu in ca. 4500 ft GND, ab ca. 1100 UTC in östlichen Gebieten (16, 17, 22) ansteigend auf ca. 5500 ft GND und zunehmende Thermik bis 4 m/s Steigen. Höhenwinde in MSL. QNH Hannover: 1020 hPa / QNH Leipzig: 1023 hPa.

Weitere Segelflugwettermeldungen über Anrufbeantworter, Fax und *pc_met*.

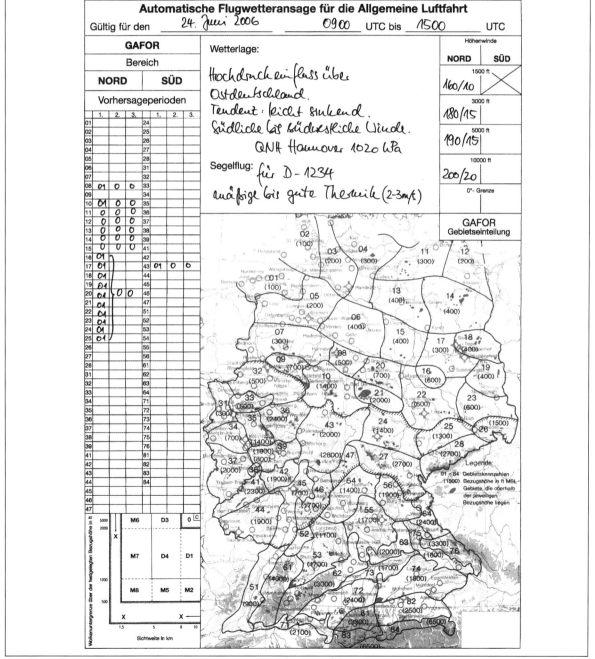

Bild 2.66 Automatische Flugwetteransage GAFOR

2.5.3   Überprüfung der Voraussetzungen für eine sichere Flugdurchführung

Sicherheitsüberprüfungen: Überprüfung im VFR-Bulletin, ob Beschränkungs- und Gefahrengebiete aktiv sind oder militärische Luftübungen stattfinden. Im Luftraum unter 1 500 ft GND (450 m) mit militärischem Tiefflug rechnen. Da der Flug hauptsächlich im Luftraum E (mit IFR- und VFR-Verkehr) stattfindet, sind die Wetterminima für VFR-Flüge (Flugsicht: 8 km, Abstand von Wolken: Vertikal 1 000 ft = 300 m, horizontal 1,5 km) unbedingt einzuhalten.

Während die TRAs (zeitweilig reservierte Lufträume) die Streckenplanung wenig beeinflussen, sind die ED-Rs (Beschränkungsgebiete) öfter im Wege. Hier kann man nur von Fall zu Fall nachfragen, ob ein ED-R aktiv ist und ggf. eine Freigabe anfordern; ansonsten ist das Gebiet zu umfliegen – bei geringer vertikaler Ausdehnung kann es evtl. auch überflogen werden.

Bei Flügen ins Ausland und die Lufträume C und D sollten die einschlägigen Vorschriften und Ausführungsbestimmungen unbedingt beachtet werden.

Persönliche Voraussetzungen: a) Körperliches Wohlbefinden, keine behindernden Medikamente, kein Alkohol und keine Drogen. Eventuell Ersatzbrille.

b) Gültiger Luftfahrerschein (ggf. mit F-Schleppberechtigung), Sonnenschutz (Mütze, Brille), zweckdienliche Kleidung, Verpflegung, Getränke, Handy.

Flugzeug: Gültiger Nachprüfschein, Eintragungsschein, Lufttüchtigkeitszeugnis, Funkgerätezulassung, Versicherungsnachweis, Bordbuch OK? Betriebshandbuch, Kontrolle lt. Checkliste durchgeführt? Akku voll? Fallschirm zugelassen, ordnungsgemäß gepackt und befestigt? Navigationskarte und Rechner an Bord?

Dokumentation: Mit GNSS-Flugdatenrecorder: Flugaufgabe und Wendepunkte in den Rechner/Logger eingeben. Sind Name des Piloten, Flugzeugtyp und -kennzeichen korrekt? Aufgabe deklarieren. Mit Kamera und Barograph: Barograph (Ruß oder Tinte) aufgezogen, schreibfähig und verplombt? Kamera mit Film einsatzbereit und verplombt? Flugvorhaben aufgezeichnet und mit Sportzeuge und Unterschrift fotografiert? Ebenso nach der Landung!

Rückholer: Rückholmannschaft informiert und Fahrzeug bereitgestellt? Transportanhänger in Ordnung?

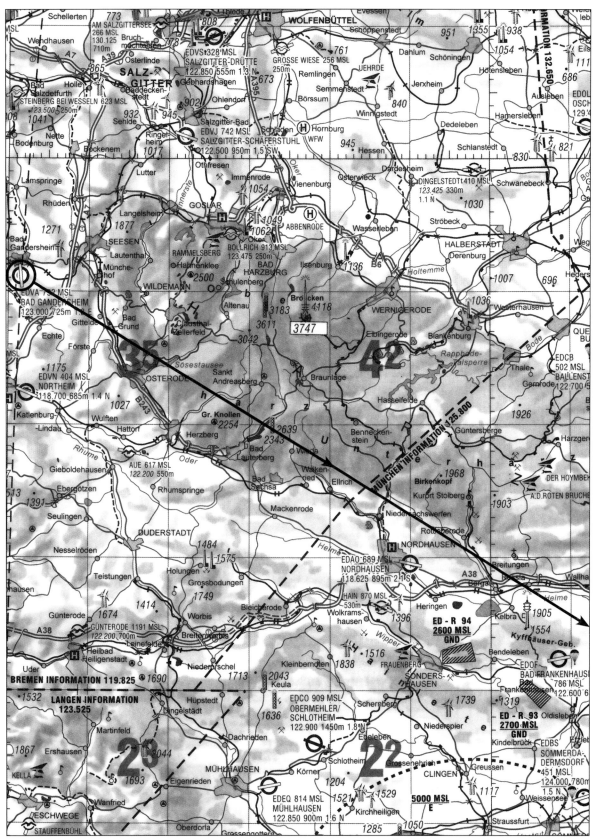

Bild 2.67 Teilstrecke 1 a (Bad Gandersheim – Nordhausen, Flugsicherungsaufdruck ICAO-Karte 2006 – nur zu Übungszwecken verwenden!)

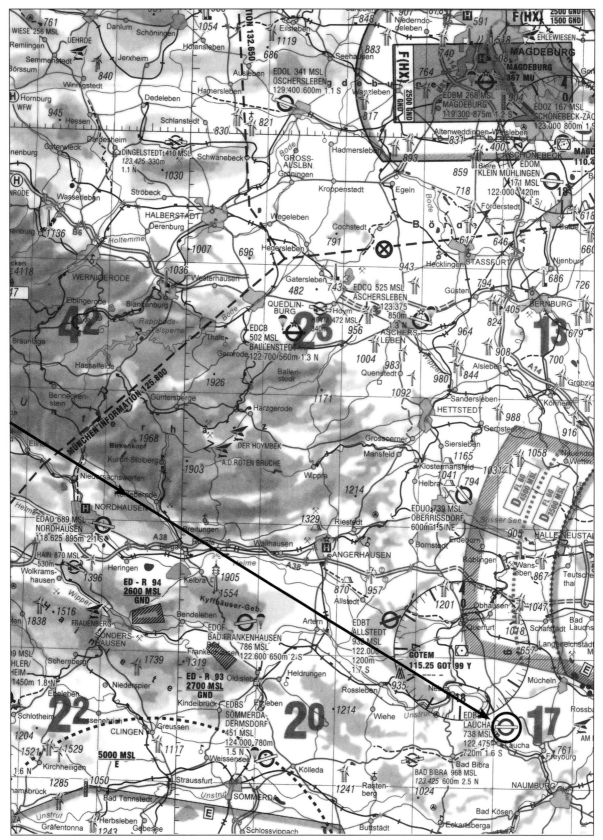

Bild 2.68   Teilstrecke 1 b (Nordhausen – Laucha, Flugsicherungsaufdruck ICAO-Karte 2006 – nur zu Übungszwecken verwenden!)

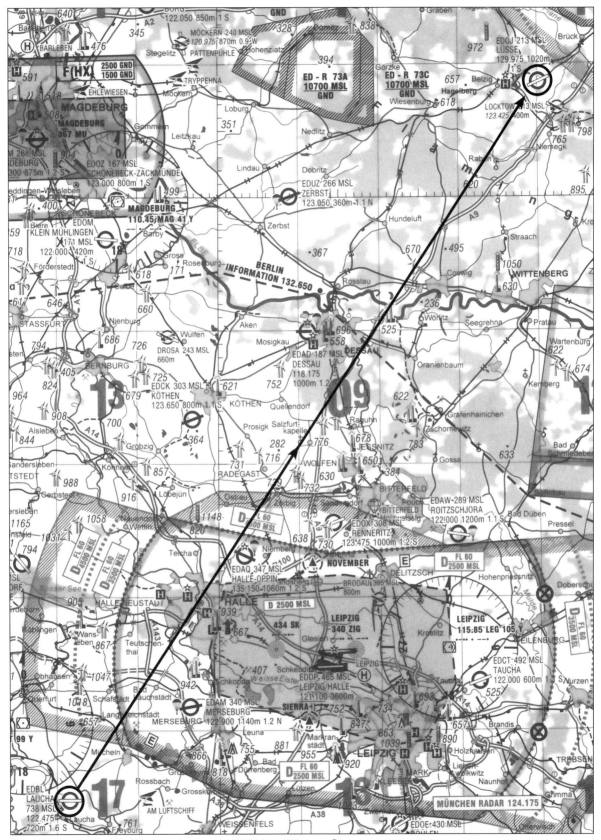

Bild 2.69   Teilstrecke 2 (Laucha – Lüsse, Flugsicherungsaufdruck ICAO-Karte 2006 – nur zu Übungszwecken verwenden!)

2.5.4 Vorgang der Flugplanung

a) Zunächst zeichnen wir uns auf der ICAO-Karte 1:500000 die beiden Teilstrecken 1 (Bad Gandersheim–Laucha) und 2 (Laucha–Lüsse) ein.

b) Mit dem Kursdreieck messen wir für jede Strecke den Winkel zwischen Meridian (geographisch Nord) und der jeweiligen Kurslinie. Wir erhalten für die Strecke 1 einen rechtweisenden Kurs (rwK) von 120° und für die Strecke 2 einen solchen von 034°.

c) Im Navigationsformblatt (Bild 2.71) tragen wir in der Kopftabelle alle bisher bekannten Werte ein: Wind W/V = 180°/15 kt (27 km/h), rwK Strecke 1 = 120°, rwK Strecke 2 = 034°. OM = 2°ost (+), mit Minusvorzeichen (!) in Spalte 1 und 2 eintragen.

Deviation für Strecke 1 = –2°, also +2° in Spalte 1 eintragen.

Deviation für Strecke 2 = +5°, also –5° in Spalte 2 eintragen.

Distanz für Strecke 1 = 133,5 km, für Strecke 2 = 120 km.

d) Vom Mittelpunkt der Kursrose (Abflugort **A**) tragen wir jetzt den umgerechneten Wind mit 27 km/h in die Richtung, in die er weht, ein. Bei Wind aus Süd (180°) den Windvektor 27 mm nach Norden einzeichnen. Endpunkt des Windvektors = Windpunkt (WP). Vektor mit 3 Pfeilen kennzeichnen.

e) Die beiden rechtweisenden Kurse 1 und 2 zeichnen wir ebenfalls in das Formblatt ein, und zwar bei **A** beginnend einmal in Richtung 120° und einmal in Richtung 034°. Die Linien können bis zum Rand des Formblattes gezogen werden und erhalten jeweils zwei Pfeile zur Kennzeichnung.

f) Mit einem Zirkel schlagen wir vom **WP** ausgehend zunächst über den Kurs 1 einen Kreisbogen von 72 mm Länge, was einer V_e von 72 km/h entspricht. Ebenso verfahren wir beim Kurs 2, dieses Mal aber mit einer Länge (V_e) von 95 mm. Dadurch erhalten wir die Punkte **B1** und **B2**.

g) Vom WP aus wird nun je eine Linie zum Schnittpunkt B1 und B2 gezogen. Wir haben damit die rechtweisenden Steuerkurslinien (rwSK) für Strecke 1 und 2 erstellt.

h) Zwischen rwK und rwSK messen wir nun die beiden Vorhalte- oder Luvwinkel L und tragen die Werte in Spalte 1 und 2 (Zeile L = WCA) ein. Da auf beiden Teilstrecken der Wind von rechts kommt, werden beide Luvwinkel mit Plus bezeichnet (+19° für Strecke 1 und +9° für Strecke 2).

i) Die Länge der Linie zwischen **A** und **B1** gibt uns die Geschwindigkeit über Grund (V_g = 54 km/h) an. Von **A** bis **B2** sind es 116 mm (= V_g 116 km/h). Ebenfalls unter Spalte 1 und 2 eintragen.

Damit ist das Winddreieck fertig und alle benötigten Werte sind verfügbar. Durch Addition und/oder Subtraktion gelangen wir endlich zu den gesuchten Kompasssteuerkursen (KSK).

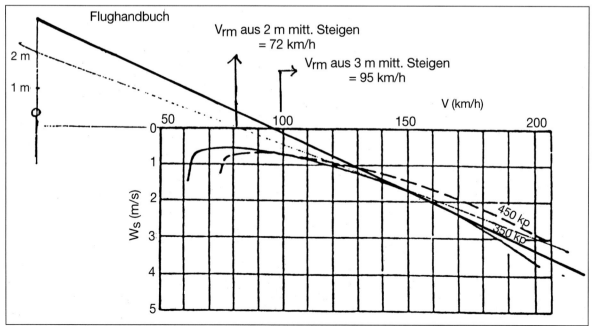

Bild 2.70   Geschwindigkeitspolare Astir CS

Kursberechnung		Kurs	1	2	3	4	5
Startort: *Gandersherm*	Fl.-Höhe	Alt.					
Wende 1 *Laucha Fpl.*	Wind >>>	W/V	180° / 15kt = 27 km/h				
Wende 2	rwK >>	TC	120°	034°			
Wende 3	L +/−	WCA	+19°	+09°			
Wende 4	rwSK >	TH	139°	043°			
Ziel *Lüsse Fpl.*	OM	Var	−2°	−2°			
Bemerkungen:	mwSK	MH	137°	041°			
	Dev	Dev	+2°	−5°			
	KSK (KK)	CH	139°	036°			
	Dist. *km*	DIST	133,5	120			
	$V_e = V_{rm}$	TAS	72	95			
	V_g *km/h*	GS	54	116			
	Flg. Dauer	EET	2:28	1:02	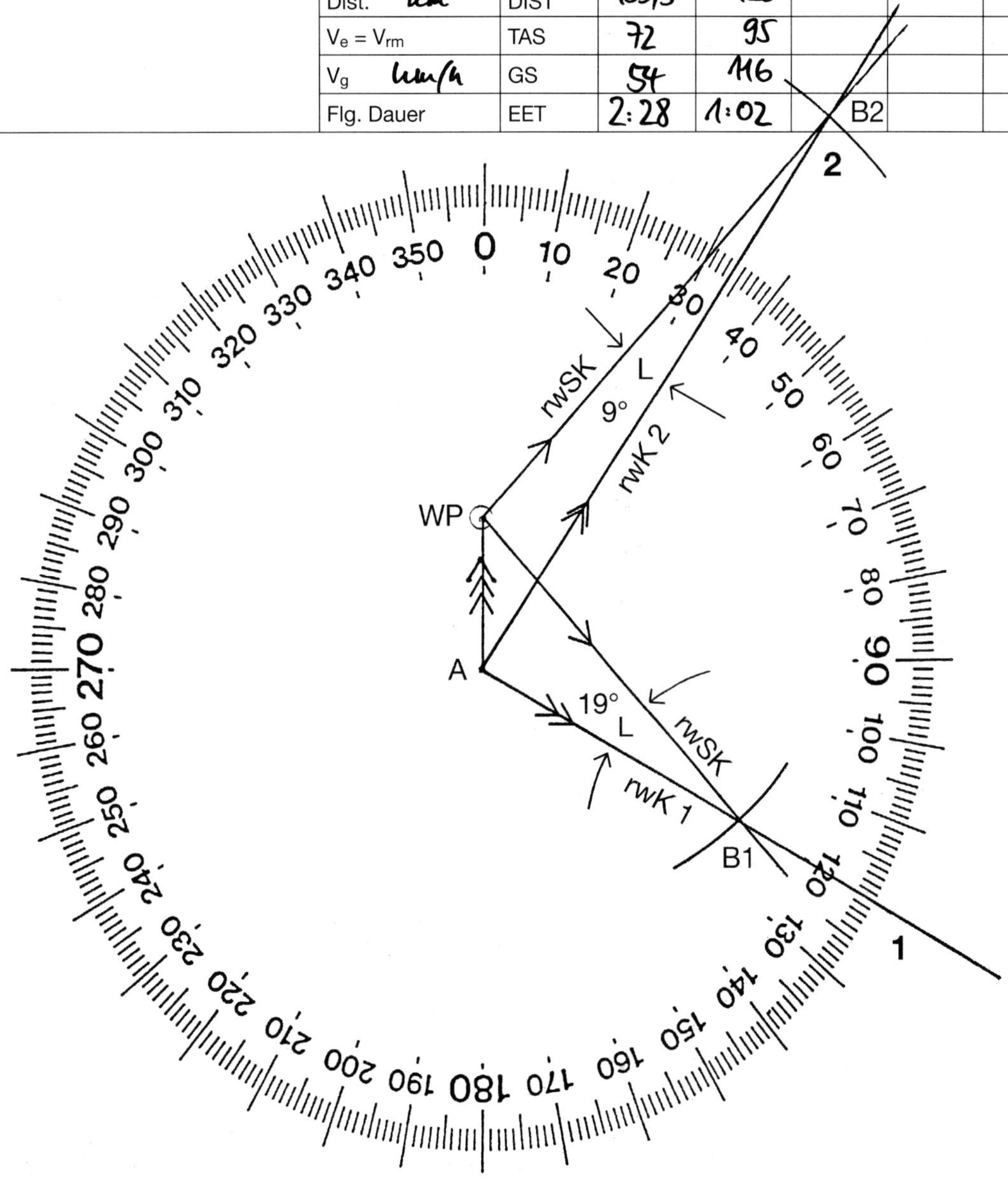 B2		

Bild 2.71   Kursberechnung

2.6   Terrestrische Navigation

2.6.1   Streckenbeschreibung

Strecke 1 (Bad Gandersheim–Laucha, rwK 120°)
Der Startplatz **Bad Gandersheim** liegt in etwa 240 m Höhe MSL und ungefähr 3 km südlich der gleichnamigen Stadt. Kurz nach dem Start wird in 5 und 15 km Entfernung je eine Autobahn überflogen, und das bewaldete Gelände steigt in Flugrichtung schnell bis zum Oberharz an. Der erste markante Punkt ist der Söse-Stausee zwischen Osterode und Clausthal-Zellerfeld. Nach weiteren 16 km wird nordöstlich von Bad Lauterberg der langgestreckte Oder-Stausee überflogen. Von hier aus fällt das Gelände stetig in Kursrichtung ab. Weiter voraus, etwas rechts der Kurslinie, müssten ein markanter Steinbruch, ein Luftfahrthindernis und die Stadt Nordhausen mit dem dahinter liegenden Flugplatz auftauchen.

Ein weiterer größerer See nordwestlich des Kyffhäuser-Gebirges, an dessen südöstlichem Ende der Flugplatz Bad Frankenhausen liegt, weist den Weg zum Fluss Unstrut. Parallel zu diesem können ein Kanal und eine Eisenbahnlinie als Leitlinien benutzt werden. Vom knapp links liegenden ca. 300 m/MSL hohen Luftfahrthindernis aus sind es jetzt noch ca. 18 km bis zum Flugplatz Laucha, der unmittelbar nordöstlich der Bahnlinie und der Unstrut liegt.

Strecke 2 (Laucha–Lüsse, rwK 034°)
Nachdem **Laucha** richtig im Sektor umrundet oder fotografiert wurde, wird Strecke 2 in Angriff genommen. Die bisherige Streckenführung verlief in den Lufträumen G und E, ohne weitere Beschränkungen. Etwa 10 km nach der Wende in Laucha erreichen wir den Leipziger Luftraum. Um den Flughafen Leipzig-Halle erstreckt sich eine Kontrollzone, die in der ICAO-Karte rot gekennzeichnet ist. Unser Flugweg führt uns zwar an der Kontrollzone vorbei, verläuft aber unterhalb des Luftraumes D, der dem an- und abfliegenden Flughafenverkehr vorbehalten ist. Wir müssen hier strikt darauf achten, nicht in den Luftraum D hineinzusteigen und unterhalb von 2 500 ft MSL bleiben. Wir müssen also in diesem Bereich der Route auf einen beträchtlichen Teil unserer Arbeitshöhe verzichten, wenn wir auf direktem Kurs weiterfliegen – oder wir entscheiden uns für einen westlichen Umweg und umfliegen den Leipziger Luftraum. Nordöstlich von Halle bieten sich die Flugplätze Halle-Oppin und Renneritz als Ausweichlandeplätze an. Auch hier ist verstärkter Luftverkehr zu erwarten, da Autobahnen und Bahnlinien von Motorfliegern gern als Leitlinien benutzt werden („linkes Rad – rechte Schiene") und der Pflichtmeldepunkt LEIPZIG-NOVEMBER ganz in der Nähe liegt. Die weitere Streckenbewältigung sollte navigatorisch relativ einfach sein. In Sichtweite der Autobahn geht es in Richtung Berlin. Kurz hinter Dessau wird die Elbe gekreuzt und für die letzten 35 km kann man (bei entsprechender Höhe) schon den Endanflug beginnen.

Eine letzte, aber wichtige Aufmerksamkeit gilt der Landung: nochmalige Konzentration, Landeeinteilung wie im Schulbuch und sauberes Aufsetzen. Erst wenn der Flügel am Boden liegt, ist der Flug erfolgreich beendet.

2.6.2   Standortbestimmung

Allgemein: Nicht immer liegen so viele markante und deutliche Navigationsmerkmale hintereinander wie auf der zuvor beschriebenen Strecke. Oftmals wird ein größeres Gebiet ohne deutliche Navigationsmerkmale überflogen oder dieselben wurden wegen Sichtverschlechterung nicht erkannt, so dass die Orientierung verloren gegangen ist (man hat sich „verfranzt"). Trotzdem muss der Pilot dann seinen Standort ermitteln, um festzustellen, ob er sich auf dem geplanten Kurs befindet oder wie er auf diesen zurückkommt.

2.6.2.1   Die Koppelnavigation

Begriffsbestimmungen: Bei Verlust der Orientierung muss der Pilot zumindest wissen, bis wann und bis wohin er seinen geplanten Kurs noch einhalten konnte. Denn beim Streckenfliegen besteht die wesentliche Aufgabe darin, den Flugverlauf aufmerksam zu verfolgen und mitzukoppeln, d. h. mit Karte und Uhr zu dokumentieren.

Wenn ein Streckenflug sorgfältig vorbereitet worden ist, wie in Abschnitt 2.5 „Navigatorische Flugvorbereitung" erläutert wurde, dann kann schon vor Beginn des Fluges festgelegt werden, über welchem **FIX** man sich zu einer bestimmten Uhrzeit befinden muss. Unter FIX versteht man ein markantes Navigationsmerkmal (Fixpunkt) mit eindeutiger und auf der Karte feststellbarer Position.

Es ist international gebräuchlich, einen solchen **Fixpunkt** mit einem **Dreieck** mit **innenliegendem Punkt** zu bezeichnen.

Trägt man vom letzten FIX den rechtweisenden Steuerkurs (rwSK) auf und darauf als Strecke die seit dem letzten FIX geflogene Entfernung (errechenbar aus V_e und der geflogenen Zeit t), dann erhält man den Punkt, an dem sich das Segelflugzeug befinden würde, wenn es ohne Windeinfluss (bei Windstille) geflogen wäre. Diesen Punkt nennt man **Windstillepunkt.** Er wird mit der englischen Bezeichnung **AP (Air Position)** und mit einem **Kreuz (+)** gekennzeichnet.

Anmerkung: Nach der deutschen DIN-Norm sollte der Windstillepunkt mit L bezeichnet werden, was aber zu Verwechselungen mit dem Luvwinkel führen kann. **Ebenso darf der Windstillepunkt (AP) nicht mit dem Windpunkt (WP) verwechselt werden.**

Fügt man an den Windstillepunkt einen Windvektor mit der der geflogenen Zeit t entsprechenden Länge an, dann erhält man den **Koppelort DR,** an dem sich das Segelflugzeug aller Wahrscheinlichkeit nach befindet. Dieser Windvektor (mit der Länge der vom FIX nach DR gebrauchten Zeit) hat die Bezeichnung **Windeffekt.** Der Koppelort wird international mit DR und einem Kreis mit zentralem Punkt gekennzeichnet (Bild 2.72).

Koppelnavigation heißt es deswegen, weil man an das letzte bekannte FIX den Weg des Flugzeugs bei Windstille und anschließend den Weg des Windes während derselben Zeit ankoppelt, um den neuen Standort zu ermitteln.

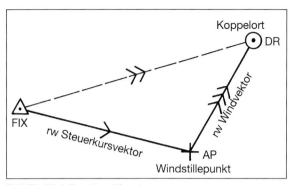

Bild 2.72 Windstillepunkt und Koppelort

⚠ FIX	Steuerkursvektor	Air Vector
+ AIR POSITION	Windstillepunkt	Air Position
von AP nach DR	Windeffekt ⤳	Wind Effect
⊙ DR-POSITION	Koppelort	Dead Reckoning Position

Wir nehmen an, der Pilot verlässt den letzten FIX um 1100 Uhr mit dem rechtweisenden Steuerkurs $rwSK_1$, der vom geplanten rwSK abweicht, weil der nächste anzufliegende FIX von einer Dunstglocke umgeben ist und nicht gesehen werden kann und der Pilot dieser Dunstglocke südlich ausweicht.

Um 1155 Uhr ändert er seinen Kurs wieder auf $rwSK_2$, den er bis 1245 Uhr beibehält. Dann ändert er den Kurs nochmals auf $rwSK_3$. Um 1310 Uhr will der Pilot feststellen, wo er sich jetzt befindet, um auf die geplante Kurslinie zurückzufinden. Bild 2.73 erläutert das Verfahren.

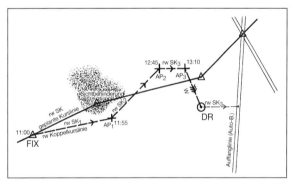

Bild 2.73 Prinzip der Koppelnavigation

Die ganze Strecke wurde mit V_e geflogen und die Windstillepunkte AP_1 (1155 Uhr), AP_2 (1245 Uhr) und AP_3 (1310 Uhr) wurden in die Karte eingetragen. Die Gesamtflugzeit bis AP_3 dauerte von 1100 Uhr bis 1310 Uhr, also 130 Minuten. Vom Windstillepunkt AP_3 aus wird der Windeffekt (Windrichtung und 130 Minuten) aufgetragen und man erhält den gesuchten Koppelort DR.

Wir sehen auf der Karte, dass sich das Segelflugzeug zu weit rechts von der geplanten Kurslinie befindet. Man fliegt mit dem anliegenden Kurs weiter ($rwSK_3$) bis zur nächsten Auffanglinie (Autobahn), der man nach links bis zum geplanten FIX (Autobahnkreuz) folgt. Von dort aus kann der geplante Kurs weitergeflogen werden.

2.6.2.2   Wahl geeigneter Sichtmarken

Bei genauem Studium der Karte vor dem Flug (bei der Planung) können gleich markante Punkte, die am Wege liegen, festgelegt und durch Sichtmarken (FIX-Dreiecke) gekennzeichnet werden. Hilfreich ist es, wenn die erwartete Flugzeit von einem FIX zum nächsten eingetragen wird, weil dann die Rechnerei während des Fluges entfällt und weil dies die Kontrolle des richtigen Plankurses erleichtert.

Anmerkung: Streckenfliegern, die oft von ihrem Heimatflugplatz aus auf Reise gehen, sei es empfohlen, für bestimmte Standardstrecken Kopien der ICAO-Karte mitzuführen. So lassen sich z. B. für einen Dreieck-Kurs drei schmale Streifen kopieren, die jeweils (10 cm breit) einen Flugkorridor von 50 km Breite abdecken. Hier können nach Belieben Marken und Eintragungen angebracht werden, ohne die teure Karte über Gebühr zu strapazieren und vor dem nächsten Flug wieder säubern zu müssen.

Möglich wäre es auch, sich für drei bis vier Standardstrecken vorher Flugzeiten auf Grund verschiedener Steigwerte auszurechnen. Es gibt viele Hilfsmittel, die das ungeliebte Rechnen erleichtern können.

2.7   Navigation mit elektronischen Geräten

Noch bis in die 1970er Jahre war es bei den meisten Segelfliegern verpönt, sich während eines Fluges QDM-Peilungen geben zu lassen, geschweige denn sich anderer elektronischer Hilfsgeräte zu bedienen. Inzwischen sind in den meisten Segelflugzeugen komfortable Rechner und Navigationsgeräte in Gebrauch.

2.7.1   Fremdpeilung per Sprechfunk

Mit geringem Aufwand (Sprechfunkgerät) sind Fremdpeilungen zu empfangen. Während einer flugzeugseitigen Abstrahlung empfängt eine bodenseitige Peilfunkanlage den Funkspruch und misst die Richtung, aus der das Funksignal kommt. Der Peilwert wird per Sprechfunk dem Piloten mitgeteilt (Einzelheiten siehe Kapitel 7 „Flugfunk").

2.7.2   Eigenpeilung mit VOR

Das VOR (VHF-Omnidirectional Radio Range) empfängt Funkwellen von einem UKW-Drehfunkfeuer und zeigt den Standort des Flugzeugs zu einem gewählten Kurs an. Einsatz im Segelflug höchstens als Handgerät, welches meistens in einem Handsprechfunkgerät integriert ist.

2.7.3   Satellitennavigation

2.7.3.1   Grundlagen

Seit Columbus hat die Navigation einige Revolutionen erfahren. Die letzte, deren Ursprung allerdings auch schon wieder einige Jahre zurückliegt, ist das **Global Positioning System**, kurz **GPS** (siehe auch Band 4 B „Funknavigation", Kapitel 7 „Satellitennavigation" und Band 4 C „Satellitennavigation" aus der Reihe „Der Privatflugzeugführer").

In einem GPS-Handbuch heißt es zu Anfang: „…umfassendes Wissen über die Sterne, um erfolgreich navigieren zu können. Einige dieser komplizierten Instrumente wie z.B. Kompass und Sextant werden noch heute von Experten verwendet und erfordern eine spezielle Ausbildung…"

Als angehender Segelflieger könnte man meinen, dieser Text sei im Hinblick auf die zurückliegenden Seiten der Navigations-Kapitel geschrieben worden. Wenn es inzwischen Möglichkeiten gibt, mit elektronischen Geräten viel genauere Navigationsergebnisse zu erzielen als nach den bisher vermittelten Methoden, könnte man meinen, es wäre nicht mehr erforderlich, die ganze Theorie zu erlernen. Man sollte aber folgende Tatsachen bedenken:

- Für die Bedienung eines Navigationsinstrumentes, gleich welcher Art, ist ein solides Grundwissen unentbehrlich.

- Elektrische Geräte können ausfallen, und nicht alle Flugzeuge sind mit einem GPS-Empfänger ausgerüstet.

- Beim GPS können (z.B. durch Fehleingaben) Fehler auftreten, die vom Piloten erkannt und korrigiert werden müssen.

Aus diesen Gründen sollte das GPS als zusätzliche Navigationshilfe verwendet werden; es ersetzt nicht die terrestrische Navigation mittels Karte und Kompass.

2.7.3.2   Beschreibung

Das GPS ist ein vom US-Verteidigungsministerium eingesetztes Funknavigationssystem. In etwa 11 000 NM über der Erdoberfläche befinden sich 24 Satelliten in verschiedenen Erdumlaufbahnen, wobei jeder Satellit täglich zweimal die Erde umkreist. Durch weitere Satelliten (zzt. 27) wird die Abdeckung und Signaldichte auf der gesamten Erdoberfläche weiterhin stetig verbessert.

Um eine zweidimensionale, geografische Position bestimmen zu können, müssen mindestens drei Satelliten über dem Horizont sichtbar sein, d.h. die Antenne des GPS-Empfängers muss drei Satelliten erfassen können. Vier Satelliten braucht man, um eine dreidimensionale Position, also Länge, Breite und Höhe bestimmen zu können. Jeder Satellit sendet ein hochfrequentes, lichtschnelles Funksignal aus, welches Daten an den GPS-Empfänger übermittelt. Ein Teil der Datenmeldung enthält Details über die Umlaufbahn des Satelliten. Satellit und Empfänger können beide einen identischen Zeitcode erzeugen. Der Empfänger verändert nun seinen Code, bis diese mit dem des Satelliten übereinstimmen. Die Größe der Änderung entspricht dem Zeitunterschied zwischen Empfänger und Satellit und wird nun zur genauen Distanzmessung verwendet. Unter Verwendung dieser Messungen von 3 oder 4 Satelliten lässt sich durch Triangulation eine genaue Positionsbestimmung durchführen, die auf einem Display angezeigt wird.

Die militärische Ausführung des GPS bietet Positionsangaben von wenigen Metern Genauigkeit. Diese ist für die zivile Nutzung reduziert. Das amerikanische Verteidigungsministerium sichert den zivilen Nutzern eine horizontale Positionsgenauigkeit von 100 m in 95 % der Zeit und 300 m in 99,99 % der Zeit zu. In der Praxis haben sich bei zivilen Geräten jedoch Werte von 30–50 m Genauigkeit ergeben, vorausgesetzt die Empfangsbedingungen waren optimal. Die von den Geräten angezeigten Navigationsergebnisse basieren auf einem weltweit einheitlichen Koordinatenbezugssystem, dem **World Geodetic System 1984 (WGS-84)**.

2.7.3.3 Beschränkungen und Aussichten

Die ICAO hat WGS-84 zum Standard erklärt, der inzwischen weltweit eingeführt worden ist. Die Benutzung anderer Koordinatenbezugssyteme kann in Verbindung mit dem GPS zu zusätzlichen, im Anflugbereich nicht unerheblichen Positionsfehlern führen.

Bisher sind in Deutschland zwei unterschiedliche Koordinatensysteme für die Vermessung und damit für die Angabe von z. B. Flugplatzbezugspunkten verwendet worden. In Westdeutschland ist es das Deutsche Hauptdreiecksnetz (DHDN). In der ehemaligen DDR wurde das so genannte *S 42/83-Netz* verwendet. Würde bei einer Koordinateneingabe nach dem erstgenannten System ein GPS-Empfänger auf die Flugplatz-Koordinaten Heringsdorf/Usedom programmiert, so würde er (da er nach dem WGS-84 arbeitet) einen (zusätzlichen) Fehler von 215 m in nordöstlicher Richtung anzeigen. Friedrichshafen am Bodensee hätte eine Ablage von 128 m. Für VFR-Flüge sind diese Unterschiede nur von geringer Bedeutung und als Segelflieger wird man damit leben können. Präzisionsanflüge unter IFR wären damit allerdings (noch) nicht möglich. An einer Anpassung wird jedoch gearbeitet.

Einer der Gründe, das GPS (noch) nicht als vollwertiges Navigationssystem zuzulassen, ist die fehlende Integrität.

> **Anmerkung:** Integrität ist die Fähigkeit eines Systems, dem Benutzer rechtzeitig mitzuteilen, ob es innerhalb seiner spezifizierten Genauigkeit arbeitet und zu warnen, wenn das System nicht für die Navigation verwendet werden sollte.

Um diese Integrität zu erreichen und auch einen fehlerhaften Satelliten aus der Positionsbestimmung ausschließen zu können, ist der Empfang von mindestens sechs Satelliten erforderlich. Dies ist aber noch nicht jederzeit gewährleistet. Dem GPS haften zzt. noch eine Reihe weiterer Probleme an, aus denen sich Nutzungsbeschränkungen ergeben können, z. B.:

> Da GPS mit hohen Frequenzen arbeitet, muss bei tieffliegenden Flugzeugen mit Signalabschattungen im bergigen Gelände gerechnet werden. Auch sind Abschattungen durch Teile des Luftfahrzeugs in bestimmten Fluglagen möglich. Ebenso kann infolge von Mehrwegeffekten die Position des Luftfahrzeugs falsch gewesen sein, dies aber nicht sofort erkannt werden.

Auf internationaler Ebene wird an einer Weiterentwicklung des Systems gearbeitet. Ziel ist es, ein ziviles, eigenständiges zugelassenes globales Navigationssystem (GNSS) zu erstellen und dafür Zulassungskriterien zu definieren. Unter Verwendung der GPS-Satelliten ist dieses zumindest für die Beurkundung im Segelflug erfolgt. Siehe auch Abschnitt 2.7.5 „Flugdatenrekorder/Logger".

2.7.3.4 Spezifikationen

Die GPS-Empfänger sind keine sonderlich komplizierten Wunderwerke, wenn es auch so scheinen mag. Es sind verhältnismäßig einfache Geräte, die nur wenige Daten empfangen und verarbeiten müssen. Die Empfangs-Frequenz von 1 575.42 MHz ist noch kein Hightech und die Baud-Rate ist mit 50 (Übermittlungs-) Einheiten pro Sekunde sehr niedrig. Computer-Modems schaffen 1 200 Baud und mehr.

Mehrkanalempfänger: Die Geräte haben zwischen 3 und 11 Empfangskanäle und können die Daten von bis zu 8 Satelliten gleichzeitig aufnehmen. Je mehr Kanäle verfügbar sind, umso schneller werden die angezeigten Daten erneuert und nachgeführt.

Stromversorgung: Zum Betrieb werden Batterien oder das Flugzeug-Bordnetz mit einer Spannung zwischen 5 und 40 Volt Gleichstrom benötigt.

Datenbank: Hier werden vom Hersteller Grunddaten gespeichert. Die Anzahl und Art der gespeicherten Flugplätze (bis zu 11 000), VORs und NDBs (bis zu 5 000) ist je nach Auslegung und Kosten unterschiedlich. So sind Empfänger, die vorwiegend für den Segelflug genutzt werden können, auch mit Daten von Segelfluggeländen versehen und es können statt 10 Routen sogar 100 Routen mit je 10 Wegpunkten bzw. Wendepunkten oder mehr programmiert werden. Die gespeicherten Flugplatzdaten sind je nach Gerät verschieden und reichen von der einfachen Koordinatenangabe über Startbahnlänge, Platzhöhe, Kontrollzonen, Frequenzen bis zu selbst einzugebenden Kommentaren. Andere Empfänger beinhalten inzwischen auch Gefahrengebiete, ED-Rs, Luftraumgrenzen usw. In allen Geräten lassen sich außerdem zwischen 100 und 1 000 eigene Wegpunkte per Koordinateneingabe speichern.

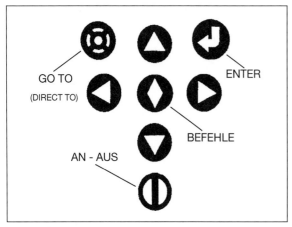

Bild 2.74   System A

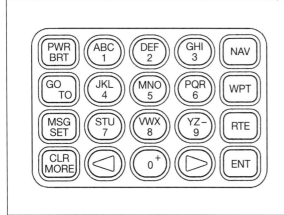

Bild 2.75   System B

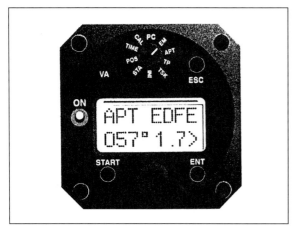

Bild 2.76   System C

Einbauempfänger gehören zur höherwertigen Klasse und werden nur von wenigen Herstellern angeboten (Geräte für die Militär- und Verkehrsluftfahrt sind hier nicht berücksichtigt). Umfangreiche Datenbank und großer Speicherplatz, externe Antenne und Schnittstellen zur Computerauswertung sind typisch. Die Einbaugröße entspricht meistens den genormten runden Einbaumaßen von 57 oder 80 mm Durchmesser. Die Rundgeräte sind gut für den Segelflug geeignet und können teilweise durch Steckkarten aufgerüstet und erweitert werden.

Handempfänger werden von (fast) allen Herstellern angeboten und unterscheiden sich durch die Gehäuseform und die Anbringung der Antenne. Außerhalb des Gehäuses angebrachte Antennen lassen sich abnehmen und mit einer Kabelverbindung als externe Antenne verwenden. Eine ausreichende Datenbank und genügend freier Speicherplatz sind vorhanden. Bei einigen Fabrikaten ist es möglich, den Flugweg und die augenblickliche Position graphisch darzustellen (Moving-Map).

Der Mittelpunkt des Displays ist als Flugzeugsymbol markiert und steht fest, während sich die dargestellte Karte je nach Richtung und Geschwindigkeit weiterbewegt. Der Abbildungsmaßstab kann in einem weitem Bereich verändert werden. Die Handempfänger lassen sich durch mitgelieferte Halterungen am Haubenrahmen oder Kniebrett befestigen.

Tastatur: Mobile Geräte wie auch Einbauempfänger unterscheiden sich durch die Anordnung der Eingabetasten:

System A (siehe Bild 2.74) besitzt zentral eine Befehlstaste, umgeben von 4 Pfeiltasten. Hiermit können verschiedene Menüs aufgerufen oder Wegpunkte, Flugplätze usw. durchgeblättert werden. Die mittlere Befehlstaste ruft den Befehlsmodus auf. Nach Auswahl einer Anweisung wird mit Enter bestätigt. Eingaben der Koordinaten und Namen (für selbst erstellte Wegpunkte) müssen durch Anwählen jedes einzelnen Buchstabens bewerkstelligt werden, was manchmal etwas mühsam ist. Eine Go-to-Taste (Direct to), welche sofort den neuen Kurs vom augenblicklichen Standort zum gerade auf dem Bildschirm angezeigten Wegpunkt oder Flugplatz berechnet und anzeigt sowie eine Ein-Aus-Taste vervollständigen die Tastatur.

System B (siehe Bild 2.75) hat dagegen 20–22 Tasten, von denen neun der Eingabe von Buchstaben und Ziffern dienen. Neben einer Ein-Aus-Taste sind ebenfalls Go-to- und Pfeiltasten vorhanden. Mehrfachfunktionen, je nach Anzeigemodus, sind möglich.

System C (Bild 2.76) hat bei Rundinstrumenten aus Platzersparnisgründen nur ein bis zwei Drehschalter und wenige Drucktaster. Die Bildschirmauswahl erfolgt hier entweder direkt über einen Drehschalter oder über Drucktaster wie beim System A. Das abgebildete GPS hat nur einen Einbaudurchmesser von 57 mm.

2.7.3.5   Einsatzmöglichkeiten

Es würde den Rahmen dieses Lehrbuches sprengen, die Bedienung aller Rechnersysteme und Empfänger im Einzelnen zu beschreiben. Anhand einer Zusammenfassung sollen jedoch die verschiedenen Einsatzmöglichkeiten aufgezeigt werden. Die Verwendbarkeit eines GPS-Empfängers erstreckt sich nicht nur auf die Hinführung zu einem bestimmten Ziel. So unterschiedlich auch die verschiedenen Fabrikate sind, folgende Verfahren sind mit fast allen Empfängern anwendbar:

Waypoints/Wegpunkte: Neben den schon beschriebenen Grunddaten, welche hauptsächlich Flugplätze und Navigationseinrichtungen umfassen, können selbstdefinierte Wegpunkte gespeichert werden. Ob zusätzliche Flugplätze, Außenlandefelder oder markante FIX-Punkte, die als Wendepunkte oder Zielpunkte Verwendung finden, sie alle sind mit Koordinaten und Namen einzugeben. Man kann aber auch beim Überfliegen eines Punktes die Koordinaten des augenblicklichen Standortes durch Knopfdruck speichern und später mit Namen versehen.

Routen/Strecken: Unter Verwendung der vorhandenen Daten lassen sich nunmehr Strecken mit mehreren Wendepunkten eingeben, speichern und später wieder abrufen.

Nearest/Umgebungspunkte: Bei Aufruf dieses Menüs werden die 10 nächstliegenden Flugplätze, Wegpunkte oder VORs (je nach Einstellung) angezeigt. Mittels des Cursors kann aus dieser Liste ein neuer Punkt (z.B. ein erreichbarer Flugplatz) ausgewählt und als momentanes Ziel angezeigt und angesteuert werden.

Time/Zeit: Dieses Menü beinhaltet zwei bis drei Stoppuhren und andere Zeit- und Datumsfunktionen.

Flight Data Recorder/Logger: Ein Flugdatenrekorder speichert in kurzem Intervall (alle 2 bis 15 Sekunden) die relevanten Daten des Fluges: Position, Höhe, Flugrichtung und Geschwindigkeit. Diese Daten können nach der Landung ausgelesen und zur Dokumentation und Analyse des Fluges verwertet werden.

Die **Einstellmöglichkeit** der zu verwendenden Maßeinheiten (km-NM, ft-m, km/h-kt, usw.) ist bei allen Geräten selbstverständlich.

Abschließend wird die **grundsätzliche Arbeitsweise** bei der Eingabe einer Strecke mit zwei verschiedenen Schenkeln erläutert: Wir setzen voraus, dass Startort A, Wendepunkt B und Ziel C im Empfänger gespeichert sind. Mit den entsprechenden Tasten wird A aufgerufen und mit der Enter-Taste bestätigt. Dann wird der Befehl „Next" (oder ähnlich) und Wendepunkt B aufgerufen und ebenso bestätigt. Drittens muss der Befehl „To" und das Ziel C aufgerufen und bestätigt werden. Fertig!

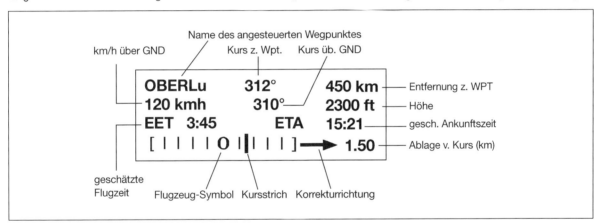

Bild 2.77 NAV-Bildschirm (Textdarstellung/Trimble)

Der Navigationsbildschirm sollte jetzt die entsprechenden Daten für den Flug vom Startort bis zum Wendepunkt zeigen (siehe Bild 2.77). Hier erscheinen die Daten als Text oder wie in Bild 2.79 als graphische Darstellung. Während des Fluges werden die Daten alle 1–2 Sekunden (maximal 5 Sek.) berichtigt. Wird nun der erste Wendepunkt (Wegpunkt) überflogen, so erfolgt eine **automatische oder manuelle Umschaltung,** so dass der GPS-Empfänger jetzt die Navigationsdaten anzeigt, die zum Ziel führen.

Die Bedienungsanweisungen sind den jeweiligen Handbüchern zu entnehmen.

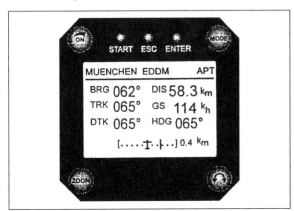

Bild 2.78 GPS – LX 500 (80 mm ø / Filser)

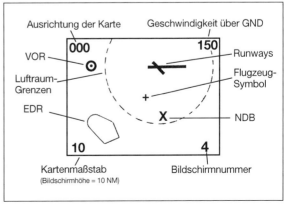

Bild 2.79 NAV-Bildschirm (Garmin) graphische Darstellung = Moving Map

2.7.4   Streckenflugrechner

In den 60er Jahren tauchten erstmalig Zusatzgeräte zu den pneumatischen Varios auf, die den jeweiligen Steigwert auch akustisch (durch einen mehr oder weniger hohen, unterbrochenen Ton) anzeigten. Fast zur gleichen Zeit wurden die Anzeigegenauigkeit und auch die Anzeigegeschwindigkeit der Varios durch geeignete Sonden erhöht, elektronisch aufbereitet und angezeigt. Jetzt konnte man den Anzeigebereich ändern und die zu fliegende Sollfahrt (lt. McCready) vorgeben lassen. Von dort bis zum heutigen Segelflugrechner war es kein allzu weiter Weg. Heute werden von einem ausgereiften Segelflug-Computer alle gewünschten Daten, die für einen Streckenflug wichtig sind, zur Verfügung gestellt. Ob vor oder während des Fluges, jederzeit lassen sich Werte eingeben und ablesen. Die Geräte verfügen über Schnittstellen, um die erfassten und gespeicherten Daten auslesen zu können. Auf dem PC kann mit einer entsprechenden Software der Flug in allen Details nachvollzogen und ausgewertet werden. Das eröffnet vielfältige Möglichkeiten der Selbstanalyse und des Vergleichs mit anderen Flügen am selben Tag und in der selben Region. Selbst zur Schulung und zum Heranführen an den Streckenflug eignen sich diese Visualisierungen von Überlandflügen. Moderne Flugauswerteprogramme (z. B. Strepla oder SeeYou) bieten auch die Möglichkeit, mehrere Flüge gleichzeitig und parallel auf dem Bildschirm ablaufen zu lassen. Daraus entwickeln sich spannende Vergleiche von Taktik und Stil verschiedener Piloten.

Doch unabhängig von allen Varianten der Flugnachbereitung bringt die Kombination von GPS und Segelflugrechner eines auf jeden Fall: eine großartige Entlastung des Piloten von navigatorischer Anstrengung zugunsten von Wetter- und Luftraumbeobachtung und mehr Spaß am Fliegen.

Ohne auf die Bedienung der Geräte einzugehen und ihre Qualität und Leistung zu werten, können in alphabetischer Reihenfolge nachstehende Hersteller bzw. Anbieter von Segelflugrechnern genannt werden: **Filser, Holltronic, ILEC, Peschges, Pöschl, Westerboer & Hofhansel, Zander** und andere.

Alle liefern Hightech-Geräte unterschiedlicher Ausführung für den Segelflug. Über die Vielfalt der Anzeigedisplays (Graphische und/oder Textdarstellung) geben die folgenden Abbildungen Auskunft.

Kurzbeschreibung der abgebildeten Geräte:

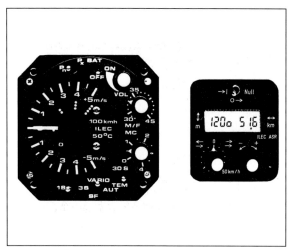

Bild 2.80   ILEC SB-8/ASR

Bild 2.80 ILEC SB-8/ASR:
E-Vario mit analoger Anzeige (80 mm) und gekoppeltem Anflug- und Streckenrechner (57 mm). Optional kann ein Zusatz für ein externes GPS geliefert werden.

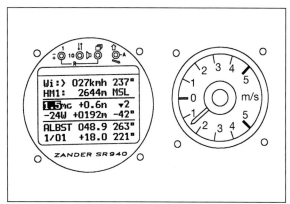

Bild 2.81   Zander SR 940

Bild 2.81 Zander SR 940:
Kompletter Rechner bestehend aus Steuereinheit (80 mm) mit graphikfähigem Flugdatendisplay und analoger Rundanzeige (60 mm). Optional sind GPS mit Flugdatenrekorder und Magnetkompasszusatz zu bekommen.

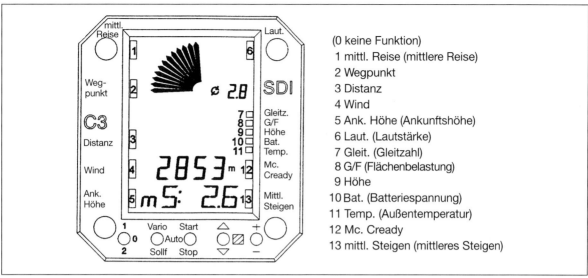

Bild 2.82 SDI Pöschl C3

Bild 2.82 SDI Pöschl C3:
Kompletter Rechner mit graphischem Display (60 x 63 mm) für analoge Vario- und Sollfahrtanzeige. Einbaumaß 80 mm ø. Bedienpanel 83 x 88 mm. Schnittstelle für externes GPS.

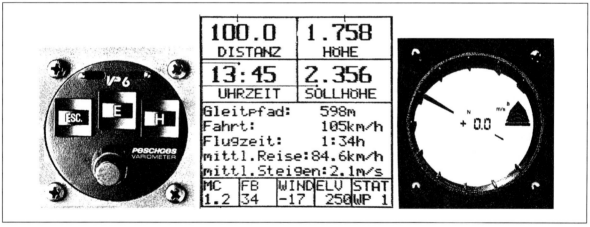

Bild 2.83 Peschges VP 6

Bild 2.83 Peschges VP 6:
Komplettes Rechnersystem, bestehend aus elektronischer Steuereinheit (57 mm ø), Flugdatendisplay (80 x 80 mm) und Vario- und Sollfahrt-Runddisplay (57 mm ø) sowie integriertem GPS-System. Optional ausbaubar.

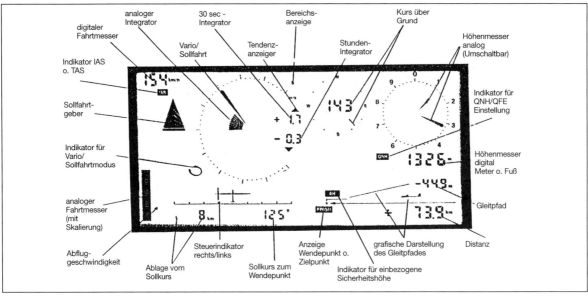

Bild 2.84   Peschges VP 7

Bild 2.84 Peschges VP 7:
Wie VP 6, jedoch mit sehr großem (155 x 75 mm) graphischen Display.

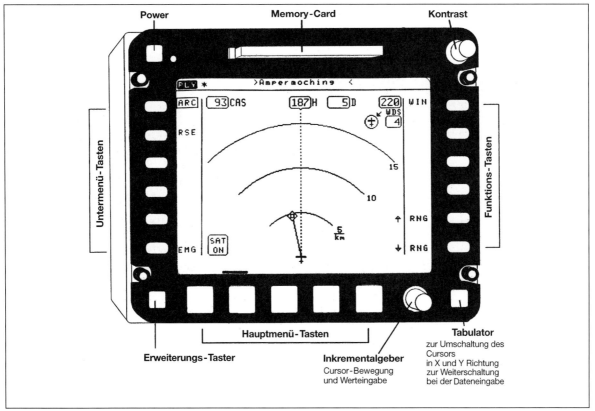

Bild 2.85   Holltronic „ifiss"

Bild 2.85 Holltronic „ifiss":
Komplettes Rechnersystem mit intergriertem GPS und großem (115 x 85 mm) mehrfach umschaltbaren graphischen Display. Einbaumaße 160 x 130 mm.

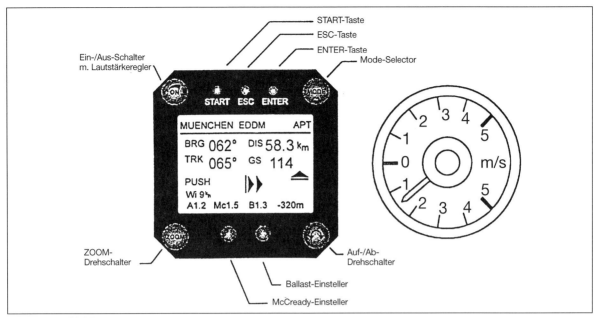

Bild 2.86 Filser LX 5000

Bild 2.86 Filser LX 5000:
Kompletter Rechner mit integriertem GPS, bestehend aus Steuereinheit (80 mm) mit graphischem Display und zusätzlichem Runddisplay (57 mm) für analoge Vario- und Sollfahrtanzeige.

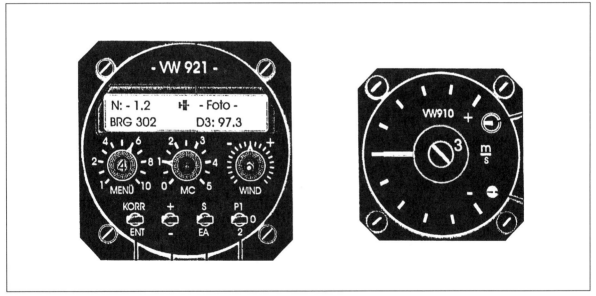

Bild 2.87 Westerboer & Hofhansel VW 910/921

Bild 2.87 Westerboer & Hofhansel VW 910/921:
Komplettes Rechnersystem mit integriertem GPS, bestehend aus Steuereinheit (80 mm) mit kleinem Display und zusätzlicher, analoger Vario- und Sollfahrtanzeige im Rundgerät (57 mm). Schnittstelle für externes GPS.

2.7.5   Flugdatenrekorder/Logger

Durch die GNSS-Technologie hat sich auch die Dokumentation von Streckenflügen durchgreifend verändert. An die Stelle von Barographen (zur Dokumentation des Höhenverlaufs des Fluges), Kamera (zum Fotografieren der Wendepunkte) und Uhr (Zeitnahme) ist der **Flugdatenrekorder** getreten, auch **Logger** genannt. Ein moderner Logger ist der herkömmlichen Dokumentation an Zuverlässigkeit weit überlegen, einfacher zu handhaben und bietet weniger Fehlerquellen.

Die Internationale Segelflugkommission (International Gliding Commission, IGC) hat die Standards definiert, die Flugdatenrekorder erfüllen müssen, um für die Dokumentation von Wettbewerbs- und Rekordflügen zugelassen zu werden. Die **wichtigsten Anforderungen** sind:

- Der Logger muss über einen eigenen GPS-Empfänger verfügen.
- Der Logger muss manipulationssicher sein.
- Der Logger muss über eine Drucksonde zur Messung der Höhe verfügen.

Zu beachten ist, dass die Aufzeichnung der Flugdaten digital erfolgt. D.h., beim Flug entlang einer Luftraumgrenze zeichnet der Logger einen präzisen Wert auf, dem zufolge das Segelflugzeug z.B. 10 m außerhalb (oder auch innerhalb!) dieser Grenze geflogen ist. Diese Aufzeichnung ist objektiv und nicht diskutierbar. Ein Flug wird in allen Phasen gläsern. Ebenso verhält es sich mit der Höhe. Die Drucksonde im Logger ist geeicht und misst auf ca. +/–3 m genau. Auch sie zeichnet präzise Werte auf. Deshalb sollten die vom Logger ermittelten und aufgezeichneten Werte dieselben sein, wie sie der Pilot im Display seines Bordrechners sieht. Sind Bordrechner und Logger unabhängig voneinander arbeitende Systeme, so kann es sein, dass die Werte geringfügig differieren. Nur wenn er nach den Loggerdaten fliegt, kann der Pilot sicher sein, keine Lufträume verletzt und alle Wendepunktsektoren sauber durchflogen zu haben.

Ein Flugdatenrekorder (Logger) zeichnet permanent die Zeit, die Flughöhe und die Koordinaten des Standorts des Flugzeugs auf. Aus den fortlaufenden Standortaufzeichnungen ergibt sich eine Kette von FIXEN, die – miteinander verbunden – die Linie des Flugweges abbilden. Ebenso zeichnet der Logger mittels eines Mikrofons das Geräuschniveau während des Fluges auf. Beim Einsatz in Segelflugzeugen mit Motor (Klapptriebwerk) wird damit genau erkennbar, wann, wo und wie lange der Motor lief.

Alle Werte werden nach der Landung auf ein Speichermedium oder direkt auf einen PC übertragen und können am Monitor oder durch Ausdruck ausgewertet werden.

3 Meteorologie

3.1 Grundlagen

Meteorologie ist die Wissenschaft von den physikalischen und chemischen Vorgängen in der Lufthülle der Erde. Umfangreiche meteorologische Kenntnisse sind für den Luftfahrer lebenswichtig und für den Segelflieger Voraussetzung für seinen sportlichen Erfolg.

3.1.1 Physikalischer Aufbau der Atmosphäre (Troposphäre, Stratosphäre, weitere Schichten)

Die Erde ist von einer Lufthülle – der **Atmosphäre** – umgeben. Im Verhältnis zum Erddurchmesser (12 742 km) ist deren Mächtigkeit sehr gering, etwa der Hülle eines Fußballs zu vergleichen. Eine genaue Dicke (Höhe) kann nicht angegeben werden, da die Luftdichte mit zunehmender Entfernung von der Erdoberfläche stetig abnimmt und stufenlos in den „luftleeren" Weltraum übergeht.

Eigenschaften und Zustand der Luft verändern sich mit der Höhe, dementsprechend unterscheidet man verschiedene Schichten (Bild 3.1).

Die **Troposphäre** ist die bodennahe unterste Schicht. In ihr spielt sich das Wettergeschehen ab. Ihre durchschnittliche Dicke beträgt 11 km = 0,86 Promille des Erddurchmessers. Sie enthält 3/4 der gesamten Atmosphärenmasse und dazu Wasserdampf (Feuchtigkeit). Ihre Temperatur nimmt mit zunehmender Höhe grundsätzlich ab (Bild 3.1).

Die **Tropopause** begrenzt die Troposphäre nach oben zur **Stratosphäre** hin. Ihre Höhe über dem Erdboden ist unterschiedlich und hängt von der Art der Luftmasse, der Jahreszeit und der geographischen Breite ab (Bild 3.2).

In Tiefdruckgebieten, im Winter und in hohen Breiten (an den Polen) liegt die Tropoause niedriger als in Hochdruckgebieten, im Sommer und in niedrigen Breiten (am Äquator).

In den **mittleren Breiten der Nordhalbkugel** schwankt die Tropopausenhöhe zwischen 9,5 und 11,5 km (Durchschnitt 11 km), die Temperaturen liegen zwischen –40° und –60 °C (Durchschnitt –56 °C).

Die **Stratosphäre** reicht bis etwa 50 km Höhe. Die Luft in ihr enthält so gut wie keine Feuchtigkeit, weshalb sich auch keine Wolken bilden können. Von der Tropopause bis etwa 20 km Höhe herrscht eine **Isothermie** mit gleich bleibender Temperatur von rund –60 °C. Im unteren Teil dieses Bereiches sind in mittleren Breiten innerhalb der allgemeinen Westdrift wandernde Zonen hoher Windgeschwindigkeiten um die 300 km/h anzutreffen.

Oberhalb 20 km liegt eine **Temperaturumkehr** oder **Inversion,** das heißt, die Lufttemperatur nimmt zu, bis sie

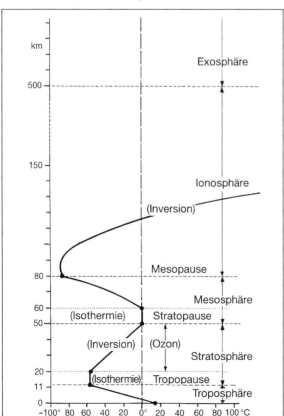

Bild 3.1 Die Schichten der Atmosphäre

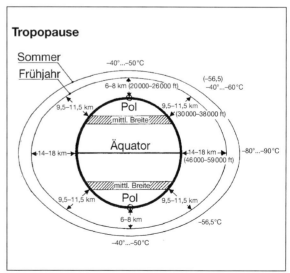

Bild 3.2 Die Tropopause, Höhe und Temperatur

an der Obergrenze der Stratosphäre in 60 km Höhe 0 °C, manchmal auch mehr, erreicht. In diesem Bereich finden wir die Ozonschicht. Ozon ist aktiver Sauerstoff, dessen Moleküle sich aus drei Atomen zusammensetzen (O_3). Er absorbiert u.a. ultraviolette Strahlen und setzt sie in Wärme um.

Die **Stratopause** schließt sich von 47 bis 51 km Höhe an die Stratosphäre an. In ihr bleibt die Temperatur konstant **(Isothermie).** Darüber nimmt sie mit zunehmender Höhe ab.

In der **Mesosphäre** liegt die Temperaturabnahme bei 3 °C/km, so dass in 80 km Höhe bis –80 °C herrschen. Darüber wird die Ionisierung der Luft immer stärker, die Luftdichte beträgt nur noch 0,001 kg/m³.

Die **Ionosphäre** oder auch **Thermosphäre** reicht von der Mesopause in 80 km Höhe bis etwa 500 km Höhe. Die wenigen in ihr vorhandenen Luftmoleküle werden rasch aufgeheizt, die Temperatur nimmt rapide zu (daher „Thermosphäre"). In 200 km Höhe beträgt sie schon über 500 °C. Kurzwellige Sonnenstrahlen ionisieren die Stickstoff- und Sauerstoffatome unterschiedlich und lassen sie elektrisch positiv oder negativ geladen erscheinen. Das geschieht in verschiedenen Schichten, die unterschiedliche Eigenschaften haben.

  80 km: D-Region dämpft Kurzwellen;

110 km: E-Regionen reflektieren die Kurzwellen (Reichweiteerhöhung). Diese Schichten werden auch Kenelly- oder Heaviside-Schichten genannt;

180 km: F_1-Region reflektiert sehr stark;

250 km: F_2-Region reflektiert wie F_1. Sie steigt tagsüber auf 300 bis 400 km Höhe. Die F-Regionen werden nach ihrem Entdecker auch **„Appleton-Schichten"** genannt.

Die **Exosphäre** beginnt in 400 km Höhe und geht langsam in den Weltraum über. Ihre obere Grenze ist nicht exakt zu bestimmen.

Zusammenfassung		
Troposphäre	0 bis 11 km	Temperatur mit zunehmender Höhe fallend bis –56,5 °C
Stratosphäre	11 bis 20 km	Temperatur bei –56,5 °C konstant (Isothermie)
	20 bis 50 km	Temperatur mit zunehmender Höhe steigend, –56,5 °C bis 0 °C (Inversion)
Stratopause	47 bis 51 km	Temperatur bei ca. 0 °C konstant (Isothermie)
Mesosphäre	51 bis 86 km	Temperatur mit zunehmender Höhe um 3 °C bis 4 °C/km fallend bis auf –80 °C
Ionosphäre	91 bis 500 km	Temperatur mit zunehmender Höhe steigend, in 200 km Höhe schon 500 °C und mehr. Ionisationsregionen D, E, F beeinflussen Kurzwellen
Exosphäre	ab 400 km	Übergangsschicht in den luftleeren Weltraum, Widerstand für Satelliten praktisch Null.

Die **Erdatmosphäre** (Luft) ist ein Gemisch aus verschiedenen Gasen. Anteilig sind in ihr enthalten: **Stickstoff = 78 %, Sauerstoff = 21 %, Argon, Kohlendioxyd, Wasserstoff und andere Gase ca. 1 %.** Diese Zusammensetzung bleibt bis in Höhen von 80 km gleich, erst dann überwiegen leichtere Gase.

In der Troposphäre enthält die Luft zusätzlich noch „Industriegase" sowie Staub, Rauch und Ruß. Besonders wichtig ist der **Wasserdampf,** von dem Luft bei hohen Temperaturen (Tropen) bis zu 4 Volumenprozent aufnehmen kann. Er ist maßgeblich am Wettergeschehen beteiligt. Da Wasserdampf mit 18 ein erheblich geringeres Molekulargewicht aufweist als Luft mit 29, ist **feuchte Luft leichter als trockene Luft.**

3.1.2   Luftdruck, Lufttemperatur, Luftdichte

Für den **Zustand** und für die **Änderungen des Zustandes der Luft** gelten die **physikalischen Gasgesetze.** Um diese zu verstehen, sind zunächst einige Begriffe zu klären:

– **Masse M** (kg) ist die Menge an Materie, aus der ein Körper besteht.
– **Dichte** (kg/m³) ist die Menge der Materie, die in einem Kubikmeter enthalten ist.
– **Beschleunigung** (m/s²) ist die positive oder negative Geschwindigkeitsänderung (Zu- oder Abnahme) pro Sekunde.
– **Gewicht G** (kp): Jede Masse unterliegt der Schwerkraft der Erde, was ihr Gewicht ausmacht.
– **Luftdruck** (hPa) ist der Druck, den das Gewicht der atmosphärischen Luft auf den Erdboden ausübt.

Den **Luftdruck** kann man mit dem Barometer (Druckmesser) bestimmen. Das älteste Barometer ist das **Quecksilberbarometer,** eine U-förmig gebogene Glasröhre, deren eines Ende zugeschmolzen ist (Bild 3.3).

Das Glasrohr ist mit Quecksilber gefüllt. Links oben ist ein Vakuum, auf der linken Quecksilberoberfläche liegt keine Last. Auf die Oberfläche des Quecksilbers im offenen Rohr aber drückt das Gewicht der darüber stehenden Luftsäule. Dieses Gewicht entspricht genau dem Gewicht der Quecksilbersäule A, die in der linken Röhre über die Oberfläche in der rechten Röhre hinausragt.

Die Säule A ist bei durchschnittlichem Luftdruck exakt 760 mm hoch, bei einem Querschnitt von 1 cm wiegt ihr Inhalt 1033 Gramm. Mit diesem Gewicht drückt die Lufthülle in Meereshöhe auf jeden Quadratzentimeter der Erdoberfläche.

Bei Schmuckbarometern in Wohnungen ist oft noch der Wert 760 mm angegeben. In der Luftfahrt benutzt man im angelsächsischen Sprachraum zum Teil noch die Einheit 29,92 Inches (Zoll) Hg (Hg = Quecksilbersäule des Barometers). In Deutschland ist dagegen die Maßeinheit **Hektopascal (hPa) vorgeschrieben, wobei 760 mm Quecksilbersäule genau 1013,25 hPa entsprechen.**

Der Luftdruck nimmt mit zunehmender Höhe ab, da ja die Luftsäule nach oben hin immer kürzer wird. In Meeresspiegelhöhe **(Mean Sea Level = MSL)** beträgt er im Durchschnitt 1013 hPa und halbiert sich nach oben hin alle 5500 m. In der Tropopause in 11000 m Höhe herrscht also ein Viertel des Druckes am Boden, rund 253,3 hPa.

Die gesetzmäßige Abnahme des Luftdruckes mit der Höhe wird bei der barometrischen Höhenmessung verwendet (siehe auch Abschnitt 4.3 „Die Bordinstrumente"). Der Höhenunterschied, der einer Druckänderung von 1 hPa entspricht, heißt **barometrische Höhenstufe.**

Sie beträgt in Meereshöhe MSL = 8 m/hPa;

in 5500 m Höhe = 16 m/hPa;

in 11000 m Höhe = 32 m/hPa.

Auch die **Luftdichte** wird mit zunehmender Höhe immer geringer, weil sich die Luft wegen des mit der Höhe abnehmenden Druckes immer weniger zusammendrückt und so weniger Materie pro Kubikmeter enthält.

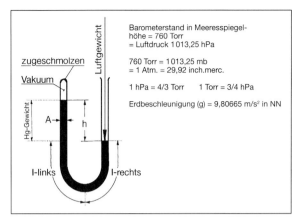

Barometerstand in Meeresspiegelhöhe = 760 Torr = Luftdruck 1013,25 hPa

760 Torr = 1013,25 mb = 1 Atm. = 29,92 inch.merc.

1 hPa = 4/3 Torr   1 Torr = 3/4 hPa

Erdbeschleunigung (g) = 9,80665 m/s² in NN

Bild 3.3   Das Quecksilber-Barometer

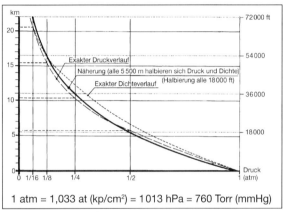

Exakter Druckverlauf

Näherung (alle 5500 m halbieren sich Druck und Dichte)

Exakter Dichteverlauf   (Halbierung alle 18000 ft)

1 atm = 1,033 at (kp/cm²) = 1013 hPa = 760 Torr (mmHg)

Bild 3.4   Luftdruck und Luftdichte

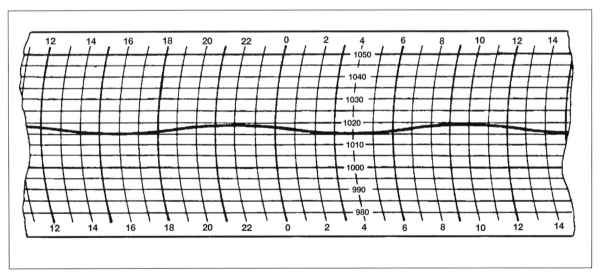

Bild 3.5   Tägliche Luftdruckschwankungen

Zeitliche Luftdruckänderungen
Der Luftdruck ist ständigen Schwankungen unterworfen, die einmal von der **Tageszeit** und zum anderen von dem großräumigen **Wetterablauf** abhängig sind. Der Barogrammstreifen in Bild 3.5 zeigt die **täglichen Luftdruckschwankungen,** die – besonders in den Tropen – sehr regelmäßig sind. In höheren Breiten werden sie leicht von den wesentlich stärkeren Wetterschwankungen überdeckt. Grundsätzlich ist der Luftdruck morgens um 10.00 Uhr und abends um 22.00 Uhr bis zu drei hPa höher als um 04.00 Uhr und um 16.00 Uhr.

Im Normalfall erreichen **Hochdruckgebiete** über den Kontinenten im Winter höhere Druckwerte als im Sommer; über den Ozeanen ist es umgekehrt. Die **Tiefdruckgebiete** dagegen erreichen über den Kontinenten wie auch über den Ozeanen im Winter tiefere Druckwerte als im Sommer.

Räumliche Luftdruckänderungen

Mit dem Wettergeschehen kann der Luftdruck in Meereshöhe zwischen etwa 930 und 1 060 hPa schwanken, in Extremfällen gehen die Werte darüber noch hinaus. So können sie in den Zentren von Wirbelstürmen tiefer und bei sehr stabilen winterlichen Hochdrucklagen in Sibirien höher sein.

Um die an verschiedenen Orten gemessenen Druckwerte miteinander vergleichen zu können, müssen sie auf eine einheitliche Bezugshöhe (Meereshöhe MSL) umgerechnet (reduziert) werden.

Linien, die auf einer Karte alle Orte gleichen Luftdruckes miteinander verbinden, heißen **Isobaren** (Bild 3.6). Der Begriff kommt aus dem Griechischen, iso = gleich, baros = Gewicht, Druck. Isobaren werden in Wetterkarten normalerweise mit einem Abstand von 5 hPa eingezeichnet, können sich also niemals schneiden oder berühren. Sie umschließen Kerngebiete mit relativ hohem und tiefem Druck, die **Hochdruckgebiete und die Tiefdruckgebiete** (Bild 3.7).

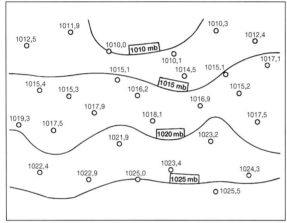

Bild 3.6 **Isobaren** sind Linien gleichen reduzierten Luftdruckes

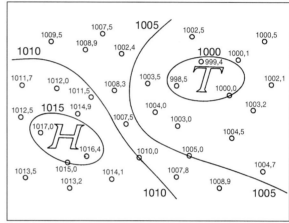

Bild 3.7   Hoch- und Tiefdruckgebiete

In die Bodenwetterkarten werden auch die **Tendenzen** eingetragen, das sind Druckänderungen während der letzten drei Stunden. Sie werden in zehntel hPa angegeben. Die Zahl 52 bedeutet 5,2 hPa Veränderung während der vergangenen drei Stunden; / heißt steigende, \ heißt fallende Tendenz.

Die **Linien gleicher Druckänderung** werden als **Isallobaren** bezeichnet.

Abnahme der Lufttemperatur mit zunehmender Höhe

Abbildung 3.1 zeigt uns, dass in der Troposphäre die Lufttemperatur mit zunehmender Höhe abnimmt. Im Durchschnitt beträgt sie in Meeresspiegelhöhe plus 15 °C und in 11 000 m Höhe minus 56,5 °C. Diese Werte sind in der **ICAO-Standardatmosphäre** festgeschrieben, die den mittleren Zustand der Atmosphäre wiedergibt.

Die Erwärmung der Luft in der Troposphäre erfolgt nicht durch die Sonnenstrahlen direkt, sondern über den Umweg der Erdoberfläche, die wie ein Heizkörper wirkt (Bild 3.8). Da Luft ein schlechter Wärmeleiter ist, wird Wärme nur dicht über dem von der Sonne aufgeheizten Erdboden von Luftmolekül zu Luftmolekül weitergegeben.

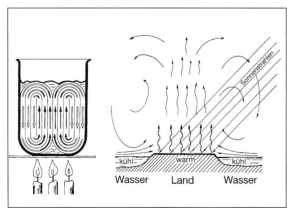

Durch seine unterschiedliche Struktur und Beschaffenheit erwärmt sich der Erdboden ungleichmäßig. Helle Sandflächen z. B. erwärmen sich ausgeprägter als feuchte Wiesen. Dadurch bilden sich am Boden warme Luftpakete, die sich wegen der geringeren Dichte und des damit verbundenen geringeren Gewichtes, die sie gegenüber der umgebenden Luft aufweisen, vom Boden ablösen und nach dem archimedischen Prinzip wie ein Heißluftballon in die Höhe steigen. Zum Ausgleich sinkt kühlere Luft aus der Höhe ab. Zustand und Gestaltung des Erdbodens sorgen für unterschiedliche Erwärmung, eine trockene Sandfläche heizt sich mehr auf als ein feuchter Laubwald (siehe Abschnitt 3.4 „Die Flugmeteorologie").

Bild 3.8   Wärmeübertragung durch Konvektion

Die ständige Luftdurchmischung mündet in einer Temperaturabnahme mit zunehmender Höhe, da trocken aufsteigende Luft sich genau mit 1 °C pro 100 m (3 °C/1000ft) abkühlt, trocken absteigende Luft sich um den gleichen Wert erwärmt. Dieses Phänomen, das durch die Druckänderung hervorgerufen wird, bezeichnet man als **trockenadiabatisches Temperaturgefälle** (Bild 3.9), die entsprechende Linie im Diagramm ist die **Trockenadiabate**. Der durch die Wärme hervorgerufene vertikale Austausch der Luft heißt **Konvektion**.

Die ruhende, das heißt nicht auf- und absteigende Luft, innerhalb derer die Konvektion stattfindet, weist nach oben hin mit zunehmender Entfernung von der Heizfläche Erdboden ebenfalls eine Temperaturabnahme auf. Diese kann sehr unterschiedlich sein und beträgt in der Troposphäre durchschnittlich 0,65 °C pro 100 m. Die Zustandskurve, die die Temperaturabnahme mit der Höhe beschreibt, ist der **Temperaturgradient**. Bild 3.10 zeigt drei markante Temperaturgradienten:

A. Normale Schichtung: 0,65 °C/100 m = negativer Gradient über die gesamte Höhe;

B. Isothermie: 0 °C/100 m = gleiche (iso) Temperatur zwischen 600 und 1200 m Höhe;

C. Inversion (Umkehrschicht): Zunehmende Temperatur und damit positiver Gradient zwischen 600 und 1 200 m.

Die Inversion und teilweise auch schon die Isothermie sind stabile Schichtungen und wirken daher als Sperrschichten für aufsteigende Luft. Sie sind für das Wettergeschehen von außerordentlicher Bedeutung.

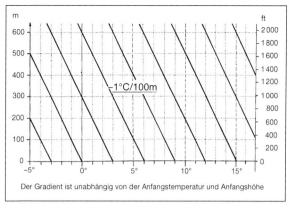

Der Gradient ist unabhängig von der Anfangstemperatur und Anfangshöhe

Bild 3.9   Temperaturgefälle trocken aufsteigender Luft = Trockenadiabate

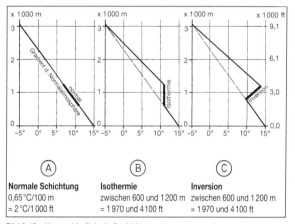

Normale Schichtung	Isothermie	Inversion
0,65 °C/100 m	zwischen 600 und 1200 m	zwischen 600 und 1200 m
= 2 °C/1 000 ft	= 1 970 und 4 100 ft	= 1 970 und 4 100 ft

Bild 3.10   Unterschiedliche Luftschichtungen

3.1.3   Die ICAO-Standardatmosphäre (ISA)

Viele Fluginstrumente arbeiten auf der Basis des Luftdruckes. Sie müssen geeicht sein und in allen Luftfahrzeugen die gleichen Werte anzeigen. Da der Zustand der Atmosphäre aber einem ständigen Wechsel unterworfen ist, hat die International Civil Aviation Organisation ICAO (Internationale Zivilluftfahrt-Organisation) eine Reihe von Daten unverrückbar festgelegt und somit die **Normalatmosphäre** oder die **ICAO-Standardatmosphäre (ISA)** geschaffen.

Die Daten der ICAO-Standardatmosphäre sind Mittelwerte, die sich auf die geographische Breite von 45 Grad und auf die Höhe des Meeresspiegels NN (Normal Null) oder MSL (Mean Sea Level) beziehen; sie sind so festgelegt, dass sich die Abweichungen von der tatsächlichen Atmosphäre nicht allzu sehr auswirken. So zeigen die mit dem Luftdruck als Referenz arbeitenden Instrumente nicht unbedingt „wahre Werte" an, weil z. B. die tatsächlich herrschende Temperatur von der Temperatur der Standardatmosphäre (15 °C) abweicht, aber alle Höhenmesser, die nach ISA geeicht sind, weisen am selben Ort die gleiche Abweichung auf. Denn es ist letztlich wichtiger, dass bei zwei Flugzeugen, die sich am selben Ort in 800 und 1 000 m Höhe melden, der vertikale Abstand von 200 m verlässlich stimmt, als dass es ausschlaggebend wäre, ob die angezeigte Höhe die „wahre" Höhe exakt wiedergibt. Folgendes sind die **Grunddaten der ICAO-Standardatmosphäre:**

1. Luftdruck in NN (MSL)   = 1 013,25 hPa (29,92 inches Hg)
2. Lufttemperatur in NN (MSL)   = 15° Celsius
3. Relative Luftfeuchte   = 0 %
4. Luftdichte in NN (MSL)   = 1,225 kg pro m³
5. Temperaturabnahme (Gradient) in der Troposphäre   = 0,65 °C pro 100 m (2 °C pro 1 000 ft)
6. Tropopausenhöhe   = 11 000 m (36 000 ft)
7. Tropopausentemperatur   = minus 56,5 °C
8. Isothermie bis 20 km Höhe, darüber Temperaturzunahme bis 32 km um 1 °C pro km, Zusammensetzung der Luft bis 80 km gleich (Bild 3.1)

Die Höhenmesser-Einstellung

Der barometrische Höhenmesser (siehe Abschnitt 4.3 „Die Bordinstrumente") misst nicht die Höhe, sondern den Luftdruck. Da aber nach der Standardatmosphäre zu jedem Luftdruckwert eine bestimmte Höhe gehört, kann die Anzeigefläche des Höhenmessers auch als Höhenskala angelegt sein. Auf ihr wird die Höhe relativ zu einer gewählten Nullhöhe wie Startplatz, Meereshöhe usw. angezeigt. Folgende Höhenmessereinstellungen sind in der Luftfahrt gebräuchlich: QFE, QNH und die Standardhöhe.

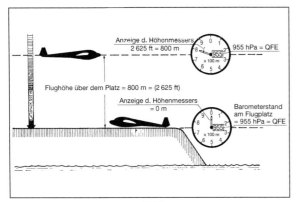

Bild 3.11   Höhenmessereinstellung auf QFE

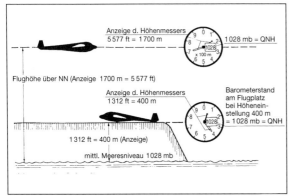

Bild 3.12   Höhenmessereinstellung auf QNH

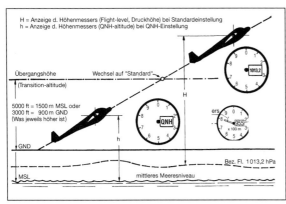

Bild 3.13   Standardeinstellung 1 013,2 hPa

QFE: Nulleinstellung des Höhenmessers auf den Luftdruck am Flugplatz (Bild 3.11).

Im Bild 3.11 beträgt dieser Druck 995 hPa, er ist im Fenster des Höhenmessers zu erkennen. Mit dem Einstellknopf kann eine andere Druckangabe in das Fenster plaziert werden, allerdings entfernt sich dann auch der Höhenmesserzeiger von der Nullmarke.

Befindet sich das Segelflugzeug in 800 m Höhe über dem Flugplatz, dann zeigt der Zeiger das an. Im Fenster steht unverändert die Druckangabe.

QNH ist der theoretische Luftdruck in Meereshöhe MSL. Er wird von QFE aus nach den in der Standardatmosphäre angenommenen Verhältnissen zurückgerechnet. Da er vom aktuellen Luftdruck abhängig ist, ändert er sich ständig und muss während des Fluges immer wieder korrigiert werden.

Stellt der Segelflugzeugführer auf dem Boden des Flugplatzes seinen **Höhenmesser auf die Höhe über NN** ein, dann erscheint **im Fenster der QNH-Wert,** das ist der theoretische Luftdruck in Meereshöhe. Hat er dagegen **im Fenster den QNH-Wert** eingestellt, dann zeigt der Höhenmesser die **Höhe** des Segelflugzeugs **über MSL.**

QFF ist ein für Meereshöhe MSL berechneter Luftdruck. Dieser Wert entspricht dem aktuellen Luftdruck irgendeines Ortes, der mit Hilfe der tatsächlichen Temperatur dieses Ortes auf Meereshöhe umgerechnet wurde. Das heißt auf einen in der Höhe gemessenen Wert wird rechnerisch das – temperaturabhängige – Gewicht der Luftsäule hinunter bis zum Meeresniveau aufgeschlagen.

Bei QFF wird mit der aktuellen Temperatur auf NN reduziert, bei QNH mit Hilfe der Standardatmosphäre. QFE, QFF und QNH sind identisch wenn die Station auf Meereshöhe liegt und standardatmosphärische Bedingungen herrschen.

Höhenmesserangaben nach QNH werden von Luftfahrern zur Bestimmung ihrer aktuellen Höhe über Grund herangezogen, indem sie die Höheneintragungen auf der Karte von der Anzeige abziehen. Allerdings ergeben sich bei der Anzeige Differenzen zur tatsächlichen Flughöhe, da die tatsächlichen Temperaturen und damit auch Druckwerte von denen der Standardatmosphäre abweichen. Grundsätzlich ist kalte Luft dichter als warme Luft, die Druckabnahme nach oben hin erfolgt schneller als es der Eichung des Höhenmessers entspricht, die Flughöhe ist niedriger als angezeigt.

Auch wird beim Flug vom hohen zum tiefen Druck mehr Höhe angezeigt als tatsächlich vorhanden ist. Ein uralter Motorfliegerspruch besagt: **„Vom Hoch ins Tief, das geht schief!"**

Die **Standardeinstellung auf 1 013,2 hPa** wird bei Überlandflügen im kontrollierten Luftraum über 1 500 m MSL oder 900 m GND – was jeweils höher ist – im Höhenmesserfenster eingestellt. Das Instrument zeigt dann immer die Höhe über der Druckfläche 1 013,2 hPa an, die nicht mit NN (MSL) übereinstimmen muss. Dieser Standardwert ist also keine wahre Höhenangabe, sondern die Angabe einer Druckfläche. Sie wird auch mit Flugfläche (Flight Level FL) bezeichnet: z. B. FL 240 = Flugfläche 240 = 24 000 ft. Nach längeren Streckenflügen empfiehlt es sich, beim Anflug auf den Zielflugplatz per Funk den aktuellen Luftdruck zu erfragen und den Höhenmesser gegebenenfalls nachzustellen, denn während des Tages kann sich der Luftdruck spürbar verändert haben.

Zusammenfassung

Höhenmesser-Einstellung	Definition	Anzeige
QFE	Aktueller Luftdruck auf dem Flugplatz	Druckhöhe über dem Flugplatz
QNH	Luftdruck mit Hilfe der Standardatmosphäre in MSL von QFE zurückgerechnet	Druckhöhe über dem theoretischen Druck in MSL (QNH-altitude)
1 013,2 hPa	Standardluftdruckfläche (1 013,2 hPa = 29,92 inch Hg)	QNE-Höhenangabe (= Druckhöhe) über der Fläche 1 013,2 hPa = Flugfläche FL

QFF = mit Hilfe der aktuellen, von der Station gemessenen Temperatur berechneter Luftdruck in MSL.
QNH = mit Hilfe der Standardatmosphäre aus QFE berechneter Luftdruck in MSL.

3.1.4 Der Wasserhaushalt der Atmosphäre

Auf der gesamten Erdoberfläche – Wasser und Land – verdunsten pro Jahr 400 000 Kubikkilometer Wasser. Die jährliche Niederschlagsmenge – Regen, Schnee usw. – ist gleich groß. Über dem Meer werden rund 85 %, über Land etwa 15 % verdunstet.

25 % der Niederschläge fallen in die Meere, 75 % gehen als Wasser, Schnee, Hagel, Graupel und Tau auf das Land nieder (Bild 3.14).

Der Wassergehalt der Luft ist mengenmäßig nicht genau bekannt. Er liegt in den Tropen maximal bei 4 % und in den Wüstengebieten bei 0 %. Er befindet sich fast ausschließlich in der Troposphäre und ist als Wasserdampf unsichtbar; kondensiert der Wasserdampf zu Wolken, Nebel usw., so wird er sichtbar.

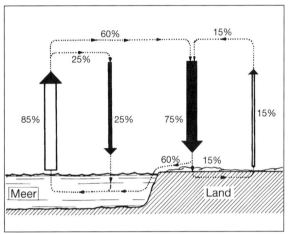

Bild 3.14   Der Kreislauf des Wassers auf der Erde

Verdunstung, Kondensation und Sublimation

Die Moleküle in **Gasen** streben auseinander, bis sie auf Hindernisse – eine Wand oder andere Moleküle – stoßen. Hat ein mit Gas gefüllter Behälter eine Öffnung, dann strömt der Inhalt aus, verteilt sich im Raum. Die Moleküle von **Flüssigkeiten** unterliegen dagegen einer „Anziehungskraft", der **Kohäsion,** die sie im Verband zusammenhält.

Die Verdunstung: Wird eine Flüssigkeit erwärmt, bewegen sich ihre Moleküle – unterschiedlich – schneller. So haben einige Moleküle schon vor Erreichen der Siedetemperatur die Geschwindigkeit, mit der sie die Flüssigkeit verlassen können. Es werden mehr, je höher die Temperatur steigt. **Diesen Übergang der Moleküle vom flüssigen in den gasförmigen Zustand nennt man Verdunstung.** Da nur die schnelleren Moleküle die Flüssigkeit verlassen, die langsamen aber zurückbleiben, wird der Flüssigkeit während der Verdunstung Wärme entzogen.

Die Kondensation: Wenn Wassermoleküle (H_2O) aus dem gasförmigen in den flüssigen Zustand zurückkehren, wird das als **Kondensation** bezeichnet. Die beim Verdunsten verbrauchte Wärme wird wieder frei = **Kondensationswärme.** Entzieht man dem Wasserdampf diese Wärme, dann kondensiert er zu Wasser. Also: **Abkühlung führt zu Kondensation!**

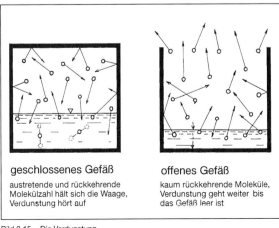

geschlossenes Gefäß
austretende und rückkehrende Molekülzahl hält sich die Waage, Verdunstung hört auf

offenes Gefäß
kaum rückkehrende Moleküle, Verdunstung geht weiter bis das Gefäß leer ist

Bild 3.15   Die Verdunstung

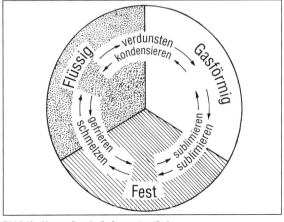

Bild 3.16   Umwandlung in die Aggregatzustände

Die Sublimation: Auch in festen Stoffen – z. B. Eis – können Moleküle schnell genug zum Verlassen des Körpers sein. Diesen direkten Übergang vom Festzustand Eis in den gasförmigen Zustand Wasserdampf wie auch den umgekehrten von Wasserdampf zu Eis nennt man **Sublimation.**

Der Übergang von fest zu flüssig (Eis zu Wasser) heißt **schmelzen,** der umgekehrte heißt **gefrieren.**

Die Luftfeuchte: Enthält ein geschlossenes Gefäß Wasser und darüber Luft, dann stoßen die freigewordenen Wassermoleküle gegen die Wand und üben den **Dampfdruck e** aus, der allmählich ansteigt. Mit dem Druck steigt die Zahl der Moleküle, die in die Flüssigkeit zurückkehren, bis zum (kinetischen) Gleichgewicht, bei dem die Zahl der in die Flüssigkeit zurückkehrenden Moleküle der Zahl der sie verlassenden entspricht. Der Raum ist mit **Wasserdampf gesättigt.**

> **Ist der Sättigungsdruck oder der Sättigungsdampfdruck erreicht, kann kein Wasser mehr verdunsten.**

Das Gleichgewicht zwischen der Anzahl der Moleküle, die das Wasser verlassen und denen, die gleichzeitig zurückkehren, ist unabhängig von dem im Gefäß herrschenden Luftdruck.

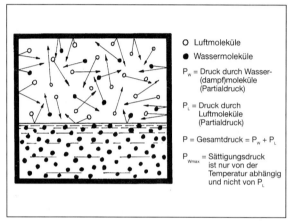

O Luftmoleküle

● Wassermoleküle

P_W = Druck durch Wasser-(dampf)moleküle (Partialdruck)

P_L = Druck durch Luftmoleküle (Partialdruck)

P = Gesamtdruck = $P_W + P_L$

P_{Wmax} = Sättigungsdruck ist nur von der Temperatur abhängig und nicht von P_L

Bild 3.17   Der Sättigungsdruck

Die Wasserdampfmenge, und damit die Feuchtigkeit der Luft, ist nicht vom Volumen, kaum vom Luftdruck, sondern fast ausschließlich von der Temperatur abhängig.

Die **maximale Feuchte** gibt in Gramm pro Kubikmeter (g/m³) an, wie viel Feuchtigkeit die Luft bei einer bestimmten Temperatur aufnehmen kann. Sie entspricht der Sättigungskurve in Bild 3.18.

Die **absolute Feuchte a** gibt – ebenfalls in g/m³ – an, wie viel Feuchte die Luft tatsächlich enthält.

Die Werte liegen im schraffierten Bereich des Bildes 3.18.

Die **relative Feuchte u** gibt den Sättigungsgrad – Verhältnis der absoluten zur maximalen Feuchte – in Prozent an.

Beispiel: Bei 30 °C sind in einem m³ Luft 15,2 g Wasserdampf enthalten. Wie groß ist die relative Feuchte?

Rechnung: f = 15,2 g : 30,4 g x 100 = 50;
Ergebnis: Die relative Feuchte beträgt 50 %.

Der **Taupunkt td** (engl.: dew = Tau) ist die Temperatur in Grad Celsius ausgedrückt, bis zu der die ungesättigte Luft abgekühlt werden muss, um entsprechend der in ihr enthaltenen absoluten Feuchte zur Sättigung zu kommen. Ist der Taupunkt erreicht, tritt Kondensation ein.

Beispiel: Die Luft enthält 9,45 g Wasserdampf pro m³. Wie hoch liegt der Taupunkt?

Bild 3.18 zeigt die Sättigungstemperatur für 9,45 g Wasserdampf mit 10 °C. Der Taupunkt liegt bei 10 °C.

> Je geringer die Differenz zwischen aktueller Temperatur und Taupunkt, umso größer ist die Gefahr von tiefliegenden Wolken oder Nebel, die einen Sichtflug unmöglich machen können.

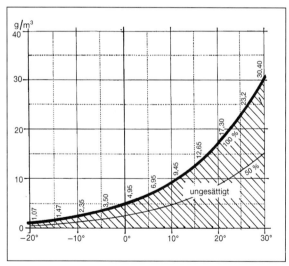

Bild 3.18   Die Luftfeuchtigkeit

Die **spezifische Feuchte s** gibt an, wie viel Gramm Wasserdampf in einem Kilogramm feuchter Luft enthalten sind. Bei Betrachtungen von Vertikalbewegungen der Luft, z. B. Cumulusbildung und -entwicklung, muss mit der spezifischen Feuchte gearbeitet werden, da sie sich mit dem Aufsteigen der Luft nicht ändert. Ein kg Luft am Boden bleibt ein kg Luft in der Höhe, nur das Volumen ändert sich. Die absolute Feuchte kann für solche Betrachtungen nicht herangezogen werden, da sie sich auf das Volumen (1 m³) bezieht.

> **Schlüsselsatz: Je wärmer die Luft, umso mehr Wasserdampf (Feuchte im gasförmigen Zustand) kann sie aufnehmen!**

Die adiabatische Zustandsänderung
Ein Luftpaket, das gegenüber der ruhenden Umgebungsluft eine höhere Temperatur und damit eine geringere Dichte – sprich Gewicht – hat, steigt nach oben (archimedisches Prinzip). Mit zunehmender Höhe geht der Druck zurück, das Paket dehnt sich aus. Das Volumen wird größer, die Luftmoleküle entfernen sich mehr voneinander und bewegen sich langsamer. Die Luft kühlt sich ab.

Die Temperaturabnahme eines aufsteigenden Luftpaketes ist allein die Folge seiner Ausdehnung!

Der soeben betrachtete Vorgang stellt eine **Zustandsänderung der Luft** dar: Sie vergrößert ihr Volumen, verringert ihre Dichte und ihre Temperatur geht zurück, ohne dass ihr dabei von außen Wärme entzogen wird. Eine solche Zustandsänderung heißt **adiabatisch** (griechisch = nicht hindurchdringend, isoliert). Unabhängig von der Außentemperatur und ohne Austausch mit der Umgebungsluft kühlt sich trocken (ungesättigt) aufsteigende Luft um annähernd 1 °C pro 100 m ab, trocken absinkende Luft nimmt pro 100 m um 1 °C zu.

Der trockenadiabatische Temperaturgradient beträgt 1 °C/100 m.

Schichtung und Stabilität der Atmosphäre
Der vertikale Temperaturverlauf der ruhenden – also nicht auf- oder absteigenden – Luft in der Atmosphäre wird vom **Schichtungsgradienten** beschrieben. Dieser Schichtungsgradient ändert sich ständig, kann nach oben hin zunehmende **(Inversion),** gleich bleibende **(Isothermie)** oder abnehmende Temperaturen aufweisen, kann **adiabatisch, unteradiabatisch** und in einer dünnen, bodennahen Schicht auch **überadiabatisch** sein.

Wird ein Luftpaket in der Atmosphäre angehoben, entweder durch Anblasen eines Berghanges – **erzwungene Hebung** – oder durch Erwärmung am Boden – **thermische Hebung** –, kann es auf die folgenden Gegebenheiten stoßen:

Bild 3.19 A: Schichtung adiabatisch, indifferentes Gleichgewicht. Der Schichtungsgradient der ruhenden Umgebungsluft ist mit 1 °C/100 m gleich dem trockenadiabatischen Temperaturgradienten. Die aufsteigende Luft hat während des gesamten Hebungsvorganges die gleiche Temperatur und Dichte wie ihre Umgebung. Das Luftpaket kann an jeder Stelle stehenbleiben, wenn der Grund für die vertikale Bewegung aussetzt. Es befindet sich im **indifferenten Gleichgewicht** wie die Kugel auf einer horizontalen Unterlage.

Bild 3.19 B: Schichtung überadiabatisch, labiles Gleichgewicht. Der Schichtungsgradient der ruhenden Umgebungsluft ist mit 1,2 °C/100 m größer als der trockenadiabatische Temperaturgradient (nur bei bodennaher Überhitzung).

Für den gesamten vertikalen Bewegungsvorgang verfügt das Luftpaket über eine höhere Temperatur und eine geringere Dichte als seine Umgebung. Es befindet sich in einem **labilen Gleichgewicht** wie eine Kugel an der obersten Stelle einer anderen Kugel.

Im umgekehrten Fall, wenn das Luftpaket durch äußere Umstände zum Absinken gezwungen wurde, wird es immer schwerer als seine Umgebung bleiben und sich somit weiter nach unten bewegen.

Bild 3.19 C: Schichtung unteradiabatisch, stabiles Gleichgewicht. Der Schichtungsgradient der ruhenden Umgebungsluft ist mit 0,65 °C/100 m kleiner als der trockenadiabatische Temperaturgradient. Hört die Ursache seiner vertikalen Bewegung auf, wird das Luftpaket wieder absinken, weil es stets eine geringere Temperatur und eine größere Dichte als seine Umgebung hat. Es befindet sich im **stabilen Gleichgewicht** wie eine Kugel am tiefsten Punkt einer Schale.

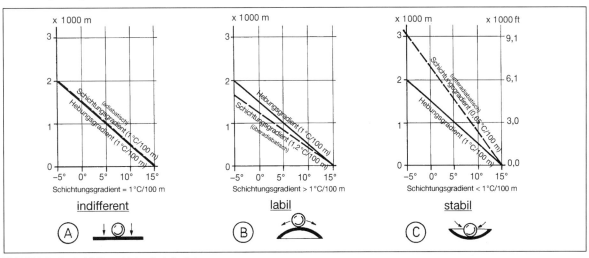

Bild 3.19 A–C Die Stabilitäten aufsteigender Luftpakete

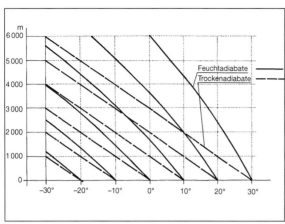

Bild 3.20   Trockenadiabaten und Feuchtadiabaten

Trockenadiabate und Feuchtadiabate (Bild 3.20)
Die Hebungsgradienten für trockene ungesättigte Luft und für feuchte gesättigte Luft sind verschieden. Der unsichtbar der aufsteigenden Luft beigemischte Wasserdampf nimmt keinerlei Einfluss, solange das Wasser nicht kondensiert. Es bleibt bei der **trockenadiabatischen Zustandsänderung.** Wird beim weiteren Aufsteigen infolge der Abkühlung der Taupunkt erreicht, dann kondensiert der Wasserdampf und wird in Form kleiner Tröpfchen als Nebel oder Wolke sichtbar. Bei dieser Umwandlung wird die Wärme wieder frei, die vorher bei der Verdunstung des Wassers verbraucht wurde. Durch die (innere) Wärmezufuhr wird die Abkühlung der aufsteigenden Luft bis zu 60 % verringert. Feuchte, kondensiertes Wasser ausscheidende Luft kühlt sich also pro 100 m langsamer ab als trockene, ungesättigte Luft. Der feuchtadiabatische Temperaturgradient ist damit kleiner als der trockenadiabatische.

Steigt das Luftpaket nach Erreichen des Taupunktes weiter, setzt sich auch mit den abnehmenden Temperaturen die Kondensation fort. Weil aber kalte Luft nicht die Mengen an Wasserdampf aufnehmen kann wie warme Luft, wird mit zunehmender Höhe immer weniger Kondensationswärme freigesetzt. Deswegen wird der feuchtadiabatische Temperaturgradient mit geringeren Temperaturen immer größer und nähert sich bei extremer Kälte dem trockenadiabatischen Gradienten. Dieses Phänomen ist auch aus der Darstellung der Adiabaten in Bild 3.20 zu erkennen, in der die Trockenadiabaten als gerade Parallelen, die Feuchtadiabaten dagegen als Kurven dargestellt sind. Bild 3.21 zeigt den feuchtadiabatischen Gradienten in Zahlen.

Temperatur	–30°	–20°	–10°	0	10°	20°	30°	°C
trockenadiabatischer Gradient	1,00	1,00	1,00	1,00	1,00	1,00	1,00	°C/100 m
feuchtadiabatischer Gradient	0,91	0,82	0,73	0,64	0,55	0,46	0,37	°C/100 m

Bild 3.21   Änderung der Feuchtadiabate mit der Temperatur

Die Kurven, die den Zusammenhang zwischen Temperatur und Höhe für aufsteigende Luftpakete darstellen, nennt man **Adiabaten,** weil die Zustandsänderungen adiabatisch verlaufen, das heißt ohne Zufuhr oder Verlust von Wärme. Man unterscheidet zwischen **Trockenadiabaten** und **Feuchtadiabaten.** (Bild 3.20)
Verhalten und Zustand eines sich vertikal bewegenden Luftpaketes sind im Wesentlichen abhängig vom Verlauf des Schichtungsgradienten und vom Verlauf des Hebungsgradienten – der trocken- oder feuchtadiabatisch sein kann.

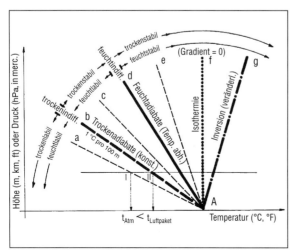

Bild 3.22   Gradienten und Stabilitäten

In Abbildung 3.22 sind die möglichen Verhältnisse übersichtlich dargestellt. Folgende **Schichtungsgradienten** a bis g sind eingezeichnet:

a) dünn gestrichelt = größer als die Trockenadiabate:
Das vertikal bewegte Luftpaket verändert seine Temperatur entsprechend der Trockenadiabate, ist also in jeder Phase wärmer und damit leichter als die umgebende Luft. Das Gleichgewicht ist **trockenlabil** und **feuchtlabil.**

b) dick gestrichelt = entspricht der Trockenadiabate:
Schichtungsgradient und Hebungsgradient fallen zusammen, die Dichte beider Luftmassen ist immer gleich. Das Gleichgewicht ist **trockenindifferent, feuchtlabil.**

c) dünn gestrichelt = zwischen Trocken- und Feuchtadiabate: Rechts von der Trockenadiabate ist der Zustand **trockenstabil,** links von der Feuchtadiabate ist er aber zugleich auch **feuchtlabil.**

d) dick durchgezogen = entspricht der Feuchtadiabate: Gleichgewicht **trockenstabil, feuchtindifferent.**

e), f), g) Gradient **kleiner als die Feuchtadiabate,** in der **Isothermie** Null und in der **Inversion** gar negativ: absolut **stabile Schichtung.**

Abweichung der Luftschichtung vom Standard
In Bild 3.23 zeigt der dick ausgezeichnete **Gradient** eine durchaus mögliche Luftschichtung von 0 bis 3000 m (10000 ft) Höhe. Eingezeichnet sind ebenfalls – von 15 °C Bodentemperatur ausgehend – die **Trockenadiabate** (punktiert), der **Standardgradient** (gestrichelt) und die **Feuchtadiabate** (punktiert).

Vom Boden bis 300 m hat sich eine kräftige **Bodeninversion** ausgebildet. Darüber nimmt bis knapp 800 m die Temperatur nur langsam ab, die Schichtung ist **feuchtstabil** und damit natürlich auch **trockenstabil.** Von 800 bis 1600 m Höhe liegt mit 1 °C/100 m eine **adiabatische Temperaturabnahme** vor, die Schichtung ist **trockenindifferent.** Daran schließt sich bis etwa 1900 m eine kräftige **Inversion** an. Ihretwegen dürften die darüber liegenden Schichten keinen Einfluss auf das bodennahe Wetter nehmen.

Erst wenn die Bodentemperatur 20 °C übersteigt – wir verschieben die **Trockenadiabate** einfach parallel, bis ihr unteres Ende rechts von 20 °C liegt – kann trockene Warmluft „rechts vom Gradienten" bis 1600 m aufsteigen, um dann in der Inversion auf Luft gleicher Temperatur und gleicher Dichte zu stoßen, die ihrer Aufwärtsbewegung ein Ende setzt. Auf Wolkenbildung wird noch nicht eingegangen.

Luftfeuchte und Luftgewicht: Da Wasserdampf eine geringere Dichte hat als Luft, ist feuchte Luft leichter als trockene. Über nassen Bodenflächen und auch über Kühltürmen können nutzbare thermische Aufwinde auftreten, deren Temperaturen geringer sind als die der Umgebungsluft.

Beimischung von trockener Luft zu feuchter Luft
Aufsteigende Wolkenluft saugt trockene Luft aus ihrer Umgebung an und mischt sich mit ihr. Die Abkühlung durch die vermehrte Verdunstung von Wassertröpfchen ist stärker als feuchtadiabatisch, der Wolkengipfel ist niedriger, der Aufwind schwächer.

Absinkende Wolkenluft finden wir unmittelbar am Rand von Cumuluswolken, weil wegen der Verdunstung der Wassertröpfchen in die trockene Umgebungsluft hinein dort geringere Temperaturen herrschen. Fiel kein Niederschlag, ist die Luft gegenüber dem vorherigen Aufstieg unverändert. Ihre Erwärmung beim Abstieg entspricht der Abkühlung beim Aufstieg.

Wurde die Luft inzwischen trockener – durch Niederschlag oder Beimischung von Trockenluft – so erfolgt die Erwärmung beim Abstieg schneller. Die Wolken lösen sich früher und in einem höheren Niveau auf.

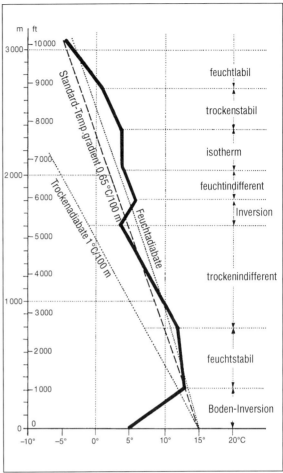

Bild 3.23   Beispiel einer Luftschichtung

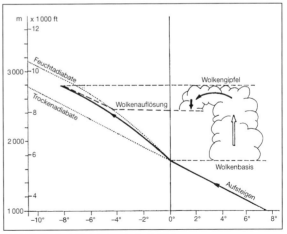

Bild 3.24   Trockenluftbeimischung in der Cu-Wolke

Das Absinken der Luft mit adiabatischer Erwärmung verringert für aufsteigende Thermik die Chance, ihr Kondensationsniveau zu erreichen.

Kräftige Thermik kann somit die Konvektion in ihrer Nachbarschaft unterdrücken – wie in der Praxis immer wieder festzustellen ist.

3.2   Meteorologische Beobachtungen und Messungen

3.2.1   Die Messung des Luftdrucks

Der Luftdruck wird mit dem **Barometer** gemessen, von dem es zwei Grundausführungen gibt:

1. Quecksilberbarometer

2. Aneroidbarometer (auch Dosenbarometer)

Ein Aneroidbarometer, das die Druckkurve schriftlich festhält, heißt **Barograph.**

Das Prinzip des **Quecksilberbarometers** wurde schon in Bild 3.3 erklärt. Bild 3.25 zeigt die übliche Ausführung für meteorologische Luftdruckmessungen. Das Gerät wurde von dem italienischen Physiker Torricelli (1643) erfunden, nach dem auch die Maßeinheit **Torr** benannt wurde: 1 Torr = 1 mm Quecksilbersäule. Anstelle dieser Maßeinheit wird heute in der Meteorologie und in der Luftfahrt die Einheit **Hekto-Pascal = hPa** verwendet (siehe Abschnitt 3.1.2 „Luftdruck, Lufttemperatur, Luftdichte").

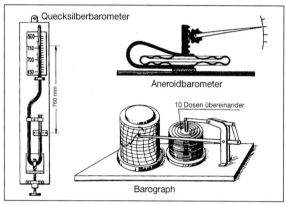

Das **Aneroidbarometer** (griech.: an-aero = ohne Luft) erfand 1847 der Italiener Vidi. Eine flache, fast luftleere Wellblechdose wird von einer starken Blattfeder auseinandergehalten. Der von außen auf die Dose wirkende Luftdruck presst diese mehr oder weniger zusammen. Die Bewegungen werden durch ein Zeigerwerk auf eine Anzeigeskala übertragen. Je mehr Dosen übereinandergeschaltet sind, desto genauer werden die Messungen. Diese Art der Luftdruckmessung wird auch beim **barometrischen Höhenmesser** angewandt (siehe Abschnitt 4.3.2).

Beim Barographen ist anstelle des Zeigers ein Schreibarm angeschlossen, der die Luftdruckschwankungen als Barogramm auf einer Trommel aufzeichnet.

Bild 3.25   Die Hauptarten des Barometers

3.2.2   Die Messung der Lufttemperatur

Die Temperatur wird mit dem **Thermometer** gemessen (griech.: Thermotes = Wärme, metro = messen, zählen). Es gibt zwei Arten von Thermometern: die **Ausdehnungsthermometer** und die **Widerstandsthermometer.** Die Lufttemperatur wird grundsätzlich im Schatten gemessen. Die Instrumente sind in einer gut belüfteten „Hütte" untergebracht. Damit soll eine Verfälschung der Messwerte durch Strahlung vermieden werden.

Die Temperatur wird in **Grad Celsius (°C)** gemessen. 0 °C ist die Temperatur schmelzenden Eises, bei 100 °C siedet das Wasser. Beide Werte setzen einen Luftdruck von 1 013,2 hPa voraus. In angelsächsischen Ländern – so in den USA – benutzt man noch die Einheit **Grad Fahrenheit (°F).** Bei diesem System liegen der Gefrierpunkt bei +32 °F und der Siedepunkt bei +212 °F.

Zu den **Ausdehnungsthermometern** gehören das **Gasthermometer,** das **Flüssigkeitsthermometer** und das **Bimetallthermometer.**

Beim **Gasthermometer** misst man das Volumen und den Druck einer abgeschlossenen Gasmenge und berechnet daraus die Temperatur.

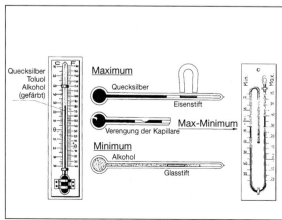

Flüssigkeitsthermometer (Bild 3.26) bestehen aus einem Glaskolben zur Aufnahme der Thermometerflüssigkeit (z. B. Quecksilber oder gefärbter Methylalkohol) und einer daran angeschmolzenen, luftdicht abgeschlossenen Glaskapillare, in die – je nach Temperatur und Ausdehnung – die Flüssigkeit unterschiedlich weit hineinragt. Hinterlegt ist eine Skala zum Ablesen der Temperatur.

Maximumthermometer enthalten in der Kapillare ein Eisenstäbchen, das vom steigenden Flüssigkeitsfaden hochgeschoben, dann aber nicht wieder mit zurückgenommen wird. Es zeigt die maximale Temperatur an, bis es mit Hilfe eines Magneten verschoben wird.

In der Mitte ist ein Maximumthermometer abgebildet, bei dem durch die Verengung der Kapillare erreicht wird, dass der Quecksilberfaden bei sinkender Temperatur abreißt und erst durch Schleudern wieder zusammengeführt wird.

Bild 3.26   Flüssigkeitsthermometer Min/Max

In **Minimumthermometern** zieht der Flüssigkeitsfaden bei sinkender Temperatur durch die Kapillarkraft einen Glasstift mit sich, während er bei steigender Temperatur über ihn hinwegfließt.

Beim **Maximum-Minimum-Thermometer** wird das oben beim Maximumthermometer beschriebene Verfahren mit dem Eisenstäbchen für die Anzeige niedriger und hoher Temperaturen angewendet.

Das **Bimetallthermometer** (Bild 3.27) nutzt die unterschiedliche Wärmeausdehnung zweier aufeinandergeschweißter Metallstreifen (Bi = zwei), die zu einer Spirale gebogen sind. Diese streckt sich oder zieht sich bei Temperaturänderungen zusammen, was auf einer Skala angezeigt werden kann.

Widerstandsthermometer (Bild 3.28) zeigen Widerstandsveränderungen stromdurchflossener Spulen bei unterschiedlichen Temperaturen an. Sie haben den Nachteil, dass ein Stromanschluss benötigt wird, ihr Vorteil liegt in der Möglichkeit der Fernanzeige.

Daneben werden **Thermistoren** (Heiß- und Kaltleiter) und für wissenschaftliche Zwecke **Schallthermometer** verwendet.

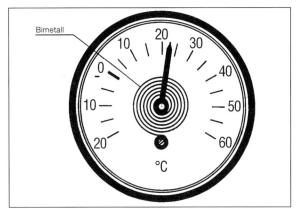

Bild 3.27   Bimetallthermomater

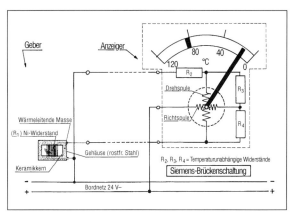

Bild 3.28   Elektrisches Widerstandsthermometer (Prinzip)

3.2.3   Die Messung der Luftfeuchte

Zur Feuchtemessung wird der Kühlungseffekt beim Verdunsten (siehe Abschnitt 3.1.2 „Luftdruck, Lufttemperatur, Luftdichte") oder die hygroskopische (feuchtebedingte) Volumenänderung organischer Stoffe wie Haar und Darmsaiten genutzt. Das **Psychrometer** (Bild 3.29) – griech.: psychro = Kälte – besteht aus zwei gleichartigen Thermometern. Die Kugel des einen ist mit einem wasserbefeuchteten Docht überzogen. Die je nach Feuchtigkeitsgehalt der Luft unterschiedlich schnell verdunstende Flüssigkeit senkt die Temperatur dieses Thermometers mehr oder weniger ab.

Aus dem Anzeigeunterschied beider Thermometer – **der psychrometrischen Differenz** – lässt sich die relative Feuchte bestimmen. Das Schleudern mit der Hand sorgt dafür, dass ständig frische Luft an den Thermometern vorbeigeführt wird. Die Geschwindigkeit des Luftstromes soll mindestens 2 m/s betragen, womit Messfehler weitgehend ausgeschlossen werden.

Das **Haarhygrometer** nutzt die Eigenschaft eines Haares oder einer Darmsaite, sich bei steigender Feuchte zu dehnen und bei abnehmender Feuchte zusammenzuziehen. Diese unterschiedliche Dehnung wird auf einer Skala angezeigt.

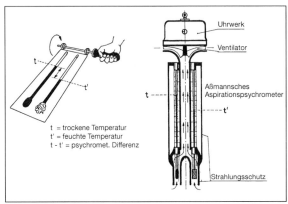

Bild 3.29   Prinzip des Psychrometers

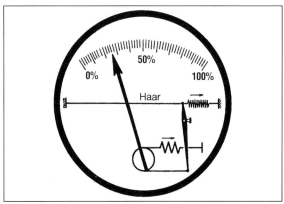

Bild 3.30   Prinzip des Haarhygrometers

3.2.4   Der Wind nach Richtung und Stärke

Der **Bodenwind** ist ein **Vektor** (durch Betrag und Richtung gegebene Größe) mit Richtung und Geschwindigkeit, die beide unabhängig voneinander gemessen werden.

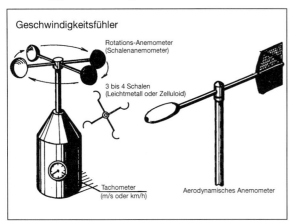

Bild 3.31   Anemometer-Arten

Als Windrichtung wird immer die Richtung angegeben, aus der die Luftströmung kommt, z.B. 090° = der Wind kommt aus 90 Grad = Ostwind.

Dagegen wird beim Zeichnen des Windvektors – siehe Kapitel 2 „Navigation" – der Windpfeil immer in die Richtung gezeichnet, in die der Wind weht.

Richtungsmesser sind der **Windsack** für grobe Messungen und die genauere Windfahne, deren jeweilige Stellung auf mechanische oder elektronische Anzeigewerke übertragen werden.

Als **Geschwindigkeitsmesser** dienen für Schätzungen der Windsack, für genaue Angaben die verschiedenen **Anemometer** (griech.: anemos = Wind), von denen das **Schalen- oder Rotationsanemometer** sowie das **aerodynamische Anemometer** am meisten genutzt werden (Bild 3.31).

Beim **Schalenkreuzanemometer** dreht sich ein System von drei bis vier hohlen Halbkugeln um eine senkrechte Achse, wobei der größere Luftwiderstand der Hohlseite (siehe Abschnitt 4.1.1 „Auftrieb und Widerstand") für eine – der Windstärke entsprechende – Rotation sorgt. Über einen so angetriebenen Dynamo wird die erzeugte Spannung als Windgeschwindigkeit – bei Windschwankungen allerdings etwas träge – angezeigt.

Beim **aerodynamischen Anemometer,** das Windrichtung und -geschwindigkeit misst, ist ein Staurohr (Pitot-Rohr, siehe Abschnitt 4.3.4 „Gesamt- und Statikdruck") im vorderen Teil der Windfahne angebracht, das – wie der Fahrtmesser – die Windgeschwindigkeit über den Staudruck misst. Dieses Gerät zeigt auch Böen genau an.

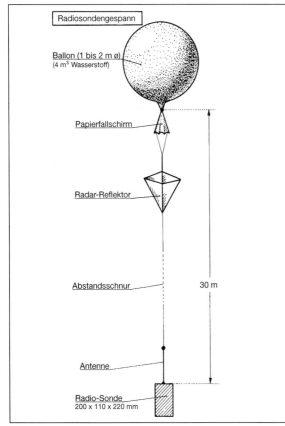

Bild 3.32   Pilotballon und Radiosonde

Der **Höhenwind** wird nach Richtung und Stärke durch **Pilotballone** und **Radiosonden** gemessen (Bild 3.32). Aus der bekannten Steiggeschwindigkeit des Pilotballons wird die jeweilige Höhe errechnet. Das System arbeitet natürlich nur, wenn der Ballon sichtbar ist, also am Tag und unterhalb der Wolken.

Die **Radiosonde** wird von einem Ballon getragen, der bis zu 1,5 m Durchmesser hat. Unter ihm an einem Fallschirm, der das Gerät nach dem Platzen des Ballons heil zur Erde bringen soll, hängt ein Reflektor für die Radar-Entfernungsmessung vom Boden aus, etwa 30 m unter dem Ballon ist dann die eigentliche Radiosonde mit Antenne für die Datenübermittlung per Funk angebracht.

Die Sonde besteht aus einem Kästchen, das alle notwendigen Messinstrumente und ein Kurzwellen-Funkgerät einschließlich Batterie enthält, mit dem die Messwerte per Morsezeichen an die Bodenstation gesendet werden. Weltweit werden zweimal täglich – 00.00 Uhr und 12.00 Uhr Weltzeit UTC – rund 500 Aufstiege durchgeführt, deren Ergebnisse sofort ausgewertet und weitergegeben werden.

Durch Anpeilen der Sonde mit Funkmessgeräten (Radar) ist eine sehr zuverlässige Messung des **Höhenwindes nach Richtung und Stärke** möglich. Nach etwa eineinhalb Stunden hat der Ballon 20 bis 35 km Höhe erreicht. Er platzt, und die Sonde kehrt am Schirm zur Erde zurück.

Die **Maßeinheit für die Windgeschwindigkeit** ist in der Flugmeteorologie grundsätzlich Knoten (kt = NM/h). Für die Umrechnung von kt in km/h hilft die **Faustformel:**

(kt x 2) – 10 % = km/h.

Daneben wird manchmal m/s verwendet.

3.2.5   Die Sicht (visibility)

Definition: Sicht ist die größte Entfernung, in der Gegenstände, die bei klarer Luft leicht auszumachen sind, von einem Beobachter gerade noch erkannt werden können. Bei den Sichtweiten werden fünf Arten unterschieden:

1. Die **Bodensicht** als horizontale Sichtweite auf dem Flugplatz wird von einem amtlich beauftragten Beobachter festgestellt.

2. Die **Flugsicht** ist die horizontale Sicht vom Führersitz eines im Flug befindlichen Flugzeugs aus.

3. Die **Schrägsicht** ist die Sicht vom Luftfahrzeug aus auf die Erdoberfläche (Sichtnavigation).

4. Die **Vertikalsicht** ist die Sicht vom Luftfahrzeug aus senkrecht auf die Erdoberfläche.

5. Die **Landebahnsicht** ist die Sicht auf die Landebahn aus Cockpithöhe (wichtig für IFR).

Sichtmeldungen und -vorhersagen beziehen sich grundsätzlich auf die Bodensicht. Die **Sichtbewertungen** sind wie folgt definiert:

> **Gut: >8 km.**   **Mäßig: 3 km bis 8 km.**   **Kritisch: 1,5 bis 3 km.**
> **Feuchter Dunst: Wassertröpfchen.**   **Trockener Dunst: Rauch und Staub.**
> **Dunst** ist in der Flugmeteorologie durch Sichtweiten zwischen 1 und 8 km definiert.

3.2.6   Die Wolkenuntergrenze (ceiling)

Zum Messen der Wolkenuntergrenze werden verwendet:

> **1. der Pilotballon,**   **2. der Wolkenscheinwerfer,**   **3. das Ceilometer.**

Bei bekannter Steiggeschwindigkeit des Pilotballons wird aus der verstrichenen Zeit bis zu seinem Verschwinden in den Wolken die Wolkenuntergrenze berechnet. Als **Wolkenuntergrenze** gilt das erste Eintauchen des Ballons in die Wolke.

Die **Hauptwolkenuntergrenze** ist die Höhe der niedrigsten Wolkenschicht über Grund oder Wasser, die unterhalb 6 000 m (20 000 ft) mehr als die Hälfte des Himmels bedeckt.

Der **Wolkenscheinwerfer** strahlt nachts die Wolkendecke vom Erdboden aus senkrecht an. Der Lichtfleck auf der Wolkenunterseite wird von der Beobachtungsstation aus mit einem Theodoliten angepeilt. Aus dem festgestellten Winkel lässt sich die Wolkenhöhe errechnen (Bild 3.33).

Das **Ceilometer** arbeitet nach dem gleichen Prinzip, benutzt aber ultraviolettes Licht, das von einer Photozelle aufgenommen wird. Es kann deshalb auch am Tage eingesetzt werden.

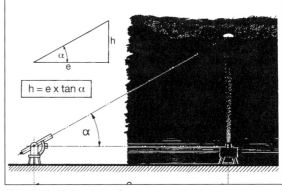

Bild 3.33   Der Wolkenscheinwerfer

3.2.7   Die Bewölkungsgrade

Auf der Bodenwetterkarte wird der Bedeckungsgrad in Achtel angegeben (Bild 3.34).

Der leere Kreis bedeutet wolkenfrei, der vollschwarze Kreis zeigt eine geschlossene Wolkendecke an. Die geraden Zähler der Brüche sind durch Flächen, die ungeraden durch Striche dargestellt.

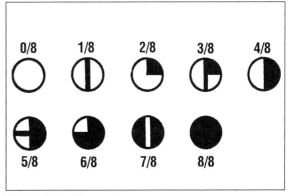

Bild 3.34   Die Bewölkungsgrade

3.2.8 Die Niederschläge

Niederschlag ist jede Art des Ausscheidens von Wasser aus der Atmosphäre infolge Kondensation. Mit den folgenden Angaben wird der Niederschlag beschrieben:

1. **Niederschlagsart** = Regen, Schnee, Hagel, Graupel usw.;

2. **Niederschlagsform** = Tau, Reif, Sublimation usw.;

3. **Niederschlagsmenge** = Wasserhöhe in mm, ohne Einberechnung der Verdunstung;

4. **Intensität des Niederschlags** = Schauer, Landregen, Niesel usw.;

5. **Dauer des Niederschlags.**

Das **Pluviometer** wird zum Messen der Niederschlagsmenge benutzt. Durch ein Auffanggefäß gelangt der Niederschlag in die Sammelkanne, aus dem die Flüssigkeit in ein mit einer Skala versehenes Messglas gegossen wird. **1 Liter Wasser pro m² Bodenfläche entspricht 1 mm Niederschlag.**

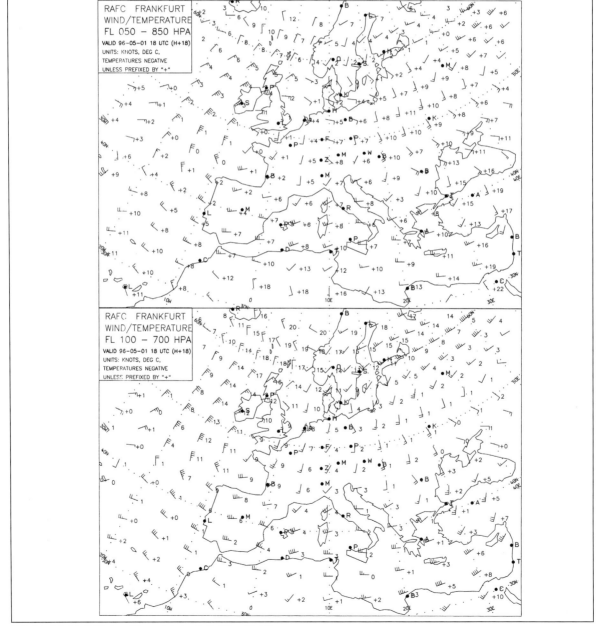

Bild 3.35 Beispiele für Wind- und Temperaturkarten der FL 050 und FL 100

3.3   Die synoptische Meteorologie

Unter synoptischer Meteorologie versteht man die Betrachtungsweise der Wetterabläufe in der Atmosphäre, die sich auf die gleichzeitigen Beobachtungen einer großen Zahl von Beobachtungsstationen stützt, die in einem größeren geographischen Raum geeignet verteilt sind.

3.3.1   Boden- und Höhenwetterkarten

Da sich das Wettergeschehen in der Troposphäre abspielt und insbesondere von der Höhenströmung abhängt, werden außer den **Bodenwetterkarten** auch **Höhenwetterkarten – Analyse- und Vorhersagekarten –** angefertigt.

Die **Bodenwetterkarten** (Analysen) enthalten die Stationseintragungen mit Angaben über Wind, Wetter, Sicht, Bewölkung, Druck, Temperatur und Taupunkt sowie die Analyse des Druckfeldes (Isobaren), die Fronten und die Gebiete mit Niederschlag und Nebel zum Zeitpunkt der Wetterbeobachtung. Die **Bodenwettervorhersagekarten** enthalten das vorhergesagte Bodendruckfeld in Isobarenform, die Lage der vorhergesagten Fronten und Gebiete mit starker Bewölkung. Die Vorhersagen gelten meist für +24, +36, +48 und +72 Stunden nach dem Analysetermin.

Die **Höhenwetterkarten** (Analysen) enthalten ebenfalls Stationsangaben bezüglich Wind, Höhe der Druckfläche, Temperatur und Taupunkt. Analysiert werden das Geopotentialfeld (Isohypsen = Linien gleicher Höhe der beobachteten Druckfläche) und das Temperaturfeld. Die **Höhenwettervorhersagekarten** sind (bis auf die Stationsmeldungen) gleich aufgebaut. Sie werden zweimal täglich (00 und 12 UTC) unter anderem für folgende Druckflächen erstellt:

$$850 \text{ hPa} = \text{FL } 50 = 5\,000 \text{ ft} = 1\,500 \text{ m}; \quad 700 \text{ hPa} = \text{FL } 100 = 3\,000 \text{ m};$$
$$500 \text{ hPa} = \text{FL } 180 = 18\,000 \text{ ft} = 5\,400 \text{ m}; \quad (300 \text{ hPa} = \text{FL } 300 = 9\,000 \text{ m});$$
$$(200 \text{ hPa} = \text{FL } 385 = 38\,500 \text{ ft} = 11\,600 \text{ m}).$$

3.3.2   Die Luftzirkulation auf der Erde

Wind ist die Bewegung einer Luftmasse gegenüber der Erdoberfläche. Temperaturunterschiede rufen Druckunterschiede hervor, die wiederum Luftströmungen auslösen, die die Druckunterschiede ausgleichen.

> **Merke: Unterschiede des Luftdrucks
> verursachen Wind.**

Die **vertikale Luftzirkulation:** In Bild 3.36 sind Luftbewegungen als Folge unterschiedlich erwärmter Bodenflächen dargestellt. Großräumig vollzieht sich eine solche unterschiedliche Erd- und damit Lufterwärmung zwischen dem Äquator und den Polen.

Das Bild 3.37 und die nachfolgenden Erklärungen entsprechen nicht der Realität. Sie sollen in ihrer vereinfachten, schematischen Darstellung lediglich dem Verständnis dienen.

Bei einer idealisierten, stillstehenden, nicht rotierenden, rundum von der Sonne senkrecht auf den Äquator gleichmäßig angestrahlten Erde mit nicht geneigter Erdachse und einer einheitlich glatten Oberfläche ohne Wasser-Land-Verteilung würde eine sehr einfache Luftzirkulation entstehen (Bild 3.37).

Die gleiche Menge Sonnenenergie trifft – hier schematisch dargestellt – wegen ihres senkrechten Einfalls am Äquator eine relativ kleine, am Pol aber wegen des flachen Einfallswinkels eine erheblich größere Fläche, die sich naturgemäß unterschiedlich erwärmt. Folglich steigt die (leichte) Warmluft am Äquator auf, wandert als Höhenwind zu den Polen, sinkt dort ab und strömt als Bodenwind zum Äquator zurück.

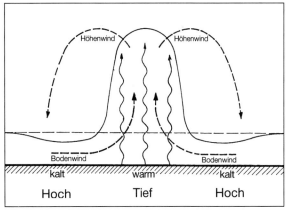

Bild 3.36   Entstehung der vertikalen Luftzirkulation

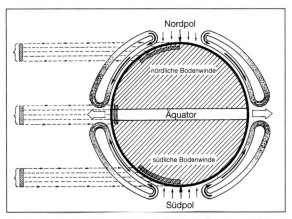

Bild 3.37   Die vertikale Luftzirkulation bei stillstehender Erde als vereinfachtes, schematisiertes Modell

Für unsere weiteren Überlegungen betrachten wir nun nur noch die Nordhalbkugel, weil sich das Geschehen auf der Südhalbkugel spiegelgleich abspielt. Die **horizontale Luftzirkulation** auf der Erde wird von der **Corioliskraft** beeinflusst (Coriolis, französischer Mathematiker 1792 bis 1843).

Die Corioliskraft bewirkt aufgrund der Erdrotation eine Ablenkung bewegter Körper – auch Luft und Wasser – aus ihrer Bahn. Auf der Nordhalbkugel ist diese Ablenkung nach rechts, auf der Südhalbkugel nach links gerichtet.

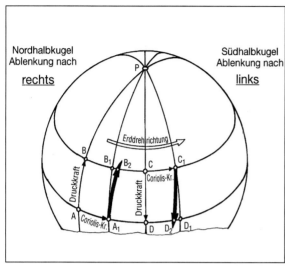

Bild 3.38   Ablenkung durch die Corioliskraft

Die Erde rotiert um die Erdachse von West nach Ost. Da die Erdoberfläche sehr rau und uneben ist, rotiert die Lufthülle mit. Jedes – relativ zur Erde ruhende – Luftteilchen hat die gleiche Geschwindigkeit wie die Erdoberfläche an dieser Stelle. Die Rotationsgeschwindigkeit ist mit 40 000 km in 24 Stunden (= 1 667 km/h) am Äquator am größten, am Pol ist sie praktisch Null.

Bewegte sich ein Luftteilchen von A nach Norden (Bild 3.38), käme es bei nicht rotierender Erde nach einer bestimmten Zeit in B an. Würde es aber relativ zur rotierenden Erde ruhen, dann wäre es in der gleichen Zeit von A nach A_1 gelangt.

Wenn es sich jedoch bei rotierender Erde nach Norden bewegt, dann kommt es nach der Zeit, in der ein fester Punkt von A nach A_1 wandert, in B_2 statt B_1 an. Der Massenträgheit wegen passt es sich nämlich nicht sofort der langsameren Rotationsgeschwindigkeit im Norden an, sondern behält die höhere aus dem Süden bei, es eilt der Erdumdrehung voraus.

Das Gleiche gilt für ein Luftteilchen, das von Nord nach Süd fließt, nur dass es aus der langsameren in die höhere Rotationsgeschwindigkeit gerät. Es wird ebenfalls nach rechts abgelenkt, bleibt also hinter der Erdumdrehung zurück.

Luftteilchen, die als Wind von West nach Ost fließen, haben gegenüber der Erdoberfläche ihres Breitenkreises eine höhere Rotationsgeschwindigkeit und entsprechend eine höhere Fliehkraft als ruhende Luft. Die horizontale Komponente dieser Fliehkraft ist nach Süden, also nach rechts gerichtet. Luftteilchen auf dem Weg von Ost nach West erfahren die umgekehrte Wirkung. Sie werden nach Norden und damit auch nach rechts abgelenkt.

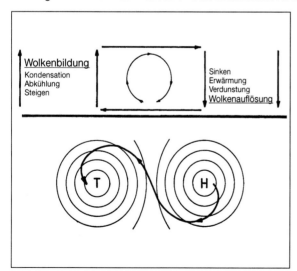

Bild 3.39   Luftströmung schematisch, Seitenansicht und Draufsicht

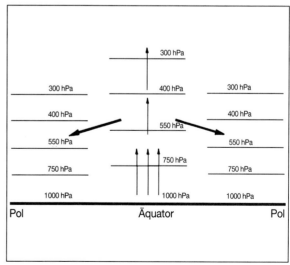

Bild 3.40   Druckflächen und Wind

Mit dem Begriff **Druckgradient** wird der Luftdruckunterschied zweier Orte, bezogen auf eine bestimmte Entfernung, bezeichnet. Da die Druckgradientkraft senkrecht zu den Isobaren wirkt, müsste Luft in Bodennähe aus den Gebieten mit hohem Druck auf gerader Linie in die Gebiete mit niedrigem Druck fließen. Sie wird aber durch die Corioliskraft nach rechts abgelenkt (Bild 3.39). Aus diesen Gründen werden auf der Nordhalbkugel Hochdruckgebiete im Uhrzeigersinn und Tiefdruckgebiete gegen den Uhrzeigersinn umströmt (siehe Abschnitt 3.4.1 „Der Wind"). Auf der Südhalbkugel sind die Verhältnisse umgekehrt.

Auch wird schematisch gezeigt, dass die Luft im **Tiefdruckgebiet** (Zyklone) aufsteigt, sich abkühlt und kondensierend Wolken bildet. Im **Hochdruckgebiet** (Antizyklone) sinkt die Luft ab, erwärmt sich und kann dadurch mehr Feuchtigkeit aufnehmen, weswegen der kondensierte Wasserdampf verdunstet und die Wolken sich auflösen.

Deshalb herrscht – zumindest im Sommer – im Tief (meistens) schlechtes und im Hoch (meistens) gutes Wetter.

> **Auf der Nordhalbkugel gilt:**
> **Der Wind umströmt Tiefdruckgebiete (Zyklonen) entgegen dem Uhrzeigersinn. Der Wind umkreist Hochdruckgebiete (Antizyklonen) im Uhrzeigersinn. Die Luft strebt vom hohen zum niedrigen (tiefen) Druck. Sie strömt antizyklonal (im Uhrzeigersinn) aus dem Hochdruckgebiet heraus und fließt zyklonal (gegen den Uhrzeigersinn) in das Tiefdruckgebiet hinein.**

In warmer Luft haben die Druckflächen größere Abstände als in Kaltluft. Demnach fließt auch in der Höhe der Wind vom Hochdruck in den Tiefdruck (Bild 3.40).

Die Luftmassen der gemäßigten nördlichen Breiten (Bild 3.41 und Bild 3.42)
Mit Luftmassen werden große zusammenhängende Räume in der Troposphäre bezeichnet, deren Eigenschaften in Bezug auf Feuchtigkeit, Temperatur und Stabilität ungefähr gleich sind.

Sie erhalten ihre charakteristischen Merkmale von ihrem Herkunftsgebiet und werden zusätzlich von dem Untergrund der Gebiete beeinflusst, die sie überströmen. Man unterscheidet Luftmassen (siehe Bild 3.41) nach:

der Herkunft:	**A = Arktik** **T = Tropen;**	**P = Polargebiet (nördlich des 50. Breitenkreises)**
der Temperatur:	**K = Kaltluft**	**W = Warmluft oder erwärmte Luft;**
den überquerten Gebieten:	**m = maritime (Meeres-) Luft,** **c = kontinentale (Festlands-) Luft.**	

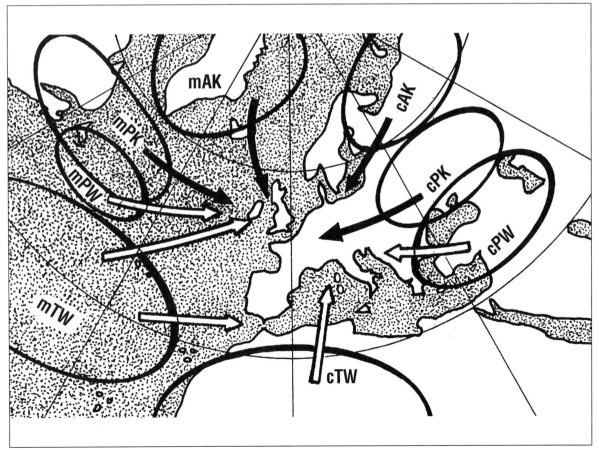

Bild 3.41   Die Luftmassen in Europa (vereinfacht)

Herkunft	Temp.	Art	Abk.	Ursprung	Vorkommen
Arktisch (A)	kalt (K)	maritim (m)	mAK	Nordatlantik	Frühjahr/Herbst
	kalt (K)	kontinental (c)	cAK	Weißes Meer	ganzjährig
Polar (P)	kalt (K)	maritim (m)	mPK	Kanada	ganzjährig
	kalt (K)	kontinental (c)	cPK	Zentralrussland	Winter
	warm (W)	maritim (m)	mPW	Nordatlantik um 50° N	Winter
	warm (W)	kontinental (c)	cPW	Balkan, Südrussland	Sommer
Tropisch (T)	warm (W)	maritim (m)	mTW	Subtropen, Azoren	ganzjährig
	warm (W)	kontinental (c)	cTW	Nordafrika	ganzjährig

Bild 3.42   Tabelle der Luftmassen über Europa

Typische Druckgebiete der gemäßigten nördlichen Breiten:

- **Ein Keil des Azorenhochs:** Hoher Druck schiebt sich keilförmig von den Rossbreiten (Azoren) her nach Mitteleuropa und kann dort für einige Tage wetterbestimmend sein.

- **Ein Tief über Island** entsteht durch Zusammentreffen der nach Süden abfließenden Polarluft an der Ostküste Grönlands und der nach Norden fließenden subtropischen Warmluft.

- **Das Sibirische Hoch** entsteht im Winter über den ausgekühlten Landmassen Asiens und Osteuropas. Es kann bei entsprechender Zirkulation einen strengen Winter für Mitteleuropa bescheren.

- **Das Genua-Tief** wird aus Kaltluft gebildet, die aus Frankreich kommend im Mittelmeer auf Warmluft stößt. Dieses Tief wandert über die Ostalpen, Ungarn und Polen zur Ostsee. Es bringt anhaltende und starke Niederschläge, besonders in Süd- und Ostdeutschland.

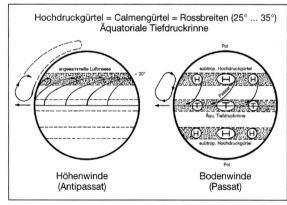

Bild 3.43   Die Entstehung der Passatwinde

Die erdumspannende Luftzirkulation

Das gedachte Modell einer idealisierten Luftzirkulation bei stillstehender Erde wurde bereits in Bild 3.37 vorgestellt. In der Realität aber sind die Vorgänge erheblich komplizierter.

Die **Passatwinde** gleichen den beständigen Aufwindstrom im Gebiet des höchsten Sonnenstandes aus. Die aus Norden und Süden heranströmenden Luftmassen werden durch die Corioliskraft nach Westen abgelenkt und so zum Nordost- und Südostpassat. Beide Winde erzeugen eine tropische Konvergenzzone, in der die Luft aus thermischen Gründen – höchster Sonnenstand – und aus dynamischen Gründen – Zusammenfließen des NO- und SO-Passates – zum Aufsteigen gezwungen wird.

Die vom Äquator als **Anti- oder Gegenpassat** nach Norden fließenden Höhenwinde werden durch die Corioliskraft zu Westwinden (Bild 3.43). Im Bereich um 35° nördlicher Breite erzeugt das Absinken dauernden Hochdruck am Boden.

Ein Band von Hochdruckgebieten (Bild 3.43 rechts) zieht sich um die ganze Erde, der so genannte **subtropische Hochdruckgürtel.** Diese Breiten werden seit alters her **Rossbreiten** genannt, weil dort die mittelalterlichen Seeleute in der Windstille ihre Reise nicht fortsetzen konnten und aus Wassermangel die an Bord mitgeführten Pferde schlachten mussten. Im Englischen heißen die Rossbreiten „calms", was so viel wie Flautenzone bedeutet. Hier sinkt die Luft zu Boden und fließt als Passat wieder zum Äquator.

Das Polargebiet ist wegen der flach einfallenden Sonnenstrahlung die kälteste Gegend der Nordhalbkugel. Dort sinkt die kalte, schwere Luft nach unten, um anschließend nach Süden zu fließen. Durch die Corioliskraft dreht der Nordwind nach rechts und wird bei etwa 60° nördlicher Breite zum reinen Ostwind (Bild 3.44).

Die aus den Subtropen kommende Warmluft wird ebenfalls nach rechts abgelenkt und damit zum warmen Westwind. Die **Polarfront** bildet sich aus, in der ständig neue, von West nach Ost wandernde Tiefdruckgebiete entstehen. Diese **subpolare Tiefdruckrinne** bestimmt maßgeblich das Wetter in Mitteleuropa.

In Bild 3.45 sind die Zirkulationen zusammengefasst. Das ganze System verschiebt sich im Nordsommer nach Norden und im Nordwinter nach Süden.

Natürlich existieren in der Realität nicht derart perfekte „Zirkulationsräder" wie sie hier als Ergebnisse statistischer Mittelwertbildung aufgezeichnet sind. Die Atmosphäre ist keine Maschine, und die Strömungsverhältnisse unterliegen ständigen Veränderungen.

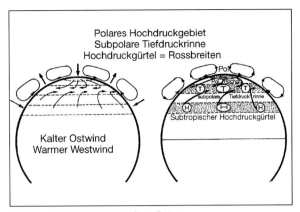

Bild 3.44 Tiefdruckrinne der gemäßigten Breiten

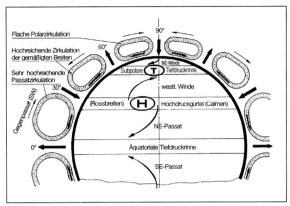

Bild 3.45 Die vertikalen und horizontalen Luftzirkulationen

Auch am Pol kann es Tiefdruckgebiete geben, in der subpolaren Tiefdruckrinne kann sich ein kräftiges Hochdruckgebiet einnisten und das Azorenhoch kann durch ein kräftiges Azorentief ersetzt werden.

Als Faustregel kann aber festgehalten werden:

Vertikale Zirkulation:
0°–30° = sehr hochreichende Passatzirkulation;
30°–60° = hochreichende Zirkulation;
60°–90° = flache Polarzirkulation;

Horizontale Bodenzirkulation:
Äquatorgebiet = äquatoriale Tiefdruckrinne;
30° nördlicher Breite = subtropischer Hochdruckgürtel;
60° nördlicher Breite = subpolare Tiefdruckrinne;
Polargebiet = polares Hochdruckgebiet.

3.3.3   Die Wetterabläufe

Fronten sind Grenzflächen zwischen zwei verschiedenartigen Luftmassen. Wenn Luftmassen unterschiedlicher Temperaturen aufeinandertreffen, dann vermischen sie sich nicht, sondern bilden eine schräg zur Erdoberfläche geneigte Grenzfläche aus. Die wärmere (leichtere) Luftmasse liegt immer oberhalb, die kältere unterhalb dieser Fläche. Die Grenzlinie am Erdboden heißt **Bodenfront** (Bild 3.46).

Gleitet eine warme Luftmasse auf eine kältere auf, dann spricht man von **Warmfront;** bei der **Kaltfront** ist die kalte Luftmasse im Vormarsch. In der Wetterkarte werden die Fronten eingezeichnet wie in Bild 3.46 dargestellt.

Die Symbole – Halbkreise für die Warmfront und Dreiecke für die Kaltfront – weisen immer in Zugrichtung. Bei Bodenfronten sind sie ausgefüllt, bei Höhenfronten leer gezeichnet. Bewegt sich die Front nicht, so wird sie **stationäre Front** genannt.

Als **Polarfront** (Bild 3.47) wird die Grenze zwischen der kalten Polarluft (Ostwind) und der warmen Subtropenluft (Westwind) bezeichnet, die in etwa 60° nördlicher Breite aufeinander treffen (Bild 3.45).

Diese Übergangszone kann sich im Gleichgewicht befinden, die gegeneinander gerichteten Strömungen gleiten dann aneinander vorbei.

Störend machen sich aber die in 8 bis 11 km oberhalb der Tiefdruckrinne beheimateten **Jetstreams** bemerkbar, die zwischen 40° und 60° Nord und Süd mit Windgeschwindigkeiten bis 200 km/h im Sommer und 400 km/h im Winter von West nach Ost jagen. Sie führen in der Höhe zu **Konvergenzen** (Anhäufung von Luftmassen) oder zu **Divergenzen** (Auseinanderströmen von Luftmassen), die wiederum Druckanstieg bzw. Druckfall am Boden bewirken.

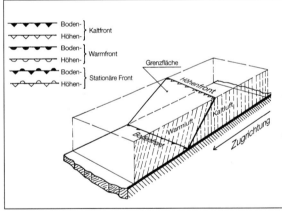

Bild 3.46 Der Begriff der „Front"

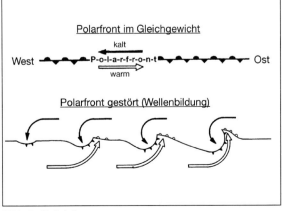

Bild 3.47 Die Polarfront

Warme und kalte Luftmassen fließen gegeneinander, um diese Druckunterschiede auszugleichen (Bild 3.47). **Tiefdruckgebiete (Zyklonen)** bilden sich aus.

Ist der Mangel an Luft (Divergenz) in der Höhe gravierender als der Luftzufluss (Konvergenz) am Boden, dann verstärkt sich das Tief. Im umgekehrten Fall füllt es sich auf.

Die Warmfront: Wegen ihrer geringen Dichte kann heranströmende Warmluft die schwere Kaltluft nicht verdrängen, sie gleitet deshalb in einem flachen Winkel von rund 1:100 auf sie auf. Dabei kühlt sie sich adiabatisch ab, kondensiert und es kommt zur Wolkenbildung.

Bei der **„Idealzyklone",** der typisierten Darstellung eines von Westen herannahenden Tiefdruckgebietes, können die folgenden Beobachtungen gemacht werden (Bild 3.48):

Rund **1000 km vor der Bodenfront** zeigt sich in 10 km Höhe die erste **Cirrusbewölkung.** Danach folgt ein milchiger, weißer Cirrostratusschleier. Dieser geht langsam in dichtere **Altostratusbewölkung** über, die das Sonnenlicht nicht mehr durchscheinen lässt. Der **Luftdruck fällt,** die **Temperatur steigt** allmählich an und der zunächst südöstliche **Wind dreht auf Süd und frischt dabei auf.**

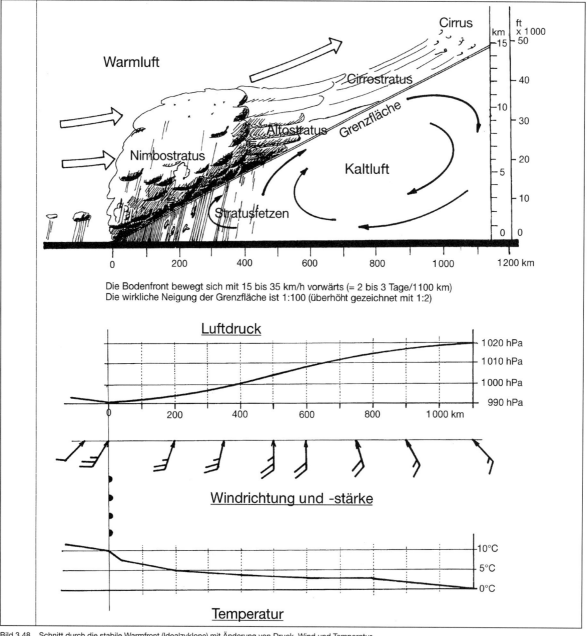

Bild 3.48   Schnitt durch die stabile Warmfront (Idealzyklone) mit Änderung von Druck, Wind und Temperatur

Rund **300 bis 400 km vor der Bodenfront** fällt der **erste Regen**. Die **Temperatur steigt** weiter an, der **Altostratus** geht in die typische Warmfrontbewölkung **Nimbostratus** über, die fast auf dem Boden aufliegt, kompakt ist und 7 bis 9 km hoch reicht. Der **Wind dreht weiter nach rechts** (Südwest) und **wird stärker**. Der **Niederschlag wird kräftiger, die Sicht** – besonders bei Schnee – **geht stark zurück**.

Die **Fronttiefe** (quer zur Front), in der Niederschlag fällt, beträgt durchschnittlich 200 bis 400 km, nicht selten aber auch mehr.

Im Bereich des stärkeren Niederschlags treten **Stratusfetzen** auf, die mit ihrer Untergrenze zum Teil den Boden erreichen.

Nach dem **Durchzug der Bodenfront** dreht der **Wind weiter auf Südwest** und wird **schwächer**. Die **Temperatur steigt nur unwesentlich**. Auch der **Luftdruck verändert sich kaum,** nimmt höchstens ganz wenig zu. Bei auflockernder Bewölkung können sich hinter der **Warmfront flache Cumuluswolken** bilden, meist herrschen aber **mittelhohe Wolkenfelder** vor.

Die Kaltfront: Kaltluftmassen **bewegen sich schneller als Warmluftmassen**. Kaltfronten holen Warmfronten daher grundsätzlich ein. Da Kaltluft im Normalfall schwerer ist als Warmluft, schiebt sie sich wie ein Keil unter diese und hebt sie an (Bild 3.49). Die so schnell emporgehobene Warmluft kühlt sich adiabatisch ab und kondensiert.

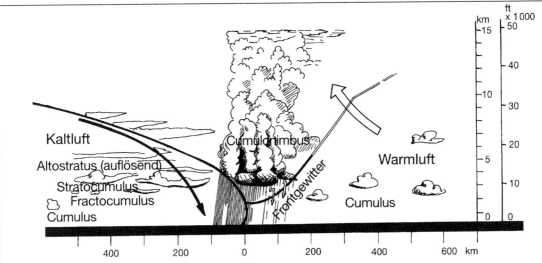

Front-Regengebiet = 80 bis 150 km lang; Durchzugdauer = 2 bis 3 Stunden; Geschwindigkeit = 30 bis 60 km/h. Die Neigung der Kaltluftgrenze ist = 1:50 bis 1:80 (überhöht gezeichnet 1:1,5).

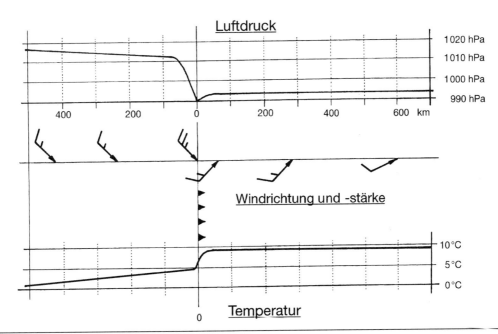

Bild 3.49   Schnitt durch die Kaltfront mit Änderung von Druck, Wind und Temperatur einer Idealzyklone

Ein Neigungswinkel der Frontfläche ist bei Kaltfronten kaum anzugeben. Wenn sich die **Kaltluft keilförmig unter die Warmluft schiebt** – oft im Winter –, dann gleitet diese an der Kaltluft auf **(passive Hebung)**. Dabei sind **warmfrontähnliche Wetterabläufe** zu beobachten wie **Schichtbewölkung und länger anhaltender Niederschlag.**

Oft – meist im Sommer – ist die **Kaltluft einer Kaltfront in der Höhe schneller als am Boden** (Bodenreibung). Die **Luftmasse wird labilisiert,** denn Warmluft am Boden und Kaltluft in der Höhe führen zu schnellen und starken **vertikalen Umschichtungen.** Wegen der geringen Neigung der Kaltfrontfläche (Bild 3.49) ist das Wetterband **mit hochreichenden Cumulonimbus-Wolken** meist sehr schmal, im Normalfall 80 bis 150 km tief. Es zeichnet sich aber durch starke **Turbulenzen und Schauer,** manchmal auch mit **Hagel,** aus.

Oft entwickelt sich 100 bis 200 km vor der Front eine Gewitterlinie (engl.: squall line). Ihre **Frontgewitter** bergen wegen ihrer heftigen **Bodenböen** und **Schauerniederschläge** – oft mit Hagel verbunden – große **Gefahren** für den Segelflieger. Ihre **Dauer** ist aber auf **zwei bis drei Stunden** begrenzt.

Der **Luftdruck fällt** erst kurz vor Eintreffen der Bodenfront ab und **steigt nach ihrem Durchzug steil an. Der Wind springt in der Front von Südwest auf Nordwest,** frischt auf und kann in **Böen Sturmstärke** erreichen. Die **Temperatur** bleibt bei Annäherung der Front **konstant, fällt bei Frontdurchgang zunächst markant und dann nur noch leicht ab.**

Hinter der Kaltfront **heitert es rasch auf, Cumuluswolken** bilden sich aus. Anfängliche **Schauerneigung lässt nach,** die **Sicht bessert sich auf 50, manchmal auf 100 km.**

Nicht selten entsteht hinter der Kaltfront ein kleines **Zwischenhoch mit guten Segelflugbedingungen (Rückseite),** das bis zur Ankunft der nächsten Zyklone wetterbestimmend sein kann.

Die Okklusion: In der subpolaren Tiefdruckrinne entstehen durch Störung der sonst geradlinig verlaufenden Polarfront Tiefdruckgebiete (Bild 3.50 Mitte).

Warm- und Kaltfront mit dem zwischen ihnen liegenden Warmsektor sind die Folgen der Dynamik einer Zyklone.

Die **Zentren der Tiefdruckgebiete** ziehen mit der **Höhenströmung** der Tiefdruckrinne **nach Osten.** Da sie sich dabei ausweiten (Bild 3.50), können sie das Wetter bis nach Südeuropa beeinflussen. Die Wetterfolge ist in der Regel: **Vorderseite – Warmfront – Warmsektor – Kaltfront – Rückseite – Vorderseite** usw.

Der Zusammenschluss von Warm- und Kaltfront heißt Okklusion (lat.: occludere = zusammenklappen).

Da Kaltfronten schneller als Warmfronten ziehen, werden die **Warmsektoren** immer mehr **eingeschnürt** und schließlich **vom Erdboden abgehoben. Die Fronten okkludieren** (Bild 3.51).

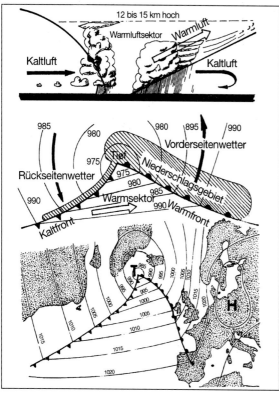

Bild 3.50   Das Frontensystem einer Zyklone

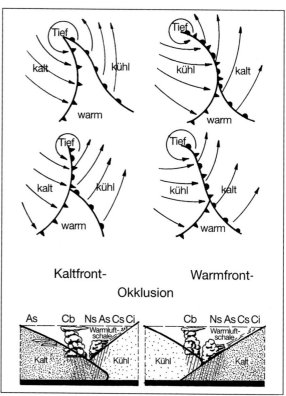

Bild 3.51   Die Arten der Okklusion

Die **Okklusion** bildet wieder eine neue Front. Ist die Luft auf der Rückseite der Kaltfront kälter als auf der Vorderseite der Warmfront, so hat die **Okklusion Kaltfrontcharakter.** Im umgekehrten Fall spricht man von einer **Okklusion mit Warmfrontcharakter.**

Die Auflösung der Zyklone ist erfolgt, wenn sich beide Fronten zur Okklusion **vereint** haben und der **Warmsektor verschwunden** ist. Am **Boden** hat sich **Kaltluft** durchgesetzt und die unterschiedliche **Temperaturverteilung** im Bereich der Zyklone ist **ausgeglichen.**

Der Luftdruck steigt, weil der Massenzufluss am Boden ins Tief hinein größer ist als der Massenabfluss in der Höhe. Das Tiefdruckgebiet kann sich in den Subtropen oder in der Polarregion auflösen, je nachdem wohin es zog.

Konvergenzen: Auf der Wetterkarte weisen Zyklonen manchmal trichterförmige Ausbuchtungen der Isobaren auf. Man spricht von einem **Bodentrog** (Bild 3.52).

In der Achse des Trichters, **der Trogachse,** bildet sich eine Zone, in der Luft von beiden Seiten zusammenströmt **(konvergiert),** da links und rechts von ihr ein höherer Druck herrscht. In der Karte wird das mittels der Troglinie dargestellt. Infolge des Zusammenfließens wird die Luft zum Aufsteigen gezwungen. Sie kühlt sich adiabatisch ab, kondensiert und kann so ausgedehnte und hochreichende **Wolkenfelder** mit **Schauern** bilden. **Konvergenzen sind frontähnlich,** sind aber keine Fronten, da sie nicht unterschiedliche Luftmassen gegeneinander begrenzen.

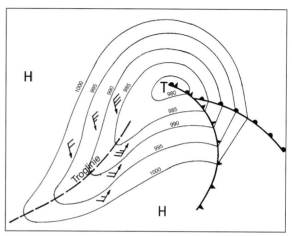

Bild 3.52 Der Tiefdrucktrog

Der **Tiefdrucktrog:** Kaltfrontrückseiten ausgeprägter Tiefdruckgebiete zeigen auf der Wetterkarte oft **u-** oder **trogförmige Ausbuchtungen der Isobaren,** die nach Süden oder Südwesten gerichtet sind. Die Trogachse ist nicht selten mit der Zone der kältesten Höhenluft verbunden, was zu sehr labilen Schichtungen führt. So entwickelt sich hinter der Rückseite und **weit hinter der eigentlichen Front** ein **Schlechtwettergebiet mit starken Schauern und hohen Windgeschwindigkeiten.** Bei Durchzug der Troglinie erfolgt ein deutlicher Windsprung aus südlichen in nördliche Richtungen.

Die **Küstenkonvergenz** entsteht durch **landeinwärts ziehende Luftmassen,** deren Zuggeschwindigkeit sich wegen der **höheren Bodenreibung über Land** gegenüber der See **verlangsamt.** Schneller ziehende **Luft drängt nach,** schiebt sich auf die abgebremste Luft auf und **steigt in die Höhe.** Die Folge ist **Quellbewölkung** innerhalb der Küstenlinie mit **Schauern und Gewittern.**

Der **Kaltlufttropfen** (Bild 3.53): Ein Gebiet, in dem die Druckflächen tiefer liegen als in seiner Umgebung, weil es mit Kaltluft gefüllt ist, heißt **Höhentrog.** Wenn ein solcher Höhentrog seine Verbindung zum Kaltluftgebiet der Polarregion verliert, weil Warmluftvorstöße von Süden und Südwesten ihm die Verbindung abschneiden, dann entsteht ein isoliertes Kaltluftgebiet in der Höhe, der **Kaltlufttropfen.** Dieser wird in der **Bodenwetterkarte als gestrichelter Kreis** mit einem **großen K** in der Mitte dargestellt (Bild 3.53).

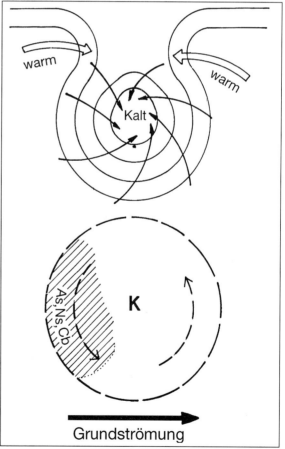

Bild 3.53 Der Kaltlufttropfen

In der **Höhenwetterkarte erscheint der Kaltlufttropfen als abgeschlossenes Höhentief.** Kaltlufttropfen können von sehr **unterschiedlicher Größe** sein. Sie kommen mit Durchmessern von weniger als 100 km vor, überdecken aber ein anderes Mal ganz Mitteleuropa. Ihre Zugrichtung und -geschwindigkeit sind nur schwer vorherzusagen, sie können das Wetter bis zu zwei Wochen beeinflussen.

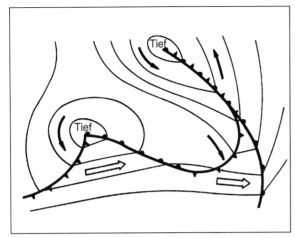

Bild 3.54   Entstehung des Sekundärtiefs

Die **Wettererscheinungen** im Bereich eines Kaltlufttropfens sind je **nach Jahreszeit verschieden.** Er wandert langsamer als die ihn umgebende Strömung und wirkt wie ein Berg. Auf seiner Luvseite **– Rückseite des Kaltlufttropfens – bildet sich Staubewölkung mit Regen.** Auf der **Leeseite – Vorderseite des Kaltlufttropfens – lösen sich in absinkenden Luftmassen die Wolken auf,** was vor allem im **Winter** beobachtet werden kann. **Im Sommer herrscht im Kaltlufttropfen** starke Labilität mit Quellbewölkung, Schauern und Gewittern.

Die **Zyklonenfamilien:** Entsteht an der Polarfront ein Tief, so bildet sich an seiner Kaltfront oft eine **Frontalwelle,** die sich – wenn das Haupttief bereits okkludiert – zu einem **Sekundärtief** entwickelt (Bild 3.54). Diese Zyklonen entstehen aber nicht zwingend. Es kommt vor, dass sie überhaupt nicht auftreten, dass sie sich schon in 1 000 km oder erst 3 000 km Entfernung vom Haupttief entwickeln.

Folgen dem Sekundärtief weitere Tiefdruckgebiete gleicher Art, so spricht man von einer **Zyklonenserie** oder **Zyklonenfamilie.** Bei kräftiger Westströmung können sich mehrere solcher Zyklonenfamilien hintereinander entwickeln, die dann vom Nordatlantik (Island) her nach Mitteleuropa ziehen und für sehr wechselhaftes Wetter sorgen.

Ein **Zwischenhoch** (Bild 3.55) entsteht in der kalten, schweren Luft auf der Rückseite der Kaltfront. Es bewegt sich mit der Geschwindigkeit der Zyklone. Im Zwischenhoch beruhigt sich das Wetter, bis sich die Warmfront des nächsten Tiefs nähert.

Im Gegensatz zu den kurzzeitig wetterwirksamen Zwischenhochs gibt es die **dynamischen** oder **warmen Hochdruckgebiete.** Sie sind deutlich auch in der Höhe ausgeprägt, weil die in ihnen liegende Warmluft zur Anhebung der Druckflächen gegenüber der kälteren Umgebung führt (Bildung eines **Höhenhochkeils**). Sie **beeinflussen die Höhenströmung** und sind so wichtige **Steuerungszentren unseres Wettergeschehens.** Zu ihnen gehören die Antizyklonen des subtropischen Hochdruckgürtels (Azorenhoch).

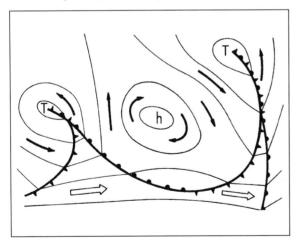

Bild 3.55   Das Zwischenhoch

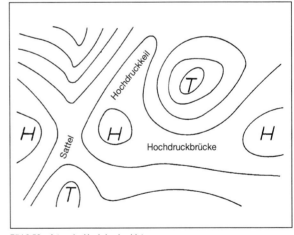

Bild 3.56   Arten der Hochdruckgebiete

Manchmal breitet sich das **Azorenhoch** bis nach **Mitteleuropa** aus, verbindet sich – besonders im Frühjahr – durch eine **Hochdruckbrücke** (Bild 3.56) mit dem **russischen Festlandshoch** und sorgt damit für länger anhaltendes Schönwetter.

Eine Hochdruckbrücke kann sich auch zwischen dem **Subtropenhoch** und dem **polaren Hochdruckgebiet** nördlich von Island erstrecken. Sie stoppt die Westdrift in den gemäßigten Breiten und **unterbricht die Bildung von Zyklonenfamilien.** Zeigt ein Hoch von seinem Kern ausgehende Ausbuchtungen, spricht man von **Hochdruckkeilen.**

3.4   Die Flugmeteorologie

3.4.1   Der Wind

3.4.1.1   Der Wind in Bodennähe

Der horizontale Druckgradient: Der Gradient ist das Gefälle einer Größe auf einer bestimmten Strecke, **Gradient = Größenänderung zu Wegstrecke.** Als **vertikalen Gradienten** haben wir bereits den **Temperaturgradienten** (Bild 3.9) kennen gelernt.

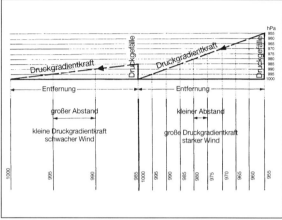

Bild 3.57   Isobarenabstand und Windstärke

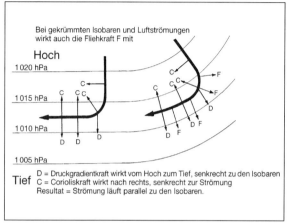

Bild 3.58   Isobaren- und Windrichtung

Für Windrichtung und -geschwindigkeit ist der **horizontale Druckgradient** entscheidend. Er ist das Maß für die **Druckgradientkraft,** die für die Entstehung des Windes sorgt. **Die Druckgradientkraft ist umso größer und der Wind damit umso stärker, je enger die Isobaren beieinander liegen.** Der horizontale Druckgradient wird in **hPa/111 km** gemessen; 111 km stehen für einen Breitengrad. Nun müsste die Luft entsprechend der Druckkraft senkrecht zu den Isobaren vom Hoch ins Tief fließen. Dem steht aber die Corioliskraft mit ihrer Ablenkung nach rechts (auf der Nordhalbkugel) entgegen.

Mit **zunehmender Höhe und damit verringerter Bodenreibung** entfaltet die Corioliskraft ihre ganze Stärke, bis **Druckgradientkraft und Corioliskraft im Gleichgewicht** sind und der **Wind parallel zu den Isobaren** strömt (Bild 3.58). Laufen die **Isobaren geradlinig** parallel, so entsteht durch das **Fehlen der Krümmung keine Fliehkraft,** wir sprechen vom **geostrophischen Wind.** Bei **gekrümmt verlaufenden Isobaren** über 1500 m Höhe haben wir **Gradientwind.** Da bei zyklonaler Strömung (Umströmung eines Tiefs) die Fliehkraft gegen die Druckgradientkraft, bei antizyklonaler Strömung aber in Richtung der Druckgradientkraft wirkt, ist die Windgeschwindigkeit im Tief geringer als im Hoch, bei gleichem Isobarenabstand.

Die **Reibung zwischen Erdboden und bewegter Luft** wirkt dem Wind entgegen. Bei gleichem Druckgradienten sind in Bodennähe Windgeschwindigkeit und Ablenkung durch die Corioliskraft geringer als in der Höhe, was beim Vergleich einer Boden- mit einer Höhenwetterkarte deutlich wird. Die Bodenreibung beträgt über See weniger als 10 %, über Land dagegen 20 % bis 30 %, kann dort aber bis zu 45 % ausmachen.

Für das Drehen der Luftmassen wurde von dem niederländischen Meteorologen Christoph Buys-Ballot folgendes **barisches Windgesetz** formuliert (Bild 3.59):

1. Der Wind dreht mit der Höhe nach rechts und nimmt an Geschwindigkeit zu. Je nach Stärke der Bodenreibung ist die Windgeschwindigkeit in einer Höhe von 500 m bis zu zweimal größer und in einer Höhe von 1 500 m zwei- bis dreimal größer als am Boden.
2. In Bodennähe läuft die Luftströmung schräg zu den Isobaren (spiralförmig) vom Hoch zum Tief.
3. Über 1 500 m Höhe über Grund läuft die Luftströmung nahezu parallel zu den Isohypsen.

   Auf der Südhalbkugel sind die Drehrichtungen umgekehrt!

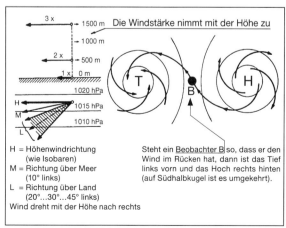

Bild 3.59   Strömung vom Hoch zum Tief in Bodennähe

Erheblichen Einfluss auf die Änderung der Windgeschwindigkeit mit zunehmender Höhe nimmt auch die **thermische Schichtung der Luft in Bodennähe.** Bei **stabiler Schichtung** bleibt ein Vertikalaustausch der Luft aus, der **Höhenwind kann sich nicht bis zum Boden durchsetzen** und nimmt erst in der Höhe rasch zu. Bei **labiler Schichtung** und daraus resultierender Thermik **wirkt sich der Höhenwind bis zum Boden aus,** was besonders durch **starke Böigkeit** deutlich wird.

Orographische Einflüsse (griech.: oros = Berg) und **örtliche thermische Einflüsse** bilden vielerorts **lokale Windsysteme** aus, die weit von den durch Hoch und Tief bestimmten Systemen abweichen können.

Seewind und Landwind (Bilder 3.60 und 3.61): Land – besonders wenn es trocken ist – erwärmt sich bei Sonneneinstrahlung sehr viel mehr als Wasser. Entsprechend steigt in Küstengebieten und an größeren Seen die erwärmte Luft tagsüber ständig auf und kühle Luft strömt vom Wasser her nach. Das ist der **Seewind.** Nachts kühlen die wassernahen Landflächen aus, das Wasser bleibt relativ warm; umgekehrt strömt jetzt kühle Luft vom Land her, um die über dem Wasser aufsteigende Luft zu ersetzen. Es weht der **Landwind.** Diese örtlichen Zirkulationen können bei Tag bis 1 500 m Höhe reichen, nachts sind sie auf rund 500 m begrenzt.

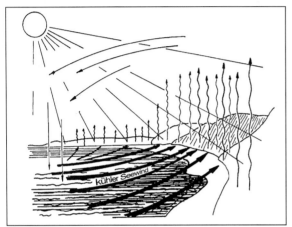

Bild 3.60   Am Tage weht der Seewind   Bild 3.61   Nachts weht der Landwind

Talwind und Bergwind: Der **Talwind (anabatischer Wind** von griechisch anabaino = hinaufgehen) weht am Tage talaufwärts. Er wird **durch aufsteigende Luftmassen** ausgelöst, die sich an sonnenbestrahlten Hängen aufgeheizt und abgelöst haben.

Nach Sonnenuntergang kühlt sich die Luft ab, am stärksten fällt dabei die Temperatur in der bodennahen Luftschicht. Dadurch setzt der umgekehrte Vorgang ein, der **Bergwind (katabatischer Wind** von griechisch katabotoz = herabsteigen) weht talabwärts. Katabatische Winde sind in den Mittelgebirgen zwar verbreitet, aber sehr schwach ausgeprägt. In Grönland, wo die Luft vom Inlandeis stark abgekühlt wird, können sie Orkanstärke erreichen. Gletscherwinde in den Alpen sind typische katabatische Winde.

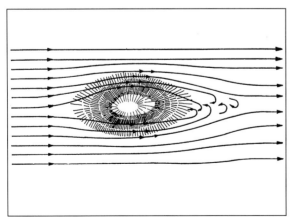

Bild 3.62   Berg als Strömungshindernis

Talwind und Bergwind dürfen nicht mit dem **Hangaufwind** verwechselt werden. Dieser entsteht bei Sonneneinstrahlung an den Berghängen, über denen sich die bodennahe Luft stärker erwärmt als die Luft im Tal. Sie wird dadurch leichter und steigt auf, teilweise bis zum Kondensationsniveau. Nachts kühlt sich die auf dem Hang liegende Luft stärker ab als die Luft über der Talebene. Sie wird schwerer und sinkt als **Hangabwind** zum Tal hinunter.

Aus der Ebene herausragende Berge oder Inseln mit Erhebungen im Meer zwingen als **Hindernisse die Strömung, sich in Windrichtung** (Bild 3.62) zu teilen. Damit erhöht sich die Windgeschwindigkeit an den Bergflanken. Hinter dem Hindernis entstehen Wirbel mit zum Teil rückläufiger Strömung.

Als typisches Beispiel für ein **Hindernis quer zur Windrichtung** können in Europa die Alpen dienen. Über den Kämmen drängen sich die Stromlinien zusammen (Bild 3.63), das bedeutet:

1. Die Windgeschwindigkeit wird in den Kammlagen größer.
2. An der Luvseite steiler Hänge bilden sich Wirbel.
3. Auf der Leeseite besteht eine besonders starke Verwirbelung.
4. Hinter den Hindernissen bilden sich Leewellen, die bis zur Tropopause reichen können.
5. In Bodennähe entsteht hinter den Hindernissen der Föhn.

Der **Föhn** ist ein **warmer Fallwind auf der Leeseite** eines überströmten Gebirges (Bild 3.64 und 3.65). Windgeschwindigkeit und Höhe des Hindernisses bestimmen die Stärke des Föhneffektes.

Die gegen das Gebirge strömende Luft wird zum Aufsteigen gezwungen, kühlt sich zunächst trockenadiabatisch (1 °C/100 m) und dann – vom **Hebungs-Kondensations-Niveau (HKN)** an – feuchtadiabatisch (0,6 °C/100 m) ab. Im HKN kommt es zu Wolkenbildung und Niederschlag, der während des weiteren Aufsteigens der Luft derart anhält, dass immer 100 % relative Feuchte erhalten bleiben. Im Lee sinkt die Luft ab, die relative Luftfeuchtigkeit unterschreitet sofort 100 %. Die Wolken lösen sich auf und die Luft erwärmt sich nunmehr während ihres gesamten Abstiegs trockenadiabatisch um 1 °C pro 100 m. Sie kommt also trockener und wärmer am Gebirgsfuß der Leeseite an als sie auf der Luvseite ihren Aufstieg begonnen hat.

Nicht nur hinter Gebirgszügen, sondern auch hinter Kaltluftmassen am Boden, die überströmt werden, kann es zu Föhnwirkungen, dem so genannten **freien Föhn** kommen. Hauptmerkmal ist dabei der Stau, der auch durch plötzlich **veränderte Bodenreibung** entstehen kann.

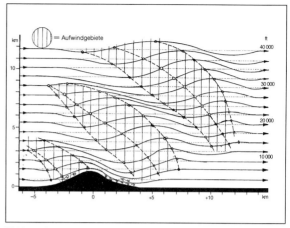

Bild 3.63 Strömung über ein Hindernis quer zur Windrichtung

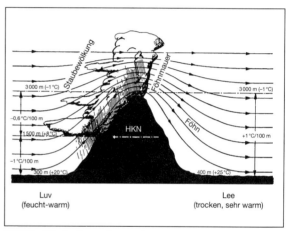

Bild 3.64 Föhnsituation am Alpenmassiv

Fließt der Wind zwangsweise durch eine **Talenge,** tritt eine **Düsenwirkung** auf. Die Stromlinien drängen sich zusammen, die **Windgeschwindigkeit steigt.**

Der **Mistral** bildet sich bei nördlichen Luftströmungen im engen Rhonetal zwischen den Seealpen und dem Zentralmassiv (Bild 3.66). 50 bis 90 km/h Windgeschwindigkeit sind normal, über 100 km/h kommen vor. Der Mistral führt im Sommer kühle und im Winter kalte Luft zum Mittelmeer. Er erzeugt die bekannten **Wellenwetterlagen in Südfrankreich.**

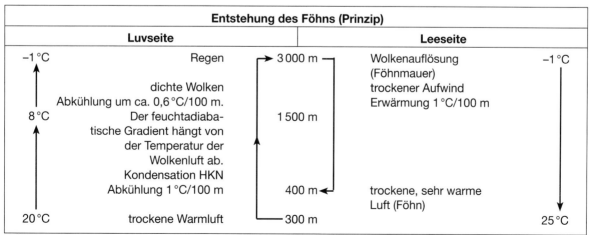

Entstehung des Föhns (Prinzip)		
Luvseite		**Leeseite**
−1 °C ↑ Regen	→ 3 000 m —	Wolkenauflösung (Föhnmauer) trockener Aufwind Erwärmung 1 °C/100 m −1 °C
dichte Wolken Abkühlung um ca. 0,6 °C/100 m.		
8 °C ↑ Der feuchtadiaba- tische Gradient hängt von der Temperatur der Wolkenluft ab. Kondensation HKN Abkühlung 1 °C/100 m	1 500 m ↑	
20 °C trockene Warmluft	400 m ←┘ 300 m	trockene, sehr warme Luft (Föhn) 25 °C ↓

Bild 3.65 Entstehung des Föhns (Prinzip)

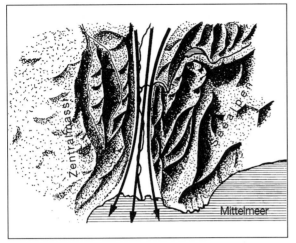

Bild 3.66   Der Mistral

In der Schweiz tritt ein kalter Nordostwind als **Bise** auf. Sie setzt ein Hoch in Nordeuropa und ein Tief über dem Mittelmeerraum voraus.

Im Frühjahr fließen dann **Kaltluftmassen über die Schweiz hinweg durch das untere Rhônetal zum Mittelmeer.** Auf ihrem Weg nach Süden trocknet die Luft rapide aus. Am dritten Tag herrscht in der Schweiz die **Bise Blanche (blanke oder weiße Bise)** ohne Cu-Bewölkung, im Rhônetal bei Stabilität **die Bise Noire (schwarze Bise)** bei geschlossener Wolkendecke ohne Thermik. Die Bise verdrängt den Mistral, und nach Südwesten werden die Wetterverhältnisse immer besser.

Die **Bora** überströmt vom Ostrand der Alpen her die dinarischen Alpen und stürzt als sturmartiger Fallwind mit Geschwindigkeiten bis zu 200 km/h zur Adriaküste hinab. Obwohl er sich dabei adiabatisch erwärmt, wird er an der verhältnismäßig warmen Küste als kalt empfunden.

Von der **Sahara** her weht der **Schirokko** über das Mittelmeer hinweg nach Südeuropa. Dieser Wüstenwind, der oft Saharasand und -staub mit sich trägt, ist feuchtwarm. Wenn sein Luftstrom an Gebirgszügen oder Wetterfronten angehoben wird, können starke Niederschläge auftreten, die besonders in der Po-Ebene oft verheerende Überschwemmungen verursachen.

Böen sind **kurzfristige, starke Änderungen der horizontalen Windbewegung in Richtung und Stärke.** Überschreiten sie die mittlere Windgeschwindigkeit um mehr als 10 kt und erreichen sie eine Geschwindigkeit von 25 kt, werden sie in verschlüsselten Wetterkarten angegeben.

Unter **Turbulenz** versteht man in der Meteorologie einen nach **Richtung und Geschwindigkeit um einen Mittelwert schwankenden Wind,** bei dem es auch zu Wirbelbildungen kommen kann. Bedingt durch die **Struktur der Erdoberfläche,** durch **Berührungen unterschiedlicher Luftströmungen,** durch **Wirbel von Großflugzeugen** und **Verwirbelungen in der Thermik** kann die Luft mehr oder weniger unruhig fließen. Turbulenz äußert sich durch **Schwankungen der Windrichtung und -geschwindigkeit, horizontal und vertikal.**

Je höher die Windgeschwindigkeit, desto stärker die Turbulenz. Sie reicht vom **Luftflimmern** über **Sonnen- und Geländeböigkeit** bis hin zu großen **Konvektionsbewegungen** mit **Thermikblasen und -schläuchen** und **Haufenwolkenbildung.**

Im Grundsatz werden folgende **Turbulenzarten** unterschieden:

1. **Konvektive oder thermische Turbulenz,** die durch Thermik hervorgerufen wird (Bild 3.67).

2. **Dynamische Turbulenz** entsteht durch Hindernisse, gegen die der Wind weht (Bild 3.68).

3. **Gemischte Turbulenz** wird durch Oberflächentemperatur und -beschaffenheit verursacht.

4. **Turbulenz an Scherflächen** entsteht, wenn zwei Luftströmungen mit unterschiedlicher Richtung und/oder Geschwindigkeit aneinander vorbeifließen.

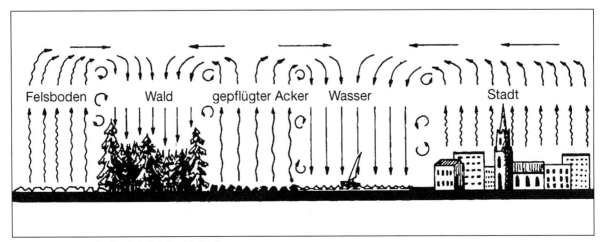

Bild 3.67   Konvektive oder thermische Turbulenz (idealisiert)

Bild 3.68 Dynamische Turbulenz (Oberflächenform)

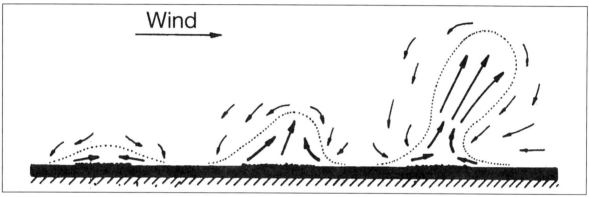

Bild 3.69 Ablösung der Thermik in der Ebene

Turbulenzen sind nicht nur während des Fluges, sondern besonders bei Start und Landung gefährlich (siehe auch Abschnitt 5.6.4 „Kritische Windverhältnisse (einschließlich Windsprünge) bei Start und Landung" und 5.6.5 „Höhenwinde, Abwinde, Aufwinde, Verwirbelungen").

Die thermischen Aufwinde:
Erwärmt sich bodennahe Luft derart, dass sich ein **überadiabatischer Temperaturgradient** einstellt, dann löst sich die warme (leichte) Luft vom Boden ab. Der **Erdboden** ist wegen seiner unterschiedlichen Art und Beschaffenheit – vom dunklen Fels bis zum weißen Sand und von trockener Heide bis zum feuchten Sumpf – **verschieden erwärmbar.** So erwärmt sich auch die Luft über dem Boden nicht überall gleich. Dort, wo sie wärmer ist als ihre Umgebung, genügt ein geringer Impuls, um sie als Thermikblase oder -schlauch zum Aufsteigen zu bringen. Dabei wird sie je nach Windrichtung und Stärke von der **Senkrechten abgelenkt** und kommt erst in einer stabilen Schicht, z. B. in der **Inversion, zum Stillstand.**

Eine bestimmte Mindestenergie ist für die Thermikablösung Voraussetzung (Bild 3.69). Aus diesem Grunde pulsieren Thermikquellen im Normalfall, und es entstehen Blasen in Abständen von 10 bis 30 Minuten. Es gibt aber auch Thermikquellen – beispielsweise an Sonnenhängen im Gebirge oder in Industrieanlagen –, die über Stunden hinweg ständig Aufwind produzieren.

Aus solchen „Dauerbärten" – Bart ist der liebevolle Ausdruck des Segelfliegers für den Sonnenaufwind – ist leicht zu ersehen, welch ungeheure Kraft in der Thermik steckt. Nehmen wir einen normalen Aufwindschlauch von 200 m Durchmesser und 2 000 m Gesamthöhe. Nach der Berechnungsformel der Rundsäule, Volumen = r^2 x 3,14 x Höhe, ist leicht zu ermitteln, dass 62 800 000 m³ Luft in diesem Aufwind in Bewegung sind. Da ein Kubikmeter Luft ca. 1,3 kg wiegt, sind das 81 640 000 kg oder 81 640 Tonnen Luft. Bevor sich dieser thermische Schub nach oben in Bewegung setzt, muss sich am Boden ein ordentliches Reservoir erwärmter Luft angesammelt haben.

Über einem großflächigen Gebiet erwärmt sich die Luft, ihre Temperatur ist höher als die ihrer Umgebung. Eine riesige „Warmluftqualle" bildet sich, es flimmert und zittert in ihr. Sie müsste eigentlich aufsteigen, aber die Anhangskraft hält sie am Boden fest. Erst dann, wenn die Menge der überadiabatisch erwärmten Bodenluft so angewachsen ist, dass sie sich zwangsweise von ihrem Untergrund löst oder wenn ein **Impuls** die „Qualle" an irgendeiner Stelle abreißt oder „ansticht", strömt die gesamte angesammelte Warmluft durch den so entstandenen „Schlauch" in die Höhe (Bild 3.70).

Impulse, die das Ablösen der Thermik einleiten oder fördern, können ganz verschiedener Art sein: So ist es möglich, dass besonders stark erhitzte Luft aus **Industrieanlagen, offenen Feuern, Steinbrüchen oder anderen leicht auf-**

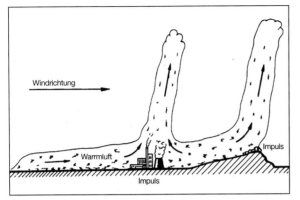

Bild 3.70   Die Warmluftqualle mit Impulsen

heizbaren Flächen die Qualle nach oben durchstößt und der Warmluft den Weg in die Höhe freimacht. Aber auch **Abreißkanten wie Bergkämme oder Waldränder,** gegen die der Wind die Warmluft treibt, können die Thermik auslösen. **Vorderkanten kühlerer Bodenflächen** wirken als Impulsgeber und oft sind es einfach **Verwirbelungen,** ein fahrendes Auto, ein Windenstart auf dem Fluggelände, vielleicht ein Vogelschlag, die einen Bart in Bewegung setzen. Und schließlich können die bodennahen Warmluftreservoirs auch durch mehrere als nur einen Bart ausströmen.

Natürlich mehrt sich bei **stärkerem Wind** die Zahl der Impulse, die **Thermikhäufigkeit nimmt zu,** aber die Quallen wachsen vorher auch nicht mehr so groß an.

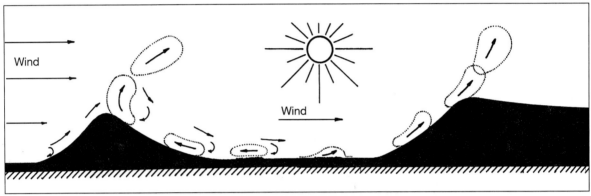

Bild 3.71   Thermikbildung an luv- und leeseitig sonnenbestrahltem Hang

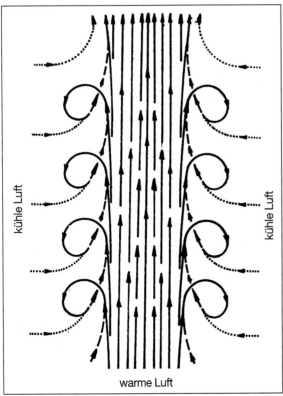

Bild 3.72   Wirbel im thermischen Aufwind

Der **Sonne zugewandte Berghänge** sind – oft schon in den Vormittagsstunden – **günstige Thermikquellen,** weil sie steiler angestrahlt werden als die Ebene und ihr Boden sich deshalb schneller und stärker erwärmt. Liegt der Hang zusätzlich im **Luv des Windes,** wird durch die so erzwungene Hebung die **Thermikbildung noch unterstützt** (Bild 3.71). Auch an **sonnenbestrahlten Leehängen** kann sich gute Thermik entwickeln, wenn nicht ein zu starker Wind mit kräftiger Turbulenz das verhindert.

Während des Aufsteigens kühlt sich die Warmluft trockenadiabatisch ab. Wird sie **vor Erreichen des Taupunktes** von einer Inversion oder Isothermie gebremst, bleibt die Kondensation aus. Man spricht von der **Blauthermik.** Steigt die Luft jedoch so weit auf, dass ihre Temperatur bis zum Taupunkt sinkt, dann ist in dieser Höhe das **Konvektions-Kondensations-Niveau (KKN)** erreicht, die Kondensation beginnt und eine Cumuluswolke entwickelt sich (siehe Abschnitt 3.4.3 „Die Wolken").

Die **aufwärtsstrebende Warmluft** im Thermikschlauch übt auf die kühlere, ruhende Umgebungsluft eine **Sogwirkung** aus. Dadurch kommt es an ihrem Rande zu **Verwirbelungen und Luftvermischungen,** von denen die **Steiggeschwindigkeit abgebremst** wird (Bild 3.72). Demzufolge ist der **Aufwind in seinem Kern am stärksten und gleichmäßigsten,** nach außen hin wird er schwächer und unruhiger.

Für den Segelflieger kommt es darauf an, das beste Steigen in einem Bart zu finden und zu nutzen. Das erreicht er durch das **Zentrieren**. Es ist wichtig für ihn, **zur richtigen Seite hin einzukurven** – im Normalfall ist es die Seite, auf der das bessere Steigen den Flügel seines Segelflugzeugs anhebt –, um dann möglichst bald **im Kern des Schlauches zu kreisen.** Wie sich die thermischen Aufwinde zwar **grundsätzlich ähneln** und **trotzdem äußerst verschieden** sein können, so gibt es auch die **unterschiedlichsten Theorien zum Auffinden, Zentrieren und Ausfliegen des besten Steigens.** Sie zu erläutern würde den Rahmen des Themas Flugwetterkunde sprengen.

Äußerst wichtig sind für den Segelflieger die **orographischen,** also die von der **Bodenstruktur abhängigen Aufwinde.** Am häufigsten kommt der **Hangwind** vor. Bläst Wind mit ausreichender Stärke steil genug gegen einen **gestreckten Bergzug,** so wird die Luft gezwungen, über diesen hinwegzuströmen.

Es bildet sich vor und über dem Hang ein – je nach Windrichtung, -stärke und -profil wie auch nach Hanghöhe und -form unterschiedliches – **Aufwindband,** in dem ein Segelflugzeug Höhe gewinnen und halten kann. Der Segelflieger muss dabei stark **gegen den Wind vorhalten** – einen Luvwinkel fliegen –, um nicht hinter den Hang in das verwirbelte und damit gefährliche Lee versetzt zu werden. Es gibt ausgesprochene „Hangflugparadiese". In Norddeutschland das Wiehengebirge, den Ith und den Teutoburger Wald. In Süddeutschland die Schwäbische Alb, die Bergstraße, den Schwarzwald und andere. Auf Überlandflügen bieten Aufwindhänge manchmal die letzte Möglichkeit, den Flug nicht abbrechen zu müssen.

Eine sehr große Rolle für Höhen- und Langstreckensegelflüge spielen die **Wellenaufwinde.** Strömt ein ausreichend starker Wind etwa senkrecht gegen einen langgestreckten Bergrücken, dann bilden sich hinter diesem **die stehenden Wellen** (siehe auch Bild 3.63). Diese können bei geeigneten Geländen bis über die Tropopause hinausreichen und wurden in den Rocky Mountains, USA, auch schon bis 14 000 m Höhe ausgeflogen. Aber der Segelflieger sollte Vorsicht walten lassen, solche Höhen können nur mit Druckanzug oder Druckkabine aufgesucht werden. Der Streckensegelflug ist durch die konsequente Nutzung von Wellenaufwinden in eine neue Dimension vorgestoßen. In den 1990er Jahren wurden in den Wellensystemen Neuseelands zum ersten Mal mehr als 2 000 km zurückgelegt. Entlang der Anden in Südamerika sind inzwischen sogar Segelflüge über eine Strecke von 3 000 km gelungen.

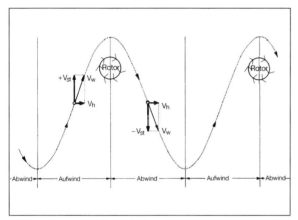

Bild 3.73 Auf- und Abwindzonen der Leewellen

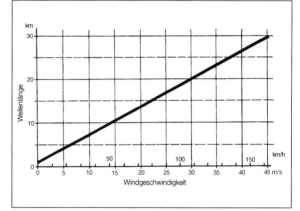

Bild 3.74 Natürliche Wellenlänge und Windgeschwindigkeit

In der **ortsfesten Welle bewegt sich die Luft mit hoher Geschwindigkeit horizontal und zugleich vertikal.** Um im Aufwind zu bleiben, muss der Segelflieger mit der Geschwindigkeit des anströmenden Windes gegen diesen anfliegen; bei geringeren Windgeschwindigkeiten mit einem entsprechenden Luvwinkel, bei Windgeschwindigkeiten, die höher als die Minimalgeschwindigkeit des Segelflugzeugs sind, direkt gegen den Wind. Ist er langsamer als die Strömung, wird er nach hinten aus der Welle „herausfallen" und in den Bereich von meistens äußerst kräftigen Abwinden geraten. Unter dem oberen Teil der Wellenschwingungen bilden sich **kräftige Rotoren – das sind horizontale Walzen und Wirbel –,** die sich durch außerordentliche **Turbulenz** auszeichnen, aber vom Segelflieger auch zum Einstieg in den Wellenaufwind genutzt werden können.

Im Normalfall stehen **mehrere Wellen hintereinander:** die Primärwelle, Sekundärwelle usw. Die **natürliche Wellenlänge** schwingender Luftströme hängt von der Windgeschwindigkeit und von der Stabilität der Luftschichtung ab (Bild 3.74). Die **erzwungene Wellenlänge** beruht dagegen auf der Breite des überströmten Hindernisses in Windrichtung. **Nach der Faustregel entspricht sie der doppelten Hindernisbreite.**

Damit ausfliegbare Wellen entstehen können, die Schwingungshöhe (Amplitude) also für einen Höhengewinn ausreicht, ist es notwendig, dass die **natürliche Wellenlänge und die erzwungene Wellenlänge möglichst gleich lang und in Resonanz miteinander** sind (Bild 3.76). Mit der **Größe der Amplitude** wächst auch die **Stärke des Aufwindes. Wenn parallel hinter dem wellenerzeugenden Hauptkamm** – in dessen Lee also – in der Entfernung eines **ganzen Vielfachen der natürlichen Wellenlänge** (einmal, zweimal, dreimal usw. der Wellenlänge) **ein weiterer Höhenzug folgt, schaukelt sich die Luftschwingung hinter diesem auf.** Beträgt der Abstand kein Ganzes, sondern nur Bruchteile des Vielfachen der Wellenlänge, dann stört der zweite Hang nur und steht einer Wellenbildung entgegen.

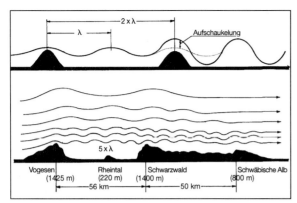

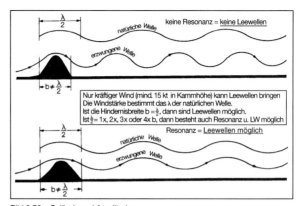

Bild 3.75   Wellenlänge und Hindernisbreite   Bild 3.76   Gelände und Amplitude

Zusammenfassend hier die Bedingungen für die Leewellenbildung:

1. Orographische Bedingungen

a) Das Hindernis muss quer (90°± 30°) zur Windrichtung liegen und möglichst lang sein.

b) Der Bergkamm (besonders bei niedrigen Bergzügen) soll möglichst glatt sein, damit die Strömung weitgehend gleichförmig bleibt.

c) Die Leeseite des Hindernisses soll möglichst steil sein, damit sich wellenunterstützende Rotoren bilden können.

d) Auf der Leeseite des auslösenden Hauptkammes sollte ein möglichst breites Tal liegen, dem im Abstand eines ganzen Vielfachen der natürlichen Wellenlänge ein zweiter Bergrücken folgt.

e) Die Breite des Hindernisses in Windrichtung sollte etwa die Hälfte der natürlichen Wellenlänge betragen.

2. Windbedingungen

a) Die Windgeschwindigkeit muss in Kammhöhe mindestens 15 kt = 28 km/h betragen.

b) Die Windrichtung soll bis zur Obergrenze der stabilen Schichtung möglichst gleich bleiben.

c) Die Windgeschwindigkeit soll mit der Höhe zunehmen.

3. Thermische Bedingungen

a) Die Luftschichtung in Kammhöhe muss stabil sein.

b) Die mittlere Luftschicht (Wellenschicht) muss leicht stabil sein.

c) Die obere Luftschicht soll bis zur Tropopause leicht abnehmbare Stabilität aufweisen.

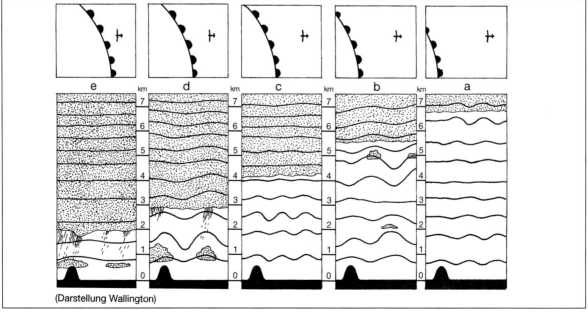

Bild 3.77   Leewellen bei Annäherung einer Warmfront

Die Art der Wellenströmung in den Stadien während der Annäherung einer Warmfront zeigt Bild 3.77 im zeitlichen Ablauf von rechts nach links (a bis e) nach Professor Wallington. Zwar ist in der Praxis nicht genau vorherzusagen, wie, wann und wo die besten Bedingungen für Wellensegelflüge auftreten, man darf aber davon ausgehen, dass etwa 6 bis 12 Stunden vor Eintreffen der Front ausfliegbare Wellen vorhanden sind.

3.4.1.2 Synoptisch günstige Wetterlagen

a) **Warmsektoren:** Die Geschwindigkeit frischer West- bis Südwestwinde nimmt bei gleich bleibender Richtung mit der Höhe zu. Die unteren Luftschichten sind durch Bodenreibung durchmischt. Bis 1 800 m herrscht meist geringe Stabilität, die erst darüber wieder deutlich zunimmt. Die Wellen sind selten auszunutzen, da die Bergkuppen oft vom Nebel verhüllt sind. Bei geringerer Feuchte herrschen insbesondere in den Mittelgebirgen gute Wellenflugbedingungen.

b) **Hochdruckgebiete:** Durch Absinkbewegungen herrscht zwischen 1 200 und 3 000 m eine stabile Temperaturschichtung, die Wellenbildungen begünstigt. Im Zentrum der Hochdruckgebiete sind die Winde oft zu schwach. Leewellen, die Windgeschwindigkeiten von mindestens 25 km/h benötigen, entwickeln sich deshalb meist am Rande.

c) **Vor Warmfronten** herrschen oft Verhältnisse, die für eine Wellenbildung günstig sind. Die Art der Entwicklung ist in Bild 3.77 dargestellt.

3.4.2 Das jahreszeitliche Segelflugwetter

Jede Jahreszeit hat ihre **charakteristischen Luftmassen,** die ihre **typischen Segelflugwetterlagen** bieten. Europa liegt zwischen dem **maritimen Klima des Atlantiks im Westen** und dem **kontinentalen Klima der großen asiatischen Landmasse im Osten.** Im Sommer ist das Meer dem Land gegenüber relativ kühl, im Winter relativ warm.

Entsprechend verlagert sich die Entstehung der Hoch- und Tiefdruckgebiete mit den Jahreszeiten (siehe Bild 3.78). Der großräumige Luftaustausch in der Atmosphäre zwischen Tropen und Polarregion ist wegen der geringen Bodenreibung besonders lebhaft über dem Ozean und überlagert dabei den örtlichen, thermischen Einfluss.

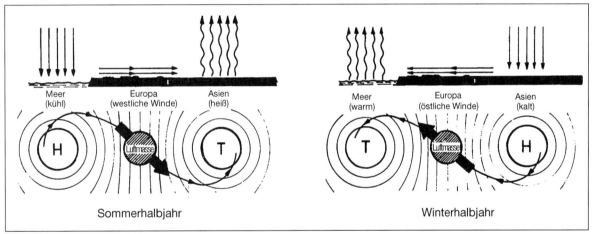

Bild 3.78   Die europäische Druckverteilung

3.4.2.1 Die Kreiswanderung der Hochdruckgebiete

In **Hochdruckgebieten** herrscht grundsätzlich **besseres Segelflugwetter** als in Tiefdruckgebieten. Deshalb werden sie hier bei der Betrachtung der typischen jahreszeitlichen Segelflugwetterlagen in den Vordergrund gestellt.

Schematisch und rein statistisch betrachtet bewegen sich die **Hochdruckgebiete** wegen der thermischen und dynamischen Einflüsse im Jahreslauf **kreisförmig um Europa herum** (Bild 3.79).

Winter: Hoher Luftdruck über Russland. Die Jahreszeit hat für den Segelflug wenig Bedeutung.

Frühling: Die Erwärmung beginnt im Süden, der Schwerpunkt der Hochdruckgebiete verlagert sich nach Nordost.

Spätfrühling (April): Das Festland wird allmählich wärmer als das Meer, und das Zentrum der Hochdruckgebiete wandert nach Skandinavien.

Frühsommer (Mai): Der hohe Luftdruck bewegt sich zum sommerlichen Kältezentrum Europas im Nordatlantik.

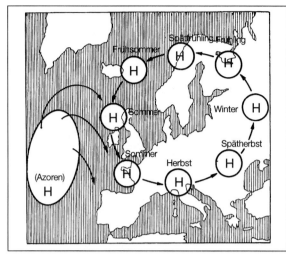

Sommer: War bisher der halbkreisförmige Weg des Hochdruckzentrums rein thermisch bedingt, wird nun durch den Einfluss der großräumigen Zirkulation eine Wanderung nach Süden erzwungen. Keile des ständigen Azorenhochs lenken das Hoch nach Westeuropa. Das kontinentale Europa hat zu dieser Zeit als Wärmezentrum den tieferen Luftdruck.

Herbst: Das Festland wird wieder kälter als das Meer, das Hochdruckzentrum zieht nach Süd- und Mitteleuropa.

Spätherbst: Das Kältezentrum im Osten verstärkt sich, der Hochdruck-Schwerpunkt wandert wieder nach Zentralrussland.

Der Jahreskreislauf der Hochdruckgebiete um Europa herum ist damit abgeschlossen. Da aber die vorherrschende Lage der Hoch- und Tiefdruckgebiete im Laufe des Jahres wechselt, ändert sich auch die **Hauptwindrichtung von Süd über Ost, Nord und West wieder nach Süd.**

Bild 3.79   Kreiswanderung der Hochdruckgebiete

3.4.2.2   Die Süd- und Südwestlage im Winter

Typisch für den Winter sind das kontinentale Hoch über Russland und das weit ausgedehnte Tief über Westeuropa. Bei trockener Witterung und übernormaler Temperatur herrschen Südwinde vor. Alle **Gebirgszüge mit west-östlicher Ausdehnung haben auf der Nordseite Föhn. Bei ausreichender Windgeschwindigkeit bilden sich Leewellen bis in große Höhen aus.** Nach der Statistik sind solche oder ähnliche Wetterlagen häufig in den Zeiträumen:

9. bis 13. November, 6. bis 14. Dezember, 27. bis 29. Dezember

zu finden. Wenig oder gar nicht treten sie auf in den Zeiträumen:

1. bis 14. Februar, 15. bis 30. April, 1. Mai bis 30. September, 10. bis 20. Oktober.

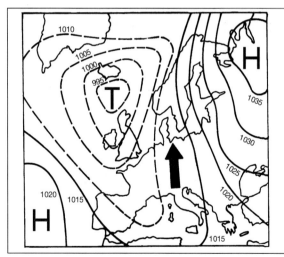

Bild 3.80   Südlage im Winter

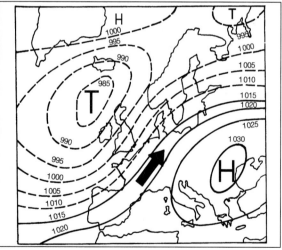

Bild 3.81   Südwestlage im Winter

Warme, maritime Tropikluft kann das Kältehoch über Russland zum Schwarzen Meer hin abdrängen und ein kräftiges Tief nördlich der Britischen Inseln ausbilden (Bild 3.81). Bei dieser **Südwestlage** sind **Wellenflüge lokal in den Alpen, besonders aber im Lee der Mittelgebirge – Harz, Deister, Wiehengebirge, Süntel, Teutoburger und Thüringer Wald, Lausitzer und Isergebirge – möglich. Der Wind muss in Kammhöhe mit mindestens 50 km/h** wehen, damit sich Wellen bilden können.

3.4.2.3   Die Ostlage im Frühling

Das Hoch im Norden verursacht den Ostwind (Bild 3.82). Bis 2 000 m Höhe herrscht **gute Thermik**. Bei **Windgeschwindigkeiten bis 50 km/h** und häufigen **Wolkenstraßen** werden **Streckensegelflüge in westliche Richtungen** begünstigt.

Eine Reihe von Streckenrekorden und 1 000-km-Flügen sind dieser Wetterlage zu verdanken. Nach der Statistik tritt sie am häufigsten in der Zeit vom **6. bis 21. Mai** auf, später ist sie kaum noch zu beobachten.

Bei **Verlagerung des Südeuropäischen Tiefs** über das Tyrrhenische Meer kann es in den **Zentralalpen** bei frischen süd- bis südöstlichen Winden zu **Wellenflugmöglichkeiten** kommen.

Für solche Flüge bieten sich an: Innsbruck, Hohe Tauern, Untersberg auf deutscher Seite bei Bad Reichenhall, Karwendel, Wettersteinwand und Zugspitzmassiv. Am häufigsten tritt eine solche Wetterlage zwischen dem 20. und 28. Februar auf.

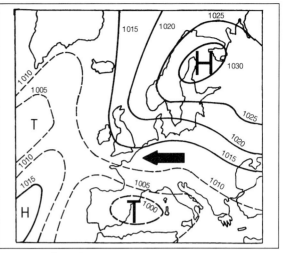

Bild 3.82   Die Ostlage im Frühling

3.4.2.4   Die Segelflugwetterlagen im Sommer

3.4.2.4.a Das Zentrale Sommerhoch

Das Sommerhoch liegt zentral über Mitteleuropa und ist charakterisiert durch **Einstrahlung mit wolkenlosem Himmel oder abgeflachten Schönwettercumuli. Die Winde sind schwach und umlaufend** (Bild 3.83).

Die labile (trockenadiabatische) Schichtung ist durch eine **Absinkinversion** begrenzt, die in wenigen Tagen aus 2 000 m auf 1 200 bis 1 000 m sinkt. Die **Luft trocknet dabei zunehmend ab, zunächst noch flache Cumuli, die an der Inversion verschwinden, die Thermik wird blau, die Sicht verschlechtert sich.**

Gute Bedingungen sind nur am ersten, eventuell auch noch am zweiten Tag anzutreffen. Bei Dreieckflügen können an diesen Tagen hohe Schnittgeschwindigkeiten erzielt werden.

Im Bergland sind die thermischen Verhältnisse wegen der dort früher einsetzenden Konvektion günstiger als in den Ebenen.

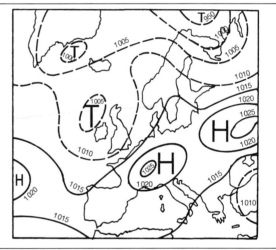

Bild 3.83   Das Zentrale Sommerhoch

3.4.2.4.b Die Nordostlage

Ein Hoch zwischen den Britischen Inseln und Island mit Keil nach Skandinavien beschert nordöstliche Winde und **oft vorzügliche Thermik,** die – nördlich der deutschen Mittelgebirge und an Paris vorbei – **weite Streckenflüge bis an die Atlantikküste** südlich von Bordeaux erlauben. Diese Wetterlage tritt am häufigsten in der ersten und in der letzten Juniwoche auf (Bild 3.84).

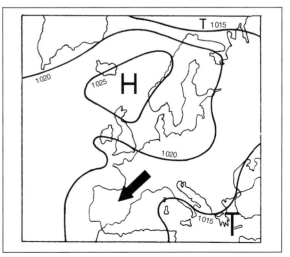

Bild 3.84   Die Nordostlage im Sommer

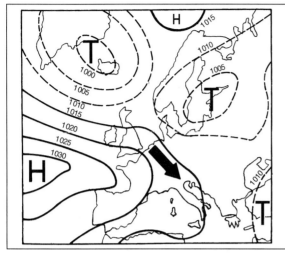

Bild 3.85   Die Nordwestlage im Sommer

3.4.2.4.c Die Nordwestlage

Ein Hoch über dem Atlantik westlich der Iberischen Halbinsel gemeinsam mit den von Nordwest (Island) nach Südost (Kleinasien) wandernden Tiefs sorgt für **anhaltende Zufuhr maritimer Luftmassen** mit häufigen Niederschlägen nach Mitteleuropa. Diese **Luftdruckverteilung kann sehr hartnäckig** sein und ist Ursache unserer so häufig verregneten Sommer (Bild 3.85).

Ist eine **Tiefdruckstörung von der Nordsee nach Osten durchgezogen,** bringt die **Rückseite** den Gebieten **südlich der Mittelgebirge gutes Segelflugwetter** mit frischen Winden aus Nordwest. Die Wetterlage tritt häufig Mitte Juli und Mitte August auf.

Nördlich der Mittelgebirge ist die Luftmasse sehr **feucht,** der **Bedeckungsgrad ist größer als 5/8** mit **Stau vor den Bergländern** und die **Basis selten höher als 1 200 m.** Größere Dreieckflüge sind kaum möglich.

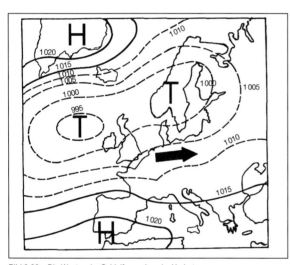

Bild 3.86   Die West- oder Schleifzonenlage im Herbst

3.4.2.4.d Die Segelflugwetterlage im Herbst: West- oder Schleifzonenlagen

Eine Verlagerung des Hochs nach Mitteleuropa und nach Norden abgedrängte Tiefs bescheren den **Altweibersommer, der dem Segelflug nicht viel bringt,** weil die nachts stark abgekühlte Bodenluft von der Sonne nur schwer aufgeheizt werden kann (Bild 3.86).

Mit dem Schwinden des Altweibersommers dringen die Tiefs nach Süden vor. Eine **Westlage entwickelt sich, in der die Isobaren fast geradlinig von West nach Ost verlaufen.** Die Ausläufer der Tiefs, die polare Luft im Norden von Subtropikluft im Süden trennen, schleifen nahezu breitenkreisparallel über Deutschland hinweg. Man spricht von der **Schleifzonenlage.**

Nördlich der Luftmassengrenze herrscht starke Bewölkung mit gelegentlichem Regen und im Süden kommt es zu Aufheiterungen. **Föhn entsteht an allen nord-süd verlaufenden Gebirgszügen.** Die dabei sich bildenden Wellen sind segelfliegerisch nutzbar.

3.4.3   Die thermodynamischen Diagramme

Diagrammvordrucke helfen, in der Praxis rasch Labilität und Stabilität der Luftschichtungen erkennen zu können. Grundsätzlich sind sie für den Gebrauch durch die Fachmeteorologen gedacht, dem Segelflieger kann aber die Fähigkeit, sie zu nutzen, nur dienlich sein.

3.4.3.1   Die Druckhöhe

In den thermodynamischen Diagrammen wird als waagerechte Achse (Abszisse) die Temperatur in °C und als senkrechte Achse (Ordinate) der Luftdruck in hPa aufgetragen. Für das untere Drittel der Troposphäre entsprechen 100 hPa ziemlich genau 1 000 m. Damit bezeichnen 1 000 hPa in etwa das Meeresspiegelniveau, 700 hPa (1 000 minus 300 hPa) rund 3 000 m. Da der Maßstab für hPa nicht linear ist, wird der Abstand zwischen den Druckflächen bei gleich bleibender Druckdifferenz immer größer (Bild 3.87 bis 3.89).

3.4.3.2   Spezifische Feuchte

Für einige meteorologische Zwecke ist es dienlicher, anstelle des Luftdrucks (in hPa) die spezifische Feuchte (siehe Abschnitt 3.1.4 „Der Wasserhaushalt der Atmosphäre") anzugeben – also wie viel Gewichtsteile Wasser in einem kg Luft enthalten sind. Die maximale spezifische Feuchte hängt einmal von der Temperatur ab, denn je wärmer die Luft, desto mehr Gramm Wasserdampf kann sie pro kg enthalten, und zum anderen vom Druck, denn bei gleich bleibender Temperatur nimmt die maximale spezifische Feuchte zu wenn der Luftdruck abnimmt. Folglich sind gleiche spezifische Feuchten im Diagramm durch geneigte, nach links oben ansteigende, fast gerade Linien dargestellt.

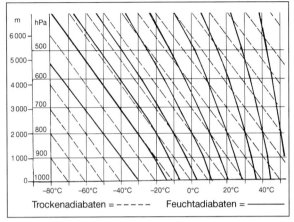

Bild 3.87   Adiabaten mit hPa-Höhen

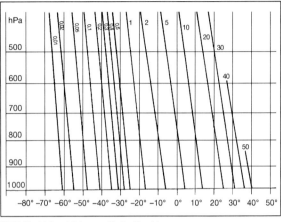

Bild 3.88   Linien gleicher spezifischer Feuchte

3.4.3.3   Die Linienscharen

In allen thermodynamischen Diagrammen sind die folgenden Linienscharen vorgedruckt: **Isothermen** (Temperatur °C); **Isobaren** (Druck hPa); **Trocken- und Feuchtadiabaten** (Bild 3.87); **spezifische Feuchte in g/kg** (Bild 3.88). Vom Deutschen Wetterdienst **(DWD)** wird das **Stüve-Diagramm** verwendet; der Diagramm-Vordruck enthält folgende Linien:

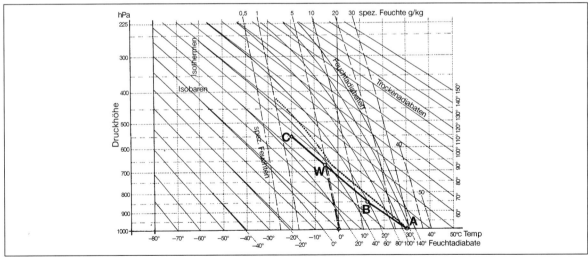

Bild 3.89   Das Stüve-Diagramm

- **Isobaren:** horizontale, gerade Linien (hPa);

- **Isothermen:** vertikale, gerade Linien;

- **Trockenadiabaten:** gerade Linien von rechts unten nach links oben;

- **Feuchtadiabaten:** schwach gekrümmte Linien von rechts unten nach links oben. Sie nähern sich den Trockenadiabaten, erreichen sie aber nicht. Die Ausgangstemperaturen sind in Bild 3.89 unten und rechts eingetragen.

- **Spezifische Feuchten:** steil von rechts unten nach Mitte oben verlaufende, nahezu gerade Linien. Die zugehörigen Werte sind am oberen Bildrand eingetragen.

Im thermodynamischen Diagrammpapier des DWD ist noch eine weitere Kurvenschar in einem besonderen Diagramm gezeichnet (Bild 3.90). Es zeigt die Beziehung zwischen der relativen Feuchte f, der Temperatur °C und der Taupunktdifferenz °C.

Am rechten Rand dieses Diagramms befindet sich die Skala für die **relative Feuchte (%)**, am oberen Rand die der **Taupunktdifferenz in °C**, die zur jeweiligen Temperatur gehört. Der aus diesem Diagramm ermittelte Wert für die **Taupunktdifferenz** wird im **Hauptdiagramm** neben der entsprechenden Temperatur in der richtigen **hPa-Höhe** eingetragen.

In den Vordruck (Bild 3.89) ist die **Zustandskurve der Atmosphäre (Temp)** einfach einzuzeichnen, wenn man die **Meldungen** einer aufsteigenden **Radiosonde** in das Diagramm **überträgt**.

Beispiel (Bild 3.89):
Am Boden: 1 000 hPa, 30 °C, Taupunkt 0 °C, Punkt A im Diagramm;
In der Höhe: 800 hPa, 13 °C, Punkt B im Diagramm; 550 hPa, –20 °C, Punkt C im Diagramm.

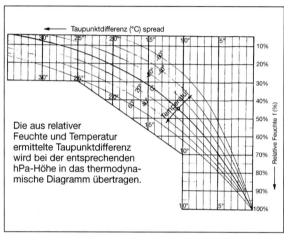

Die aus relativer Feuchte und Temperatur ermittelte Taupunktdifferenz wird bei der entsprechenden hPa-Höhe in das thermodynamische Diagramm übertragen.

Bild 3.90   Feuchte, Temperatur und Taupunktdifferenz

Das Liniensystem für die **spezifische Feuchte ergibt für den 0-°C-Taupunkt** am Boden fast genau den Wert von **5 g/kg**. Im **Schnittpunkt dieser Linie mit der Zustandskurve A–B–C** erhalten wir den **Punkt W** in der Höhe von 660 hPa (3 400 m). **Dort findet die Kondensation statt** und dort liegt die Wolkenuntergrenze für die von A aus aufsteigende Luft. **Von W aus steigt die Luft feuchtadiabatisch weiter** (punktierte Linie), also parallel zu den leicht gekrümmten Feuchtadiabaten. Die punktierte **Aufstiegskurve ist steiler als die Zustandskurve A–B–C**. Damit bleibt die **aufsteigende Luft wärmer** als ihre Umgebungsluft und hat **zunächst weiteren Auftrieb.**

Andere thermodynamische Diagramme sind das in Großbritannien entwickelte und verwendete Te-Phi-Diagramm, das T-, log p-Diagramm, das bei der Bundeswehr Anwendung findet und das Skew T-, log p-Diagramm der US Air Force. Im Grundsatz beruhen aber alle diese Diagramme auf dem gleichen Prinzip.

3.4.3.4   Die Inversion (Sperrschicht)

Ein Warmluftpaket steigt auf, so lange seine Temperatur höher ist als die der umgebenden Atmosphäre. Bei **feuchtlabilem Gradienten** (Zustandskurve) ist die **aufsteigende Luft stets wärmer** als ihre Umgebung. Der Auftrieb wird immer größer. Beim **Übersteigen des KKN** (Konvektions-Kondensations-Niveau) **bildet sich eine Wolke,** die beständig höher quillt. Die Quellung hört erst dann auf, wenn:

a) nicht genügend Luftfeuchtigkeit zur Verfügung steht,
b) der Temperaturgradient in größerer Höhe wieder feuchtstabil wird,
c) eine In**version** vorhanden ist, das heißt, die Temperatur der Umgebungsluft mit der Höhe zunimmt;

b) und c) bedeuten, dass die Adiabate den Gradienten schneidet und links von ihm weiter verläuft.

Im Normalfall bringt eine **Inversion aufsteigende Warmluft zum Stillstand,** weil sich die Temperaturunterschiede aufheben.

War aber die **Luftschicht unter der Inversion sehr labil** und konnte die Warmluft dadurch **sehr viel kinetische Energie** aufnehmen, dann kann es zu einem **Durchstoßen der Sperrschicht** kommen. Ist die darüber liegende Luft wieder labil, baut sich die Wolke weiter auf.

Im Beispiel (Bild 3.92) steigt Luft mit einer Ausgangstemperatur (Auslösetemperatur A) von 15 °C **trockenadiabatisch** auf (Gradient liegt links von der Adiabate). Die Bodentemperatur ist 3 °C geringer als A. Die **Hebungsenergie** des aufsteigenden Luftpaketes entspricht der **schraffierten Fläche**. In der **Inversion verringert sich diese Energie** auf die Strecke a–b. In der **zweiten Inversion** reicht die Energie nur noch bis zum Punkt C, wo das **Aufsteigen beendet** wird.

Die gesamte **schraffierte Fläche** zwischen dem **Gradienten** und der rechts davon liegenden **Trockenadiabate** entspricht der für den Aufstieg sorgenden Energie aus der Labilität der Atmosphäre, der **Labilitätsenergie**.

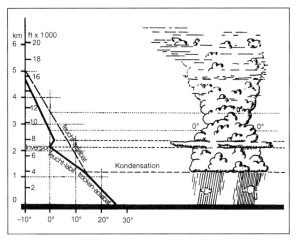

Bild 3.91   Quellbewölkung in feuchtlabiler Atmosphäre (Schema)

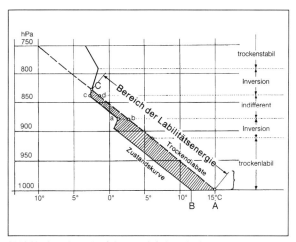

Bild 3.92   Inversion und Aufstiegsenergie (schematisch)

3.4.4   Die Wolken

3.4.4.1   Entstehung der Wolken

Zur Wolkenbildung sind Voraussetzung:

1. Sättigung der Luft durch Überfeuchtung oder Abkühlung,
2. Vorhandensein von Kondensationskernen.

Der Wassergehalt der Luft ist als Wasserdampf unsichtbar. Bei der Kondensation verwandelt sich das Gas „Wasserdampf" in Tröpfchen oder Eisteilchen, die sichtbar sind.

Wolkenbildung ist an aufsteigende Luft gebunden, die **adiabatisch abkühlt,** den Taupunkt erreicht und dort **kondensiert.** Der bis dahin unsichtbare Wassergehalt wird sichtbar. **Übersättigung** entsteht auch, wenn Feuchte aus **nassen Bodenflächen** in darüber liegende **Kaltluft hinein verdampft** und dort sofort **kondensiert** (Waschkücheneffekt).

Weitere Voraussetzung für die **Verflüssigung des Wasserdampfes** sind **Kondensationskerne:** kleinste Partikel mit einem Durchmesser von weniger als einem Tausendstel Millimeter. **An ihnen sammeln sich Wasserdampfmoleküle** und bilden Tröpfchen von 5 tausendstel bis 5 hundertstel Millimeter. Aufwinde von wenigen cm pro Sekunde halten diese schon in der Schwebe.

Unter null Grad gefrieren die Tröpfchen nicht immer sofort. Die Wolke „unterkühlt" und stellt so eine **gefährliche Vereisungsart für Luftfahrzeuge** dar. Schreitet die Unterkühlung weiter fort, bilden sich Eiskristalle.

Wasserwolken haben scharfe, Eiswolken haben zerfaserte Ränder!

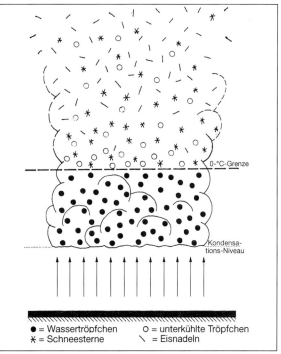

Bild 3.93   Wolken zu beiden Seiten der 0-°C-Grenze

3.4.4.2   Aufsteigende Luftmassen

Es gibt drei verschiedene Möglichkeiten für das Aufsteigen von Luftmassen in der Atmosphäre:

a) Die erzwungene Hebung an Bodenhindernissen.
b) Die Wirkung von Fronten und großräumiger Hebungsvorgänge.
c) Die thermische Hebung.

3.4.4.2.a Die erzwungene Hebung durch Bodenhindernisse

Auf der **Luvseite** von Bodenerhebungen **wird heranströmende Luft zum Aufsteigen** gezwungen. Ist sie **feucht** genug, **bilden sich bei der Hebung Wolken.** Handelt es sich um sehr feuchte Luft, setzt die Kondensation schon früh ein, das **Hebungs-Kondensations-Niveau (HKN)** liegt unterhalb der Berggipfel und hüllt unter Umständen die ganze Erhebung in Wolken.

Auf der **Leeseite** können sich **stehende Wellen** mit Auf- und Abwinden bilden (Bild 3.94). Dort entstehen – jedoch nur bei **ausreichender Feuchte – die linsenförmigen Wellenwolken (Lenticularis),** die nicht mit dem Luftstrom wandern, sondern als Durchströmungswolken auf der Stelle stehen. **Unter ihnen – zur Luvseite hin –** findet der Segelflieger den **Wellenaufwind.**

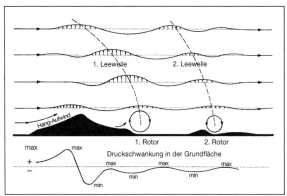

Unterhalb der Wellen treten die so genannten **Rotoren** auf, die oft von **zerrissenen, cumulusartigen und häufig ortsfesten Wolken** gekennzeichnet sind. Die Rotoren ziehen sich als **Walzen im Lee der Gebirgszüge parallel** zu diesen hin. Ihre ungewöhnliche **Turbulenz** kann Segelfliegern – ganz besonders im Flugzeugschlepp – **gefährlich** werden; das **Steigen an ihrer Luvseite ist jedoch außerordentlich kräftig.** Die **Abwinde auf ihrer Leeseite** können so stark sein, dass sie – liegen sie vor einem Luvhang – den dortigen Hangwind zerstören. Am Boden weht meist ein heftiger, böiger Wind, nicht selten entgegengesetzt zur Höhenströmung.

Bild 3.94   Bildung von Leewellen und Rotoren

3.4.4.2.b Die Wirkung von Fronten und großräumiger Hebungsvorgänge

Die Hebungsvorgänge an Fronten sind in Abschnitt 3.3.3 „Die Wetterabläufe" ausführlich dargestellt. **Grundsätzlich gleitet Warmluft auf Kaltluft auf (Warmfront),** wenn sie gegen diese anströmt, und kühlt sich beim Aufsteigen ab. Die **Feuchte in ihr kondensiert,** es kommt zu **Wolkenbildungen** und **Niederschlägen.** Dringt dagegen **Kaltluft gegen Warmluft** vor **(Kaltfront),** dann schiebt sie sich keilförmig **unter die leichtere Warmluft** und zum anderen – besonders im Sommerhalbjahr – dringt sie **in der Höhe schneller** vor als am Boden und labilisiert damit die Luftmasse im Frontbereich. Hochreichende Cumulonimben mit Gewitter sind die Folge. Großräumige Hebungsvorgänge treten auch im frontfreien Raum von Tiefdruckgebieten, in Kaltlufttropfen und auf der Vorderseite von Höhentrögen auf, wo sie für Wolkenbildung und gegebenenfalls für Labilisierung und Niederschläge sorgen.

3.4.4.2.c Die thermische Hebung

Dieses Thema wurde bereits in Abschnitt 3.4.1.1 „Der Wind in Bodennähe" ausführlich behandelt. Kühlt sich thermisch angehobene Luft soweit ab, dass der **Taupunkt erreicht** wird, bilden sich **Cumuluswolken.**

3.4.4.3   Die für den Segelflug nutzbaren Wolkenarten und ihre Entstehung

Eine sorgfältige Beobachtung der Wolken kann dem Segelflieger wertvolle Hinweise für deren Nutzungsmöglichkeiten geben!

Die Wolken sind in Bild 3.98 „Zusammenstellung der Wolkengruppen" skizzenhaft dargestellt.

Flache Cumuluswölkchen (Cumulus humilis) treten auf, wenn der Gradient direkt oberhalb des Kondensationsniveaus feuchtstabil wird. Die Wolke hat scharfe Konturen, das **Steigen ist gering bis mäßig.**

Cumulus congestus: Durch frei werdende Kondensationswärme entsteht bei feuchtlabilem Gradienten weiterer Auftrieb für die aufsteigende Warmluft. Die Wolke saugt zusätzliche Luft an, der **Aufwind unter ihr verstärkt sich (Wolkenthermik).**

Cumulus fractus (auch Bild 3.95): Cumuluswolken, die sich unmittelbar nach Einsetzen der Kondensation aus Mangel an Feuchtenachschub oder Trockenluftzufuhr von der Seite wieder auflösen. Sie entstehen und verschwinden sehr schnell und sind **für den Segelflieger nicht ergiebig.**

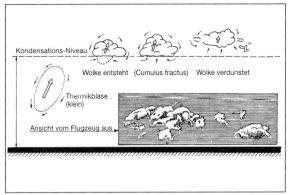

Bild 3.95　Beginnende Cu-Bildung und Auflösung

Stratocumulus-Wolken: Ist die Luft im Bereich der Inversion sehr feucht (Spread nur 1° bis 2 °C), dann breiten sich die Wolken an der Inversionsschicht aus und bilden eine **Stratocumulusdecke,** die die Sonneneinstrahlung abschirmt.

Dadurch wird die **Thermik vermindert,** der Nachschub an warmer Luft vom Boden lässt nach, und die Decke löst sich auf (wird löchrig), weil die Sonne sie von oben wegheizt. Da die Sonnenstrahlen jetzt wieder den Erdboden erreichen, setzt die Thermik wieder ein, und das Spiel beginnt von Neuem. Bei Nachlassen der Einstrahlung verschwindet die Stratusdecke allmählich ganz.

Die **Thermik ist unterschiedlich,** am besten jedoch über sonnenbestrahlten Bodenflächen und unter dunklen Stellen an der Wolkenbasis.

Altocumulus Lenticularis (linsenförmige Wellenwolken, Bild 3.96):
Wie schon im Bild 3.75 dargestellt, können im **Lee von Bergrücken stehende Wellen** auftreten. Wird bei der Hebung innerhalb der Wellenströmung das Kondensationsniveau erreicht, entstehen linsenförmige Wolken (sog. Föhnfische). Sie sind nahezu ortsfest, da sie sich an der **Windeintrittseite ständig neu** bilden, an der **Austrittseite dagegen auflösen.** Bei Lenticulariswolken ist immer eine Welle vorhanden. Von ihrem Aussehen ist nicht unbedingt auf die Stärke des Steigens zu schließen.

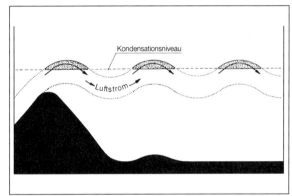

Bild 3.96　Bildung von Lenticulariswolken

Cumulonimbus (Gewitterwolke): Wird das Wachstum einer Cumulus congestus nicht gebremst, quillt sie bis in große Höhen. Durch **Vereisung, heftige Niederschläge und außerordentliche Turbulenz bildet sie eine Gefahr** für den Segelflieger, obwohl die unter ihr auftretenden außerordentlichen Steigwerte auch große Vorteile bringen können.

In den Anfängen des Segelfluges boten Gewitterwolken die Chance, sich vom Hang zu lösen und unter (teils auch in) der Wolke in Höhen zu steigen, die im Hangflug nicht erreichbar waren. Über Land ziehende Gewitterfronten ermöglichten zudem erstmals weitere Streckenflüge. Mit der Entdeckung der Thermik haben die Gewitter ihre Bedeutung als Aufwindquelle für den Segelflug verloren. Ausgesprochene Gewitterflüge sind heute nicht mehr üblich, weil sie durch die Heftigkeit der Wettererscheinungen zu große Gefahren bergen. Eine ausführliche Behandlung der Gewitterwolke folgt in Abschnitt 3.4.6 „Gewitter".

3.4.4.4　Die Klassifizierung der Wolken gemäß internationaler Einteilung

Im „Internationalen Wolkenatlas" unterscheidet man:

- **Zehn Gattungen:** Zu ihnen gehören jeweils gut unterscheidbare Wolken. Eine bestimmte Wolke kann nur einer Gattung angehören.

- **Vierzehn Arten:** Jede Gattung kann in mehrere Arten unterteilt werden. Unter Art versteht man beispielsweise die Unterscheidung aufgrund der Form, wie linsenförmig, schichtförmig, flockig und ähnlich. Eine Art kann in mehreren Gattungen vorkommen, zum Beispiel Linsenwolken bei Cirrocumulus, Altocumulus und Stratocumulus usw.

- **Neun Unterarten:** Diese beziehen sich auf besondere Merkmale wie Lichtdurchlässigkeit oder Anordnung (wellenförmig, strahlenförmig).

- **Neun zusätzliche Besonderheiten** werden angegeben, wenn Gattung, Art und Unterart für die Beschreibung nicht ausreichen, z. B. Amboss, Fallstreifen, Kappe.

- **Sieben Mutterwolken** erklären die Ursprungsform, aus der die spätere Form entstanden ist. Beispiel: Stratocumulus cumulogenitus = aus einer ausgebreiteten Cumuluswolke entstanden (genitus [lat.] bedeutet geboren aus).

Die zehn Hauptgruppen (Gattungen) der Wolken, die hier näher behandelt werden sollen, sind: Cirrus, Cirrocumulus, Cirrostratus, Altocumulus, Altostratus, Nimbostratus, Stratocumulus, Stratus, Cumulus und Cumulonimbus.

3.4.4.4.a Die Stockwerkgliederung

Seltene Sonderformen (z. B. Perlmutterwolken in 20 bis 30 km Höhe) ausgenommen, kommen **Wolken grundsätzlich nur zwischen Erdoberfläche und Tropopause** vor.

Dieser Höhenbereich ist in drei Stockwerke eingeteilt, in denen jeweils bestimmte Wolkengattungen am häufigsten vorkommen. Deren Grenzen, die sich mit der geographischen Breite ändern, überschneiden sich.

Stockwerk	Polarzonen	mittlere Breiten	Tropen
oberes	von 3 bis 8 km	von 5 bis 13 km	von 6 bis 18 km
mittleres	von 2 bis 4 km	von 2 bis 7 km	von 2 bis 8 km
unteres	Boden bis 2 km	Boden bis 2 km	Boden bis 2 km

Die Höhenlage einer Wolke kann zwar helfen, sie in die richtige Gattung einzuordnen, richtiger ist es aber, sie nach ihrem Aussehen zu bezeichnen. Die folgende Übersicht gibt die Verteilung der Wolken auf die einzelnen Stockwerke wieder:

Stockwerk	Wolke	Abkürzung	Niederschläge
oberes	Cirrus	Ci	keine
	Cirrocumulus	Cc	geringe, nicht bis zum Boden
	Cirrostratus	Cs	geringe, nicht bis zum Boden
mittleres	Altocumulus Altostratus	Ac	geringe möglich
		As	anhaltend leichte
unteres	Stratocumulus	Sc	geringe möglich
	Stratus	St	geringe
	Cumulus	Cu	keine
Die Wolkengattungen Nimbostratus (Ns = Regenschichtwolke) und Cumulonimbus (Cb = Gewitter- oder Schauerwolke) haben ihre Untergrenze im unteren Stockwerk. Ihre Obergrenzen reichen bis ins mittlere und obere Stockwerk, manchmal bis zur Tropopause.			

3.4.4.5   Allgemeine Charakteristiken der Wolken

a) **Cirrus Ci,** lat.: „Haarlocke"
   Aussehen: Feine weiße Fäden, Flocken oder Bänder. Faserig, seidiger Schimmer.
   Bestandteile: Kleine, nicht dichte Eiskristalle, durchscheinend.
   Besonderes: Erste angestrahlte Wolken morgens, von rot zu weiß wechselnd, letzte Abendwolken.

b) **Cirrocumulus Cc,** lat.: cumulus = Haufen (landläufig: „Schäfchenwolken")
   Aussehen: Federn, Flocken oder Schichten weißer Wolken, aus kleinen Elementen zusammengesetzt. Körnig oder gerippt, oft sehr regelmäßig angeordnet.
   Bestandteile: Eiskristalle, seltener kurzlebig unterkühlte Wassertropfen.
   Besonderes: Koronaerscheinungen (farbige Kreise um Sonne und Mond). Irisierend (grün bis rosa).

c) **Cirrostratus Cs,** lat.: stratus = flach liegend, Schicht
   Aussehen: Durchscheinender, zarter weißer Wolkenschleier, oft großflächig. Faserig oder glatt.
   Bestandteile: Eiskristalle.
   Besonderes: Cs lässt so viel Sonnenlicht durch, dass auf der Erde noch Schatten entstehen, am Himmel Sonnen- und Mondhöfe (Halo). Manchmal so genannte Nebensonnen oder senkrecht stehende Lichtsäulen.

d) Altocumulus Ac, lat.: altus = hoch

Aussehen: Wolkenfelder oder -schichten, weiß, grau oder gemischt. Schuppenartige, regelmäßig angeordnete Ballen oder Walzen.

Bestandteile: Wassertröpfchen, bei Minustemperaturen auch unterkühlt.

Besonderes: Bei dünnen Schichten Koronabildung. Kann in verschiedenen Höhen gleichzeitig auftreten.

Altocumulus lenticularis – linsenförmig in Leewellen; Altocumulus flocus – kleine büschelartige Wolken, unten etwas ausgefranst; Altocumulus castellanus – Aufreihung von Türmchen als Vorboten von Gewittern (Bild 3.97).

Bild 3.97   Altocumulus castellanus

e) Altostratus As, lat.: stratus = Schicht

Aussehen: Graue bis bläuliche Schichten, streifig oder faserig, großflächig. Sonne scheint nur schwach durch (Mattscheibe).

Bestandteile: Wassertröpfchen und Eiskristalle sowie Regentropfen und Schneeflocken.

Besonderes: Ausdehnung über Hunderte von Kilometern, mehrere Kilometer dick. Leichte Niederschläge, vorher Fallstreifen.

f) Nimbostratus Ns, lat.: nimbus = Regenwolke, Nebelhülle

Aussehen: Graue, dichte Wolkenschicht, diffus, Sonne kann nicht durchdringen. Anhaltende und ergiebige Niederschläge, tiefe Wolkenfetzen, oft mit der Hauptwolke verbunden.

Bestandteile: Wassertröpfchen, oberhalb der Null-Grad-Grenze unterkühlt. Dazu Regentropfen und/oder Schneeflocken.

Besonderes: Große horizontale und vertikale Ausdehnung. Entsteht durch Verdichten und allmähliches Absinken eines Altostratus bei Aufgleitvorgängen (Warmfront).

g) Stratocumulus Sc

Aussehen: Weiß-grau mit dunklen Flecken. Wolkenfelder oder -schichten, mosaikartig geordnet.

Bestandteile: Wassertröpfchen, auch Regentropfen oder Reifgraupeln. Selten Schneekristalle.

Besonderes: Einzelwolken, verschmelzend, manchmal parallel oder in zwei Richtungen geordnet.

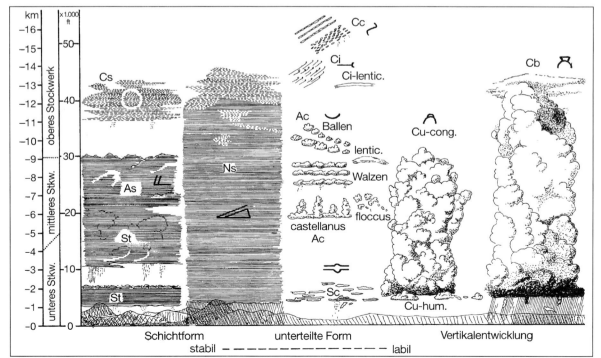

Bild 3.98   Zusammenstellung der Wolkengattungen

h) Stratus St

Aussehen: Durchgehend graue Wolke mit einförmiger, strukturloser Unterseite, aus der Sprühregen, Eisprismen oder Schneegriesel fallen. Wenn die Sonne sichtbar ist, kann sie klar erkannt werden. Kommt auch als zerrissene Schwaden vor.

Bestandteile: Wassertröpfchen, bei niedriger Temperatur auch Eiskristalle.

Besonderes: Stratus hüllt oft niedrige Erhebungen ein. Ist im Winter als Hochnebel sehr hartnäckig. Entsteht meist bei schwachem oder fehlendem Wind und bei tiefliegender Inversion.

i) Cumulus Cu

Aussehen: Isolierte, aufquellende, scharf begrenzte Wolken, die bei Sonnenlicht im oberen Teil wie schneeweißer Blumenkohl aussehen. Unterseiten flach, oft dunkel.

Bestandteile: Wassertröpfchen, oberhalb der Null-Grad-Grenze unterkühlt, Eiskristalle.

Besonderes: Cumuluswolken kommen und gehen; sie entstehen durch vom Boden aufgestiegene warme Luft, existieren eine Weile und lösen sich wieder auf, wenn der Nachschub an warmer Luft ausbleibt. Cumulus humilis – abgeflachte Schönwettercumulus; Cumulus mediocris – geringe vertikale Ausdehnung mit einzelnen emporschießenden Türmen; Cumulus congestus – mächtige Cumuluswolke mit großer vertikaler Ausdehnung, schnell wechselnde Quellungen, Vorstufe zum Cumulonimbus.

j) Cumulonimbus Cb

Aussehen: Massige und dichte Wolke mit großer vertikaler Ausdehnung in Form eines Turmes. Scharf umrissene Quellungen, im oberen Teil glatt und abgeflacht (Amboss). Die Unterseite ist tiefdunkel. Zum Teil sehr heftige Niederschläge als Regen und/oder Hagel, böige und stürmische Winde, Böenwalze, Gewitter mit Blitz und Donner.

Bestandteile: Wassertröpfchen, oberhalb der Null-Grad-Grenze oft stark unterkühlt, darüber Eiskristalle. Dazu große Regentropfen, Schneeflocken, Eis- und Hagelkörner.

Besonderes: Cb können einzeln oder in zusammenhängenden Wolkenreihen auftreten, die wie eine Mauer wirken. In ihrem Inneren herrschen starke Turbulenz, Vereisung und Gefahr von Hagel- und Blitzschlag.

Symbol	Art	Abkürzung
	Cirrus	ci
	Cirrocumulus	cc
	Cirrostratus	cs
	Altocumulus	ac
	Altrostratus	as
	Nimbostratus	ns
	Stratocumulus	sc
	Stratus	st
	Cumulus	cu
	Cumulonimbus	cb

Bild 3.99   Die Wolkensymbole

Die wichtigsten Wolkensymbole sind nebenstehend abgebildet. Der Wetterschlüssel kennt 30 Arten dieser Symbole.

Berechnung der Wolkenuntergrenze

Für Cumuluswolken, die bei ungehinderter Sonneneinstrahlung entstehen, kann die Untergrenze (Basishöhe) mit folgender **Faustformel** errechnet werden.

$$h\,(ft) = (t - t_d) \times 400; \qquad h\,(m) = (t - t_d) \times 122$$

t	= Temperatur am Boden (Aufstiegsort)
t_d	= Taupunkttemperatur
$(t - t_d)$	= Taupunktdifferenz (Spread)
h	= Höhe der Untergrenze (Basis)

Beispiel:

Temperatur am Boden (t)	=	20 °C
Taupunkt (t_d)	=	14 °C
$(t - t_d) = 20 - 14$	=	6 °C
h = 6 × 400	=	2 400 ft
h = 6 × 122	=	732 m

3.4.5   Niederschläge (Hydrometeore)

3.4.5.1   Niederschlagsformen

Alle Niederschläge sind „Hydrometeore" (griech.: hydro = Wasser betreffend, meteora = in der Luft schwebend). Hydrometeore sind Ansammlungen flüssiger oder gefrorener Wasserteilchen, die in der Atmosphäre schweben oder fallen und am Erdboden oder an Gegenständen in der Luft abgelagert werden.

Luft kann Wasser nur ausscheiden, wenn ihre Temperatur unter den Taupunkt absinkt. Dafür gibt es vier verschiedene Ursachen:

1. Adiabatische Abkühlung beim Aufsteigen;
2. Vermischung mit kälterer Luft;
3. Ausstrahlung (besonders nachts);
4. Berührung mit kalten Körpern.

Der Tau (engl.: dew): Berührt Luft Gegenstände, die kälter sind als ihr Taupunkt, **kondensiert** der **Wasserdampf an den Oberflächen** (z. B. Gräser, Autos, Biergläser, Fensterscheiben, Luftfahrzeuge usw).

Der Reif (engl.: frost): Tau wird zu Reif, wenn die **Temperatur** der berührten Gegenstände **unter dem Sublimationspunkt** der Luft liegt. Reif erscheint als Schuppen, Nadeln und/oder Federn.

Niederschläge in der freien Atmosphäre werden in **flüssiger oder in fester Form** gebildet.

Flüssige Wolkenelemente verdunsten schneller als eisförmige. In Wolken **unter 0 °C kondensiert der Wasserdampf direkt an den Eisteilchen,** die wachsen und schwerer werden, bis ihr Gewicht zu groß ist, um in der Schwebe zu bleiben. Sie fallen nach unten aus und werden gegebenenfalls (bei entsprechender Temperatur) zu großen Regentropfen.

In Wolken, die insgesamt wärmer sind als 0 °C, fallen Wassertröpfchen, die nicht mehr in der Schwebe gehalten werden, nach unten und vereinigen sich mit anderen Tröpfchen. Keinesfalls aber können sie die Größe der Tropfen erreichen, die über der Eisphase entstanden sind. Im Normalfall gehen sie als Niesel- oder Sprühregen nieder.

3.4.5.2 Niederschlagsarten

Fallstreifen (engl.: curtain) treten auf, wenn Niederschläge vor Erreichen der Erdoberfläche verdunsten.

Schauer und gleichmäßige Niederschläge (engl.: shower and persistent rain): Niederschläge treten als Schauer – setzen plötzlich ein und hören plötzlich auf (Platzregen) – oder kontinuierlich auf (Landregen). Im Schauer sind die Niederschlagsteilchen (flüssig oder fest) größer als bei kontinuierlichem Niederschlag.

Schauer fallen aus Konvektionswolken (Cumulonimbus). Der gleichförmige Niederschlag entsteht in Schichtwolken wie Altostratus und Nimbostratus.

Regen (engl.: rain) ist ein Niederschlag aus Wolken mit flüssigen Elementen und Eiskristallen. Wasserdampf sublimiert an Eisteilchen und es entstehen Eisspieße, Eissternchen und schließlich Schneeflocken. **Beim Fall durch wärmere Luftschichten (über 0 °C) schmelzen die Flocken,** und die entstandenen Regentropfen von maximal 5 mm Durchmesser prallen mit einer Geschwindigkeit von bis zu 8 m/s auf die Erde. Sand, Staub und andere feste Teilchen können von der Luft weit transportiert werden und dann mit dem Regen zu Boden fallen (wie beispielsweise der Sahara-Staub).

Sprühregen oder Nieselregen (engl.: drizzle) besteht aus Tröpfchen mit einem Durchmesser von weniger als 0,5 mm. Ihre **Fallgeschwindigkeit beträgt nur wenige cm/s,** sie machen jede Luftbewegung mit. Sprühregen fällt aus verhältnismäßig mächtigen, rund 500 m dicken Stratusschichten mit tiefliegender Basis. Er bringt nur geringe Niederschlagsmengen.

Gefrierender Regen (engl.: freezing rain). Liegt dicht **über dem Erdboden Kaltluft mit Minusgraden,** so kühlen sich die Regentropfen auf unter 0 °C ab, sie sind unterkühlt. Beim **Aufprall aber gefriert das Wasser** sofort und überzieht den Erdboden und alle darauf befindlichen Gegenstände mit einer sehr festen, anhaftenden Glatteisschicht.

Eisnadeln oder Polarschnee (engl.: polar snow). **Nicht verzweigte Eiskristalle fallen aus Wolken oder auch bei blauem Himmel** in Form von Nadeln, Säulen oder Plättchen, die so klein sind, dass sie in der Luft schweben. Dieser Niederschlag tritt in Polarzonen, aber auch in mittleren Breiten bei Temperaturen unter −15 °C auf, besonders wenn Eisnebel sich aufzulösen beginnt.

Schneegriesel (engl.: grains). Kleine, **undurchsichtige, abgeplattete oder längliche Eiskörnchen** mit Durchmessern **unter 1 mm.** Sie springen beim Aufprall auf einen harten Boden nicht zurück. Schneegriesel fällt in geringen Mengen aus Stratus oder Nebel. Er entsteht beim Zusammenprall von unterkühlten Wassertröpfchen oder von Wassertröpfchen und Eiskristallen.

Eiskörner (engl.: ice pellets) sind durchscheinende, durchsichtige Eiskügelchen mit Durchmessern bis zu 5 mm. Sie springen von einer harten Aufprallfläche elastisch zurück. Dabei ist ein deutliches Rauschen zu hören. Sie entstehen, wenn Regentropfen oder fast geschmolzene Schneeflocken gefrieren, was beim Durchfallen zunächst warmer und dann kalter Luftschichten geschieht.

Graupel (engl.: snow pellets oder soft hail) besteht aus **weißen, undurchsichtigen, dabei kugel- oder kegelförmigen Eiskörperchen mit Durchmessern von 2 bis 5 mm.** Sie sind zerbrechlich und lassen sich leicht zerdrücken. Auf hartem Boden springen und zerbrechen sie.

Hagel (engl.: hail) besteht aus **Eiskugeln oder -stücken mit Durchmessern von 5 bis 50 mm,** manchmal sogar mehr, die schwerer als 1 kg werden können. Hagelkörner können aus Klareis oder aus milchigen Schichten bestehen. Sie **entstehen in Cumulonimben,** wenn Graupelkörner in sehr starke Aufwinde geraten und in Bereiche unterkühlten Wassers getragen werden.

Schnee (engl.: snow) ist ein Niederschlag aus **Eiskristallen, die, sternförmig verzweigt,** in Form vielfach verhakter Sternchen als Schneeflocken fallen. Je näher die Temperatur bei 0 °C liegt, desto größer werden die Schneeflocken.

Die wichtigsten **Symbole** für den **Witterungscharakter** sind in Bild 3.100 dargestellt.

∞ Dunst trocken	═══ Dunst feucht	══ dünner Nebel	┌⃨ Gewittertätigkeit
● Nieselregen	● Regen	✳ Schnee	▽ Regenschauer
≡≡≡ dichter Nebel	▽ Hagelschauer	△ Eiskörner	⇥ Staub-/Sandsturm

Bild 3.100   Wettersymbole auf der Bodenwetterkarte

Niederschlagsart	Wolkengattungen					
	As	Ns	Sc	St	Cu	Cb
Regen	X	X	(X)		(X)	X
Sprühregen		X		X		
Schnee	X	X	(X)	(X)	(X)	X
Graupeln			(X)		(X)	X
Grieselschnee				X		
Eiskörner	X	X				
Hagel						X
Eisnadeln				X		
(X) = möglich, aber selten						

Bild 3.101   Wolken und Niederschlag

Gefahren durch Niederschläge

Gefrierender (unterkühlter) Regen: Flüge unbedingt unterlassen! Die Haube vereist sofort und es besteht keine Sicht. Die Eisschicht vergrößert das Gewicht und verändert die Strömungsverhältnisse, Absturzgefahr!

Schnee: Schneeflocken nehmen jede Sicht und täuschen falsche Dimensionen (oben und unten) vor. Pappschnee hat die gleiche Wirkung wie unterkühlter Regen und kann zum Absturz führen!

3.4.6   Luftfahrzeugvereisung (aircraft icing)

3.4.6.1   Ursachen der Vereisung

Als Vereisung bezeichnet man Eisansatz an Teilen eines Luftfahrzeugs im Flug wie auch am Boden. Vereisung entsteht, wenn ein Segelflugzeug

- mit unterkühlten Wassertröpfchen in Berührung kommt (z.B. Wolkenflug),
- mit einer Eigentemperatur von weniger als 0 °C durch feuchtwarme Luft oder Wolken fliegt,
- im Flug oder am Boden von unterkühltem Regen getroffen wird.

Neben der Größe der Wassertropfen – je größer, desto schneller die Vereisung – spielt auch die Fluggeschwindigkeit eine Rolle. Im Geschwindigkeitsbereich von Segelflugzeugen **wächst die Vereisungsgefahr etwa im Quadrat zur Geschwindigkeit,** weil die Tropfen umso weniger mit dem Luftstrom um das Hindernis herumgeleitet werden, je schneller es sich ihnen nähert.

3.4.6.2 Arten der Vereisung

Entsprechend seiner Entstehung sieht der Eisansatz verschieden aus und hat unterschiedliche Festigkeit.

Klareis oder Glatteis (clear ice) entsteht beim Fliegen durch nur wenig unterkühlte Wolken (0 °C bis –4 °C) oder durch gefrierenden Regen. Beim Erstarren wird viel Wärme frei, die das Gefrieren verzögert. Die noch flüssigen Teile der Tropfen werden nach hinten gerissen, ehe sie dort auch anfrieren. Die durchsichtige und glatte Eisschicht haftet gut, ist nur wenig gewellt und schmiegt sich dem Profil an. Die Stärke der Schicht nimmt nach hinten ab. **Gefährlich ist zunächst besonders die Gewichtszunahme durch das Eis.**

Raueis (rime ice) entsteht beim Fliegen durch stark unterkühlte Wolken (mindestens –5 °C) mit kleinen Wassertröpfchen, die so wenig Gefrierwärme enthalten, dass sie sofort beim Aufprall erstarren und ihre Kugelgestalt behalten. Durch Lufteinschlüsse zwischen den Eisteilchen sieht die Eisschicht weiß aus. Auswüchse von teilweise beträchtlicher Größe können die **Profilumströmung sehr stören.** Raueis lässt sich aber relativ einfach entfernen.

Reif (hoar frost) tritt als Bodenvereisung an abgestellten Luftfahrzeugen auf. In klaren Nächten, wenn die Luft sich an der Oberfläche des Segelflugzeugs auf Minusgrade abkühlt, bildet sich eine dünne, feste Eisschicht, die sich mechanisch (durch Abkratzen) nur sehr schwer entfernen lässt. Bei Sonneneinstrahlung schmilzt der Belag recht schnell. Geschieht das aber nur auf einem Flügel, **kann es beim Start leicht zum einseitigen Abriss der Strömung** kommen.

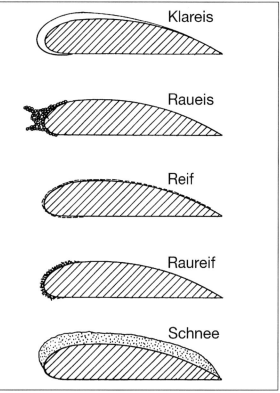

Bild 3.102 Arten der Vereisung

Vereisung durch gefrierenden Regen (icing by freezing rain) ist **äußerst gefährlich.** Sie entsteht, wenn aus einer Warmluftschicht über 0 °C Regen in eine Kaltluftschicht unter 0 °C fällt, in der die Tropfen unterkühlt werden. Treffen diese Tropfen nun auf ein Segelflugzeug, gefrieren sie schlagartig und überziehen die Oberfläche in kurzer Zeit mit einem dicken Klareispanzer.

Pappschnee (pack snow), der auf abgestellte Segelflugzeuge fällt, muss **unverzüglich entfernt werden,** weil er teilweise schmilzt und als Wasser in das Innere eindringt, wo es im Flug bei Minustemperaturen friert und so **Steuergelenke blockieren kann.** Während des Fliegens im Schneetreiben um 0 °C setzt sich der nasse Schnee an den Stirnkanten ab und verändert das Profil.

3.4.6.3 Einfluss der Temperatur auf die Vereisung

Beim Gefrieren wird Wärme frei (80 Kalorien je Gramm Wasser), die das Erstarren verzögert. Je tiefer die Temperatur liegt, desto schneller wird der Vereisungsvorgang.

Große Wassertropfen, die dicht beieinander liegen, verbinden sich leicht miteinander. Das Eis wird stärker und kompakter. Kleinere, weit voneinander entfernte Tropfen verbinden sich, besonders bei niedrigen Temperaturen, nicht so schnell. Deshalb ist **Vereisung zwischen 0 °C und –8 °C am gefährlichsten.** Unter –15 °C beträgt die Vereisungswahrscheinlichkeit nur noch 3 %, der Eisansatz ist brüchig, seine Festigkeit entspricht der von Schnee.

3.4.6.4 Einfluss der Wolkengattung auf die Vereisung

Cumuluswolken können gefährliche Vereisung hervorrufen. Wegen der aufsteigenden Luftströme mit kräftiger Kondensation bilden sich sehr große Tropfen, die nach oben transportiert werden. Oberhalb der Null-Grad-Grenze enthalten die Cu-Wolken erhebliche Mengen unterkühlten Wassers. **Innerhalb von Wolken mit Aufwinden ist die Vereisungsgefahr stärker als in solchen ohne Aufwinde.** Auch ist der Einfluss von Bodenhindernissen auf den Aufwind zu berücksichtigen, zum Beispiel bei der Staubewölkung vor Gebirgen, in der die Luft durch erzwungene Hebung weit über die Null-Grad-Grenze hinaussteigt.

In **Altocumulus-Wolken** ist die Vereisung grundsätzlich nur leicht, denn ihr Wassergehalt ist gering und ihre Mächtigkeit nur mäßig.

Der **Cumulonimbus** ist in Bezug auf **Vereisung als die gefährlichste Wolke** anzusehen. Am stärksten wirkt sich die Vereisungsgefahr im Cumulus congestus kurz vor der Wandlung zum Cb aus. In diesem Entwicklungsstadium überwiegen bei Temperaturen bis zu −14 °C Wassertröpfchen, die sich im Reifestadium des Cb bereits im festen Zustand befinden. Jedoch kommt es auch in älteren Gewittern zu schweren Vereisungen, wenn – wie es oft geschieht – neue Cu von unten in sie hineinwachsen. **In alternden Cb besteht die Gefahr der Vereisung hauptsächlich in der Nähe der Null-Grad-Grenze.**

Stratuswolken sind grundsätzlich weniger vereisungsintensiv als Quellwolken. In ihnen kommt unterkühltes Wasser im niedrigen Niveau nur im Winter vor. Im mittleren und oberen Stockwerk bestehen sie fast immer aus Eisnadeln und können deshalb keine Vereisung herbeiführen.

3.4.7   Gewitter

3.4.7.1   Voraussetzungen für die Gewitterbildung

Für das Entstehen eines Gewitters (Cb) müssen folgende Voraussetzungen gegeben sein:

1. Eine hochreichende labile Luftschichtung (Bild 3.103) muss bis in Höhen um 3 000 m oberhalb der Null-Grad-Grenze vorhanden sein, damit die Obergrenze (Top) der Wolke eine Minustemperatur von mindestens −20 °C erreicht.

2. Große Luftfeuchtigkeit mit kleiner Taupunktdifferenz (Spread) am Boden.

3. Hochreichende aufsteigende Luftbewegungen durch:

   a) Sonneneinstrahlung über Land mit starker Erhitzung der bodennahen Luftschichten;
   b) orographisch erzwungene Hebungen im Luv von Bergen;
   c) frontale Hebungen.
   Relativ feuchte Luftmassen mit indifferenter Schichtung führen allein nicht zu hochreichenden Quellungen, weil der Auslöseimpuls fehlt. Die Hebung an Fronten kann aber ausreichen, um bei diesen Bedingungen zur Bildung von Cumulus congestus und damit zu Gewittern zu führen.

4. Bei Kaltluftzufuhr in der Höhe – der Wind dreht mit zunehmender Höhe nach links – wird die Luftmasse labilisiert. Ein Höhentrog nähert sich. Morgens treten oft Altocumulus castellanus auf. Bei fortschreitender Labilisierung und zunehmender Tageserwärmung kommt es am Nachmittag häufig zu Gewittern.

5. Starke Erwärmung am Boden durch ungestörte Sonneneinstrahlung bei schwach windigen Wetterlagen lässt die „Warmluftquallen" zu außerordentlicher Größe anwachsen. Die daraus resultierende Überhitzung führt ebenfalls zur Labilisierung der Luft. Reicht die Luftfeuchtigkeit aus, können sich am Nachmittag zur Zeit der stärksten Erwärmung isolierte Wärmegewitter ausbilden.

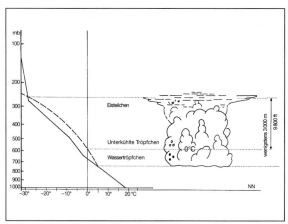

Bild 3.103   Bedingungen für Gewitterbildung

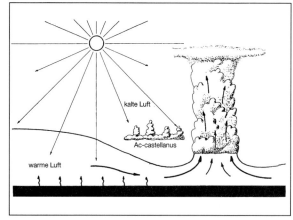

Bild 3.104   Gewitterauslösung durch Kaltluft in der Höhe und Warmluft am Boden

3.4.7.2   Entstehung von Gewittern

1. Aufbaustadium (Bild 3.105): Starke Thermik führt zur Bildung immer mächtiger werdender Quellwolken, die in ihrem oberen Teil viele Quellkuppen blumenkohlartig dicht beieinander liegen haben (Cumulus congestus). Im Aufbaustadium der Gewitterwolke erreichen die **Aufwinde, die im Wolkenzentrum am stärksten sind, in Mitteleuropa Werte zwischen 10 und 30 m/s.**

2. Reifestadium (Bild 3.106): Am Ende der Entwicklung stehen Wolkenmassive von mehreren Kilometern Höhe und Durchmesser. Der Wolkengipfel steigt bis zur Tropopause – im Sommer in mittleren Breiten 11 bis 14 km hoch. Bei Temperaturen von minus 50 °C und weniger bildet sich der obere Teil zur Eiswolke aus, breitet sich an der Tropopause aus und nimmt die Form eines Schirmes oder eines Ambosses an.

Im Inneren der Wolke bestehen **mehrere Aufwindströme, so genannte Aufwindschlote.** In ihrem Bereich wachsen die **Graupel zu Hagelkörnern** an. Diese werden vom Aufwind in die Höhe gerissen, wobei sich ständig weitere unterkühlte Wassertröpfchen an ihnen festsetzen. Schließlich sind sie so schwer, dass der Aufwind sie nicht mehr tragen kann. Sie fallen nach unten. Wenn sie nicht schon in der Luft auftauen, bilden sie am Boden – entsprechend der begrenzten Aufwindschlote – relativ schmale Hagelschneisen.

Da dicht neben den starken Aufwinden entsprechende Abwinde liegen, herrscht **in Gewittern eine außerordentliche Turbulenz.** Das Abschmelzen der Hagelkörner entzieht der Wolke beträchtliche Wärmemengen und die dadurch entstehende Kaltluft entwickelt einen Abwindschlauch. Der ausfallende Niederschlag, der viel Luft mit sich reißt, sorgt für eine Zweiteilung des Cb in einen Aufwindteil – meist an der „Vorderseite" (in Zugrichtung) der Wolke – und einen Abwindteil. **Dazwischen liegen heftige und gefährliche Wirbel.**

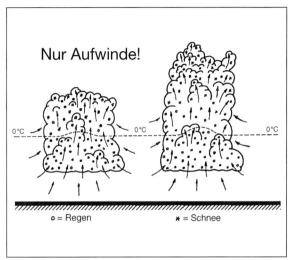

Bild 3.105   Aufbaustadium der Gewitterwolke

3. Das Gewitter (Bild 3.107): Schauer- und Gewitterwolken werden wegen ihrer großen vertikalen Ausdehnung überwiegend von der Höhenströmung fortbewegt. Da die **Windgeschwindigkeit mit der Höhe zunimmt,** führt das zur **Asymmetrie des Wolkenaufbaus.** Auf der Vorderseite wird die erhitzte Luft angesaugt und weht auf das Gewitter zu. Der Volksmund sagt, Gewitter zögen gegen den Wind.

Der Abschmelzvorgang unterhalb der Null-Grad-Grenze entzieht der Wolke Wärme. Kaltluft stürzt mit dem Niederschlag auf den Erdboden und verursacht die **Böenwalze.**

Als erste Bewölkung eines nahenden Gewitters erkennt der Beobachter den **Eisschirm (Amboss).** Anschließend rückt die steil aufragende **Gewitterwand** näher.

Darunter wälzt sich der Böenkragen mit Wolkenfetzen (Cumulus fractus) heran. Die ersten kalten Windstöße setzen ein. An diesem **vorderen Rand der Gewitterwolke treten die stärksten Aufwinde** auf.

Nach Durchzug der Böenwalze setzt der erste Niederschlag ein, der schnell stärker wird. Er kann als **prasselnder Regen, aber auch als Hagel** fallen.

Aufwind ist im Niederschlagsbereich nur noch im oberen Teil der Wolke zu finden, da unterhalb der Null-Grad-Grenze die herabstürzende Kaltluft vorherrscht. Im gesamten **hinteren Teil der Wolke** tritt dann auch in größeren Höhen kaum noch Aufwind auf. Die Wassertröpfchen werden so klein, dass sie verdunsten und als „Fallstreifen" aus dem Eisschirm (Amboss) heraushängen.

Schließlich zieht auch der hintere Eisschirmrand ab, und die Sonne kommt wieder zum Vorschein.

Die Gewitterelektrizität – insbesondere der Blitz als Entladung – ist bis heute noch relativ ungeklärt. Bild 3.108 stellt schematisch die häufig auftretende positive und negative elektrische Ladungsverteilung dar.

Die Erdoberfläche ist negativ geladen. In drei bis vier Kilometer Höhe – also **oberhalb der Null-Grad-Grenze** – ist auch in der Wolke eine **starke negative Ladung** vorhanden. In **sechs bis sieben Kilometer Höhe** ist die Ladung dagegen positiv. Durch Influenz ist auch die **Wolkenunterseite positiv** geladen. Blitze in der Wolke sind stärker als solche zwischen Wolke und Erde.

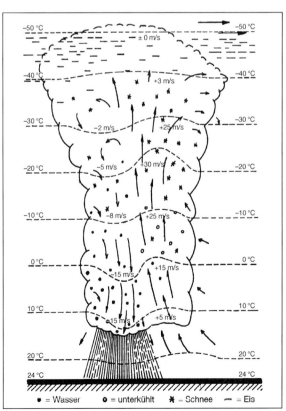

Bild 3.106   Struktur der Gewitterwolke

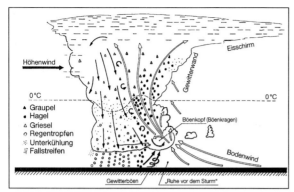

Bild 3.107   Wind und Niederschlag in der Gewitterwolke

Die Simpsonsche Theorie besagt, dass die vom Aufwind gehobenen Tropfen zerspringen, weil sie zu groß sind oder aneinanderstoßen. Es entstehen feine, positiv geladene Tröpfchen. Dadurch wird der obere Wolkenteil positiv, der mittlere negativ geladen. Ebenso wird ein Teil des untersten Wolkenrandes negativ, der andere Teil durch Influenz der negativen Oberfläche positiv. Entladungen finden statt zwischen positiv geladenen Regentropfen und der negativ geladenen Erde wie auch im Wolkeninnern zwischen Ballungen positiv und negativ geladener Tröpfchen.

Das Auflösungsstadium (Bild 3.109) ist erreicht, sobald die **Abwindzone sich über die gesamte Wolke ausgedehnt hat.** Die im Beginn heftigen Schauer gehen in einen leichten Dauerregen über, die Wolke regnet aus.

Die Neubildung an der Vorderseite hört auf, weil der Nachschub an warmer Bodenluft fehlt. Das geschieht beispielsweise an den Ufern größerer Gewässer, gilt jedoch nur für (örtliche) Wärmegewitter, die ihre Entstehung der Erwärmung von unten her verdanken.

Durch den anhaltenden Niederschlag und die fehlende Neubildung löst sich das Gewitter auf. Die Reste des ausgedehnten Ambosses ziehen mit der Höhenströmung als Cirren ab.

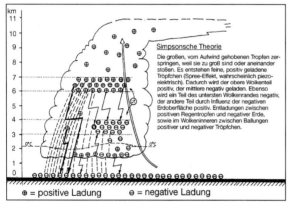

Bild 3.108   Elektrische Ladungen innerhalb der Gewitterwolke

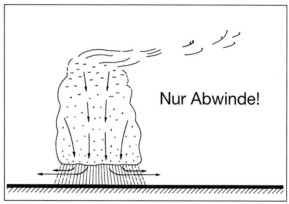

Bild 3.109   Auflösungsstadium des Gewitters

3.4.7.3   Einteilung der Gewitter

Es gibt a) Wärmegewitter, b) Frontgewitter und c) orographische Gewitter.

a) Das Wärmegewitter (engl.: convectional thunderstorm) benötigt für seine Entstehung folgende Voraussetzungen: geringer Druckgradient und damit nur schwacher Wind, zyklonale Krümmung der Isobaren durch eine leichte, bodennahe Konvergenz der Luft und das Vorhandensein einer feuchtwarmen Luftmasse mit stabiler Schichtung.

Das Auftreten von **Cumulus castellanus** (siehe Bild 3.97 und 3.98) **deutet schon frühmorgens auf Gewitterneigung** hin. Diese Wolken verschwinden aber bald nach Sonnenaufgang, und am späten Vormittag schießen dann Cumuluswolken in die Höhe, die sich bei gewittergünstigen Verhältnissen rasch zu Cumulonimben entwickeln. Das sind meist örtlich begrenzte Vorgänge. Ist aber **viel Feuchtigkeit** in der Luft, können die **Gewitter in größerer Anzahl auftreten,** oft in Reihen geordnet. Wärmegewitter ziehen etwa mit der Windgeschwindigkeit, die in 3 000 m herrscht. Die Bodenwinde strömen von allen Seiten in das Gewitter ein und stellen so den Luftnachschub für die Aufwindschlote sicher.

Da Wärmegewitter durch Strahlungserwärmung des Erdbodens entstehen, **nimmt ihre Tätigkeit nach Sonnenuntergang im Normalfall schnell ab.** Sie können aber bis in die Morgenstunden dauern, wenn die obere Troposphäre mit Feuchtigkeit angereichert ist und es in der Nacht zu einer vermehrten Ausstrahlung kommt, die eine Abkühlung bewirkt. Damit wird das starke vertikale Temperaturgefälle aufrechterhalten, auch wenn in Bodennähe bereits eine Abkühlung stattfindet.

b) Frontgewitter (engl.: frontal thunderstorm) entstehen im Sommer bei **hohen Feuchtewerten** und **einem Anheben der Warmluft** im Frontbereich, in Verbindung mit der **Höhenkaltluft des dazugehörigen Höhentroges.** Die Vertikalgeschwindigkeit ist bei Kaltfronten besonders groß.

Ein Merkmal der Kaltfrontgewitter ist die große Zuggeschwindigkeit mit bis zu 100 km/h. Die Fronttiefe schwankt zwischen 20 und 200 km, die Länge der Frontlinie kann mehr als 1 000 km betragen. Manchmal treten **schon 150 bis 500 km vor der eigentlichen Kaltfront Gewitter** auf, die an Heftigkeit die der Front sogar übertreffen können. Meist werden sie von einer ausgeprägten Böenlinie (squall line) begleitet.

c) **Orographische Gewitter** (engl.: orographical thunderstorms): Tagsüber herrscht im Gebirge infolge der Strahlungserwärmung des Bodens eine deutlich höhere Temperatur als in der freien Atmosphäre außerhalb der Berge. Dadurch entwickelt sich **über einem Gebirgsstock am Tage ein steiles Temperaturgefälle mit entsprechender Labilität.** Ist genügend Feuchte vorhanden, entstehen stark quellende Cumuluswolken, die sich am frühen Nachmittag rasch zu Gewitterwolken überentwickeln können. Da die **Aufwindschläuche an das Bergrelief gebunden** sind, „kleben" die Gewitter am Gebirgsstock oder ziehen an ihm entlang.

3.4.7.4 Gefahren bei Flügen im Gewitter

Turbulenz (engl.: turbulence), Bild 3.110
Von den vehementen Auf- und Abwärtsbewegungen der Luft im Gewitter kann ein Segelflugzeug so stark beansprucht werden, dass es überlastet zerbricht, besonders, wenn der Segelflugzeugführer durch starke Turbulenz die Kontrolle verliert. Das ist in früheren Jahren, als Gewitterflüge noch an der Tagesordnung waren, wiederholt geschehen.

Im Grenzbereich zwischen einem Aufwind- und einem Abwindschlot, den „drafts", bilden sich relativ kleine, äußerst intensive Luftverwirbelungen, die „gusts". **Drafts (vertikale Stürme) und Gusts (Turbulenzwirbel zwischen den Drafts) nehmen an Stärke nach oben hin zu.** Erst im obersten Teil der Wolke kommt es wieder zu einer Abschwächung.

Hagel (engl.: hail)
Im Normalfall sind Niederschläge unter Gewittern nur in den Abwindzonen anzutreffen. Die **Sichtweiten gehen dabei bis unter 1 km** zurück. Außerordentlich gefährlich ist der Hagelschlag. Hagelkörner, die einen Durchmesser bis zu 5 cm, in Ausnahmefällen sogar bis zu 10 cm erreichen, können Segelflugzeuge erheblich beschädigen und sogar flugunfähig machen.

Blitzschlag (engl.: stroke of lightning)
Luftfahrzeuge werden gelegentlich vom Blitz getroffen. Metallflugzeuge wirken dabei wie Faraday'sche Käfige, so dass die Insassen nicht direkt gefährdet werden. Allerdings können **Beschädigungen an den Funkanlagen** eintreten, Außenantennen werden abgeschmolzen, Instrumente fallen aus und Kompasse werden ummagnetisiert. Somit werden **Flugsicherheitsanlagen gestört und können nicht mehr korrekt arbeiten.**

Eine wesentliche Gefahr besteht darin, dass der Segelflugzeugführer aufgrund der **Schockwirkung und die Blendung durch den Blitz** im Zusammenwirken mit der Turbulenz die Gewalt über sein Luftfahrzeug verliert.

Vereisung (engl.: icing)
Oberhalb der **Null-Grad-Grenze tritt oft starke Vereisung** durch festes Klareis auf, da die kräftigen Aufwindströme große Tropfen mit sich führen. Erst in den höheren Wolkenbereichen nimmt die Vereisungsgefahr ab.

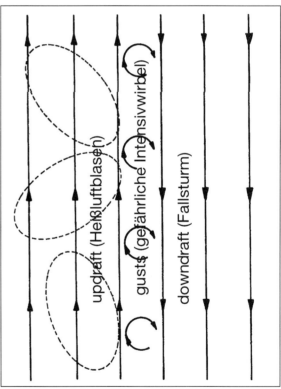

Bild 3.110 Turbulenz im Gewitter

Wahl des Flugweges bei Gewittern
Gewittern soll grundsätzlich ausgewichen werden, und zwar in folgender Art:

- keinesfalls in Gewitter einfliegen;
- bei Gewittergefahr (Gewitterwarnung durch den meteorologischen Dienst) keinen längeren Flug planen;
- bei Gewitterentwicklung auf Kurs weiträumig ausweichen oder den Flug abbrechen;
- wenn noch möglich, das Gewitter auf seiner Vorderseite mit ausreichendem Abstand umfliegen.

Hinter Gewittern dauert es immer sehr lange, bis neue Thermikaktivitäten beginnen.

3.4.8   Atmosphärische Einflüsse auf die Sichtweite

Zunächst hängt natürlich die Sichtweite von der Leistungsfähigkeit des menschlichen Auges ab, darüber hinaus von der Art und Beschaffenheit des Objektes, wie Größe, Kontur, Beleuchtung, Hintergrund, Farbe usw. Ganz wesentlichen Einfluss übt der Zustand der Luft aus. Enthält die Luft keine Verunreinigungen, so ist sie vollkommen lichtdurchlässig, und die Sicht ist gut. Atmosphärische Einflüsse, die sich negativ auf die Sichtweite auswirken, sind:

- Nebel oder Wolken können die Sichtweite bis auf wenige Meter reduzieren;
- Niederschläge aller Art, besonders Schneeschauer, können die Sicht auf Null verringern;
- Sand und/oder Staub in Stürmen beeinträchtigen die Sichtweite erheblich;
- Dunst trübt die Luft durch flüssige oder feste Partikel und reduziert so die Sichtweite.

3.4.8.1   Dunst und Nebel (haze and fog)

Mit **Dunst** wird die Trübung der Atmosphäre bezeichnet, die von mikroskopisch kleinen, in der Luft schwebenden Teilchen hervorgerufen wird.

Man unterscheidet:

- trockenen Dunst (engl.: haze) – **relative Feuchte von < 80 %** – hervorgerufen durch **feste Teile** wie Staub, Rauch usw.;

- feuchten Dunst (engl.: mist) – **relative Feuchte > 80 %** – der im Normalfall durch **feine Wassertröpfchen** verursacht wird.

Trockener Dunst tritt oft bei Hochdrucklagen über dem Festland auf. Sein weißlicher Schleier schwächt die Farbtöne der Landschaft ab.

Nebel (engl.: fog) wird durch schwebende Wasser-, manchmal auch Eisteilchen in bodennahen Luftschichten hervorgerufen. Die **relative Feuchte liegt bei 100 %,** der Mensch hat das Gefühl einer unangenehmen Nässe. Feuchter Dunst und Nebel unterscheiden sich durch die Sichtweiten, die sie zulassen und die beim Nebel erheblich geringer sind. Die **Unterscheidungsgrenze liegt bei einem Kilometer.** Die Farbe des Nebels ist weiß bis grau-blau, in Industriegebieten durch Verunreinigungen auch gelblich (smog).

Die Nebelbildung setzt zwei Bedingungen voraus:

1. 100 % relativer Feuchtigkeit müssen erreicht werden und
2. es müssen ausreichend viele Kondensationskerne vorhanden sein.

Sind die Kondensationskerne hygroskopisch (wasseranziehend), kann die Nebelbildung schon bei weniger als 100 % relativer Feuchte einsetzen.

Luft in Bodennähe erreicht einen derart hohen Feuchtigkeitsgehalt (Sättigung), wenn sie sich bis **zum Taupunkt abkühlt oder ihr Wasserdampf zugeführt wird.** Die Abkühlung entsteht durch Ausstrahlung, Advektion oder Hebung. Die Wasserdampfzufuhr erfolgt von feuchten Oberflächen her.

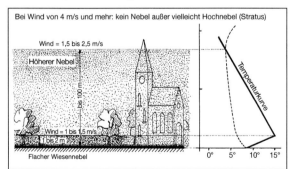

Bild 3.111   Der Strahlungsnebel

Abkühlung durch Ausstrahlung geschieht im Normalfall nachts. Der Boden gibt Wärme in den Weltraum ab. Eine Kompensation durch Sonneneinstrahlung fehlt, die Bodentemperatur sinkt. Die unmittelbar darüber liegende Luftschicht kühlt sich ab, gewinnt an Mächtigkeit und bildet eine Bodeninversion.

Bei sehr feuchter Luft führt schon eine geringe Abkühlung zur Nebelbildung. Zunächst kühlt sich nur die direkt auf dem Boden aufliegende Luft bis zum Taupunkt ab und schlägt ihre Feuchte als Tau oder Reif nieder. Bei **weiterer Abkühlung** erfolgt dann Kondensation in der bodennahen Luftschicht, es bildet sich **Strahlungsnebel.**

Die **vertikale Ausdehnung** der Nebelschicht **hängt von der Luftbewegung** ab. Bei Windstille erreicht die Schicht 1 bis 2 Meter Mächtigkeit. Bei leichter Turbulenz wird sie erheblich dicker. **Stärkerer Wind verhindert die Nebelbildung.** Bei einer horizontalen Luftbewegung von 4 bis 5 m/s tritt Strahlungsnebel nur noch sehr selten auf, dagegen wird die **Ausbildung von Hochnebel wahrscheinlicher,** besonders über hügeligem Gelände.

Die Mächtigkeit der Strahlungsnebelschicht ist im Sommer wegen der kurzen Ausstrahlungszeit in der Nacht geringer als im Winter. In der kalten Jahreszeit kann sie 100 bis 300 m, in Ausnahmefällen sogar 400 m dick werden. **Bewölkung behindert** die Strahlung und damit die **Nebelbildung, sternklarer Himmel begünstigt** sie.

Abkühlung durch Advektion: Mit **Advektion** bezeichnet man die **horizontale Verlagerung** der Luft. Gelangt warme, feuchte Luft über eine kalte Bodenfläche, wird sie von unten her abgekühlt. Bei Erreichen des Taupunktes bildet sich Nebel (beispielsweise der Seenebel). Dieser **Advektionsnebel** tritt im Gegensatz zum Strahlungsnebel auch bei höheren Windgeschwindigkeiten auf.

Abkühlung durch Hebung erfolgt beispielsweise, wenn Luftmassen (erzwungen) einen Hang hinaufgleiten und sich dabei adiabatisch abkühlen. Bei Erreichen des Taupunktes bildet sich Nebel.

3.4.8.2   Auflösung des Nebels

Alle Vorgänge in der Atmosphäre, die Nebeltröpfchen zum Verdunsten bringen, wirken nebelauflösend. In der Hauptsache sind das:

- **Sonnenstrahlung** (Bild 3.112): Das **Sonnenlicht** wird vom Erdboden und/oder von den Nebeltröpfchen **direkt absorbiert** und wandelt sich in Wärme um, wodurch die Tröpfchen verdunsten können. Ist die Nebelschicht so dick, dass die Sonne nicht bis zum Boden vordringt, löst der Nebel sich von oben und von den Rändern her auf, bei dünnen Nebelschichten erfolgt die Auflösung von oben und vom Boden her und somit erheblich schneller.

- **Wolkenaufzug** (Bild 3.112) in der Nacht kann zum Auflösen des Nebels beitragen. Die vom Erdboden ausgehende langwellige **Wärmestrahlung** (Ultrastrahlung) wird von den Wolkentröpfchen absorbiert und **zur Erde zurückgestrahlt.** Dort führt sie zur Erwärmung und zur Nebelauflösung. **Wolkenaufzug am Tage kann dagegen die Nebelauflösung verzögern,** weil er die Energiezufuhr aus der Sonnenstrahlung beeinträchtigt.

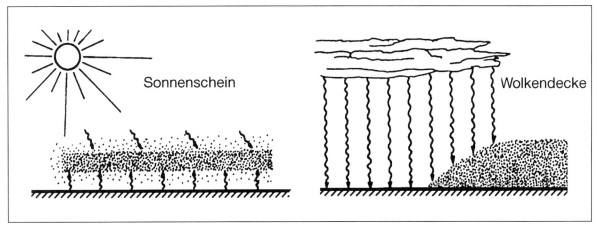

Bild 3.112   Nebelauflösung durch Sonneneinstrahlung und durch Wolken

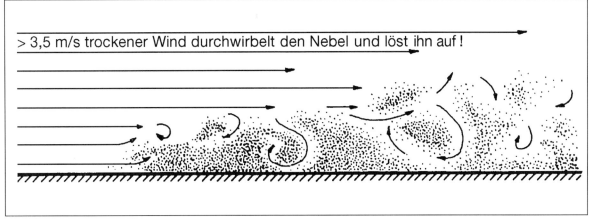

Bild 3.113   Nebelauflösung durch Wind

- **Wind** (Bild 3.113) kann erheblich zur Nebelauflösung beitragen. Bei **Windgeschwindigkeiten von mehr als 3,5 m/s** durchmischt sich die trockene Luft über dem Nebel ständig mit der Nebelluft und sorgt so für eine **Verdunstung der Nebeltröpfchen.**

3.4.8.3   Die Nebelarten

Strahlungsnebel: Zu ihm gehören der bereits besprochene **Bodennebel** und der **Hochnebel,** der als „abgehobener Bodennebel" bezeichnet werden kann. Strahlungsnebel ist nicht sehr mächtig. Er wird im Tagesverlauf bald aufgelöst, ausgenommen im Winter, wenn die Sonne tief steht.

Advektionsnebel ist beispielsweise der **Seenebel,** bei dem **Luft von warmen zu kalten Wasserflächen** zieht. So fließt Luft beispielsweise vom warmen Golfstrom aus nach Norden und trifft auf die dortige kalte Meeresströmung, was zu der berühmten Nebelbank vor Neufundland führt. **Küstennebel** entsteht, wenn **warme Meeresluft auf das kalte Festland** aufgleitet. Bekannt sind die englischen und westeuropäischen Küstennebel.

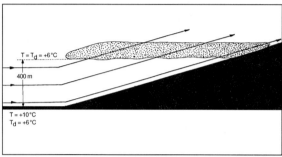

Hangnebel, auch orographischer Nebel (Bild 3.114) entsteht, wenn feuchte Luft gegen einen Hang getrieben und so zum Aufsteigen gezwungen wird (siehe oben: Abkühlung durch Hebung). **Hangnebel liegt auf dem Hang auf** und ist besonders im Hochgebirge für den **Streckensegelflieger sehr gefährlich,** weil er ihm in Bodennähe die Sicht nimmt.

Verdunstungs- und Mischungsnebel: Zu dieser Nebelart gehört der **Frontnebel.** Regen fällt aus wärmerer in kältere Luft. Die Tropfen verdunsten und erhöhen so den Feuchtigkeitsgehalt der Luft, bis diese den Taupunkt erreicht und sich Nebel bildet.

Bild 3.114   Hangnebel

Mischungsnebel entsteht auch im **Grenzbereich zweier verschieden warmer, feuchter Luftmassen.** Die **Warmluft mischt sich mit der Kaltluft,** deren Feuchtigkeitsgehalt sie erhöht und damit zur Nebelbildung führt, obwohl jede der beiden Luftmassen für sich keinen Nebel hervorbringen könnte.

Der Seerauch ist eine Art Advektionsnebel, bei dem aber der Untergrund nicht kalt, sondern warm ist. Relativ warmes **Wasser verdampft Feuchtigkeit in darüber liegende Kaltluft,** wo es sofort zur Kondensation kommt (die See raucht).

Ein ähnlicher Effekt ist an Land zu beobachten, wenn an einem warmen, sonnigen Tag nach einem Schauer Dächer, Straßen und Wälder dampfen, weil sie Feuchtigkeit in die abgekühlte Luft hinein abgeben.

3.5   Meteorologische Information und Dokumentation

3.5.1   Organisation des Flugwetterdienstes

Fast alle Staaten unterhalten Wetterdienste. Ihre Koordination erfolgt durch die **World Meteorological Organisation (WMO),** eine Unterorganisation der UNO mit Sitz in Genf.

Den Flugwetterdienst betreffende übergreifende Fragen werden von der **International Civil Aviation Organisation (ICAO)** in Montreal, Kanada, bearbeitet.

Der Deutsche Wetterdienst (DWD) ist für das **Gebiet der Bundesrepublik Deutschland** mit der **Durchführung des Flugwetterdienstes** (LuftVG § 27) beauftragt. Seine Zentrale befindet sich in Offenbach/Main. Der Deutsche Wetterdienst hat u. a. den gesetzlichen Auftrag (DWD-Gesetz), meteorologische Dienstleistungen zu erbringen, **amtliche Warnungen** über Wettererscheinungen herauszugeben, **Vorhersagen** zu erstellen und für die **meteorologische Sicherung der Luftfahrt** zu sorgen. Innerhalb des DWD ist hierfür die Abteilung Flugmeteorologie zuständig. Sie unterhält über das Gebiet der Bundesrepublik verteilt sieben **Luftfahrtberatungszentralen (LBZ)** für die individuelle telefonische Flugwetterberatung aller Piloten:

LBZ Nord	in Hamburg	LBZ Mitte	in Offenbach
LBZ West	in Essen	LBZ Südwest	in Stuttgart
LBZ Ost	in Berlin	LBZ Süd	in München
LBZ Südost	in Leipzig		

Die Luftfahrtberatungszentralen sind rund um die Uhr besetzt, so dass man jederzeit einen kundigen Flugwetterberater erreichen kann. Die aktuellen Telefonnummern sind der AIP oder dem Flieger-Taschenkalender zu entnehmen.

Der DWD unterhält außerdem an den 17 internationalen deutschen Verkehrsflughäfen eigene **Flugwetterwarten (FWW).** An den großen Flughäfen in Berlin, Frankfurt a. M., Hamburg, Köln-Bonn, Leipzig und München nehmen die Flugwetterwarten auch Beratungsdienste wahr (= **INFOMET-Dienststellen);** die anderen Außenstellen sind reine Beobachtungsstationen.

Die individuelle Wetterberatung wird weltweit immer mehr durch **Selfbriefingverfahren** abgelöst, d.h. Pilotin oder Pilot verschaffen sich die gewünschten Informationen selbständig. Der DWD hält vielfältige Informationen bereit, die über verschiedene Medien abgerufen werden können.

Sicherheit in der Fliegerei ist auch das Ergebnis genauer meteorologischer Beobachtungen, Analysen und Vorhersagen – sofern sie in die Flugvorbereitung eingehen! **Kein Überlandflug ohne Wetterberatung!** Dabei sind die Selfbriefingverfahren der individuellen Wetterberatung rechtlich gleichgestellt; wer die entsprechenden DWD-Produkte abruft, hat die Verpflichtung zu einer sorgfältigen meteorologischen Flugvorbereitung erfüllt. Das Selfbriefingverfahren hat den Vorteil, sich eine Fülle von Informationsmodulen zugänglich machen zu können, z. B. Radarbilder, Prognosen für mehrere Tage, Höhenwetterkarten oder Thermikvorhersagekarten, nach denen die Segelflugstrecke optimal geplant werden kann. Allerdings verlangt die Teilnahme an den Selfbriefingverfahren auch einige Kompetenz auf Seiten der Piloten:

– die Kenntnis über die **Quellen**, wo welche Informationen abgelegt und abrufbar sind;

– Kenntnis darüber, welche **DWD-Produkte** und Info-Dienste für das eigene Vorhaben sinnvolle Informationen bieten;

– das **Hintergrundwissen,** um die erhaltenen Daten verstehen und auf das Flugvorhaben anwenden zu können.

3.5.2   MET-Informationen aus dem Luftfahrthandbuch

Das **Luftfahrthandbuch AIP** (Aeronautical Information Publication) enthält in Band II alle aktuellen Informationen über den Flugwetterdienst in Deutschland. In der **AIP VFR** finden sich die für die VFR-Fliegerei relevanten Wetterinformationen im Abschnitt GEN. Ebenso ist hier eine nützliche Tabelle der Sonnenauf- und Sonnenuntergangszeiten (in UTC) enthalten.

3.5.3   Flugwettermeldungen: METAR und TAF

a) METAR (**MET**eorological **A**erodrome **R**outine **R**eport) – **Bodenwettermeldung von Flugplätzen**

Der in den Bodenwettermeldungen von Flugplätzen verwendete METAR-Schlüssel ist speziell für die Luftfahrt gedacht und zeichnet sich durch leichte Lesbarkeit aus. Er ermöglicht es allen Fliegern, die wichtigen Wetterinformationen sofort selbst aus den Meldungen zu entnehmen.

Die Bodenwettermeldung gilt nur für den Bereich des meldenden Flugplatzes; die enthält meistens am Ende einen TREND, der für zwei Stunden gültig ist.

> **METAR + TREND = Landewettervorhersage**

Die Bodenwettermeldung wird in der BR Deutschland und anderen europäischen Ländern **halbstündlich** (H + 20 und H + 50, zum Beispiel 0020, 0050, 0120 usw. oder H + 00 und H + 30) von den Wetterdienststellen der Flugplätze erstellt und sofort über die Datenleitungen national und international verbreitet und z. B. über **ATIS** oder **VOLMET** (nur ausgewählte Plätze) ausgestrahlt.

b) TAF (**T**erminal **A**erodrome **F**orecast) – **Flugplatzwetter-Vorhersage**

Die Verschlüsselung der Flugplatzwetter-Vorhersage wird wie bei der METAR-Meldung vorgenommen und gilt ebenfalls nur für den Bereich des meldenden Flugplatzes. Die Wetterdienststellen der Verkehrsflughäfen erstellen **alle drei Stunden** eine neue Vorhersage mit einer Gültigkeit von jeweils neun Stunden (0100–1000, 0400–1300 usw.).

Für den internationalen Flugverkehr werden alle sechs Stunden **LANGTAFs** mit einer Gültigkeit von 18 Stunden veröffentlicht (1200–0600, 1800–1200 usw.).

Dem Segelflieger können METAR und TAF von Flugplätzen entlang der Route Aufschluss über das Streckenwetter geben.

Erläuterungen der beiden Schlüssel **METAR** und **TAF** finden Sie in der nachfolgenden Aufstellung:

Schlüssel/ Gliederung mit Änderungsgruppen	METAR (METeorological Aerodrome Routine Report)/ Bodenwettermeldung von Flugplätzen	TAF (Terminal Aerodrome Forecast)/ Flugplatzwetter-Vorhersage
Aufbau	Meldungsname, Flughafenkennung, Beobachtungstag und -zeit, Wind, (Böen), (Windschwankung), Sicht, (maximale Sicht), (Pistensicht), (Wettererscheinung), Wolken, Temperatur/Taupunkt, QNH, (Zusatzinformation), (Pistenzustand), Trend. Werte in Klammern werden nur bei Auftreten bzw. Notwendigkeit verschlüsselt.	Der TAF gliedert sich in einen Grundzustand und in eine oder mehrere Änderungsgruppen, falls im Gültigkeitszeitraum signifikante Abweichungen vom Grundzustand vorhersagt werden. Meldungsname, Flughafenkennung, Ausgabezeit, Gültigkeitszeitraum, Wind, (Böen), Sicht, (Wettererscheinung), Wolken, (PROB), (Änderung). Werte in Klammern werden nur bei Auftreten bzw. Notwendigkeit verschlüsselt.
Meldungsname	METAR	TAF
Flughafenkennung	ICAO-Ortskennung z.B.: EDDF = Frankfurt	
Beobachtungstag und -zeit (METAR)/ Ausgabetag und -zeit (TAF)	Monatstag und Uhrzeit in UTC z.B.: 300320Z = 30. des Monats, 0320 UTC	
Gültigkeitszeitraum	–	Tag des Monats, Beginn der Gültigkeit, Ende der Gültigkeit z.B.: 060413 = 6. des Monats, 0400 bis 1300 UTC
AUTO	Kennwort zur Kennzeichnung einer vollautomatischen Meldung	–
Wind	Letztes 10-Minuten-Mittel; Windrichtung 3-stellig nach 360°-Skala; Windgeschwindigkeit in Knoten, Meter pro Sekunde oder Kilometer pro Stunde. Beispiele:	Mittlere Windrichtung 3-stellig nach 360°-Skala, mittlere Windgeschwindigkeit in Knoten, Meter pro Sekunde oder Kilometer pro Stunde. Beispiele:
	07010KT = 70 Grad mit 10 Knoten VRB01KT = umlaufend (variabel) mit 1 Knoten 00000KT = windstill (calm)	25007MPS = 250 Grad mit 7 Meter pro Sekunde 15015KMH = 150 Grad mit 15 Kilometer pro Stunde
	Böen: Höchste Windspitze während der letzten 10 Minuten. Voraussetzung: Böe ist mindestens 10 kt größer als mittlere Windgeschwindigkeit. Kennbuchstabe: **G** (gusts) Beispiel: 26018G37KT = 260 Grad mit 18 Knoten, Böen 37 Knoten	**Böen:** Höchste vorhergesagte Windspitze. Voraussetzung: Böe ist mindestens 10 kt größer als mittlere Windgeschwindigkeit. Wert: ≥ 25 kt Kennbuchstabe: **G** (gusts) Beispiel: 29015G30KT = 290 Grad mit 15 Knoten, Böen bis 30 Knoten
	Windschwankung: Schwankung der Windrichtung um mindestens 60°. Voraussetzung: Windgeschwindigkeit ≥ 4 kt Die Windschwankung wird durch den linken und rechten Schwankungswert beschrieben, die durch den Kennbuchstaben **V** von einander getrennt werden. 150V240 = Wind schwankt zwischen 150 und 240 Grad 340V080 = Wind schwankt zwischen 340 und 80 Grad	–

Schlüssel/ Gliederung mit Änderungsgruppen	METAR (METeorological Aerodrome Routine Report)/ Bodenwettermeldung von Flugplätzen	TAF (Terminal Aerodrome Forecast)/ Flugplatzwetter-Vorhersage
Sicht	Horizontalsicht am Boden 4-stellig in Metern, bei unterschiedlichen Sichtweiten wird die schlechteste Sicht angegeben, angefügt wird die Himmelsrichtung nach 8-teiliger Kompassrose, in der die Minimumsicht beobachtet wird. Beispiel: 3200SW = schlechteste Sicht 3 200 m in Richtung Südwesten	Horizontalsicht am Boden 4-stellig in Metern, bei unterschiedlichen Sichtweiten wird die schlechteste Sicht vorhergesagt. Beispiele:
	0400 = Sicht 400 m 4000 = Sicht 4 000 m 9999 = Sicht 10 km oder mehr	
	Maximale Sicht: Maximale Horizontalsicht am Boden (zusätzliche Sichtangabe), wird der ersten Sichtgruppe angefügt. Beste Sichtweite (mit Himmelsrichtung). Voraussetzung: schlechteste Sicht < 1 500 m, beste Sicht > 5 000 m. Beispiel: 7000E = beste Sicht 7 km in Richtung Ost Kombination: 1100S 7000W = schlechteste Sicht 1 100 m in Richtung Süd, beste Sicht 7 km in Richtung West.	–
	Pistensicht: Mit Transmissometern gemessene Sicht entlang der Piste (RVR) – Voraussetzung: Sicht und/oder Pistensicht < 1 500 m – Kennbuchstabe: **R;** – Pistenrichtung, bei parallelen Pisten zusätzlich L (linke Piste) – oder R (rechte Piste); – Pistensicht in Metern; – bei Überschreiten vom Messbereich des Transmissometers (1500 m) wird ein **„P"**, bei Unterschreiten des Messbereichs (50 m) wird ein **„M"** vorangestellt; – Tendenz (Änderung während der letzten 10 Minuten) U = upward, D = downward, N = no distinct tendency Beispiele: R15/0500 = RVR 500 m auf der Piste 15 R26L/0175U = RVR 175 m auf der Piste 26 links, Tendenz Verbesserung R05R/P1500N = RVR mehr als 1 500 m auf der Piste 05 rechts, keine deutliche Änderung R30/M0050D = RVR weniger als 50 m auf der Piste 30, Tendenz Verschlechterung Bei größeren Schwankungen der RVR wird die Schwankungsbreite während der letzten 10 Minuten vor der Beobachtung angegeben: Die Schwankungsbreite wird durch den schlechtesten und den besten Wert beschrieben, die durch den Kennbuchstaben **V** von einander getrennt werden. R27/0400V1300D = RVR schwankt zwischen 400 und 1 300 m auf der Piste 27 rechts, Tendenz Verschlechterung.	–

Schlüssel/ Gliederung mit Änderungsgruppen	METAR (METeorological Aerodrome Routine Report)/ Bodenwettermeldung von Flugplätzen	TAF (Terminal Aerodrome Forecast)/ Flugplatzwetter-Vorhersage

Wettererscheinung	Beschreibung des **gegenwärtigen Wetters** beim **METAR-Schlüssel** (kann mehrmals gemeldet werden) bzw. des **vorhergesagten Wetters** beim **TAF Schlüssel** mit Hilfe von Abkürzungen, die sich aus verschiedenen Angaben zusammensetzen können:
	     – Intensität oder Nähe,
	     – Deskriptor,
	     – Wettererscheinung.	

	Intensität:
	 Die Intensität wird mit Vorzeichen dargestellt. Eine Intensitätsangabe erhalten nur Niederschläge, Treiben von Sand, Staub und Schnee, Sand- und Staubsturm. Intensitätsangaben bei Gewittern beziehen sich auf den Niederschlag. Symbole:
	     – = leicht
	       = mäßig (ohne Symbol)
	    + = stark	

	Nähe: Treten Wettererscheinungen nicht am Flughafen direkt auf, sondern im Umkreis von 8 km außerhalb der Flughafengrenze, beginnt die Meldungsgruppe mit **VC** **(in vicinity = in der Nähe).** Mit VC werden nur Gewitter, Schauer, Nebel, Schnee-, Sand- und Staubtreiben, Kleintromben und Tornados gemeldet.	–

Wettererscheinung	**Deskriptor:**

Der Deskriptor beschreibt die folgende Wettererscheinung genauer, die einzelnen Deskriptoren sind nur mit bestimmten Erscheinungen kombinierbar.

MI	= flach	shallow	nur bei Nebel
BC	= Schwaden	patches	nur bei Nebel
PR	= Teil des Flughafens bedeckend	partial	nur bei Nebel
DR	= -fegen	low drifting	nur bei Schnee, Sand, Staub
BL	= -treiben	blowing	nur bei Schnee, Sand, Staub
SH	= Schauer	shower	nur bei Regen, Schnee, Graupel, Hagel
TS	= Gewitter	thunderstorm	nur bei Regen, Schnee, Graupel, Hagel
FZ	= gefrierend	freezing	nur bei Regen, Sprühregen, Nebel

Wettererscheinung: Niederschlag

DZ	= Sprühregen	drizzle
RA	= Regen	rain
SN	= Schnee	snow
SG	= Schneegriesel	snow grains
IC	= Eisnadeln	ice crystals
PL	= Eiskörner	ice pellets
GR	= Hagel	hail (grêle)
GS	= Graupel	small hail or snow pellets

Auch Mischniederschlag wird nur in einer Gruppe gemeldet, es sind Kombinationen verschiedener Niederschlagsarten möglich, der vorherrschende Niederschlag steht an erster Stelle.

Wettererscheinung: Trübungserscheinungen

HZ	= trockener Dunst	haze	VA	= Vulkanasche	volcanic ash
BR	= feuchter Dunst	mist (brume)	DU	= verbreitet Staub	widespread dust
FG	= Nebel	fog	SA	= Sand	sand
FU	= Rauch	smoke (fumée)			

Trübungserscheinungen werden nur verschlüsselt, wenn die Sicht ≤ 5000 m beträgt/betragen soll (Ausnahme bei Nebel, hier Sicht < 1000 m).

Schlüssel/ Gliederung mit Änderungsgruppen	METAR (METeorological Aerodrome Routine Report)/ Bodenwettermeldung von Flugplätzen	TAF (Terminal Aerodrome Forecast)/ Flugplatzwetter-Vorhersage
Wettererscheinung	**Wettererscheinungen: andere** PO = Kleintrombe (Staub-/Sandwirbel) — well developed dust- or sandwhirls, dust devils SQ = markante Böen — squall FC = Tornado/Wasserhose — funnel cloud SS = Sandsturm — sandstorm DS = Staubsturm — duststorm	Beispiele: −DZ = leichter Sprühregen RA = mäßiger Regen +SN = starker Schnee VCTS = Gewitter in der Nähe des Platzes MIFG = flacher Nebel DRSN = Schneefegen −SHSNRA = leichter Schauer von Schnee und Regen, Schnee überwiegt +TSRASN = Gewitter mit starkem Regen und Schnee, Regen überwiegt
Wolken	Bedeckungsgrad und Untergrenze der beobachteten Bewölkung, in Ausnahmefällen auch der Gattung.	− Bedeckungsgrad und Untergrenze der vorhergesagten Bewölkung über der Flugplatzhöhe, in Ausnahmefällen auch der Gattung, kann mehrfach gemeldet werden. − Verschlüsselt werden nur Wolken mit Untergrenzen < 5 000 ft (Ausnahme CB).
	Bedeckungsgrad in Stufen: SKC (sky clear) wolkenlos = 0/8 FEW (few) gering = 1/8–2/8 SCT (scattered) aufgelockert = 3/8–4/8	BKN (broken) aufgebrochen = 5/8–7/8 OVC (overcast) bedeckt = 8/8 NSC nil significant clouds = keine Wolken unter 5 000 ft, unabhängig vom Bedeckungsgrad
	Untergrenze: Angabe 3-stellig in **Hektofuß über Flugplatzbezugshöhe** 002 = 200 ft 030 = 3 000 ft 250 = 25 000 ft (nur METAR)	
	Gattung: Wenn die nachfolgenden signifikanten Wolken beobachtet werden, wird die Wolkengattung der Untergrenze angefügt. TCU = hochaufgetürmter Cumulus (towering cumulus) = vertikale Wolkenerstreckung ≥ 10000 ft (nur METAR) CB = Cumulonimbus	**Beispiele:** FEW007 = 1–2/8 700 ft OVC150 = 8/8 15 000 ft SCT030CB = 3–4/8 Cumulonimbus 3 000 ft BKN020TCU = 5–7/8 aufgetürmter Cumulus 2 000 ft
	Vertikalsicht: Ersatzangabe für die Wolkenuntergrenze, wenn diese nicht ermittelt bzw. vorhergesagt werden kann (Nebel, starker Schneefall), Wert in ft über Grund. Im DWD wird zurzeit keine Vertikalsicht gemessen. Beispiele: Kennbuchstaben: **VV** VV002 = Vertikalsicht 200 ft VV000 = Vertikalsicht < 100 ft VV/// = Vertikalsicht nicht angebbar	

Schlüssel/ Gliederung mit Änderungsgruppen	METAR (METeorological Aerodrome Routine Report)/ Bodenwettermeldung von Flugplätzen	TAF (Terminal Aerodrome Forecast)/ Flugplatzwetter-Vorhersage
CAVOK	Codewort zur Abkürzung der METAR- und TAF-Meldung bei guten Wetterbedingungen. **CAVOK = cloud and visibility ok** **Voraussetzungen:** – Sicht 10 km oder mehr, – keine Wolken unter 5 000 ft über Grund bzw. unterhalb der höchsten Sektormindesthöhe, – kein Cumulonimbus (CB), – keine Wettererscheinung.	
	Bei Erfüllung o. g. Voraussetzungen entfallen die Gruppen: Sicht, maximale Sicht, Pistensicht, Wettererscheinung, Wolken, Vertikalsicht. Stattdessen wird CAVOK verschlüsselt.	Bei Erfüllung o. g. Voraussetzungen entfallen die Gruppen: Sicht, Wettererscheinung, Wolken. Stattdessen wird CAVOK verschlüsselt.
Temperatur/ Taupunkt	Lufttemperatur und Taupunkt in ganzen Grad Celsius. Die Angabe erfolgt zweistellig – **bei negativen Werten wird ein M vorangestellt.** 18/10 = Temperatur 18 °C/Taupunkt 10 °C 02/M03 = Temperatur 2 °C/Taupunkt –3 °C	Von einzelnen europäischen Flughäfen wird die Tageshöchst- und Tiefsttemperatur vorhergesagt. Tageshöchsttemperatur: Kennbuchstaben **TX** Tagestiefsttemperatur: Kennbuchstaben **TN** Lufttemperatur in ganzen Grad Celsius. Die Angabe erfolgt zweistellig – **bei negativen Werten wird ein M vorangestellt.** Z = Kennung für UTC TX22/13Z = vorhergesagte Höchsttemperatur 22 °C um 13 UTC TNM03/05Z = vorhergesagte Tiefsttemperatur –03 °C um 05 UTC
QNH	QNH am Flughafen. Beispiele: Q = Angabe in hPa A = Angabe in Inches Q0980 = QNH 980 hPa Q1022 = QNH 1 022 hPa A3014 = QNH 30,14 Inches	–

Schlüssel/ Gliederung mit Änderungsgruppen	METAR (METeorological Aerodrome Routine Report)/ Bodenwettermeldung von Flugplätzen	TAF (Terminal Aerodrome Forecast)/ Flugplatzwetter-Vorhersage
Sonstige Erläuterungen der beiden Schlüssel METAR und TAF	**Vergangenes Wetter:** Beschreibung von signifikanten Wettererscheinungen, die zwar nicht mehr zur Beobachtungszeit, aber während der Zeit seit der letzten Routinebeobachtung auftraten. **Kennbuchstaben:** **RE** (recent = vergangen) Nur folgende Wettererscheinungen werden gemeldet: – Gewitter, – gefrierender Niederschlag (alle Intensitäten), – Sprühregen, Regen, Schnee, Eiskörner, Graupel, Hagel, Schneetreiben (nur mäßige oder starke Intensität), – Sand- oder Staubsturm (alle Intensitäten), – Großtrombe/Tornado, – Vulkanasche. Es werden hier keine Angaben über die Intensität, die Entfernung oder über einen konvektiven Charakter des Niederschlags gemacht (Regenschauer = Regen). RETS = vergangenes Gewitter RESN = vergangener mäßiger oder starker Schnee/Schneeschauer REFZRA = vergangener gefrierender Regen **Windscherung:** Information über beobachtete Windscherung (Pilotenreport) im Bereich des An- und Abfluges, zwischen Pistenhöhe (GND) und 1 600 ft GND. Windscherungswerte selbst werden nicht angegeben. **Kennbuchstaben:** **WS** (wind shear) **Angabe der Pistenrichtung:** WS RWY09 = Windscherung Piste 09 WS ALL RWY = Windscherung bei allen Pisten **Trend:** Entwicklungsvorhersage an internationalen Verkehrsflughäfen für die nächsten zwei Stunden nach dem Beobachtungstermin für flugbetrieblich wichtige Änderungen gegenüber dem aktuellen Wetter. In die Vorhersage werden nur die Wetterelemente aufgenommen, bei denen signifikante Änderungen erwartet werden. **METAR + Trend = Landewettervorhersage** Der **Trend** beginnt mit der Änderungsgruppe **BECMG** oder **TEMPO**, der eine Zeitgruppe angefügt werden kann, oder er lautet **NOSIG.**	**PROB%-Zeitraum:** Können ein oder mehrere Wetterelemente nicht eindeutig vorhergesagt werden, wird mit Hilfe von **PROB** eine **Wahrscheinlichkeitsaussage** (30 oder 40 %) über das Auftreten alternativer Elemente/Werte und den Zeitraum dieses Auftretens abgegeben (**PROB** – probability = Wahrscheinlichkeit). Die **PROB%-Aussage** steht unmittelbar hinter dem (den) eigentlichen Vorhersagewert(en) und vor dem (den) alternativen Wert(en). SHRA PROB40 1618 +TSRAGR: mäßiger Regenschauer, mit einer Wahrscheinlichkeit von 40 %; zwischen 16 und 18 UTC Gewitter mit starkem Regen und Hagel... **Unterteilung bei Änderung:** Bei erwarteter signifikanter Änderung (Erreichen, Über- oder Unterschreiten definierter Schwellenwerte, Beginn und Ende signifikanter Wettererscheinungen) wird der Vorhersagezeitraum unterteilt. Dies geschieht mit Hilfe von Änderungsgruppen. Alle Änderungsgruppen werden mit einer Uhrzeitgruppe verbunden. **Änderung mit BECMG und TEMPO:** Es werden nur die Wetterelemente aufgeführt, die sich signifikant ändern. Wird erwartet, dass eine signifikante Wettererscheinung endet, wird **NSW** (**n**il **s**ignificant **w**eather) verwendet. **BECMG** Zeitgruppe = becoming (werdend). Die Änderung der Wetterelemente vollzieht sich mehr oder weniger gleichmäßig zu einem neuen Wetterzustand. Der genaue Zeitpunkt des Eintreffens kann nicht vorhergesagt werden. Die Zeitgruppe bezeichnet den Zeitraum, in der sich die Änderung vollzieht (Beginn und Ende der Änderung). BECMG 1214 = Änderung zu einem neuen Wetterzustand zwischen 1200 und 1400 UTC, frühestens um 1200 UTC beginnend, spätestens um 1400 UTC beendet (**nicht:** Änderung dauert von 1200 bis 1400 UTC).

Schlüssel/ Gliederung mit Änderungsgruppen	METAR (METeorological Aerodrome Routine Report)/ Bodenwettermeldung von Flugplätzen	TAF (Terminal Aerodrome Forecast)/ Flugplatzwetter-Vorhersage
Sonstige Erläuterungen der beiden Schlüssel METAR und TAF	Zeitgruppen werden mit den Kennungen **FM** (from), **TL** (until) oder **AT** (at) eingeleitet. Der Kennung folgt die zugeordnete Uhrzeit innerhalb des Gültigkeitszeitraums des Trends. NOSIG = no significant change (keine wesentliche Änderung) FM1000 = ab 1000 UTC TL1430 = bis 1430 UTC AT2230 = um 2230 UTC FM0400 TL0500 = ab 0400 UTC bis 0500 UTC **BECMG** = becoming (werdend). Die Änderung der Wetterelemente vollzieht sich mehr oder weniger gleichmäßig zu einem neuen Wetterzustand. **TEMPO** = temporary (zeitweise). Vorübergehende, zeitweilige Änderung von Wetterelementen. BECMG und TEMPO können auch ohne Uhrzeit verwendet werden, wenn die Änderung am Anfang des Trendzeitraums beginnt und am Schluss endet oder eine zeitliche Zuordnung der Änderung nicht möglich ist. **Pistenzustand:** Bei winterlichen Beeinträchtigungen des Pistenzustandes wird an das Ende der METAR-Meldung vor den Trend eine verschlüsselte Information gestellt. Diese Information besteht aus 8 Ziffern. **Bezeichnung der Piste:** Die Piste wird durch Angabe der Pisten-Nummer bezeichnet. Bei Flughäfen mit parallelen Pisten werden die **„rechten" Pisten** durch **Addition von 50** gekennzeichnet. 18 = Piste 18 09 = Piste 09 59 = Piste 09 R 88 = alle Pisten des Flughafens 99 = Wiederholung des vorhergehenden Berichts, da kein aktueller Bericht vorliegt **Art der Bedeckung der Piste mit Niederschlag:** 0 = trocken und frei von Ablagerungen 1 = feucht 2 = nass oder Wasserpfützen 3 = Raureif oder Reif (Höhe normalerweise weniger als 1 mm) 4 = trockener Schnee 5 = nasser Schnee 6 = Schneematsch 7 = Eis 8 = zusammengepresster oder gewalzter Schnee 9 = festgefrorene Radspuren / = Art der Ablagerung nicht gemeldet (z.B. Räumung der Piste)	**TEMPO Zeitgruppe = temporary (= zeitweise).** Vorübergehende, zeitweilige Änderung von Wetterelementen. Die Zeitgruppe bezeichnet den Zeitraum, in dem die Änderungen auftreten. TEMPO 0407 = zeitweilige Änderung (Wetterschwankung) zwischen 0400 UTC und 0700 UTC **Änderung mit FM:** Alle vorher beschriebenen Wetterzustände werden aufgehoben, alle Wetterelemente (mind. Wind, Sicht, Wolken) werden neu beschrieben, nur signifikante Wettererscheinungen werden verschlüsselt. **Nicht signifikant sind:** – alle leichten Niederschläge (außer gefrierend), – alle Trübungserscheinungen, außer sie sind Ursache für eine Sicht < 5 000 m. O.g. Einschränkung der Vorhersage von Wettererscheinungen gilt auch für die Beschreibung des Wetters zu Beginn der Gültigkeit eines TAF. **FM Zeitgruppe = from (ab).** Beginn eines neuen Vorhersageabschnitts. Die Zeitgruppe bezeichnet die Uhrzeit (Stunde, Minute), zu der die Änderung stattfindet. FM2200 = ab 2200 UTC **PROB% TEMPO Zeitgruppe:** Kann eine zeitweilige Änderung nicht eindeutig vorhergesagt werden, wird die prozentuale Wahrscheinlichkeit (30 oder 40%) des Auftretens angegeben. PROB30 TEMPO 1316 TSRA = mit einer Wahrscheinlichkeit von 30% tritt zwischen 1300 und 1600 UTC zeitweise Gewitter mit mäßigem Regen auf. **BECMG und FM dürfen nicht mit PROB verbunden werden!** **Berichtigung von TAFs/Schwellenwerte für Änderungen:** Ausgegebene TAFs werden berichtet, wenn gravierende Abweichungen gegenüber der ursprünglichen Vorhersage eingetreten sind oder erwartet werden. Ein berichtigter TAF wird mit **AMD** (to amend = berichtigen) gekennzeichnet. Die Kriterien für die Amendierung und Änderung von TAFs (Verwendung von Änderungsgruppen) lauten: **Bodenwind:** – Änderung der Windrichtung um ≥ 60° bei einer Geschwindigkeit von ≥ 10 kt vor und/oder nach der Änderung, – Änderung der mittleren Windgeschwindigkeit um ≥ 10 kt, – Auftreten von Böen (≥ 10 kt über mittlerer Windgeschwindigkeit) bei einer mittleren Windgeschwindigkeit von ≥ 15 kt.

Schlüssel/ Gliederung mit Änderungsgruppen	METAR (METeorological Aerodrome Routine Report)/ Bodenwettermeldung von Flugplätzen	TAF (Terminal Aerodrome Forecast)/ Flugplatzwetter-Vorhersage
Sonstige Erläuterungen der beiden Schlüssel METAR und TAF	**Flächenmäßige Ausdehnung der Ablagerungen auf der Piste:** 1 = weniger als 10 % 2 = 11 bis 25 % 5 = 26 bis 50 % 9 = 51 bis 100 % / = keine Angaben (z. B. Räumung der Piste) **Höhe der Ablagerung:** 00 = < 1 mm 90 = 90 mm 01 = 1 mm 91 = wird nicht verwendet 02 = 2 mm 92 = 10 cm usw. 93 = 15 cm 10 = 10 mm 94 = 20 cm usw. 95 = 25 cm 50 = 50 mm 96 = 30 cm 97 = 35 cm usw. bis 98 = 40 cm und mehr 99 = Piste nicht benutzbar wegen Schnee, Schneematsch, Eis, starker Verwehungen oder Räumung der Piste, ohne Angabe der Höhe. // = Höhe der Ablagerung betrieblich nicht signifikant oder nicht messbar. **Reibungskoeffizient oder Bremswirkung:** **a) Reibungskoeffizient**	**Bodensicht:** – bei Unterschreiten (Verschlechterung) bzw. Erreichen oder Überschreiten (Besserung) der Schwellenwerte 150 m, 350 m, 600 m, 800 m, 1 500 m, 3 000 m, 5 000 m. **Wettererscheinungen:** Bei Einsetzen, Beendigung oder Wechsel der Intensität von: – gefrierender Niederschlag, – gefrierender Nebel, – mäßiger oder starker Niederschlag, – Staub-, Sand- oder Schneefegen, – Staub-, Sand- oder Schneetreiben, – Staubsturm, – Sandsturm, – Gewitter (mit oder ohne Niederschlag), – markante Böe, – Großtrombe/Tornado, – andere Wettererscheinungen bei erwarteten signifikanten Sichtänderungen. **Bewölkung:** – bei Unterschreiten (Verschlechterung) bzw. Erreichen oder Überschreiten (Besserung) der Schwellenwerte 100 ft, 200 ft, 500 ft, 1 000 ft, 1 500 ft der niedrigsten Wolkenschicht bei einem Bedeckungsgrad BKN oder OVC, – Wechsel des Bedeckungsgrads von SKC, FEW, SCT zu BKN, OVC oder umgekehrt unterhalb von 1500 ft, – Bildung oder Auflösung von CB.

Schlüsselzahl	gemessener Reibungskoeffizient	entspricht einer geschätzten Bremswirkung
25 und kleiner	≤ 0,25	schlecht
26 bis 29	0,26 bis 0,29	schlecht bis mittelmäßig
30 bis 35	0,30 bis 0,35	mittelmäßig
36 bis 39	0,36 bis 0,39	mittelmäßig bis gut
40 und größer	≥ 0,40	gut

Beispiele:

vorhergesagt:	verschlüsselt:
FEW020 OVC050	FEW 020
SKC Änderung zu BKN020	wird nicht verschlüsselt
9999 Änderung zu 6000	wird nicht verschlüsselt

–SN bei Sicht > 5 000 m (im Grundzustand) wird nicht verschlüsselt

Die o. g. Beispiele zeigen, dass gravierende Änderungen von Sicht und Wolken bzw. einzelne Wettererscheinungen vom TAF nicht abgebildet werden. Ein TAF beschreibt Wetterbedingungen und -änderungen, die primär für die Verkehrsluftfahrt von Bedeutung sind. TAFs sollten daher nur mit äußerster Vorsicht für den VFR-Flugbetrieb genutzt werden, um keine falsche Schlüsse aus der Vorhersage zu ziehen.

b) Bremswirkung
91 = schlecht
92 = schlecht bis mittelmäßig
93 = mittelmäßig
94 = mittelmäßig bis gut
95 = gut
99 = Bremswirkung und Reibungskoeffizient unzuverlässig bzw. nicht messbar
// = Bremswirkung und Reibungskoeffizient nicht festgestellt, da Piste(n) nicht in Betrieb

Beispiel:
27491026 = Pistenzustand auf Piste 27, trockener Schnee, 51–100 % Bedeckung, 10 mm Höhe, Bremskoeffizient 0,26 (Bremswirkung schlecht bis mittelmäßig)

Übungsbeispiele (METAR/TAF) aus der Praxis

METAR-Meldungen
SA 051420
EDDB 051420Z 23011KT 7 000 SCT006 OVC037 02/02 Q1023 NOSIG=
EDDC 051420Z 24005KT CAVOK 04/00 Q1025 NOSIG=
EDDE 051420Z 25011KT 9999 FEW023 OVC026 01/01 Q1026 NOSIG=
EDDF 051420Z 18004KT 5 000 BR SCT004 OVC008 01/00 Q1030 NOSIG=
EDDG 051420Z 22006KT 1800 DZRA BR BKN004 05/05 Q1026 NOSIG=
EDDH 051420Z 26010KT 5 000 BR SCT007 BKN010 08/07 Q1021 BECMG SCT015=
EDDI 051420Z 2 0009KT 7 000 FEW006 BKN035 02/01 Q1023 NOSIG=
EDDK 051420Z 13003KT 9999 FEW009 OVC010 03/00 Q1029 NOSIG=
EDDL 051420Z 15006KT 6 000 BKN006 03/02 Q1028 NOSIG=
EDDM 051420Z 05004KT 2800 BR OVC002 01/01 Q1027 NOSIG=
EDDN 051420Z 32003KT 9999 FEW007 OVC011 01/M01 Q1028 NOSIG=
EDDP 051420Z 23012KT 9999 BKN035 03/01 Q1026 NOSIG=
EDDR 051420Z 24003KT 2 000 BR BKN002 01/01 Q1029 NOSIG=
EDDS 051420Z VRB02KT 8 000 OVC008 03/01 Q1028 NOSIG=
EDDT 051420Z 22008KT 8 000 FEW010 BKN030 04/02 Q1023 NOSIG=
EDDV 051420Z 26012KT 3500 -DZ BR BKN006 OVC010 06/05 Q1025 TEMPO 2 000 BKN004=
EDDW 051420Z 26010KT 3800 BR FEW004 BKN006 08/07 Q1024 NOSIG=

Bild 3.115   Beispiel METAR-Meldungen

TAF-Meldungen
FC 051200
EDDB 051200Z 051322 24010KT 4 000 BR BKN006 PROB40 TEMPO 1316 5 000 SCT006 BKN010 BECMG 1619
            BKN004=
EDDC 051200Z 051322 24007KT 9 000 SCT030 PROB40 TEMPO 1822 3 000 -DZRA PROB30 -FZRA BKN008=
EDDE 051200Z 051322 24009KT 9999 BKN030 PTOB30 TEMPO 1722 3 000 BR BKN008=
EDDF 051200Z 051322 VRB03KT 8 000 BKN012 BECMG 1315 SCT012 BKN020 BECMG 2022 4 000 BR
OVC004=
EDDG 051200Z 051322 24005KT 5 000 BKN010 TEMPO 1322 2 000 -DZ BR BKN004=
EDDH 051200Z 051322 26009KT 4 000 DZ BKN004 BECMG 1315 8 000 NSW BKN006 BECMG 1517 BKN015
            TEMPO 1722 BKN010=
EDDI 051200Z 051322 25010KT 6 000 BKN006 TEMPO 1316 SCT006 BKN010 BECMG 1619 4 000 BR BKN004=
EDDK 051200Z 051322 13005KT 6 000 SCT010 BKN015 TEMPO 1315 BKN009 TEMPO 1522 3 000 -DZ BR
            BKN007=
EDDL 051200Z 051322 13005KT 6 000 SCT008 BKN010 TEMPO 1315 BKN007 TEMPO 1522 3 000 -DZ BR
            BKN004=
EDDM 051200Z 051322 32004KT 4 000 BR OVC004 TEMPO 1722 BKN007=
EDDN 051200Z 051322 3 0004KT 9999 SCT010 OVC013 PROB30 TEMPO 1622 BKN008=
EDDP 051200Z 051322 22011KT 9999 BKN025 PROB30 TEMPO 1622 4 000 -DZRA BKN008=
EDDR 051200Z 051322 VRB03KT 1200 BCFG BKN006 TEMPO 1316 6 000 BKN015 BECMG 1618 1 000 BR
            SCT001 BKN003=
EDDS 051200Z 051322 04004KT 9999 SCT008 BKN015 TEMPO 1322 BKN008 PROB30 TEMPO 1322 4 000
            BR=
EDDT 051200Z 051322 25010KT 6 000 BKN006 TEMPO 1316 SCT006 BKN010 BECMG 1619 4 000 BR BKN004=
EDDV 051200Z 051322 26009KT 8 000 BKN030 BECMG 1416 BKN008 TEMPO 1519 2500 DZ TEMPO 1922
            BKN015=
EDDW 051200Z 051322 26009KT 2500 DZ BKN004 BECMG 1315 8 000 NSW BKN006 BECMG 1517 BKN015
            TEMPO 1722 BKN010=

Bild 3.116   Beispiel TAF-Meldungen

3.5.4 Flugwettervorhersagen

3.5.4.1 GAFOR (General Aviation FORecast)

GAFOR sind Flugwettervorhersagen, die der DWD für die Allgemeine Luftfahrt erstellt und die über Anrufbeantworter abgehört werden können. GAFOR hat sich als praktisches und zuverlässiges Selbstbriefingverfahren etabliert. Um es zu nutzen, braucht man lediglich ein Telefon und die Karte mit den GAFOR-Gebieten (Karte und Rufnummern findet man im aktuellen Flieger-Taschenkalender oder unter www.flugwetter.de). Die Vorhersagen werden für die Bereiche Nord und Süd in Deutschland ausgegeben. Die Bereiche überlappen sich etwa zwischen dem Ruhr- und dem Rhein-Main-Gebiet sowie im Südteil der FIR Berlin. Die Vorhersagen für den Überlappungsbereich sind in beiden Berichten inhaltlich gleich. Sie gelten für **VFR-Flüge** innerhalb von Deutschland und bis zu einer Höhe von **10 000 ft MSL.**

Die beiden Bereiche sind wiederum in einzelne nummerierte Gebiete – **GAFOR-Gebiete** – untergliedert, in denen normalerweise einheitliche Wetterverhältnisse herrschen (siehe Bild 3.118).

- **Die Flugwettervorhersagen enthalten folgende Angaben:**

   a) Einleitender Text und Gültigkeitsdauer der Vorhersage;
   b) Charakterisierung der Wetterlage in Kurzform und Gefahren für den VFR-Verkehr;
   c) Höhenwinde für die Höhen 1 500 ft NN (nur Bereich NORD), 3 000 ft NN, 5 000 ft NN und 10 000 ft NN (MSL);
   d) Höhe der Nullgradgrenze über NN (MSL);
   e) Vorhersage für drei aufeinander folgende 2-Stunden-Perioden der in jedem Gebiet vorherrschenden Möglichkeiten für VFR-Flüge, unterschieden nach Sichtflugstufen;
   f) Zeit der nächsten planmäßigen Aufsprache.

- **Terminplan für Ausgabe und Gültigkeitsdauer von GAFOR:**

Ausgabe (UTC)	Gültigkeitsdauer der Vorhersage			
	gesamt	1. Periode	2. Periode	3. Periode
0240*)	0300 – 0900	0300 – 0500	0500 – 0700	0700 – 0900
0540	0600 – 1200	0600 – 0800	0800 – 1000	1000 – 1200
0840	0900 – 1500	0900 – 1100	1100 – 1300	1300 – 1500
1140	1200 – 1800	1200 – 1400	1400 – 1600	1600 – 1800
1440	1500 – 2100	1500 – 1700	1700 – 1900	1900 – 2100
2040	Aussichten für den Folgetag			

Bemerkung: *) nur während der Sommerzeit!

- Der GAFOR wird im **GAFOR-Code** erstellt und dient der Verbreitung von Flugwettervorhersagen für die Allgemeine Luftfahrt. Die Vorhersagen beziehen sich ausschließlich auf die Elemente „Sicht" und auf eine Wolkenuntergrenze mit einem Bedeckungsgrad von 4/8 oder mehr (siehe Bild 3.117).

- Die Einstufung erfolgt für alle drei Vorhersageperioden einzeln für jedes Gebiet mit dem Anfangsbuchstaben der englischen Stufenbezeichnungen **und** mit einer **zusätzlichen Ziffer** bei der Einstufung „D" und „M", aus der hervorgeht, ob die Einstufung auf Grund der **Sichtweite** oder der **Wolkenuntergrenze** erfolgt. Die Gebietsnummern werden in aufsteigender Reihenfolge genannt (siehe Bilder 3.118 und 3.119).

• **Die Einstufung der Möglichkeiten für VFR-Flüge erfolgt nach** folgenden Kriterien des **GAFOR-Codes:**

GAFOR-Codes		Zifferunterteilung bei den Einstufungen „DELTA" und „MIKE"
CHARLIE = (nur national)	Horizontale Sichtweite am Boden 10 km oder mehr und keine Wolken mit einem Bedeckungsgrad von 4/8 oder mehr unterhalb 5000 ft über der jeweiligen Bezugshöhe.	
OSCAR = Offen/open	Horizontale Sichtweite am Boden 8 km und mehr und keine Wolkenuntergrenze (4/8 oder mehr) unter 2000 ft über der jeweiligen Bezugshöhe.	
DELTA = Schwierig/ difficult	Horizontale Sichtweite am Boden weniger als 8 km, mindestens jedoch 5 km **und/oder** Wolkenuntergrenze (4/8 oder mehr) unter 2 000 ft, jedoch nicht unter 1 000 ft über der jeweiligen Bezugshöhe.	
MIKE = Kritisch/ marginal	Horizontale Sichtweite am Boden weniger als 5 km, mindestens jedoch 1,5 km **und/oder** Wolkenuntergrenze (4/8 oder mehr) unter 1 000 ft, jedoch nicht unter 500 ft über der jeweiligen Bezugshöhe.	
X-RAY = Geschlossen/ closed	Horizontale Sichtweite am Boden weniger als 1,5 km, **und/oder** Wolkenuntergrenze (4/8 oder mehr) unter 500 ft über der jeweiligen Bezugshöhe.	

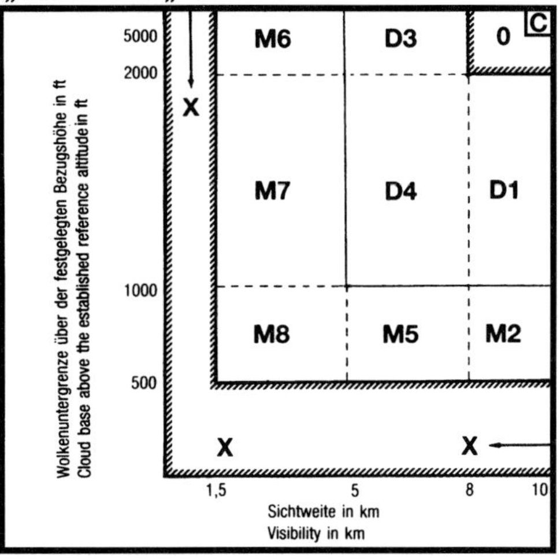

Bild 3.117   Kriterien des GAFOR-Codes

Anmerkungen zu Bild 3.117:

1. **„und/oder"** besagt, dass jeweils das **ungünstigere der beiden Kriterien** (horizontale Sichtweite/Wolkenuntergrenze) für die Einstufung ausschlaggebend ist.

   Im GAFOR wird bei der Einstufung **„D"** und **„M"** zwischen den beiden Kriterien durch Angabe der **Ziffernunterteilung** unterschieden (siehe oben). Bei der Einstufung bezieht sich die **Höhe der Wolkenuntergrenze** immer auf die für das Gebiet festgelegte Bezugshöhe in ft MSL (siehe Bild 3.119). Die **Bezugshöhe** ist für jedes einzelne GAFOR-Gebiet festgelegt. Sie wurde so festgelegt, dass in allen Gebieten bei gleicher Einstufung möglichst vergleichbare Sichtflugbedingungen herrschen. Einzelne Erhebungen, die in hügeligen oder Gebirgsregionen über der Bezugshöhe liegen, werden in der GAFOR-Gebietskarte besonders markiert.

2. **Einstufung MIKE*:** Bei der Einstufung **„M" (MIKE = kritisch/marginal)** wird nach **AIP-VFR (Teil GEN)** empfohlen, eine **individuelle Beratung** bei einer Luftfahrtberatungszentrale (LBZ) einzuholen!

Allgemein ist zu beachten, dass

- die vorhergesagten Stufen zwar im überwiegenden Teil der jeweiligen Gebiete und für die jeweilige Zeitperiode vorherrschen sollen, jedoch mit **kleinräumigen oder kurzzeitigen Abweichungen** gerechnet werden muss;
- der Flug innerhalb der Gültigkeitsdauer des GAFOR **begonnen und beendet** werden muss;
- der Zeitpunkt des Abrufs **so nahe wie möglich an der vorgesehenen Startzeit** liegen soll;
- der Bericht **amendiert (berichtigt)** wird, wenn unvorhergesehene Änderungen des Wetterablaufs es notwendig machen. Eine Korrektur erfolgt erst, wenn der tatsächliche Zustand um mehr als eine Stufe vom vorhergesagten abweicht oder eine nicht vorhergesagte **Verschlechterung** von **DELTA** nach **MIKE** eingetreten ist oder erwartet wird.

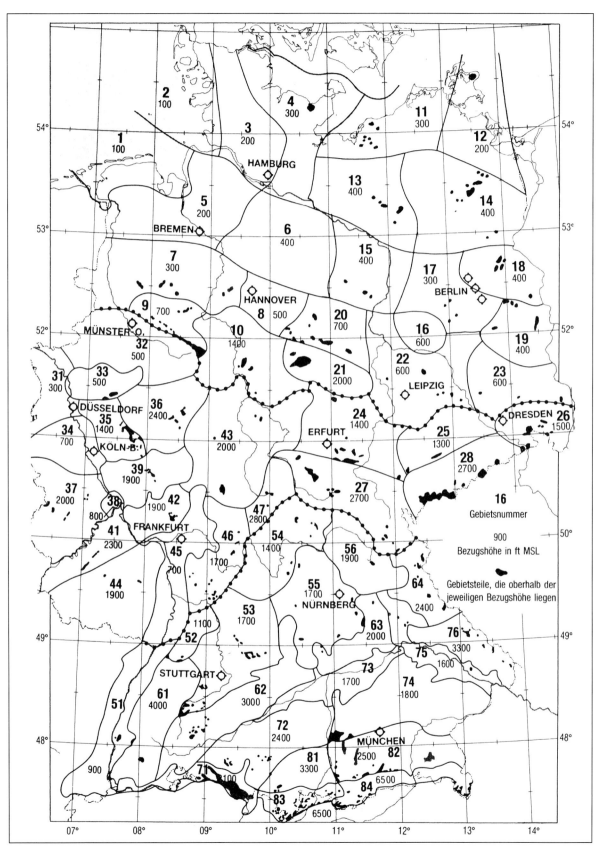

Bild 3.118 GAFOR-Gebietseinteilung

GAFOR-Gebiete / GAFOR-Areas

Nr.	Geographische Bezeichnung / Geographical designation	Bezugshöhen in ft MSL / Reference Altitude in ft MSL	Nr.	Geographische Bezeichnung / Geographical designation	Bezugshöhen in ft MSL / Reference Altitude in ft MSL
	Vorhersagebereich NORD:		31	Niederrheinisches Tiefland	300
01	Ostfriesland	100	32	Münsterland	500
02	Nordfriesland-Dithmarschen	100	33	Ruhrgebiet	500
03	Schleswig-Holsteinische Geest	200	34	Niederrheinische Bucht	700
04	Schleswig-Holsteinisches Hügelland	300	35	Bergisches Land	1400
05	Nordwestliches Niedersachsen	200	36	Sauerland	2400
06	Lüneburger Heide	400	37	Eifel	2000
07	Westliches Niedersachsen	300	38	Neuwieder Becken	800
08	Hannover	500	39	Westerwald	1900
09	Teutoburger Wald	700	41	Hunsrück	2300
10	Weser-Leine Bergland	1400	42	Taunus	1900
11	Mecklenburgisches Tiefland	300	43	Nordhessisches Bergland mit Vogelsberg	2000
12	Vorpommern	200	44	Rheinpfalz und Saarland	1900
13	Westliche Mecklenburgische Seenplatte und Prignitz	400	45	Rhein-Main Gebiet und Wetterau	700
14	Östliche Mecklenburgische Seenplatte und Uckermark	400	46	Odenwald und Spessart	1700
15	Altmark	400	47	Rhön	2800
16	Hoher Fläming	600		**Vorhersagebereich SÜD:**	
17	Rhin-Havelluch und Ostbrandenburgisches Seengebiet	300	51	Oberrheinische Tiefebene	900
18	Barnim und Oderbruch	400	52	Kraichgau	1100
19	Spreewald und Gubener Waldland	400	53	Neckar-Kocher-Jagst-Gebiet	1700
20	Magdeburger Börde und Nördliches Harzvorland	700	54	Mainfranken und Nördliches Unterfranken	1400
21	Harz	2000	55	Mittelfranken	1700
22	Leipziger Tieflandsbucht und Elbe-Elster Niederung	600	56	Oberfranken	1900
23	Niederlausitzer Heiden	600	61	Schwarzwald	4000
			62	Schwäbische Alb	3000
	Vorhersagebereich NORD und SÜD:		63	Fränkische Alb	2000
24	Thüringer Becken	1400	64	Oberpfälzer Wald	2400
25	Mittelsächsisches Hügelland	1300	71	Hochrhein- und Bodenseeraum	2100
26	Oberlausitz und Lausitzer Gebirge	1500	72	Schwäbische Hochebene	2400
27	Thüringer Wald, Frankenwald und Fichtelgebirge	2700	73	Westliche Donauniederung	1700
28	Erzgebirge	2700	74	Südbayerisches Hügelland	1800
			75	Östliche Donau- und Naabniederung	1600
			76	Bayerischer Wald	3300
			81	Westliches Alpenvorland	3300
			82	Östliches Alpenvorland	2500
			83	Allgäuer Alpen	6500
			84	Östliche Bayerische Alpen	6500

Bild 3.119   GAFOR-Gebiete

3.5.4.2 GAMET

GAMETs sind **Gebietswettervorhersagen** für Flüge in **niedrigen Höhen**. Sie sind eine Ergänzung zum GAFOR und beschreiben Einschränkungen des Flugwetters nach festgelegten Kriterien sowie deren zeitliche und räumliche Entwicklung. GAMETs werden für jedes **Fluginformationsgebiet (FIR)** in Deutschland viermal am Tag veröffentlicht und gelten jeweils für die nächsten sechs Stunden. Sie decken den Bereich vom Boden bis Flugfläche 100 ab, im FIR München bis FL 150.

Auch andere europäische Länder verbreiten GAMETs nach einem einheitlichen von der ICAO festgelegten Schlüssel.

Der GAMET besteht auf zwei Abschnitten:

1. SECN I: In SECN I werden signifikante Wettererscheinungen beschrieben (z. B. Wind > 30 kt, Sichtweite am Boden, Gewitter, Berge in Wolken, Vereisung, Turbulenz usw.), falls sie vorhanden sind.
2. SECN II: In SECN II stehen allgemeine Wetterinformationen wie Wind und Temperatur in verschiedenen Höhen, Bewölkung, Null-Grad-Grenze und QNH.

3.5.4.3 AIRMET und SIGMET

AIRMETs sind **Flugwetterwarnungen** für Flüge in niedrigen Höhen. Sie werden nur heraus gegeben, wenn festgelegte Wettererscheinungen auftreten, die in SECN I des GAMET nicht beschrieben wurden. Auch AIRMETs beschränken sich auf Wettererscheinungen unter FL 100, im FIR München unterhalb FL 150.

SIGMETs sind **Warnungen** vor **signifikanten meteorologischen Erscheinungen starker Intensität** im Bereich eines Fluginformationsgebietes **(FIR)**. Sie warnen vor dem tatsächlichen Vorhandensein oder dem erwarteten Auftreten und sind daher keine Routinemeldung. Sie werden nur herausgegeben, wenn gefährliche Wettererscheinungen drohen, z. B. bei Gewittern mit eingebettetem Hagel, bei starker Turbulenz, starker Vereisung usw. SIGMETs werden auch über die FIS-Frequenzen ausgestrahlt, um Piloten während des Fluges zu informieren.

3.5.4.4 VOLMET und ATIS

In Deutschland werden zurzeit von drei Stellen (Berlin, Bremen und Frankfurt) so genannte **VOLMET-Sendungen** (aus dem Französischen: **VOL MET**éorologique – Flugmeteorologie) ununterbrochen ausgestrahlt. Sie enthalten

die aktuellen Landewettervorhersagen (METAR mit TREND)

für die deutschen und einige größere angrenzende ausländische Flughäfen. Sie werden in englischer Sprache und Klartext fortlaufend 24 Stunden lang gesendet.

Der Pilot kann sich mit Hilfe dieser VOLMET-Meldungen im Fluge ständig über das Wetter und die Wetterentwicklung (TREND – gültig für zwei Stunden) an den meldenden Flughäfen informieren.

ATIS (Automatic **T**erminal **I**nformation **S**ervice)
Auf den ATIS-Frequenzen der Verkehrsflughäfen werden zwischen 0500 Uhr und 2300 Uhr UTC permanent **Lande- und Startinformationen** ausgestrahlt. Die ATIS-Meldungen enthalten auch die aktuellen Bodenwetterdaten (METAR und TREND) samt QNH und Windrichtung.

Frequenzen und Flughäfen für VOLMET- und ATIS-Ausstrahlungen sind auf den Rückseiten der ICAO-Karten und im aktuellen Flieger-Taschenkalender (GEN/MET-, AD- und ENR-Teil) zu finden.

3.5.5   Wettervorhersagen für den Segelflug

a) Segelflugwetterberichte

Die Segelflugwetterberichte werden von den Luftfahrtberatungszentralen zweimal täglich in der Zeit vom 01.03. bis 31.10. ausgegeben (06.45 Uhr und 17.45 Uhr). Sie werden über Telefonansage mit gebührenpflichtigen Rufnummern, pc_met und über den Fax-Server (siehe aktueller Flieger-Taschenkalender) verbreitet und stehen kurz nach der Ausgabe zum Abruf zur Verfügung.

Das Schema des Segelflugwetterberichts ist bundeseinheitlich und beinhaltet die folgenden Vorhersageabschnitte. Zu beachten ist, dass, im Gegensatz zu den sonstigen Vorhersagen im Flugwetterdienst, alle Maßangaben im metrischen System erfolgen (Höhe in m, Geschwindigkeit in km/h) und die Uhrzeiten der jeweiligen gesetzlichen Zeit (MESZ, MEZ) entsprechen.

475

FXDL40 EDDF 120500

Deutscher Wetterdienst

Segelflugwetterbericht für Hessen, Rheinland-Pfalz und das Saarland ausgegeben von der Luftfahrtberatungszentrale Mitte am Sonntag, dem 12.06.2005 um 07.00 Uhr gültig für Sonntag, den 12.06.2005

Schlagzeile: überwiegend gute Wolkenthermik

Wetterlage:
Zwischen einem Tief über Schweden und hohem Druck über dem Atlantik wird mit einer nordwestlichen Strömung kühle Nordseeluft in unseren Vorhersagebereich geführt.

Wolken und Niederschlag:
3 bis 5 Achtel Cumuli mit Basis anfangs bei 1 000 m, auf 1 800 m ansteigend. Darüber Felder von Altocumulus und Cirrus. Es bleibt niederschlagsfrei.

Thermik:
überwiegend gut

Thermikbeginn:
gegen 9.00 Uhr bei 12 Grad Celsius

Vorhergesagte Tageshöchsttemperatur:
20 Grad C

Thermikende:
voraussichtlich gegen 19.00 Uhr

wetterwirksame Sperrschichten:
zwischen 2 300 und 2 500 m

Bodensicht:
um 30 km

Nullgradgrenze:
1 700 Meter

Bodenwind:
Nordwest bis Nord 15 km/h

Höhenwinde und Temperaturen für 14.00 Uhr:

1 000 m	260 Grad	10 km/h	6 Grad C
1 500 m	260 Grad	10 km/h	2 Grad C
2 000 m	260 Grad	20 km/h	−2 Grad C
3 000 m	270 Grad	35 km/h	−5 Grad C

Bemerkungen und Warnungen:
keine

QNH:
in Frankfurt um 07 Uhr 1 013 hPa, Tendenz fallend

Aussichten für den Folgetag:
keine Änderung

Bemerkungen: Alle Höhenangaben beziehen sich auf NN, alle Zeitangaben auf gesetzliche Zeit. Nächste Aktualisierung am Sonntag, 12.06.2005 gegen 19.00 Uhr – Hd.

Bild 3.120   Beispiel eines Segelflugwetterberichtes (Quelle DWD)

b) Drei-Tages-Prognose

Diese Berichte werden vom DWD täglich gegen 14.00 Uhr für die Bereiche Nord, Mitte und Süd herausgegeben. Sie beschreiben die Wetterentwicklung für die nächsten drei Tage. Der aktuelle Tag wird nicht angesprochen. Die Drei-Tages-Prognose eignet sich hervorragend, das Herannahen einer guten Segelflugwetterlage zu erkennen und zu verfolgen. Auch lässt sich mit ihrer Hilfe schon Mitte der Woche abschätzen, wie sich das Wetter am Wochenende darstellen dürfte. Die Prognosen können über die Selfbriefingsysteme des DWD abgerufen werden.

Die Berichte enthalten – neben allgemeinen Informationen zur Wetterentwicklung – Angaben zum erwarteten Flugwetter für die drei Folgetage für

- **Sichtflieger** (mit den Schwerpunkten Sicht, Wettererscheinungen und Bewölkung);
- **Segelflieger** (mit dem Schwerpunkt der thermischen Entwicklung und den Streckenflugmöglichkeiten);
- **Ballonfahrer** (mit den Schwerpunkten Wind und Niederschläge).

3-Tage-Prognose für Sichtflug und Luftsport für Dienstag, den 03.05.2005 bis Donnerstag, den 05.05.2005 ausgegeben von der Luftfahrtberatungszentrale Nord für den Bereich Nord (GAFOR-Gebiete 1 bis 23 sowie 31 bis 36) am Montag, den 02.05.2005 um 14.00 Uhr

WETTERLAGE DEUTSCHLAND:
Der wetterbestimmende Höhenkeil wandert nach Osten ab, so dass der Vorhersagebereich auf die Vorderseite eines Höhentroges gelangt. Es erfolgt eine Umstellung der Großwetterlage, mittelfristig stellt sich eine zyklonale Nordwestlage ein. Die wellende Kaltfront eines atlantischen Tiefs zieht am DIENSTAG langsam südostwärts über Deutschland hinweg und erreicht gegen Abend den Donauraum. Im Vorfeld kommt es zu einer deutlichen Labilisierung der Luftmasse, kräftige Schauer und Gewitter sind die Folge. Frontrückseitig wird mit westlicher Strömung etwas kühlere, aber weiterhin labil geschichtete Meeresluft herangeführt. Am MITTWOCH hat die wellende Kaltfront den Alpenraum erreicht. Rückseitig liegt ganz Deutschland in einer westlichen bis nordwestlichen Strömung, mit der kühle Meeresluft herangeführt wird. Mit Annäherung eines Höhentroges wird diese Luftmasse im Tagesverlauf weiterhin labilisiert. Am DONNERSTAG gibt es unter Zwischenhocheinfluss eine kurze Wetterberuhigung, bevor am Nachmittag dichte Aufzugsbewoelkung ein erneutes Frontensystem ankündigt, welches bereits in den Vormittagstunden auf den Westen übergreift.

SICHTFLUGWETTER:
Am DIENSTAG sind in den Früh- und Vormittagsstunden unter mittelhohen und hohen Wolkenfeldern gebietsweise Stratusfelder um 500-1000 Fuß, über der Nordsee und am Küstenbereich Seenebelfelder möglich, stellenweise können aber auch noch Cumulonimben mit Schauern oder Gewittern vorhanden sein, dabei Untergrenzen um 1500-2500 Fuß. Im Vormittagsverlauf allgemein Übergang zu Quellwolken zwischen 2000 und 4000 Fuß und zum Mittag hin erneut auflebende Schauer- und Gewittertätigkeit, zum Teil linienhaft angeordnet, nach Süden hin schauerartig verstärkter Niederschlag mit eingelagerten Gewittern. Im Niederschlag Absinken der Untergrenze auf um 700-1500 Fuß. Die Sichten liegen bei Frühdunst um 2-5, stellenweise sind auch flache Bodennebelfelder möglich, im Niederschlag zwischen 3-8, sonst um 20-30 km. Der Wind weht schwach, in Schauer-/Gewitternähe auch böig auffrischend aus westlichen Richtungen. Am MITTWOCHmorgen kann es besonders nach Norden hin wieder Behinderungen durch Dunst und tiefe Stratusbewölkung, bzw. im Bereich der Nordsee durch Seenebelfelder geben, im Südteil können immer noch Schauer oder Gewitter aktiv sein, wobei sich die Schauer- und Gewittertätigkeit im Laufe des Tages auch wieder auf den gesamten Bereich ausdehnt, dabei gleiche Bedingungen, wie am Vortag. Der Wind weht schwach bis mäßig, in Schauer-/Gewitternähe auch zeitweise böig aus Nordwest. Am DONNERSTAG ist bei einem anfangs schwachen bis mäßigen, tagsüber zunehmend böigen west- bis nordwestlichen Wind in den Frühstunden stellenweise mit Behinderungen durch hochnebelartige Bewölkung zu rechnen. Ansonsten bildet sich unter von Westen her zunehmender mittelhoher und hoher Bewölkung in der Mitte und im Osten vormittags Quellschichtbewölkung aus, im Westen zieht dagegen starke Schichtbewölkung mit Regen heran, die sich im Tagesverlauf weiter nach Osten ausbreitet. Im Niederschlag muss dabei mit Sichten um 3-7, sonst 10-20 km gerechnet werden.

BALLONWETTER:
Am DIENSTAG- und MITTWOCH weht morgens zwar ein meist nur schwacher Wind, jedoch kann es gebietsweise zu Behinderungen durch hochnebelartige Bewölkung, stellenweise auch noch durch Schauer oder Gewitter kommen. Im Tagesverlauf nimmt dann allgemein die Schauer- und Gewitterneigung wieder zu, so dass auch Abendfahrten kaum möglich sein werden. Am DONNERSTAG weht bereits morgens ein mäßiger West- bis Nordwestwind, der im Tagesverlauf zunehmend böig wird. Dabei greift bereits in den Vormittagsstunden ein Niederschlagsgebiet auf den Westen über, das im Laufe des Tages nach Osten vorankommt.

SEGELFLUGWETTER:
An allen drei Tagen muss mit zum Teil starken Einschränkungen bei der Entwicklung nutzbarer Thermik durch Abschirmung, am DIENSTAG und MITTWOCH zusätzlich durch zeitweise Überentwicklungen mit verbreiteten Schauern und Gewittern, am DONNERSTAG durch böig auffrischenden West- bis Nordwestwind gerechnet werden.

Dieser Bericht wird nicht amendiert, die nächste Ausgabe erfolgt am Dienstag, den 03.05.2005 um 14.00 Uhr.

Bild 3.121   Beispiel einer Drei-Tages-Prognose (Quelle DWD)

c) pc_met

pc_met ist ein ausgeklügeltes Selfbriefingsystem. Mittels einer (kostenpflichtigen) Software kann man per Internet auf nahezu alle Wetterprodukte des DWD zugreifen. Über die Adresse www.flugwetter.de können Wettermeldungen, -berichte, Wetterkarten, Satelliten- und Wetterradarbilder, GAFOR-Graphiken, Temps und vieles mehr abgerufen, angeschaut und ausgedruckt werden. Eine spezielle Routenfunktion listet die gewünschten Meldungen vom Startflugplatz bis zum Ziel auf. Auch einzelne Parameter wie Wind, Sicht, Wolken usw. lassen sich in frei wählbaren geographischen Gebieten darstellen und geben einen anschaulichen Überblick über das Wettergeschehen in einem Gebiet oder entlang einer Flugstrecke.

Die geladenen Satelliten- und Wetterradarbilder lassen sich mit pc_met als Filmlauf ansehen und zeigen, wie schnell und in welche Richtung sich Fronten, Niederschläge oder Wolken (-lücken) verlagert haben.

Radiosondenaufstiege (Temps) können graphisch hinsichtlich Thermik, Bewölkung, Gewitter u. v. m. ausgewertet werden.

Über 200 Wetterkarten wie Analysen, Boden- und Höhenvorhersagekarten, Spezialkarten für Segelflug und Ballonfahren bis zu den Significant Weather Charts stehen zum Abruf bereit.

Die Software bietet auch eine Assistenten-Funktion; mit ihr genügt die Eingabe von Start, Ziel, Flughöhe, Abflugzeit und der Flugart (VFR, IFR, Segelflug, Ballonfahrt) – dann stellt der Assistent alle benötigten Wetterdaten und Vorhersagen zusammen.

Zusätzlich werden einige interessante Spezialprodukte angeboten. Meteogramme zeigen für ausgewählte Orte (z. B. ein Wettbewerbsgebiet) die Entwicklung verschiedener Wetterparameter für die nächsten 72 Stunden.

TOPTHERM ist ein spezielles Thermik-Vorhersagemodul für den Segelflug. Es zeigt für die GAFOR-Gebiete die zu erwartende Thermikart (Blauthermik oder Cu) mit Steigwerten an und den Grad der Bedeckung. Die Entwicklung der Thermik im Tagesgang wird sichtbar gemacht und die Basishöhen sind angegeben.

Mit der Funktion TopTask lassen sich in das vorhergesagte Wetter entsprechende Tagesaufgaben einbauen. Mit den Eingabeparametern von Flugzeugtyp und Flächenbelastung wird mit den vorhergesagten Steigwerten und dem Windfeld in der Region die optimale Streckenführung und maximale -größe bestimmt.

Zurzeit sind folgende Informationen über pc_met abrufbar:

- METARs Europa, auch als Graphik,

- TAFs Europa, Nordamerika,

- SIGMETs Europa,

- GAMETs/AIRMETs Europa,

- TEMPs und Vorhersage-TEMPs Europa,

- SYNOPs (in METAR-Code umgewandelt) Deutschland, Österreich, Schweiz, Frankreich,

- Flugplatzwarnungen Deutschland,

- Flugwetterübersichten Deutschland, Österreich, Schweiz,

- GAFOR Deutschland, Österreich, Schweiz, Frankreich,

- Segelflugwetterberichte Deutschland, Österreich,

- Ballonwetterberichte Deutschland, Österreich,

- 3-Tages-Prognosen für Sichtflug-, Ballon- und Segelflugwetter,

- Analysen Boden 850, 700, 500 hPa,

- Vorhersagekarten Boden 850, 700, 500 hPa bis zu 156 Stunden,

- Wind- und Temperaturvorhersagekarten 2 000 ft bis FL 390 (Europa und Nordamerika),

- Significant Weather Charts Mitteleuropa, Europa, Nordatlantik, Österreich, Frankreich, Schweiz,

- Aktuelle Satellitenbilder (VIS, IR) von Deutschland, Europa, Nordatlantik, Karibik,

- Wetterradarbilder Deutschland, Mitteleuropa und von Einzelstandorten in Deutschland,

- Spezialvorhersagekarten für den Segelflug und die Ballonfahrt,

- Spezialprodukte (Cross-Sections, Meteogramme, Blitzkarten, TOPTHERM).

4 Technik

4.1 Aerodynamik

4.1.1 Auftrieb und Widerstand

Der Strömungswiderstand – auch Luftwiderstand – wird von einem Körper dem Luftstrom entgegengesetzt, der ihn umfließt. Die Luft übt auf den umströmten Körper eine Kraft aus, die dem Strömungswiderstand genau entspricht (Kraft = Gegenkraft). Dabei ist es gleich, ob ein ruhender Körper von Luft angeblasen wird oder ein Körper sich durch ruhende Luft bewegt. Entscheidend ist die **Relativbewegung.**

Die Luftteilchen umfließen den Körper auf den **Stromlinien** (Bild 4.1). Diese sind in Zeichnungen immer auf einen ruhenden Körper bezogen. In der Abbildung sind die Strömungsverhältnisse an einer Scheibe, einer Kugel und einem Stromlinienkörper (Tropfenform) dargestellt. Da Luft nicht rechtwinklig um Kanten herumströmen kann, weicht sie vor dem Hindernis aus und rundet ihre Bahn damit ab. Weist der umströmte Körper auf seiner Rückseite eine abrupte Querschnittsverminderung auf, schließen sich die Stromlinien nur allmählich und zwischen ihnen bildet sich ein Wirbelfeld aus. Das aber kann verhindert werden, wenn der Körperquerschnitt auf der Rückseite nur langsam auf Null zurückgeht. Es entsteht der „windschnittige" Stromlinienkörper.

Der Strömungswiderstand besteht aus dem **Druckwiderstand** W_D und dem **Reibungswiderstand** W_R.

$$W = W_D + W_R$$

Der Druckwiderstand W_D hängt ab von:

a) der Größe der angeblasenen Fläche A,
b) dem Quadrat der Anblasgeschwindigkeit v^2,
c) der Luftdichte ρ = rho,
d) der Form des Körpers.

Der Druckwiderstand wächst linear mit der Größe der angeblasenen Fläche A (Bild 4.2), d.h. mit der Querschnittsfläche oder Stirnfläche, mit der der Körper in Anströmrichtung zeigt. A (= area) wird in m^2 gemessen.

Linear bedeutet, dass bei zwei-, drei- usw. facher Größe der Fläche auch der Druckwiderstand zwei-, drei- usw. mal so groß wird.

Der Druckwiderstand wächst mit dem Quadrat der relativen Anblasgeschwindigkeit v (Bild 4.3). Wird die Geschwindigkeit doppelt so groß, wächst der Widerstand 2 x 2 auf das Vierfache, bei dreifacher Geschwindigkeit 3 x 3 auf das Neunfache usw.

Der Druckwiderstand wächst – bei gleich bleibender Relativgeschwindigkeit – **linear mit der Luftdichte** (Bild 4.4). Die Luftdichte ist abhängig vom Luftdruck (Flughöhe) und von der Temperatur (jahres- und tageszeitlich).

Beispiel: Bei 15 °C beträgt die Luftdichte in MSL ρ = 0,125. Kühlt sich die Luft auf –20 °C ab, erhöht sich die Luftdichte auf ρ = 0,14. Im ersten Fall betrug der Widerstand 1, durch die Abkühlung stieg er auf 1,12, hat sich also um 12 % erhöht.

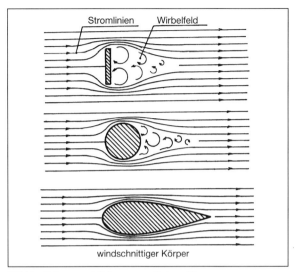

Bild 4.1 Strömungsverhältnisse an verschiedenen Körpern

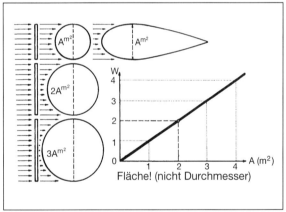

Bild 4.2 Anblasfläche und Druckwiderstand

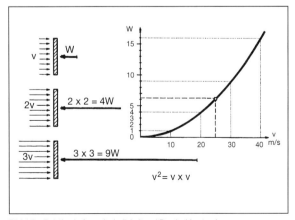

Bild 4.3 Relative Luftgeschwindigkeit und Druckwiderstand

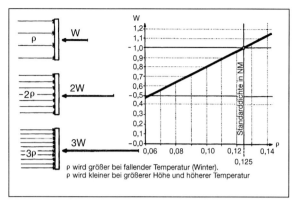

Bild 4.4   Luftdichte und Druckwiderstand

Fliegen wir in 6000 m Höhe, hat die „dünnere" Luft eine Dichte von ρ = 0,07, der Druckwiderstand liegt bei 0,56, ist also um 44 % zurückgegangen.

Erklärung: Je größer die Dichte, desto mehr Luftmoleküle prallen gegen den angeblasenen Körper, der Widerstand wächst. Die Werte für Druck, Dichte und Temperatur in den entsprechenden Höhen sind in der Tabelle von Bild 4.5 enthalten.

Der Druckwiderstand ändert sich mit der Form des angeblasenen Körpers, wenn die Anblasfläche, die Relativgeschwindigkeit und die Luftdichte gleich bleiben. Dieser Widerstand wird durch die formabhängigen Luftwirbel hervorgerufen und durch den **Widerstandsbeiwert c_w** (c = coefficient) ausgedrückt. Dieser Wert wird im Windkanal experimentell festgestellt. Je größer der Widerstandsbeiwert desto größer der Druckwiderstand.

In Bild 4.8 wird eine Reihe von Körpern mit ihren Widerstandsbeiwerten gezeigt.

Mathematisch wird der Druckwiderstand eines Körpers W_D wie folgt dargestellt:

$$W_D = 1/2 \times c_w \times A \times \rho \times v^2$$

In Worten ausgedrückt beträgt der Druckwiderstand eines Körpers die Hälfte des Produktes von Widerstandsbeiwert mal Anblasfläche mal Luftdichte mal Quadrat der relativen Anblasgeschwindigkeit.

Höhe	Druck		Dichte	Temperatur	
(m)	hPa	(kp/cm²)	(kp.s².m⁴)	°K = T	°C
0	1013,2	1,033	0,125	288	15
200	989	1,008	0,122	286,7	13,7
500	955	0,974	0,119	284,8	11,8
1 000	899	0,917	0,113	281,5	8,5
1 500	830	0,846	0,108	278,3	5,3
2 000	795	0,810	0,103	275	2
3 000	700	0,714	0,094	268,5	– 4,5
4 000	616	0,628	0,084	262	–11
5 000	540	0,551	0,076	255,5	–17,5
6 000	472	0,481	0,067	249	–24
7 000	410	0,418	0,060	242,5	–30,5
8 000	356	0,363	0,053	236	–37
9 000	307	0,313	0,048	229,5	–43,5
10 000	264	0,269	0,042	223	–50
11 000	226	0,230	0,037	216,5	–56,5

Bild 4.5   Druck, Temperatur und Dichte der Standardatmosphäre

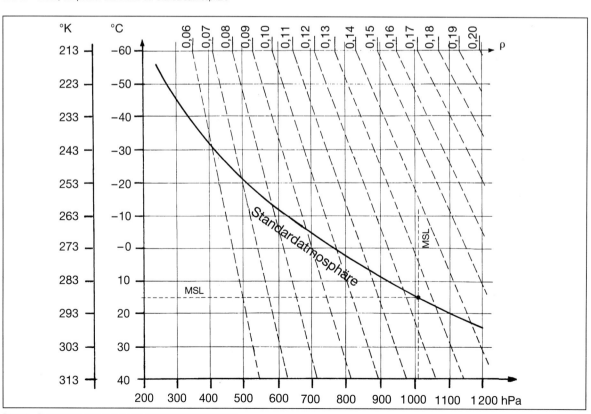

Bild 4.6   Bestimmung der Luftdichte aus Temperatur und Luftdruck

Der Reibungswiderstand W_R zwischen Luft und umströmtem Körper hängt ab von
a) der Grenzschichtausbildung der Luft,
b) der Oberflächenrauigkeit des umströmten Körpers.

Die möglichen **Strömungsformen der Luft** sind (siehe auch Bild 4.7):
a) die laminare Strömung,
b) die turbulente Strömung.

In der **laminaren Strömung** bewegen sich die Luftteilchen geordnet genau entlang der Stromlinien ohne einander zu stören. (Diese Strömung setzt grundsätzlich verhältnismäßig kleine Geschwindigkeiten voraus. Bei höheren Geschwindigkeiten tritt eine deutliche Querbewegung der Luftteilchen gegenüber den Stromlinien auf.) Wird die Strömung **turbulent,** so vermischen sich die Strömungsschichten miteinander. Der **Übergang** von der laminaren zur turbulenten Strömung **erfolgt abrupt im Umschlagpunkt.** Die Lage dieses äußerst wichtigen Umschlagpunktes hängt im Wesentlichen von der Strömungsgeschwindigkeit und von der Körperform ab.

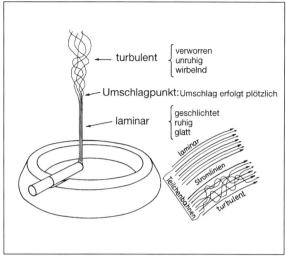

Bild 4.7   Die Strömungsformen

Wichtig: Turbulenz ist nicht mit Wirbelbildung zu verwechseln. **Wirbel** sind spiralige Krümmungen der Stromlinien. **Turbulenz** ist ein unregelmäßiges Überwechseln von Luftteilchen auf benachbarte Stromlinien. In Wirbeln herrscht meistens Turbulenz, aber Turbulenz tritt auch ohne Wirbel auf.

Die Grenzschichtreibung: Wegen ihrer **Anhangskraft** haften Strömungsteilchen der Luft an der Körperoberfläche mit einer Relativgeschwindigkeit Null. Sie üben auf die darüber liegenden Strömungsschichten eine Bremswirkung aus, und erst in einiger Entfernung von der Körperoberfläche kann die Luft ungestört fließen. Die Übergangszone zwischen ruhender und ungehindert fließender Luft ist die **Grenzschicht** (Bild 4.9). Das Geschwindigkeitsgefälle innerhalb der Grenzschicht erzeugt die **Grenzschichtreibung.**

Da eine laminare Grenzschicht einen geringeren Reibungswiderstand erzeugt als eine turbulente Grenzschicht, bemühen sich die Konstrukteure der Segelflugzeuge, den Umschlagpunkt möglichst weit nach hinten zu verlegen.

Die Entstehung der Grenzschichten ist in Bild 4.9 dargestellt. Vom Staupunkt ausgehend – dort herrscht die Relativgeschwindigkeit Null – beginnt die **laminare Anlaufstrecke** bis im Umschlagpunkt die Grenzschichtströmung turbulent wird. Eine dünne laminare Unterschicht bleibt erhalten. Die Grenzschichtdicke nimmt mit der Profiltiefe zu.

Die Oberfächenrauigkeit ist für den Reibungswiderstand von erheblicher Bedeutung. Sie ist Ergebnis des mittleren Unterschiedes zwischen „Talsohle" und „Bergspitzen" einer Fläche (Bild 4.10).

Bis 0,02 mm werden durch sie weder der Widerstandsbeiwert noch die Lage des Umschlagpunktes beeinflusst. Allerdings müssen die vorderen Körperpartien besonders glatt gehalten (geschliffen und poliert) werden, weil sich dort wegen der geringen Grenzschichtdicke Rauigkeit stärker nachteilig auswirkt.

Die Strömung am Tragflügelprofil erzeugt die **Luftkraft L.** Das Profil ist auf der Oberseite des Tragflügels nach oben hin gewölbt; dadurch werden die Stromlinien hier zusammengedrängt (Bild 4.11). Das führt zu einer Erhöhung der Strömungsgeschwindigkeit, was wiederum einen **Druckabfall = Sog** zur Folge hat (vgl. Abschnitt 4.3.1 „Der Fahrtmesser", die Venturidüse, Bernoullisches Gesetz).

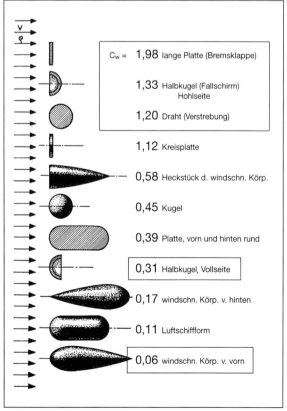

Bild 4.8   Die Widerstandsbeiwerte c_w

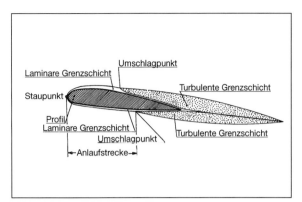

Bild 4.9　Die Grenzschichtarten

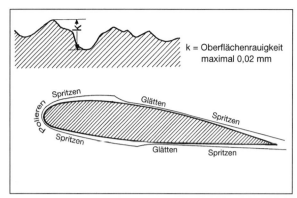

Bild 4.10　Die Oberflächenrauigkeit

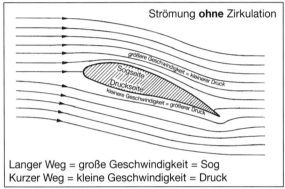

Bild 4.11　Die zirkulationsfreie Strömung am Profil

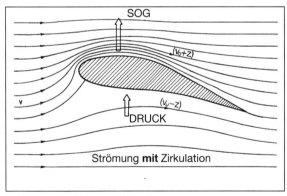

Bild 4.12　Die Profilströmung mit Zirkulation

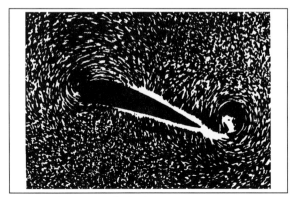

Bild 4.13　Anfahrwirbel eines Tragflügels

Die Unterseite des Tragflügels ist meist eben oder nach innen gewölbt. Dadurch wird die Strömungsgeschwindigkeit geringer und der Druck erhöht. Der Sog der Ober- und der Druck der Unterseite ergeben zusammen die **nach oben gerichtete Luftkraft,** die das Segelflugzeug trägt.

Der Druckunterschied zwischen Ober- und Unterseite bewirkt, dass die Luft von unten her in den Sog nach oben strebt, und zwar gleichermaßen an der Profilnase wie auch an der Hinterkante (Bild 4.14). Dabei wird die am Profilende aufwärts strebende von der ihr entgegenkommenden Luft abgedrängt. Es entsteht der **Anfahrwirbel,** der aber sofort **abschwimmt** (Bild 4.13 und 4.14).

Die von der Profilnase über die Oberseite nach hinten fließende Luftkomponente umströmt die Hinterkante und bewegt sich auf der Profilunterseite wieder nach vorn zur Nase und von dort aus auf die Oberseite. Die **Zirkulation** ist geschlossen (Bild 4.14). Diese Bewegungskomponente bleibt während des ganzen Fluges bestehen, solange die Strömung am Profil anliegt (Bild 4.14).

Auf der Profiloberseite wird die relative Luftgeschwindigkeit v_o um die Zirkulationsgeschwindigkeit z vermehrt ($v_o + z$), auf der Profilunterseite wird sie dagegen vermindert ($v_u - z$). Der Staupunkt verschiebt sich nach unten, Sog und Druck verstärken sich (Bild 4.11 und 4.12 im Vergleich). Bild 4.15 zeigt den Verlauf von Sog und Druck an einem Tragflügelprofil. Die **Summe aller Kräfte,** die im Normalfall nach oben wirken, ergibt eine **resultierende Kraft,**

die Luftkraft L.

Wenn in bestimmten Flugzuständen – zum Beispiel im Schnellflug – oben wie auch unten ein Sog entsteht, ist die Luftkraft die Differenz dieser beiden Kräfte.

Gegenüber dem Profil ist die Luftkraft erst dann voll bestimmt, wenn außer ihrer Größe und Richtung auch die Lage ihrer Wirkungslinien festliegt. Die Richtung ist durch den Winkel bestimmt, den ihre Wirkungslinie mit der Profilsehne bildet (vgl. auch Abschnitt 4.1.3 „Profil und Tragflügel"). Der Schnittpunkt dieser beiden Linien ist der

Druckpunkt D.

Die Darstellung der Luftkraft wird nachfolgend unter „Bezugsfläche, Auftriebs- und Widerstandsformel" behandelt.

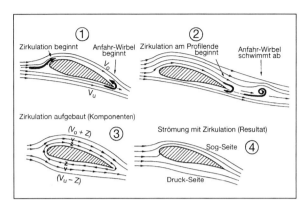

Bild 4.14   Die Entstehung der Zirkulation

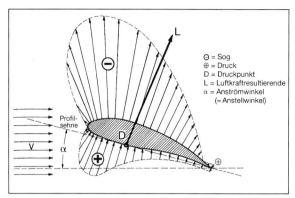

Bild 4.15   Druckverlauf um ein Tragflügelprofil

Änderung von Auftrieb und Widerstand mit dem Anstellwinkel: Der Winkel, den die Profilsehne mit der Anblasrichtung entgegen der Flugrichtung bildet, ist der **Anstellwinkel α.** Bild 4.16 zeigt die Abhängigkeit der Luftkraft vom Anstellwinkel. Bei diesem Profil ist die Luftkraft L bei α = 15° am größten. Mit kleiner werdendem Anstellwinkel nimmt sie sehr schnell ab und wandert nach hinten, wird der Anstellwinkel größer, nimmt die Luftkraft zu und wandert nach vorn **(Druckpunktwanderung).**

Der **Druckpunkt** kann also vor oder hinter dem **Profilschwerpunkt** liegen (Bild 4.17). Dabei wird das Profil einmal mit der Nase nach oben, zum anderen mit der Nase nach unten gedreht. Das **Nickmoment M** setzt ein. Hebt beispielsweise eine Böe den Flügel vorn an (α wird größer), dann wandert der Druckpunkt nach vorn und vergrößert α noch weiter. Wird umgekehrt α kleiner, wandert der Druckpunkt nach hinten und verkleinert den Anstellwinkel zusätzlich.

Diese Instabilität der Fluglage kann durch entsprechende Maßnahmen unterdrückt werden (siehe Abschnitt 4.1.4 „Die Kräfte am Segelflugzeug und die Stabilität"). Bei **druckpunktfesten Profilen** bleibt die Lage des Druckpunktes ohne Rücksicht auf die Größe des Anstellwinkels immer an der gleichen Stelle (siehe Abschnitt 4.1.3 „Profil und Tragflügel").

Auftrieb und Widerstand (Bild 4.18): **Auftrieb** ist die Komponente der Luftkraft, die **senkrecht zur Anströmrichtung** nach oben gerichtet ist. **Widerstand** (auch Rücktrieb) ist die Komponente, die entgegen der Anblasrichtung (Flugrichtung) wirkt.

Der Gleitflug ist ein Flug abwärts auf geneigter Bahn, bei dem eine Teilkraft der Schwerkraft (Komponente des Gewichtes G) in Flugrichtung die erforderliche Zugkraft Z liefert, die dem Widerstand W entgegenwirkt. Damit ein Gleichgewicht der Kräfte hergestellt werden kann, muss das Segelflugzeug (der Tragflügel) so weit nach unten geneigt werden, dass die aus A und W resultierende Luftkraft L dem Gewicht G genau gegenüberliegt, da das Gewicht für das Segelflugzeug im freien Flug die einzig zur Verfügung stehende Antriebskraft ist (siehe Bild 4.18).

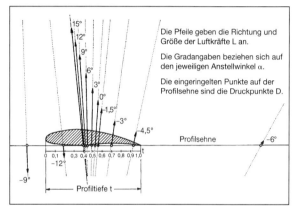

Bild 4.16   Anstellwinkel, Luftkraft, Druckpunktwanderung

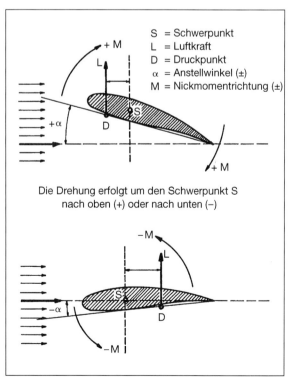

Die Drehung erfolgt um den Schwerpunkt S nach oben (+) oder nach unten (−)

Bild 4.17   Auswirkung der Druckpunktwanderung

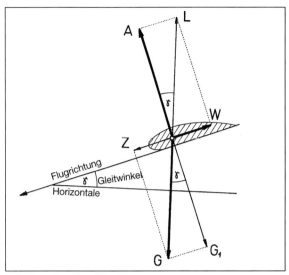

Bild 4.18   Die Kräfte im Gleitflug

a) **Der Gleitwinkel** γ **(Gamma)** ist der Winkel zwischen der Horizontalen und der Neigung der Flugbahn. Er wird in Grad gemessen.

b) **Die Gleitzahl** E **(Epsilon)** wurde als Winkelfunktion (Tangens-Funktion = tan) der einfacheren Berechnung wegen eingeführt. Für kleine Winkel gilt:
Gleitzahl $E = 0,0175 \times \gamma°$.

Diese Gleitzahl aus der Aerodynamik entspricht dem „Gefälle" im Straßenbau.

c) **Das Gleitverhältnis E** ist für den Segelflieger besonders interessant, gibt es ihm doch die Entfernung D an, die er mit einer bestimmten Ausgangshöhe h zurücklegen kann. Das Gleitverhältnis errechnet sich aus D : h, demnach ist D = h mal Gleitverhältnis (h x E).

d) **Das Geschwindigkeitsverhältnis** kann im Segelflugzeug einfach festgestellt werden, indem die Relativgeschwindigkeit gegenüber der Luft (Fahrtmesser) durch die Sinkgeschwindigkeit (Variometer) geteilt wird. Das Geschwindigkeitsverhältnis entspricht etwa dem Gleitverhältnis $v_e : v_s$ und kann demnach gleich D : h gesetzt werden.

> **Das Gleitverhältnis ist der Kehrwert der Gleitzahl, z. B.** $E = 0,025$ **entspricht** E = 40:1.

In der Praxis ist mit Gleitzahl auch häufig der Wert D aus dem Gleitverhältnis eines bestimmten Flugzeugs gemeint. „Gleitzahl 40" bedeutet dann, dass ein Segelflugzeug aus 1 km Höhe in unbewegter Luft 40 km Strecke zurücklegen kann.

Zur Berechnung des Auftriebs A und des Widerstandes W sind der Widerstandsbeiwert c_w und der Auftriebsbeiwert c_a erforderlich. Für ihre Festlegung müssen im Windkanal die Werte Widerstand W und Auftrieb A wie auch der Staudruck q gemessen werden.

Bei den Körpern, die in der Hauptsache Widerstand und keinen (oder vernachlässigbaren) Auftrieb erzeugen – Rumpf, Räder, Streben usw. gehören dazu – wählt man die Anblasfläche A (Querschnitt senkrecht zur Anblasrichtung) als Bezugsfläche. Bei Körpern, die einen Auftrieb erzeugen – das sind Tragflügel, Leitwerk und gegebenenfalls das gesamte Segelflugzeug – werden die Beiwerte auf eine horizontale Bezugsfläche F bezogen (siehe Bild 4.19).

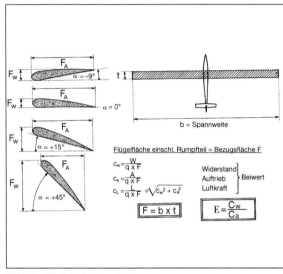

Bild 4.19   Die Beiwert-Bezugsfläche

Beide Bezugsflächen ändern sich aber mit der Variation des Anstellwinkels und sind deshalb zur Ermittlung konstanter Beiwerte nicht geeignet. Aus diesem Grunde hat man sich auf eine **konstante Bezugsfläche F** geeinigt, die allen Beiwertangaben zugrunde liegt. Diese vom Anstellwinkel unabhängige Bezugsfläche F ist die so genannte Grundfläche, allgemein als **Flügelfläche** bezeichnet (Bild 4.19, rechts oben). Sie schließt das vom Rumpf abgedeckte Flügelmittelstück mit ein. Ihre Länge ist durch b = Spannweite und ihre Breite durch t = mittlere Flügeltiefe bezeichnet.

Demnach gilt: **Bezugsfläche F = b x t**

Die **Formeln** für **Widerstand** und **Auftrieb** der tragenden Teile (unter Umständen für das gesamte Segelflugzeug) lauten:

W = q x F x c_w und   A = q x F x c_a

Die Polardiagramme (polar = gegenüberstehend) stellen Wissenswertes über Leistungen und Eigenschaften eines Profils dar. Bis heute hat die schon Ende des 19. Jahrhunderts von Otto Lilienthal entwickelte Widerstandspolare (Bild 4.20) – allgemein auch als Lilienthalpolare bezeichnet – ihre Gültigkeit behalten. Für jeden Anstellwinkel α werden die Werte von c_a nach oben und die Werte von c_w nach rechts aufgetragen. Wegen der geringen Größe von c_w nimmt man dessen Maßstab fünfmal größer als den von c_a.

Die Gerade vom Ursprung 0 nach P durch den Punkt α = +10° schließt mit der c_a-Achse den Gleitwinkel γ ein, allerdings durch den ungleichen Maßstab verzerrt. Die Gleitzahl E wird bekanntlich aus c_w : c_a errechnet. Wir erhalten sie aber auch, wenn wir den Schnittpunkt zwischen der Geraden 0–P und der horizontalen Geraden durch c_a = 1 nach unten auf die c_w-Achse loten. Dort können wir dann ablesen: E = c_w = 0,10. Darüber, auf der Geraden durch c_a = 1, ist auf einer besonderen Skala auch das Gleitverhältnis E = 10 abzulesen.

Den kleinstmöglichen Gleitwinkel g_{min} ermitteln wir, wenn wir vom Koordinaten-Nullpunkt die Tangente an die Polare ziehen. Der Berührungspunkt (im Bild durch einen Pfeil gekennzeichnet) liegt bei α = –1°, der Gleitwinkel beträgt etwa 3° und das Gleitverhältnis ist 20:1.

Die Gerade 0–P schneidet die Polare auch bei einem Anstellwinkel von α = –4°. Für diesen Anstellwinkel haben Gleitzahl und Gleitwinkel den selben Wert wie bei α = +10°. Der Flügel kann demnach mit der Gleitzahl 0,10 einmal mit dem hohen Anstellwinkel +10° und mit dem kleinen Anstellwinkel –4,5° fliegen. Im ersten Fall (+10°) sind c_a und c_w groß und damit die Fluggeschwindigkeit klein, was besonders für die Landung sehr erwünscht ist. Im zweiten Fall ist wegen des geringen Widerstandes eine hohe Fluggeschwindigkeit möglich und wegen des geringen Auftriebs auch erforderlich.

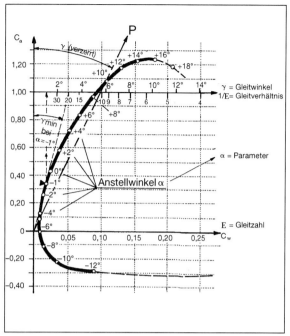

Bild 4.20   Die Widerstandspolare von Lilienthal

Die Abbildungen 4.21 und 4.22 zeigen noch einmal im Einzelnen den Verlauf des Widerstandsbeiwertes und des Auftriebsbeiwertes in Abhängigkeit vom Anstellwinkel. Der **Widerstandsbeiwert** ist am kleinsten bei einem Anstellwinkel von etwa –5° und vergrößert sich bei weiter abnehmendem wie auch bei zunehmendem Anstellwinkel. Bei größeren negativen Anstellwinkeln hat das Profil einen negativen **Auftriebsbeiwert** (Abtrieb). Für α = –6° ist der Auftrieb gleich Null. Von da ab nimmt der Auftriebsbeiwert annähernd linear zu und erreicht (bei diesem Profil) mit +15° seinen Höchstwert und den kritischen Anstellwinkel. Anschließend fällt er rasch wieder ab. Es kommt zum **Strömungsabriss** am Profil (siehe auch Bild 4.25).

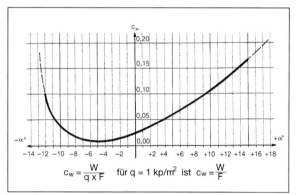

Bild 4.21   Anstellwinkel und Widerstandsbeiwert

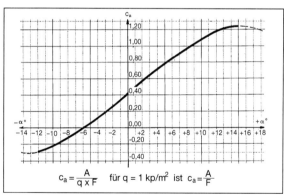

Bild 4.22   Anstellwinkel und Auftriebsbeiwert

Die Geschwindigkeits- oder Leistungspolare (Bild 4.23) eines Segelflugzeugs gibt dem Segelflieger direkt Aufschluss über die **Leistungsfähigkeit eines Fluggerätes**. Sie ist gewöhnlich in den Prospekten der Segelflugzeughersteller abgedruckt.

Wir hatten oben festgestellt, dass die Gleitzahl als c_w : c_a wie auch als h : D ausgedrückt werden kann. Nehmen wir den Höhenverlust h pro Sekunde an, entspricht das der **Sinkgeschwindigkeit v_p** in Metern pro Sekunde (m/s). Die geflogene Entfernung D pro Sekunde ist zugleich die Fluggeschwindigkeit v_e in m/s. Statt der Koordinaten c_a und c_w benutzen wir nun die Koordinaten v_p in m/s und v_e in km/h zur Erstellung der Polare. Außer einer Maßstabsverzerrung an der Polarenkurve ändert sich nichts. Drehen wir das Ganze um 90° nach rechts, erhalten wir v_e als Abzisse von links nach rechts und v_p als Ordinate von oben nach unten.

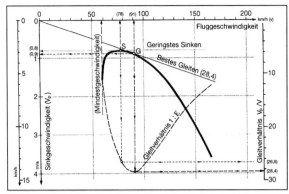

Bild 4.23   Die Geschwindigkeits- oder Leistungspolare

Legen wir nun die horizontale Tangente an den höchsten Punkt dieser Polare, können wir links das **geringste Sinken und oben die dazugehörige Fluggeschwindigkeit** ablesen. Ziehen wir die Tangente vom Nullpunkt des Koordinatensystems an die Polarenkurve, erhalten wir mit dem Berührungspunkt **den Punkt G des besten Gleitens.**

Er gibt uns die Fluggeschwindigkeit (nach oben) mit der dazugehörenden Sinkgeschwindigkeit (nach links) an, die wir einhalten müssen, wenn wir die weitest mögliche Strecke gleiten wollen.

Zusätzlich ist in dem Bild 4.23 die **Kurve des Gleitverhältnisses** $E = 1 : E = v_e : v_p$ dargestellt. Aus der Skala rechts kann das zur jeweiligen Geschwindigkeit gehörende Gleitverhältnis abgelesen werden.

Arbeitsbeispiele:
Geschwindigkeit des geringsten Sinkens finden (möglichst lange in der Luft bleiben):
– Fluggeschwindigkeit: von S nach oben loten ergibt v_e = 78 km/h;
– Sinkgeschwindigkeit: von S nach links loten ergibt v_p = 0,8 m/s;
– Gleitverhältnis: von S nach unten loten bis zur 1 : E-Kurve, von dort nach rechts zur Skala, ergibt 1 : E = 26,6 : 1 = E.

Gleitstrecke aus 1 000 m Höhe bei ruhiger Luft mit **geringstem Sinken,** in welcher Zeit (t)?
– D = h x Gleitverhältnis = 1 km x 26,6 = 26,6 km; t = h : v_p = 1 000 m : 0,8 m/s = 1 250 Sekunden.

Geschwindigkeit des besten Gleitens finden (möglichst große Flugstrecke zurücklegen):
– Fluggeschwindigkeit: von G nach oben loten ergibt v_e = 91 km/h;
– Sinkgeschwindigkeit: von G nach links loten ergibt v_p =0,9 m/s;
– Gleitverhältnis: von S nach unten loten bis zur 1 : E-Kurve, von dort nach rechts zur Skala, ergibt 1 : E = 28,4 : 1 = E.

Gleitstrecke aus 1 000 m Höhe bei ruhiger Luft mit **bestem Gleiten,** in welcher Zeit (t)?
– D = h x Gleitverhältnis = 1 km x 28,4 = 28,4 km; t = h : v_p = 1 000 m : 0,9 m/s = 1 111 Sekunden.

Folgerung:
Will man lange in der Luft bleiben (z. B. beim Fünfstundenflug für das Leistungsabzeichen), muss man nach den Bedingungen des geringsten Sinkens fliegen, denn die Flugzeit ist 12 % länger als beim besten Gleiten. Will man dagegen aus einer bestimmten Höhe möglichst weit fliegen, muss nach den Bedingungen des besten Gleitens geflogen werden, da die Gleitstrecke 7 % länger ist. Die Prozentzahlen gelten natürlich nur für das hier als Beispiel benutzte Segelflugzeug!

4.1.1.1   Die Widerstandsarten

Mit der Erzeugung des **erwünschten Auftriebs** treten auch Kräfte auf, die in andere Richtungen als der Auftrieb wirken. Diese **unerwünschten Kräfte** nennt man **Widerstände.**

Der **Flügelwiderstand** entsteht als Nebenprodukt bei der Auftriebserzeugung. Weitere schädliche Kräfte der Luftströmung, die nicht mit dem Auftrieb zusammenhängen aber bei jedem Flug auftreten, heißen **schädlicher Widerstand.**

Die Einteilung der Widerstände		
Flügelwiderstand:	– Druckwiderstand – auch Formwiderstand genannt	W_D
	– Reibungswiderstand – auch Grenzschichtwiderstand	W_R
	– Induzierter Widerstand – auch Randwiderstand	W_I
Schädlicher Widerstand:	– Nebenwiderstand – auch Restwiderstand	W_N
	– Zusätzlicher Widerstand – auch Interferenzwiderstand	W_Z

Der **Druckwiderstand W_D** wurde bereits zu Beginn des Kapitels ausführlich besprochen. Im Allgemeinen sind die Widerstandsbeiwerte c_w bei normaler Wirbelentwicklung an der Hinterkante des Tragflügels gemessen, beinhalten also auch den Einfluss des Reibungswiderstandes W_R.

Der **Reibungswiderstand W_R** – auch Grenzschichtwiderstand – spielte bereits bei der Betrachtung der laminaren und turbulenten Grenzschicht eine Rolle. Bei größeren Geschwindigkeiten und bei Druckanstieg an der Oberfläche des Profils löst sich jedoch die Strömung (Stromlinien) vorzeitig ab. Es entstehen Wirbel, die den Reibungswiderstand stark erhöhen und den Auftrieb vernichten können. Diesen Vorgang nennt man **Ablösung der Strömung** oder **Strömungsabriss.**

Die **Ablösung der Strömung:** Bei der Umströmung des Profils entsteht ein Bereich beschleunigter Strömung (Bild 4.24 a–b) und ein Bereich verzögerter Strömungsgeschwindigkeit (Bild 4.24 b–c). Entsprechend der **Bernoullischen Gleichung** sind damit ein Druckabfall und ein Druckanstieg verbunden:

- dichte Stromlinien
  = Druckabfall mit Beschleunigung,
- weiter voneinander entfernte Stromlinien
  = Druckanstieg mit Verzögerung.

Am **Ablösepunkt d** ist die Geschwindigkeit der Luftteilchen an der Profiloberfläche gleich Null und wird dann sogar negativ, entgegengesetzt zur allgemeinen Strömungsrichtung.

Bei reibungslosen Strömungsmedien würde die **Bewegungsenergie (kinetische Energie)** gerade ausreichen, dass ein Luftteilchen den Druckanstieg von b nach c überwinden könnte. Luft aber verfügt über eine „innere Reibung"; die kinetische Energie wird durch Reibungsverluste auf dem Weg von b nach c aufgezehrt, die Luftteilchen kommen vorzeitig zum Stillstand. Sie häufen sich in d an, bis die angesammelte Luft in Wirbeln in die allgemeine Strömung einfließt. Das ist die **Ablösung.**

Reibungsfrei von der Profiloberfläche entfernt fließende Luftteilchen erhalten dagegen ihre kinetische Energie, bis sie von der Profilhinterkante abgleiten.

Die **Wirbelablösung** von der Oberfläche eines Körpers geht grundsätzlich **periodisch** vor sich. Das Pfeifen durch die Luft bewegter Körper – zum Beispiel eines Tragflügels – ist darauf zurückzuführen. An der Profilunterseite kommen im Normalflug keine Grenzschichtablösungen vor, da in Richtung Hinterkante ein geringes Druckgefälle, nie aber ein Druckanstieg vorhanden ist.

Bild 4.25 zeigt die verschiedenen Strömungszustände in Abhängigkeit vom Anstellwinkel (vgl. auch Bild 4.14). Bei einem **Anstellwinkel von 0°** herrschen die gewünschten „normalen" Strömungsverhältnisse. Die Grenzschicht auf und unter dem Profil verläuft bis zum jeweiligen **Umschlagpunkt U laminar,** um dann turbulent zu werden. Beim Zusammenfließen beider Grenzschichten an der Endkante entstehen nur unbedeutende Wirbel.

Bei einem **Anstellwinkel von 6°** und mehr löst sich die Oberströmung im Ablösepunkt A, ein Wirbelfeld entsteht. Gefährlich wird die Situation, wenn sich auch die laminare Grenzschicht ablöst und der Ablösepunkt A auf der Profiloberseite ganz nach vorn wandert, was ein Abreißen der gesamten Oberströmung zur Folge hat. Dieser Vorgang tritt bei **Anstellwinkeln von etwa 15°** und mehr auf, man spricht von einem **überzogenen Flugzustand.**

Die Lage des Ablösepunktes hängt ab

a) vom **Druckverlauf:** plötzlicher Druckanstieg begünstigt Ablösungen;

b) von der **Höhe der Grenzschicht:** je dicker die Grenzschicht, desto leichter löst sie sich;

c) von der **Art der Grenzschicht:** je turbulenter die Grenzschicht, desto schneller löst sie sich;

d) von der **Oberflächenrauigkeit:** raue Oberflächen begünstigen Ablösungen.

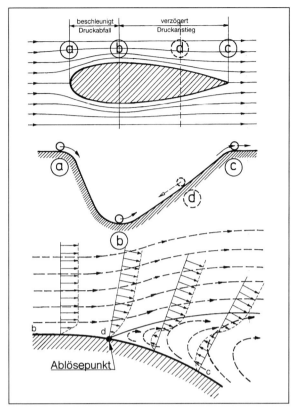

Bild 4.24   Die Entstehung der Ablösung

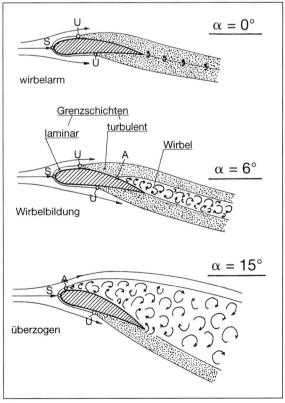

Bild 4.25   Die Grenzschichtablösung

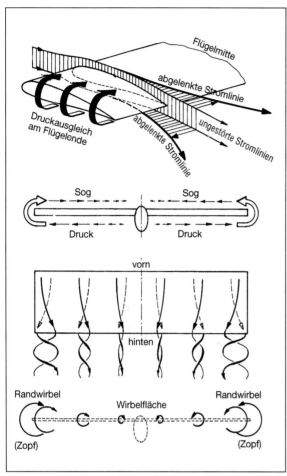

Bild 4.26 Die Wirbelfläche hinter dem Tragflügel

Die Lage des Umschlagpunktes wandert mit wachsender **Reynolds'scher Zahl (Re-Zahl)** nach vorn, während die Lage des Ablösepunktes unabhängig von der Re-Zahl ist. Die Gefahr, dass die Ablösung vor den Umschlagpunkt zu liegen kommt, wird mit zunehmender Re-Zahl geringer. Die Reynolds'sche Zahl wird unter anderem zur Umrechnung von Messergebnissen an Modellen im Windkanal auf Originalsegelflugzeuge benötigt. Sie braucht hier nicht weiter behandelt zu werden.

Der **induzierte Widerstand W_i und das Wirbelsystem am Tragflügel:** Sog auf der Oberseite des Profils und Druck auf der Unterseite wirken gemeinsam als nach oben gerichtete Kraft auf den Tragflügel. Am Flügelende allerdings gleicht sich der Druckunterschied zwischen Ober- und Unterseite aus (Bild 4.26 oben). Die Strömung des Druckausgleichs ist auf der Flügelunterseite zum Flügelende und auf der Oberseite zum Rumpf hin gerichtet. Die Ablenkung nimmt vom Rumpf aus zum Flügelende hin zu. Bei der Vereinigung der von unten und von oben her kommenden Strömungen wird wegen der Ablenkung eine Drehbewegung eingeleitet, die **hinter dem Profil Wirbel** entstehen lässt. Diese drehen hinter dem linken Flügel rechts und hinter dem rechten Flügel links herum.

Ihre Drehachsen bilden entgegengesetzt zur Flugrichtung die **Wirbelfläche.** Besonders stark sind die **Randwirbel oder Wirbelzöpfe** an den Flügelenden, können aber je nach Größe des Druckunterschiedes – der vom Konstrukteur beeinflusst werden kann – in ihrer Intensität sehr unterschiedlich sein.

Wirbelzöpfe halten sich unter Umständen sehr lange in der Luft. Bei Großflugzeugen – speziell im Langsamflug, wenn die Profile stark gewölbt sind – erreichen solche Wirbelschleppen gefährliche Ausmaße und sind kleineren Luftfahrzeugen schon zum Verhängnis geworden. **Segelflieger sollten den Luftraum hinter größeren Luftfahrzeugen tunlichst meiden.**

Das Wirbelsystem am Tragflügel bildet in sich einen geschlossenen Wirbelring (Bild 4.27). Dieser besteht aus
a) dem an den Tragflügel gebundenen **Zirkulationswirbel**;
b) den beiden von den Flügelenden ausgehenden **Wirbelzöpfen**;
c) dem bei Bewegungsbeginn entstandenen, bald abschwimmenden **Anfahrwirbel.**

Der Anfahrwirbel schwimmt ab und verliert sich nach kurzer Zeit. Er entsteht neu, wenn die Strömung abgerissen war und wieder zum Anliegen kommt. Dabei entsteht auch die Zirkulation am Tragflügel. Von der Flügelhinterkante geht die Wirbelfläche aus. Der Anschaulichkeit wegen sind in Bild 4.27 nur einige wenige „Bänder" der Wirbelfläche dargestellt.

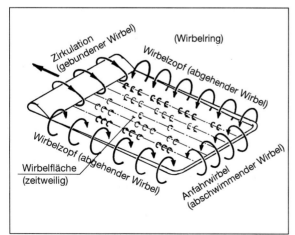

Bild 4.27 Das Wirbelsystem des Tragflügels

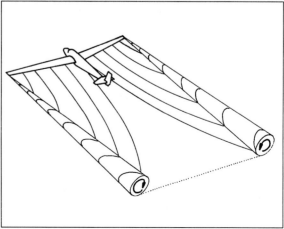

Bild 4.28 Das Aufrollen der Wirbelfläche

Die Wirbelfläche ist kein stabiles System in sich. In einiger Entfernung hinter dem Flügel rollt sie sich in die beiden Wirbelzöpfe auf und verschwindet (Bild 4.27). Die Zöpfe halten aber längere Zeit an und verursachen in der Ebene zwischen sich eine zusätzliche Ablenkung der Strömung nach unten (Bild 4.29).

Der **induzierte Anstellwinkel α_i:** Die Strömungsablenkung am Tragflügel nach unten (Bild 4.29) verursacht eine **Änderung der Anströmrichtung** um den so genannten induzierten Anstellwinkel, um den der geometrische Anstellwinkel verkleinert wird. Das bedeutet, dass ein Flügel mit seiner begrenzten Spannweite in der von ihm selbst erzeugten absinkenden Strömung ständig einen Steigflug ausführen muss, um horizontal zu fliegen (Bild 4.30).

Der **induzierte Widerstand W_I:** Der Auftrieb wirkt immer senkrecht zur tatsächlichen Anströmrichtung. Da diese jetzt in einem um den induzierten Anstellwinkel verkleinerten Winkel auf das Profil trifft, neigt sich der Auftrieb um die Winkeldifferenz nach hinten. Es entsteht eine Widerstandskomponente, der induzierte Widerstand W_I. Dieser kann konstruktiv beeinflusst werden. Je kleiner das **Seitenverhältnis** (siehe Abschnitt 4.1.3 „Profil und Tragflügel"), desto schlanker ist der Tragflügel und desto geringer der induzierte Widerstand (Bild 4.32). Aber auch die Flügelform (Grundriss) übt einen großen Einfluss auf den induzierten Widerstand aus (Abschnitt 4.1.3). Am günstigsten, aber auch teurer in der Herstellung, sind **elliptische Flügelformen** (Bild 4.33). Bei diesen ist der Auftrieb elliptisch über die Spannweite verteilt (Bild 4.31), und der induzierte Widerstand ist am geringsten.

Flügeln mit anderen Grundrissen kann man durch **geometrische oder aerodynamische Flügelschränkung** eine elliptische Auftriebsverteilung aufzwingen. Auch durch **Pfeilung** ist die Auftriebsverteilung zu beeinflussen. Und schließlich ist die Gestaltung der Flügelenden wichtig für die Verringerung der Wirbelzöpfe, die Hauptursache des induzierten Widerstandes sind. Diese konstruktiven Maßnahmen sind in Abschnitt 4.1.3 „Profil und Tragflügel" ausführlich beschrieben.

Der **Nebenwiderstand W_N** wird von allen Luftfahrzeugteilen erzeugt, die im Luftstrom liegen, aber keinen Beitrag zum Auftrieb liefern. Rumpf, Leitwerk, Fahrwerk, eventuelle Verstrebungen usw. gehören dazu. Sie verursachen gemeinsam einen verhältnismäßig großen Widerstand, der mit dem Anstellwinkel schneller als linear zunimmt. Ruderausschläge erhöhen den Widerstand beträchtlich, sie sind deshalb auf das absolute Mindestmaß zu beschränken.

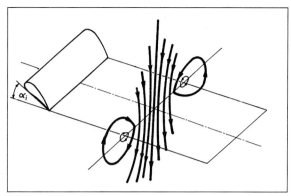

Bild 4.29   Der induzierte Anstellwinkel

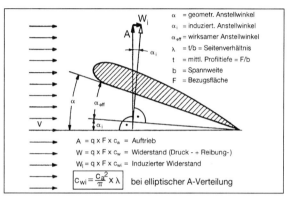

Bild 4.30   Anstellwinkel und induzierter Widerstand

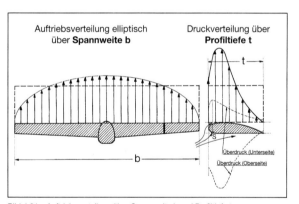

Bild 4.31   Auftriebsverteilung über Spannweite b und Profiltiefe t

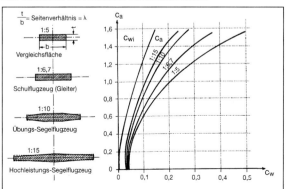

Bild 4.32   Einfluss des Seitenverhältnisses auf die Polare

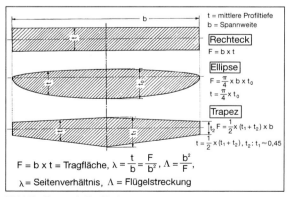

Bild 4.33   Formen der Tragflügel

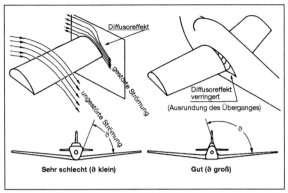

Bild 4.34   Der Diffusoreffekt

Der **Interferenzwiderstand W_Z** (siehe Bild 4.34 und 4.35) entsteht durch die gegenseitige Beeinflussung (Interferenz) der Teilluftströmungen. Bei einer Änderung der Form eines Segelflugzeugs wird das gesamte Strömungsbild und damit Auftrieb und Widerstände verändert.

Ist der Gesamtwiderstand eines Segelflugzeugs kleiner als die Summe der Einzelwiderstände, gilt die Differenz (der Interferenzwiderstand) als negativ; ist der Gesamtwiderstand größer als die Einzelwiderstände, spricht man von einem positiven Interferenzwiderstand.

Negativer Interferenzwiderstand ist günstig, positiver Interferenzwiderstand ist ungünstig!

Besonders nachteilig wirkt sich bei Tief- und Mitteldeckern der so genannte **Diffusoreffekt** aus (Bild 4.34), unter dem man die zusätzliche Geschwindigkeitsminderung der Luftströmung durch Reibung an der Rumpfwand versteht. Durch diese Reibung verlieren die Luftteilchen ihre Bewegungsenergie (kinetische Energie) rascher als die Teilchen in der ungestörten Strömung an der Flügeloberseite und beschreiben stärker gekrümmte Bahnen. Der schnelle Druckanstieg in Strömungsrichtung bewirkt eine Ablösung an der Flügeloberseite in Rumpfnähe. Die entstehenden Wirbel bedeuten einen beachtlichen Widerstand. Die gegenseitigen Interferenzeinflüsse von Flügel und Rumpf sind am stärksten.

Die **Gesamtpolare** (Bild 4.36): Grundlage für die Gesamtpolare ist die bereits behandelte Flügelpolare (in Bild 4.36 dünn gezeichnet), in die nur die Werte des Tragflügels eingehen. Die Gesamtpolare zeigt den Zusammenhang zwischen Auftrieb und Widerstand des ganzen Segelflugzeugs in Abhängigkeit vom Anstellwinkel. Bei ihrer Konstruktion werden von der Flügelpolare aus die Beiwerte des Nebenwiderstandes und des Interferenzwiderstandes als schädlicher Widerstand c_{w_S} aufgetragen (in Bild 4.36 stark gezeichnet).

Gesamtpolare = Flügelwiderstand + schädlicher Widerstand; $c_{w_{ges}} = c_{w_F} + c_{w_S}$

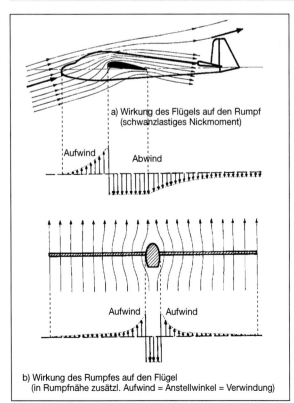

a) Wirkung des Flügels auf den Rumpf (schwanzlastiges Nickmoment)

Aufwind   Abwind

Aufwind   Aufwind

b) Wirkung des Rumpfes auf den Flügel (in Rumpfnähe zusätzl. Aufwind = Anstellwinkel = Verwindung)

Bild 4.35   Interferenz Flügel und Rumpf

Der Vergleich zwischen Flügel- und Gesamtpolare zeigt, wie erheblich der schädliche Widerstand die Leistungen eines Segelflugzeugs beeinträchtigt.

Für Berechnungen der Flugleistungen ist die Gesamtpolare unerlässlich. Sie ist die Visitenkarte eines Segelflugzeugs.

Der **Höchstauftrieb:** Der höchste Punkt in der Kurve der Gesamtpolare bezeichnet den größten Anstellwinkel, bis zu dem das Segelflugzeug noch Auftrieb hat. In Bild 4.36 sind das 15°. Beim Überschreiten dieser Gradzahl reißt die Strömung ab. Knickt die Kurve vom Höchstauftrieb scharf nach unten ab, löst sich die Strömung schlagartig von der ganzen Profiltiefe. Je näher die Polarenkurve an der c_a-Achse liegt, je steiler sie aufsteigt und je höher sie reicht, desto leistungsfähiger ist das Segelflugzeug.

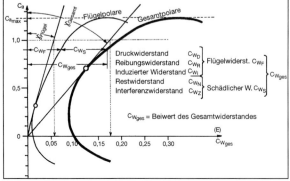

Druckwiderstand	c_{w_D}	
Reibungswiderstand	c_{w_R}	Flügelwiderst. c_{w_F}
Induzierter Widerstand	c_{w_i}	
Restwiderstand	c_{w_N}	Schädlicher W. c_{w_S}
Interferenzwiderstand	c_{w_Z}	

$c_{w_{ges}}$ = Beiwert des Gesamtwiderstandes

Bild 4.36   Der Aufbau der Gesamtpolare

Der **Einfluss der Vereisung** auf das Segelflugzeug wurde bereits im Kapitel Meteorologie ausführlich behandelt. Hier werden noch einmal stichwortartig die wesentlichen Einzelheiten aufgezählt, soweit sie in das Fachgebiet Technik/Aerodynamik hineinreichen:

- **Auftriebsverminderung** durch Profilveränderung;
- **Widerstandserhöhung** durch Eisansatz;
- **Gewichtserhöhung** durch Eisansatz;
- **Blockierung der Steuerung** durch gefrierendes Wasser in den Gelenken;
- **Ausfall von Instrumenten** durch zugefrorene Messdüsen (Pitot-Rohr);
- **Verlust der Sicht** durch überfrorene Cockpithauben.

Die **Start- und Landehilfen, Klappen und Luftbremsen** bewirken im Segelflug:

Start: Auftriebserhöhung, geringe Abhebegeschwindigkeit, kurze Anlaufstrecke;

Unterwegs: Profilveränderung zum Schnell- und Langsamfliegen (Strecke und Thermik);

Landung: Geschwindigkeitsminderung, Auftriebserhöhung, aber auch Auftriebsminderung, kurze Landestrecke.

4.1.1.2 Wölb- und Spreizklappen

Die **Wölbklappen** sind am hinteren Ende des Tragflügels zwischen Rumpf und Querruder angebracht. Wenn sie betätigt werden, verändert sich das Profil, das heißt es wird mehr oder weniger gewölbt. Die Querruder können mit den Wölbklappen gekoppelt sein und sind in diesem Fall in die Wölbung einbezogen. **Durch Vergrößerung der Wölbung werden der Auftrieb, aber auch der Widerstand erhöht.**

Gegebenenfalls beim **Start,** auf jeden Fall aber beim **Ausfliegen eines Aufwindes** werden die Wölbklappen positiv ausgefahren, dabei wird die Wölbung des Profils erhöht und die **Mindestfluggeschwindigkeit** verringert – mit der Folge, langsamer (und dennoch im sicheren Fahrtbereich) und enger im Zentrum der Thermik kreisen und steigen zu können. Für den **Schnellflug** wird die Wölbung auf **null Grad** zurückgenommen und dann in den negativen Bereich gefahren (z. B. –5°); damit **verringert sich der Widerstand**. Als **Landehilfe** wird die Wölbklappe ganz positiv gefahren. Das hat einen **höheren Auftrieb** zur Folge, aber auch – durch die vergrößerte Anblasfläche – einen erhöhten Widerstand. Der Gleitwinkel wird schlechter und die Mindestfluggeschwindigkeit wird herabgesetzt. Damit kann das Segelflugzeug mit geringerer Geschwindigkeit aufsetzen und die **Landestrecke verkürzt sich** erheblich.

Spreizklappen sind eine Sonderform der Wölbklappen, die hauptsächlich im Motorflug vorkommen. Die Profiloberseite bleibt bei ihrer Betätigung unverändert.

Vorsicht! Die Gleitwinkelsteuerung in Bodennähe mit Hilfe der Wölb- oder Spreizklappen birgt die Gefahr, dass beim Zurücknehmen des Ausschlags die Mindestgeschwindigkeit unterschritten wird, die Strömung abreißt und das Segelflugzeug durchfällt!

Störklappen und **Luftbremsen** (Bild 4.38 a und b) sind manchmal nur auf der Tragflügeloberseite und manchmal oben und unten angebracht. Sie sind am wirkungsvollsten in etwa 25 bis 45 % der Flügeltiefe. Die Störklappen – die man in moderneren Konstruktionen kaum noch findet – sind drehbar gelagert, während die **Luftbremsen** – auch **Sturzflugbremsen** genannt – senkrecht aus dem Profil ausfahren. Beide Systeme **stören** im geöffneten Zustand die **Luftströmung am Tragflügel, vernichten Auftrieb und erzeugen Widerstand.** Sie werden benutzt, um unerwünscht

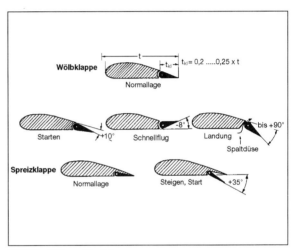

Bild 4.37   Wölb- und Spreizklappen

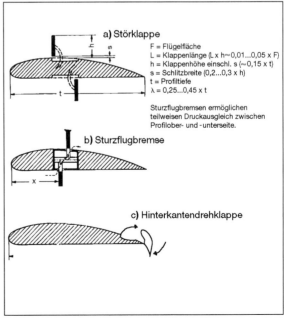

Bild 4.38   Störklappen, Sturzflugbremsen, Hinterkantendrehklappe

hohe Geschwindigkeiten zu vermeiden und – besonders bei der Landung – um die **Sinkgeschwindigkeit zu erhöhen und den Gleitwinkel gezielt zu verschlechtern.** Eine Sonderform der Störklappen ist die **Endkantendrehklappe** (Hinterkantendrehklappe Bild 4.38 c). Der hintere Teil des Profils wird in den Luftstrom gedreht und erzeugt so Widerstand.

Der **Bremsschirm** (siehe Abschnitt 4.2.6 „Die Landehilfen", Bild 4.95) dient zum Vermeiden überhöhter Geschwindigkeiten und zur Gleitwinkelverschlechterung bei der Landung. Seine Wirkung erhöht sich mit dem Quadrat der Geschwindigkeit. Der Vorteil dieses Systems besteht darin, dass bei seinem Einsatz keine Störungen der Strömung auftreten. Nachteilig dagegen ist, dass der Bremsschirm nicht wieder eingefahren werden kann, also während des Fluges nur einmal benutzbar ist und abgeworfen werden muss, wenn der Bedarf an vergrößertem Sinken nicht mehr besteht.

4.1.2   Besondere Fluglagen

4.1.2.1   Das Trudeln

Das **Trudeln** ist eine steuerlose Sturzbewegung des Segelflugzeugs; es fällt dabei mit der Nase voran und dreht um eine Achse, die im Normalfall außerhalb seiner Längsachse liegt, wobei es eine schraubenförmige Absturzbahn beschreibt (Bild 4.39).

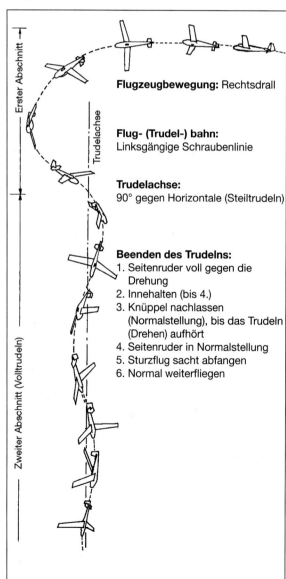

Flugzeugbewegung: Rechtsdrall

Flug- (Trudel-) bahn:
Linksgängige Schraubenlinie

Trudelachse:
90° gegen Horizontale (Steiltrudeln)

Beenden des Trudelns:
1. Seitenruder voll gegen die Drehung
2. Innehalten (bis 4.)
3. Knüppel nachlassen (Normalstellung), bis das Trudeln (Drehen) aufhört
4. Seitenruder in Normalstellung
5. Sturzflug sacht abfangen
6. Normal weiterfliegen

Voraussetzung für den **Beginn einer Trudelbewegung** ist, dass die Tragflügel ungleichmäßig angeblasen werden (Schiebeflug) und dadurch der Anstellwinkel an dem langsameren Flügel zu groß wird. Die Mindestgeschwindigkeit (Überziehgeschwindigkeit) wird unterschritten, die Strömung reißt ab, der Flügel fällt schlagartig nach unten und das Segelflugzeug geht in eine fallende Drehbewegung über. Der Außenflügel, an dem zunächst die Strömung noch anlag, gerät nun in die vom Rumpf erzeugten Wirbel, so dass auch an ihm der Luftstrom abreißt. Das Volltrudeln (Bild 4.39 zweiter Abschnitt) setzt ein.

Schlägt der Segelflugzeugführer beim Abkippen eines Tragflügels das **Querruder gegen diese Bewegung** aus, vergrößert er den Anstellwinkel noch mehr und **beschleunigt damit den Vorgang.** Begünstigt wird das **Einleiten zum Trudeln,** wenn ein Segelflugzeugführer Kreise fliegt, bei denen er das **Seitenruder in Kurvenrichtung** ausgeschlagen hat und mit dem **Gegenquerruder** eine stärkere Querneigung zu verhindern sucht. Beide Verhaltensfehler machen ungewolltes Trudeln – besonders in Bodennähe – äußerst gefährlich, da bei diesem Flugzustand sehr schnell Höhe verloren geht. Aus diesem Grund werden Erkennen, Verhindern und Beenden des Trudelns als Grenzflugzustände schon in der Anfängerausbildung intensiv trainiert.

Beim Trudelvorgang unterscheidet man zwei Abschnitte (Bild 4.39). Im ersten Abschnitt wird das Trudeln eingeleitet wie oben beschrieben. In dieser Phase kann der **Flugzustand schnell und problemlos abgebrochen** werden, indem ein **kräftiger Seitenruderausschlag gegen die Drehrichtung** das Rotieren des Segelflugzeugs beendet. Ein kurzes Nachlassen des Höhenruders bringt die Strömung an den Tragflügeln zum Anliegen, anschließend wird weich bis zum Horizontalflug abgefangen. **Das Trudeln ist verhindert.**

Nach etwa einer Dreiviertel-Umdrehung nimmt die Rotationsgeschwindigkeit spürbar zu. Der zweite Abschnitt mit dem **Volltrudeln** setzt ein. Das Segelflugzeug bewegt sich in einer steilen Schraubenlinie auf die Erde zu. Jetzt wird für das Beenden des Trudelns deutlich mehr Zeit benötigt, da sich Höhen- und Seitenruder gegenseitig abschirmen.

Bild 4.39   Der Vorgang des Trudelns

Die Reihenfolge in der Bedienung der Ruder muss genau eingehalten werden:

1. **Seitenruder voll gegen die Trudelrichtung.** Dadurch wird die Rotationsgeschwindigkeit verringert (abgebremst). Das Segelflugzeug geht in einen steilen Gleitflug über, an den Tragflügeln liegt die Strömung bei einem Anstellwinkel von weniger als 15° wieder an.

2. Nach dem **Gegenausschlag** mit dem Seitenruder **ein bis zwei Sekunden warten** bis Wirkung eintritt. Gegebenenfalls **Knüppel leicht nach vorn** nehmen. Das Segelflugzeug fliegt nun mit anliegender Strömung in einer steilen Schraubenlinie abwärts. Es gibt Segelflugzeugmuster, die kurz vor Beendigung des Trudelvorgangs noch einmal die Drehgeschwindigkeit sprunghaft erhöhen, weil sich beim Steilerwerden der Trudelradius verkleinert und die vorhandene Energie deshalb den Rumpf schneller dreht. Der Vorgang ist mit der Pirouette beim Eiskunstlauf zu vergleichen, wenn durch Anlegen der Arme die Rotation schneller wird.

3. Sobald das Trudeln aufgehört hat, wird das **Seitenruder in Neutralstellung** gebracht. Ein **weiches Abfangen** beendet den steilen Gleitflug, der bei einigen Mustern zum Sturzflug werden kann. Wenn nötig können die Luftbremsen betätigt werden, um zu hohe Geschwindigkeiten zu vermeiden.

Je nach Neigung der Trudelachse gegenüber der Horizontalen unterscheidet man das **Steiltrudeln** und das **Flachtrudeln** (Bild 4.40). Flachtrudeln liegt dann vor, wenn die Trudelachse weniger als 45° geneigt ist. Es tritt bei Schwanzlastigkeit auf, also wenn der **Schwerpunkt des Segelflugzeugs zu weit hinten** liegt, was bewirkt, dass es leichter ins Trudeln kommt aber auch schwerer – unter Umständen überhaupt nicht – wieder herauszubringen ist. Der Grund dafür ist, dass – selbst bei voll nach unten aus-geschlagenem (gedrücktem) Höhenruder – die Längsachse nicht so geneigt werden kann, dass die Strömung wieder zum Anliegen kommt. Jede Schwanzlastigkeit muss durch genaue **Einhaltung des Beladeplans** vermieden werden.

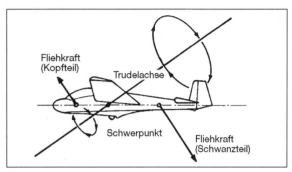

Bild 4.40   Das Flachtrudeln

Bei einem Längsneigungswinkel von mehr als 45° spricht man vom **Steiltrudeln.** Es wird umso steiler, je weiter der Schwerpunkt vorn liegt (Kopflastigkeit). Ist das Segelflugzeug zu kopflastig, z. B. bei einem sehr schweren Segelflugzeugführer, kann es schwierig oder gar unmöglich sein, eine Trudelbewegung einzuleiten. Wie zuvor beschrieben, lässt sich aber das Steiltrudeln durch die richtigen Maßnahmen immer beenden, wenn die Flughöhe ausreicht.

4.1.2.2   Der Seitengleitflug

Der **Seitengleitflug (Slip)** muss vom Segelflugzeugführer beherrscht werden, da mit ihm **Landestrecken erheblich ver-kürzt werden** können, was speziell bei **Außenlandungen** wichtig ist. Bei diesem Flugzustand wird das Segelflugzeug nicht von vorn parallel zur Längsachse angeströmt, sondern unter einem Winkel β schräg von vorn (Bild 4.41). Die Nase des Segelflugzeugs zeigt gegenüber der Flugrichtung entweder nach rechts (Linksslip) oder nach links (Rechtsslip); der Slip wird nach der Richtung des hängenden Flügels (= Richtung des Querruderausschlags) benannt.

Der Winkel β zwischen Längsachse und Anströmrichtung heißt **Schiebewinkel,** weil das Segelflugzeug nach der Seite schiebt, aus der es angeblasen wird. Die **Schieberichtung** wird durch den Wollfaden oder die Kugel in der Libelle ange-zeigt.

Die Abbildung und die Beschreibung gelten für den Linksslip, der Rechtsslip wird entsprechend seitenverkehrt ausgeführt: Zuerst erfolgt ein zügiger **Querruderausschlag nach links.** Das linke Querruder hebt sich, das rechte schlägt nach unten aus. **Links** wird der Anstellwinkel kleiner, Auftrieb und Widerstand verringern sich, **rechts** nehmen mit dem **größer wer-denden Anstellwinkel** Auftrieb und Widerstand zu. Der linke Flügel senkt sich und eilt vor, der rechte hebt sich und bleibt zurück. Der **Querruder-Sekundäreffekt – auch negatives Wendemoment** genannt – wirkt sich aus.

Das Segelflugzeug wird von **links angeblasen** (Bild 4.41). Der auf die Seitenflosse auftreffende Luftstrom würde es um sei-ne Hochachse nach links gegen die Anblasrichtung drehen, wenn der Segelflugzeugführer nicht durch einen **zügigen und relativ großen Seitenruderausschlag nach rechts** – etwa zwei Sekunden nach dem einleitenden Querruderausschlag durchgeführt – das verhindert (Bild 4.42). Die Nase des Segelflugzeugs hat das Bestreben sich zu senken, was durch einen **dosierten Höhenruderausschlag nach oben** ausgeglichen wird. Da die Flügel nicht voll von vorn angeblasen wer-den, ist der **Auftrieb geringer.** Durch den hohen Widerstand des seitlich angeströmten Rumpfes **verschlechtert sich der Gleitwinkel** zusätzlich. Kurze Landestrecken werden möglich, die allein mit den Landeklappen nicht zu erzielen wären.

Zum **Beenden des Seitengleitfluges** wird zunächst durch **Nachlassen – nicht nachdrücken! –** des Höhenruders der Anstellwinkel verkleinert. Dann werden unmittelbar nacheinander **Quer- und Seitenruder in die Neutralstellung** zurück-geführt. Das Segelflugzeug richtet sich auf, die Flugrichtung ist die gleiche, in die vorher geslipt wurde.

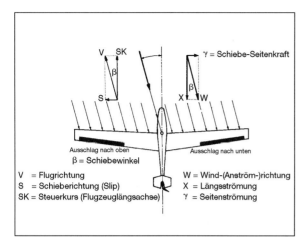

Bild 4.41   Die unsymmetrische Anströmung

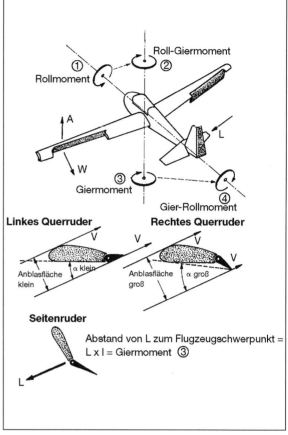

Bild 4.42   Strömungsverhalten beim Linksslip

Der Seitengleitflug ist ein **stabiler Flugzustand,** der wie der Normalflug um die drei Segelflugzeugachsen gesteuert werden kann. Durch entsprechende Ruderausschläge können auch **Richtungsänderungen (Kurvenslip)** geflogen werden. Der Slip sollte grundsätzlich unter **Verwendung der Luftbremsen** durchgeführt werden, weil sie die Fluglage stabilisieren und der Slip als **zusätzliche Landehilfe** gedacht ist, wenn die Landeklappen allein nicht ausreichen, die überschüssige Höhe im Landeanflug zu vernichten. Da der Seitengleitflug nicht ganz einfach zu fliegen ist, sollte der **Anfänger ihn zunächst in sicherer Höhe üben.**

**Achtung: Fahrtmesseranzeige ist durch
seitliche Anströmung verfälscht!**

4.1.2.3   Der Auftrieb im Kurvenflug

Beim **Gleitflug geradeaus ist der Auftrieb A senkrecht** nach oben gerichtet und entspricht dem Gewicht des Segelflugzeugs G. Im sauberen **Kurvenflug** nimmt das Segelflugzeug gegenüber der Horizontalen eine **Querneigung mit dem Winkel** α ein. Außer dem **Gewicht G** wirkt noch die **Fliehkraft F (auch Zentrifugalkraft Z** genannt) vom Schwerpunkt nach außen. Diese beiden Kräfte G und F bilden zusammen die **resultierende Kraft K,** das **Kurvengewicht** des Segelflugzeugs, das mit zunehmender Querneigung immer größer wird (Bild 4.43).

Je größer die Querneigung (je steiler die Kurve), desto größer das Kurvengewicht!						
Querneigung α	0°	20°	40°	60°	80°	85°
Kurvengewicht K	G	1,06 G	1,31 G	2,00 G	5,76 G	11,5 G

Die Zunahme des **Kurvengewichtes** ist auch am **Sitzdruck** zu erkennen. Damit wieder Gleichgewicht herrscht, muss der **Auftrieb** in der **Kurve** A_K entsprechend dem **Kurvengewicht K zunehmen.** Das kann erreicht werden:

a)   durch Vergrößerung des Anstellwinkels,
b)   durch Erhöhung der Geschwindigkeit.

Da die Vergrößerung des Anstellwinkels α problematisch ist – siehe Thema Trudeln – bleibt nur die **Geschwindigkeitserhöhung.** Die entsprechenden Werte sind aus der Kurve in Abbildung 4.44 zu entnehmen. Im **normalen Thermikkreis,** der – je nach Qualität und Struktur des Aufwindes – Querneigungen zwischen 35° und 45° verlangt, sollte gegenüber der Geschwindigkeit des besten Sinkens mit rund **20° Fahrterhöhung** geflogen werden.

Bei einer **sauber geflogenen Kurve** wirkt das Kurvengewicht entlang der Hochachse entgegen dem Auftrieb. Die **Kugel** in der Libelle des Wendezeigers (siehe Abschnitt 4.3.6 „Der Wendezeiger") **liegt in der Mitte,** der **Faden** zeigt in Richtung der **Segelflugzeuglängsachse.**

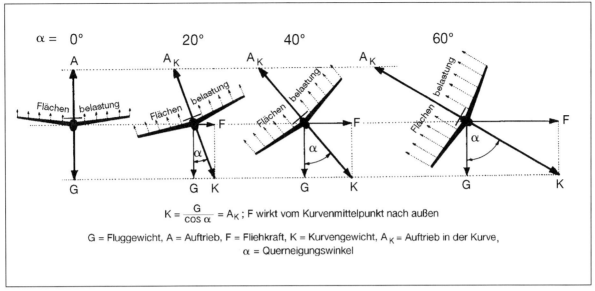

$$K = \frac{G}{\cos \alpha} = A_K \text{ ; } F \text{ wirkt vom Kurvenmittelpunkt nach außen}$$

G = Fluggewicht, A = Auftrieb, F = Fliehkraft, K = Kurvengewicht, A_K = Auftrieb in der Kurve, α = Querneigungswinkel

Bild 4.43 Die Auftriebserhöhung im Kurvenflug

Bei der **Schiebekurve** (Bild 4.45) ist die Querneigung im Verhältnis zur Drehgeschwindigkeit und zum **Kurvenradius r** zu klein. Das Segelflugzeug wird mit der **Kraft S** nach außen gedrängt, es **schiebt**. Durch erhöhten Widerstand verschlechtert sich die Leistung. Da der Innenflügel zudem in den Windschatten des Rumpfes gerät, besteht die Gefahr des Strömungsabrisses.

Von einer **Rutschkurve** (Bild 4.46) spricht man, wenn die Querneigung im Verhältnis zur Drehgeschwindigkeit und zum Kurvenradius zu groß ist. Das Segelflugzeug wird mit der **Kraft T** nach innen gezogen. Es **rutscht** oder **schmiert**. Auch hierbei tritt wegen des erhöhten Widerstandes eine erhebliche Leistungsverschlechterung ein.

Ein einfaches aber außerordentlich wirksames Instrument, das dem Segelflugzeugführer diese unsauberen Flugzustände anzeigt, ist der **Faden** (siehe Abschnitt 4.3.8).

Die Steilkurve: Je kleiner der Kurvenradius sein soll, desto größer muss die Querneigung werden. Größere Querneigungen verlangen aber auch höhere Geschwindigkeiten (Bild 4.44), die im Kurvenflug wegen des **rasch zunehmenden Kurvengewichtes** (Bild 4.43) das Segel-

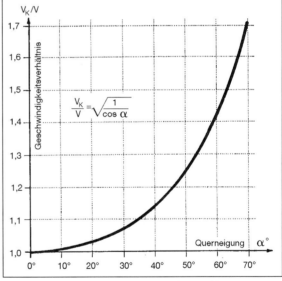

$$\frac{V_K}{V} = \sqrt{\frac{1}{\cos \alpha}}$$

Bild 4.44 Geschwindigkeitszunahme durch das Kurvengewicht

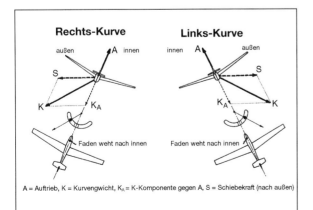

Bild 4.45 Die Schiebekurve

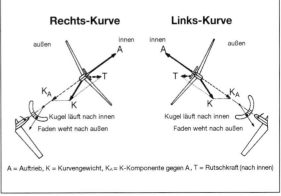

Bild 4.46 Die Rutschkurve

flugzeug sehr belasten können. Bei 60° Querneigung beträgt das Kurvengewicht bereits das Doppelte des normalen Gewichtes, bei 80° steigt es auf das Sechsfache und bei 85° fast auf das Zwölffache an. Blutleere im Kopf mit Bewusstseinsstörungen und möglicher Ohnmacht ist die Folge. Aus diesem Grund sollten **Querneigungen über 60° möglichst vermieden,** zumindest aber mit großer Vorsicht geflogen werden.

> • Bei der **Schiebekurve** läuft die **Kugel nach außen** und weht der **Faden nach innen,**
> • bei der **Rutschkurve** läuft die **Kugel nach innen** und weht der **Faden nach außen.**

Die **Überziehgeschwindigkeit,** vom Hersteller mit v_{min} angegeben oder aus der Geschwindigkeitspolare abzulesen, **wird im Kurvenflug größer.** Das ist eine Folge

a) des **Geschwindigkeitsunterschiedes an den Tragflügelenden** (Bild 4.47), aber
b) auch der vergrößerten **Flächenbelastung** durch das **Kurvengewicht** (Bild 4.43).

a) Der **Geschwindigkeitsunterschied zwischen Segelflugzeugmitte und Tragflügelende** hängt von der **Spannweite und von der Querneigung** ab, wie es in Bild 4.47 dargestellt ist. Wenn das kurveninnere Tragflügelende die Mindestfluggeschwindigkeit v_{min} schon erreicht hat, zeigt der Fahrtmesser die höhere Geschwindigkeit der Rumpfmitte an. Wie viel der Unterschied zwischen $v_{min} = 100\,\%$ und der angezeigten Überziehgeschwindigkeit $v_ü$ je nach Spannweite und Querneigung ausmacht, ist in Bild 4.48 in Kurven für die ASK 13 dargestellt.

Im Geradeausflug (Querneigung 0°) ist $v_ü = v_{min}$. Bei $\alpha = 55°$ erreicht $v_ü$ mit 120 % von v_{min} das Maximum, um bis zu $\alpha = 90°$ wieder auf 100 % zurückzugehen.

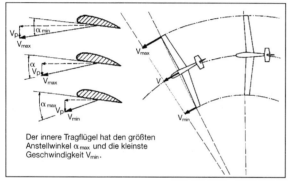

Der innere Tragflügel hat den größten Anstellwinkel α_{max} und die kleinste Geschwindigkeit V_{min}.

Bild 4.47   Erhöhung der Mindestgeschwindigkeit durch die Bahnkrümmung

b) Während des Kurvenfluges **erhöht sich das Kurvengewicht** des Segelflugzeugs (Bild 4.43) und damit seine **Flächenbelastung (Lastvielfaches).** Dadurch steigt die Überziehgeschwindigkeit $v_ü$ gegenüber der vom Hersteller angegebenen Mindestfluggeschwindigkeit v_{min} je nach Größe der Querneigung an. Die entsprechenden Prozentwerte sind ebenfalls in Bild 4.48 in einer Kurve dargestellt. Wir erkennen, dass der Einfluss des Lastvielfachen bis zu Querneigungen von 45° relativ gering bleibt, darüber aber erheblich ansteigt.

Aus der Summe beider Einflüsse ergibt sich die Überziehgeschwindigkeit im Kurvenflug. Sie steigt bis 30° Querneigung auf 120 % der v_{min} und bis 50° auf mehr als 140 %.

Die über die Tragflügel verteilte **Auftriebskraft A** wirkt im Normalfall **nach oben,** das **Gewicht G** des Segelflugzeugs – vor allem Rumpf, Besatzung und Ladung – wirkt **nach unten.** Diese gegeneinander wirkenden Kräfte beanspruchen die Tragflügel auf **Biegung nach oben** (+, positiv) **oder nach unten** (–, negativ). Im **Gleichgewichtszustand ist A = G.** Beim **Kurvenflug und beim Abfangen** aus dem Steil- oder Sturzflug wirkt außer dem Gewicht G noch die **Flieh- oder Zentrifugalkraft Z** auf das Segelflugzeug. Anstelle von G kommt ein Vielfaches von G zur Wirkung. Diese **Last ist n-mal so groß** wie die Normallast (das Fluggewicht). **Der Faktor n ist das Lastvielfache.**

> Die Hersteller von Segelflugzeugen geben die Zahlen für das Lastvielfache an, zum Beispiel:
>
> Höchstzulässiges positives Lastvielfaches +5,3 g   höchstzulässiges negatives Lastvielfaches –2,6 g
> Positives Bruchlastvielfaches mit Ballast +8,4 g   negatives Bruchlastvielfaches mit Ballast –5,4 g

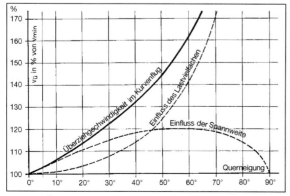

Bild 4.48   Überziehungsgeschwindigkeit im Kurvenflug

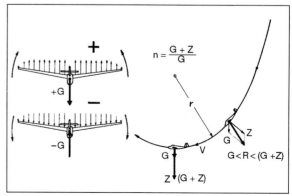

Bild 4.49   Das Lastvielfache

Das **höchstzulässige Lastvielfache** (im Allgemeinen 5,3 g) darf wiederholt erreicht jedoch **nicht überschritten** werden. Das Bruchlastvielfache gibt an, bei welchem Lastvielfachen das Segelflugzeug zerbricht. In der Regel liegt dieser Wert bei 8 g. Wird also das höchstzulässige Lastvielfache erreicht, bleibt eine ausreichende Bruchsicherheit: 8 – 5,3 = 2,7 g.

Die Größe der **Fliehkraft Z** hängt vom **Radius der Kurve oder des Abfangbogens und dem Quadrat der Fluggeschwindigkeit** ab. Bei der Abfangbewegung wird die **größte Last am untersten Punkt** der Flugbahn erreicht (sofern sie kreisförmig ist), weil sich dort Fliehkraft und Gewicht addieren. Es muss also unbedingt darauf geachtet werden, dass der **Abfangbogen nicht abrupt eingeleitet** wird. Eventuell kann die Geschwindigkeit mit den Luftbremsen reduziert werden.

Starke Vertikalböen können sehr hohe und gefährliche Lastvielfache erzeugen. Das Segelflugzeug ist im Fluge seiner Massenträgheit wegen als vertikal stillstehend anzusehen, womit es dem vollen Winddruck ausgesetzt ist. Trifft der Segelflugzeugführer im Schnellflug auf starke Turbulenz, muss er sofort auf die im Flughandbuch unter „Betriebsgrenzen" vorgeschriebene Manövriergeschwindigkeit zurückgehen.

4.1.2.4   Täuschung des Segelflugzeugführers durch Beschleunigung

Auf dem Erdboden kann der Mensch seine **Lage bei geschlossenen Augen allein durch die Schwerkraft feststellen,** die immer nach unten – zum Erdmittelpunkt hin – wirkt (siehe auch Abschnitt 6.4 „Beschleunigungen"). Hautsinne, Muskeln und Nerven, vor allem aber das Gleichgewichtsorgan im Ohr, stehen unter dem Einfluss der Schwerkraft (Erdbeschleunigung).

Wird die Schwerkraft durch andere Beschleunigungen überdeckt, unterliegt der Mensch in Bezug auf seine Lagebeurteilung leicht Täuschungen. Solche **zusätzlichen Beschleunigungen treten bei Fluglage- und Geschwindigkeitsänderungen** auf.

Gleich bleibende **Geradeaus- oder Drehgeschwindigkeiten** nimmt der Mensch in Richtung und Größe nicht mit dem Gleichgewichtsorgan, sondern ausschließlich mit dem **Gesichtssinn (Auge)** wahr, indem er den Boden und/oder den Horizont, gegebenenfalls auch seine unmittelbare Umgebung wie Wolken, Schleppflugzeug usw. beobachtet.

Nun ist es einem Segelflugzeugführer nicht in jedem Fall möglich, Lage- oder Geschwindigkeit mit dem Auge festzustellen. Da Beschleunigungen aber bei fehlendem Gesichtssinn immer nur als Änderungen der Schwerkraftrichtungen empfunden werden, ist es **unmöglich, ein Segel- oder auch Motorflugzeug nur nach Gefühl zu fliegen oder zu führen.** Gleichförmige stationäre Drehbewegungen – sogar das Trudeln – werden bei ausgeschalteter Sicht nach außen nicht wahrgenommen. Lediglich die Beschleunigungen beim Einleiten solcher Bewegungen werden empfunden und können bei entsprechender Erfahrung richtig gedeutet werden. Das durch Übung und Erfahrung erworbene **„fliegerische Gefühl"** ist kein körperliches Gefühl für die Lage im Luftraum! Es ist allein die erworbene **Fähigkeit, die körperlichen Sinne mit dem verstandesmäßigen Wissen zur Führung eines Luftfahrzeugs zu nutzen.**

Außer den wissentlich und willentlich durch Betätigung der Ruder und Bremsen herbeigeführten Änderungen der Fluglage und Fluggeschwindigkeit müssen auch **Änderungen, die durch Bewegungen der durchflogenen Luftmassen hervorgerufen** werden – zum Beispiel Einflüsse horizontaler und vertikaler Winde – rechtzeitig und richtig erkannt werden, um sie kompensieren zu können.

Es ist somit unerlässlich, dass zusätzlich zu den **gesunden Sinnesorganen** des Segelflugzeugführers das Cockpit mit **gut funktionierenden, übersichtlichen und klar anzeigenden Bordinstrumenten** ausgerüstet ist (siehe Abschnitt 4.3 „Die Bordinstrumente"). Darüber hinaus muss jeder **Segelflugzeugführer** immer um die **Erhaltung ausreichender Sichtbedingungen** bemüht sein.

4.1.3   Profil und Tragflügel

Die Geometrie des Tragflügelprofils: Das **Flügelprofil** ist der Schnitt durch den Tragflügel, senkrecht zur Querachse des Segelflugzeugs, also parallel zur Symmetrieebene (Bild 4.50). Mit Hilfe der folgenden Begriffe werden die Eigenheiten eines Profils beschrieben:

- **Skelettlinie:** Verbindungslinie der Mittelpunkte aller eingeschriebenen Kreise;
- **Skelettsehne:** Verbindungsgerade zwischen vorderstem und hinterstem Punkt der Skelettlinie;
- **Profilsehne:** Verbindungsgerade zwischen den beiden tiefsten Punkten des Profils;

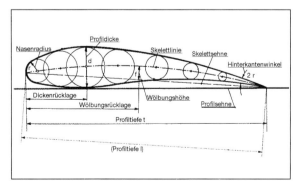

Bild 4.50   Bezeichnungen am Flügelprofil

- **Profilbezugslinie:** Die Bezugsgerade, von der aus Winkelangaben (Einstellwinkel, Anstellwinkel) gemessen werden. Bei **normalen Tragflügelprofilen** ist die Profilsehne, **bei Tropfenprofilen** (Ruder und Profile mit beidseitigen gleichen Wölbungen nach außen) die Skelettsehne die Bezugslinie;
- **Profiltiefe t:** Der Abstand zwischen dem vordersten und dem hintersten Punkt der Skelettsehne;
- **Profildicke d:** Der Durchmesser des größten aller eingeschriebenen Kreise;
- **Nasenradius:** Der Radius des durch die Profilvorderkante gehenden Innenkreises;
- **Hinterkantenwinkel 2** τ (zwei Tau): Wichtige Größe für die Wirbelbildung;
- **Wölbungshöhe f:** Größte Erhebung der Skelettlinie über die Skelettsehne (auch einfach „Wölbung");
- **Wölbungsrücklage:** Abstand der größten Profildicke von der Profilvorderkante.

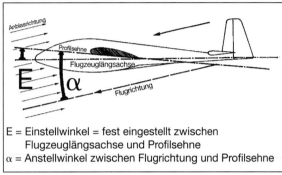

E = Einstellwinkel = fest eingestellt zwischen
   Flugzeuglängsachse und Profilsehne
α = Anstellwinkel zwischen Flugrichtung und Profilsehne

Bild 4.51   Einstellwinkel und Anstellwinkel

4.1.3.1   Einstellwinkel und Anstellwinkel

Der **Einstellwinkel E** ist der Winkel zwischen Segelflugzeuglängsachse und Profilsehne. Er ist durch die Konstruktion des Segelflugzeugs vorgegeben und nicht veränderbar. Lediglich bei Segelflugzeugen mit Wölbklappen ändert sich bei deren Betätigung auch der Winkel zwischen Profilsehne und Längsachse!

Der **Anstellwinkel** α ist der Winkel zwischen Profilsehne und anströmender Luft. Er ist durch Ruderbetätigung (Höhenruder) veränderlich.

Profilarten: Jedes Profil ist aus einer Skelettlinie entstanden, der eine Dickenverteilung überlagert ist (Bild 4.50 und 4.52). Die Skelettlinie kann geradlinig oder gekrümmt (Kreisbogen oder S-Linie) sein. Die Verhältnisse heißen:

- **Wölbungsverhältnis** (relative Wölbung)   = f : t = Wölbungshöhe : Profiltiefe;
- **Dickenverhältnis** (relative Dicke)   = d : t = Profildicke : Profiltiefe.

Die gebräuchlichsten Profilarten sind in Bild 4.52 dargestellt:

a) Das symmetrische Tropfenprofil: Die Skelettlinie ist eine Gerade, die hier als Bezugslinie verwendet wird und zu der die Dickenverteilung symmetrisch ist. Diese Profilart findet man vornehmlich bei Rudern. Mit einem Anstellwinkel von 0° wird kein Auftrieb erzeugt.

b) Das unsymmetrisch gewölbte Profil (Bild 4.52 c und d): Die Skelettlinie ist gekrümmt (Kreis oder Parabel), die Dicke ist unsymmetrisch verteilt. Die Profilart c) mit einseitiger Wölbung nur nach oben und ebener Unterseite wird heute nicht mehr verwendet. Das klassische Flügelprofil mit geschweifter Unterseite stellt die **Profilart d)** dar. Seine wichtigsten Eigenschaften sind:

1. Das Auftriebsmaximum steigt bei gleich bleibendem Dickenverhältnis d : t mit zunehmendem Wölbungsverhältnis f : t bis zu einem Höchstwert und fällt dann bei einer weiteren Wölbungsvergrößerung wieder ab.

2. Der kleinste Profilwiderstand c_w liegt bei immer höheren c_a-Werten mit zunehmendem Wölbungsverhältnis f : t (Polare).

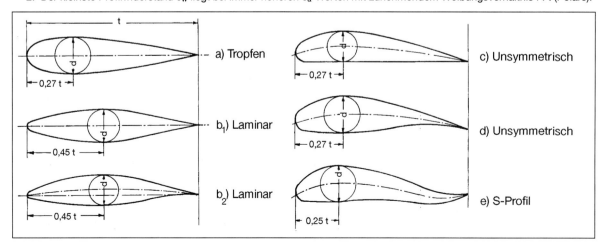

Bild 4.52   Verschiedene Profilarten

Die Profilart e) – **das S-Schlag-Profil** – mit Aufwärtskrümmung der Skelettlinie vor der Hinterkante des Flügels ist **druckpunktfest**. Der Druckpunkt liegt bei ungefähr 0,25 t. Diese Profile haben einen geringeren Höchstauftrieb als die Ursprungsprofile mit einfacher Skelettlinienkrümmung.

c) **Die Laminarprofile** (Bild 4.52 b_{1+2}): Der Entwicklung der Laminarprofile liegt die Erkenntnis zugrunde, dass der Profilwiderstand klassischer Profile (d) in der Hauptsache aus Reibungswiderstand besteht.

Den **geringsten Reibungswiderstand hat die laminare Grenzschicht.** Deshalb sollte die laminare Laufstrecke der Grenzschicht möglichst lang sein, der Umschlagpunkt so weit wie möglich nach hinten verlegt werden (siehe auch Bild 4.9 in Abschnitt 4.1.1 „Auftrieb und Widerstand"). Vorbedingungen dafür sind eine glatte und damit **störungsfreie Oberfläche sowie ein beständig nach hinten zunehmender Druckabfall** (steigende Strömungsgeschwindigkeit) längs des Profils.

Der **Umschlagpunkt liegt im Druckminimum** kurz vor der größten Profildicke, die möglichst weit nach hinten verlegt wird (Bild 4.52 b_{1+2}). Allerdings muss hinter der größten Profildicke noch ein wirbelfreier Abfluss der Strömung gewährleistet sein. Die Länge der laminaren Grenzschicht beträgt 0,4 bis 0,6 t, bei klassischen Profilen dagegen nur etwa 0,2 bis 0,3 t.

> **Profile mit sehr lang gestreckter laminarer Grenzschicht nennt man Laminarprofile.**

4.1.3.2   Die Polare des Laminarprofils

Die lange laminare Anlaufstrecke zeigt sich im Polardiagramm dadurch, dass im gesamten Anstellwinkelbereich, in dem die Laminarstrecke vorhanden ist, der Widerstandsbeiwert c_w trotz der c_a-Wert-Änderung klein und nahezu konstant bleibt. Das Diagramm zeigt die so genannte **Laminardelle**. Ober- und unterhalb der Delle schließen sich zwei zurückspringende

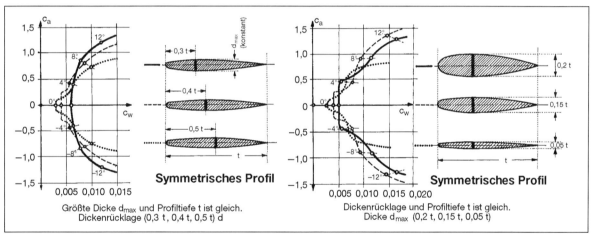

Bild 4.53   Der Einfluss von Dickenrücklage und Dicke auf die Größe der Laminardelle

Linien an, die zunächst halb- und dann vollturbulente Strömung anzeigen. Der Umschlagpunkt wandert rasch nach vorn. Bild 4.53 links zeigt den **Einfluss der Dickenrücklage.** Die drei dargestellten Laminarprofile unterscheiden sich nur durch die **Dickenrücklagen 0,3 t, 0,4 t und 0,5 t.** Die Profiltiefe t und die größte Dicke d_{max} sind bei allen gleich.

Die Polare des obersten Profils verläuft so wie wir es von dem Bild 4.20 kennen. Mit zunehmendem Anstellwinkel steigen Auftrieb und Widerstand beständig. Bei einer Dickenrücklage von 0,4 t (Kurve gestrichelt) bleibt in einem bestimmten Bereich der **c_w-Wert praktisch konstant**, obwohl der c_a-Wert sich ändert, die **Laminardelle** tritt auf. Der c_w-Wert wird beim dritten Profil mit einer **Dickenrücklage von 0,5** (punktiert gezeichnet) **noch kleiner,** allerdings ist die Delle auch schmaler geworden.

> a) Bei ausreichender Rücklage der größten Profildicke tritt in der Polare die Laminardelle auf.
> b) In der Laminardelle bleibt der c_w-Wert trotz Änderung des c_a-Wertes nahezu gleich.
> c) Mit zunehmender Dickenrücklage wird im Anstellwinkelbereich von 0° der c_w-Wert noch kleiner.
> d) Mit zunehmender Dickenrücklage wird die Laminardelle schmaler und der Höchstauftrieb geringer.

In Bild 4.53 rechts sind Polaren von drei symmetrischen Laminarprofilen dargestellt, die sich nur durch ihre **größte Dicke d_{max} (0,2 t, 0,15 t und 0,05 t)** unterscheiden. Die Dickenrücklage und die Profiltiefe t sind bei allen drei Profilen gleich. Der **Einfluss der Profildicke** wird gezeigt.

Das **dickste Profil** zeigt eine **breite Laminardelle** (voll ausgezogene Kurve). Das **mittlere Profil** (Kurve gestrichelt) hat bei Anstellwinkel 0° einen **geringeren c_w-Wert**, eine **schmalere Laminardelle** und einen **kleineren Laminarbereich**. Das **dünnste Profil** (punktiert) weist einen **noch geringeren c_w-Wert**, eine äußerst **schmale Laminardelle** und einen sehr **niedrigen Höchstauftrieb** auf.

a) Dickere Profile sind unempfindlicher gegen Änderungen des Anstellwinkels.
b) Der c_w-Wert bei Anstellwinkel 0° wird umso geringer, je dünner das Profil ist.
c) Mit abnehmender Dicke geht ab einem bestimmten Wert der Höchstauftrieb zurück.

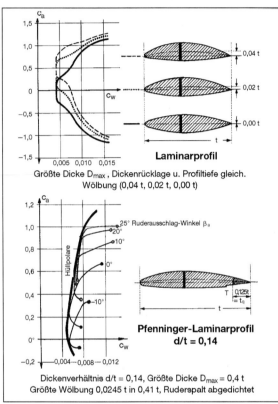

Bild 4.54   Änderung der Dellenlage beim Laminarprofil

Den **Einfluss der Wölbung** zeigt Bild 4.54 anhand von drei Laminarprofilen, die mit **gleicher Profiltiefe, gleicher Dicke und gleicher Dickenrücklage** ausgestattet sind, sich jedoch nach ihren **Wölbungen von 0,04 t, 0,02 t und 0,00 t unterscheiden.**

Es ist deutlich zu sehen, wie sich mit **zunehmender Wölbung** der Laminarbereich (die Delle) in der Polare nach oben in **höhere c_a-Bereiche** hineinverschiebt. Die Breite der Delle verändert sich dabei kaum.

Den relativ kleinen Laminarbereich kann man nur durch Änderung der Wölbung verschieben. Im unteren Teil des Bildes 4.54 ist ein Hinterkantenruder dargestellt. Durch seinen Ausschlag kann die Wölbung verstärkt oder verringert werden. Die geometrische Wölbungslinie erhält einen Knick, der einen kleinen Zusatzwiderstand verursacht.

Der Ruderspalt ist abgedichtet. Durch einen einspringenden Absatz **T = Turbulenzkante** auf der Unterseite wird die Grenzschicht turbulent, womit sie trotz Druckanstiegs nach der Hinterkante anliegend bleibt.

Über die veränderbaren Ausschläge ergibt sich die äußerst günstige **Hüllpolare.** Sie ermöglicht die **niedrigen Profilwiderstände** über einen weiten Bereich der c_a-Werte. Sehr **günstig** wird auch der **Gleitwinkel,** der durch die Tangente vom Nullpunkt aus an die Hüllpolare dargestellt wird.

Alles in allem muss festgestellt werden, dass **Laminarprofile** in Bezug auf Leistung – also hinsichtlich Minimalwiderstand und Gleitzahl – den **klassischen Profilen eindeutig überlegen** sind.

Die Flügelformen: Die geometrische Form des Tragflügels ist im Allgemeinen bestimmt durch:

- **Grundriss** (Zuspitzung, Pfeilung usw.)
- **Schränkung** (Verwindung)
- **Neigung der Flügelhälften gegeneinander** (V-Stellung)
- **Flügelprofil** (Dicke, Wölbung)
- **Flügelenden** (spitz, rund, Winglets usw.)

Der Tragflügel ist symmetrisch zur Hauptsymmetrie des ganzen Segelflugzeugs angeordnet!

4.1.3.3   Der Grundriss des Tragflügels

Die Grundform des Tragflügels ist das **Rechteck (a_2).** Wegen des großen Randwiderstandes ist diese Flügelform nur bei sehr langsamen Segelflugzeugen sinnvoll (Bild 4.55).

Die **aerodynamisch günstigste Form** stellt die **Ellipse** (b) mit einem Randwiderstand von nahezu 0 dar. Im traditionellen Segelflugzeugbau wurde aus Kostengründen der **Trapezflügel** (c) verwendet, der ebenfalls einen kleinen Randwiderstand hat. Bei **moderneren Konstruktionen** findet man immer häufiger die Ellipsenform, zumindest an der Flügelvorderkante.

Aus **Stabilitätsgründen** sind die Tragflügel oft **gepfeilt,** das heißt, die Flügelspitzen liegen gegenüber der Vorderkante am Rumpf zurück (d_{1+2} – man spricht von **positiver Pfeilung**) oder sie liegen vor der Flügelvorderkante am Rumpf (e_{1+2} – man spricht von **negativer Pfeilung).** Die Größe der Pfeilung kann sich vom Rumpf zur Flügelspitze hin ändern, so dass die Flügel **geknickt oder geschwungen** verlaufen.

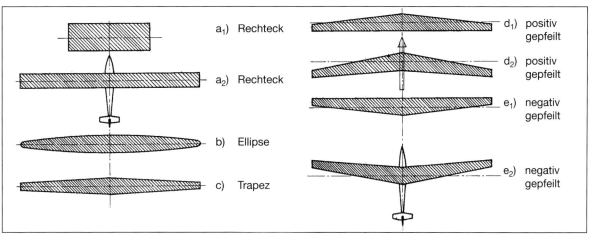

Bild 4.55   Die Tragflügelformen

Das Flügelprofil: Wesentliches Merkmal für das Flügelprofil ist das **Dickenverhältnis (die relative Dicke δ).**

Es wird berechnet: Profildicke d : Profiltiefe t = δ.

Wichtig ist weiterhin die **Profilform.** Sie ist im Wesentlichen durch die Skelettlinie bestimmt. Im Allgemeinen gilt die Regel:

- **Bei zunehmendem Dickenverhältnis d/t steigt der Druckwiderstand!**
- **Bei zunehmender Wölbung steigt der Höchstauftrieb!**

Bei **einfachen Segelflugzeugen,** die der Grundausbildung und Übung dienen, werden **Normalprofile** verwendet (siehe Bild 4.52 d). Werden bessere Leistungen von dem Segelflugzeug verlangt, kommen Laminarprofile zur Anwendung (Bild 4.52 b$_1$ und $_2$). Um den Profilwiderstand gering zu halten, haben diese einen **kleineren Nasenradius** und sind **weniger dick.** Allerdings reagiert bei einem kleinen Nasenradius das Profil empfindlich auf Anstellwinkelveränderungen, weil die Grenzschichtströmung leichter in die Turbulenz umschlägt, was einen sprunghaft gesteigerten Widerstand zur Folge hat. Für den Segelflug sind spezielle Laminarprofile entwickelt worden.

Die Neigung der Tragflügelhälften gegeneinander (Bild 4.56) ist grundsätzlich eine konstruktive Maßnahme zur Erhöhung der Flugstabilität um die Längsachse. Je stärker die **V-Stellung,** desto stabiler die Fluglage. Da aber mit zunehmender Stabilität die Wendigkeit nachlässt, ist die V-Stellung meist unter 10°.

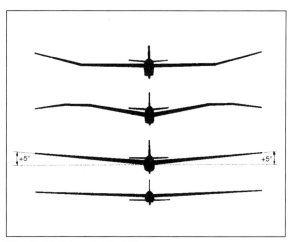

Bild 4.56   Die Neigung der Flügelhälften

Die V-Stellung wird als Abweichung von der Horizontalen in Grad angegeben, und zwar als positiv (+) nach oben und als negativ (–) nach unten. Sie kann über den Flügel hinweg konstant oder wechselnd sein (Bild 4.56).

Die Schränkung der Tragflügel dient grundsätzlich der **Verringerung des Randwiderstandes.** Wir unterscheiden

a) die **geometrische Schränkung,**
b) die **aerodynamische Schränkung** und
c) die **kombiniert geometrisch-aerodynamische Schränkung.**

a) **Geometrische Schränkung** – früher auch **Verwindung** genannt – bedeutet, dass am Tragflügel der **Einstellwinkel des Profils zum Flügelende hin immer kleiner** wird (Bild 4.57). Denn würde über die gesamte Spannweite das gleiche Profil mit gleichem Einstellwinkel verwendet, müsste bei Erreichen des kritischen Anstellwinkels die Strömung am ganzen Flügel gleichzeitig abreißen, d. h. der Gesamtauftrieb würde schlagartig zusammenbrechen.

Um das konstruktiv zu vermeiden, wird der Einstellwinkel bei gleich bleibendem Profil zum Außenflügel hin flacher. Beim Überziehen des Segelflugzeugs wird der kritische Anstellwinkel zunächst am Rumpf und zuletzt an den Flügelspitzen erreicht; die **Steuerbarkeit mit dem Querruder bleibt** noch **erhalten.** Der Strömungsabriss erfolgt nicht schlagartig,

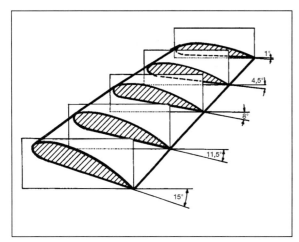

Bild 4.57   Die geometrische Schränkung

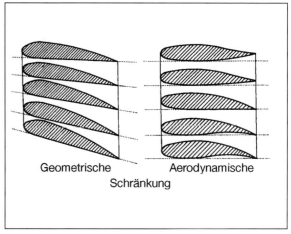

Geometrische   Aerodynamische
        Schränkung

Bild 4.58   Vergleich der Flügelschränkungen

sondern kündigt sich durch Ablösung am Innenflügel bereits an, wenn das Flugzeug noch steuerbar ist. Erfolgt die Verkleinerung des Einstellwinkels proportional zum Abstand vom Rumpf, ist der Tragflügel **linear gestrakt.**

b) Bei der **aerodynamischen Schränkung** (Bild 4.58) bleibt der Einstellwinkel über die ganze Flügelspannweite gleich. Die Änderung des kritischen Anstellwinkels wird durch eine **allmähliche Profiländerung** in Richtung Außenflügel erzielt. Die Profilhinterkante wird zu den Flügelenden hin hochgezogen, bis an der Flügelspitze ein nahezu symmetrisches Profil erreicht ist, das bei kleinem Anstellwinkel keinen Auftrieb erzeugt. Diese Art der Schränkung wird bei modernen Segelflugzeugen kaum angewendet.

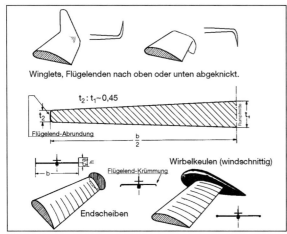

Bild 4.59   Die Ausbildung der Flügelspitzen

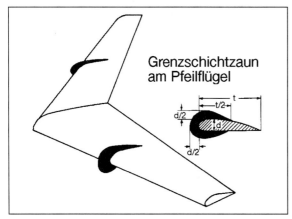

Bild 4.60   Der Grenzschichtzaun

c) Die kombiniert **geometrisch-aerodynamische Schränkung** kommt in der Praxis häufiger vor. Sie ist eine Kombination von sich zum Flügelende hin verflachendem Einstellwinkel und schlanker werdendem Flügelprofil. All diese konstruktiven Maßnahmen verhindern ein gleichzeitiges Abreißen der Strömung und damit Zusammenbrechen des Auftriebs über die gesamte Spannweite hinweg und machen das Flugverhalten dadurch **sicherer.**

Durch die **Ausbildung der Flügelspitzen** kann der **Druckausgleich,** der die **Randwirbelzöpfe** verursacht (Bild 4.26), **verringert** werden. Das kann durch die **Form der Flügelspitzen** – wie vorn schon beschrieben, erzeugt der elliptische Flügel den geringsten induzierten Widerstand – oder durch die Anbringung von **Endscheiben oder Wirbelkeulen** geschehen (Bild 4.59). Sie zwingen die Ausgleichströmung zu einem Umweg, für den jedoch deren Energie nicht ausreicht. Wirbelkeulen können bei Motorseglern zusätzlich als Kraftstoffbehälter dienen. Auch können die Flügelenden nach oben (oder nach unten) zu den so genannten **Winglets** abgeknickt werden, die in den verschiedensten Größen und Formen – meist als Ansteckenden – bei den modernen Segelflugzeugen dazugehören.

Der Grenzschichtzaun (Bild 4.60): Bei **schräg angeströmten Tragflügeln** – z. B. bei starker Pfeilung – bildet sich eine kräftige **Querströmung in Richtung des zurückliegenden Flügelteils** aus. Die dadurch entstehende **Verdickung der Grenzschicht** verursacht eine **vorzeitige Ablösung** der Strömung, was leicht zu dem gefürchteten **Abkippen führt.** Das kann durch einen dünnen **Grenzschichtzaun** verhindert werden, der kaum einen Widerstand verursacht (siehe Bild 4.60), jedoch die Querströmung unterbindet.

Seitenverhältnis und Flügelstreckung (Bild 4.61):

Das **Seitenverhältnis** λ ist das Verhältnis von **Profiltiefe (t) : Spannweite (b)** (vgl. Abschnitt 4.1.1.a „Auftrieb und Widerstand"; der induzierte Widerstand).

Bei der Spannweite wird der Teil des Flügels, der im Rumpf enthalten ist, mitgerechnet. Ist die Profiltiefe nicht über den ganzen Flügel gleich, wird die **mittlere Profiltiefe t_m** herangezogen.

Unter **Flügelstreckung** Λ versteht man das Verhältnis Spannweitenquadrat (b_2) : Flügelfläche (F).

- **Seitenverhältnis 1:20 bedeutet, die mittlere Profiltiefe beträgt 1/20 der Spannweite;**
- **Flügelstreckung 20 bedeutet, die Spannweite ist 20 mal so groß wie die mittlere Profiltiefe.**

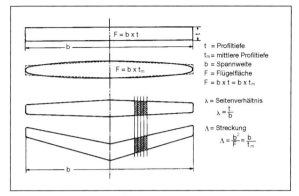

Bild 4.61   Seitenverhältnis und Flügelstreckung

Druckpunkt und Druckpunktwanderung (Bild 4.62): Wie schon in Bild 4.15 erklärt, wird der Schnittpunkt zwischen der Wirkungslinie der Luftkraft und der Profilsehne als **Druckpunkt D** bezeichnet. Bei **Änderung des Anstellwinkels** (siehe auch Bild 4.16) **ändert sich** auch die **Luftkraft nach Größe und Richtung** und damit ebenfalls die **Lage des Druckpunktes.** Diese Erscheinung heißt **Druckpunktwanderung** oder **Druckpunktverschiebung.**

Im **Normalflugbereich liegt der Druckpunkt zwischen 0,25 t und 0,6 t** vom vordersten Punkt der Skelettsehne (Nasenspitze) entfernt (Bild 4.62). Wir nehmen den **Schwerpunkt S** als Drehpunkt des Profils an. Liegt nun der **Druckpunkt vor** (nasenseitig) S, **vergrößert die Luftkraft den Anstellwinkel,** liegt er jedoch **dahinter,** dann verkleinert sie ihn. Bei Anstellwinkeln zwischen 5° und 20° wandert der Druckpunkt nur wenig; wird er aber kleiner oder gar negativ, verlagert er sich rasant.

Die Flächenbelastung wurde bereits im Abschnitt 4.1.2 „Besondere Fluglagen" (Bild 4.43) erwähnt. Sie ist definiert als **Fluggewicht G : Flügelfläche F** und wird ausgedrückt in **kp/m^2.** Sie beträgt bei Segelflugzeugen von 20 kp/m² bis zu über 50 kp/m², was bedeutet, dass jeder Quadratmeter der Flügelfläche von 20 kp bis zu mehr als 50 kp zu tragen hat; die hohen Gewichte werden durch die Aufnahme von Wasserballast erreicht. Die Flächenbelastung beeinflusst die Sinkgeschwindigkeit ebenso wie die Fluggeschwindigkeit. Als **Faustregel** kann gesagt werden:

- **Kleine Flächenbelastung = geringeres Sinken, besserer Langsamflug.**
- **Hohe Flächenbelastung = bessere Gleitzahl bei hoher Geschwindigkeit, besserer Schnellflug.**

Moderne Segelflugzeuge können **Wasserballast** aufnehmen. Bei **schwachen Wetterlagen** wird **kein Ballast** geladen und bei **nachlassenden Aufwinden wird er abgeworfen,** weil es ums Obenbleiben geht. Bei **gutem Wetter** nehmen die Segelflieger ein erhöhtes Sinken im Thermikflug gern in Kauf, wenn die **Schnellflugleistungen durch den Ballast besser werden.**

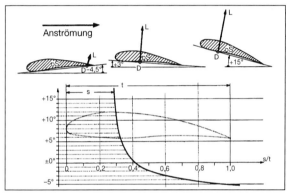

Bild 4.62   Die Wanderung des Druckpunktes

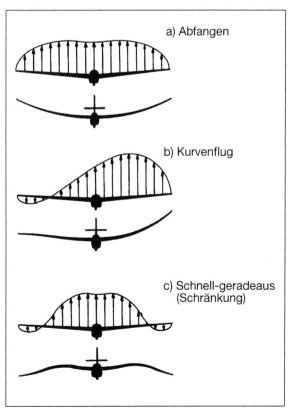

a) Abfangen

b) Kurvenflug

c) Schnell-geradeaus (Schränkung)

Bild 4.63   Die Verteilung der Flächenbelastung

Die hier vorgestellte **Flächenbelastung ist der Durchschnitt pro m² beim Geradeausflug.** Beim **Kurvenflug,** beim **Abfangen** sowie in **böiger Luft verändert sie sich** je nach dem erreichten Lastvielfachen (siehe vorn unter Abschnitt 4.1.2 „Besondere Fluglagen"). Sie ist auch **nicht überall am Tragflügel gleich,** kann vom Durchschnitt nach oben und unten **abweichen und gar negativ werden.** In Bild 4.63 sind einige Beispiele für Belastungen in verschiedenen Flugzuständen – der Deutlichkeit wegen übertrieben – dargestellt. Die nach oben oder unten gerichteten Pfeile geben Größe und Richtung der Belastungskräfte an, wie sie sich über den Flügel verteilen. Darunter ist die entsprechende elastische Verbiegung des Tragflügels gezeigt. Hinzu kommt noch die **unterschiedliche Verteilung über die Profiltiefe,** die von Profilart und Anstellwinkel abhängt (Bild 4.15).

Darstellung a) in Bild 4.63 gibt die Verhältnisse beim **Abfangen** wieder, die Flügel biegen sich nach oben. Darstellung b) zeigt die Lastverteilung beim **Einleiten einer Kurve,** die Lastkurve verschiebt sich nach einer Seite. Unter c) wird die Flächenbelastung beim **schnellen Geradeausflug** mit geschränkten Flügeln dargestellt. Hier wirkt sich der zu den Flügelspitzen hin veränderte Anstellwinkel deutlich aus.

4.1.4 Die Kräfte am Segelflugzeug und die Stabilität

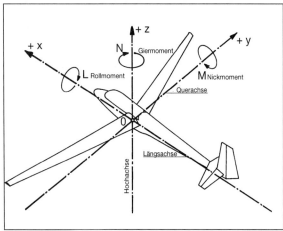

Bild 4.64   Die Achsen des Segelflugzeugs

4.1.4.1   Die Achsen des Segelflugzeugs

Ein **flugfestes Achsensystem x, y und z** dient zur Beschreibung der Kräfte und Momente, die auf das Segelflugzeug wirken. Der **Nullpunkt** dieses Systems **liegt** immer **in der Symmetrieebene** des Segelflugzeugs, seine genaue Lage dort wird von Fall zu Fall unterschiedlich gewählt. Für unsere Betrachtungen liegt er im Schwerpunkt.

Die x-Achse ist die **Längsachse** des Segelflugzeugs. Sie liegt parallel zur Verbindungslinie Rumpfnase – Heckspitze. Die y-Achse, gleich **Querachse,** steht senkrecht auf der Symmetrieebene, die z-Achse als **Hochachse des Segelflugzeugs** liegt in der Symmetrieebene wie die Längsachse, steht aber senkrecht auf dieser.

Die **Richtungen der drei Achsen** sind wie folgt festgelegt:

- **Längsachse in Flugrichtung positiv (+),**
- **Querachse in Flugrichtung gesehen nach rechts positiv (+),**
- **Hochachse nach oben positiv (+).**

Kräfte und Momente am Segelflugzeug: Auf das **ruhende Segelflugzeug** wirkt als **einzige Kraft** das **Gewicht.** Von ihm leiten sich alle anderen Kräfte während des Fluges ab. Außerdem wirken auf das **Segelflugzeug in Bewegung die so genannten Massenkräfte,** so die Fliehkräfte in der Kurve und beim Abfangen und die Verzögerungskräfte beim Abbremsen. Durch die Flugbewegung des Segelflugzeugs entstehende, vom Gewicht direkt oder indirekt abgeleitete Kräfte sind:

- **der Auftrieb A, senkrecht zur Anblasrichtung;**
- **der Widerstand W, in Anblasrichtung;**
- **die Seitenkraft Y, senkrecht zur Symmetrieebene.**

Da diese **Kräfte** meist **nicht im Schwerpunkt angreifen,** üben sie mit den entsprechenden Hebelarmen (Abstände der Kraftwirkungslinien vom Schwerpunkt) **Drehmomente** auf das Segelflugzeug aus:

- **das Rollmoment L dreht um die Längsachse;**
- **das Nickmoment M dreht um die Querachse;**
- **das Giermoment N dreht um die Hochachse.**

Der Bewegungszustand lässt sich immer in eine **Längsbewegung** – gegeben durch die Fluggeschwindigkeit v, den Anstellwinkel α und die Nickgeschwindigkeit – und in eine **Querbewegung** – gegeben durch den Schiebewinkel b, die Roll-Winkelgeschwindigkeit und die Gier-Winkelgeschwindigkeit – aufteilen.

4.1.4.2 Die Steuerorgane und ihre Wirkungsweise

Der **Auftrieb** wird von den beiden **Tragflügelhälften** erzeugt. **Organe,** die ungewollte **Drehbewegungen** des Segelflugzeugs **verhindern** oder gewollte Drehbewegungen **herbeiführen,** sind die unbeweglich am Segelflugzeug angebrachten **Flossen** und die beweglichen, vom Segelflugzeugführer während des Fluges steuerbaren **Ruder** (Bild 4.65). **Flossen und Ruder bilden zusammen das Leitwerk.**

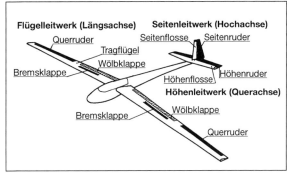

Bild 4.65 Die Bestandteile des Leitwerks

1. **Das Flügelleitwerk** dient zur Steuerung der Drehungen des Segelflugzeugs um die **Längsachse.** Es besteht aus den beiden **Querruderklappen,** die im Außenbereich der Tragflügelhälften angebracht sind und vom Segelflugzeugführer nur **gleichzeitig,** und zwar in **entgegengesetzte** Richtungen, ausgeschlagen werden können. Zum Flügelleitwerk gehören auch Wölb- und Bremsklappen sowie senkrecht ausfahrende Sturzflugbremsen und gegebenenfalls Trimmklappen bzw. Bügelkanten (Bild 4.73 a–b).

2. **Das Höhenleitwerk** steuert das Segelflugzeug um die **Querachse.** Es besteht aus einer am Rumpfheck angebrachten **Flosse mit einem dahinter liegenden, schwenkbaren Ruder.** Beide zusammen bilden eine Art Tragflügel, dessen **Auf- und Abtrieb das Schwanzende hebt oder senkt.** Dazu gehört bei einigen Segelflugzeugen eine Trimmklappe und/oder eine Bügelkante. Es finden auch einteilige Pendelruder Verwendung; bei ihnen ist keine Höhenflosse vorhanden. Der Widerstand des Pendelruders ist geringer als der des zweiteiligen Höhenleitwerks.

3. **Das Seitenleitwerk** steuert das Segelflugzeug um die **Hochachse.** Es besteht aus einer Seitenflosse mit Ruder und gegebenenfalls einer Trimmklappe und/oder einer Bügelkante.

4.1.4.3 Die Wirkung der Querruder

Die beiden Querruder am linken und rechten Tragflügel bewirken eine **Rollbewegung des Segelflugzeugs um seine Längsachse.** Sie gehören zum Flügelleitwerk und werden durch **Bewegungen des Steuerknüppels nach links und rechts** bedient. Sie schlagen **entgegengesetzt** aus, das heißt, eins bewegt sich nach oben, wenn das andere nach unten klappt.

Steuerknüppel nach rechts heißt: Das linke Querruder schlägt **nach unten** aus, **erhöht** in seinem Bereich **Auftrieb und Widerstand.** Zugleich bewegt sich das rechte Querruder **nach oben, Auftrieb und Widerstand werden verringert.** Das Segelflugzeug rollt nach rechts (+) um die Längsachse. Zugleich entsteht aber als **Sekundäreffekt** noch ein **Giermoment um die Hochachse.** Der vergrößerte Widerstand am linken Flügel hält diesen zurück, der verkleinerte Widerstand rechts lässt den rechten Flügel voreilen (Bild 4.66). Dieses **linksdrehende Giermoment (–)** ist als **negatives Wendemoment** bekannt, seine Auswirkung ist der **Querruder-Sekundäreffekt.** Negativ heißt es, weil es der beabsichtigten Kurvenrichtung entgegenwirkt.

Die Bewegung des Steuerknüppels nach links ruft genau die gleiche Wirkung in entgegengesetzter Richtung hervor, nämlich ein Rollmoment nach links und ein Giermoment nach rechts.

> **Knüppel nach links bewirkt:**
> – **Rollmoment nach links**
> – **negatives Wendemoment nach rechts**
>
> **Knüppel nach rechts bewirkt:**
> – **Rollmoment nach rechts**
> – **negatives Wendemoment nach links**

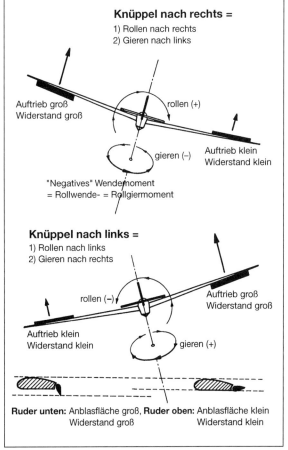

Bild 4.66 Wirkung der Querruderausschläge rechts und links

Um das negative Wendemoment **auszuschalten,** muss **gleichzeitig zum Querruderausschlag** auch das **Seitenruder in Kurvenrichtung** betätigt werden, was als **„Rollübungen"** bereits in der ersten Phase der Ausbildung zum Segelflugzeugführer geübt wird. **Erwünscht** ist – außer beim Kunstflug – dieser sekundäre Effekt **nur beim Einleiten des Seitengleitflugs (Slip),** das in Abschnitt 4.1.2 „Besondere Fluglagen" ausführlich beschrieben wurde.

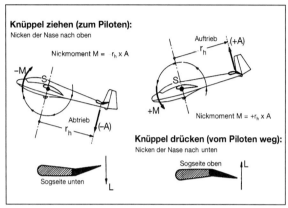

Bild 4.67   Die Wirkung des Höhenruders

4.1.4.4   Die Wirkung des Höhenruders

Die Betätigung des Höhenruders führt zu einer **Drehung des Segelflugzeugs um die Querachse (Nicken).** Auch das Höhenruder wird durch Bewegungen des **Steuerknüppels** bedient, und zwar durch **Ziehen (Zurücknehmen des Knüppels)** und durch **Drücken (Vorschieben des Knüppels).** Beim **Ziehen** schlägt die **Ruderklappe nach oben** aus; auf der **Leitwerksunterseite entsteht ein Sog,** das **Heck** wird **nach unten** gezogen. Dadurch hebt sich die **Segelflugzeugnase über den Horizont** hinaus, der **Anstellwinkel** des Tragflügels **vergrößert** sich, die **Fahrt geht zurück.** Beim Drücken des Knüppels läuft der gleiche Vorgang entgegengesetzt ab, mit Verkleinerung des Anstellwinkels wird die Fahrt erhöht.

Das **Pendelruder – ohne Höhenflosse –** erzielt die **gleiche Wirkung,** indem an ihm der Anstellwinkel beim Ziehen verkleinert und beim Drücken vergrößert wird.

Vorsicht! Beim Ziehen strebt die **Segelflugzeugnase nur scheinbar sofort nach oben,** tatsächlich **senkt sich das Heck.** Bei Nichtbeachtung drohen ungewollte Berührungen des Bodens bei der Landung oder von Hindernissen, die überflogen werden.

- **Knüppel ziehen (nach hinten führen)** • **Knüppel drücken (nach vorne führen)**
- **Nicken der Nase nach oben = Verzögerung** • **Nicken der Nase nach unten = Beschleunigung**

Die Betätigung des Höhenruders bewirkt zusätzlich eine Änderung des Gesamtauftriebs.

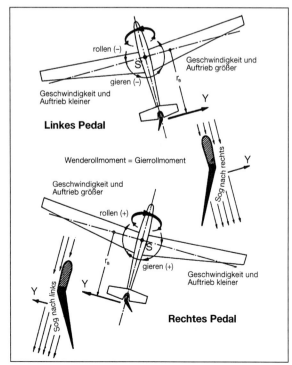

Bild 4.68   Die Wirkung des Seitenruders

4.1.4.5   Die Wirkung des Seitenruders

Ein Treten des **linken Seitenruderpedals** bewirkt einen **Ruderausschlag nach links.** Am Seitenruder entsteht eine **Wölbung nach rechts,** deren **Auftrieb (Sog) das Heck des Segelflugzeugs nach rechts** zieht. Es erfolgt eine **Drehung** um die Hochachse **nach links.** Als **Sekundärwirkung** ergibt sich, dass der äußere **(rechte) Flügel** dem inneren (linken) gegenüber **schneller** wird und sich damit dort der **Auftrieb erhöht.** Er hebt sich.

Diese Rollbewegung gegen den Uhrzeiger (–) ist das **Wende- oder Gierrollmoment.**

> **Linkes Pedal treten:**
> **Giermoment, Wenderollmoment nach links;**
>
> **Rechtes Pedal treten:**
> **Giermoment, Wenderollmoment nach rechts.**

Das Fliegen einer Kurve: Die Kurve wird eingeleitet durch gleichzeitige Ausschläge von Quer- und Seitenruder in dieselbe Richtung. Je **stärker** bei einem Segelflugzeug das **negative Wendemoment** ausgeprägt ist – es lässt sich konstruktiv durch das Differential-Querruder fast vollständig beseitigen, indem der Querruderausschlag nach oben erheblich größer gehalten ist als der nach unten und somit die Zunahme des Widerstandes an beiden Flügeln gleich ist –, **umso stärker** muss beim Einleiten der Kurve auch das **Seitenruder** (Pedal) mitwirken. Mit **zunehmender Querneigung** wird das **Seitenruder** dann mehr und mehr **zurückgenommen,** weil es sonst eine Neigung der Längsachse nach unten zur Folge hätte. Die Querneigung wird mit dem Querruder, die Geschwindigkeit mit dem Höhenruder korrigiert. Ist die beabsichtigte **Kurvenfluglage** mit der entsprechenden **Drehgeschwindigkeit erreicht,** werden **Quer- und Seitenruder etwa in Neutralstellung** zurückgenommen, was aber von Muster zu Muster unterschiedlich sein kann. Das **Höhenruder** ist bei größeren Querneigungen **leicht gezogen. Kugel und Faden stehen in der Mitte.**

Die Kurve wird beendet durch **gleichzeitige und gleichsinnige Ausschläge mit Quer- und Seitenruder gegen die Drehrichtung.** Gegebenenfalls muss der Knüppel nachgelassen werden.

4.1.4.6 Der Rudermassenausgleich

a) **Das Gleichgewicht der Kräfte** (Bild 4.69)

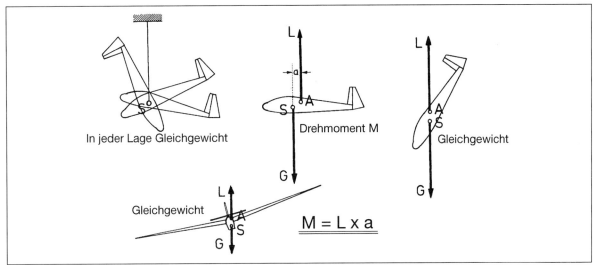

Bild 4.69 Das Gleichgewicht der Kräfte

Das **gesamte Gewicht (Masse)** eines Segelflugzeugs kann man sich in dem **Schwerpunkt S angreifend** vorstellen. Würde es in diesem Punkt aufgehängt, bliebe es in jeder Lage unverändert stehen.

Die **Summe aller Kräfte,** die während des Fluges auf das Segelflugzeug einwirken (z. B. Luftkraft L), **greift in einem Punkt A an,** der nicht gleich dem Schwerpunkt S ist. In Bild 4.69 (Mitte) ist die vertikale Komponente dieser Summenkraft eingezeichnet. Weil **S und A verschiedene Punkte** sind, **dreht** das ungesteuerte Segelflugzeug sich so weit **um seine Querachse,** bis sie übereinander liegen (Darstellung rechts) und **Gleichgewicht** herrscht.

Abgesehen von den zusätzlich auftretenden Beschleunigungskräften bewegt sich das Segelflugzeug nach **unten oder nach oben,** je nachdem, welche der beiden Kräfte **G oder L größer** ist. Solange A und G nicht übereinander liegen, wirkt eine drehende Kraft, das Drehmoment M, auf das Segelflugzeug ein. Es ist das Produkt aus L und dem Abstand a dieser Kraft vom Schwerpunkt S, dem Drehpunkt. **Ist M gleich Null,** kann das Segelflugzeug „freihändig" geflogen werden.

b) **Der Rudermassenausgleich** (Bild 4.70 und 4.71):

Die Ruder haben im vorderen Teil des Profils eine Drehachse (Bild 4.70, a). Der **Schwerpunkt** des Ruders liegt **weit dahinter. Höhen- und Querruder** hängen also und werden – je nach Fluggeschwindigkeit – mehr oder weniger **vom Luftstrom getragen.** Bei größer wer-

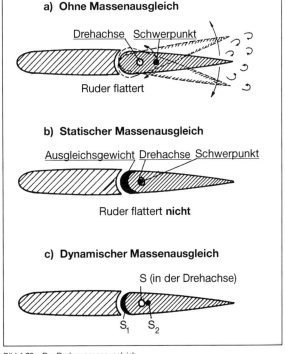

Bild 4.70 Der Rudermassenausgleich

denden **Fluggeschwindigkeiten** erfahren sie **zunehmende Staudrücke,** die sie in die Nulllage zurückdrehen wollen. So erfährt der **Schwerpunkt (Massenmittelpunkt)** des Ruders bei ungleichmäßiger Wirbelablösung durch Steuerausschläge oder Böen Beschleunigungen, durch die es in **Schwingung** geraten kann. Die **Ruder flattern.** Dieser Zustand kann im Extremfall zum **Zerbrechen des Segelflugzeugs** in der Luft führen.

Der dynamische Rudermassenausgleich: Ein entsprechendes Ausgleichsgewicht auf der Nasenseite des Ruders (Bild 4.70, b) verlegt den Schwerpunkt in die Drehachse. Es gibt durch diesen **statischen Massenausgleich** keine Massenkräfte mit Hebelarm mehr. Dieser reine **Gewichtsausgleich** wird für Quer- und Höhenruder angewendet, **genügt aber bei sehr schnellen Ruderausschlägen nicht mehr,** da die Massenkräfte auch vom Abstand der Masse vom Drehpunkt abhängig sind. Deshalb wird der **Schwerpunkt S** in die beiden **Teilschwerpunkte S_1 und S_2 unterteilt** (Bild 4.70, c). Durch deren verschiedenen Abstände vom Drehpunkt wird verhindert, dass die Ruder – bedingt durch die Massenträgheit – in unerwünschten Stellungen stehen bleiben und zu fehlerhaften Steuerungen führen. Weitere Erklärungen zu diesem Thema würden den Rahmen dieses Buches sprengen.

> **Der aerodynamische Rudermassenausgleich** darf nicht mit dem dynamischen Ausgleich verwechselt werden.

Wie schon erläutert, sind die **beiden Aufgaben der Leitwerke die Stabilisierung (Trimmung)** und die **Steuerung des Segelflugzeugs.** Alle in den Luftstrom hinausragenden Ruder sind erheblichen Kräften ausgesetzt, die der Segelflugzeugführer beim Steuern überwinden muss. Diese Kräfte greifen außerhalb der Drehachse an und bilden so ein Drehmoment, das **Rudermoment, das möglichst klein** gewünscht wird, während die **Ruderwirkung möglichst groß** sein soll.

Die **Verkleinerung des Rudermoments erfolgt durch den aerodynamischen Rudermassenausgleich,** dessen wichtigste Formen in Bild 4.71, b, c und d dargestellt sind.

Der Nasenausgleich: Beim Ruder ohne Ausgleich (Bild 4.71, a) ist das Rudermoment sehr groß. Wird die **Ruderachse mehr nach hinten** verlegt (Bild 4.71, b), bleibt bei gleichem Anstellwinkel der erzeugte **Auftrieb unverändert,** das Rudermoment wird jedoch erheblich kleiner. Das an der **Profilnase wirkende Moment** wird aber grundsätzlich kleiner gehalten, damit das Segelflugzeug immer einen gewissen **Ruderdruck** behält.

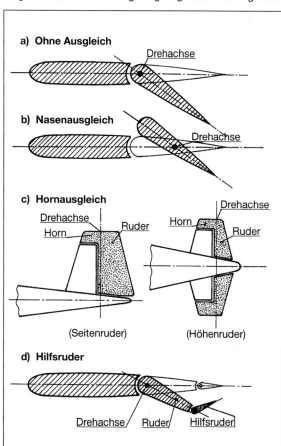

a) **Ohne Ausgleich**

b) **Nasenausgleich**

c) **Hornausgleich**

(Seitenruder)   (Höhenruder)

d) **Hilfsruder**

Bild 4.71   Der aerodynamische Rudermassenausgleich

Diese **Art des Ruders** wird als Seiten- wie auch als Höhenruder verwendet.

Der Hornausgleich: Eine **vor die Drehachse gezogene Profilfläche** bildet einen Teil des Ruders (Bild 4.71, c). Die Wirkung ist die gleiche wie bei der vorgezogenen Drehachse beim Nasenausgleich.

Das Hilfsruder wird oft auch als **Trimmruder** bezeichnet. An der **Hinterkante des Ruders ist ein kleineres Ruder** angebracht (Bild 4.71, d). Es ist mechanisch so gekoppelt, dass es **entgegengesetzt zum Ruder** ausschlägt. Je **stärker das Ruder** betätigt wird, desto **größer wird die Wölbung** zwischen ihm und dem Hilfsruder, dem **stärkeren Staudruck** wirkt auch ein **stärkerer Sog** entgegen. Die Wirkung des kleinen Hilfsruders ist oft erstaunlich und entsteht, weil der Hebelarm zwischen Hilfsrudersog und Drehachse so groß ist.

c) **Die Gewichtstrimmung:**

Das Wort **Trimmen** ist englischen Ursprungs und bedeutet, durch richtige Verteilung der Ladung den Schwimmzustand eines Schiffes zu optimieren. In der Luftfahrt hat der Begriff eine ähnliche Bedeutung, nämlich das **Luftfahrzeug so zu beladen,** dass sein **Schwerpunkt in dem vorgeschriebenen Bereich** liegt. Wie diese Gewichtstrimmung vorgenommen wird, ist dem Ladeplan im Flug- und Betriebshandbuch eines jeden Segelflugzeugs zu entnehmen.

Die aerodynamische Trimmung: Bei **genauer Schwerpunktlage** und richtiger Einstellung aller Flossen und Ruder behält ein Segelflugzeug auch **ohne Einfluss des Segelflugzeugführers Normalfluglage und Flugrichtung** bei und gleicht geringe luftmassenbedingte Abweichungen selbst aus.

Die aerodynamische Trimmung dient dabei auch dem Ausgleich unterschiedlicher Pilotengewichte und Beladungszustände (z. B. durch Wasserballast) und den damit einhergehenden Ruderdrücken; d. h. sie **entlastet den Segelflugzeugführer.** Als Mittel dafür werden verwendet: Die Federtrimmung, die Trimmklappe, die Bügelkante, das Trimmruder und die Flossentrimmung.

Die Federtrimmung (Bild 4.72) ist **im Grunde keine echte Trimmung,** da eine verstellbare Spiralfeder am Steuerknüppel diesen lediglich ungefähr in der Stellung hält, die für die normale Fluglage erforderlich ist. Sie wirkt auf das Höhenruder und reduziert auf mechanische Weise den Ruderdruck.

Die Trimmklappe (Bild 4.73, a) nutzt die Eigenschaften und Wirkungen des **Hilfsruders** (Bild 4.71, d) aus. Als Beispiel ist die Trimmung des Höhenruders ausgewählt. An der **Hinterkante** des Ruders ist eine dem **Hilfsruder ähnliche Klappe** angebracht. Sie ist in bestimmten Grenzen beweglich und wird am Boden fixiert. Bei **Ruderbewegungen** zum Steuern des Segelflugzeugs **bleibt der eingestellte Winkel zwischen Ruder und Klappe und damit die Wölbung unverändert.**

Die Bügelkante (Bild 4.73, b) ist ein an der **hinteren Ruderkante** befestigter **Streifen aus biegsamem Material.** Er wird mit einer speziellen „Bügelzange" entsprechend gebügelt, das heißt, **auf- oder abwärts gebogen.** Biegungen von mehr als 25° sind wegen der dahinter entstehenden Verwirbelungen unwirksam. Die Wirkung der Bügelkante ist gleich der des Hilfsruders. Diese Art der Trimmung wird im modernen Segelflugzeugbau nicht mehr angewandt und ist nur noch bei Motorflugzeugen anzutreffen.

Die Flossentrimmung (Bild 4.73, c) wirkt durch eine **Verstellung des Einstellwinkels der Flosse,** die am Boden, aber auch während des Fluges vorgenommen werden kann. Zusätzliche Trimmvorrichtungen sind an einem flossengetrimmten Ruder nicht mehr erforderlich.

Das Trimmruder (Bild 4.73, d) lässt sich – im Gegensatz zum fest eingestellten Hilfsruder – **während des Fluges vom Segelflugzeugführer verstellen.** Es ändert seinen **Winkel** zum Ruder, wenn dieses ausgeschlagen wird und **passt so den von ihm erzeugten Auf- oder Abtrieb den jeweiligen Erfordernissen an.** Segelflugzeuge können gegebenenfalls allein mit dem Trimmruder um die Querachse gesteuert werden.

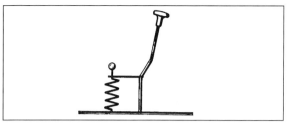

Bild 4.72   Die Federtrimmung

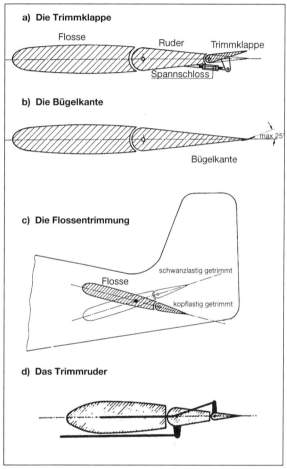

a) Die Trimmklappe

Flosse   Ruder   Trimmklappe

Spannschloss

b) Die Bügelkante

max 25°

Bügelkante

c) Die Flossentrimmung

schwanzlastig getrimmt

Flosse

kopflastig getrimmt

d) Das Trimmruder

Bild 4.73 a–d   Arten der Trimmung

Keine der hier vorgestellten Trimmungsarten darf zur Kompensation von Fertigungsmängeln, Wartungsfehlern oder falscher Einstellungen an der Steuerung verwendet werden. Falsche Schwerpunktlage ist ausschließlich durch Gewichtstrimmung zu beheben!

4.1.4.7   Statische und dynamische Stabilität, Grundbegriffe des Gleichgewichts

Ein Körper befindet sich im Gleichgewicht, wenn alle Kräfte und Momente, die auf ihn einwirken, sich gegenseitig aufheben. Man unterscheidet die drei Gleichgewichtsarten **stabil, labil** und **indifferent.** Jede der drei Arten kann ein **Gleichgewicht der Lage (statisches Gleichgewicht)** oder der Bewegung (**dynamisches Gleichgewicht**) sein.

a) Die statischen Gleichgewichte (Bild 4.74):

Statisch stabil (lateinisch: stabilis = standhaft) ist das Gleichgewicht eines Körpers, der – aus seiner Gleichgewichtslage gebracht – **von selbst** in seinen Ausgangszustand **zurückkehrt.** Beispiele sind die Kugel in einer Schale oder das Pendel.

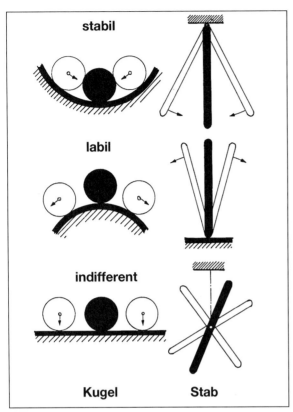

Bild 4.74   Die statischen Gleichgewichte

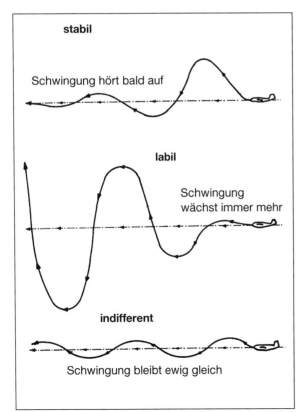

Bild 4.75   Die dynamischen Gleichgewichte

Statisch labil (lateinisch: labo = schwankend) ist das Gleichgewicht eines Körpers, der – aus seiner Gleichgewichtslage gebracht – sich **von selbst weiter** von dieser **fortbewegt**. Beispiele sind die Kugel auf einer abschüssigen Fläche oder der auf einem Ende stehende und dann umfallende Stab.

Statisch indifferent (lateinisch: indifferens = gleichgültig) ist das Gleichgewicht eines Körpers, der – einmal aus seiner Gleichgewichtslage gebracht – **in irgendeiner beliebigen Lage zur Ruhe kommt**. Beispiele sind die Kugel auf einer waagerechten, ebenen Fläche oder ein Stab, der in seinem Schwerpunkt drehbar gelagert ist.

b) **Die dynamischen Gleichgewichte** (Bild 4.75):

- **Dynamisches Gleichgewicht** herrscht, wenn sich ein Körper infolge der Massenkräfte (Schwung) auf einer **geradlinigen Bahn gleichförmig bewegt**.

- **Dynamisch stabil** ist das Gleichgewicht, wenn ein solcher Körper – kurzzeitig durch eine Störkraft von außen aus seiner Bahn abgelenkt – **wieder in diese zurückkehrt**. Beispiel: Ein Segelflugzeug erfährt durch eine Böe eine Fluglageänderung und kehrt danach selbständig in den vorherigen Flugzustand zurück.

- **Dynamisch labil** ist das Gleichgewicht, wenn nach einer Störung die **Abweichungen von der ursprünglichen Bahn immer größer werden**. Beispiel: Nach einer Änderung der Längsneigung werden die Nickbewegungen des Segelflugzeugs heftiger.

- **Dynamisch indifferent** ist das Gleichgewicht, wenn sich der Körper nach der Störung in **gleichmäßigen Abweichungen von der ursprünglichen Bahn weiterbewegt**. Beispiel ist ein Segelflugzeug, das nach einer einmaligen Änderung der Längsneigung mit gleich bleibenden Nickbewegungen weiterfliegt.

Bild 4.75 stellt die dynamischen Gleichgewichtszustände am Beispiel eines Segelflugzeugs dar.

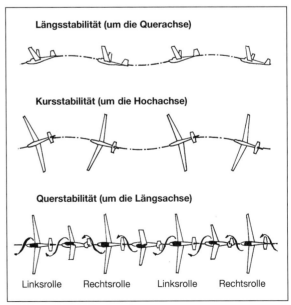

Bild 4.76   Die drei Stabilitäten des Segelflugzeugs

Die Stabilitäten des Segelflugzeugs (Bild 4.76): Von Segelflugzeugen erwartet man, dass sie um **alle drei Achsen über ein dynamisch stabiles Gleichgewicht** verfügen, damit sie nicht bei jeder kleinen Störung von ihrer Fluglage abweichen. Das wird **konstruktiv** durch Form und Stellung der **Tragflügel und der Stabilisierungsflossen** erreicht.

Mehr Stabilität geht aber auch immer zu Lasten einer sich **verringernden Wendigkeit.** Jedes Segelflugzeug ist demnach ein Kompromiss zwischen diesen beiden erwünschten Eigenschaften.

Ein Maß für die Stabilität ist die **Halbwertzeit.** Sie gibt den Zeitraum an, den ein Segelflugzeug benötigt, um die **Auswirkung einer Störung auf die Hälfte** abklingen zu lassen. Entsprechend der drei Achsen des Segelflugzeugs unterscheidet man auch **drei Stabilitätsachsen.** Die auf diese Achsen bezogenen Stabilitäten sind (Bild 4.76):

> **1. Längsstabilität = Nicken um die Querachse;**
> **2. Kursstabilität = Gieren um die Hochachse;**
> **3. Querstabilität = Rollen um die Längsachse.**

Die Längsstabilität (Bild 4.77): Entspricht in Normalfluglage der Anstellwinkel dem Einstellwinkel, dann fallen Druckpunkt D und Schwerpunkt S des Segelflugzeugs zusammen (Bild 4.77, oben). Eine **Böe von unten** (Bild 4.77, unten) **vergrößert den Anstellwinkel** α, und der **Druckpunkt D wandert nach vorn** (siehe Abschnitt 4.1.1 „Auftrieb und Widerstand" – Druckpunkt). Dadurch wird der Anstellwinkel α noch mehr vergrößert, das Segelflugzeug entfernt sich weiter von der Normallage (dynamisch labil).

Das **Höhenruder** sorgt nun für die **erforderliche Längsstabilität** (Bild 4.77, unten). Die Höhenflosse hat meist ein symmetrisches Profil, das in Normalfluglage, wenn ihr Anstellwinkel Null ist, keinen Auftrieb erzeugt. **Hebt sich jedoch die Nase des Segelflugzeugs, erhält die Flosse einen positiven Anstellwinkel und damit einen Auftrieb A'.**

Die Summe A + A' ist gleich dem Fluggewicht G, die Kräfte sind im Gleichgewicht. Das **Drehmoment A' x b hebt das Heck** des Segelflugzeugs und bewegt dieses damit wieder in die Normallage zurück. Wirkt die Böe so, dass die **Längsneigung zunimmt** – die Nase des Segelflugzeugs also nach unten schwingt – wird die **Höhenflosse** von oben her angeblasen und erfährt einen Abtrieb. Das Heck des Segelflugzeugs senkt sich, der normale Flugzustand ist wieder hergestellt.

Die Richtungs- (Kurs-) stabilität (Bild 4.78): Eigentlich ist der Ausdruck **Kursstabilität** nicht korrekt, da das Segelflugzeug durch sie **nicht auf Kurs** gehalten wird, **sondern die Flugrichtung** gegenüber der umgebenden Luft **stabilisiert wird.** Richtungs- oder Seitenstabilität wären bessere Bezeichnungen.

Sobald das Segelflugzeug aus irgendwelchen Gründen um die Hochachse **giert, schiebt es.** Flügel und Rumpf werden von der Seite angeblasen (Bild 4.78).

Die Luftkraft L_3, die mit ihrem Hebelarm c das **Giermoment $M_3 = L_3 \times c$ bildet, wirkt auf den Rumpfteil ein, der vor dem Schwerpunkt S liegt.** Sie würde diesen Teil noch weiter aus der Flugrichtung herausdrehen, wenn nicht der hinter dem Schwerpunkt liegende Rumpfteil mit dem **entgegengesetzten Giermoment $M_2 = L_2 \times b$ das verhindern** würde. Mit seiner Längsachse in die Flugrichtung zurückgedreht wird das Segelflugzeug jedoch hauptsächlich durch die **Wetterfahnenwirkung des Seitenleitwerks,** das mit seinem **Giermoment $M_1 = L_1 \times a$ die stärkste Kraft** ausübt.

Das Seitenleitwerk hat eine derart große Wirkung, weil der Hebelarm so lang ist. Segelflugzeuge, deren **Rumpfvorderteile weit über den Schwerpunkt hinaus nach vorn ragen,** benötigen deshalb **große Seitenleitwerke.** Sind die Flügel **positiv gepfeilt** (Darstellung in Bild 4.78, rechts), entsteht durch den **unterschiedlich großen Anblaswiderstand** ein weiteres **rückdrehendes Moment,** das die Richtungsstabilität fördert.

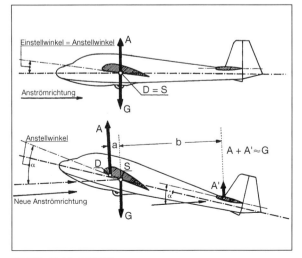

Bild 4.77   Die Längsstabilität

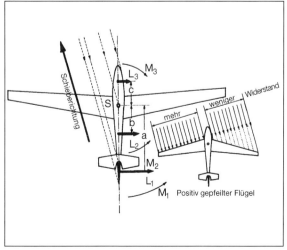

Bild 4.78   Die Richtungs- (Kurs-) stabilität

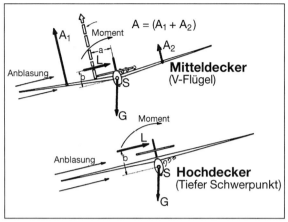

Bild 4.79   Die Querstabilität

Die Querstabilität (Bild 4.79): Erfährt das Segelflugzeug eine **Querneigung** durch eine einseitige Böe, einen Querruderausschlag ohne Seitenruder oder ähnliches, **dann schiebt es.** Bei Tief- oder Mitteldeckern, bei denen die Flügel immer in **V-Stellung** angeordnet sind, erzeugt der **hängende Flügel** stets **mehr Auftrieb** als der aufwärts gerichtete, über dem sich im **Windschatten des Rumpfes** zusätzlich noch eine **Wirbelzone ohne Auftrieb** bildet. Beide Kräfte drehen das Segelflugzeug wieder in die Waagerechte, richten es auf. Zugleich pendelt sich das **Giermoment,** das sich durch die **seitliche Anströmung des Seitenleitwerks** gebildet hatte, wieder **auf Null** ein.

Bei **Schulter- und Hochdeckern** kommt die V-Stellung so gut wie nicht vor. Durch den **tiefliegenden Schwerpunkt** und durch die **seitliche Anblasung des Seitenleitwerks** (Moment L x b) **richtet sich das Segelflugzeug** aus der ungewollten Querneigung **sehr schnell wieder auf.**

Die **Stabilität** eines Segelflugzeugs ist stark **abhängig von Geschwindigkeit und Luftdichte,** also vom Staudruck. In sehr großen Höhen – beispielsweise beim Wellensegelflug – lässt die Stabilität nach, das Auspendeln ungewollter Fluglagen benötigt längere Zeiträume. Auch auf **Veränderungen des Anstellwinkels** reagiert ein Segelflugzeug in **größeren Höhen empfindlicher.**

4.2   Allgemeine Luftfahrzeugkenntnisse, Technik

4.2.1   Die Arten der Segelflugzeuge

Einteilung der Luftfahrzeuge: Luftfahrzeuge werden in die Kategorien **„leichter als Luft", „schwerer als Luft"** und **„ballistische Luftfahrzeuge"** eingeteilt.

„Leichter als Luft" mit statischem Auftrieb nach dem Archimedischen Prinzip sind:

– **Gas- und Heißluftballone,** die als Frei- oder Fesselballone eingesetzt werden und
– **Luftschiffe,** die starr, halbstarr und unstarr sein können.

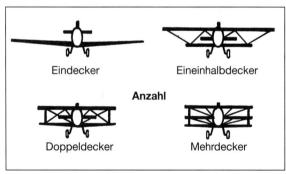

Bild 4.80   Einteilung nach der Tragflügelanzahl

„Luftfahrzeuge schwerer als Luft" fliegen **mittels dynamischem Auftrieb nach dem Bernoullischen Gesetz.** Dabei wird **Bewegungsenergie in Hebungsenergie** umgewandelt. Man unterscheidet:

– **Motorgetriebene Luftfahrzeuge** wie Starrflügler, Drehflügler, Schwingenflugzeuge, Motorsegler, UL-Flugzeuge usw.;

– **Motorlose Luftfahrzeuge** wie Segelflugzeuge, Fallschirme, Hängegleiter usw.;

– **Ballistische Luftfahrzeuge** sind **Flugkörper** wie Raketen, angetriebene Raumgleiter usw.

Bei den **Segelflugzeugen** werden unterschieden: Schul-, Übungs-, Leistungs-, Hochleistungs- und Kunstflugsegelflugzeuge.

Einteilung nach den Tragflügeln:
Nach der Anzahl der Tragflügel gibt es Eindecker (alle Segelflugzeuge), Eineinhalb-, Doppel- und Mehrdecker (Bild 4.80).

Nach der **Lage der Tragflügel** (Bild 4.81) sind benannt: Tiefdecker (RF 5), Mitteldecker (ASK 21), Schulterdecker (Ka 6 und Ka 8) und Hochdecker (Lo 100, Grunau Baby). Moderne Segelflugzeuge sind grundsätzlich Mittel- oder Schulterdecker.

Die **Anbringungsart (auch Bauform) der Tragflügel** (Bild 4.82) führt zu den Bezeichnungen freitragend, verstrebt, einstielig, mehrstielig und verspannt.

Die Einteilung nach der Bauweise der Segelflugzeuge geschieht in vier Gruppen:

a) **Die Holzbauweise:** Rumpf, Leitwerk und Tragflügel sind aus Holz hergestellt und mit Sperrholz beplankt oder mit Stoff bespannt (Ka 6). Die **Vorteile** sind eine einfache Herstellung und leichte Reparatur. **Nachteile** sind die Wetterempfindlichkeit und die Splittergefahr bei Brüchen. Die Holzbauweise kommt im Segelflug heute kaum noch vor.

b) **Die Metallbauweise** wird im Segelflug selten angewandt. Die gesamte Zelle besteht aus Metall (Blanik, Pilatus B4). **Vorteile:** große Belastbarkeit, Sicherheit und Lebensdauer. **Nachteile:** wirtschaftliche Herstellung nur bei Großserien, teure Reparaturen.

c) **Die Kunststoffbauweise** ist heute Standard im Segel- und Leichtflugzeugbau. **Vorteile:** sichere und exakte Formgebung, ideale Oberfläche, gute Reparaturmöglichkeiten, keine Splitterung bei Brüchen. **Nachteile:** die Formkosten lohnen sich nicht für Einzelanfertigungen.

d) **Die Gemischtbauweise:** Tragflügel und Leitwerke sind meist in Holzbauweise gefertigt, beplankt und/oder mit Stoff bespannt. Der Rumpf ist ein stoffbespanntes Stahlrohrgerüst (ASK 13, Bergfalke). **Vorteile:** Robustheit, Sicherheit für die Besatzung bei Brüchen. **Nachteile:** Wetterempfindlichkeit, schlechte Verbindungsmöglichkeit der Bauteile untereinander.

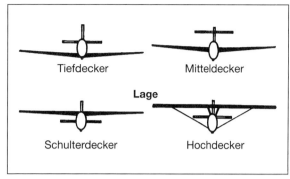

Bild 4.81   Einteilung nach der Lage der Tragflügel

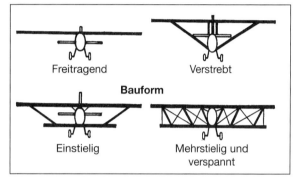

Bild 4.82   Einteilung nach der Anbringung der Tragflügel

Konstruktionsgruppen eines Luftfahrzeugs sind **Flugwerk, Triebwerk, Ausrüstung.** Die Gruppe Triebwerk kommt im Segelflug nur bei Motorseglern vor und wird in Kapitel 8 behandelt.

Die **Gruppe Flugwerk** wird unterteilt in:
a) **Rumpfwerk** mit Rumpf und Rumpfeinrichtungen wie Sitze, Fußböden usw.;
b) **Tragwerk** mit Tragflügel, evtl. Spannturm, Außenverspannung und -verstrebung usw.;
c) **Leitwerk** mit Querruder, Höhen- und Seitenruder, gegebenenfalls mit Flossen;
d) **Steuerwerk** mit Handsteuer, Fußsteuer und Flossenverstellung, Trimmung, Luftbremsen usw.;
e) **Fahrwerk** mit Fahrgestell (Hauptrad, Bugrad, eventuell Kufe oder Schwimmer), Sporn oder Spornrad, Radbremsanlage.

Die **Gruppe Ausrüstung** wird unterteilt in:
a) **Mindestausrüstung** mit Fahrtmesser, Höhenmesser, Pitot- und Statikdruckabnahme, Funkgerät, Anschnallgurte, Rückenkissen oder Fallschirm(e), Betriebshandbuch, Trimmplan, Datenschild.
b) **Sonderausrüstung** mit zusätzlichen elektronischen und sonstigen Instrumenten, Höhenatmungsgerät, Beleuchtung usw.

4.2.2   Das Rumpfwerk

Aufgaben und Aufteilung des Rumpfes (Bild 4.83): Der Rumpf verbindet die tragenden und steuernden Organe und trägt das Fahrwerk des Segelflugzeugs. Dazu nimmt er die Nutzlast auf, wie Insassen, Instrumente und Zuladung. Die drei Hauptteile des Rumpfes sind:

a) **Rumpfvorderteil,** dient zur Aufnahme des Führerraumes (Cockpit);
b) **Rumpfmittelteil,** an ihm befindet sich der Anschluss für das Tragwerk;
c) **Rumpfende oder Leitwerksträger,** trägt das Leitwerk und den Sporn.

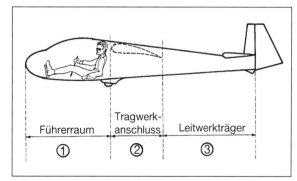

Bild 4.83   Die Rumpfaufteilung

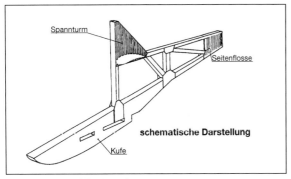

Bild 4.84   Die Rumpf-Gitterbauweise

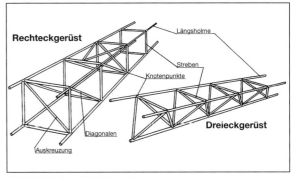

Bild 4.85   Die Rumpf-Gerüstbauweise

Die Bauweisen des Rumpfes

a) Die Gitterbauweise (Bild 4.84) besteht aus einem ebenen Fachwerk kräftiger Holzleisten, das – aus Dreiecken zusammengesetzt – um die Querachse biegesteif ist. Diese Bauweise ist veraltet; der berühmte Schulgleiter SG38 war z. B. so konstruiert.

b) Die Gerüstbauweise (Bild 4.85) verwendet ein räumliches Fachwerk. Es besteht meist aus Stahlrohren, die an den Knoten verschweißt sind. Das Rumpfgerüst, das drei-, vier- oder mehreckig sein kann, ist mit Stoff, Kunststoff oder Sperrholz verkleidet. Zur Verbesserung der aerodynamischen Form können um das Stahlrohrgerüst herum Formleisten angebracht werden.

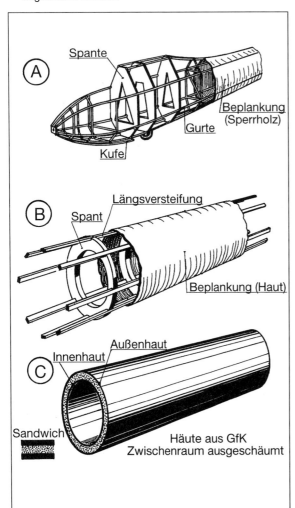

Bild 4.86   Die drei Schalenbauweisen

c) Die Schalenbauweise (Bild 4.86) unterscheidet sich gegenüber den anderen Rumpfbauweisen vor allem dadurch, dass die Haut (Schale) tragendes Element ist. Die verschiedenen Arten sind:

– **Die Spanten-Schalenbauweise: Spanten aus Holz, Metall oder Kunststoff** werden durch Längsgurte verbunden und gehalten. Das so entstehende Gerüst wird mit **tragendem Sperrholz** beplankt und bildet ein tragendes Ganzes (Bild 4.86, A).

– **Die Holz-Schalenbauweise** ähnelt der Spanten-Schalenbauweise, doch ist die **Außenhaut das allein tragende Element.** Spanten und Längsgurte dienen nur der Formgebung (Bild 4.86, B).

– **Die Sandwich-Bauweise** nutzt die **allein tragende Schale ohne jedes Gerüst.** Es wird eine Innenhaut aus faserverstärktem Kunststoff (GFK oder KFK) verwendet. Darüber liegt ein Distanzhalter aus Schaumstoff, Waben oder ähnlichem. Außen erhält das Ganze eine zweite GFK- oder KFK-Schicht und wirkt nun wie ein Sandwich. Diese Bauweise ermöglicht bei **geringem Gewicht** eine **hohe Biege- und Beulfestigkeit** (Bild 4.86, C).

Im **modernen Segelflugzeugbau** dominiert die **Schalenbauweise mit tragender Außenhaut** (wie Insekten) gegenüber dem **Gerüstbau mit tragendem Innenskelett** (wie Vögel und Säugetiere).

4.2.3 Das Tragwerk

Die Aufgabe des Tragwerks (Tragflügel) ist in erster Linie die Erzeugung des dynamischen Auftriebs. Dafür sind besonders wichtig das **Flügelprofil,** die **Schränkung des Flügels,** die **Oberflächenbeschaffenheit,** die **Biege- und Torsionsfestigkeit** sowie die sichere Befestigung der Tragflügel am Rumpf. Bei all diesen Forderungen muss der Tragflügel auch noch leicht sein, damit genügend Auftrieb für die Nutzlast bleibt.

Der Aufbau des Tragflügels (Bild 4.87): Das Hauptelement des Tragflügels ist der **Holm.** Er ist meist im **ersten Drittel der Profiltiefe** angeordnet und erstreckt sich grundsätzlich über die gesamte Flügellänge. Es gibt verschiedene Konstruktionsweisen, die zum Teil in Bild 4.88 dargestellt sind. Hinzu kommen noch der Fachwerkholm und der Rohrholm.

Da **sämtliche Holme – außer Kasten- und Rohrholm – nicht torsionssteif –** also verdrehungssteif – sind, werden sie mit der Flügelnase zu einer Art Rohr vereinigt und erhalten so die erforderliche Drehsteifigkeit. **Schalenbau-Tragflügel** sind von sich her **torsionssteif.**

Tragflügel können **einholmig oder zweiholmig** sein.

Die Rippen sorgen für die gewünschte Profilform und verbinden die Außenhaut mit dem Holm, an dem sie fest und maßgerecht angebracht sind. Das Holmprofil ist grundsätzlich in das Rippenprofil einbezogen.

Holzrippen (Bild 4.89) bestehen überwiegend aus **verleimten Fachwerkkonstruktionen** in **flacher oder Doppel-T-Form.** Die Metallrippen der Großflugzeuge sind in Fachwerk- oder Vollwandkonstruktion gebaut. Ist der **Tragflügel in Schalenbauweise** hergestellt (FVK), genügen wenige **Rippen zur Formgebung.** Sie können sehr einfach, beispielsweise gestanzt sein.

Die Rippenarten (siehe auch Bild 4.87) sind gegliedert in die:

– **Haupt- oder Normalrippen,** die Flügelnase, Holm und Endleiste miteinander verbinden,
– **Hilfsrippen,** die zur besseren Formgebung für die Flügelnase beitragen,
– **Diagonalrippen, auch Torsions- oder Verbundrippen** genannt, die der Verbindung dienen.

Im **Tragflügel** sind außer den Holmen und den Haupt- und Hilfsrippen noch Diagonalverbände angebracht, die das Verdrehen des Flügels verhindern sollen. Das sind entweder **Verspannungen** aus Draht, oder **Diagonalrippen** aus Holz, Metall oder aus Kunststoff.

Die **Endleisten** verbinden alle Profilspitzen miteinander (Bild 4.90). An der Flügelspitze werden sie zu **Randbögen** ausgeformt. Die äußere Umhüllung des Rippengerüstes bildet die Bespannung und/oder die **Beplankung.** Die Bespannung besteht aus **Baumwollstoff (Mako)** oder aus **synthetischen Geweben,** die mit Klebelack aufgeklebt, auf der Flügelunterseite eventuell zusätzlich vernäht und anschließend mit Spannlack gestrafft und gehärtet werden. Die Flügelnase vor dem Holm ist je nach Bauart mit Sperrholz, Metall oder Kunststoff beplankt. Moderne Bauweisen (FVK) verwenden **obere und untere Flügelschalen,** die zusammengeharzt werden.

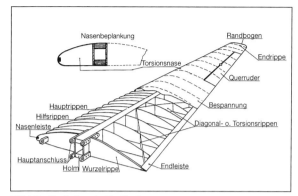

Bild 4.87   Der Aufbau des Tragflügels

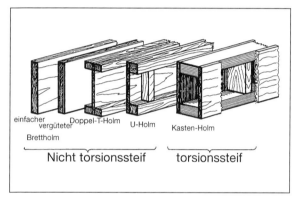

Bild 4.88   Konstruktionsweisen der Holme

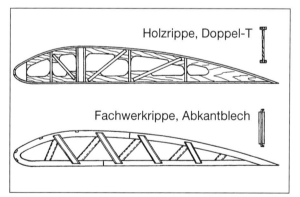

Bild 4.89   Die Tragflügelrippen

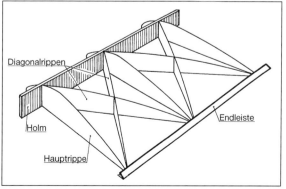

Bild 4.90   Diagonalverband und Endleiste

4.2.4   Das Leitwerk

Wie schon beschrieben, ermöglicht das Leitwerk die Steuerung des Segelflugzeugs um seine drei Achsen. Zugleich stabilisiert es die Fluglage und die Flugrichtung.

Formen und Aufbau der Leitwerke (Bild 4.91 und 4.92): Grundsätzlich haben Höhen- und Seitenleitwerke symmetrische Profile. Sie sind wie der Tragflügel mit Holm und Rippen aufgebaut. Die **beweglichen Ruder** sind – selbst bei schnellen Motorflugzeugen bis 600 km/h – **oft bespannt. Höhen- und Seitenflossen** sind fest **mit dem Rumpf verbunden.** Außer den **Standard-, T- und Kreuzleitwerken** gibt es Kombinationen von Höhen- und Seitenleitwerken, zum Beispiel **das V- oder Schmetterlingsleitwerk,** dessen Ruder zugleich Höhen- und Seitenruder sind (Bild 4.91).

Flosse und Ruder können auch eine Einheit bilden (Bild 4.92). Solch ein Leitwerk wird **Pendelruder** oder **ungedämpftes Leitwerk** genannt und hat einen hohen Wirkungsgrad. Bei **kombinierten Systemen** werden Flosse und Ruder getrennt betätigt.

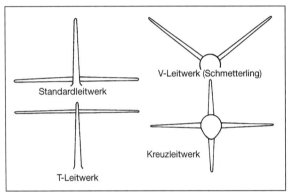

Bild 4.91   Verschiedene Leitwerksformen

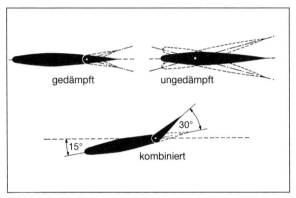

Bild 4.92   Gedämpfte und ungedämpfte Leitwerke

4.2.5   Die Steuerungsanlagen

Zwei Steuerungsarten, die **Handsteuerung** und die **Fußsteuerung** kommen im Segelflugzeug vor (Bild 4.93):

– **Handsteuerung:** Knüppelsteuerung, Wölbklappen- oder Luftbremsenbetätigung, Hilfs- oder Trimmruderbetätigung;
– **Fußsteuerung:** Fußhebel oder Pedale, eventuell Radbremsenbetätigung.

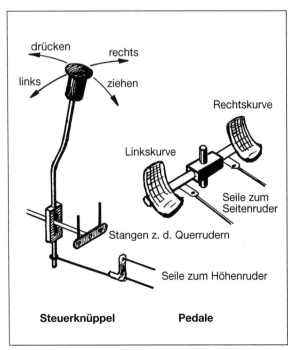

Bild 4.93   Die Hauptsteuerorgane

Die **Anordnung der Steuerung im Segelflugzeug:** Die Betätigung des Höhenruders erfolgt durch **Vorwärts- und Rückwärtsbewegung des Steuerknüppels,** allgemein als **Drücken und Ziehen** bezeichnet. Das Segelflugzeug wird um die Querachse bewegt. Die Übertragung vom Knüppel zum Ruder geschieht durch Stahlseile und/oder Stoßstangen aus Stahlrohr. Mit Hilfe von Spannschlössern und Stellgewinden können die richtige Länge und Nullstellung eingestellt werden.

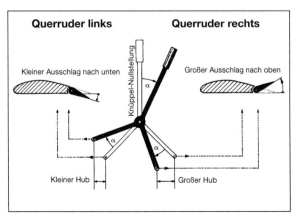

Bild 4.94   Prinzip der Differential-Querruder

Durch **Bewegungen des Steuerknüppels nach links und rechts** werden die **Querruder** betätigt und die **Rollbewegungen um die Längsachse** hervorgerufen. Dabei entsteht das negative Wendemoment (siehe auch Abschnitt 4.1.4.3 „Die Wirkung der Querruder"). Um dieses weitgehend auszuschalten, sind Segelflugzeuge grundsätzlich mit **Differential-Querrudern** ausgerüstet (Bild 4.94).

Mit den **Pedalen** wird das **Seitenruder** betätigt. Treten des **rechten Pedals** bewirkt eine Drehung um die Hochachse nach **rechts**. Treten des **linken Pedals** bewirkt eine Drehung nach **links**. Die Pedale sind durch die Steuerseile mit dem Seitenruder verbunden.

4.2.6 Die Landehilfen

Im Abschnitt 4.1.1 „Auftrieb und Widerstand" wurde das Thema **Start- und Landehilfen, Klappen und Luftbremsen** unter dem Gesichtspunkt der aerodynamischen Wirkung schon ausführlich behandelt (siehe auch Bild 4.37 und 4.38). Zusammengefasst soll hier noch einmal festgestellt werden:

Wölb- oder Landeklappen – Klappen sind immer drehbar gelagert – **vergrößern** durch ihren Ausschlag den **Einstellwinkel, das Profil wird stärker gewölbt.** Eine geringere Geschwindigkeit wird möglich, Auftrieb und Widerstand wachsen, die Gleitzahl wird schlechter, die Ziellandung damit einfacher. Die durch den Landeklappenausschlag stark abgelenkte Strömung begünstigt aber auch die Abrissgefahr. Deshalb: **Vorsicht in Bodennähe, die Wölb- oder Landeklappen nicht wieder einfahren!**

Störklappen und Sturzflugbremsen wirken im Wesentlichen durch eine **Erhöhung des Widerstandes** bei gleichzeitiger **Verringerung des Auftriebs.** Ihre Ausführung als „Zaun" oder als „Lochplatte" soll ungleichmäßige Wirbelablösungen verhindern, die zum Flattern des Flügels führen können. Sie dienen der **Gleitwinkelsteuerung,** können aber auch **zum Abbremsen der Geschwindigkeit eingesetzt werden** (Sturzflugbremsen).

Die **Hinterkantendrehklappe** stellt eine Art Kombination der zuvor beschriebenen Landehilfen dar.

Der **Bremsschirm** (Bild 4.95) ist wegen seines **großen Widerstandes** die **wirksamste Landehilfe.** Sein bereits im Abschnitt 4.1.1 beschriebener **Nachteil** ist jedoch, dass er während einer Landung nur **einmal eingesetzt** werden kann. Einziehbar ist er nicht. Gerät die Landung zu kurz, muss er abgeworfen werden und steht nicht mehr zur Verfügung.

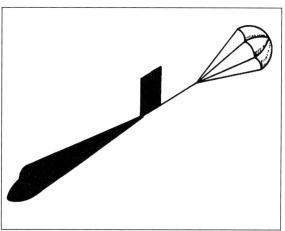

Bild 4.95   Der Bremsschirm

4.2.7 Fahrwerk und Bremsanlagen

Der **Aufbau des Fahrwerks:** Das Fahrwerk trägt das Segelflugzeug am Boden. Es muss bei der Landung hohe Stoßbelastungen aufnehmen. Als Rad erleichtert es die Bewegung des Segelflugzeugs am Boden. Verwendung finden **Kufe, Landerad (eventuell Haupt- und Bugrad) und Sporn (Schleifsporn oder Rad).**

Kufen findet man grundsätzlich nur noch bei **älteren Segelflugzeugen.** Sie bestehen aus elastischem Material, sind durch **Stoßdämpfer oder Gummipuffer** mit dem Rumpf verbunden und nehmen **Stöße beim Start und bei der Landung** auf.

Das **Landerad (die Landeräder):** Das **Hauptrad** trägt die wesentliche Last des Segelflugzeugs und ist dessen **Gewicht entsprechend ausgelegt.** Liegt es **in der Nähe** oder gar **hinter dem Schwerpunkt** des Segelflugzeugs, ist **unter der Nase des Rumpfes noch ein Bugrad** vorhanden, das die Spurtreue beim Rollen am Boden begünstigt.

Der **Sporn** kann als **Schleifsporn** oder als **Spornrad** ausgelegt sein. Er ist am hinteren Rumpfende angebracht und dient als **zusätzliche Abstützung,** vor allem aber zum **Schutz des Rumpfes.**

Alle Räder bestehen in der Hauptsache aus dem **Laufrad, der Bereifung und der Achse.** Sie können zusätzlich **gefedert** sein. Aus aerodynamischen Gründen verfügen Leistungssegelflugzeuge über **Einziehfahrwerke,** die mit einem Schwenkhebel in den Rumpf eingezogen werden können und so während des Fluges **keinen Widerstand** erzeugen.

Radbremsanlagen sind in allen modernen Segelflugzeugen vorhanden, und zwar als **Trommel- oder Scheibenbremsen,** mechanisch wie auch hydraulisch betätigt. Die **Wirkung** der Radbremsen **erhöht sich mit der Radlast und der Bodenreibung.** Aus diesem Grunde sollten beim Bremsen die Wölbklappen eingezogen und der Auftrieb damit verringert werden. Auch vom **Bodenzustand** – trocken oder nass, Gras- oder Hartbahn – und vom **Zustand der Bereifung** ist die **Bremswirkung abhängig.**

4.3   Die Bordinstrumente

4.3.1   Der Fahrtmesser

Die Aufgabe des Fahrtmessers und seine Farbkennzeichnung (Bild 4.96): Der Fahrtmesser dient der Ermittlung der **Fluggeschwindigkeit (Fahrt) durch die umgebende Luft.** Er ist unentbehrlich und für jedes Segelflugzeug als Teil der **Sollinstrumentierung** zwingend vorgeschrieben.

Jedes Segelflugzeugmuster hat zwei **Grenzfluggeschwindigkeiten.** Bei Unterschreitung der **Mindestfluggeschwindigkeit** reißt die Strömung ab, das Segelflugzeug fällt nach unten; beim Überschreiten der **Höchstfluggeschwindigkeit** wird das Segelflugzeug zu hoch beansprucht, die Gefahr des Zerbrechens ist gegeben. Die Fahrtmesser sind dem jeweiligen Segelflugzeugmuster angepasst, die **Geschwindigkeitsbereiche** müssen **farblich gekennzeichnet** sein.

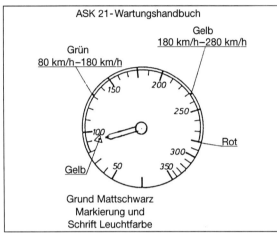

Bild 4.96   Der Fahrtmesser

Es bedeutet:

Grün: Normaler Betriebsbereich, sichere Geschwindigkeit, das Segelflugzeug ist auch bei Böigkeit voll manövrierfähig. Die Reisegeschwindigkeit liegt in diesem Bereich.

Unterhalb Grün: Nicht flugfähig, die Mindestfluggeschwindigkeit ist unterschritten. Strömungsabriss!

Gelb: Vorsicht, diese Geschwindigkeit ist nur in ruhiger Luft erlaubt. Harte Steuerbewegungen und ruckartiges Abfangen vermeiden.

Weiß: Zulässiger Bereich zur Betätigung der Landehilfen.

Rot: Größte zulässige Höchstfluggeschwindigkeit. Diese Grenze keinesfalls überschreiten!

Gelbes Dreieck: Geringste empfohlene Geschwindigkeit im Landeanflug.

Die **Messung der Fluggeschwindigkeit** erfolgt auf der Basis der **Bernoullischen Gleichung,** die – vereinfacht – besagt: In einem abgeschlossenen System ist **die Summe aus Bewegungsenergie** (kinetische Energie) **und Druckenergie** (potentielle Energie) **konstant.** Das bedeutet:

- **Wird die Geschwindigkeit der Luft verringert, steigt der Druck.**
- **Wird die Geschwindigkeit der Luft erhöht, sinkt der Druck.**
- **Die Summe der Energien ändert sich nicht.**

Die **Geschwindigkeit durch die Luft** kann demnach auf **zweifache Weise** gemessen werden:

a) Die Luftgeschwindigkeit wird durch **Stauung auf Null** gebracht. Der **Druckunterschied** zwischen fließender und gestauter Luft ist das **Maß für die Geschwindigkeit.**

b) Die Luftgeschwindigkeit wird durch **Rohrverengung (Düsenwirkung) erhöht,** ihr Druck sinkt. Die **Druckverminderung** ist das **Maß für die Geschwindigkeit.**

Aus der Bernoullischen Gleichung ergibt sich, dass durch **Druckmessung im Staupunkt** eines Körpers die **Luftgeschwindigkeit gemessen werden kann.** Im Staupunkt trifft die bewegte Luft senkrecht auf die Körperoberfläche auf und kommt zum Stillstand (Bild 4.97 unten, Staupunkt = S). Darüber und darunter weicht die Luftströmung aus, ihre Geschwindigkeit ist größer als Null. Der **Staupunkt** ist damit die einzige Stelle, an der die gesamte **Geschwindigkeitsenergie in Druck** umgewandelt wird.

Das **Pitot-Rohr** (Bild 4.97) ist vom **Barometerdruck** umgeben, wenn keine Luftbewegung vorhanden ist. Dieser Druck der stillstehenden Atmosphäre ist der **statische Druck.** Strömt nun Luft gegen das Pitot-Rohr, dann entsteht im Staupunkt der **zusätzliche Staudruck.** Schließt man ein Messgerät an, so zeigt dieses die Summe aus statischem und Staudruck, **also den Gesamtdruck** an.

Gesamtdruck = Staudruck + statischer Druck

Die **Drucksonde** (Bild 4.97) **misst den statischen Druck** in der strömenden Luft. Sie besteht aus einem vorn geschlossenen Rohr, das genau parallel angeströmt wird. Damit kann kein Stau auftreten, der statische Druck bleibt unbeeinflusst. Er ist durch Bohrungen mit dem Inneren der Drucksonde und von dort aus mit dem Druckmessinstrument verbunden, das dann den entsprechenden Wert anzeigt.

Das **Prandtl-Staurohr** stellt eine **Kombination von Pitot-Rohr und Drucksonde** dar. Es liefert den statischen Druck und den Gesamtdruck an das Messinstrument (Fahrtmesser), das aus der Differenz der beiden Drücke den Staudruck ermittelt und damit die **Geschwindigkeit** anzeigen kann.

Die **Venturi-Saugdüse oder das Venturi-Rohr** (Bild 4.98) wird von der Luft durchströmt, deren Geschwindigkeit gemessen werden soll. Sie hat in der **Mitte einen kleineren inneren Durchmesser** als an ihren Enden. **Die Strömungsgeschwindigkeit nimmt deshalb zur Mitte hin zu, der Druck nimmt ab.** Auch hier ist der Unterschied zwischen statischen und Gesamtdruck das Maß für die Geschwindigkeit.

Der **Düsenbeiwert:** Durch Veränderung der **Querschnittsverengung im Venturi-Rohr** ist es möglich, die Größe des **Druckunterschiedes konstruktiv zu beeinflussen.** Die im Segelflug verwendeten Saugdüsen haben den **Beiwert 3,5,** das heißt, bei einer bestimmten Geschwindigkeit ist der Druckunterschied im Venturi-Rohr 3,5-mal so groß wie beim Staurohr.

Der **Vorteil des Venturi-Rohres** liegt in seiner außerordentlichen **Genauigkeit bei geringen Geschwindigkeiten.** Für größere Geschwindigkeiten ist es nicht geeignet. **Der Druckunterschied kann nicht größer werden als der barometrische Luftdruck,** der Staudruck dagegen kann ein Vielfaches des statischen Drucks erreichen. Weil die **Venturimessdüse** außen am Segelflugzeug angebracht werden muss, wo sie einen **schädlichen Widerstand** erzeugt, wird sie für moderne Leistungssegelflugzeuge **nicht mehr verwendet.**

Die **Messgenauigkeit bei Stau- wie bei Saugrohren** hängt von einem **schiebefreien Flug** ab und wird umso geringer, je mehr die Messrohre von der Seite angeblasen werden. Da der Staudruck auch von **der Luftdichte abhängig** ist, zeigt der normale, auf Meeresniveau NN kalibrierte Fahrtmesser in **größeren Höhen** mit abnehmender Luftdichte zu geringe Geschwindigkeiten an. Bild 4.99 stellt diese beträchtlichen Abweichungen dar. Nimmt die Luftdichte ρ ab (z. B. in großer Flughöhe), verringert sich der Staudruck $\Delta\rho$ und der Fahrtmesser zeigt eine zu niedrige Geschwindigkeit an.

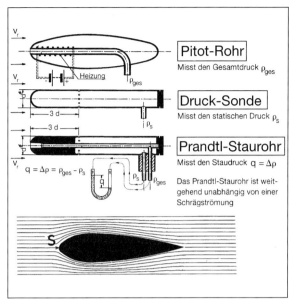

Bild 4.97 Die Druckmessung in der Strömung

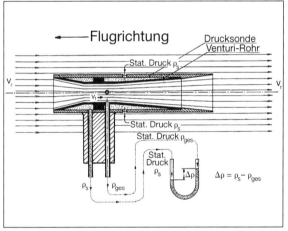

Bild 4.98 Die Venturi-Saugdüse

Die **Arbeitsweise des Fahrtmessers** ist in Bild 4.100 wiedergegeben. Die **Differenz zwischen Gesamtdruck und statischem Druck** wird im Fahrtmesser mittels einer **Membrandose** festgestellt. Diese befindet sich in einem **dichten Instrumentengehäuse,** das mit dem **statischen Druck verbunden** ist. Das **Innere der Dose** ist mit der Abnahme für den **Gesamtdruck verbunden.**

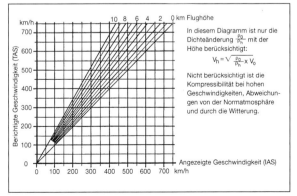

Bild 4.99 Staudruck, Flughöhe und Geschwindigkeit

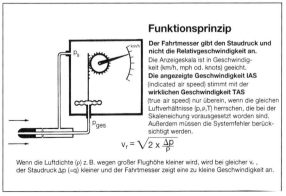

Bild 4.100 Arbeitsweise des Fahrtmessers

Durch den statischen Druck **zusammengedrückt** und durch den Gesamtdruck **aufgeblasen,** stellt **sich die Dose auf die Differenz – den Staudruck – ein.** Diese Einstellung wird durch ein Hebelsystem auf einen **Zeiger** übertragen, der sie auf einer für Geschwindigkeitswerte in km/h oder Knoten **kalibrierten Skala** anzeigt. Diese **Angaben stimmen für NN** unter den Bedingungen der Normalatmosphäre, werden aber **mit der Höhe in zunehmendem Maß zu gering.** Zur Korrektur kann eine Tabelle herangezogen (Bild 4.99) oder – zumindest bis zur Höhe von 6 000 m NN – folgende **Faustformel** angewandt werden:

> **Pro 1 000 m werden 6 % zur angezeigten Geschwindigkeit hinzugeschlagen!**

Beispiel: Flughöhe = 5 000 m NN, Fahrtmesseranzeige 100 km/h
5 x 6 % = 30 %, 30 % von 100 km/h = 30 km/h
100 km/h + 30 km/h = 130 km/h wahre Geschwindigkeit.

4.3.2   Der Höhenmesser

Der Höhenmesser ist ein unentbehrliches Bordinstrument und für jedes Segelflugzeug verpflichtend vorgeschrieben.

Das **Prinzip des barometrischen Höhenmessers** beruht auf der **Abnahme des Luftdrucks mit zunehmender Höhe** (Bild 4.101). Im Grunde würde es genügen, den Luftdruck in den verschiedenen Höhen mit einem normalen Barometer zu messen und die Werte auf einer Skala in Meter oder Fuß anzuzeigen.

In der Luftfahrt ist die **Luftdruckeinheit hPa = Hekto-Pascal** (früher Millibar) gebräuchlich (siehe Kapitel 3 „Meteorologie"). Der Höhenunterschied, den 1 hPa ausmacht, heißt **barometrische Höhenstufe.** Diese beträgt:

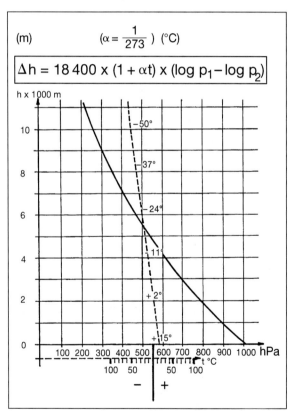

Bild 4.101   Die barometrische Höhenformel

– in NN	8 Meter (26 ft) pro hPa
– in 1 000 m Höhe	9 Meter (30 ft) pro hPa
– in 2 000 m Höhe	10 Meter (33 ft) pro hPa
– in 3 000 m Höhe	11 Meter (36 ft) pro hPa
– in 5 000 m Höhe	14 Meter (43 ft) pro hPa
– in 9 000 m Höhe	25 Meter (82 ft) pro hPa.

Bis 4 000 m Höhe gilt die **Faustformel:**

> Die barometrische Höhenstufe beträgt in NN 8 m/hPa und nimmt pro 1 000 m Höhe um einen Meter pro hPa zu.

Aufbau und Arbeitsweise des Höhenmessers

Das Bild 4.102 zeigt einen sehr einfachen barometrischen Höhenmesser. Sein wichtigster Teil ist die **fast luftleer gepumpte Membrandose** im luftdicht abgeschlossenen Instrumentengehäuse. Sie heißt **„Aneroid"** (griechisch: an = nicht oder kein, aero = Luft). Der **Innenraum** des Instrumentengehäuses ist mit dem **statischen Außendruck verbunden,** der das Aneroid platt zusammendrücken würde, hielte es nicht eine starke Feder auseinander. Statischer Druck und Federkraft halten sich die Waage.

Bei einer **Änderung des Luftdrucks dehnt sich das Aneroid oder es zieht sich zusammen.** Diese Bewegungen werden durch ein Hebelwerk auf den Zeiger übertragen und auf der Skala angezeigt. Da bei Temperaturänderungen die Luft ihr Gewicht ändert, muss die Federkraft durch einen Bimetallkompensator verstärkt werden.

Beim **Feinhöhenmesser** (Skala siehe Bild 4.103) sind mehrere Aneroide übereinander geschaltet, um so **die Hubhöhe zu vergrößern.** Die Anzeige bezieht sich immer auf einen bestimmten **Nulldruck** (Meereshöhe oder Höhe des Flugplatzes), der durch den Einstellknopf eingestellt wird und im Fenster des Ziffernblattes abgelesen werden kann.

Die Zeiger kennzeichnen dann lediglich den Höhenunterschied zwischen dem eingestellten Nulldruck und der augenblicklichen Höhe des Segelflugzeugs.

Die Anzeigen der barometrischen Höhenmessgeräte sind **Luftdruckwerte,** die sich – am gleichen Ort und in gleicher Höhe – je **nach Wetterlage ändern.** Aus diesem Grund musste zum Zweck der Kalibrierung ein Bezugsdruck als Norm geschaffen werden, die **ICAO-Standardatmosphäre** (siehe Abschnitt 3.1.3).

Beim Feinhöhenmesser in Bild 4.103 gibt der lange Zeiger die Höhe in 100 ft, der kurze, dicke in 1 000 ft und der kürzeste, schmale in 10 000 ft an. Es wird also eine Höhe von 1 770 ft über der im Fenster sichtbaren Druckhöhe von 1 013,2 hPa angezeigt. Bei auf Meter kalibrierten Feinhöhenmessern sind nur zwei Zeiger vorhanden, der große zeigt die Höhe pro 100 m, der kleine pro 1 000 m an.

Der **Einfluss der Temperatur** auf die **Höhenmesseranzeige** (Bild 4.104): **Ändert sich die Lufttemperatur** gegenüber der Standardtemperatur einer bestimmten Höhe – das kann durch Warm- oder Kaltluftsäulen geschehen –, dann **ändern sich auch die Abstände der Luftschichten. Höhenanzeige und tatsächliche Höhe stimmen nicht mehr überein.** Liegt also die **Lufttemperatur unter dem Standardwert,** dann zeigt der **Höhenmesser zu viel Höhe** an. Ein **Nichterreichen des Zieles im letzten Gleitflug (Zielanflug) droht.** Eine alte Motorfliegerweisheit besagt:

Von Warm in Kalt, man wird nicht alt!

Ein von der **ICAO-Standardatmosphäre abweichender Luftdruck** (Bild 4.105) verfälscht die Höhenmesseranzeige, was sich aber mit Hilfe des Einstellknopfes (Bild 4.103) beheben lässt. Man stellt mit ihm den Luftdruck in Meereshöhe – per Funk eingeholt – im Skalenfenster ein, und die Flughöhe wird wieder korrekt angezeigt.

Ist also der Luftdruck geringer als der Standarddruck (ISA), dann wird zu viel Höhe angezeigt. Auch hier droht die Gefahr, das Ziel im letzten Gleitflug (Zielanflug) nicht zu erreichen. Wieder eine alte Fliegerweisheit als Eselsbrücke:

Vom Hoch ins Tief geht's schief!

Die korrekte **Höhenmessereinstellung** ist auch für den Segelflieger außerordentlich wichtig. Nach der ausführlichen Behandlung im Kapitel 3 „Meteorologie" hier noch einmal eine knappe Zusammenfassung:

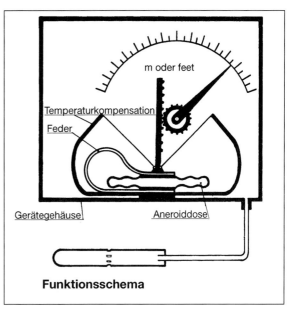

Funktionsschema

Bild 4.102 Einfacher barometrischer Höhenmesser

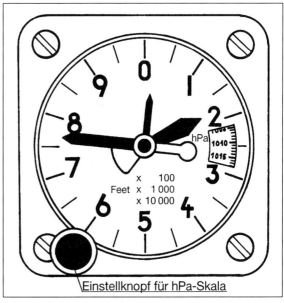

Bild 4.103 Schaubild des Feinhöhenmessers

Die **Höhenmesseranzeige** im Segelflug ist eine **relative** zur eingestellten Nullhöhe, ihr liegt die **ICAO-Standardatmosphäre (ISA)** zugrunde.

Einstellung	Definition	Anzeige
QFE	Aktueller Luftdruck am Flugplatz	Druckhöhe über dem Flugplatz (pressure level)
QNH	Theoretischer Luftdruck der ISA in NN, von QFE aus zurückgerechnet	Druckhöhe über dem theoretischen Druck in NN (QNH-altitude)
1 013,2 hPa	Standardluftdruck in NN (ICAO-Standardhöhe = pressure level)	Höhenanzeige über der 1 013,2 hPa-Fläche

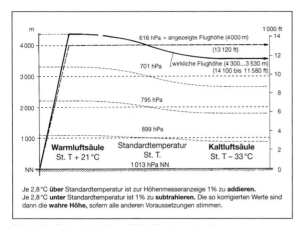

Bild 4.104   Temperatureinfluss auf die Höhenmesseranzeige

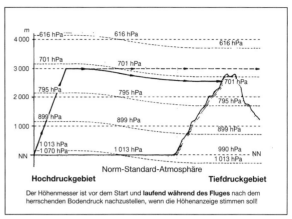

Bild 4.105   Luftdruckeinfluss auf die Höhenmesseranzeige

4.3.3   Das Variometer

Aufgabe des Variometers ist es, dem Segelflugzeugführer die **Steig- und Sinkgeschwindigkeiten** seines Segelflugzeugs **anzuzeigen** (Bild 4.106). Ohne die präzisen Angaben der modernen Variometer wären die heute erzielten Segelflugleistungen nicht möglich. Angezeigt wird die **Änderung der Flughöhe pro Zeiteinheit,** in Deutschland in **Meter pro Sekunde** (m/s), im Ausland häufig auch in Fuß pro Minute (ft/min). Die **Faustformel** für die **Umrechnung:**

1 m/s x 200 = 200 ft/min; 100 ft/min : 200 = 0,5 m/s.

Die **Arten der Variometer** sind vielfältig. Wir kennen Dosenvariometer, Stauscheibenvariometer und elektrische Variometer als **Normalausführungen.** Dazu kommen Nettovariometer, Total-Energie-kompensierte (TEK-) Variometer, mechanische und elektronische Sollfahrtgeber, und dazu die unterschiedlichsten **Zusätze,** wie beispielsweise der McCready-Ring.

Das **Arbeitsprinzip aller Variometer** lässt sich am **Dosenvariometer –** das auch das älteste ist – am einfachsten erklären: Es funktioniert **ähnlich einem barometrischem Höhenmesser** und nutzt wie dieser die Abnahme des Luftdrucks mit zunehmender Höhe (Bild 4.107 A). Die Kammern I und II sind durch ein dickes Rohr verbunden.

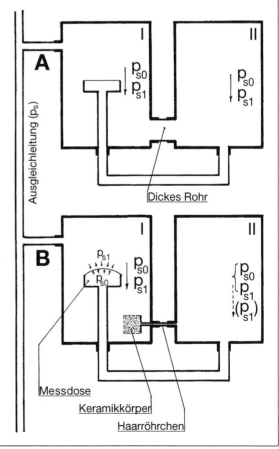

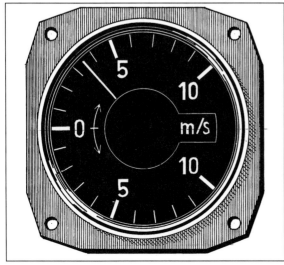

Bild 4.106   Skala des Variometers

Bild 4.107   Prinzip des Dosenvariometers

Zugleich besteht eine Verbindung der Kammer I über die Ausgleichsleitung zum statischen Druck. Ändert sich dieser durch Steigen oder Sinken des Segelflugzeugs, ändert sich in beiden Kammern der Druck in gleicher Weise, da wegen des dicken Rohres kein Hindernis für den Druckausgleich besteht. Die in Kammer I befindliche Membrandose, die ihren Innendruck aus der Kammer II erhält, bleibt unverändert.

Das **Prinzip** des **Dosenvariometers** wird nun in Bild 4.107 B dargestellt. Die gleichen **Kammern** sind jetzt mit einem feinen **Haarröhrchen (Kapillare) verbunden,** das den **Druckausgleich** stark **verzögert.** Zusätzlich übt der poröse Keramikkörper, der durchströmt werden muss, eine erhebliche Bremswirkung aus. Nimmt nun der statische Druck ab, weil das **Segelflugzeug an Höhe gewinnt,** dann **ändert sich der Druck in der Kammer I sofort, in der Kammer II** dagegen sehr zögernd. Die Messdose **(Aneroid),** die ihren Innendruck aus Kammer II erhält, **bläht sich auf,** so lange der Druckunterschied der beiden Kammern anhält. **Sinkt das Segelflugzeug,** wird folgerichtig das **Aneroid zusammengedrückt.** Die **Richtung,** in die sich die Membrane bewegt, zeigt also an, ob das Segelflugzeug **steigt oder sinkt.** Die **Größe** der Membranbewegung gibt Aufschluss über die **Stärke der Vertikalbewegung.**

Im **Horizontalflug** wird sich der Druck in beiden Kammern bald ausgleichen, die **Dose** kehrt in die **Ruhestellung** zurück.

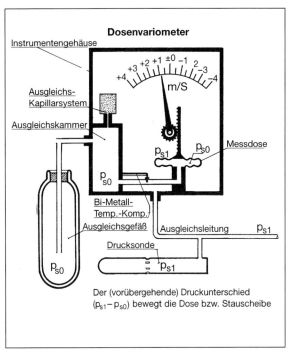

Bild 4.108 Schema des Dosenvariometers

Das **Aufbauschema des Dosenvariometers** zeigt Bild 4.108. Der **Innenraum des Instrumentengehäuses** ist mit dem jeweils herrschenden **statischen Druck verbunden,** der auf die **Außenseite der Messdose** einwirkt. Seinen **Innendruck erhält das Aneroid vom Ausgleichsgefäß und der Ausgleichskammer,** in denen der Druck herrscht, der vor der Vertikalbewegung des Segelflugzeugs vorhanden war. Das **Ausgleichsgefäß dient der Vergrößerung des Volumens** und macht das Variometer dadurch empfindlicher. Während ein **Volumen von 2 Litern** den Anzeigebereich eines Variometers auf ± 1 m/s streckt, deckt das gleiche Instrument bei **0,4 Litern „Ausgleichsluft"** einen Anzeigebereich von ± 10 m/s ab. Zugleich wird das Ausgleichsgefäß als **Thermosflasche** gestaltet, um die Ausgleichsluft auf **konstanter Temperatur** zu halten.

Das **Ausgleichs-Kapillarsystem** (Kapillare + Keramikkörper) **verbindet** das **Instrumentengehäuse und die Ausgleichskammer.** Ein Druckausgleich kann nur **verzögert** stattfinden. Steigen oder Sinken des Segelflugzeugs bewirken, dass sich die Membrandose ausdehnt oder zusammendrücken lässt. Diese Bewegungen der Membrane werden durch ein Hebelsystem auf einen Zeiger übertragen, der die entsprechenden Werte auf einer Skala anzeigt. Wegen ihrer **Trägheit** – eine Verzögerung zwischen Bewegung des Segelflugzeugs und Zeigerausschlag von bis zu 10 Sekunden ist normal – werden **Dosenvariometer** im Segelflug heute nur noch sehr **selten** eingesetzt.

Das **Stauscheibenvariometer** (Bild 4.109) reagiert erheblich **schneller** als das Dosenvariometer. Im Mittelpunkt eines zylindrischen Gehäuses ist **drehbar eine Stauscheibe gelagert,** die von einer Spiralfeder gehalten wird. Gemeinsam mit einer feststehenden Wand **teilt sie das Gehäuse in zwei Kammern,** deren Volumen sich bei Bewegung der Stauscheibe verändern. Die eine Kammer ist mit dem **Ausgleichsgefäß** verbunden, die andere mit dem **statischen Druck.** Herrscht in beiden Kammern der gleiche Druck, hält die Spiralfeder die Stauscheibe in neutraler Stellung, der mit ihr auf der gleichen Welle verbundene Zeiger steht auf Null.

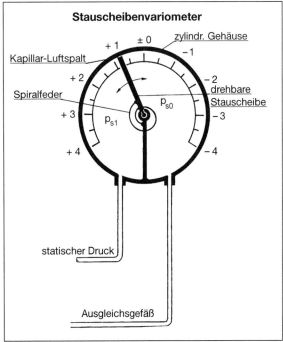

Bild 4.109 Das Stauscheibenvariometer

Ändert sich nun der statische Druck – beim Steigen verringert er sich, beim Sinken nimmt er zu –, dann **schlägt die Stauscheibe** entsprechend des Druckunterschiedes in den beiden Kammern **aus,** was der Zeiger auf der Skala anzeigt. Durch eine **Kapillare am äußeren Ende der Stauscheibe** können geringe Luftmengen fließen, wodurch sich der Druckunterschied wieder ausgleicht, wenn die Vertikalbewegung aufgehört hat. Die Spiralfeder zieht die Stauscheibe und mit ihr den Zeiger auf Null zurück.

Flüssigkeitsvariometer, die zwar außerordentlich schnell und genau anzeigen, haben sich in der Vergangenheit dennoch nicht bewährt, weil sie unhandlich sind und leicht zu Bruch gehen. Sie werden nicht mehr eingesetzt.

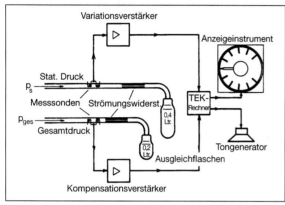

Bild 4.110   Prinzip des elektrischen Variometers

Weit verbreitet sind im modernen Segelflug die **elektrischen Variometer,** die E-Varios (Bild 4.110). Sie arbeiten im Grundsatz auf dem gleichen Prinzip wie die bisher beschriebenen Variometer, nämlich auf der Basis der **Luftdruckabnahme mit zunehmender Höhe.** In ihnen wird aber der **Luftstrom** zwischen Ausgleichsgefäß und statischem Druck nicht mechanisch für eine Anzeige genutzt, sondern er **kühlt in einer so genannten Messsonde elektrisch aufgeheizte Widerstände** ab, und zwar umso mehr, je schneller die Luft fließt. Durch die **Veränderung der Temperatur ändert sich auch der Widerstand.** Das wird gemessen und auf einer Skala als Steigen oder Sinken pro Zeiteinheit zur **Anzeige gebracht** und/oder über einen **Tongenerator hörbar** gemacht. Eine stufenlos regelbare **elektronische Dämpfung** bewirkt, dass die Anzeige nicht zu nervös ist.

Das **E-Vario** ist der Grundbaustein der modernen **Segelflugrechner,** die den Streckenflug außerordentlich unterstützen. Es liefert durch den Tongenerator aber auch einen bedeutenden **Beitrag zur Flugsicherheit.** Das **Tonsignal** ist ein akustisches Abbild der Skalenanzeige des Variometers. So wie der Zeiger der Anzeige bewegt sich der Ton des akustischen Signals; er steigt an, wenn das Vario Steigen anzeigt, und der Ton fällt und wird tiefer, wenn das Steigen nachlässt oder sich Sinken einstellt. Anstatt die Variometeranzeige verfolgen zu müssen, kann der Segelflugzeugführer seine visuelle Aufmerksamkeit auf die **Luftraumbeobachtung** richten, andere Segelflugzeuge besser im Auge behalten – und trotzdem sicher die Thermik zentrieren.

Die **Anzeigebereiche der Variometer** sind ihren Einsatzzwecken entsprechend verschieden. Es gibt Skalen von 0 bis ± 1 m, von 0 bis ± 2 m, von 0 bis ± 5 m, von 0 bis ± 10 m und mehr. Die Aufteilung der Skalen kann linear – wie in den Bildern 4.109, 4.111 und 4.112 – oder logarithmisch erfolgen.

> Die **Zeitkonstante,** also die Zeit, die bei den verschiedenen Variometern für den Druckausgleich benötigt wird und so der **Anzeigeverzögerung** entspricht, ist unterschiedlich. Sie beträgt:
>
> • bei Dosenvariometern bis zu 10 Sekunden, bei trägen Stauscheibenvariometern rund 6 Sekunden,
> • bei guten Stauscheibenvariometern ca. 2 Sekunden, bei E-Varios zwischen 0,5 und fast 0 Sekunden.

Variometer wurden zuerst von den Ballonfahrern genutzt, bis der Rekordsegelflieger Robert Kronfeld dieses Instrument Ende der zwanziger Jahre gemeinsam mit Fritz Stamer erfolgreich im Segelflug einsetzte. Er verbarg es geheimnistuerisch in einer Brötchentüte, wenn er in das Segelflugzeug einstieg. Seine Kameraden machten sich über ihn lustig, glaubten sie doch, Thermosflasche – das Ausgleichsgefäß – und Brötchen sollten während des Fluges Durst und Hunger des Piloten stillen. Aber der Erfolg gab Robert Kronfeld recht, und heute ist ein **Segelflugzeug ohne Variometer nicht mehr denkbar.** Darüber hinaus ist es im Laufe der Zeit zum **Basisinstrument für viele zusätzliche Funktionen** geworden.

Am **McCready-Ring** kann der Segelflugzeugführer ablesen, welche **Geschwindigkeit** er im **Geradeausflug** einhalten sollte, um – entsprechend der vorgefundenen vertikalen Luftbewegungen – den Flug im Hinblick auf **hohe Reisegeschwindigkeit** und auch hohe **Streckenleistung** zu optimieren. Der McCready-Ring ist ein einfacher Aufsetzring, der auf die Rundanzeige des Variometers so aufgesteckt wird, dass man ihn drehen und mit dem Pfeil auf **verschiedene Steigwerte** stellen kann (Bild 4.111).

Der Ring selber wird heute nicht mehr unbedingt im Cockpit angewandt; seine Funktion hat der Bordrechner übernommen. Da die ihm zugrunde liegende **Theorie aber die Basis für alle modernen Sollfahrtgeber** ist, wird hier das Prinzip erläutert. Sie wurde erstmalig von **Wolfgang Späte – dem Sieger im Rhönwettbewerb 1938 –** ein halbes Jahr nach seinem Triumph unter dem Titel: **„Beste Reisegeschwindigkeit bei Segelflugzeugen"** veröffentlicht. Der damalige Artikel ist heute noch derart aktuell, dass er jedem Segelfluglehrer als Unterrichtsgrundlage dienen könnte.

Kriegs- und Nachkriegszeit hemmten die weitere Entwicklung im Segelflugsport und nur wenige befassten sich mit Spätes Arbeit. Erst **Anfang der fünfziger Jahre** trat der junge Amerikaner Paul McCready mit dem später nach ihm benannten Zusatz zum Variometer an die Öffentlichkeit, dem **McCready-Ring.** Auf sensationell unkomplizierte Weise war es ihm gelungen, auf der Basis von Spätes Erkenntnissen ein **einfaches Gerät** zu entwickeln, das von jedem Segelflieger ohne Schwierigkeiten angewendet werden konnte. **Der McCready-Ring ist in erheblichem Maß an der Leistungsexplosion des Segelfluges in den 1950er und 1960er Jahren beteiligt.**

Die **McCready-Funktion:** Die **Grundidee** Wolfgang Spätes besagt, dass beim Streckensegelflug **stärkere Steigwerte eine höhere Gleitfluggeschwindigkeit** verlangen, um möglichst schnell – wenn auch tiefer – im nächsten starken Aufwind anzukommen. Wer die gleiche Strecke mit der Geschwindigkeit des besten Gleitens – also langsamer – fliegt, kommt unter dem – bereits an ihm vorbeigestiegenen – Segelflieger im Aufwind an.

Hinzu kommt, dass zu **Beginn eines jeden Gleitfluges** das Segelflugzeug eine bestimmte **potentielle Energie** in sich hat (Energie der Lage = Gewicht x Höhe), die im Gleitflug in kinetische (Bewegungs-) Energie umgewandelt und zum Teil von der Luftreibung aufgezehrt wird.

Mit **zunehmender Höhe** im Aufwind **vergrößert** sich **die potentielle Energie,** die mögliche **Flugstrecke wird länger.** Im Abwind wird die potentielle Energie kleiner, die mögliche Flugstrecke kürzer. Man muss also danach trachten, aus **absinkenden Luftmassen schnell herauszukommen,** in **aufsteigenden Luftmassen dagegen länger zu verweilen.**

Die so genannte **McCready-Funktion** gibt nun an, welche **Gleitfluggeschwindigkeiten** bei bekannten Vertikalbewegungen der Luft **am wirtschaftlichsten** sind. Der im Steigen erzielte Höhengewinn soll im anschließenden Gleitflug zum nächsten Aufwind für eine möglichst lange Flugstrecke reichen. Der auf die **Variometerskala drehbar aufgesetzte McCready-Ring** (Bild 4.111 und 4.112) gibt in einfacher Weise die **Sollgeschwindigkeiten** an, die zu den jeweiligen Steig- und Sinkwerten gehören. Der **Pfeil auf dem Ring** wird auf den **erwarteten mittleren Steigwert** im Voraus eingestellt.

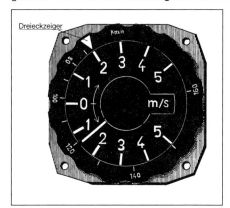

Bild 4.111   McCready-Ring auf dem Variometer

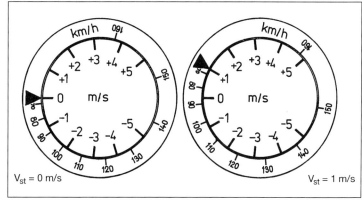

Bild 4.112   Einstellung des McCready-Ringes

Die **Konstruktion der McCready-Funktion** wird hier am Beispiel der Ka 6 erklärt (Bild 4.113), da die flacheren oberen Polarenkrümmungen modernerer Segelflugzeuge dafür weniger geeignet sind. Dargestellt ist die Leistungs- oder Geschwindigkeitspolare (siehe auch Abschnitt 4.1.1 „Auftrieb und Widerstand", Bild 4.23).

Zunächst wird die Kurve der Sollgeschwindigkeit in Abhängigkeit vom mittleren Steigen ermittelt.

Von der senkrechten Ordinate Punkt Null für **Luft ohne Vertikalbewegungen** aus wird die **Tangente an die Polare** gezogen, die sie im Punkt P_0 berührt. Dieser Punkt wird auf die waagerechte **Abzisse** projiziert, die er bei v = 80 km/h trifft – der **Geschwindigkeit für das beste Gleiten.**

Für ein mittleres Steigen von 2 m/s ziehen wir die **Tangente vom Punkt 2 der Ordinate** und erhalten an der **Polare den Berührungspunkt P_2.** Senkrecht darüber liest man **auf der Abzisse 124 km/h** als Bestgeschwindigkeit ab. Weiter bis zur Horizontalen v_{st} = 2 m/s senkrecht nach oben projiziert, erhält man den **Punkt II auf der Sollfahrtkurve** (Steig- und Fallwindkurve), die den Zusammenhang zwischen **mittlerem Steigen und der dazugehörenden optimalen Geschwindigkeit** zeigt. Führt man die hier dargestellte Prozedur alle 0,5 m v_{st} durch, dann wird diese Kurve sehr genau.

Gehen wir nun von den jeweiligen **Steigwerten der Ordinate waagerecht zur Sollfahrkurve,** können wir **senkrecht unter dem Schnittpunkt** die optimale **Geschwindigkeit für diesen Steigwert ablesen.** Bei einem Steigen von 1 m/s ergibt sich beispielsweise eine Sollfahrt von 105 km/h.

Nun kann die **McCready-Kurve** konstruiert werden. Die **Anzeige des Variometers** gibt die Summe aus dem **mittleren Steigen plus dem polaren Sinken** des Segelflugzeugs wieder, in Bild 4.113 beispielsweise die Strecke von P_2 bis II. Tragen wir diese von der Abzisse nach oben auf, dann erhalten wir den Punkt F_2 der McCready-Kurve (punktierte Kurve in Bild 4.113), die wir gewinnen, wenn wir mit den Strecken für alle vorher benutzten Steigwerte gleichermaßen verfahren. Die McCready-Kurve ist in Bild 4.114 noch einmal gesondert dargestellt.

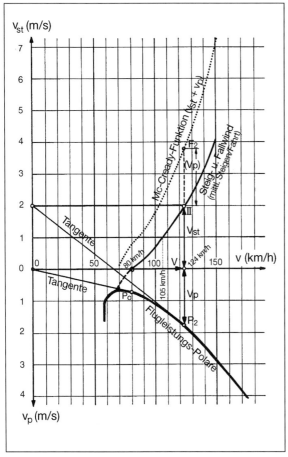

Bild 4.113   Konstruktion der McCready-Funktion

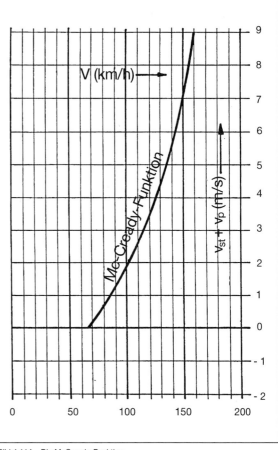

Bild 4.114   Die McCready-Funktion

An ihr können wir die Werte ablesen, die das Variometer (senkrecht rechts) entsprechend der Geschwindigkeit (waagerecht unten) und bei ruhiger Luft anzeigt. Zum Beispiel:

v = 68 km/h, Anzeige = 0,00 m/s,   v = 80 km/h, Anzeige = – 0,72 m/s
v = 100 km/h, Anzeige = – 1,90 m/s,   v = 120 km/h, Anzeige = – 3,50 m/s

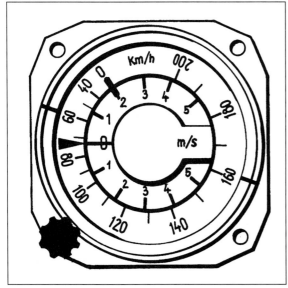

Bild 4.115   Der Sollfahrtgeber

Der Ring, auf den diese Werte eingetragen wurden, ist in Bild 4.112 links dargestellt. Der Einstellpfeil zeigt auf Null, d. h. der Ring ist für eine Luftmasse ohne Vertikalbewegungen und damit auf das beste Gleiten eingestellt; in der Praxis wird diese Einstellung gewählt, wenn voraus keine Thermik mehr zu erwarten ist und mit der vorhandenen Höhe die größtmögliche Strecke erreicht werden soll. Der Ring rechts entspricht einem mittleren Steigen von 1 m/s, der Ring in Bild 4.111 dem von 2 m/s. Während des Fluges sollte stets möglichst genau die Geschwindigkeit geflogen werden, die der Variometerzeiger verlangt.

Der **Sollfahrtgeber:** Da beim Fliegen nach McCready immer der Fahrtmesser und das **Variometer mit dem Ring gleichzeitig beobachtet** werden müssen, wurden **kombinierte Anzeigegeräte** auf den Markt gebracht, um den Segelflugzeugführer zu entlasten. Solch ein kombiniertes Gerät ist der **Sollfahrtgeber,** der einen Staudruckfahrtmesser und ein Stauscheibenvariometer in einem Gehäuse vereint (Bild 4.115). Für den **Gleitflug** wird mit dem Einstellknopf die außen liegende **Fahrtmesserskala so eingestellt, dass** ihr Dreieckzeiger auf das **erwartete mittlere Steigen in der Innenskala** gerichtet ist.

Während des Fluges ist dann darauf zu achten, dass sich die beiden **Zeiger** immer möglichst **gegenüberstehen.** Auch **akustische Sollfahrtgeber** sind auf dem Markt. Sie zeigen durch Tonhöhe und -frequenz die optimale Geschwindigkeit an und brauchen nicht beobachtet zu werden.

Bei modernen Segelflugzeugmustern mit gestreckten Polaren ist – im Gegensatz zu älteren Mustern, deren Polaren steiler sind – die genaue Einhaltung der Sollgeschwindigkeiten nicht mehr so wichtig, da geringe Abweichungen kaum Nachteile bringen.

Das **Nettovariometer** – von Paul McCready entwickelt – zeigt ausschließlich den **Nettowert** der vertikalen Luftbewegungen ohne den „Tara-Wert" des Eigensinkens an. Das normale Variometer, wie es bisher beschrieben wurde, wäre damit ein „**Bruttovariometer",** das die Summe der **Luftbewegungen plus der Bewegungen des Segelflugzeugs** in dieser Luft anzeigt.

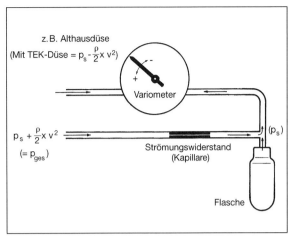

Bild 4.116   Schaltung des Nettovariometers

Den **Unterschied** zwischen dem normalen und dem Nettovariometer macht ein zusätzlicher **Strömungswiderstand** (Bild 4.116) aus, der zwischen dem Gesamtdruckanschluss (Staurohr P_{ges}) und der Verbindungsleitung vom Ausgleichsgefäß her eingeschoben ist. **An diesem Strömungswiderstand** – normalerweise eine Kapillare – **liegt der Druckunterschied zwischen Gesamtdruck und statischem Druck,** ungeachtet dessen, was gerade in der Leitung zwischen Ausgleichsgefäß und Variometer geschieht. **Auf den Kapillarwiderstand wirkt** also im Bild von links der Gesamtdruck und von rechts **der statische Druck.** Der Druckunterschied entspricht dem **Staudruck $q = 0{,}5 \; \rho \; x \; v^2$. Dieser Druck wirkt zusätzlich zum Anzeigegerät hin,** und zwar im Bild von rechts nach links, was einer Steiganzeige entspricht.

Der **Strömungswiderstand** muss so gewählt werden, dass bei einer bestimmten Geschwindigkeit die entsprechende **Steiganzeige in der Größe des polaren Sinkens** des Segelflugzeugs erzeugt wird. Dieses **polare Sinken ist annähernd proportional dem Quadrat der Fluggeschwindigkeit (v^2).**

Der Einsatz des **Nettovariometers wird erst sinnvoll,** wenn es **Total-Energie-kompensiert** ist **(TEK-Variometer).** In diesem Fall wirkt nicht der statische Druck von außen auf das Variometer ein, sondern ein **Druckwert $p_s - 0{,}5 \; x \; \rho \; x \; v^2$** (siehe Bild 4.116). Der Druckunterschied am Strömungswiderstand ist dann doppelt so groß, weshalb auch der Widerstand doppelt so groß bemessen sein muss.

Die **TE-Kompensation erfolgt durch den Anschluss an eine spezielle Düse,** von der viele Muster auf dem Markt sind. In Bild 4.117 ist das Schema einer dieser Düsen, der **Althausdüse,** dargestellt. Diese besteht aus **einem Rohr,** in dem **zwei zylindrische Störkörper angebracht** sind. Der durch sie erzeugte **Unterdruck entspricht genau dem Staudruck $p_s - 0{,}5 \; x \; \rho \; x \; v^2$,** und zwar über einen weiten Geschwindigkeitsbereich hinweg. Von einem der Störkörper, der als Röhrchen ausgebildet ist, wird der Unterdruck abgenommen und statt des statischen Drucks dem Variometer zugeführt.

Das **TEK-Nettovariometer** zeigt **unabhängig von Knüppelbewegungen und von geflogenen Geschwindigkeiten** genau an, ob die Luftmassen, in denen sich das Segelflugzeug gerade fortbewegt, steigen, sinken oder ruhen, da **beim Hochziehen** (Knüppelthermik) der **kompensierende Unterdruck sich im gleichen Maße verringert wie der Staudruck.**

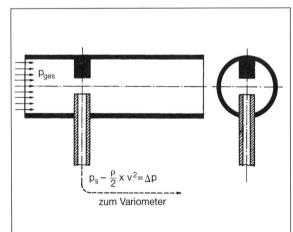

Bild 4.117   Schema der Althausdüse

Das **Mittelwertvariometer** (der Integrator) ist in modernen Variometern als **Zusatz** enthalten. Es **errechnet** fortlaufend die **mittlere Vertikalgeschwindigkeit** über einen bestimmten – vom Segelflugzeugführer einzustellenden – Zeitraum hinweg und zeigt diesen automatisch oder auf Anforderung an.

Es sei nochmals darauf hingewiesen, dass die vielen **elektrischen und elektronischen Bordrechner,** die – von einer ganzen Reihe von Herstellern angeboten – im modernen Segelflug benutzt werden, alle **auf dem Grundprinzip des Variometers** beruhen, das vorn bei der Erklärung des Dosenvariometers ausführlich beschrieben wurde. In ihrer Ausführung, ihren Möglichkeiten und ihrer Perfektion sind sie echte Bordcomputer, mit Fug und Recht kann man von **Hightech im Cockpit** sprechen.

Hat der Segelflieger sich für die Benutzung eines solchen Systems entschieden, kann er auf das gründliche Studium der Bedienungsanleitung nicht verzichten. Hier folgt nur eine **allgemeine Vorstellung** dieser elektronischen Instrumente. Hingewiesen sei auch auf das Kapitel **„Navigation"**, in dem bereits auf die Segelflugrechner eingegangen wurde.

Die **Bordrechner bieten** dem Segelflugzeugführer **Hilfen für seine taktischen Entscheidungen.** Sie arbeiten auf der Basis der Leistungspolare des Segelflugzeugs wie auch unter Verwendung der während des Fluges vorgefundenen meteorologischen Verhältnisse. Sie **liefern Daten in den Bereichen** Distanz und Höhe, Zielanflug (Endanflug), Teilstrecken (auch am Boden vorprogrammiert), Einflüsse des Wetters (z. B. Windrichtung und -stärke, vertikale Luftbewegungen), Zeit (Uhrzeit, Flugzeit), Statistikwerte.

An statistischen Werten liefern und registrieren sie Flugdauer mit Zeitmarken, Zeitanteil für Thermik- und Gleitflug, Tages- und Teilstreckenkilometer, mittleres Steigen, Windrichtung und -stärke, mittlere Reisegeschwindigkeit und Geschwindigkeit über Grund und andere Parameter. Alle **registrierten Werte** können während des Fluges und auch nach der Landung **am Boden** abgerufen werden.

Bordrechner arbeiten beim **Thermikflug** grundsätzlich als perfekte **Variometer,** beim **Gleiten** geradeaus aber als **Sollfahrtgeber.** Sie können **von Hand umgeschaltet** werden oder sie wechseln den Modus **automatisch** über Wölbklappenstellung oder Fahrtanzeige.

Bordrechner können durch die von ihnen erzeugten **elektromagnetischen Felder** die Anzeige des **Magnetkompasses** und auch den **Funkverkehr** beeinträchtigen. Die **Einbauanweisungen** des Herstellers sind zu **beachten.**

4.3.4   Gesamt- und Statikdruck

Sämtliche auf der Basis des **Luftdrucks arbeitenden Fluginstrumente** (Fahrtmesser, Höhenmesser und Variometer) sind an ein **Bord-Drucksystem angeschlossen** (Bild 4.118), das sie je nach Bedarf mit dem Gesamtdruck und dem statischen Druck versorgt. In Segelflugzeugen sind dafür Schlauchleitungen verlegt.

Die **Entnahme des Gesamtdrucks** erfolgt meist an der Rumpfspitze mittels eines **Pitot-Rohrs** (Bild 4.119). Die obere Darstellung zeigt den Aufbau des Pitot-Rohres, die untere das für den Einbau in die Rumpfspitze ausgelegte Pitot-Rohr.

Der **statische Druck** wird von allen Instrumenten benötigt, die auf dem **Prinzip der Luftdruckmessung** beruhen, also von Fahrtmesser, Höhenmesser und Variometer. Er wird im Segelflug durch eine oder mehrere Statikdrucksonden (Bild 4.120) überwiegend an den **Rumpfseiten** abgenommen, wo die **Strömung ungestört fließt** und so – im Normalflug – weder Über- noch Unterdruck entstehen (Bild 4.121). In besonderen Fluglagen, beispielsweise im Seitengleitflug, ändern sich diese Druckverhältnisse, Fehlanzeigen der Instrumente sind die Folge.

Die **gemeinsame Abnahme** des Gesamtdrucks und des statischen Drucks ermöglicht das **Prandtl-Staurohr** (Bild 4.97), das aber im Segelflug kaum verwendet wird.

Fehler am Pitot-Statik-System sind grundsätzlich schnell zu erkennen und zu beheben. Ein Bruch oder Leck in der Gesamtdruckleitung führt zum Ausfall oder zur falschen (zu niedrigen) Fahrtmesseranzeige. Sind die **Statikdruck- oder Ausgleichsleitungen beschädigt,** zeigt der barometrische Höhenmesser „schleppend" an, da sich der Druck im Innern des Segelflugzeugs nur zögernd dem Außendruck angleicht. Im **fliegenden Segelflugzeug** herrscht wegen der **Venturiwirkung** ein **geringerer Druck** als außen. Der Höhenmesser zeigt etwa 150 m zu viel Höhe an, der Fahrtmesser 4 bis 6 km/h zu viel Geschwindigkeit.

Die **Messorgane** müssen **festsitzen,** ihre Messöffnungen sauber, offen und unbeschädigt sein. Sie dürfen nicht mit harten Gegenständen gereinigt werden, auch ist Wasser chemischen Reinigungsflüssigkeiten vorzuziehen.

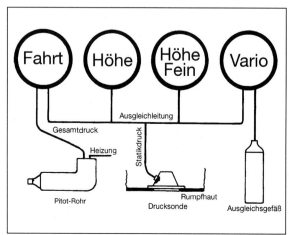

Bild 4.118   Gesamt- und Statikdrucksystem

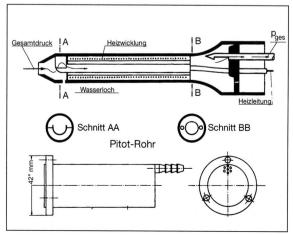

Bild 4.119   Pitot-Rohr zum Einbau in die Rumpfspitze

Vereisung oder Blockierung haben Fehlanzeigen zur Folge. Die Schlauchleitungen müssen stets feuchtigkeitsfrei gehalten werden, was durch eingebaute Wasserablassventile ermöglicht wird.

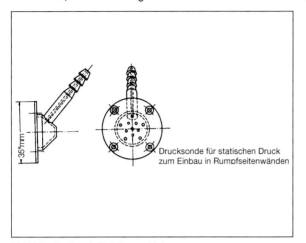

Bild 4.120   Drucksonde für Seitenwandeinbau

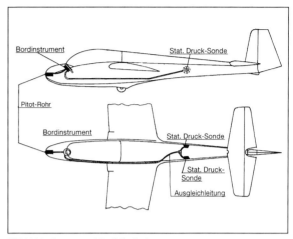

Bild 4.121   Gesamt- und Statikdruckanlage

4.3.5   Der Magnetkompass

Im Kapitel 2 „Navigation" wurden bereits einige wesentliche Themen zum Magnetkompass behandelt. Hier folgt die mehr technische Darstellung des Instrumentes und seiner Wirkungsweise.

Der Magnetkompass arbeitet auf der Grundlage des **Erdmagnetfeldes.** Der Erdmagnetismus – man sollte sich einen starken Stabmagneten im Inneren der Erde vorstellen – erzeugt ein kräftiges **magnetisches Feld um die Weltkugel herum,** dessen **Kraftlinien von Nord nach Süd** verlaufen (Bild 4.122). Die Achse des gedachten Magneten durchstößt die Erdoberfläche in den **magnetischen Polen,** die weder mit den Polen des Erdmagnetfeldes noch mit den geographischen Polen übereinstimmen. Die **magnetische Achse** und die **geographische (Dreh-) Achse** schneiden sich unter einem **Winkel von 18°,** die entsprechenden Pole liegen rund 2000 km voneinander entfernt.

Die magnetischen **Kraftlinien** verlaufen vom **magnetischen Südpol zum magnetischen Nordpol** (Bild 4.122). Die Magnetnadeln des Kompasses richten sich an ihnen aus. Da sich ungleichnamige Pole anziehen, zeigt das nordmagnetische Ende der Kompassnadel nach Süden, das südmagnetische Ende nach Norden. An den **magnetischen Polen** (MS = magnetischer Südpol und MN = magnetischer Nordpol) stehen die **Kraftlinien – auch Feldlinien genannt – senkrecht auf der Erdoberfläche.** Sie liegen dort auch besonders dicht beieinander, die Totalintensität ist an den Polen am größten. Über dem **magnetischen Äquator** verlaufen die Feldlinien **parallel zur Erdoberfläche** und liegen weit auseinander. Die **Totalintensität ist gering.**

In allen übrigen Punkten der Erde fallen die magnetischen **Kraftlinien unter einem bestimmten Winkel** in die Erdoberfläche ein. Diesen unterschiedlichen Einfallswinkel nennt man **Inklination.** Verbindet man alle **Punkte gleicher Inklination** miteinander, erhält man die so genannten **Isoklinen.** Sie verlaufen in Europa, wo die Inklination im Mittel 66,5° beträgt, fast parallel zu den Breitengraden.

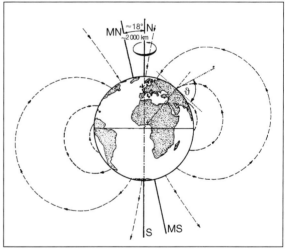

Bild 4.122   Das erdmagnetische Feld

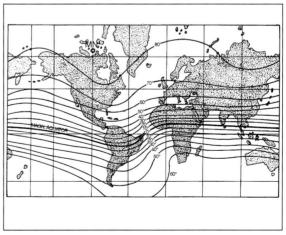

Bild 4.123   Die Isoklinen der Erde

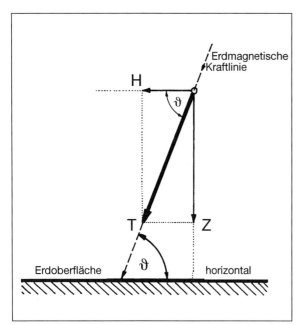

Bild 4.124   Komponente der Totalintensität

Da wir im Segelflugzeug den **Kompass fast ausschließ-lich im Horizontalflug** benötigen, interessiert uns von der Gesamtfeldstärke (Totalintensität) vor allem die horizontale Komponente, die **Horizontalintensität** (Bild 4.124). Sie ist in **Mitteleuropa kleiner als die halbe Vertikalintensität** und nimmt mit zunehmender geographischer Breite weiter ab, bis sie über den magnetischen Polen auf Null geschrumpft ist.

Aufbau und Arbeitsweise des Magnetkompasses:

Die Hauptteile des Magnetkompasses (Bild 4.125) sind:
a) **das Magnetsystem,**
b) **der Kompasskessel (das Gehäuse) mit dem Steuerstrich,**
c) **die Kompensiereinrichtung.**

a) Das **Magnetsystem** besteht aus zwei oder mehr parallel angeordneten **Magnetstäbchen,** die sich in Richtung der Horizontalintensität einstellen (Bild 4.126). Sie sind an einem edelsteingelagerten **Schwimmer** befestigt, der sich im **flüssigkeitsgefüllten Kompassgehäuse** um eine Achse dreht, die **parallel zur Hochachse des Segelflugzeugs** verläuft. Mit dem Schwimmer dreht sich die **Kompassrose.** Sie ist mit einer **360°-Einteilung** versehen und zeigt auf **magnetisch Nord** (Bild 4.127).

Dämpfungsflügel am Schwimmer **verhindern** – in Verbindung mit der Kompassflüssigkeit – zu **unruhige Schwankungen** des Systems. Der **Schwerpunkt** des Magnetsystems liegt immer **unter dem Auflagepunkt.**

Da die **Magnetstäbchen** versuchen, sich in **Richtung der Totalintensität** einzustellen – auf der Nordhalbkugel mit dem nach Nord weisenden Ende nach unten – wird der **Schwerpunkt S** des Magnetsystems (Bild 4.128) aus der Drehachse heraus etwas nach Süden verlagert. Dadurch entsteht der Fliehkraftdrehfehler beim **Kurvenflug** (Bild 4.129).

b) Der **Kompasskessel mit Steuerstrich** (das **Kompassgehäuse**) ist fest mit dem Segelflugzeug verbunden. Die Kompassrose ist durch eine **Glasscheibe** sichtbar, der darauf angebrachte Kompassstrich ermöglicht das **Ablesen des Kompasskurses.** Die **Innenflächen** des Gehäuses sind **kugelförmig und glatt,** um Anzeigeverzögerungen durch Flüssigkeitsreibung zu verhindern.

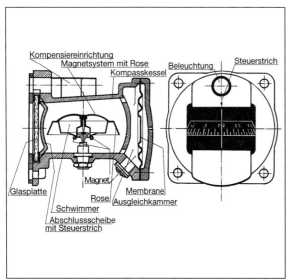

Bild 4.125   Aufbauschema des Magnetkompasses

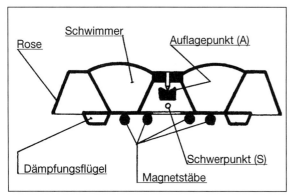

Bild 4.126   Das Magnetsystem

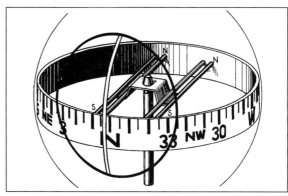

Bild 4.127   Beschriftung der Kompassrose

Die **Kompassflüssigkeit** – meist Kerosin oder ein Wasser-Alkohol-Gemisch – **verringert** das Gewicht des Magnetsystems und damit die **Reibung im Auflagepunkt** auf nahezu Null. Auf der Rückseite des Kompasses – vom Segelflugzeugführer abgewandt – nimmt eine **Ausgleichskammer** das durch Temperaturschwankungen veränderte Volumen der Flüssigkeit auf.

Der Kompass muss **exakt** zu den Achsen des Segelflugzeugs **eingebaut** sein, sollen Fehlanzeigen durch den so genannten **Aufstellungsfehler** vermieden werden.

c) Die **Kompensiereinrichtung** befindet sich am Kompassgehäuse (Bild 4.125) und dient der Behebung von **Anzeigefehlern,** die von der **Deviation** hervorgerufen werden (siehe auch Abschnitt 2.4.1 „Kompasslehre"). Kleine **Magnetstäbe** (auch Kompensiernadeln genannt) werden in Richtung der Längs- und Querachse des Segelflugzeugs verschoben, um dem **magnetischen Feld des Segelflugzeugs** gegenüber ein entsprechendes **Gegenfeld** aufzubauen. Die **restliche Fehlanzeige,** die sich nicht mehr kompensieren lässt, wird in die **Deviationstabelle** (siehe Abschnitt 2.4.1.2 „Kompassablenkung durch Flugzeugbauteile", Bild 2.36) eingetragen und bei Kursberechnungen entsprechend berücksichtigt.

Bei großen **Ortsveränderungen** des Segelflugzeugs in Nord- oder Südrichtung wird die Horizontalintensität eine andere, und der Kompass muss **neu kompensiert** werden.

Anzeigefehler des Kompasses treten unter anderem durch die Verlagerung des Schwerpunktes im Magnetsystem auf (Bild 4.128). Das ist bei allen **Abweichungen vom beschleunigungsfreien, horizontalen Geradeausflug** der Fall: beim Kurvenflug, beim Steigen und Sinken, beim Beschleunigen und Verzögern der Geschwindigkeit und bei Querneigungen. Die **wichtigsten** Anzeigefehler sind **Querneigungs-** und **Fliehkraftdrehfehler.**

Durch die **Querneigung des Segelflugzeugs** (Bild 4.129) im Kurvenflug wie auch im Geradeausflug wird die sonst unwirksame **Vertikalkomponente Z** der Totalintensität mit einem störenden **Drehmoment auf die Kompassnadel** wirksam. Die Komponente Z_v der Vertikalintensität hat keine Wirkung auf die Magnetnadel, weil ihre Richtung mit der Drehachse des Magnetsystems übereinstimmt. **Störend ist aber die Komponente Z_H,** die in der Drehebene des Magnetsystems zur Geltung kommt.

Auf die **Kompassnadel wirken** nun **die beiden Kräfte** Horizontalintensität H und die horizontale Komponente Z_H der Vertikalintensität (unter „horizontal" ist hier die Wirkungsebene des Magnetsystems zu verstehen), die immer in Richtung des hängenden Flügels wirken. Die Summe der Kräfte, die beide im Magnetpol angreifen, ergibt die **resultierende Kraft R, in deren Richtung sich die Magnetnadel nun einstellt** (Bild 4.130 unten). Der **Unterschied** zwischen der normalen magnetischen Nordrichtung (MN) und der neuen Richtung (MN') ist der **Querneigungsdrehfehler,** dessen Größe von der Querneigung und vom geflogenen Kurs abhängt.

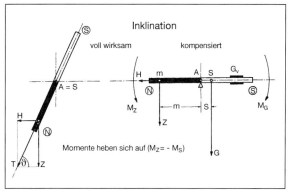

Bild 4.128 Kompensation des Inklinationsmomentes

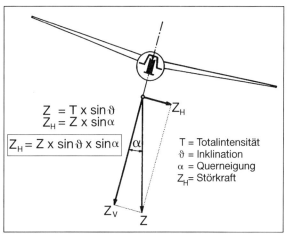

Bild 4.129 Horizontalkomponente der Vertikalintensität

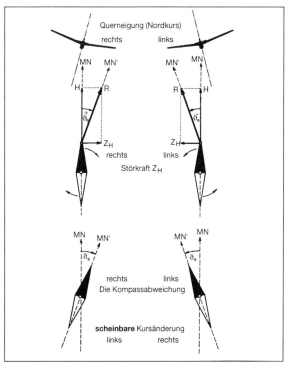

Bild 4.130 Der Querneigungsdrehfehler

Das Abweichen der Kompassnadel täuscht immer eine Kursabweichung in die entgegengesetzte Richtung vor!

Bild 4.131 zeigt, dass bei nördlichen Kursen (270° über 360° bis 090°) die Nadel zum hängenden Flügel hin ausweicht, bei südlichen Kursen (090° über 180° bis 270°) dagegen vom hängenden Flügel weg. Das bedeutet:

- **bei missweisenden Nordkursen dreht die Kompassanzeige vom hängenden Flügel weg,**
- **bei missweisenden Südkursen dreht die Kompassanzeige zum hängenden Flügel hin,**
- **bei missweisendem Ost- oder Westkurs ist der Querneigungsdrehfehler Null!**

Der **Fliehkraftdrehfehler** (Bild 4.132) entsteht, weil die beim Kurvenflug auftretende **Fliehkraft F im Schwerpunkt S des Magnetsystems angreift,** der – wegen der vorher beschriebenen Kompensation des Inklinationsmomentes (Bild 4.128) – nicht in der Drehachse liegt.

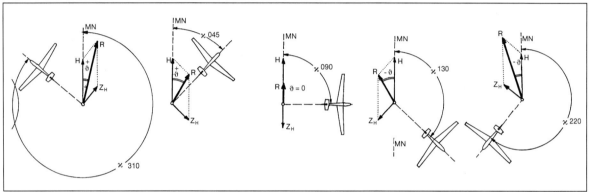

Bild 4.131   Querneigungsdrehfehler und Kursrichtung

Der Summenfehler **(Kompassdrehfehler)** ist in Bild 4.133 dargestellt. Er setzt sich aus den Wirkungen des **Querneigungs- plus des Fliehkraftdrehfehlers** zusammen. Soll der Kompass auch im Kurvenflug korrekt anzeigen, empfehlen sich **Sechsminutenkreise** mit einer Drehgeschwindigkeit von 1° pro Sekunde.

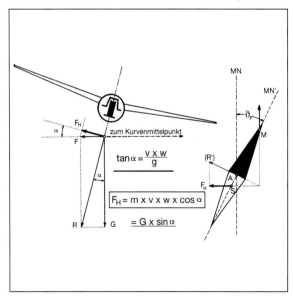

Bild 4.132   Entstehung des Fliehkraftdrehfehlers

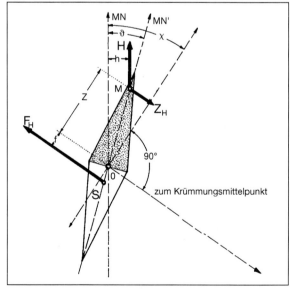

Bild 4.133   Der Gesamtdrehfehler

In der Praxis interessieren natürlich besonders die Größe und die Richtung des Kompassanzeigefehlers in den verschiedenen Kursrichtungen. Bild 4.134 zeigt für die mitteleuropäische Inklination von 66,5° und einen Querneigungswinkel von 10° sowohl den tatsächlich geflogenen Kurvenkurs (ausgezogene Pfeile) wie auch die mit dem Kompassdrehfehler behaftete Kompassanzeige (gestrichelte Pfeile). R steht für Rechtskurve, L für Linkskurve.

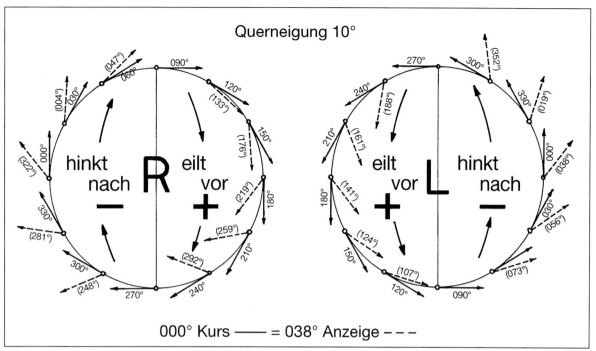

Bild 4.134   Fehlanzeige durch den Kompassfehler, abhängig von Kurvenrichtung und Kursrichtung

Als Faustregel sollte sich der Segelflugzeugführer merken:

- **Auf nördlichen Kursen hinkt die Anzeige nach, deshalb Kurve früher ausleiten!**
- **Auf südlichen Kursen eilt die Anzeige vor, deshalb Kurve überdrehen und später ausleiten!**

4.3.6   Der Wendezeiger

Der Wendezeiger ist ein **Kreiselinstrument** mit der Aufgabe, die **Drehgeschwindigkeit** des Segelflugzeugs um seine Hochachse anzuzeigen.

Die **Kreiseleigenschaften:** Jeder Körper, der sich um eine **Achse durch seinen Schwerpunkt** dreht, ist ein **Kreisel.** Die in Segelflugzeug-Bordinstrumenten verwendeten Kreisel sind „rotations-symmetrisch" und wurden früher pneumatisch durch Saugluft angetrieben, während sie **heute** grundsätzlich über einen **elektrischen Antrieb** verfügen. Sie zeichnen sich durch zwei wichtige Eigenschaften aus, nämlich durch **Stabilität** und **Präzession.** Beide werden in den Bordinstrumenten genutzt.

Wird ein Kreisel in **schnelle Drehung** versetzt, **behält seine Drehachse ihre Richtung** bei (Bild 4.135). Diese Eigenschaft ist die **Stabilität der Kreiselachse.** Die Kreiselachse lässt sich ohne **Widerstand parallel zu sich selbst verschieben,** jeder **Richtungsänderung** setzt sie aber sehr **großen Widerstand** entgegen.

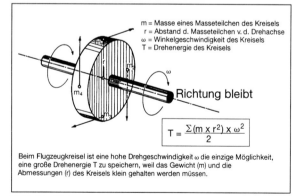

m = Masse eines Masseteilchen des Kreisels
r = Abstand d. Masseteilchen v. d. Drehachse
ω = Winkelgeschwindigkeit des Kreisels
T = Drehenergie des Kreisels

Richtung bleibt

$$T = \frac{\Sigma(m \times r^2) \times \omega^2}{2}$$

Beim Flugzeugkreisel ist eine hohe Drehgeschwindigkeit ω die einzige Möglichkeit, eine große Drehenergie T zu speichern, weil das Gewicht (m) und die Abmessungen (r) des Kreisels klein gehalten werden müssen.

Bild 4.135   Die Drehenergie (Drall) des Kreisels

Die Stabilität wächst mit der **Drehenergie** (dem Drall). Diese wird **größer** mit der **Zunahme** der **Kreiselmasse,** des **Kreiseldurchmessers** und der **Drehgeschwindigkeit** des Kreisels. Bordinstrumente müssen klein und leicht sein, somit bleibt zum Zweck der Drallerhöhung nur die große Drehgeschwindigkeit:

Die Stabilität wächst mit dem Quadrat der Drehzahl!

Die Drehgeschwindigkeit elektrischer Wendezeigerkreisel beträgt ca. 22 000 Umdrehungen pro Minute.

Die **Präzession der Kreiselachse:** Versucht man, die Achse eines sich **schnell drehenden Kreisels** zu **kippen,** also die Achsenrichtung zu ändern, dann gibt sie nicht in Kipprichtung nach, sondern **weicht senkrecht dazu aus.** Diese Eigenschaft ist die **Präzession.** Durch sie verliert der Kreisel nichts von seiner Drehenergie.

> **Merksatz zur Kreiselpräzession:**
>
> **Beim Versuch, eine Kreiselachse zu kippen, weicht diese rechtwinklig zum Kippmoment aus! Die Richtung der Präzession hängt ab von**
>
> **a) der Drehrichtung des Kreisels   b) der Richtung des Kippmoments!**

Beim Ausweichen hat der **Kreisel das Bestreben,** sich gleichsinnig **mit dem Kippmoment zu drehen.** In Bild 4.136 **dreht der Kreisel** um seine Achse **oben nach links und unten nach rechts.** Das **Kippmoment** dreht den Kreisel mit seiner Achse um die **Senkrechte rechtsherum.** Die **Präzession** lässt den linken, **vorderen Teil** der Achse nach **unten,** den rechten, **hinteren Teil** nach **oben** kippen.

> **Die Präzessionskraft des Kreisels ist umso größer, je höher seine Umdrehungszahl ist.**

Die **Arbeitsweise des Wendezeigers und der Libelle:** Der Kreisel des Wendezeigers hat eine **horizontale Achse,** die **parallel zur Querachse** des Segelflugzeugs liegt (Bild 4.137). Er dreht sich wie ein Wagenrad oben vom Segelflugzeugführer weg, unten auf ihn zu. Die Kreiselachse ist in einem **Kardanrahmen** gelagert, der sich um eine Achse, die **parallel zur Längsachse** des Segelflugzeugs angeordnet ist, drehen kann. Diese **Rahmenachse ist fest im Instrument** gelagert und muss so **alle Bewegungen des Segelflugzeugs** mitmachen. Durch eine **Einstellfeder** in seinem oberen Teil ist der Rahmen in seiner **Bewegungsfreiheit begrenzt.**

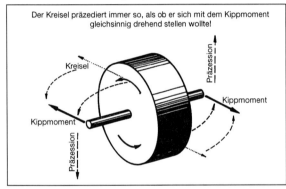

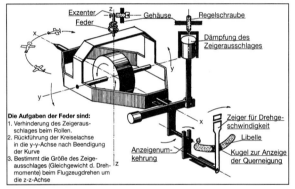

Bild 4.136   Die Richtung der Präzession   Bild 4.137   Aufbau und Arbeitsweise des Wendezeigers

Die Bewegungen des Kardanrahmens werden über ein **Hebelsystem auf einen Zeiger – den Pinsel –** übertragen. Zu **heftige Schwingungen** des Rahmens werden durch einen Kolben, der sich in einem Zylinder bewegt, **gedämpft.**

Bei einer **Drehung** des Segelflugzeugs **um die Hochachse** (Kurvenflug) **nach rechts –** wie in Bild 4.136 dargestellt – wird die **Kreiselachse rechtsherum** mitgenommen. Das Kippmoment ergibt eine Präzessionsbewegung (Drehung) **des Kardanrahmens nach links,** die aber durch die Feder oben begrenzt wird. Sobald Präzessionskraft und Federkraft im Gleichgewicht sind, bleibt das Ganze stehen, womit auch der Zeiger, der entsprechend des Hebelsystems nach rechts ausschlug, zur Ruhe kommt.

Je **größer die Drehgeschwindigkeit** des Segelflugzeugs, desto **größer die Präzessionskraft,** folgerichtig werden die **Kippbewegung des Rahmens** und der **Ausschlag des Pinsels größer.**

> **Je größer die Drehgeschwindigkeit des Segelflugzeugs, desto größer ist der Pinselausschlag!**

Als **Maßstab** für das Ablesen des Wendezeigers wird die **Pinselbreite** verwandt (Bild 4.138). Die Ausschlaggröße **einer Pinselbreite** entspricht einer **Drehgeschwindigkeit von 6° pro Sekunde,** bedeutet also, dass der Kreis nach einer Minute beendet ist.

Die **Libelle,** die meist im Schaubild des Wendezeigers untergebracht ist, zeigt die **Querneigung des Segelflugzeugs** an. Sie besteht aus einem kreisbogenförmigen Glasröhrchen, in dem sich eine Kugel nach links und rechts bewegen kann. Aus der **Lage der Kugel** ist zu erkennen, ob die **Hochachse des Segelflugzeugs parallel zum Scheinlot** liegt, das heißt, ob die Querneigung der geflogenen Kurve entspricht (siehe auch Abschnitt 4.1.2.3 „Der Auftrieb im Kurvenflug", Bild 4.45 und 4.46), **nicht aber, wie groß die Querneigung** bezogen auf den Horizont ist. In Bild 4.139 zeigen die mittleren Darstellungen von oben nach unten **einwandfreien Geradeaus- und Kurvenflug** nach rechts und links an. Die Darstellungen links und rechts davon geben das **Bild des Wendezeigers bei unsauberen Flugzuständen** wieder.

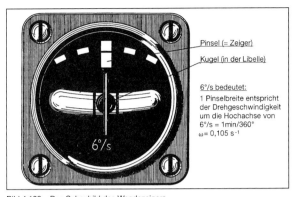

Bild 4.138 Das Schaubild des Wendezeigers

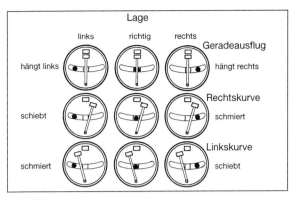

Bild 4.139 Schaubilder des Wendezeigers

Das Glasrohr der Libelle ist zur **Dämpfung der Kugelbewegungen mit Flüssigkeit gefüllt.** Ein Ausdehnungsgefäß, in der Zeichnung nicht dargestellt, nimmt das durch Wärmeausdehnung vergrößerte Flüssigkeitsvolumen auf.

4.3.7 Der künstliche Horizont

Die Anwendung: Für den **Wolkenflug** – im Segelflug heute eher eine Rarität – ist ein **Wendezeiger oder ein künstlicher Horizont vorgeschrieben** (Bild 4.140 und 4.141). Der künstliche Horizont zeigt dem Segelflugzeugführer die Längs- und Querneigung seines Segelflugzeugs in gleicher Weise an wie der natürliche Horizont (siehe die Schaubilder in Bild 4.140).

In einem runden Fenster ist in der Mitte die Silhouette eines Flugzeugs – von hinten gesehen – fest angebracht. Davor bewegt sich ein „Balken", der den Horizont darstellt. Wird nun die Längsneigung des Segelflugzeugs verringert – die **Nase geht hoch** –, dann bewegt sich der **Balken nach unten;** wird die **Nase gesenkt, steigt er.** Bei **Veränderungen der Querneigung kippt der Balken** in die entsprechende Stellung nach links oder nach rechts. Am unteren Rand des Fensters befindet sich eine Skala, auf der die **Querneigungswinkel von 0° bis 90°** abgelesen werden können.

Aufbau und Wirkungsweise: Der **Kreisel** des künstlichen Horizonts dreht sich um eine **senkrechte Achse,** die mit Hilfe einer Stützung **immer parallel zum wahren Lot** gehalten wird. Elektrisch angetrieben kommt er auf 24 000 Umdrehungen pro Minute.

Die Achse des **inneren Kardanrahmens** liegt **quer zur Flugrichtung** und **senkrecht zur Kreiselachse.** Die Achse des **äußeren Kardanrahmens ist parallel zur Segelflugzeuglängsachse** im Instrumentengehäuse gelagert und **macht alle Bewegungen des Segelflugzeugs mit.** Ein Hebel trägt den Horizontbalken der Anzeige. Er ist am äußeren Rahmen mit einem Stift gelagert, ein exzentrischer Stift des Innenrahmens betätigt ihn.

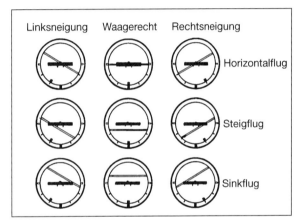

Bild 4.140 Schaubilder des künstlichen Horizonts

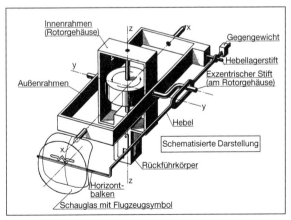

Bild 4.141 Schema des künstlichen Horizonts

Bewegt sich das Segelflugzeug um die Querachse (die Längsneigung wird verkleinert oder vergrößert), so verändert, wegen der Kreiselstabilität, der Kreisel mit dem inneren Rahmen seine Lage nicht. Der **äußere Rahmen aber kippt mit dem Segelflugzeug um die Querachse** nach unten oder nach oben. Damit bewegen sich auch der **Hebellagerstift vorn nach unten und nach oben** und zugleich der **Balken entgegengesetzt nach oben und nach unten.**

Bei **Bewegungen des Segelflugzeugs um die Längsachse** (Rollen) kippt das fest im Instrumentenfenster angebrachte **Flugzeugsymbol gleichermaßen nach links oder rechts.** Durch die **Kreiselstabilität** bleiben der **Kreisel, der Innen- und der Außenrahmen unverändert im Raum stehen.** Dadurch bleibt auch **der Horizontbalken** gegenüber dem natürlichen Horizont **in seiner Lage;** relativ zum Symbol des Flugzeugs neigt er sich aber und **zeigt die jeweilige Querneigung** an.

Nur sehr wenige Segelflugzeuge sind mit einem künstlichen Horizont ausgerüstet.

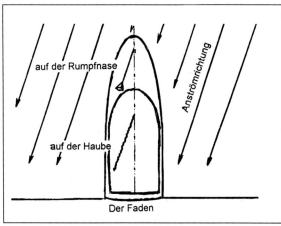

Bild 4.142 Der Faden

4.3.8   Der Faden

Der Wollfaden ist ein **einfaches, preiswertes, aber äußerst wirksames Hilfsmittel** für den Segelflugzeugführer, um sauber – das heißt, **schiebefrei und so mit möglichst wenig Widerstand** – zu fliegen (Bild 4.142).

Er wird im Blickfeld des Segelfliegers oben in der Mitte der Kabinenhaube – besser noch auf der Rumpfnase im freien Luftstrom – angebracht. Bei der Anbringung vor der Haube empfiehlt es sich, einen kleinen Papierkegel mit etwa 60° Scheitelwinkel am Ende des Fadens zu befestigen, der ein unruhiges Flattern verhindert. **Während des Fluges** zeigt er die genaue **Anströmrichtung,** sollte also immer genau in Richtung der Segelflugzeuglängsachse wehen. Weht er jedoch nach **links oder rechts** aus, wird das **Segelflugzeug seitlich angeblasen: es schiebt.** Der Widerstand ist erhöht, Gleitverhältnis und Sinkgeschwindigkeit verschlechtern sich.

Es ist nicht einfach und erfordert einige Übung, ein Segelflugzeug sauber geradeaus und auch im Kreisflug zu steuern. Der Faden ist dabei eine große Hilfe. Er folgt dem Seitenruderausschlag; also Seitenruder links und der Faden weht nach links. Beim Querruder ist es andersherum: Querruder links und der Faden weht nach rechts.

> **Korrektur unsauberer Flugzustände (der Faden zeigt zur Seite):**
> * **Korrektur mit Seitenruder: entgegen dem Faden**
> * **Korrektur mit Querruder: in Richtung des Fadens**

Grundsätzlich gibt es also immer zwei Möglichkeiten, einen Schiebezustand zu korrigieren. Welche Korrektur die richtigere ist, hängt von der Situation und Absicht ab. Im **Geradeausflug** sollte die Korrektur mit **beiden Rudern gleichzeitig und gleichsinnig erfolgen,** damit das Segelflugzeug in der gewollten Richtung bleibt. Im Kreisflug kommt es auf die Kurvenlage an; wenn in einer Linkskurve der Faden nach außen (rechts) zeigt, so heißt das, dass das Segelflugzeug für die eingenommene Querneigung zu langsam dreht. Je nach angestrebter Kurvenlage (flach oder steil) kann nun mit einem Seitenruderausschlag nach links die Drehgeschwindigkeit erhöht werden – oder durch einen Querruderausschlag nach rechts wird die Querneigung zurückgenommen und flacher weitergekreist. In beiden Fällen ist der Faden wieder in der Mitte.

4.4   Das flugklare Segelflugzeug

4.4.1   Der Gebrauch des Flug- und Betriebshandbuches

Das **Flug- und Betriebshandbuch** eines jeden Segelflugzeugs ist vom **Luftfahrtbundesamt (LBA)** auf Grund der **Musterzulassung genehmigt** und erfährt grundsätzlich Berichtigungen und Nachträge. Sein **Inhalt** muss vom Segelflugzeugführer sorgfältig **gelesen und beherzigt** werden. Es ist – mit Ausnahme des reinen Platzrundenbetriebs am Flugplatz – **immer an Bord mitzuführen.**

Das **Flughandbuch** enthält alle Angaben über die Betriebswerte des Segelflugzeugs und deren Eingrenzungen, also Minimum- und Maximumwerte.

a) **Geschwindigkeitsgrenzen:** Höchstzulässige Geschwindigkeit beim Normalflug, bei böigem Wetter, im Flugzeug- und Kraftwagenschlepp und im Windenstart. Überziehgeschwindigkeiten bei verschiedenen Fluggewichten, Geschwindigkeit für das geringste Sinken im Geradeausflug, Anschwebegeschwindigkeit zur Landung.

b) **Gewichte und Belastungsgrenzen:** Leergewicht, höchstzulässiges Fluggewicht, höchstzulässiges Gewicht der tragenden Teile. Beladungsgrenzen (Minimum und Maximum), ein- und doppelsitzig. Lastvielfache: Höchstzulässige Belastung der Sollbruchstelle bei Windenstart (Kfz-Schlepp) und Flugzeugschlepp.

c) **Schwerpunktlagen:** Angabe der Bezugslinie BL und des Bezugspunktes BP, Angabe der höchstzulässigen Vorlage und Rücklage.

d) **Mindestausrüstung:** Angaben über die Mindestausrüstung im Cockpit.

e) **Hinweise für den Flugbetrieb:** Befestigung der Aufziehleine für den Rettungsfallschirm, Verstellen der Seitenruderpedale während des Fluges, Haubennotabwurf, Verhalten beim Windenstart (Kfz-Schlepp) und Flugzeugschlepp, Korrektur des Systemfehlers beim Fahrtmesser, Verhalten bei Gefahrenzuständen, beim Schnellflug, Trudeln, Slip, Wolkenflug usw.

Das Betriebshandbuch enthält alle Angaben über Einstellwerte und Pflegevorschriften, die aus Gründen der Flugsicherheit eingehalten werden müssen.

a) **Auf- und Abrüstanleitungen:** Angaben über die Handgriffe und die Reihenfolge, in der sie erfolgen müssen, Maßnahmen, die zu treffen sind, wie z. B. reinigen, verankern, schützen usw.

b) **Straßentransport:** Richtiges Verstauen der Teile im Transportwagen, Arretierung von Gestängen, Bremsen, Rudern.

c) **Kontrolle:** Anleitung für die Kontrolle nach dem Aufrüsten und für die tägliche Kontrolle vor dem ersten Flug.

d) **Wartung und Pflege:** Schutz vor Feuchtigkeit und langer Sonneneinstrahlung, Abkleben von Spalten, Reinigung der Cockpithaube, Schmierung der Lager; Zeitschmierplan, Säuberung, Pflege des Fahrwerks, der Kupplungen, der Druckentnahmeöffnungen usw.

e) **Instandhaltung und Instandsetzung:** Kupplungen und Steuerseile.

f) **Einstelldaten:** Einstellwinkel, Anschläge für Steuerungen und Bremsenbetätigung, Toleranzen.

g) **Gewichte und Schwerpunktlagen:** Einstelldaten und Trimmplan für die Lastverteilung.

4.4.2   Flugleistung, Schwerpunkt, Beladung, Trimmung

Die **Flugleistung** wird ausgedrückt durch das **geringste Sinken** und das **beste (weiteste) Gleiten.** Beide Werte und die zu ihnen gehörenden Geschwindigkeiten sind der **Flugleistungspolare** (siehe Abschnitt 4.1.1 „Auftrieb und Widerstand", Bild 4.23) zu entnehmen.

Schul- und Übungssegelflugzeuge haben Gleitzahlen um 1:30, Hochleistungssegelflugzeuge bis 1:60. Das heißt, sie können bei Windstille und ohne sonstige störende oder unterstützende Einflüsse bei 1 000 m Höhenverlust 60 km weit gleiten. **Wasserballast erhöht** die Flächenbelastung und damit die Geschwindigkeit des besten Gleitens (siehe Abschnitt 4.1.3 „Profil und Tragflügel").

Liegt der **Schwerpunkt** hinter dem **Druckpunkt,** lässt eine Vergrößerung des Anstellwinkels diesen noch weiter nach vorn wandern (siehe Abschnitt 4.1.3.3 „Der Grundriss des Tragflügels", Bild 4.62). So besteht **bei zu großer rückwärtiger Schwerpunktlage** die **Gefahr** des Überziehens und des Aufbäumens. Das ist besonders kritisch im Langsamflug und bei der Landung. Die **umgekehrte Wirkung** tritt ein, wenn der **Schwerpunkt zu weit vorn** liegt. Das Segelflugzeug neigt dazu, selbständig die Längsneigung zu vergrößern und Fahrt aufzuholen. Das Abfangen bei der Landung kann erschwert werden.

In der **Normalfluglage sollen Schwerpunkt S und Druckpunkt D zusammenfallen** (siehe Abschnitt 4.1.4.7 „Statische und dynamische Stabilität, Grundbegriffe des Gleichgewichts", Bild 4.77). Ist das nicht der Fall, kann der Steuerdruck nur mit Hilfe der **Höhenrudertrimmung neutralisiert** werden, was **zwei Nachteile** mit sich bringt:

• Jeder Höhenruderausschlag erhöht den Widerstand, Momente und Anstellwinkel ändern sich.
• Der Steuerbereich des Höhenruders wird eingeschränkt.

Die **Folgen** für das Segelflugzeug sind: **schlechtere Längsstabilität, geringere Reisegeschwindigkeit** und **schlechteres Gleitverhältnis.**

Das statische Gleichgewicht: Bei Einbau einer **zusätzlichen Last außerhalb des Schwerpunktes** des Segelflugzeugs – z. B. ein Bordrechner im Instrumentenbrett – muss das Flugzeug neu verwogen werden, um zu prüfen, ob der Schwerpunkt noch im optimalen Bereich liegt; wenn nicht, muss zum Ausgleich ein entsprechendes **Gegengewicht auf der entgegengesetzten Seite des Schwerpunktes** angebracht werden, damit dieser an die vorgeschriebene Stelle rückt und so das statische Gleichgewicht wieder hergestellt ist. Um **Gewicht zu sparen** bemüht man sich, Ausgleichgewichte möglichst weit vom **Schwerpunkt entfernt** anzubringen.

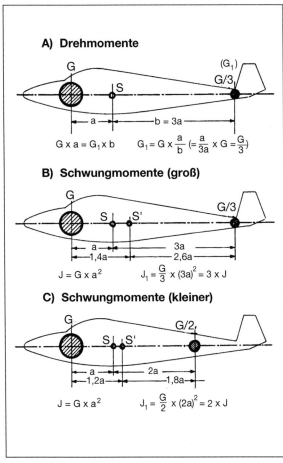

A) Drehmomente

$$G \times a = G_1 \times b \qquad G_1 = G \times \frac{a}{b} \; (= \frac{a}{3a} \times G = \frac{G}{3})$$

B) Schwungmomente (groß)

$$J = G \times a^2 \qquad J_1 = \frac{G}{3} \times (3a)^2 = 3 \times J$$

C) Schwungmomente (kleiner)

$$J = G \times a^2 \qquad J_1 = \frac{G}{2} \times (2a)^2 = 2 \times J$$

Bild 4.143   Einfluss des Schwungmoments

Das **dynamische Gleichgewicht:** Da ein Segelflugzeug sich im Flug ständig auf- und abwärts bewegt, bewegen sich gleichermaßen auch alle seine **Massenpunkte.** Abwechselnd werden sie beschleunigt (sie erhalten Schwung) und wieder verzögert (der Schwung wird abgebaut). Diese **Schwungkräfte** wirken **zusätzlich zum Gewicht** und üben **Drehmomente** aus, die im Gleichgewicht sein müssen. Sie heißen **Schwungmomente,** werden aber auch Massen- oder Trägheitsmomente genannt (Bild 4.143). Sie wirken sich auf die **Stabilität des Segelflugzeugs umso negativer** aus, je weiter die entsprechenden Massen vom **Drehpunkt entfernt** sind. Dieser **Effekt** spricht – im Gegensatz zum vorher beschriebenen Wunsch, Gewicht zu sparen – **gegen eine zu große Entfernung** des Ausgleichsgewichtes vom Schwerpunkt. Man wird sich demnach um einen **Kompromiss** bemühen müssen, wie in Bild 4.143, C) dargestellt.

Die **Beladungsgrenzen** sind im **Beladungsplan** vorgeschrieben. Dieser ist für jedes Segelflugzeug-Baumuster erstellt und enthält **verbindliche Angaben** über die **zulässigen Gewichte** der Zuladung sowie über Art und Ort ihrer Unterbringung im Segelflugzeug. Folgende Gewichtsbegriffe – auch **Massen** genannt – werden im Segelflug unterschieden:

a) **Leergewicht:** Gewicht des Segelflugzeugs einschließlich Ausrüstung (Mindestausrüstung plus Gewicht der ständig eingebauten, in der Zulassung eingetragenen Instrumente);

b) **Rüstgewicht:** Leergewicht plus zusätzliche Ausrüstung (z. B. Sauerstoffanlage, Zusatzakkus usw.);

c) **Fluggewicht:** Rüstgewicht plus Zuladung (Gewicht der Besatzung, Fallschirme, Ballast usw.).

Die **höchstzulässige Zuladung:** In der **Zulassung** sind eingetragen: Leergewicht, Zuladung, Fluggewicht, Gewicht der nichttragenden Teile. Die **festgelegten Grenzen** für diese Gewichte dürfen **keinesfalls überschritten** werden, da sie Grundlage für die Festigkeitsberechnungen waren. Bei Nichtbeachtung können während des Fluges Kräfte auftreten, die das Segelflugzeug zerstören.

Die **Mindestzuladung** ist für jedes Segelflugzeugmuster im **Betriebshandbuch** festgelegt. Keinesfalls darf sie unterschritten werden, da dies eine gefährliche **Verlagerung des Schwerpunktes** nach hinten zur Folge hätte. **Fehlende Gewichte** – so bei sehr leichten Segelfliegern – sind auf jeden Fall durch **Ballast auszugleichen,** zum Beispiel durch Trimmgewichte oder durch Ballastkissen. Ballastvorrichtungen sind gegen **Verrutschen** zu sichern, ihr **Gewicht muss deutlich lesbar** aufgetragen sein. Während des **Platz-Segelflugbetriebs** mit wechselnden Besatzungen ist eine ständige Wiederholung der **Belade- und Trimmkontrollen** erforderlich.

Zuladung	einsitzig		zweisitzig	
	min	max	min	max
1. Sitz (Insasse + Fallschirm)	70 kg	110 kg	70 kg	110 kg
2. Sitz (Insasse + Fallschirm)	–	–	beliebig	110 kg

Der **Beladeplan:** Die Daten des Beladeplanes sind im Flug- und Betriebshandbuch detailliert aufgeführt, im Cockpit sind sie auf dem Datenschild in gekürzter Form aufgetragen.

Das höchstzulässige Fluggewicht darf nicht überschritten werden. Wenn das Mindestgewicht im vorderen Sitz nicht erreicht wird, ist es durch Trimmgewicht(e) und/oder Ballastkissen auszugleichen.

Trimmung und Trimmplan:
Wie schon vorher festgestellt, wird die **Lage des Schwerpunktes** durch die **Gewichtstrimmung** eingestellt. Um sie genau definieren zu können, ist ein **Bezugspunkt BP** und eine **Bezugsrichtung** (Bezugslinie) **BL** festgelegt (Bild 4.144).

Der **Bezugspunkt BP** liegt meist an der Vorderkante eines Tragflügels und ist im **Flug- und Betriebshandbuch** des Segelflugzeugmusters **definiert.** Es wird angegeben, an welcher Tragflügelrippe der Punkt liegt. In unserer Beispielskizze in Bild 4.144 ist BP **der vorderste Nasenpunkt der dritten Rippe,** von der Segelflugzeugmitte her gezählt.

Die **Bezugsrichtung BL** ist eine **gedachte Linie,** die **parallel und horizontal zur Symmetrieebene** des Segelflugzeugs verläuft, das bei der Ermittlung der Schwerpunktlage mit der Wasserwaage horizontal ausgerichtet sein muss.

Im **Musterblatt** ist angegeben, **welche Linie** am Segelflugzeug die **Horizontale** für das Bestimmen des Schwerpunktabstandes vom BP ist.

Die **Leergewichts-Schwerpunktlage** wird entlang der BL in mm gemessen. Im Betriebshandbuch ist in Tabellenform die genaue Lage des Soll-Schwerpunktes niedergelegt. Hier das Beispiel für das Segelflugzeug G 103 Twin III Acro:

Gewichte und Schwerpunktlagen												
Für folgende Gewichte gelten die Schwerpunktlagen												
Leergewicht kg	370	375	380	385	390	395	400	405	410	415	420	425
Vorderste Lage in mm	757	750	744	735	726	717	708	700	692	684	676	669
Hinterste Lage in mm	776	772	768	764	761	757	754	750	747	744	741	738
Bezugspunkt	Flügelvorderkante bei Wurzelrippe											

Da die **Schwerpunktlage** großen Einfluss auf die sichere Durchführung von Flügen hat, sind die vorgegebenen **Grenzen unbedingt einzuhalten.**

Das **Ermitteln der Schwerpunktlage** kann nach zwei Verfahren erfolgen:

a) Durch **Ausbalancieren:** Keine Berechnungen nötig, aber sehr ungenau;

b) Durch **Wägen:** Das Segelflugzeug wird auf zwei Punkten aufgelegt. Entweder werden die Auflagekräfte beider Punkte mit **zwei Waagen gewogen** oder man wiegt zunächst das **Leergewicht** des Segelflugzeugs und **dann das Gewicht an einem der beiden Auflagepunkte.** Die **Schwerpunktlage** wird dann rechnerisch ermittelt, wie in den Bildern 4.145 und 4.146 dargestellt.

Beide Methoden sind genau und zuverlässig.

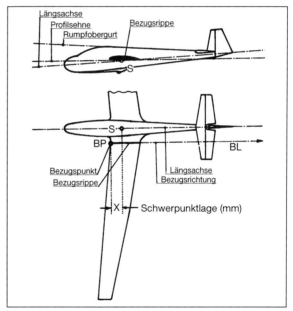

Bild 4.144   Definition der Schwerpunktlage

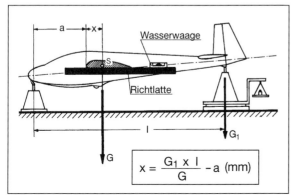

Bild 4.145   Schwerpunktlage – Ermittlung mit einer Waage

$$x = \frac{G_1 \times l}{G} - a \ (mm)$$

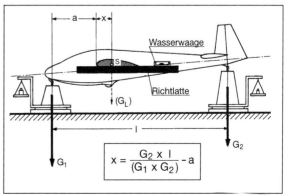

Bild 4.146   Schwerpunktlage – Ermittlung mit zwei Waagen

$$x = \frac{G_2 \times l}{(G_1 \times G_2)} - a$$

4.4.3 Die Mindestausrüstung

Was im Einzelnen zur Mindestausrüstung gehört, ist im Flug- und Betriebshandbuch aufgeführt. Für den G 103 Twin III Acro sind das: zwei Geschwindigkeitsmesser bis 300 km/h mit Farbmarkierung nach FHB Kap. 2.3; zwei Höhenmesser; ein G-Meter mit Schleppzeiger im vorderen Sitz; zwei fünfteilige Anschnallgurte (symmetrisch); zwei Satz Fußschlaufen; Rückenkissen, belastet mindestens 7 cm dick oder einen manuellen oder automatischen Fallschirm für jeden Insassen.

Für den Wolkenflug wird noch zusätzliche Mindestausrüstung gefordert: zwei Variometer; ein Wendezeiger mit Scheinlot; ein Magnetkompass (im Segelflugzeug kompensiert); ein UKW-Sende-Empfangsgerät (betriebsbereit).

Instrumente und sonstige Teile der Mindestausrüstung müssen einer anerkannten Bauart entsprechen.

Für alle zusätzlichen Einbauten (Bordinstrumente, Funkgeräte, Höhenatmungsgeräte usw.) bestehen besondere Einbauvorschriften und -anleitungen, die befolgt werden müssen. Beim Einbau von Teilen, für die keine speziellen Einbauvorschriften vorhanden sind, ist darauf zu achten, dass keine Beschädigungen auftreten und Steuereinrichtungen nicht behindert werden (Betriebshandbuch).

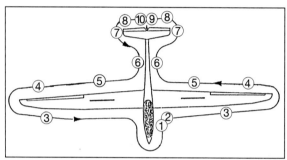

Bild 4.147   Kontrollgang um das Segelflugzeug

4.4.4 Vorflugkontrolle

Vor Inbetriebnahme eines Segelflugzeugs muss ein **gründlicher, systematischer Kontrollgang** durchgeführt werden.

Hersteller und das Büro Flugsicherheit im DAeC haben dazu Empfehlungen und Poster erstellt. Für jedes Segelflugzeugmuster gibt es **Klar- oder Checklisten,** nach denen die Kontrolle durchgeführt wird.

Der Kontrollgang beginnt am Führersitz und führt **gegen den Uhrzeigersinn** um das Segelflugzeug herum (siehe Bild 4.147). Dabei sind besonders zu beachten:

1. Vom Führersitz:

Tragflügel:	Sitz, Anschluss, Sicherungen;
Steuerorgane:	Anschluss, Lagerung, Sicherungen, Funktionsprobe, Freigängigkeit;
Bremsen, Kupplungen, Freigängigkeit:	Sauberkeit, Funktionsprobe, Trimmung;
Seilzüge, Stoßstangen:	Scheuerstellen, Splisse, Klemmverbindungen, Knickstellen, Anrisse, richtige Spannung;
Instrumente:	Anschlüsse, Befestigungen;
Anschnallgurte:	Beschädigungen, Stockflecke, Korrosion;
Zusatzausrüstung:	einwandfreie Befestigung, keine Beeinträchtigung von Steuerorganen usw.;
Fallschirm:	Befestigung der Reißleine;
Pedale mit Verstellmechanismus:	Sauberkeit, Gängigkeit;
Cockpit, Rumpf:	Fremdkörperkontrolle, Sauberkeit.

2. Am Rumpfvorderteil:

Oberfläche:	Lackrisse, Beschädigungen;
Laufrad:	Sauberkeit, Schmierung;
Radbremse:	Funktionsfähigkeit;
Bereifung:	Schäden, Abrieb, Luftdruck;
Kufe:	Sitz, Beschädigung;
Kupplungen von außen:	Sauberkeit, automatische Auslösung;
Haube, Verglasung:	Sauberkeit, Beschädigungen;
Verschluss:	Gängigkeit;
Düsen:	freie Anblasbarkeit, Sauberkeit;
Abnahme für den statischen Druck:	Sauberkeit.

3. Linker Tragflügel, vorn:

Nasenbeplankung:	Faltenbildung, Lackrisse, sonstige Beschädigungen;
Holme, Ober- und Unterseite:	Beulenbildung, Klopfen im Bereich der Verleimung;
Landehilfen:	Gängigkeit, Beschädigungen;
Streben:	richtiger und gesicherter Anschluss;
Hand- und Schaulöcher:	öffnen, Anschlüsse, Sitze, Sicherungen, einwandfreien Verschluss prüfen;
Tragflügel:	Fremdkörperkontrolle, Beschädigungen, Schüttelprobe.

4. Linkes Querruder:
Oberfläche: Schäden;
Rippen: versteckte Anbrüche;
Antriebshebel: Sitz, Anschluss, Sicherungen;
Mindest-Ruderausschläge: siehe Betriebsanweisung.

5. Linker Tragflügel, hinten:
Oberfläche: Bespannung/Beplankung, Risse, Alterung, Brüchigkeit;
Rippen: Unterseite auf Anbrüche überprüfen;
Randbogen: Beschädigungen;
Endleiste: Knicke, Anbrüche;
Entwässerungslöcher: frei, Umgebung nicht verrottet;
Umlenkhebel, Umlenkrollen: Handlochdeckel öffnen, Lagersitz, Gängigkeit, Sicherungen, Fremdkörperkontrolle, Handlochdeckel und Verschluss prüfen.

6. Linke Rumpfseite: Bespannung, Beplankung, Schale auf Falten, Risse, Löcher, Verziehungen und Verdrehungen prüfen.

7. Linke Höhenflosse:
Oberfläche: auf Risse, Falten, Löcher, Steifigkeit überprüfen;
Anschlüsse: fester Sitz, Sicherungen.

8. Linkes Höhenruder:
Oberfläche: auf Risse, Falten, Löcher, Steifigkeit überprüfen;
Anschlüsse: ordnungsgemäßer Lagersitz, Bolzenspiel, Sicherungen;
Spaltverkleidung: Sauberkeit, Risse, Verrottung;
Mindest-Ruderausschläge: siehe Betriebsanweisung.

9. Seitenruder:
Oberfläche: Risse, Falten, Löcher, Knickungen;
Form: ohne Verzug;
Anschlüsse: ordnungsgemäßer Lagersitz, Bolzenspiel, Sicherungen;
Mindest-Ruderausschläge: siehe Betriebsanweisung.

10. Sporn/Spornrad:
Form: Abnutzung, Verformung;
Befestigung: ordnungsgemäß, Spornplatte nicht abgenutzt;
Federung: auf Beschädigungen und Spannung prüfen.
Spornrad: Sauberkeit, Gängigkeit, Abrieb, Luftdruck.

Weiter auf der rechten Seite (Bild 4.147) von Ziffer 8. bis 3.: Kontrollgang sinngemäß zu Ende führen.

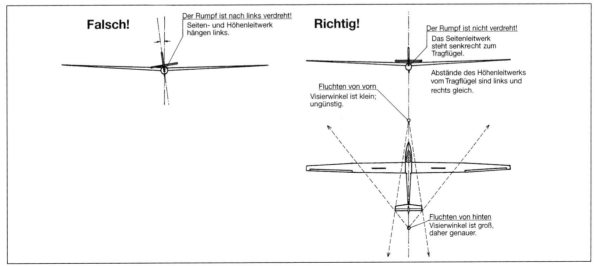

Falsch!

Der Rumpf ist nach links verdreht!
Seiten- und Höhenleitwerk hängen links.

Richtig!

Der Rumpf ist nicht verdreht!
Das Seitenleitwerk steht senkrecht zum Tragflügel.

Abstände des Höhenleitwerks vom Tragflügel sind links und rechts gleich.

Fluchten von vorn
Visierwinkel ist klein; ungünstig.

Fluchten von hinten
Visierwinkel ist groß, daher genauer.

Bild 4.148   Prüfung auf Rumpfverformung

Ergänzung zum Kontrollgang: Außer diesen Kontrollen ist am Ende des Rundganges zu prüfen, ob nicht das ganze **Segelflugzeug verbogen, verzogen oder verdreht** ist (Bild 4.148).

Sinn der Vorflugkontrolle ist es, Fehler schon am Boden vor Inbetriebnahme des Segelflugzeugs zu entdecken und so **Unfälle möglichst zu vermeiden.** Für Segelflugzeuge, die in der **Ausbildung** eingesetzt werden, sollte ein **Fluglehrer die**

Vorflugkontrolle durchführen, zumindest aber verantwortlich überwachen. Der für die Kontrolle **Verantwortliche** bestätigt die Flugklarheit des Segelflugzeugs durch seine **Unterschrift.**

Zusätzlich zur Vorflugkontrolle muss jeder Segelflugzeugführer den **Startcheck** durchführen, bevor das Startseil eingeklinkt wird. Erfahrungen haben gezeigt, dass eine streng einzuhaltende, **systematische Reihenfolge** dazu beiträgt, dass **keine Einzelheiten dieses Checks vergessen** werden. In Übereinstimmung mit der Ausbildungsmethodik empfiehlt das DAeC-Büro für Flugsicherheit, beim **Startcheck** in dieser Reihenfolge vorzugehen:

Kontrolle vor dem Start
1. Spornkuller entfernt – Ballast geprüft?
2. Fallschirm richtig und fest angelegt – Aufziehleine?
3. Richtig und fest angeschnallt – alle Bedienelemente erreichbar?
4. Bremsklappen eingefahren und verriegelt – Wölbklappen?
5. Höhenmesser eingestellt?
6. Funkgerät eingeschaltet – Frequenz und Lautstärke geprüft?
7. Trimmung eingestellt?
8. Ruderkontrolle – alle Ruder freigängig?
9. Startstrecke und Ausklinkraum frei?
10. Prüfung der Windverhältnisse!
11. Auf Startunterbrechung vorbereitet?
12. Haube geschlossen und verriegelt – Notabwurfvorrichtung bekannt?

5 Verhalten in besonderen Fällen

5.1 Einführung und Grundsätzliches

Die Bundesstelle für Flugunfalluntersuchung in Braunschweig (BFU) veröffentlicht jährlich die Unfallzahlen der gesamten bundesdeutschen Luftfahrt. Im Schnitt ereignen sich bei ungefähr einer Million Segelflüge mit etwa 600 000 Flugstunden zwischen 130 und 180 Unfälle im Jahr. Die Zahl der Unfälle mag in Anbetracht der vielen Segelflugstarts gering erscheinen, und dennoch ist jeder Unfall einer zu viel.

Segelfliegen ist heute dank der sorgfältigen Arbeit in den Ausbildungsbetrieben der Vereine und Schulen und dank des Einsatzes aller Beteiligten in der Sportführung, in der Sportausübung wie auch bei den zuständigen Behörden ein grundsätzlich ungefährlicher Sport, wenn alles in seinen geregelten Bahnen läuft. Probleme tauchen auf, wenn **„besondere Fälle"** eintreten, denen die Flugschüler und Flugschülerinnen, aber auch die ausgebildeten Segelflieger und Segelfliegerinnen plötzlich unerwartet gegenüberstehen. Solche besonderen Fälle sind nicht auszuschließen. Da potentielle Gefahren bekannt sind und mancher Zwischenfall so oder so ähnlich schon vorgekommen ist, kann man geeignete Maßnahmen vorstellen, um vorsorgend mehr Sicherheit zu schaffen und Risiken abzuwenden. Das war die Absicht des Gesetzgebers, als er das Fach „Verhalten in besonderen Fällen" als Lehr- und Prüfungsgebiet für die PPL (= Privat-Piloten-Lizenz) einführte, und das ist auch das Vorhaben des folgenden Kapitels.

Grundsätzliches
Es ist nahezu nie Vorsatz, mit dem gefährliche Situationen im Segelflug heraufbeschworen werden, auch technisches Versagen ist nur selten die Ursache. Meist ist es der Mangel an Erfahrung, an Wissen und an Können. Hinzu kommt, dass Erfahrungsmangel schnell zur Panik führen kann, wenn es kritisch wird. Ist sich der Segelflieger immer der Gefahren bewusst, die ihm bei seinem Sport begegnen können und ist er sich immer im Klaren darüber, dass es für jede Notsituation auch einen Ausweg gibt, dann ist die größte Gefahr schon gebannt.

Die Besonderheiten in der speziellen Bedienung von einzelnen Segelflugzeugmustern können nicht Thema des nachstehenden Kapitels sein. Dafür sind die vom Hersteller herausgegebenen Flughandbücher zweckmäßig, deren ausführliches Studium jedem Segelflieger dringend empfohlen wird, bevor er ein neues Muster fliegt.

Einige **wichtige Grundregeln** gelten jederzeit:

1. **Sorgfältige Flugvorbereitung** hilft Überraschungen vermeiden!
2. **Wache Aufmerksamkeit** lässt Zwischenfälle, Störungen und Schwierigkeiten im Ansatz erkennen!
3. **Ruhe bewahren** vermeidet Kurzschlusshandlungen!
4. **Abschätzen der Bedeutung** des Vorfalles ist Voraussetzung für Gegenmaßnahmen!
5. **Überlegung und Entscheidung** über die zu treffenden Maßnahmen vermeiden falsches Handeln!
6. **Durchführung der vorgesehenen Maßnahmen ohne Hektik** unter Einhaltung der bekannten Verhaltensregeln, ohne einmal getroffene Entscheidungen laufend wieder zu ändern.

Umsichtiges Handeln ist eine wichtige Voraussetzung, um kritische Situationen zu meistern. Wenn eine kritische Situation zum Unfall eskaliert, so ist das meist kein plötzlicher Umschwung des Ereignisses, sondern Folge einer **Verkettung von mehreren Fehlreaktionen**. Das heißt jedoch auch, dass die Entwicklung zum Unfall nicht unausweichlich ist, sondern über mehrere Stationen verläuft – und es mehrere Chancen zum Eingreifen gibt, um aus der Gefahr in den Normalzustand zurück zu finden.

Sehr zum empfehlen ist die Lektüre der (kostenlosen) Flugsicherheitsinfos der BFU und des Büros für Flugsicherheit beim DAeC, der Berichte über Flugunfalluntersuchungen und der Unfallberichte in der Fachpresse. Auch so kann man aus bereits gemachten Fehlern lernen, sie selbst zu vermeiden.

5.2 Störungen am Flugplatz

Landeplätze und Segelfluggelände bedürfen einer von der Luftfahrtbehörde erteilten Genehmigung zum Betrieb von Flugplätzen. Flugbetrieb darf nur unter Beachtung dieser Genehmigung und der darin enthaltenen Auflagen sowie nach einer vom Platzhalter erstellten Betriebsordnung – bei Segelfluggeländen die Segelfluggelände-Ordnung – durchgeführt werden. Über diese Vorschriften hinaus muss es ganz einfach heißen:

Augen auf und Disziplin wahren!

Allgemeine Gefahren

Segelflugzeuge sind im Flug recht leise und werden im Anflug von Menschen kaum wahrgenommen.

Maßnahme: Auf dem **Gelände** und besonders auf der **Landebahn** immer die **Anflugrichtung** beobachten!

Nicht betriebsklare Segelflugzeuge bedeuten für ihren Führer Lebensgefahr.

Maßnahme: Gewissenhafte Vorflugkontrollen mittels Checklisten!

Über diese allgemeinen Gefahren hinaus gibt es noch eine Reihe spezieller Gefahren bei Start, Landung und Rollen (Transport) des Segelflugzeugs, die mit der Oberfläche des Flugplatzes und dessen Zustand zusammenhängen. Die aufgeführten Gefahrenquellen existieren zum Teil auch auf Außenlandegeländen.

5.2.1   Nasse Oberfläche

Bei nasser Oberfläche – besonders bei nassem Gras – ist die Richtungsführung mit Rad, Sporn und Kufe stark eingeschränkt. Bei bremsbaren Fahrwerken ist die Bremswirkung reduziert, die Landerollstrecke wird größer. Wenn das Rad blockiert, gibt es leicht einen Ringelpietz.

Maßnahmen: Mit **Mindestgeschwindigkeit** aufsetzen, Tragflügel horizontal, Luftbremsen voll ausgefahren. Radbremse vorsichtig betätigen, **verlängerte Landerollstrecke** berücksichtigen. Beim Start Sporn (Spornrad) möglichst am Boden halten, Richtungsabweichungen sofort korrigieren, Tragflügel horizontal halten!

5.2.2   Weiche Oberfläche

Eine weiche Oberfläche kann die Startrollstrecke beim Flugzeugschlepp erheblich verlängern. Wasser und/oder Matsch können aufspritzen und Sichtbehinderungen verursachen. Bei der Landung kann das Fahrwerk tief einsinken.

Maßnahme: Vor dem Flugbetrieb genau prüfen, ob überhaupt geflogen werden sollte!

5.2.3   Eis, Schnee und Matsch

Eis, Schnee und Matsch behindern den Flugbetrieb im Winter und bei Höhenflügen im Gebirge. Schneematsch kann während des Fluges in der Kinematik des Fahrwerks, der Ruder und der Bremsen festfrieren und diese blockieren.

Maßnahme: Alle **Gelenke** während des Fluges hin und wieder **in Bewegung** setzen!

Eine glatte Schneedecke führt zur Fehlorientierung, es wird zu hoch oder zu niedrig abgefangen.

Maßnahme: Vor der ersten Landung im Landefeld tiefe, **sichtbare Spuren im Schnee** erzeugen!

5.2.4   Rauer, unebener Boden

Rauer, unebener Boden sollte auf einem Flugplatz nicht vorhanden sein. Ist dies trotzdem der Fall, gilt die **Maßnahme: Flächen als nicht benutzbar kennzeichnen!** Weiter siehe Abschnitt 5.7 „Not- und Außenlandungen".

5.2.5   Hoher Bewuchs

Hoher Bewuchs wie Bäume oder Büsche sollte auf Segelfluggeländen nicht vorhanden sein. Allerdings kommt es vor, dass außerhalb des Platzrandes – auch im Anflugsektor – hoher Bewuchs steht.

Maßnahmen: Für sicheren Anflug über die Hindernisse hinweg sorgen, Landezeichen weit genug in den Flugplatz hineinlegen!

Hohes Gras im Bereich der Start- und Landebahn kann Flügelspitzen zurückhalten und hat schon mehrfach schwere Unfälle verursacht.

Maßnahme: Bewuchs an Startstellen und Landebahnen kurz halten!

5.2.6   Hohe Hindernisse

Hohe Hindernisse in Flugplatznähe, z. B. Windkrafträder oder Industrieschornsteine, erfordern erhöhte Aufmerksamkeit, vor allem bei schlechter Sicht.

Maßnahme: Sicheren vertikalen und seitlichen Abstand halten!

5.2.7 Landefeld überschwemmt

Sollte ein Segelfluggelände ganz oder teilweise überschwemmt sein, gilt als einzige **Maßnahme:** Dort keinen Flugbetrieb durchführen bzw. dort **nicht landen!** Siehe Abschnitt 5.7 „Not- und Außenlandungen".

5.2.8 Versteckte Gefahren

Versteckte Gefahren wie Steine, Löcher, Startwindenseile, Telefonkabel, vergessene Transportkuller und vieles andere mehr können als Hindernisse an Start- und Landebahnen schlimme Folgen heraufbeschwören.

Maßnahme: Die Betriebsflächen ständig auf Hindernisse überprüfen!

5.2.9 Piste oder Gelände zu kurz oder zu schmal

Ultraleichtflugplätze können für schwere Segelflugzeuge leicht zu kurz, Landestrips für Motorflugzeuge – wie es sie besonders an Farmen in Übersee gibt – zu schmal sein.

Maßnahmen: Vor der Entscheidung zur Landung genau überprüfen, ob die Ausmaße des Geländes für ein Segelflugzeug geeignet sind! Bei einem Rückschlepp vom Außenlandefeld im Ausland im **Zweifelsfall den Start unterlassen!**

5.2.10 Neigung zu groß

Ein zugelassenes Fluggelände dürfte kaum eine Neigung haben, die für ein Segelflugzeug zu groß ist, es sei denn, es soll ein Flugzeugschlepp auf einer kurzen Motorstartpiste mit einem schweren Segelflugzeug und einem schwachen Schleppflugzeug durchgeführt werden.

Maßnahme: Verhältnisse genau überprüfen. Im Zweifelsfall Start unterlassen!

5.3 Störungen beim Flugbetrieb

5.3.1 Störungen beim Start

Die **Startunterbrechung** dürfte die häufigste Störung beim Segelflugbetrieb sein. Da Segelflugzeuge grundsätzlich einer Fremdhilfe bedürfen, um in die Luft zu kommen, wird die Startunterbrechung meist von dieser verursacht. In Deutschland ist die **Startwinde** das am häufigsten eingesetzte Startgerät, daneben gibt es Motorflugzeuge, Motorsegler und ULs für den **Luftfahrzeugschlepp.** Kraftfahrzeug und Gummiseil haben als Startarten keine Bedeutung mehr. Der **Eigenstart von motorisierten Segelflugzeugen** wird immer öfter praktiziert, fällt aber in den Bereich der **Motorsegler.**

Der **Seilriss im Windenstart** lässt sich trotz sorgfältigster Pflege und ständiger Überprüfung der Seile nie ganz vermeiden. Das Verhalten bei Seilriss gehört deshalb zu den ständig geübten Verfahren, und Seilrissübungen im Doppelsitzer mit Segelfluglehrer sind schon vor dem ersten Alleinflug in den Ausbildungsrichtlinien zwingend vorgeschrieben. Wie im Einzelfall auf Seilrisse in den verschiedenen Höhen reagiert werden muss, hängt weitgehend von den Platzverhältnissen ab und wird in der Ausbildung entsprechend gelehrt.

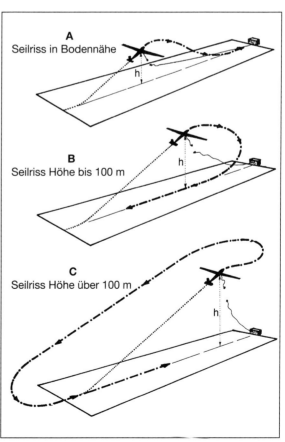

Bild 5.1   Verhalten nach Seilrissen im Windenstart

Folgende **Maßnahmen** werden empfohlen, um **Seilrisse** möglichst **zu vermeiden:**

- Windenseile ständig **überprüfen,** Schadstellen dauerhaft **reparieren!**
- Richtige **Sollbruchstelle** und gut funktionierenden **Seilfallschirm** verwenden!
- Das Seil erst beschleunigen, nachdem es **langsam straff** gezogen wurde!
- **Kavalierstart vermeiden,** allmählichen Übergang in einen vernünftigen Steigflug bevorzugen!

Folgende **grundsätzliche Maßnahmen helfen, Seilrisse nicht gefährlich werden zu lassen:**

- Stets zuerst für **Sicherheitsgeschwindigkeit** sorgen, also Nase unter den Horizont!
- Eventuell anhängende **Seilreste abwerfen,** dreimal ausklinken!
- Luftraum überprüfen, weiteres **Vorgehen entscheiden!**
- Nach Seilrissen keinesfalls dahin wegkurven, wo sich andere Luftfahrzeuge befinden können (andere Windenstartbahnen)!

Verhalten in **unterschiedlichen Höhen:**

- **Am Boden:** Flügel waagerecht halten, ausrollen, eventuell vorsichtig Radbremse betätigen!
- **Bis etwa 100 m Höhe:** Mit Betätigung der Luftbremsen geradeaus landen. Eventuell slippen. Je nach Platzverhältnissen kann in die Landepiste geflogen werden. Bei genügender Höhe ist auch eine Kehrtkurve am Platzende möglich, um danach mit Rückenwind zu landen!
- **Über 100 m Höhe:** Verkürzte Platzrunde fliegen, ohne eine Ziellandung erzwingen zu wollen. Bei ausreichender Höhe beabsichtigten Flug durchführen.

Die **gleichen Regeln gelten auch für alle anderen Startunterbrechungen im Windenstart** wie Motorausfall der Winde, Ausklinken wegen zu hoher oder zu geringer Schleppgeschwindigkeit, „Halt-Stopp-Kommando" des Startleiters bzw. Telefonisten, wenn diese gefährliche Situationen erkannt haben usw. In diesem Zusammenhang wird darauf hingewiesen, dass Startkommandos an den Windenfahrer – sei es per Telefon oder durch Funk – nur von einer erfahrenen Person weitergegeben werden dürfen!

Störungen beim Flugzeugschleppstart sind anderer Art als beim Windenstart.

Grundsätzlich gilt, dass bei schweren Störungen im Flugzeugschleppstart der Motorflugzeugführer gefährdeter ist als der Segelflugzeugführer, den damit eine besondere **Sorgfaltspflicht** trifft. Der Schlepp mit rund **40 m Seillänge** ist für den Segelflieger am einfachsten, während wesentlich längere oder kürzere Seile das Verfahren erschweren. **Doppel- und Mehrfachschlepps** – wie sie verschiedentlich durchgeführt werden – sind in diesem Abschnitt nicht speziell behandelt.

Störungen am Boden können zum Beispiel darin bestehen, dass das **Segelflugzeug seitwärts ausbricht,** mit dem Flügel **Bodenberührung** bekommt, der **Motor des Schleppflugzeugs** nicht voll arbeitet, das **Schleppseil reißt** oder sich aus einer der Kupplungen löst, plötzlich ein **Hindernis** (Mensch, Fahrzeug usw.) vor dem Schleppzug auftaucht, ein **anderes Luftfahrzeug** zur Landung anfliegt oder etwa eine **unerwartete Böe** für kräftigen Rücken- und Seitenwind sorgt. Solche Störungen können weitgehend durch umsichtiges Verhalten der Verantwortlichen sowie durch strikte **Einhaltung der Regeln** vermieden werden. Sollten sie dennoch einmal eintreten, sind folgende **Maßnahmen** hilfreich:

- **Ruhe bewahren! Bei Startunterbrechung, Auftauchen von Hindernissen und gefährlichen Windsprüngen sofort ausklinken. Um Berührungen mit Hindernissen zu vermeiden, eventuell Ringelpietz einleiten!**

Störungen in der ersten Schlepp-Phase in Bodennähe:

- Das **Segelflugzeug steigt** steil nach oben: **Maßnahme:** Vorbeugend muss das Segelflugzeug im Start auf **kopflastig getrimmt** werden. Wegsteigen durch **sofortiges Nachdrücken** verhindern. Besondere **Vorsicht** ist beim Schlepp an der **Schwerpunktkupplung** geboten.
- Bei **Startunterbrechung noch über dem Flugplatz** müssen sinngemäß die **gleichen Maßnahmen wie beim Windenstart** angewendet werden. **Vorsicht: Kehrtkurven in niedriger Höhe vermeiden!**
- Bei **Startunterbrechungen außerhalb des Flugplatzes** überprüfen, ob ein **Zurückfliegen** möglich ist, **sonst Außenlandung** durchführen. Eventuell **anhängende Seilreste** über unbewohntem Gebiet oder über dem Flugplatz abwerfen, jedoch auf jeden Fall, bevor sie sich am Boden verhaken können.

Verhalten bei extremen Fluglagen im F-Schlepp: Besonders bei böigem Wetter kann es dem unerfahrenen Segelflieger passieren, dass ihm das Schleppflugzeug außer Sicht gerät. **Maßnahme: Sofort ausklinken!** Aber auch **Vorsicht:** In niedrigen Flughöhen kann bei Überhöhung durch das Ausklinken eine Gefahr für das Schleppflugzeug entstehen, deshalb Übersteigen rechtzeitig vermeiden!

In Europa wird der Flugzeugschlepp so durchgeführt, dass das Segelflugzeug oberhalb der Propellerböen des Schleppflugzeugs fliegt (Bild 5.2). In Übersee – speziell auf der südlichen Halbkugel – wird oft der „Tiefschlepp" angewendet, bei dem sich das Segelflugzeug unterhalb der Propellerböen befindet. Beide Schlepparten sind bei richtiger Durchführung gleichermaßen sicher.

In einigen Ländern werden Segelflugzeuge per Flugschlepp von Außenlandungen zurückgeholt. Man darf zwar grundsätzlich davon ausgehen, dass die eingesetzten Schleppflugführer über die notwendige Erfahrung verfügen. Trotzdem sollte der Segelflugzeugführer den **Mut zum Neinsagen** finden, wenn ihm das Verfahren unbekannt ist und als zu gefährlich erscheint.

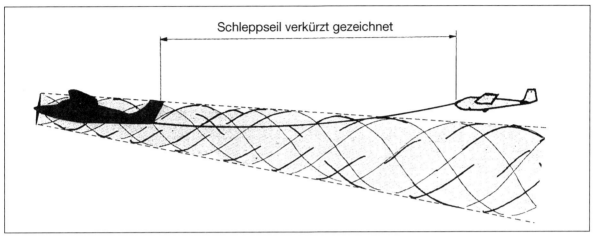

Schleppseil verkürzt gezeichnet

Bild 5.2   Flugzeugschlepp oberhalb der Propellerböen (Europa)

5.3.2 Einfliegen in Schlechtwetterlagen

Im Allgemeinen fliegt der Segelflieger nur bei gutem Wetter. Trotzdem können ihm plötzliche Wetterverschlechterungen – ganz besonders im Hochgebirge – erhebliche Schwierigkeiten bereiten. Deshalb muss vor jedem Streckenflug eine Wetterberatung eingeholt werden. Darüber hinaus ist die Wetterentwicklung während des Fluges genau zu beobachten. Gewitter entwickeln im wahrsten Sinne des Wortes unheimliche Kräfte und sollten von jedem Segelflieger gemieden werden.

Maßnahmen: Örtliche Gewitter weiträumig umfliegen, gegebenenfalls zum Startpunkt zurückkehren. Sonst sofort landen – wenn möglich dort, wo Hilfe vorhanden ist. Wenn das Gewitter in der Nähe ist, das Segelflugzeug gut sichern. Fronten und Frontgewitter können wegen ihrer großen Ausdehnung nicht umflogen werden. Ihre Zuggeschwindigkeit ist recht hoch. Der Segelflieger sollte rechtzeitig landen. Die **Aufwindzonen der Gewitter** sind weit und stark. Sie müssen unter Einsatz aller Mittel – Luftbremsen, Seitengleitflug, eventuell Trudeln – so rechtzeitig verlassen werden, dass das Segelflugzeug nicht in die Wolke mit ihrer gefährlichen Turbulenz, Vereisung, Hagel und Blitzschlag hineingezogen werden kann (siehe auch Abschnitt 5.6.6 „Gewitter und Blitzschlag").

Im Hochgebirge ist das Segelfliegen besonders reizvoll, doch gerade hier kann sich das Wetter unversehens ändern und so den Segelflieger in äußerst kritische Situationen bringen.

Maßnahmen: Wettervorhersagen sind besonders sorgfältig einzuholen und die darin enthaltenen Weisungen und Empfehlungen strikt zu beachten. Vor Einflug in ein anderes Tal sollten per Funk von einer dortigen kompetenten Station Informationen eingeholt werden. Stets nach dem Motto handeln: **„Im Zweifel nie!"**

5.3.3 Einbruch der Dunkelheit

Einbruch der Dunkelheit ist bei Segelflügen in Deutschland kaum zu befürchten, Ausnahmen sind Hang- und Wellenflüge. Anders ist es in tropischen und subtropischen Ländern, wo die Thermik bis nach dem sehr plötzlichen Einbruch der Dunkelheit anhalten kann. Besonders gefährlich ist der Flug bei anbrechender Dämmerung, weil in der Höhe noch ausreichende Sichtverhältnisse herrschen, während es am Boden schon dunkel ist.

Vorbeugende Maßnahmen sind sorgfältige Flugplanung unter Berücksichtigung der lokalen Sonnenuntergangszeit und rechtzeitige Landung. Eine Nachtlandung außerhalb von Flugplätzen mit Nachtbefeuerung ist immer gefährlich. Auf Segelflugplätzen kann für Notfälle eine beleuchtete Landebahn durch Kraftfahrzeuge improvisiert werden.

5.3.4   Verlust der Orientierung

Maßnahmen: In aller Ruhe weiter **Aufwind nutzen,** um oben zu bleiben. Auf der Karte feststellen, in welchem Gebiet die Orientierung noch vorhanden war, von dort aus **Kurs** auf eine **Auffanglinie** festlegen. Dort neu orientieren. Gegebenenfalls **Standortermittlung durch QDM.**

5.3.5   Fliegen über gebirgigem Gelände und im Gebirge

Im Abschnitt 5.3.2 „Einfliegen in Schlechtwetterlagen" ist schon einiges über das Segelfliegen im Gebirge gesagt worden. Bei allem Erlebnisreichtum, den diese Landschaft für einen Segelflieger bereithält, birgt sie doch auch viele Gefahren, die dem Leichtsinnigen oder vielleicht auch nur Unbedachten zum Verhängnis werden können. Über Felsen und Schneefeldern sind die Aufwindverhältnisse anders als im Flachland. Steile Wände – vor allem im Lee – verursachen gewaltige Turbulenzen. Große Abwindgebiete lassen dem Segelflieger wenig Handlungsspielraum und Außenlandegelände sind meist klein und spärlich gesät. Lifte, Seilbahnen und Hochspannungsleitungen können oft nur schwer erkannt werden.

Maßnahmen: Es ist ein **Muss,** dass der Segelflieger sich vor seinem **Einstieg in den Gebirgssegelflug** von einem einheimischen Segelfluglehrer oder einem erfahrenen Segelflieger **gründlich einweisen** lässt. Dafür ist eine Platzrunde im Gebirgstal keinesfalls ausreichend. Eine gute mentale Vorbereitung ist die Lektüre über die Alpenfliegerei, z.B. Jochen von Kalckreuth „Segeln über den Alpen" und „Das stille Abenteuer". Und dann muss man sich die **Berge vorsichtig und herantastend erfliegen.** Schon die Mittelgebirge können dem reinen Flachlandflieger erhebliche Probleme bereiten. Für sie gilt im Grundsatz das Gleiche wie für das Hochgebirgssegelfliegen.

5.3.6   Fliegen in größeren Höhen

Fliegen in größeren Höhen über 4000 m ist in unseren Breiten fast nur in der Welle möglich. **Maßnahmen:** Warme, bequeme **Kleidung** anlegen! Ab 3000 m, keinesfalls aber später als 4000 m, **Sauerstoff** atmen! Auf mögliche **Vereisung des Atemgerätes** achten! Die Haube kann durch Atemluft beschlagen und vereisen, **Notsichtfenster** öffnen!

Keinesfalls über geschlossene **Wolkendecken** fliegen. Nicht versuchen, **Lenticulariswolken** knapp zu überfliegen! Hohe **Windgeschwindigkeiten** beachten! **Höhenfehler des Fahrtmessers** berücksichtigen! Beim Abstieg immer wieder **Fahrt** kontrollieren, **Höhenmessereinstellung** korrigieren! **Sonnenuntergangszeit** merken! Höhenflugzentren geben **Informationsbroschüren** heraus!

5.3.7   Ausfall von Sprechfunkverbindungen

Der Segelflieger muss folgende **Maßnahmen** ergreifen: Er darf nicht in Lufträume einfliegen, für die Funkverbindung zwingend vorgeschrieben ist, bzw. er muss einen solchen Luftraum unverzüglich verlassen, wenn er sich bereits in ihm befindet. Bei der Landung auf einem Flugplatz sind die vorgeschriebenen Landeverfahren zu beachten.

Hatte er während seines Fluges eine Flugverkehrskontrollfreigabe erhalten, so muss er nach seiner Landung der zuständigen Flugverkehrskontrollstelle unverzüglich die Beendigung des Fluges anzeigen. Bei VFR-Flügen in den Lufträumen E und G sowie F sind keine besonderen Verfahren erforderlich.

5.3.8   Verwirbelungen hinter Luftfahrzeugen

Schwere Luftfahrzeuge, besonders wenn sie für den Langsamflug ihre Tragflügel stark gewölbt haben, erzeugen kräftige **Wirbelschleppen,** die minutenlang im Luftraum stehen und kleinen, leichten Luftfahrzeugen äußerst gefährlich werden können.

Maßnahmen: Keinesfalls die Bahn eines schweren Flugzeugs bald nach dessen Durchflug kreuzen. Auf Flugplätzen nicht dort landen, wo kurz vorher ein schweres Flugzeug gestartet oder gelandet ist.

5.3.9   Der Rettungsfallschirm

Rettungsfallschirme unterliegen einer zeitlich begrenzten Zulassung. Sie sind nachprüfpflichtig und müssen regelmäßig gepackt werden. Nach einem Rettungssprung ist der Fallschirm einschließlich Gurtzeug zwecks Prüfung und Neuzulassung an den Hersteller einzuschicken. Fallschirme müssen sorgfältig, luftig und trocken bei Temperaturen von etwa 20 °C und bei rund 65 % Luftfeuchtigkeit gelagert werden.

Das **Gurtzeug des Rettungsfallschirms** soll **fest am Körper** anliegen, ohne jedoch zu drücken oder Blutbahnen einzuklemmen. Wegen einer möglichen Gefahr des Hängenbleibens beim Notausstieg dürfen **keine Schlaufen** vorhanden sein. Die **Reißleine** eines automatisch öffnenden Schirmes ist an der dafür vorgeschriebenen Stelle **fest mit dem Segelflugzeug zu verbinden.**

Verhalten beim Absprung: Nur in ausweglosen Situationen soll der Segelflugzeugführer sich zum Fallschirmabsprung entschließen. **Die Entscheidung liegt allein bei ihm.** Folgende **Grundregeln** sind dabei zu beachten:

1. Kabinenhaube abwerfen bzw. Ausstieg öffnen **(Notabwurfvorrichtung der Haube bekannt?).**

2. Anschnallgurte lösen.

3. Aus dem Segelflugzeug **springen,** sich **hinauswinden** oder sich **hinausfallen** lassen. Dabei den Körper möglichst anhocken und versuchen, sich vom Segelflugzeug abzustoßen.

4. Die Oberarme an den Körper pressen, den Unterarm schützend an den Kopf (Gesicht) legen. Die Beschleunigung in einem stürzenden oder trudelnden Segelflugzeug kann so groß sein, dass die Kraft des Luftfahrzeugführers scheinbar nicht ausreicht, um das Cockpit zu verlassen. **Nicht aufgeben,** immer wieder versuchen! Ruckartige Steuerbewegungen und Hin- und Herwerfen des Körpers können die Absturzfluglage verändern. Doch bei allem: **Keine Zeit verlieren!**

5. **Wichtige Regel beim Trudeln: Nach innen** in Richtung Trudelachse aus dem Cockpit **herauswinden!**

6. Wichtig für **manuelle Rettungsfallschirme:** Ist der Ausstieg gelungen, darf der Öffnungsgriff nicht zu früh betätigt werden, damit erst einmal Abstand vom Segelflugzeug erzielt wird. Im Normalfall soll **drei Sekunden** gewartet, in niedriger Höhe aber sofort gezogen werden.

7. Den Rettungsfallschirm **niemals im Aufwind starker Gewitterwolken** oder **kräftiger Wellen** ziehen. Erfrierungen oder gar der Höhentod könnten die Folgen sein.

Bild 5.3   Fallschirmslip

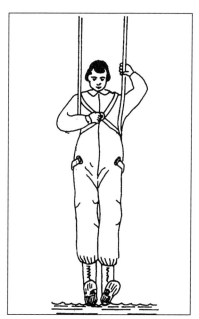

Bild 5.4   Wasserlandung

Bild 5.5   Hindernislandung

Verhalten bei der Landung

A. Normale Landung (Bild 5.3):

In Bodennähe die beiden dem Wind zugewandten Fangleinenbündel fassen und anziehen, um ein Pendeln zu verhindern.

Die geteilte Fangleinenführung ermöglicht auch Slipmanöver. Der Fallschirm gleitet in die Richtung ab, in der eines der vier Fangleinenbündel kräftig angezogen wird. Der Luftfahrzeugführer kann sich so von Gefahrenzonen wegslippen.

Vor der Landung Beine zusammenhalten und leicht anwinkeln, federnd aufsetzen. Nach der Landung um den Fallschirm herumlaufen, damit der Wind ihn nicht aufbläht. Bei starkem Wind so schnell wie möglich Gurtzeug lösen.

B. Landung im Wasser (Bild 5.4)

Während des Anschwebens auf die Wasseroberfläche mit eng an den Körper angelegten Oberarmen **beide Beingurte öffnen.** Dann Arme vor der Brust verschränken.

Wenn die Fußspitzen eintauchen, den **Brustgurt öffnen** (siehe Bild), sofort das Gurtzeug abstreifen und gegen den Wind bzw. gegen die Strömung des Gewässers schwimmen, um von der Schirmkappe freizukommen.

Sollte sich die Schirmkappe trotzdem über den Segelflugzeugführer legen, muss sofort **seitlich herausgetaucht** oder – wenn ein Messer vorhanden ist – ein Loch in das Schirmgewebe geschnitten werden, weil nasser Nylonstoff luftdicht abschließt und darunter Erstickungsgefahr besteht.

Dann besonnen und **mit ruhigen Zügen zum Ufer schwimmen** oder – wenn Hilfe in der Nähe ist – möglichst ohne Anstrengung mit Wassertreten oder in Rückenlage über Wasser bleiben.

Im Notfall **Schuhe und Kleidungsstücke,** die sich voll Wasser saugen könnten, **abstreifen!**

C. Hindernislandung (Bild 5.5)

Bei einer Landung im Wald oder auf einem einzelnen Baum muss das **Gesicht mit abgewinkelten Armen geschützt** werden. Die **Beine sollen fest zusammengehalten** werden, um so Verletzungen der Weichteile so weit wie möglich zu vermeiden.

D. Landung in einer Hochspannungsleitung

Durch Slippen (Bild 5.3) sollte man versuchen, jede Berührung mit den Leitungen zu vermeiden. Sollte das nicht gelingen, müssen die **Füße fest zusammengepresst, die Fußspitzen nach unten gedreht und gestreckt** werden. So ist die Chance am größten, dass nicht zwei oder mehr Leitungsdrähte zugleich berührt werden, was zu schweren Verbrennungen und gar zum Tod führen könnte.

Wer am Fallschirm **zwischen der Hochspannungsleitung und dem Erdboden** hängt, weil sich die Schirmkappe verfangen hat, darf sich **keinesfalls von Helfern berühren** lassen. Diese müssen von ihm aufgefordert werden, das Elektrizitätswerk zu informieren, von wo aus man für die sofortige Abschaltung des Hochspannungsstromes sorgen wird.

Fallschirmsportvereine bieten häufig anderen Luftfahrern Gastsprünge im Rahmen ihres Sprungbetriebes an. Viele Segelflieger haben davon schon Gebrauch gemacht und werden – sollten sie wirklich einmal einen Rettungssprung mit dem Fallschirm benötigen – ganz gewiss davon profitieren können.

5.4   Der Segelflugzeugführer

5.4.1   Beeinträchtigung der Flugtüchtigkeit

Jeder Flug erfordert ständige Konzentration und eine gute Reaktionsfähigkeit. Eine einwandfreie körperliche Konstitution ist dafür unerlässlich. Sind diese Voraussetzungen nicht vorhanden, dann kann der Segelflugzeugführer durch ein Fehlverhalten selbst der Auslöser eines Unfalls sein (vgl. auch Kapitel 6 „Menschliches Leistungsvermögen").

Allgemein: Finger weg vom Steuerknüppel bei **körperlichem Unwohlsein,** bei jeder **Stresssituation** im Beruf oder im Privatleben.

Alkoholgenuss: Alkohol setzt die Reaktionsfähigkeit des Menschen stark herab und wirkt noch lange nach. Deshalb muss immer ein ausreichend langer **Zeitraum zwischen Alkoholgenuss und fliegerischer Betätigung** liegen. Ein alter Fliegerspruch sagt: „Twenty four hours from bottle to throttle!" (24 Stunden zwischen Flasche und Gashebel!). Am sichersten ist es, **ganz auf Alkohol zu verzichten.**

Arzneimittel (Drogen): Schmerzmittel und Beruhigungsmittel, Antiallergika und viele andere **Arzneimittel können Müdigkeit erzeugen** und damit reaktionsmindernd wirken. Deshalb müssen die Angaben der Arzneimittelhersteller auf den Packungsbeilagen gelesen und genau beachtet werden. Im Zweifelsfall wird der Fliegerarzt helfen.

Sonneneinstrahlung und Temperatureinwirkung: Ein Segelflieger sollte im Flugbetrieb und während des Fluges seinen Kopf nie ungeschützt der direkten Sonnenstrahlung aussetzen. Zu viel Sonne kann leicht zu Hitzschlag und Sonnenstich führen. Der Schutz der Augen durch eine gute Sonnenbrille ist sehr zu empfehlen.

Bei Flügen in der kälteren Jahreszeit und bei Höhenflügen ist warme und bequeme Kleidung ein Muss. Klamme Finger und eiskalte Füße erschweren eine korrekte Ruderbetätigung.

Auf das Mitführen von Sauerstoff bei Höhenflügen muss besonders hingewiesen werden.

5.5 Das Segelflugzeug

Allgemeine Merksätze:

1. Fliege nie ein Luftfahrzeug ohne entsprechende Einweisung und Lektüre des Flughandbuches. Auf die unterschiedliche Anordnung von Bedienungshandgriffen – z. B. für Haubennotabwurf, Klappen, Luftbremse, Radbremse, Trimmung, Sitzverstellung, Pedalverstellung, Wasserablass, Fahrwerk usw. – ist zu achten.

2. Jedes Segelflugzeug vor Beginn des Flugbetriebs einer Kontrolle mit Innen- und Außencheck nach dem Flughandbuch unterziehen. Vor jedem Flug erfolgt der Startcheck.

3. Ein gerade aufgerüstetes Segelflugzeug muss besonders sorgfältig auf korrekte Anschlüsse und Sicherungen hin untersucht werden. Sehr wichtig ist auch die Überprüfung nach äußeren Verformungen.

5.5.1 Ausfall von Steuerungsanlagen

Verklemmtes oder funktionsloses **Seitenruder. Maßnahme:** Versuchen, mit Höhen- und Querruder weiterzufliegen und zu landen. Die Fluggeschwindigkeit um etwa 20 % erhöhen. Diese Störung ist relativ einfach zu bewältigen!

Höhenruder kann nicht bedient werden. **Maßnahme:** Versuchen, mit Seiten- und Querruder und mit Trimmung (Wölbklappen, falls vorhanden) weiterzufliegen und zu landen. Gegebenenfalls Fallschirmabsprung durchführen.

Querruder ist ausgefallen. **Maßnahme:** Versuchen, mit kräftigen Seitenruderausschlägen die Querneigung zu halten und zu landen. Fluggeschwindigkeit um etwa 20 % erhöhen. Notfalls Rettungsabsprung durchführen.

5.5.2 Ausfall von Bordinstrumenten

Der gut ausgebildete Segelflieger sollte sein Segelflugzeug auch ohne Anzeige der Bordinstrumente sicher auf die Erde bringen können. Ein wenig problematisch wäre allein das **Versagen der Fahrtmesseranzeige.**

In diesem Fall gilt als Maßnahme: Nach Horizont und Fahrgeräusch, aber bewusst etwas schneller als normal fliegen.

5.5.3 Verrutschte Ladung

Im Führerraum des Segelflugzeugs herumfliegende Gegenstände wie Fotoapparate, Barographen, Sauerstoffgeräte, eventuelles Bordwerkzeug, Wasserflaschen usw. können den Segelflugzeugführer verletzen, Instrumente beschädigen und Bedienelemente blockieren. Zusätzliches Gepäck (Beladeplan einhalten!) sowie mitgeführte Trimmgewichte können bei starker Turbulenz oder in ungewöhnlichen Fluglagen Schwerpunktverschiebungen verursachen.

Maßnahmen: Alle **Gegenstände** im Cockpit wie auch **zusätzliche Beladung** sind so unterzubringen und zu befestigen, dass sie sich auch bei sehr unruhigem Wetter **nicht** aus ihrer Lagerung **lösen können.** Zusätzliche Kissen und Polster müssen so beschaffen sein, dass sie sich bei starken Beschleunigungen nicht zusammendrücken; sonst könnte, z. B. beim Windenstart, durch Zurückrutschen der Kontakt zur Steuerung verloren gehen.

5.5.4 Vereisung

Vereisung kann im Segelflug nur in der Wolke, im unterkühlten Regen oder beim Flug mit dem unterkühlten Segelflugzeug durch Niederschlag auftreten. Sollte es zur Vereisung kommen, dann muss mit Gewichtsverlagerungen, Profiländerungen und Ruderblockierungen gerechnet werden; alle drei Erscheinungen können lebensgefährlich werden.

Maßnahmen: Sofort mit erhöhter Geschwindigkeit die **Wolke oder die Niederschlagszone verlassen,** wärmere Luftschichten aufsuchen, ständig **die Ruder, Wölbklappen und Luftbremsen bewegen,** bis die Vereisungsgefahr offensichtlich nicht mehr besteht. Bei vereister Haube das Notsichtfenster öffnen.

5.5.5 Verschmutzung der Plexiglashaube

Schmutzige Plexiglashauben führen – besonders beim Flug gegen die tiefstehende Sonne, im Niederschlag und bei ohnehin unzureichender Flugsicht – zu gravierenden Sichtverschlechterungen.

Maßnahme: Vor jedem Flug die Haube auf **Verschmutzungen kontrollieren,** wenn nötig **mit geeigneten Mitteln reinigen.**

5.5.6   Fahrwerkschäden

Er kann geschehen, dass sich das Fahrwerk nicht ausfahren oder im ausgefahrenen Zustand nicht verriegeln lässt und dass die Reifen ohne Luft sind.

Maßnahme: Mit **Mindestgeschwindigkeit** eine **Bauchlandung** durchführen.

5.6   Kritisches Wetter

5.6.1   Regen, Schnee, Hagel

Alle drei hier genannten Niederschlagsformen sind mit ganz erheblicher Sichtverschlechterung verbunden. Besonders Schnee kann die Sicht des Segelflugzeugführers auf Null **reduzieren**. Dazu beeinträchtigen Regen und Schnee die **Flugeigenschaften und Leistungen**. Die Mindestfluggeschwindigkeit liegt höher, und das Gleiten verschlechtert sich beträchtlich, d.h. die Reichweite wird deutlich reduziert.

Maßnahmen: Der Segelflugzeugführer sollte sich bemühen, **Niederschlagsgebiete und Schauer zu meiden**. Wird er vom Niederschlag überrascht, muss er versuchen, diesem so schnell wie möglich zu entkommen. Dabei ist mit einer höheren als der Normalgeschwindigkeit zu fliegen, da die **Strömung an nassen Profilen schneller abreißt** (Angaben im Flughandbuch). In Bodennähe darf aus diesem Grund nicht geslippt werden. **Hagel kann zur Beschädigung** der Oberflächen und der Plexiglashaube führen. **Vor dem Start** sind nasse Segelflugzeuge unbedingt **abzuledern**.

5.6.2   Nebel und Dunst

Nebel besteht aus kleinen Wassertröpfchen, die Sichten liegen unter 1 000 m. Segelflug ist nicht möglich. Der Flug über ausgedehnte Nebelflächen hinweg kann lebensgefährlich werden, wenn die Sicht für die Landung fehlt. **Dunst** ist eine Trübung der Atmosphäre, die durch mikroskopisch kleine Teilchen hervorgerufen wird, die in der Luft schweben. Dunst kann die Flugsicht gravierend herabsetzen, vor allem bei Flügen gegen die tiefstehende Sonne ist dann kaum noch etwas zu erkennen.

Maßnahmen: Bei Dunst und Nebel **nicht fliegen!** Treten diese Wettererscheinungen während des Fluges auf, die Entwicklung aufmerksam beobachten und bei Verschlechterung die sichere Landung vorziehen.

5.6.3   Rauch und Staub

Rauch tritt bei Bränden und in Industriegebieten aus Kaminen, Koksabstichen und ähnlichen Vorgängen, **oft mit Thermik** verbunden, auf. Der Segelflieger sollte aber auf die Nutzung dieser Bärte verzichten, da einmal die **Sicht sehr schlecht** ist, zweitens chemische Teilchen die **Oberfläche des Segelflugzeugs schädigen** können und zum Dritten **Vergiftungserscheinungen** nicht selten sind.

Staub wird besonders in **tropischen und subtropischen Ländern** in den Luftraum transportiert, wenn in **Trockengebieten** quadratkilometergroße Staubflächen durch die Thermik vom Boden abgehoben werden. In solchen Staubwolken ist es – bei oft guter Thermik – **äußerst turbulent** und **die Sicht geht auf Null zurück**.

Maßnahmen: Da Rauch und Staub gut und rechtzeitig zu sehen sind, sollte der Segelflieger sie **meiden!**

5.6.4   Kritische Windverhältnisse (einschließlich Windsprünge) bei Start und Landung

Böen, Turbulenzen und Windsprünge beim Start gefährden den sicheren Ablauf des Flugbetriebes. Beim (Winden-) Start können stürmischer Wind oder Windsprünge bewirken, dass sich die Schleppgeschwindigkeit unerwartet sprunghaft erhöht oder plötzlich nachlässt; d.h. Überlastung droht oder Strömungsabriss. Ähnlich sind die Verhältnisse bei der Landung.

Maßnahmen: Höchstgeschwindigkeiten dürfen nicht überschritten und die Zulassungsgrenzen der Segelflugzeuge müssen eingehalten werden. **Im Zweifelsfall ist der Flugbetrieb einzustellen.** Bei einer Landung unter Starkwindverhältnissen sollte der Segelflieger ab der **Position** ganz **in der Nähe der Landepiste** bleiben und den Endanflug sehr hoch ansetzen. Landekurve und Landeanflug mit erhöhter Geschwindigkeit fliegen, um bei Böen oder dem Abfangen keinen Strömungsabriss zu provozieren.

5.6.5   Höhenwinde, Abwinde, Aufwinde, Verwirbelungen

Besonders bei Flügen im Hochgebirge ist mit sehr starker **Turbulenz** und mit äußerst kräftigen **Auf- und Abwindfeldern** zu rechnen. Diese Erscheinungen treten noch verstärkt auf, wenn hohe Starkwindfelder in **Mistral, Föhn** und ähnlichen Wetterlagen **Leewellen hinter den Gebirgszügen** erzeugen. **Rotoren** unter den Wellen haben schon ganze Schleppzüge auf den Rücken geworfen.

Maßnahmen: In Gebirgen in **Hangnähe immer mit Überfahrt** fliegen! Bergkämme erst dann überfliegen, wenn eine sichere **Höhenreserve** vorhanden ist! **Nie über einen Kamm fliegen, wenn man nicht weiß, was dahinter liegt!** Im Lee von Bergen immer mit starken **Verwirbelungen** rechnen! Bei Höhenflügen die **Windversetzung** beachten! Auch hier gilt, **Einweisungen** und das **Studium entsprechender Broschüren** der Zentren sind ein Muss!

5.6.6   Gewitter und Blitzschlag

Wie schon unter Abschnitt 5.3.2 „Einfliegen in Schlechtwetterlagen" erwähnt, gehören **Gewitter** zu den **gefährlichsten Wetterlagen,** die einem Segelflieger begegnen können. **Gewitter nehmen** dem Segelflieger **die Sicht.** In ihnen herrschen **unbändige Turbulenzen,** die auch **feste Segelflugzeuge zerstören** können. **Vereisung** kann das Segelflugzug **flugunfähig** machen, **Hagel die Oberfläche und die Haube zerstören.** Bei einem eventuellen **Rettungssprung** können enorm kräftige Aufwinde den Segelflieger am Fallschirm in Höhen tragen, **wo Kälte und Höhentod** auf ihn warten. Blitzschlag ist für ein Segelflugzeug nicht sehr gefährlich, da es als **Faraday'scher Käfig** wirkt. Die elektrischen/elektronischen Instrumente können jedoch dabei zerstört werden.

Maßnahmen: Wenn irgend möglich, sollte der **Einflug in ein Gewitter vermieden** werden. Das heißt, stets **rechtzeitig vor dem Gewitter abdrehen** und **eventuell landen.** Ist ein Entkommen nicht möglich, dann muss versucht werden, mit allen Mitteln wie **Luftbremsen, Slippen und gegebenenfalls Trudeln** der Gefahr zu entgehen, in große Höhen getragen zu werden. Ist der Segelflieger gezwungen, sein stark beschädigtes oder zerstörtes Segelflugzeug mit einem **Rettungsabsprung** zu verlassen, dann sollte er den **Schirm erst spät öffnen,** um so möglicherweise der starken Aufwindzone zu entgehen.

5.7   Not- und Außenlandungen

Notlandungen kommen im Segelflug so gut wie nicht vor. Die Außenlandung ist dagegen ein meist unerwünschtes aber doch nicht ungewöhnliches Ereignis, lässt sich doch „der Motor" des Segelfliegers, der wetterbedingte Aufwind, nicht wie ein treibstoffschluckender Antrieb nutzen. So verfügen die meisten Segelflugzeuge über entsprechende Flugeigenschaften und sind darüber hinaus noch mit technischen Landehilfen ausgestattet, dass sie auch auf kleinen und kleinsten Flächen sicher landen können. Gefahrlos ist die **Außenlandung** aber nur, wenn der Segelflieger sich strikt an **bestimmte Grundregeln** hält:

1. Die Vorbereitung auf die Außenlandung kann gar nicht sorgfältig genug sein!
2. Der Entschluss zur Außenlandung muss rechtzeitig fallen. Unter 500 m Höhe muss der Segelflieger jederzeit ein geeignetes Außenlandefeld im Auge haben!
3. Spätestens ab 200 m darf das ausgesuchte Außenlandefeld nicht mehr verlassen werden, es sei denn, in unmittelbarer Nähe wird deutlich ein Aufwind erkannt!
4. Ausmaße des Feldes, Anflugfreiheit gegen den Wind, Hindernisse und Bewuchs auf dem Feld selbst sind nochmals genau zu prüfen!
5. Positionshöhe geschätzte 150 m, Landeeinteilung wie auf dem heimatlichen Fluggelände!
6. Im Queranflug und Anflug laufend die Höhe kontrollieren und den vorgesehenen Aufsetzpunkt nicht aus dem Auge verlieren!
7. Schulmäßig anfliegen, abfangen und ausrollen!
8. Segelflugzeug sichern, eventuelle Schaulustige – in Ortsnähe können es viele sein – zurückhalten, damit kein unnötiger Flurschaden entsteht!

Falsch oder schlecht gewähltes Landefeld:
Leider kommt es immer wieder vor, dass Segelflieger – sei es aus Unerfahrenheit, aus Selbstüberschätzung oder auch wegen Erschöpfung nach einem langen Flug – die Außenlandung nicht so präzise durchführen wie hier beschrieben. Sie sehen sich dann plötzlich Schwierigkeiten gegenüber, die – wenn überhaupt – nur mit Mühe gemeistert werden können. Eine wesentliche Rolle spielen dabei zu spät erkannte Hindernisse oder überhaupt mangelnde Eignung des Feldes für eine Außenlandung. Die **häufigsten Fehler** sind folgende:

- **Hohe Hindernisse im Anflug, die nicht zu umfliegen sind** (Bild 5.7)
  Wenn hohe Hindernisse überflogen werden müssen, ist ein schneller Anflug notwendig. Kommt das Segelflugzeug dabei in die Höhe des Hindernisses, muss der Segelflugzeugführer rechtzeitig die Längsneigung verringern (ziehen), um das Hindernis sicher zu überqueren.

- **Hoher Bewuchs auf dem Landefeld, ein Ausweichen ist nicht mehr möglich** (Bild 5.6)
  Etwa in Hüfthöhe können **Getreide, Mais, ausgewachsener Spargel** und ähnliche Feldpflanzen die Landung erheblich erschweren und gefährden. Bei **Büschen oder Bäumen** wird die Lage noch kritischer. **Maßnahme: Anflug langsam gegen den Wind.** Bei Büschen und Bäumen den dichtesten Bewuchs aussuchen. Die **Oberfläche der Pflanzen als Boden** betrachten. Auf **Querneigung** achten, damit beide Flügel gleichzeitig eintauchen. Mit **Mindestfahrt** abfangen und aufsetzen.

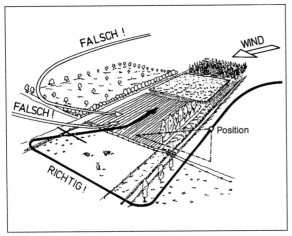

Bild 5.6   Die Außenlandung

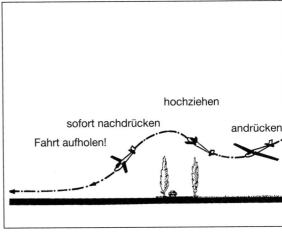

Bild 5.7   Landung über hohe Hindernisse

- **Rauer, unebener, eventuell steiniger Boden** kann das Segelflugzeug beschädigen. **Maßnahme: So langsam wie möglich – voll gezogen – aufsetzen.** Auf jeden Fall **Fahrwerk ausfahren,** da dieses Stoßbelastungen aufnimmt und so den Menschen schützt. Auch wenn kein sofort sichtbarer Schaden aufgetreten ist, muss das Segelflugzeug **nach der Rückkehr zum Heimatflugplatz sorgfältig geprüft werden.**

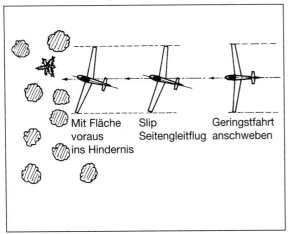

Bild 5.8   Landung in Hindernisse hinein

Bild 5.9   Landung in sehr welligem Gelände

- **Hindernisse auf dem Landefeld, mit denen eine Berührung nicht zu vermeiden ist** (Bild 5.8)
  Wenn es keine Möglichkeit mehr gibt, Hindernissen auszuweichen, dann bleibt nur der Versuch der **Schadensbegrenzung.** Dabei steht natürlich der **Mensch an erster Stelle,** denn körperliche Unversehrtheit geht in jedem Fall vor Sachschaden.

  Maßnahme: Das „harmloseste" Hindernis aussuchen und mit **Mindestgeschwindigkeit – möglichst slippend –** anfliegen. Bei mehreren **Einzelhindernissen** den **Rumpf** möglichst zwischen ihnen **hindurchsteuern,** sonst **mit dem Flügel zuerst direkt in das Hindernis** hineinfliegen.

- Stellt sich im Landevorgang das **Landefeld als zu kurz** heraus, bleibt nur die Möglichkeit, einen **Flügel** auf den **Boden** zu legen und zwangsweise einen **Ringelpietz** einzuleiten. **Beim Drehen** des Segelflugzeugs sollte der **Steuerknüppel voll gedrückt** gehalten werden (Bild 5.10).

- Bei einer Außenlandung in **hügeligem Gelände** sollte die Landerichtung immer **bergauf** gewählt werden (Bild 5.9), unabhängig von der vorherrschenden Windrichtung. **Anfliegen mit Überfahrt,** denn Abfangen und Ausschweben erfolgen bergauf! Beim Ausrollen parallel zum Hang eindrehen, um Zurückrollen zu verhindern.

- Einen besonderen Fall stellt die **Wasserlandung** dar. Sie sollte in Deutschland kaum notwendig werden, sie kann aber in einer Landschaft aus Wald und Seen (z. B. Skandinavien) die bessere Alternative sein.

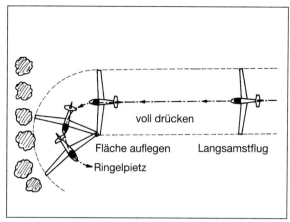

Bild 5.10   Landung auf sehr kurzem Landefeld

Maßnahme: Eine Landestelle in **Ufernähe** aussuchen. Parallel zum Ufer anfliegen und auf jeden Fall **Fahrwerk ausfahren,** weil die gewölbte Unterseite des Rumpfes „Auftrieb nach unten" erzeugt und das Segelflugzeug unter Wasser zieht. Vor dem Aufsetzen auf das Wasser die **Anschnallgurte fest anziehen.** Die Wasseroberfläche gilt als Aufsetzfläche. **Nicht extrem stark abfangen,** das Heck des Segelflugzeugs wird schnell unter Wasser gesaugt. Bei **fließendem Wasser mit der Strömung** landen, bei **hochgehender See quer zu den Wogen.**

Nach einer Außenlandung sollte das Segelflugzeug gesichert werden. Im Normalfall bieten sich **Schaulustige** an, die gerne dabei helfen, die Maschine an den Rand des Feldes zu ziehen, um Flurschaden zu vermeiden. Die **telefonische Landemeldung an den Heimatflugplatz** sollte die Koordinaten des Landeplatzes (GPS), den Namen der nächsten Ortschaft und eventuell eine kurze Anfahrtsbeschreibung für die Rückholer enthalten. Sollte **doch Flurschaden** entstanden sein, muss der **Grundstückseigentümer** benachrichtigt werden, der Angaben wie die Personalien des Segelflugzeugführers sowie Zulassungsdaten und Angaben über die zuständige Haftpflichtversicherung des Segelflugzeugs fordern darf. Den **Abtransport** des Segelflugzeugs **darf er nicht verhindern.**

5.8   Unfälle

5.8.1   Ausbruch von Feuer

Sehr wahrscheinlich ist der Ausbruch von Feuer an Bord eines Segelflugzeugs nicht, aber es ist doch schon vorgekommen.

Maßnahmen: An Bord sollte **nicht geraucht** und **nicht mit offenem Feuer hantiert** werden. Ist vielleicht durch die elektrische Anlage ein schnell um sich greifendes Feuer entstanden, dann darf der Segelflugzeugführer keine Zeit verlieren und muss sich **mit dem Fallschirm retten, bevor dieser Feuer gefangen hat.** Eine Landung sollte **nur** versucht werden, wenn diese innerhalb **kürzester Zeit** stattfinden kann.

5.8.2   Maßnahmen nach einem Unfall

Nach einem Unfall sind – sofern die Besatzung dazu noch in der Lage ist – unverzüglich **Rettungsmaßnahmen** einzuleiten. Auf Flugplätzen sind diese in der Betriebsordnung niedergelegt. Vordringlich gelten die beiden **Gebote:**

Ruhe bewahren und den **Schaden nicht noch größer machen als er ohnehin schon ist!**

Maßnahmen:

Leichte Unfälle
1. Erste Hilfe leisten,
2. Verletzte ärztlich versorgen lassen,
3. Störungsmeldung.

Schwere Unfälle (schwere Verletzungen)
1. Erste Hilfe leisten,
2. Notarztwagen, Krankenwagen anfordern (Notruf an jedem Telefon),
3. Polizei verständigen,
4. Bundesstelle für Flugunfalluntersuchung (BFU) verständigen,
5. Unfallmeldung, Versicherung benachrichtigen.

6   Menschliches Leistungsvermögen

6.1   Grundlagen

Die Bewegung in der Luft stellt erhöhte Anforderungen an den menschlichen Körper und seine Organe. Deshalb ist es bei der Ausübung der Fliegerei von Bedeutung, die Leistungsfähigkeit und die natürlichen Grenzen des Körpers und der Psyche zu kennen.

Um ein Flugzeug sicher bewegen zu können, ist es nicht nur unerlässlich, mit den Funktionen der Maschine vertraut zu sein; ebenso wichtig sind Kenntnisse über die Reaktionen und Funktionsweisen der eigenen (Sinnes-) Organe. Jeder Pilot, der die Grenzen und Leistungsfähigkeit seines Körpers überschreitet – ob bewusst oder unbewusst – spielt mit seinem Leben.

> Die überwiegende Zahl von Flugunfällen wird durch menschliche Fehlleistungen verursacht. So spielte bei über 80 % der untersuchten Flugunfälle der Faktor Mensch eine wesentliche Rolle.

Neben den Aspekten körperlicher Beanspruchung hat das Fliegen auch eine psychologische Seite. In der englischsprachigen Literatur wird das Wissen über die menschlichen Verhaltensweisen unter dem Begriff „human factors" dargestellt.

> Psychische Faktoren – wie Selbstüberschätzung, Wahrnehmungsdefizite unter Stress oder mangelnde Selbstkritik – führen die Liste der Ursachen bei „Human-Factors-Unfällen" an!

Eine Information, die unter Umständen wichtig ist, kommt im Bewusstsein des Piloten nicht an, weil sie zwar im Cockpit angezeigt, aber vom Piloten nicht wahrgenommen wird. Ein bekanntes Beispiel dafür ist die so genannte Ziel-Fixierung. Die Landebahn ist in Sicht, also wird gelandet. Dass die Anfluggeschwindigkeit viel zu hoch, das Flugzeug nicht in der richtigen Konfiguration, die Landebahn nass ist usw., verdrängt der Pilot und ist anschließend überrascht, dass er mit Bremsversagen über die Piste hinausrollt. Nur haben hier nicht ursächlich die Bremsen versagt, sondern die Informationsverarbeitung des Piloten. Er setzte einfach zu spät und zu schnell auf.

> Verbesserte Kenntnisse über die Abläufe im menschlichen Organismus und in unserer Psyche sollen helfen, die Fliegerei noch sicherer zu machen.

6.2   Das Zentralnervensystem

Das Gehirn bildet zusammen mit dem Rückenmark das **zentrale Nervensystem** des Menschen. Hier findet die Steuerung einiger Organe und des Bewegungsapparates statt.

Das Gehirn ist das wichtigste Schalt- und Steuerzentrum unseres Körpers. Es ist in einer Flüssigkeit gelagert und durch den Schädel geschützt. Entscheidend für eine optimale Funktion des Gehirns ist die Versorgung mit Sauerstoff. Der Sauerstoff wird zur Energieerzeugung benötigt und dem Gehirn durch ein fein verzweigtes Adernetz zugeführt. Kommt es zu einer Einschränkung der Durchblutung oder der Sauerstoffversorgung, so leidet die Funktionsfähigkeit des Gehirns extrem schnell und nachhaltig! Im Gegensatz zur Skelettmuskulatur kann unser Gehirn keinen Sauerstoff speichern oder kurzzeitig ohne Sauerstoff funktionieren.

6.2.1   Lernen und Gedächtnis

Die einfachste Form des Lernens wird als Habituation (Anpassung des Habitus bzw. des Verhaltens) bezeichnet. Ein unbekannter Umweltreiz (z. B. Geräusch) führt zu unwillkürlichen Reaktionen des vegetativen Nervensystems (Flucht- oder Verteidigungsreflex). Tritt allerdings das Geräusch öfter auf und stellt offensichtlich keine Gefahr dar, so gewöhnt sich der Körper daran, und die unwillkürlichen Flucht- und Verteidigungsreaktionen finden nicht mehr statt.

Im Wesentlichen kann man **zwei Arten des Lernens** unterscheiden: Die **Konditionierung** und das **kognitive Lernen.**

- **Konditionierung:**
  Das klassische Beispiel für Konditionierung hat der russische Physiologe Pawlow gegeben. Das Anbieten von Futter löst bei einem Hund einen Reflex aus, nämlich vermehrten Speichelfluss. Wenn man nun jedes Mal unmittelbar vor der Fütterung eine Glocke läutet, so reicht nach einer gewissen Zeit das Läuten einer Glocke aus, um den Speichelfluss zu erhöhen.

  Genauso kann man durch Belohnung oder Bestrafung im unmittelbaren **Zusammenhang mit dem zu Erlernenden konditionieren.** Ein Flugschüler, der unmittelbar nach Durchführung eines Flugmanövers gelobt wird, wird nach einer gewissen Zeit erlernt haben, dass er dieses Manöver fehlerlos beherrscht.

  Vorsicht ist jedoch angebracht vor **unbewusster Konditionierung!**

Ein erfahrener und anerkannt guter Pilot, der ständig haarsträubende Fliegergeschichten von sich gibt, wird in seiner Umgebung den Eindruck hervorrufen, dass mindestens die Geschichten zu einem guten Piloten gehören. Unter Umständen wird allerdings jemand versuchen, diese Geschichten nachzufliegen, um zu beweisen, dass auch er ein guter Pilot ist – falsch konditioniert.

- **Kognitives Lernen:**
  Kurz gesagt ist das kognitive Lernen das **Verfestigen einer Information durch ständiges Üben.** Eine gelesene Information wird im Kurzzeitgedächtnis abgelegt – und sie ist nach relativ kurzer Zeit wieder gelöscht. Wird diese Information mehrfach wiederholt bzw. reproduziert (Üben), so gelangt sie ins **Langzeitgedächtnis.** Dabei lässt sich das Gedächtnis in vier Einzelbereiche untergliedern:

  1. **sensorisches Gedächtnis,**

  2. **primäres Gedächtnis (Kurzzeitgedächtnis),**

  3. **sekundäres Gedächtnis (Langzeitgedächtnis),**

  4. **tertiäres Gedächtnis.**

Das **sensorische Gedächtnis** behält Informationen nur bis zu einer Sekunde – danach ist die Information weg.

Das **primäre Gedächtnis** hat eine wesentlich geringere Kapazität als das sensorische Gedächtnis. Hier muss also die erste Selektion von Daten erfolgen. Informationen können etwa 15 Sekunden gespeichert werden – allerdings nur verbale Informationen. Optische Reize müssen direkt ins sekundäre Gedächtnis übertragen werden oder sie gehen verloren. Das primäre Gedächtnis entspricht dem **Kurzzeitgedächtnis.**

Die **Kapazitätsgrenze** des **Kurzzeitgedächtnisses** ist bei etwa **sieben neuen Informationen** erreicht. Wenn Sie also vom Fluglotsen zu hören bekommen: „D-EDRH drehen Sie links auf Steuerkurs 180, sinken Sie auf 4 000 Fuß, das QNH 1 014, freigegeben für den Instrumenten-Anflug Piste 24, rufen Sie Turm auf Frequenz 118,700 und noch einen schönen Tag", dann hat der Lotse Ihre Aufnahmefähigkeit überfordert.

Da sieben Informationen hier klar überschritten werden, gibt es nur eine Möglichkeit, sich das alles zu merken, nämlich das **Zusammenfassen von Informationen:**

1.   180
2.   4 000
3.   1 014
4.   24
5.   18
6.   7

Durch die Zusammenfassung wird der Informationsblock in sechs Teile zerlegt, die man sich besser merken kann.

Sinnvoll hätte der Fluglotse die Information also wie folgt aufgeteilt:

„D-EDRH drehen Sie links auf Steuerkurs 180."
„D-EDRH sinken Sie auf 4 000 Fuß, das QNH 1 014."
„D-EDRH Sie sind freigegeben für den Instrumentenanflug Piste 24, rufen Sie Turm auf Frequenz 118,7."

Das **sekundäre Gedächtnis** entspricht dem **Langzeitgedächtnis.** Informationen werden durch Üben vom primären ins sekundäre Gedächtnis übertragen. Sie werden ihrer Wichtigkeit gemäß abgelegt – Wichtiges oben für schnellen Zugriff, weniger Wichtiges weiter unten. Nicht Geübtes geht verloren. Die Zugriffszeiten zu Daten sind länger als beim primären Gedächtnis. Dafür können bis hierhin vorgedrungene Informationen noch nach Jahren reproduziert werden. Außerdem ist die Speicherkapazität des sekundären Gedächtnisses wesentlich höher als die des tertiären.

Das sekundäre Gedächtnis **speichert neben visuellen Informationen** auch **Merksätze/Merkhilfen.**

Das **tertiäre Gedächtnis** ist sozusagen der Bereich mit schnellem Speicherzugriff des sekundären Gedächtnisses. Informationen, die durch ständiges Üben vertieft werden („Wie heiße ich?") sind ohne zeitliches Limit mit sehr kurzer Zugriffszeit abrufbereit.

> **Merke:** Voraussetzung für kognitives Lernen ist also das ständige Üben und Wiederholen. Übung ist
> durch nichts zu ersetzen! Nur so gelangt Erlerntes in das Langzeitgedächtnis.

Es wurde nachgewiesen, dass bestimmte Handlungen nach mentalem Training besser beherrscht wurden als nach tatsächlichem Üben am Objekt – wichtig ist also vor allem das **mentale Training!**

Es soll auf möglichst vielen Kanälen geübt werden. Rein verbale Übermittlung einer Information kann ausreichend sein. Fast immer ist es jedoch besser, wenn sie unterstützt wird durch visuelle und/oder auditive Eindrücke. „Der Bremsweg aus Tempo 100 beträgt 40 Meter." Dies ist eine rein verbale Information. Wenn dazu ein Video mit einem stark bremsenden Auto gezeigt wird, wird zusätzlich der visuelle Kanal genutzt. Das Geräusch kreischender Bremsen aus einem Lautsprecher fügt auditive Informationen hinzu. Alles zusammen führt zu einem wesentlich höheren Lerneffekt.

Der Vollständigkeit halber sei darauf hingewiesen, dass unser **Gehirn** im Wesentlichen **seriell arbeitet.** Das heißt, dass eingehende Informationen nacheinander verarbeitet werden müssen!

Gleichzeitig fliegen und funken geht also nicht? Geht schon, aber nur weil ein Teil unbewusst abläuft. Welcher Teil das ist (also fliegen oder funken) ist egal.

Unsere Handlungen werden vom Gehirn bewusst (kognitiv) oder unbewusst gesteuert. Unbewusste Handlungen basieren auf erlernten Automatismen, die im tertiären Gedächtnis gespeichert sind, auf natürlichen oder antrainierten Reflexen und auf autonomen Körperfunktionen (Atmung, Herzschlag). Während bewusste Handlungen die Rechenkapazität unseres Einkanal-Prozessors in Beschlag nehmen, laufen unbewusste Handlungen mit geringer Rechenkapazität scheinbar nebenbei ab.

Wenn man aber Probleme bei der Handhabung des Flugzeugs hat und sich dazu noch ungewohnter Funkverkehr gesellt, dann geht eins von beiden schief. Und zwar deshalb, weil sich beides in der dafür vorgesehenen Zeit nicht bewerkstelligen lässt.

Versuchen Sie also nicht Ihre Aufmerksamkeit zu teilen – das geht nicht! Arbeiten Sie eine Sache nach der anderen ab.

Merke:
- Das Gehirn besteht aus verschiedenen Teilen.
- Das Kurzzeitgedächtnis kann sieben neue Werte für ca. 15 Sekunden speichern.
- Die Kapazität des Kurzzeitgedächtnisses kann durch Zusammenfassen von Informationen erhöht werden.
- Im sekundären Gedächtnis werden nur geübte oder verstandene Informationen gespeichert.
- Das tertiäre Gedächtnis speichert verinnerlichte Informationen.
- Das Gehirn kann nur eine Sache nach der anderen abarbeiten (sequentiell).
- Das Gehirn reagiert auf empfangene Sinneseindrücke.
- Zum bewussten Handeln brauchen Sie viel freie Rechenkapazität.
- Unbewusste Handlungen sind unter anderem:
  – erlernte Automatismen,
  – natürliche Reflexe,
  – antrainierte Reflexe.
- Unbewusste Handlungen benötigen wenig Rechenleistung.
- Fliegen Lernen heißt üben und Erfahrungen sammeln!

6.3 Die Erdatmosphäre

Im Flugzeug bewegen wir uns in verschiedenen Schichten der Atmosphäre und sind hierbei bestimmten atmosphärischen Einflüssen ausgesetzt. Um verstehen zu können, warum z. B. in einer gewissen Flughöhe Ausfallerscheinungen des Menschen durch Sauerstoffmangel auftreten, sind die Kenntnisse aus Abschnitt 3.1.1 „Physikalischer Aufbau der Atmosphäre" unerlässlich.

6.3.1 Die allgemeine Gasgleichung

Das Volumen eines Gases verhält sich umgekehrt proportional zu seinem Druck. **Steigt der Druck, so sinkt das Volumen und umgekehrt.** Für den Flieger ist wichtig, dass sich die im Körper befindlichen Gase **bei abnehmendem Umgebungsdruck ausdehnen.** Je niedriger der Luftdruck, umso stärker ist die Ausdehnung. Nimmt der Luftdruck auf die Hälfte ab, so dehnen sich die Gase auf das doppelte Volumen aus. Hierzu zwei Beispiele:

Für ein Luftpaket am Boden, das angehoben wird, lässt sich Folgendes feststellen:

- Beim Anheben wird der Umgebungsluftdruck sinken, das heißt, das Luftpaket dehnt sich aus.
- Gleichzeitig nimmt die Temperatur ab, das heißt, das Luftpaket wird kleiner. Beide Effekte können sich gegenseitig aufheben.

Ist das betrachtete **Luftpaket** nicht frei, sondern **eingeschlossen im menschlichen Körper** (z. B. der Lungeninhalt oder Luft in den Nasennebenhöhlen), dann verhält es sich anders:

- Beim Anheben des menschlichen Körpers (beim Steigflug) sinkt der Umgebungsluftdruck. Also dehnt sich das Luftpaket aus.
- Gleichzeitig nimmt die Umgebungstemperatur ab. Da aber die Temperatur im menschlichen Körper nicht mit abnimmt, sondern bei relativ konstanten 37 °C gehalten wird, dehnen sich im Körper eingeschlossene Gase zwangsläufig stärker aus als ein Luftpaket außerhalb des Körpers.

Zudem sind die im menschlichen Körper eingeschlossenen Gase mit Wasserdampf gesättigt, also feucht. Flüssigkeiten sind nicht kompressibel. Deshalb dehnen sich feuchte Gase bei Druckabnahme stärker aus als trockene Gase.

> **Merke:** Im Körper eingeschlossene – und damit konstant 37 °C warme sowie wasserdampfgesättigte – Gase dehnen sich bei halbiertem Umgebungsluftdruck **um mehr als das doppelte Volumen** aus.

6.3.1.1 Ausdehnung der Gase in den Nasennebenhöhlen

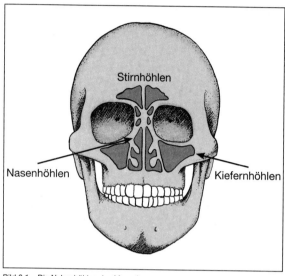

Bild 6.1   Die Nebenhöhlen des Menschen

Die Nasennebenhöhlen umfassen alle im Bild gezeigten Knochenhöhlen. Sie sind mit Schleimhaut ausgekleidet und haben die Aufgabe, die Luft beim Einatmen zu reinigen und anzufeuchten. Da sie mit der Nase verbunden sind, findet ein freier Luftaustausch statt, so dass Änderungen des Außendrucks nicht relevant sind. Wenn allerdings eine Entzündung der Schleimhäute vorliegt, schwellen diese an und blockieren die Verbindung zur Nase. Das hat zur Folge, dass bei Abfall des Außendrucks (Steigflug) das in den Nebenhöhlen eingeschlossene Gas expandieren möchte. Da aber die Nasennebenhöhlen starre Knochengebilde sind, kommt es zu einer Überdruckbildung. Durch die Entzündung der Schleimhäute könnte es zu einer Blockade des Gasaustausches kommen. Im Steigflug ist dieses Phänomen meistens nicht kritisch. Vielmehr tauchen Probleme beim anschließenden Sinkflug auf. Die entzündeten Verbindungsgänge zwischen Nase und den Nasennebenhöhlen funktionieren dann wie Rückschlagventile. Die Folge ist: In den Nasennebenhöhlen entsteht ein Unterdruck, der nicht ausgeglichen werden kann.

Dieser Unterdruck verursacht starke Schmerzen im Bereich der Nebenhöhlen. Es kann dem Piloten unmöglich werden, ein Flugzeug zu führen! Die einfachste Methode, den Schmerzen zu entgehen, besteht darin, zunächst die Höhe zu halten oder wieder zu steigen.

Diese **Druckausgleichsschmerzen** der Nasennebenhöhlen bezeichnet man als **Baro- oder Aerosinusitis.**

Bei akuten Beschwerden kann die Verwendung von Nasentropfen mit abschwellender Wirkung auf die Schleimhäute den Druckausgleich erleichtern. Jedoch sei vor allzu sorglosem – und vor allem permanentem – Gebrauch solcher Tropfen gewarnt.

6.3.1.2 Ausdehnung der Gase im Mittelohr

Das Ohr ist mit dem Rachenraum durch die **eustachische Röhre** – oder auch **Ohrtrompete** genannt – verbunden. Über die eustachische Röhre (entdeckt von dem Arzt Eustachio) findet ein Druckausgleich zwischen Rachenraum und Mittelohr statt. Im Gehörgang (außerhalb des Trommelfells) und im Mittelohr herrscht somit normalerweise der gleiche Druck.

Wenn aufgrund einer Entzündung im Nasen-/Rachenraum die Schleimhaut der eustachischen Röhre geschwollen ist, kann es zu einem Verschluss kommen. Der Druckausgleich des Mittelohres mit der Umgebung funktioniert nicht mehr. Als Folge wölbt sich das Trommelfell in eine Richtung: bei Überdruck im Mittelohr nach außen, bei Unterdruck nach innen. Damit wird die Hörfähigkeit eingeschränkt, da das Trommelfell nicht mehr frei schwingen kann. Bei weiterer Erhöhung der Druckdifferenz kann es zu stechenden Schmerzen und zum Reißen des Trommelfells kommen. Das Trommelfell hält Belastungen bis etwa 150 mmHg gerade noch stand – das entspricht einer Höhendifferenz von 2 000 m.

Im Steigflug (Abnahme des Umgebungsdrucks) funktioniert der Druckausgleich mit dem Rachenraum meistens recht gut. Durch den im Mittelohr entstehenden Überdruck wird die eustachische Röhre aufgedrückt. Beim Sinkflug, bei dem also eine Zunahme des Außendrucks erfolgt, verschließt der Druck die eustachische Röhre. Ein Druckausgleich kann nicht stattfinden (Ventilwirkung wie bei einem Rückschlagventil). Bei einem Flug mit Erkältung und schnellem Sinkflug besteht die Gefahr, das Trommelfell zu zerreißen!

Sollten Druckausgleichbeschwerden auftreten, kann man versuchen, den Druckausgleich durch Kau- und Schluckbewegungen (z. B. Kaugummi) zu fördern. Wenn das nicht hilft, kann durch das so genannte **„Valsalva-Manöver"** der Druckausgleich erzwungen werden. Hierbei hält man sich die Nase zu, schließt den Mund und presst **Luft über den Rachenraum** durch die eustachische Röhre **in das Mittelohr.**

Gerade bei einer Entzündung des Rachenraums ist es dabei allerdings möglich, Keime und Erreger in das Mittelohr zu befördern. Genau wie bei einer Trommelfellverletzung besteht die Gefahr einer Mittelohrentzündung. Diese kann den permanenten Verlust der Flugtauglichkeit nach sich ziehen!

Die bei misslungenem Druckausgleich entstehenden starken Ohrenschmerzen bezeichnet man als **Baro- oder Aerotitis.** Entgehen kann man den Gefahren der Aerotitis am besten, indem man mit einer Erkältung nicht fliegt!

Merke: • Die bei Erkältungen geschwollene Ohrtrompete fungiert als Einwegventil zwischen Innenohr und Rachenraum.
• Der fehlende Druckausgleich belastet das Trommelfell und ist besonders bei hohen Sinkraten äußerst schmerzhaft.
• Bei Druckausgleichsbeschwerden helfen:
– Schluck- und Kaubewegungen,
– Valsalva-Manöver,
– Sinkflug stoppen und ggf. wieder steigen.

6.3.2   Die Atmung

Die Atmung umfasst den Transport von Sauerstoff (O_2) in die Zellen und den Abtransport von Kohlendioxid aus dem Körper. Beim Einatmen gelangt die Luft über die Nase, die Luftröhre und die Bronchien in die Lunge. Die Lungenbläschen sind umsponnen von feinsten Äderchen (Kapillaren). Aufgrund des höheren Partialdrucks des frischen Sauerstoffs in den Lungenbläschen diffundiert O_2 in das Kapillarblut. Bei ruhiger Atmung werden pro Atemzug etwa 0,5 Liter Luft in der Lunge ausgetauscht, während etwa 3 Liter in der Lunge verbleiben.

6.3.2.1   Atmung in großen Höhen

Die Abnahme des Umgebungsluftdrucks mit der Höhe – und damit des Sauerstoff-Partialdrucks – hat gravierende Auswirkungen auf die Leistungsfähigkeit des Menschen. Um die Auswirkungen des resultierenden Sauerstoffmangels beschreiben zu können, unterteilt man die **Atmosphäre** in **drei Höhenbänder oder Zonen:**

	Höhe	Sättigung des Hämoglobins mit Sauerstoff (O_2)	Symptome
Indifferente Zone	Meereshöhe bis 7 000 ft bzw. 2 100 m	97 % bis 93 %	Keine Einschränkung der Leistungsfähigkeit. Ausnahme: Ab 5 000 ft bereits eingeschränktes Nachtsehen.
Reaktionsschwelle – erste Reaktion des Organismus			
Kompensations- oder Anpassungszone	7000 ft (2 100 m) bis 10 000/12 000 Fuß (3 000–3 600 m)	93 % bis 85 %	Vollständige Kompensation der Umwelteinflüsse möglich. Ausnahme: Ab 8 000 ft eingeschränkte Funktion des Kurzzeitgedächtnisses.
Störschwelle – Ausfallerscheinungen nicht mehr kompensierbar			
Mangelzone	10 000/12 000 ft (3 000–3 600 m) bis ca. 22 000 ft (6 700 m)	85 % bis 60 %	Leistungsfähigkeit nimmt mit zunehmender Höhe rapide ab.
Kritische Schwelle – Bewusstlosigkeit; nach einiger Zeit Tod			

Bild 6.2   Physiologische Zonen in der Atmosphäre

6.3.2.2   Sauerstoffmangel (Hypoxie)

Unter Hypoxie versteht man Sauerstoffmangel. Wegen seines geringeren Partialdrucks in der Höhe kann der Sauerstoff von den Lungenbläschen nicht mehr ins Blut diffundieren.

Deshalb gilt: Sauerstoffmangel kann nicht durch Mehratmung ausgeglichen werden

Die mangelnde Sauerstoffversorgung führt zu Teil- oder Totalausfällen von Funktionen und Organen.

Mögliche Symptome des Sauerstoffmangels (Hypoxie)	
Bei einsetzendem Sauerstoffmangel (Hypoxie)	– Müdigkeit, Benommenheit, – gestörtes Temperaturempfinden, – Druckgefühl im Kopf, – Kribbeln in Fingern und Zehen, – leichte Sehstörungen, – leichtes Schwindelgefühl, – Konzentrationsschwächen, – nachlassendes Koordinationsvermögen.
Fortgeschrittener Sauerstoffmangel (Hypoxie)	– Starke Müdigkeit, Abgeschlagenheit, – Pochen im Kopf, – Sehstörungen, – starker Schwindel, – Muskelzittern (Tremor), – Übelkeit, – Verlust von Urteilsvermögen/Realitätssinn, – Verlust von Entscheidungs-/Kritikfähigkeit, – Verlust des Reaktionsvermögens, – Euphorie/Hochstimmung, – Apathie/Teilnahmslosigkeit.
Endphase	– Muskelkrämpfe, – Versagen von Kreislauf/Atmung, – Bewusstlosigkeit, – Tod.

Bild 6.3   Symptome der Hypoxie

Die große Gefahr der **Hypoxie** liegt zum einem darin, dass sie **schleichend** erfolgt. Das heißt, dass ein eindeutiges Erkennen nicht oder nur sehr schwer möglich ist. Zudem wird das Gehirn mit Sauerstoff unterversorgt, so dass die Wahrnehmung der eigenen Hypoxie-Symptome zusätzlich erschwert wird.

Zum zweiten sind die **Höhen,** in denen Hypoxie auftritt, **nicht als fixe Werte** zu verstehen. Die persönliche Tagesform, die Kondition und **viele weitere Faktoren** können sowohl die **Symptome** als auch die **auslösenden Höhen** verändern. Darüber hinaus verändern sich die persönlichen Warnsymptome im Laufe des Lebens, und die Wahrnehmungsfähigkeit nimmt mit dem Alter ab. Man kann und darf sich also nicht darauf verlassen, eine einsetzende Hypoxie bei sich selber zu erkennen, um dann Gegenmaßnahmen zu ergreifen.

Vielmehr ist die prophylaktische, also **vorbeugende, Benutzung der Sauerstoffmaske ab den möglichen Störschwellen** ein absolutes **Muss.** In diesem Zusammenhang sollte man sich nicht auf gesetzliche Forderungen verlassen. Sauerstoffmangel (Hypoxie) kann bereits in geringeren Höhen auftreten!

Achtung: Bei Einsetzen der Hypoxie tritt **keine Luftnot** und **kein Erstickungsgefühl auf!**

Die Symptome des **Sauerstoffmangels** können in **subjektive und objektive Symptome** unterteilt werden.

Subjektive Symptome sind z. B.:
- Sehstörungen (Verlust des Farbsehens, Gesichtsfeldeinschränkungen),
- Konzentrationsstörungen,
- Schwindelgefühl,
- Beklemmungsgefühl,
- abnormales Temperaturempfinden,
- Kribbeln in den Extremitäten,
- Euphorie oder Apathie.

Unter den **objektiven Symptomen** versteht man unter anderem:
- Hyperventilation,
- bläuliche Verfärbung von Lippen und/oder Fingern (Zyanose),
- Beeinträchtigung/Verlust des Urteilsvermögens,
- verringertes Auffassungsvermögen,
- verminderte Kritikfähigkeit,
- Koordinationsstörungen.

6.3.2.3   Druckfallkrankheit (Caissonkrankheit)

Die Druckfallkrankheit – auch **Caissonkrankheit** genannt – tritt bei plötzlicher Druckabnahme auf 50 % des ursprünglichen Umgebungsdrucks auf.

Unser Körper besteht zu großen Mengen aus Flüssigkeiten, die mit allen möglichen Gasen angereichert sind. Eine große Rolle spielen dabei die in der Luft vorhandenen Gase, also Stickstoff (78 %) und Sauerstoff (21 %). Bei einem plötzlichen Druckabfall werden diese beiden Gase beginnen, aus unseren Körperflüssigkeiten auszugasen. Die Stärke der Ausgasung hängt sowohl von dem Druckunterschied (mindestens 50 %) als auch von der Druckfallrate ab. Bei einer langsamen Dekompression können die frei werdenden Gase über die Lunge ausgeatmet werden, bei einem **plötzlichen Druckverlust** wird es zur **Druckfallkrankheit** kommen.

Die Problematik liegt vor allem in der Ausgasung von Stickstoff; er ist in größeren Mengen vorhanden und bildet dann Stickstoffblasen im Körper. Dieser Vorgang findet nicht schlagartig statt (im Gegensatz zum Druckfall), sondern es dauert 10 bis 20 Minuten, bevor sich die störenden Stickstoffblasen gebildet haben. Stickstoff ist in besonderem Maße im Fettgewebe eingelagert, so dass dicke Menschen anfälliger sind als schlanke.

Im Gehirn freiwerdender Stickstoff beeinflusst das Zentralnervensystem des Menschen, was zu verschiedenen Störungen und Ausfällen führen kann. Typische Symptome sind etwa Kopfschmerzen, Beeinträchtigung der Augen (Gesichtsfeldausfall) sowie unkontrolliertes Muskelzittern (Tremor), schlimmstenfalls auch Kreislaufkollaps.

Als **Gegenmaßnahme** zu einem **plötzlichen Druckverlust** muss so schnell wie möglich eine **Rekompression (also ein Sinkflug)** eingeleitet werden; anschließend ärztliche Behandlung.

Im Wasser nimmt der Druck mit der Tiefe linear zu – im Gegensatz zur nicht-linearen Druckabnahme in der Atmosphäre. Je 10 m Tauchtiefe lasten 760 mm Hg zusätzlicher Druck auf dem Taucher. Daraus resultiert eine Zunahme des im Körper gelösten Stickstoffs. Beim schnellen Auftauchen ergeben sich somit für den Taucher die gleichen Probleme wie für den Flieger bei einem plötzlichen Druckverlust. Die Druckfallkrankheit ist deshalb auch als **Taucherkrankheit** bekannt. Um sie zu vermeiden, müssen Taucher langsam auftauchen **(Dekompressionspausen)**. Eine besondere Gefahr birgt deshalb die Verbindung von Tauchen und Fliegen, z. B. im Urlaub.

Merke: Da beim Tauchen (auch beim Einhalten der Dekompressionszeiten bzw. nicht dekompressionspflichtigen Tauchgängen) mit einer erhöhten Menge von im Körper gelöstem Stickstoff zu rechnen ist, sollten zwischen Tauchen und Fliegen mindestens 24 Stunden Zeit liegen. Das gilt für einen Linienflug mit Druckkabine ebenso wie für einen Privat- oder Segelflug.

6.3.2.4   Selbstrettungszeit – TUC

Die Reaktionszeit, die einem Menschen bei akutem Sauerstoffmangel bleibt, bevor er handlungsunfähig wird (und in Folge stirbt), nennt man **Selbstrettungszeit** oder auch **T**ime of **U**sefull **C**onsciousness – kurz **TUC.**

Die Selbstrettungszeit ist entscheidend davon abhängig, in welcher Höhe der plötzliche Druckabfall eintritt oder z.B. die Sauerstoffanlage in einem Segelflugzeug ausfällt.

Bild 6.4   „Time of Useful Consciousness TUC – Selbstrettungszeit"

Nach Ablauf dieser Zeitspanne ist die Hypoxie bereits soweit fortgeschritten, dass zielgerichtetes, logisches Denken und Handeln nicht mehr möglich ist.

Innerhalb der TUC muss bei einem Versagen der Druckkabine die Sauerstoffmaske aufgesetzt sein und 100 % Sauerstoff geatmet werden. Nur so ist sichergestellt, dass der Pilot weiterhin in der Lage ist, das Flugzeug zu bedienen. Alle Zeiten können bei entsprechend angegriffener Konstitution erheblich unterschritten werden!

Besonders bemerkenswert ist die Verkürzung der TUC im Bereich von 5 000–9 000 Metern. Während man sich in 5 000 m noch etwa eine halbe Stunde ohne Sauerstoffmaske aufhalten kann, ist diese Zeit in 9 000 m bereits auf 90 Sekunden reduziert.

Sollte in dieser Höhe die Sauerstoffversorgung ausfallen, weil z.B. die Maske vereist oder der Sauerstoffvorrat aufgebraucht ist, so ist höchste Eile geboten und der sofortige Abstieg einzuleiten. Bei der kurz bemessenen Selbstrettungszeit in großen Höhen **müssen sofort alle Abstiegshilfen eingesetzt werden:** Sturzflugbremsen ganz ausfahren, Fahrwerk ausfahren, Fahrt aufnehmen und Höhe wegdrücken; **so schnell wie möglich unter die Störschwelle sinken!**

> **Maßnahme bei Ausfall der Sauerstoffversorgung:**   Sofort Sinkflug einleiten!

6.3.2.5 Hyperventilation

Unter Hyperventilation versteht man eine Beschleunigung oder Vertiefung der Atmung, die über die vom Stoffwechsel geforderten Bedürfnisse des Organismus hinausgeht. Das heißt, man atmet schneller und mehr als eigentlich notwendig wäre.

Die **Hyperventilation** kann durch **mehrere Faktoren** ausgelöst werden:

- Willkürlich, das heißt, man beschließt, schneller und tiefer zu atmen.

- Durch körperliche Arbeit hervorgerufenen erhöhten Stoffwechsel. In der Regel führt das zu einer erhöhten Kohlendioxid-Konzentration im Blut, wodurch das Atemzentrum angeregt wird.

- Verschiedene externe Einflussgrößen wie Erschrecken, Furcht, Schmerz, Stress usw.

- Hypoxie.

Die Hyperventilation kann willentlich eingesetzt werden, um CO_2 aus dem Blut zu entfernen („Abrauchen") und so den Atemreiz zu unterdrücken. Auf diese Art und Weise kann ein Taucher länger unter Wasser bleiben. Das führt allerdings dazu, dass der Atemreiz sehr spät einsetzt und der Taucher dann sofort Luft bekommen muss. Befindet er sich bei einsetzendem Atemreiz noch tief unter Wasser, wird er schneller bewusstlos als er Luft bekommt.

Eine stärkere Anreicherung des Blutes mit Sauerstoff (sozusagen ein Sauerstoffvorrat), um Sauerstoffmangel entgegenzuwirken, ist nicht möglich. Ein bewusstes Erhöhen der Atmung, um Sauerstoffmangel in großen Flughöhen vorzubeugen, wird nicht den gewünschten Effekt haben. Im Gegenteil: man verschlimmert die Situation, da man die Symptome der Hyperventilation auslöst.

> Unangenehm ist die Hyperventilation vor allem, wenn sie nicht willentlich angeregt wurde. So kann der Körper in Schreck- oder Stresssituationen die Atemfrequenz auf ein unphysiologisch hohes Niveau anheben. Auch das Atmen von Sauerstoff unter Druck (Maskenatmung) kann zur Hyperventilation führen.

Hyperventilation bewirkt eine drastische Reduzierung der Durchblutung des Gehirns. Mangelnde Durchblutung führt zu Sauerstoffmangel. Bei andauernder Hyperventilation treten dadurch Schwindelgefühle, Bewusstlosigkeit und Muskelkrämpfe/-zuckungen auf.

- Da die Hyperventilation schlussendlich zum Sauerstoffmangel im Gehirn führt, sind die Symptome ganz ähnlich denen der Hypoxie (vor allem ist eine Beeinträchtigung der Entscheidungsfindung festzustellen).

- Der Hyperventilation kann man durch sehr bewusstes Atmen begegnen.

- Bei Auftreten einer Hyperventilation sollte die Flughöhe deutlich unterhalb von 10 000 Fuß gewählt werden. Die Gabe von 100 % Sauerstoff kann zusätzlich hilfreich sein.

6.3.2.6 Kohlenmonoxid (CO) Vergiftung

Kohlenmonoxid ist ein farbloses und geruchloses Gas, das bei unvollständiger Verbrennung entsteht. Jeder Verbrennungsmotor stößt Kohlenmonoxid (CO) aus. Eine große Gefahr geht deshalb von Heizungen in normalen kolbengetriebenen Flugzeugen (Motorsegler) aus. Hier wird bei eingeschalteter Heizung einfach Außenluft am Auspuff vorbeigeführt. Die so erwärmte Außenluft wird dann in die Flugzeugkabine eingeleitet. Das Problem ist ein möglicher Defekt am Auspuff. Schon ein kleiner Riss führt zur Verunreinigung der Heizungsluft mit Abgasen und somit mit Kohlenmonoxid. Bereits geringe Mengen von Kohlenmonoxid blockieren das Hämoglobin für den Sauerstoff-Transport. Es stellen sich die gleichen Symptome ein wie unter Abschnitt 6.3.2.2 „Sauerstoffmangelversorgung (Hypoxie)" beschrieben. Aufgrund einer CO-Vergiftung wird man bereits am Boden ganz typische Sauerstoffmangel-Symptome erleiden. Eine solche Auspuff-Leckage ist lebensgefährlich! Da man sie nur schwer erkennt, gibt es im Luftfahrtbedarfshandel Indikator-Aufkleber für das Cockpit, die sich bei Kohlemonoxid-Einwirkung verfärben. Sie dürfen nicht überlagert sein und werden im Sichtfeld des Piloten angebracht.

6.3.3 Temperaturbelastungen

Neben den Druckunterschieden sind auch die verschiedenen Temperaturen in der Atmosphäre ein Problem für den menschlichen Organismus.

Die normale Körpertemperatur liegt bei 37 °C. Der Körper des Menschen ist dafür ausgelegt, mit einer Kerntemperatur von ca. 37 °C zu funktionieren. Die Temperatur des Umfeldes, in dem sich der Mensch aufhält, weicht von dieser Solltemperatur des Organismus stark ab.

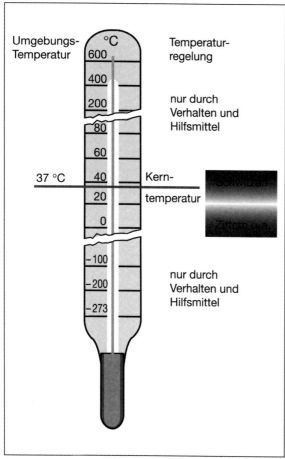

Umgebungs-Temperatur

°C
600
400
200
80
60
40
20
0
-100
-200
-273

37 °C

Temperatur-regelung

nur durch Verhalten und Hilfsmittel

Kern-temperatur

„Schwitzen"

„Zittern" u.a.

nur durch Verhalten und Hilfsmittel

Bild 6.5 Temperaturverträglichkeit

Steigt die Umgebungstemperatur an, reagiert der Körper mit erhöhter Durchblutung und Wärmeabstrahlung. Wenn das nicht mehr reicht (ab ca. 33 °C), wird Schweiß gebildet. Die bei der Verdunstung des Schweißes entstehende Kälte führt zur Abkühlung der Haut. Durch Erhöhung der Herzfrequenz sowie die Weitstellung der Gefäße (Vasodilatation) wird die Durchblutung gesteigert, so dass das Blut an der Haut abkühlen kann und die Kerntemperatur absinkt. Übersteigt die vom Körper als notwendig erachtete Durchblutungserhöhung die Leistungsfähigkeit des Körpers, kommt es zum Hitzekollaps, und der Blutdruck sinkt in den weit gestellten Gefäßen um mehr als 40 mmHg ab!

Das Prinzip funktioniert am besten, wenn die Umgebungsluft relativ trocken ist. Daher wird tropische Hitze als unangenehmer empfunden als trockene. In der Größenordnung von +50 °C ist die Grenze erreicht, die der Körper durch Schwitzen zu kompensieren vermag, da der Körper beim Schwitzen viel Wasser und Salz verliert. Dabei ist eine **ausreichende Wasserzufuhr** lebensnotwendig; mangelnde Wasseraufnahme (Dehydrierung) verstärkt das Risiko des Hitzekollapses.

Vom **Hitzekollaps (= Überbelastung des Kreislaufs)** ist der **Hitzschlag** zu unterscheiden. Er bezeichnet den Zustand der Hyperthermie, also der Überhitzung des Körpers. Wenn der Körper nicht mehr in der Lage ist, seine Kerntemperatur zu halten – und hier genügt eine Erhöhung auf 39,5 °C – fällt der Mensch ins Delirium. Es kommt zu Krämpfen und Desorientiertheit. Bei unveränderten Umweltbedingungen treten schnell schwerste Schädigungen von Gehirn und/ oder der Neuronen ein, die zum Tod führen können.

Die Temperatur nimmt mit der Höhe stark ab. Damit der Körper seine volle Leistungsfähigkeit erhalten kann, muss er in einem relativ engen Temperaturspektrum gehalten werden. Bei einer Normtemperatur von 15 °C am Boden herrschen in 3 000 m Höhe bereits Temperaturen von –5 °C, das heißt, die volle Leistungsfähigkeit des Körpers ist nicht mehr sichergestellt. Um (fliegerisch) tauglich zu bleiben, muss das Gehirn eine Temperatur von ca. 37 °C haben.

Bei Unterkühlung (z. B. einer auf 36 °C abgesunkenen Kerntemperatur) sinkt zwar generell unser Sauerstoffbedarf, dafür ist aber auch die Funktion des Gehirns stark eingeschränkt.

Eine Heizung kann hier Abhilfe schaffen. Am zuverlässigsten ist das Problem bei Strahlflugzeugen gelöst. Hier wird komprimierte Luft von den Triebwerken abgeleitet. Aufgrund der hohen Kompression ist die Luft stark erwärmt, so dass die Kabine damit auf eine angenehme Temperatur gebracht werden kann.

Bei kolbengetriebenen Luftfahrzeugen (Motorsegler) wird Frischluft meist über den Auspuff geleitet, wo sie sich erwärmt. Von dort aus wird sie dann zum Heizen ins Flugzeug geblasen. Wie bereits besprochen, birgt dieses System die Gefahr der Kohlenmonoxid-Vergiftung in sich, sobald der Auspuff undicht ist.

Bei Segelflugzeugen und Ballonen – also Luftfahrzeugen ohne Bordheizung – wird der Wärmehaushalt problematisch. Für Segelflugzeugführer und Ballonfahrer ist darum eine **Bekleidung** nach dem **Zwiebelprinzip** empfehlenswert, d. h. mehrere Lagen von Bekleidung schließen jeweils eine dünne Luftschicht ein, die als Isolator wirkt. Wenn die Bekleidung auch noch mit möglichst vielen Reißverschlüssen versehen ist, kann man nach dem Start noch Löcher offen lassen, um mit abnehmender Temperatur den Kokon langsam zu schließen. Erfahrungsgemäß sind auch elektrisch heizbare Fußsohlen, die in die Schuhe geschoben werden, eine große Hilfe.

Hohe Temperaturen treffen wir im Cockpit eher am Boden an. Hier muss die absolute Maxime heißen: **Sonnenschutz und Wasserzufuhr.** Jeder Segelflieger wird bei starker Sonneneinstrahlung einen Sonnenhut tragen. Auch wenn man die Einstrahlung nicht als bedrohlich empfindet, ist ein Sonnenschutz (speziell für unser empfindliches Steuerzentrum, das Gehirn) absolut notwendig. Falsche Temperatureindrücke können dazu verleiten, den Sonnenschutz wegzulassen. Wenn man in 2 500 m Höhe fliegt, ist vielleicht die Temperatur der Umgebungsluft gerade angenehm. Die Sonneneinstrahlung auf den Kopf (verstärkt durch den Brennglas-Effekt der Plexiglashaube) ist jedoch deutlich intensiver als am Boden. Am Boden kann der Wind den Eindruck von Hitze und starker Sonneneinstrahlung „verwischen", in der Höhe ist es die angenehm frische Temperatur, die über die Intensität der Sonneneinstrahlung hinwegtäuschen kann.

> Bereits ab einer Körpertemperatur von 38 °C ist eine Beeinträchtigung der körperlichen und geistigen Leistungsfähigkeit nachweisbar.

> Neben dem Sonnenschutz ist die Aufnahme von Wasser lebenswichtig. Mangelhafter Flüssigkeitshaushalt führt zu merklich verringerter mentaler Leistungsfähigkeit.

6.3.4   Flüssigkeitshaushalt

Wie bereits erwähnt, wird die Körpertemperatur über Zittern oder Schwitzen so gut wie möglich konstant gehalten. Alleine durch Schwitzen verliert der Mensch etwa 0,5 Liter an Flüssigkeit pro Tag. Über die Atemluft gehen beim Ausatmen nochmals 0,5 Liter verloren. Durch Urin werden ca. 1,5 Liter Flüssigkeit ausgeschieden. Das macht insgesamt etwa 2,5 Liter Flüssigkeitsverlust pro Tag – ohne besondere Anstrengung. Wird dieser Flüssigkeitsverlust nicht ausgeglichen, führt er zu einem stark verminderten Leistungsvermögen. Die Zellen des Körpers können am schnellsten Wasser aufnehmen und verarbeiten. Daher eignet sich Wasser besonders gut zum Ausgleich des Flüssigkeitsverlustes. Stark gezuckerte Getränke wie z. B. Cola sollte man eher meiden.

> **Grundsätzlich gilt:**   Je wärmer die Umgebung, umso mehr schwitzt der Körper und umso mehr muss man trinken. Je trockener die Umgebung, umso besser kann man hohe Umgebungstemperaturen durch Schwitzen kompensieren. Jedoch entzieht eine trockene Umgebungsluft dem Körper auch viel Flüssigkeit.

6.4   Beschleunigungen

Geschwindigkeiten werden vom Menschen – wenn sie konstant bleiben und keine Änderung erfahren – nicht unbedingt registriert. Tritt allerdings eine Änderung entweder in der Größe oder in der Richtung der Geschwindigkeit auf, so wird diese Abweichung wahrgenommen.

> Diese **Geschwindigkeitsänderung** nennt man **Beschleunigung**. Eine **positive Beschleunigung** entspricht einer **Erhöhung der Geschwindigkeit**. Eine **negative Beschleunigung** ist die **Verringerung der Geschwindigkeit**.

Verschiedene Merkmale der Beschleunigung haben Einfluss auf ihre Wirkung:

* **Dauer der Beschleunigung.** Kurze Beschleunigungen (weniger als 1 Sekunde) sind physiologisch nahezu unwirksam. Sie kommen zum Beispiel vor als Entfaltungsstoß beim Fallschirmspringen oder auch als Landestoß beim Aufsetzen. Lange Beschleunigungen (von mehr als 2 Sekunden) führen zu physiologischen Reaktionen des Organismus.
* **Stärke der Beschleunigung (G-Belastung).** Auch die Stärke der Beschleunigung hat einen wesentlichen Einfluss auf den Menschen, der nicht dafür konstruiert ist, die z. B. beim (Kunst-) Flug auftretenden Belastungen problemlos zu ertragen (siehe Abschnitt 6.4.1.1 „Auswirkungen der G-Belastung").
* **Einwirkfläche der Beschleunigung.** Es ist ein Unterschied, ob eine Beschleunigung auf den ganzen Körper wirkt (man wird z. B. in den Sitz gepresst) oder ob die auftretende Kraft punktuell abgefangen wird (man wird beim Abbremsen in die Gurte geschleudert).

Für die **Auswirkungen von Beschleunigungen** sind folgende Punkte relevant:

* die Wirkung von Beschleunigungen auf den Kreislauf und andere Teile des Organismus (zum Beispiel „Black-out" durch starke G-Belastung),
* die so genannte Kinetose (= Luftkrankheit, Seekrankheit) – siehe Abschnitt 6.5.7 „Die Bewegungskrankheit – Kinetose".
* die Desorientierung bzw. Täuschung des Lagesinnes (Vertigo) – siehe Abschnitt 6.5.6.

Die Wirkung der Beschleunigung auf den Organismus ist wesentlich auch von der **Richtung der Beschleunigung** abhängig. Wir unterscheiden **lineare** und **radiale Beschleunigungen.**

Die lineare Beschleunigung ist die Veränderung der Geschwindigkeit pro Zeiteinheit. Sie tritt z. B. beim Start (positive Beschleunigung) und beim Abbremsen nach der Landung (negative Beschleunigung) auf. Bei der linearen Beschleunigung findet keine Richtungsänderung statt.

Radiale Beschleunigungen treten bei Änderungen der Bewegungsrichtung auf, zum Beispiel, wenn ein Auto um eine Kurve fährt; je enger der Kurvenradius, desto stärker werden die Insassen auf die kurvenäußere Seite gedrückt. Beim Fliegen im dreidimensionalen Raum gibt es Radialbeschleunigungen nicht nur in Kurven, sondern auch in vertikaler Richtung, zum Beispiel beim Looping. Auf den Menschen wirkt bei Radialbeschleunigungen die Zentrifugalkraft ein.

6.4.1   Die G-Kräfte

Alle Gegenstände auf der Erde unterliegen der Erdanziehung. Das bedeutet: Gegenstände auf dem Erdboden werden dort gehalten; und Gegenstände oberhalb des Erdbodens werden dorthin beschleunigt. Die Erdanziehung ist gleichbedeutend mit der Erdbeschleunigung, d.h. dem Maß der Anziehung/Beschleunigung in Richtung Erdmittelpunkt. Diese **Erdbeschleunigung** nennt man abgekürzt **„g".**

$$1\ g = 9{,}81\ m/s^2$$

Beschleunigungen in der Fliegerei werden als **Vielfaches der Erdanziehung** ausgedrückt. Man spricht in diesem Falle von auftretender G-Belastung (G-Load).

6.4.1.1   Auswirkungen der G-Belastung

Bei **positiven G-Belastungen** drängt das Blut im Körper in Richtung Herz und Füße. Deshalb kommt es schon bei konstant einwirkenden +3 g zu **Einschränkungen der Sehkraft.** Die Netzhaut des Auges wird nicht mehr normal durchblutet. Diese Mangelversorgung verursacht nach ca. 15 Sekunden einen so genannten **„Grey-Out",** d.h. man sieht nur noch schwarz-weiß. Bei anhaltender Beschleunigung stellt sich kurz darauf der **Tunnelblick** ein, weil das Sehen von Dingen im Randbereich des Gesichts (peripheres Sehen) aussetzt. Bei Erreichen von etwa +4,5 g kommt es zum **„Black-Out".** Die Netzhaut wird nicht mehr durchblutet, und man kann nichts mehr sehen.

Wenn der Black-Out nicht zu lange anhält, ist das Sehvermögen kurz nach Beendigung der G-Belastung wieder hergestellt.

Bei **anhaltender Beschleunigung** tritt bei **+5 bis +6 g Bewusstlosigkeit** ein. Normalerweise gehen der Bewusstlosigkeit die beschriebenen Sehstörungen voraus. Bei nachlassender G-Belastung kehrt auch das Bewusstsein zurück. Die Erholungsphase dauert ca. 15 Sekunden, die der Mensch braucht, um sich neu zu orientieren.

6.4.1.2   Erhöhung der G-Toleranz

G-Belastungen sind beim Fliegen nicht zu vermeiden. Beim Kunstflug werden sie sogar bewusst herbeigeführt und sind ein Parameter für die Ausführung der Figuren. Es gibt allerdings einige Hilfsmittel, wie man die Auswirkungen der G-Belastungen für den Organismus verringern kann.

- **Pressatmung:** Unter Pressatmung versteht man schnelles Einatmen gefolgt von einem schnellen Herauspressen der Luft. Während bei der normalen Atmung das Ausatmen ein passiver Vorgang ist, wird bei der Pressatmung das Ausatmen durch die Rippenmuskulatur aktiv unterstützt. Gleichzeitig wird die gesamte Arm- und Beinmuskulatur sowie die Bauchmuskulatur angespannt. Dadurch erhöht sich die Muskelvorspannung des Körpers, so dass weniger Blut versacken kann. Man kann auf diese Weise kurzzeitig die individuelle G-Toleranz um bis zu 4 g erhöhen.

    Nachteile dieser Methode sind die starke Muskelarbeit, die relativ schnell zu Ermüdung führt. Außerdem ist Sprechen (Funken) während der Pressatmung kaum möglich.

- **Sitzposition:** Im Liegen herrscht ein relativ gleichmäßiger Blutdruck überall im Körper, während im Stehen ein Teil des Blutes in den Beinen versackt. Somit ist schon bei 1 g der Blutdruck in den Beinen höher als im Kopf. Mit zunehmender G-Belastung verstärkt sich dieser Effekt. Dies gilt analog für die aufrechte Sitzposition. Wird dagegen die Rückenlehne ein wenig geneigt oder wird eine halbliegende Position eingenommen, kann man die G-Toleranz beträchtlich erhöhen!

6.4.1.3   Verringerung der G-Toleranz

Die G-Verträglichkeit ist von Mensch zu Mensch unterschiedlich, und man kann sich nicht darauf verlassen, dass ein bestimmter Effekt erst bei Erreichen einer bestimmten Belastung eintritt. Darüber hinaus können **folgende Faktoren** die **G-Toleranz** des Einzelnen **verringern:**

- Stress,
- Krankheit und Unwohlsein,
- Müdigkeit,
- Hitze (verringerte G-Toleranz durch weit gestellte Gefäße),
- Alkohol,
- Hyperventilation und/oder Hypoxie,
- verringerter Blutzuckerspiegel,
- leerer Magen (verringerte G-Toleranz, weil Lunge und Herz mehr Platz zum „Verrutschen" im Brustkorb haben).

6.5   Der Gleichgewichtssinn

Die Fähigkeit, das Gleichgewicht zu halten, wird vom Gehirn aus gesteuert. Um die Lage im Raum einzuordnen, benötigt das Gehirn mehrere Informationen. Im Wesentlichen werden dabei genutzt:

- das Vestibularorgan (siehe Abschnitt 6.5.1),
- die Propriorezeptoren (siehe Abschnitt 6.5.2),
- der Sehsinn (siehe Abschnitt 6.5.3).

Da man sich beim Fliegen nicht nur zweidimensional bewegt, sondern um alle drei Achsen, ist es zwingend erforderlich festzustellen, wo man sich im Bezug zu diesen Achsen befindet. Ohne diese Erkenntnis wird man die Orientierung verlieren.

6.5.1   Das Vestibularorgan

Das Vestibularorgan ist Bestandteil des Innenohres. Es besteht aus drei Bogengängen, einem horizontalen Bogengang und zwei senkrechten, die im rechten Winkel zueinander gedreht sind – die Anordnung entspricht den drei Achsen im Raum. Die Bogengänge enthalten eine gallertartige Flüssigkeit, die Endolymphe. An bestimmten Stellen ragen Härchen aus Sinneszellen in die Bogengänge hinein.

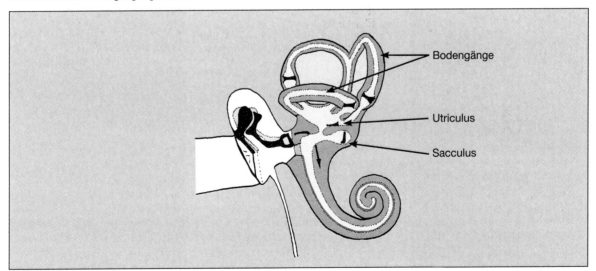

Bodengänge

Utriculus

Sacculus

Bild 6.6.   Das Vestibularorgan

Bei einer Bewegung (Drehung) des Kopfes verharrt die Endolymphe aufgrund ihrer Massenträgheit, die Bogengänge dagegen bewegen sich mit dem Schädel. Daraus resultiert ein einseitiger Druck der Endolymphe auf die Wände der Bogengänge, die feinen Härchen nehmen diesen Druck auf und leiten die Information weiter. Das linke und das rechte Vestibularorgan sind miteinander verbunden. Es bestehen neurale Verbindungen (Nervenverbindungen) zu den Augenmuskelkernen und zum Gehirn. Der Gleichgewichtssinn empfängt und verarbeitet die Signale zu einer Information über die Lage im Raum.

Drehbeschleunigungen lassen sich mit den Bogengängen sehr gut erfassen.

Lineare Beschleunigungen oder Verzögerungen in Flugrichtung führen zum **falschen Eindruck des Steig- oder Sinkfluges.**

6.5.2   Die Propriorezeptoren

Weil der Kopf sich auf dem Körper frei bewegen kann, reichen die Informationen des Vestibularorgans für das Gehirn nicht aus, um daraus sicher die Lage zu ermitteln. Weitere Signale werden von Sensoren gesendet, die die Stellung von Muskeln, Sehnen und Gelenken melden und an das Gehirn weiterleiten. Diese Sensoren nennt man **Propriorezeptoren.**

Auch das „fliegerische Gefühl" beruht auf Propriorezeptoren; das Einfliegen in die Thermik kann mit dem Hosenboden er-fühlt werden – oft bevor das Variometer reagiert. Ob ein Flugzeug schiebt (eine Fläche hängt), teilt sich körperlich mit.

Allerdings: Ohne visuelle Informationen ist das fliegerische Gefühl trügerisch; die Propriorezeptoren sind ausgelegt für die Bewegung auf der Erde und funktionieren nur in Verbindung mit weiteren Lageinformationen verlässlich.

Zum Beispiel führt die Beschleunigung beim Einleiten einer Kurve zu einer Erhöhung des Sitzdrucks – das entspricht dem Gefühl des Steigflugs. Wenn nun weitere wichtige Informationen fehlen, kann die Wahrnehmung diese Signale der Propriorezeptoren nur fehlerhaft interpretieren.

Fazit: Als alleiniges Mittel zum Führen eines Luftfahrzeuges ist das fliegerische Gefühl unbrauchbar.

6.5.3   Der Einfluss des Sehsinnes

Beide Augen liefern dem Gehirn Informationen aus ihrem Gesichtsfeld. Wenn die Augen gesund sind, kann das Gehirn aus diesen Informationen eine Menge Wahrnehmungen **errechnen** – der Eindruck räumlichen Sehens zum Beispiel ist das rechnerische Ergebnis der beiden Einzelwahrnehmungen.

Wichtig für den Gleichgewichtssinn ist dabei nicht das zentrale, sondern das **periphere Gesichtsfeld.** Es beschreibt alle Wahrnehmungen, die am Rande des momentanen Fixationspunktes liegen. Wenn ein Autofahrer, während er den Verkehr voraus beobachtet, „aus dem Augenwinkel" das Aufleuchten des Tankwarnlichts bemerkt, so hat er die Leuchte peripher gesehen. Durch den Gleichgewichtssinn werden die Informationen der Augen mit denen des Vestibularorgans und der Propriorezeptoren abgeglichen. Was dabei die oberste Gewichtung erhält, ist unterschiedlich. Allerdings neigt das Gehirn dazu, den Informationen der Augen Priorität einzuräumen.

Auch bei **Schwindelzuständen** können visuelle Informationen (Fixieren eines Punktes) in Verbindung mit stetigen Signalen von Propriorezeptoren (fester, breitbeiniger Stand) den Schwindel mindern helfen.

Das **Auge** ist das wichtigste Organ zur **Feststellung der Lage im Raum.** Solange die Informationen des peripheren Gesichtsfeldes eindeutig sind, können Fehlinformationen von anderen Sensoren (Vestibularorgan, Propriorezeptoren) unterdrückt werden. Trifft das Auge jedoch auf unbekannte oder untrai-nierte Situationen, kann es schnell überfordert werden! Fällt das periphere Gesichtsfeld weg – bei schlech-ter Sicht, Dunkelheit, Krankheit usw. –, kann das Auge seine Funktion als Lagekontrollorgan nicht mehr wahrnehmen! Auch beim Instrumentenflug fällt das periphere Gesichtsfeld weg. Die Lageinformationen kommen jetzt von den Instrumenten, also aus dem zentralen Sehbereich. Das kann die Ursache dafür sein, dass die Informationen des Auges relativ leicht von fehlerhaften Eindrücken des Vestibularorgans überlagert werden können.

6.5.4   Orientierungsverlust bei Drehbewegungen

Das Vestibularorgan benötigt eine gewisse Mindestbeschleunigung (etwa $2°/s^2$), bevor es eine Drehbewegung registriert. Wird diese Beschleunigung durch schleichenden Einsatz einer Drehbewegung nicht erreicht, so wird dem Gehirn keine Drehung signalisiert. Der Pilot ist der Ansicht, er fliegt geradeaus, obwohl er sich im Kurvenflug befindet.

Das Resultat ist eine **räumliche Fehlorientierung** oder **räumlicher Orientierungsverlust.**

Gleiches gilt bei Überreizung der Bogengänge. Heftige Beschleunigungen – womöglich in entgegengesetzte Richtungen – führen zu unschlüssigen Informationen aus dem Vestibularsystem. Wird z.B. eine Kurve nach links ganz langsam einge-leitet und anschließend mit einer heftigen Rollbewegung nach rechts wieder ausgeleitet, so entsteht der Eindruck, das Flugzeug „hänge" rechts, obwohl es geradeaus fliegt. Die Folge ist auch hier räumlicher Orientierungsverlust.

Mit Hilfe visueller Eindrücke lässt sich die Orientierung wieder herstellen. Das findet z. B. beim Instrumentenflug (Wolkenflug) statt. Allerdings muss der falsche Eindruck, dass „irgendetwas nicht stimmt", bewusst negiert und den Instrumenten geglaubt werden. Versucht man zu früh, sich von den Instrumenten zu lösen, also nach Sicht zu fliegen, so erliegt man sofort wieder der Fehlorientierung.

> Beim stationären Kurvenflug signalisieren die Bogengänge dem Gehirn, man flöge wieder geradeaus – weil die Beschleunigung fehlt.
>
> Wenn es sich um eine koordinierte Kurve handelt, wird auch das gefühlte Scheinlot nach unten zeigen. Es entsteht der falsche Sinneseindruck der Normalfluglage, der als „unbeschleunigter Geradeausflug" interpretiert wird.
>
> Wird der Kurvenflug dann ausgeleitet, registriert das Vestibularorgan eine Beschleunigung entgegen der ursprünglichen Kurvenrichtung. Somit signalisieren die Bogengänge nach Beendigung der Kurve den falschen Eindruck einer Kurve in Gegenrichtung!
>
> Da der Pilot während des Kurvenfluges am Höhenruder ziehen muss, um die Flughöhe zu halten, muss er zum Ausleiten der Kurve wieder nachlassen. Das Nachlassen des Höhenruders erweckt den Eindruck einer Beschleunigung nach unten.
>
> Das Ausleiten einer koordinierten Kurve führt zur Sinnestäuschung – Sinkflug in Gegenrichtung –, obwohl das Flugzeug geradeaus fliegt!

Eine weitere **Dreh-Illusion** kann **beim Trudeln** auftreten. Beispiel: Beim Einleiten des Trudelns wird vom Gleichgewichtssinn eine Drehbewegung nach links gemeldet. Wird nach mehreren Umdrehungen das stationäre Trudeln beendet, so führt das Weiterdrehen der Endolymphe zu der Empfindung, nunmehr nach rechts zu trudeln. Wenn die Bodensicht oder andere visuelle Merkmale fehlen, wird der Pilot intuitiv die vermeintliche Rechtsdrehung beenden wollen und mit den entsprechenden Ruderausschlägen unweigerlich wieder ein Linkstrudeln einleiten („Todesspirale"). Das Gefühl, nach dem Ausleiten des Trudelns in Gegenrichtung zu drehen, wird allerdings durch visuelle Eindrücke überlagert, und der **Pilot weiß bei Sichtreferenz eindeutig, wann die Drehung gestoppt ist.**

6.5.5 Die Coriolis-Täuschung

Eine besondere **Form der Überreizung** des Gleichgewichtssinns kann der Pilot selbst hervorrufen oder vermeiden: die **Coriolis-Täuschung.**

Die Corilos-Täuschung (benannt nach dem frz. Physiker Gaspard G. Coriolos, 1792–1843) beschreibt die Auswirkungen auf den Organismus während einer Drehung, die z. B. in Form fälschlicher Kipp- und Drehempfindungen bei bestimmten Kopfbewegungen (d. h. Kippen der Bogengänge) hervorgerufen wird.

Bei gleichförmigem Kurvenflug werden die Indikatorhärchen des Vestibularorgans wieder in Normallage zurückkehren, da ja keine Beschleunigungen vorliegen. Durch Neigen, Beugen und/oder Drehen des Kopfes kann man die Lage der Bogengänge zum Rotationsmittelpunkt verändern. Da die Bogengänge aus ihrer Rotationsebene gekippt werden, treten wieder Winkelbeschleunigungen auf, die dem Gehirn Drehungen signalisieren.

Offensichtlich sind diese durch Kopfbewegungen ausgelösten Signale so stark, dass das Gehirn sie als Bewegungen des Luftfahrzeugs fehlinterpretiert. Die Folgen sind zumindest temporärer **Kontroll- und Orientierungsverlust.**

> Das Phänomen der Coriolis-Täuschung kann durch Kopfbewegungen im Kurvenflug ausgelöst werden, weil man zum Beispiel den Luftraum rundum beobachtet oder seitlich gelegene Instrumente ablesen oder Schalter bedienen will.
>
> Die Coriolis-Täuschung kann mit etwas Training minimiert werden – so ist zum Beispiel im Kunstflug oft das Drehen des Kopfes bei bereits einwirkenden Beschleunigungen notwendig. Sollte man Schwindelgefühle bei sich beobachten, muss der Kopf still gehalten werden!

6.5.6 Vertigo

Unter **Vertigo** versteht man **heftige Schwindelgefühle** des Piloten. Sie können ausgelöst werden durch eine nachhaltige Coriolis-Täuschung, durch optische Fehlinformationen oder durch eine Reizung des Vestibularorgans beim Valsalva-Manöver. Dabei entsteht ein starkes **Drehschwindelgefühl,** was dazu führen kann, dass nichts mehr fixiert werden kann.

Vertigo tritt auch bei **Kopfbewegungen im Kurvenflug bei mäßiger Sicht** auf. Das Suchen von Gegenständen im Cockpit in Kombination mit nicht eindeutigen optischen Eindrücken kann Vertigo auslösen.

Die Abgrenzung zwischen Vertigo und Coriolis-Täuschung ist nicht eindeutig. Im Extremfall verschwimmen die Cockpitinstrumente zu einer diffusen sich drehenden Masse. Da die Augen in dieser bedrohlichen Situation als unmittelbarer Stabilisator ausscheiden, hilft nur Folgendes:
Aufrecht sitzen, den Kopf nicht bewegen, konzentriert versuchen, einen Punkt zu fixieren. Sobald die Augen in der Lage sind, die Instrumente zu fixieren, kann man mithilfe der Instrumente und kleinen Ruderausschlägen vorsichtig die Fluglage korrigieren. Vertrauen Sie den Flugzeuginstrumenten! Wenn der künstliche Horizont den Himmel unten zeigt, dann fliegen Sie wahrscheinlich auf dem Rücken – auch wenn Sie es anders empfinden!

6.5.7 Die Bewegungskrankheit – Kinetose

Die Bewegungskrankheit (Kinetose) kommt vor als **Seekrankheit,** als **Reisekrankheit** zum Beispiel beim Autofahren, oder auch als **Luftkrankheit beim Fliegen.** Ursache ist eine Überreizung des Vestibularorgans (siehe Abschnitt 6.5.1) durch viele Bewegungssignale in ungewohnter Häufigkeit und/oder Heftigkeit oder Richtung.

Das Gehirn versucht die Vielzahl von Informationen aus dem Vestibularsystem in Einklang zu bringen mit visuellen und propriorezeptorischen Eindrücken. Wenn dies nicht gelingt, kommt es zur **Kinetose,** der **Bewegungskrankheit.** Lärm und Vibrationen verstärken die Empfindlichkeit für Kinetosen erheblich!

Es kommt zu Krankheitssymptomen, die früher oder verstärkt auftreten, wenn der Mensch zusätzlich psychisch angespannt ist, unter Stress steht oder Angst hat. Bei völliger Entspannung dagegen ist die Toleranz gegenüber der Bewegungskrankheit größer.

Anzeichen der Kinetose sind üblicherweise:

* häufiges Gähnen,
* Speichelfluss,
* Übelkeit, Erbrechen,
* Schwindel,
* Schweißausbrüche,
* erhöhter Puls,
* Blutdruckabfall.

In Folge leiden die Betroffenen unter **Konzentrationsschwäche** und werden oft **apathisch und willenlos.**

Die Krankheit klingt meist genauso schnell wieder ab, wie sie gekommen ist, wenn die Beschleunigungen aufhören.

Als Fluggast kann man der Kinetose entgegenwirken, wenn man sich möglichst **nahe an den Drehpunkt des Flugzeugs** setzt, etwa da, wo die Tragflächen in den Rumpf übergehen, weil dort die Amplituden der Flugzeugbewegungen geringer sind. Ebenso ist es förderlich, **mit den Augen einen ruhigen Punkt zu fixieren** – zum Beispiel den Horizont.

Die Erfahrung hat gezeigt, dass man der Kinetose entkommt, wenn man sich an die ungewohnten Bewegungen gewöhnt hat. **Vorbeugend** kann man für **psychische Ausgeglichenheit** sorgen. **Frische Luft, leichte Nahrung (nicht leerer Magen!) und Lärmdämmung** können das Entstehen von Kinetosen vermeiden helfen.

Als Pilot kann man durch das **Vermeiden von Turbulenzen** (Umfliegen von Schlechtwettergebieten, Wechsel der Flughöhe) und das **Vermeiden von Manövern** mit hohen Beschleunigungen zum Wohlbefinden an Bord beitragen.

Sollte es den Piloten einmal selber erwischen, so ist sofort eine ruhige Fluglage herzustellen. Vorsorglich muss ein geeigneter Flugplatz angeflogen werden. Im Segelflug kann eine Außenlandung ratsam sein, wenn etwa Übelkeit dem Piloten zunehmend die Konzentration raubt.

Während es für Fluggäste die Möglichkeit der **medikamentösen Prävention** gibt, scheidet diese für Luftfahrzeugführer absolut aus. Die Wirkung der Medikamente beruht auf einer Dämpfung des vegetativen Nervensystems. Damit geht leider eine **Verringerung der Reaktionsfähigkeit** einher. Das ist für Piloten nicht akzeptabel. Vor entsprechenden „Selbstversuchen" muss dringend gewarnt werden!

> **Merke:** • Luftkrankheit wird gefördert durch sich überlagernde Beschleunigungen, z. B. Kopfbewegungen im Kurvenflug (siehe auch die Abschnitte über „Die Coriolis-Täuschung" und „Vertigo").
> • Angst bzw. psychische Anspannung begünstigen die Entstehung von Luftkrankheit.
> • Gegenmaßnahmen sind frische Luft, Medikamente (nur bei Fluggästen!), Horizont beobachten, Vermeidung von Turbulenzen und ruhige Kopfhaltung. Erklären des Flugablaufs nimmt Passagieren die Anspannung!
> • Alkohol ist als Gegenmittel völlig unbrauchbar.

6.6 Der Sehsinn

Das zentrale Organ des Sehsinns ist das Auge. Seine Wahrnehmungen werden im Gehirn zu Bildern aufbereitet. Das Zusammenspiel von Augen und Gehirn ergibt „das Sehen" (siehe auch Abschnitt 6.5.3 „Der Einfluss des Sehsinnes").

6.6.1 Der Aufbau des Auges

Das Auge besteht aus einer dreischichtigen Hülle:

1. Die äußerste Schicht besteht aus der Lederhaut, der Bindehaut und der durchsichtigen Hornhaut vor der Linse.

2. Die zweite Schicht ist die Aderhaut, die das Auge mit Blut versorgt. Vor der Linse geht die Aderhaut in die Iris über. Die Iris bildet die Pupille.

3. Die innerste Schicht ist schließlich die Netzhaut (Retina). In die Netzhaut sind die optischen Rezeptoren eingebettet. Diese Rezeptoren heißen Stäbchen und Zapfen.

   Etwa 5° außerhalb der Mitte der Rückseite liegt die „Fovea centralis", die zentrale Grube – der Bereich des schärfsten Tagsehens. Dieser Bereich des Auges hat eine gelbliche Färbung. Er wird daher „gelber Fleck" genannt.

   Etwa 15° außerhalb der Mitte tritt der Sehnerv aus. Dort liegt der blinde Fleck.

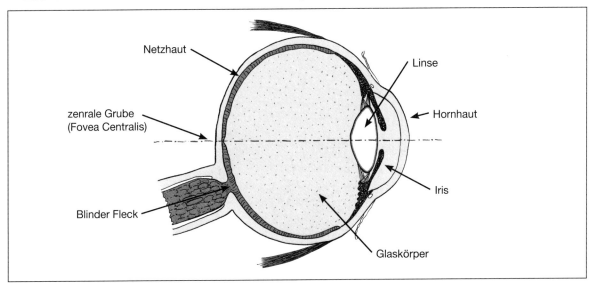

Bild 6.7 Aufbau des Auges

Der Innenraum des Auges ist ausgefüllt mit dem Glaskörper, der aus einer klaren gallertartigen Masse besteht. Auch beim gesunden Auge kommen kleinere Trübungen des Glaskörpers vor. Sie zeigen sich als kleine „fliegende Mücken" beim Blick auf eine unstrukturierte helle Fläche.

Vor dem Glaskörper liegt die Linse. Die Linse ist durchsichtig und elastisch und wird von Muskeln gehalten. Durch das Anspannen dieser Muskeln kann die Linse flacher gezogen werden und damit von Nahsehen auf Fernsicht umstellen und umgekehrt **(Fern- und Nahakkommodation).**

6.6.2 Das Sehen

Der Akkommodationsbereich, d. h. der **Bereich des scharfen Sehens,** reicht bei einem normalsichtigen Jugendlichen von 10 cm bis unendlich. Wenn das Auge entfernte Gegenstände nicht scharf stellen kann, spricht man von Kurzsichtigkeit. Da das Bild hier vor die Netzhaut projiziert wird, dient zur Korrektur eine konkave (nach innen gewölbte Linse). Bei Weitsichtigkeit wird hinter die Netzhaut projiziert und zum Ausgleichen eine konvexe (nach außen gewölbte) Linse benutzt – Brille oder Kontaktlinse.

Lichtstrahlen gelangen durch die Linse ins Auge und treffen auf die Netzhaut. Das Bild auf der Netzhaut (Retina) wird nur für das Gesichtsfeld des jeweiligen Auges erzeugt. Unter dem **Gesichtsfeld** versteht man den Bereich, der erfasst wird, ohne Auge oder Kopf zu bewegen. Man unterscheidet zwischen dem **zentralen Gesichtsfeld** – der Bereich, der fixiert wird – und dem **peripheren Gesichtsfeld.** Das gesamte Gesichtsfeld jedes Auges reicht von 60° über die Nase bis 105° nach außen (also schon 15° nach hinten). Im äußeren Bereich des Gesichtsfeldes kann man Farben nur noch sehr schlecht wahrnehmen, dafür sieht man durch die Signalbündelung Bewegungen am Rand des Gesichtsfeldes recht gut. Im zentralen Gesichtsfeld hat der Mensch ein hervorragendes Farbsehvermögen. Das Gesichtsfeld eines jeden Auges hat einen Bereich, wo nichts gesehen wird – den **blinden Fleck**. Dieser Ausfall wird vom jeweils anderen Auge kompensiert.

Räumliches Sehen basiert darauf, dass das Gehirn die Bilder beider Augen übereinander legt und daraus ein (räumliches) Bild bildet.

6.6.3   Optische Täuschungen

Das Bild im Gehirn entsteht schnell, besonders wenn das Gehirn bekannte Formen wieder findet. Der **Wiedererkennungsfaktor** reduziert die notwendige „Rechenleistung" erheblich. Manchmal schleichen sich allerdings **Fehlinterpretationen** in unserer Wahrnehmung ein, die als **optische Täuschungen** bezeichnet werden. Einige Beispiele optischer Täuschungen werden in den nachfolgenden Bildern demonstriert.

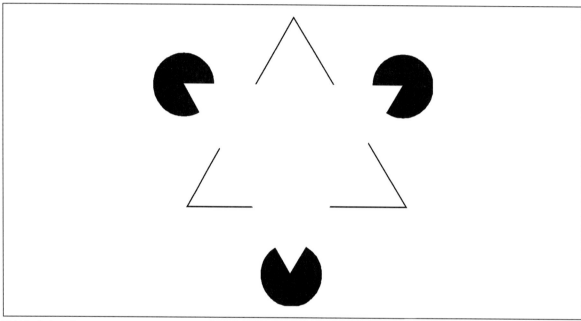

Bild 6.8   Optische Täuschung

In Bild 6.8 erkennt unser Gehirn sofort zwei Dreiecke. Die sehen wir aber gar nicht. Wir sehen drei Kreise mit fehlenden Segmenten sowie drei Winkel. Unser Gehirn hat jedoch vorschnell entschieden, zwei Dreiecke zu sehen, weil es den Wiedererkennungsfaktor genutzt hat. Fazit: Das, was wir meinen zu sehen, ist verschieden von dem, was wir tatsächlich sehen.

In der Fliegerei erhält die optische Täuschung eine hohe Relevanz bei verschiedenen Situationen. Zum Beispiel beim:

• Landeanflug,
• Schätzen der Lage im Raum,
• Erkennen von anderen Luftfahrzeuge, Hindernissen usw.

Man muss wissen, dass es **optische Täuschungen** gibt! Wenn man das weiß, ist man eventuell in der Lage, einem falschen Eindruck nicht zu erliegen. Zudem werden optische Täuschungen im Gehirn erzeugt. Wenn man also eine Situation, in der eine optische Täuschung wahrscheinlich ist, bereits vorher erkennt, kann man die Täuschung zwar nicht unbedingt umgehen, aber ihre Auswirkungen minimieren. Das setzt aber Erfahrung voraus – **Erfahrung des Gehirns mit den in der Fliegerei vorkommenden optischen Täuschungen.** Wenn ich gelernt habe, dass die Umrisse eines Flugzeugs nichts über seine Flugrichtung aussagen, werde ich nicht der Versuchung erliegen, diese vorschnell falsch zu interpretieren.

Bild 6.9   Kommt er näher oder fliegt er weg?

6.6.4   Die Fluglage

Das Auge ist eine extrem wichtige Informationsquelle, um die Fluglage richtig einschätzen zu können. Wenn die Informationen des Auges jedoch durch optische Täuschungen verfälscht werden, kann das zu fatalen **Fehleinschätzungen der Lage im Raum** führen.

Auch einfache optische Reize können zu optischen Täuschungen führen. Wenn man nachts einzelne Lichtpunkte betrachtet, können sie anfangen scheinbar zu wandern. Man nennt das **Autokinese.**

Wechselnde Leuchtstärke einzelner Punkte kann als Annäherung oder Entfernung interpretiert werden. Abhilfe können andere Lichtquellen schaffen, die als Referenz dienen. Aufgehende Sterne flackern oft so, dass sie als Gegenverkehr interpretiert werden.

6.6.5   Fehleinschätzungen beim Anflug

Im Anflug versucht das Gehirn, durch die Auswertung optischer Informationen folgende Faktoren zu schätzen und in Relation zu bringen:

- Anfluggeschwindigkeit,
- Anflugwinkel,
- Sinkgeschwindigkeit und
- Höhe über Grund.

Dabei kann es zu einer Vielzahl von Schätzfehlern kommen. Ein erfahrener Pilot hat es eventuell einfacher als ein Anfänger und kann Schätzfehler kompensieren. Aber auch ein Anfänger kann mit Kenntnis der typischen Fehler Überraschungen vermeiden und seine Aufmerksamkeit schärfen.

Klassischer Fall ist die Landung nach einem langen Flug in großer Höhe. Das Auge hat sich daran gewöhnt, dass alle Dinge relativ klein sind. Bei Annäherung an den Flugplatz erscheint einem die Landepiste zu früh als zu groß – und damit als zu nah. Man wird versucht sein, den Anflug zu hoch anzusetzen.

Wenn man gewöhnt ist, von kleinen Flugplätzen zu fliegen, wird man beim Anflug auf eine breitere Piste zu hoch abfangen. Andersherum landen Verkehrspiloten auf kleinen Plätzen gerne ohne Abfangbogen.

Starken Einfluss auf Einschätzung der Höhe im Anflug und damit ebenso auf den Abfangbogen hat auch die **Breite der Landepiste.**

Die linke Piste in Bild 6.10 ist exakt doppelt so breit wie die rechte. Das ist der einzige Unterschied! Große Flughäfen haben bis zu 60 m breite Pisten. Optisch erscheint dem Piloten der Anflug links korrekt, während er sich rechts zu hoch wähnt.

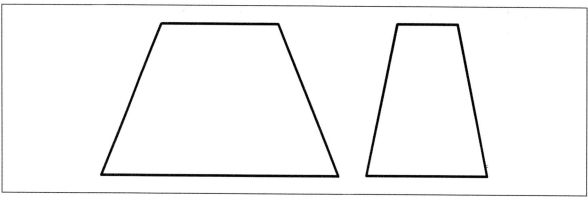

Bild 6.10   Unterschiedlich breite Pisten

Ein weiterer **Schätzfehler** bezüglich der Höhe resultiert aus dem **Pistenbelag:** Eine helle Piste führt zu einem zu hohen Abfangbogen, eine dunkle zu einem zu tiefen! Helle Flächen wirken näher als dunkle, die weiter entfernt scheinen als in Wirklichkeit.

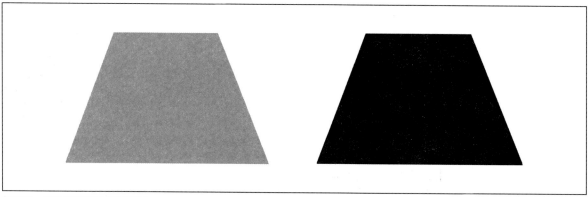

Bild 6.11.   Unterschiedliche Pistenbeläge

Merke: Durch Fliegen eines zu flachen Anflugwinkels besteht die Gefahr, die Mindestgeschwindigkeit zu unterschreiten und vor der Piste mit Hindernissen zu kollidieren.

Ein wiederkehrender Schätzfehler ergibt sich aufgrund von **Geländeneigungen.** Dabei kann die Piste geneigt sein oder das Gelände im Anflug auf die Piste – oder beides.

Wenn das **Gelände zur Piste hin abfällt,** führt der korrekte Anflug zu dem Eindruck, zu tief zu sein – da der Boden dann dichter unter einem ist als gewohnt. Die Korrektur führt dann zu einem zu hohen Anflug, der so lange gut aussieht, bis man zu hoch über den Anfang der Piste kommt.

Bei **ansteigender Piste** hat man den Eindruck, zu hoch zu sein und zu weit zu kommen, weil man mehr Landefläche sieht. Der Anflug bzw. Gleitwinkel erscheint dem Piloten zu steil. Bei der irrtümlichen Korrektur kommt man tief und gefährlich flach. Das Aufsetzen ist hart, weil man zu wenig zieht.

Bei **abfallender Piste** schätzt man den Gleitwinkel zu flach und kommt steil und mit hoher Sinkrate zur Landung.

Extreme Höhenschätzfehler ergeben sich beim Anfliegen konturloser Landschaften. Völlig weiß geschneite Flugplätze oder glatte Wasserflächen führen zu Fehleinschätzungen der Höhe. Eine mögliche Landetechnik bei solchen Verhältnissen ist es, die letzten Höhenmeter mit konstanter flacher Sinkrate zurückzulegen und nicht vollends abzufangen.

Schätzfehler ergeben sich auch **bei der Geschwindigkeit.** Grundlage für die Schätzung ist die Geschwindigkeit, mit der Objekte an uns vorbeihuschen. Dazu muss man deren Größe kennen. Ein großes Objekt zieht langsamer vorbei als ein kleines. Auch der Abstand zu den Referenzobjekten spielt eine Rolle. Schätzfehler unterlaufen uns dann, wenn Referenzobjekte spärlich sind oder weit entfernt stehen.

Neben der falschen Geschwindigkeit **schätzt** man bei **verminderter Sicht** auch **Entfernungen und Größenverhältnisse falsch.** Das kann bei Nebel der Fall sein, aber genauso bei Regen, Nieselregen in der Dämmerung, Dunkelheit, Schneefall (Orientierungsverlust durch treibende Schneeflocken!) usw.

6.6.6   Sehen und gesehen werden

Neben den rein optischen Eigenschaften des Auges erzwingt die neuronale Verarbeitung der erfassten Bilder gewisse Techniken, um tatsächlich das sehen zu können, was man sehen will.

Besonderes Augenmerk sollte man darum auf das **persönliche Allgemeinbefinden** legen! Da die Bilder, die man sieht, erst im Kopf erzeugt werden, können viele Faktoren zu einer **Verminderung der Sehleistung** führen. Dazu gehören:

- Alkohol,
- Medikamente,
- Sauerstoffmangel,
- Müdigkeit, Abgespanntheit und/oder Unkonzentriertheit,
- Stress,
- Kälte oder Hitze und ähnliches.

Zwar können die Augen ohne Augenbewegung über 210° Gesichtsfeld abdecken, aber scharf wird ein Bild nur in der Mitte. **Objekte am Rande des Gesichtsfeldes werden nur wahrgenommen, wenn sie sich bewegen!** Um also ein anderes Flugzeug aus dem Cockpit sehen zu können, muss es sich bewegen oder man muss es fixieren.

Im **peripheren Gesichtsfeld sieht der Mensch unscharf und schwarz-weiß.** Damit erregt ein dort befindliches **stehendes Objekt** unsere Aufmerksamkeit **nicht!** Wir fixieren es nicht, das heißt wir sehen es nicht.

Eine Gefahr stellt auch das **Verschwimmen der optischen Informationen vor dem Hintergrund** dar. Bei schlechter Sicht können Hindernisse oder Flugzeuge als strukturlose „Nicht-Informationen" **im Sichtbereich** sein und dennoch nicht wahrgenommen werden. Gerade in der Gebirgsfliegerei verschwinden Flugzeuge vor Schneefeldern! Seilbahnen werden nicht gesehen – ihre Masten verschwinden im Wald. Bei Seilbahnen kann man eventuell die Berg- oder Talstation gut erkennen. Bei entgegenkommenden weißen Flugzeugen vor Schneefeldern wird es wesentlich schwieriger. Zwar kann eine Warnfolie unter Umständen die Sichtbarkeit erhöhen, jedoch ist die Silhouette bei genauem Gegenkurs dennoch sehr klein! Um alle Gegenstände, Vorgänge und Informationen im Gesichtsfeld zu erfassen, muss man sein Umfeld bewusst „optisch abtasten". Dabei sollte systematisch in Schritten von 10°–20° vorgegangen werden. Alles, was außerhalb eines 10°-Sektors liegt, kann nicht fixiert werden und wird nicht erkannt. Dieses Vorgehen nennt man **„Scanning-Methode":**

- Ständig das gesamte Gesichtsfeld absuchen,
- nicht zu lange auf einem Punkt verharren,
- jede Sekunde einen neuen Blickpunkt nehmen,
- die Blickpunkte möglichst nicht weiter als 10° auseinander legen.

Gutes Sehen bei Tag erfordert beim Fliegen eine **gute Sonnenbrille.** Rein äußerlich sollte eine fürs Fliegen geeignete Sonnenbrille ausreichend **große Gläser** haben, damit durch seitlich einfallendes Licht keine störenden Reflexionen eintreten. Die Sonnenbrille sollte das **UV-Licht ausfiltern** und sie sollte **nicht spiegeln,** denn das erzeugt Reflexionen im Cockpit und erschwert das Ablesen der Instrumente. Durch eine Sonnenbrille kann die **Dunkeladaption** des Auges beschleunigt werden. Wichtig ist weiterhin, dass die Gläser die **Farben nicht verfälschen.**

Um **Kollisionen zu vermeiden,** müssen wir ständig den Luftraum nach anderen Luftfahrzeugen absuchen; wir müssen sie so früh wie möglich erkennen und ihre **Entfernung richtig einschätzen.**

Entfernungen können wir nicht sehen, wir schätzen sie aufgrund unserer Erfahrung und der Kenntnisse über die Größe des beobachteten Objekts. Allerdings gibt es am Himmel wenig Vergleichsobjekte. Nur weil ein Flugzeug klein ist, muss es nicht weit weg sein.

Ein Flugzeug, dessen Flugweg den eigenen kreuzt, wird zumeist gut erkannt (Bewegung im peripheren Sehen); ein tiefer fliegendes Luftfahrzeug verschiebt sich auf der Frontscheibe nach unten, ein höher fliegendes scheint zu steigen. Gefährlich wird es, wenn sich ein Flugzeug in der Frontscheibe nicht bewegt: es fliegt auf gleicher Höhe auf uns zu! Eine Größenveränderung findet nur ganz allmählich statt. Erst wenn der Gegenverkehr schon sehr nahe gekommen ist, wächst seine Silhouette explosionsartig.

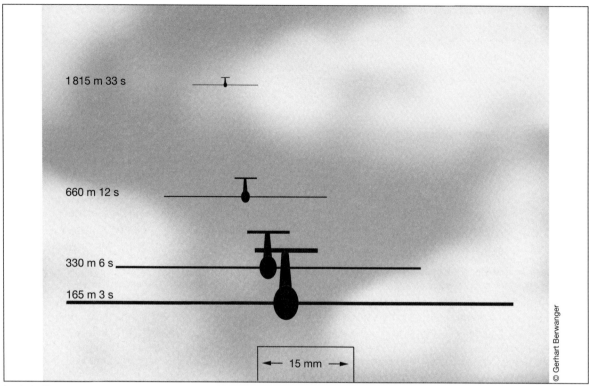

1 815 m 33 s

660 m 12 s

330 m 6 s

165 m 3 s

← 15 mm →

© Gerhart Berwanger

Bild 6.12   Verbleibende Zeit bis zum Zusammenstoß

6.7   Physiologische Belastungen

Die Funktionsweisen des menschlichen Körpers unterliegen Einschränkungen in ihrer Zuverlässigkeit, die der Mensch oftmals nicht selbst verursacht. Für Piloten bedarf es besonderer Sorgfalt im Umgang mit Medikamenten und Drogen.

Alkohol: Bereits geringe Mengen Alkohol im Blut stellen beim Fliegen eine unverantwortliche Gefährdung des Einzelnen und seiner Umwelt dar.

Alkohol wird nur langsam abgebaut. Man geht von einer **Abbaurate von 0,1‰ pro Stunde** aus. 0,8 Liter Bier führen zu einem Alkoholspiegel von ungefähr 0,8‰. Überschlägig braucht man also 8 Stunden, bis man wieder nüchtern ist.

Alkohol gelangt über den Magen und den Darm in die Blutbahn. Von dort folgt er dem Blutkreislauf. Wie aufgenommene Nährstoffe auch kommt er bei den Organen an, ist für sie aber völlig wertlos. Stattdessen richtet er Schäden an, und zwar am intensivsten an den gut durchbluteten Organen wie dem Gehirn. Im Gehirn erfolgt die zentrale Steuerung der körperlichen und geistigen Funktionen. Alkohol behindert den Rechenprozess des Gehirns und schränkt den neuralen Datentransport ein.

Medikamente: Die Einnahme von Medikamenten und ihre anschließende Wirkung auf den Organismus kann auch bei rezeptfreien Mitteln in der Fliegerei problematisch sein. Deshalb Vorsicht bei der Selbstmedikation, denn es gibt **typische Nebenwirkungen:**

Schmerzmittel:	Benommenheit, Müdigkeit, Suchtgefahr
Schlafmittel:	Müdigkeit, eingeschränktes Reaktionsvermögen, Suchtgefahr
Erkältungsmittel:	Müdigkeit, Konzentrationsschwäche, Nervosität
Appetitzügler:	Konzentrations-/Koordinationsschwäche, Leistungsabfall

Neben der eigentlichen Wirkung der einzelnen Medikamente sind auch die Wechselwirkungen mit anderen Mitteln relevant. Das Fliegen kann – durch den geringeren Druck in der Höhe – die Wirkung von Medikamenten verstärken. Zwischen Medikamenteneinnahme und Fliegen sollte eine 12-stündige Karenzzeit liegen. Vereinzelt können Impfungen oder Medikamente auch eine längere Beeinträchtigung auslösen. Im Zweifelsfall sollte der Fliegerarzt zu Rate gezogen werden.

Nikotin: Rauchen gefährdet bekanntlich die Gesundheit. Dies aber sind die grundsätzlichen Probleme:

- Mit dem Rauch werden viele Schadstoffe inhaliert, die in allen Atemorganen krebserregend wirken können.
- Neben diesen Schadstoffen wird Teer inhaliert, der die Selbstreinigungsmechanismen der Atemwege verklebt und so sehr tief in die Lunge eindringen kann.
- Nikotin ist ein Nervengift und beeinflusst den Muskeltonus sowie die Herz- und Kreislaufregulation.
- Rauchen führt zu einer mehr oder weniger schweren CO-Vergiftung.
- Herabfallende oder nicht richtig gelöschte Zigaretten können Feuer an Bord auslösen.

6.8   Physische und psychische Fitness: Stress

Stress ist nicht gleich Stress! Man unterscheidet **positiven Stress (Eustress),** der zu hoher Leistungsbereitschaft anspornt, von **negativem Stress (Distress).**

> **Distress** wird als **Überforderung** empfunden. Man hat das Gefühl, der gestellten Aufgabe nicht gewachsen zu sein. Der Körper reagiert mit einem Abfall des Blutdrucks und absinkender Körpertemperatur.
>
> Die nächste Stufe ist gekennzeichnet von Blutdruckanstieg, Schweißausbrüchen, hohem Puls und schneller Atmung. Das vegetative Nervensystem (in diesem Fall der Sympathikus) schlägt Alarm. Man wird nervös. Die **Aufnahmefähigkeit** ist **eingeschränkt (mentaler Tunnelblick).** Die psychische Belastung wird als unerträglich empfunden. Bei anhaltender Belastung kommt es zu einer Rückzugsreaktion – die Welt bricht über einem zusammen.
>
> **Distress** führt zu **kanalisierter Aufmerksamkeit,** man bekommt nicht mehr alle Fakten mit und behauptet hinterher felsenfest diese oder jene Anzeige hätte nicht funktioniert **(eingeschränkte Wahrnehmung und Erinnerung).** Die Konzentrationsfähigkeit sinkt und es kommt zu Denkblockaden. Die Informationsverarbeitung ist gestört. Man reagiert frustriert und wütend. Hektik macht sich breit und ist zum Beispiel beim Funken deutlich zu vernehmen.

Man kann den Umgang mit Stress trainieren. Solange man Stress als **Eustress** erlebt, ist er **leicht zu verarbeiten.** Wenn der Eindruck allerdings in Distress umschlägt, entstehen Probleme. Anforderungen, auf die man vorbereitet ist, werden eher als Eustress erlebt als unvorbereitete, scheinbar ausweglose Situationen.

Die **Strategie zum Umgang mit Stress** sollte folgende Punkte berücksichtigen:

- Physisch gesund, fit und ausgeruht sein, hilft Stress zu bewältigen.
- Erfahrung hilft, Stressfaktoren besser einzuschätzen.
- Bei psychischer Ausgeglichenheit und unbelastet von Problemen ist eine höhere Stressresistenz vorhanden.
- Optimaler Erregungszustand: weder gelangweilt, noch übererregt.
- Halten Sie die **Umweltbedingungen** so **optimal** wie möglich. Vermeiden oder reduzieren Sie Lärm, Hitze, Gestank, Vibrationen usw.
- **Schätzen Sie Ihren Trainingsstand realistisch ein!** Wer im Frühjahr in Südfrankreich das erste Mal nach dem Winter in sein Segelflugzeug steigt und bei heftigem Wind startet, der muss sich nicht wundern, wenn er sich überlastet. Meist wird in Folge dann das Flugzeug überlastet.
- Arbeiten Sie am **Flugzeug** und im **Cockpit konzentriert!** Lassen Sie Probleme zu Hause und befolgen Sie **Standardverfahren!** Eine **systematische Vorflugkontrolle** zum Beispiel hat zwei Vorteile: erstens können Sie Fehler des Flugzeugs erkennen, bevor sie im Flug zum Stressfaktor werden. Sie brauchen beim Start nicht besorgt auf den Fahrtmesser zu schielen – habe ich die Abdeckung vom Pitot-Rohr entfernt? Sie wissen, dass sie entfernt ist! Außerdem bietet die Vorflugkontrolle Gelegenheit, sich zu konzentrieren. Wenn Sie feststellen, dass die **Konzentration** aufgrund mitgebrachter Probleme **schwer fällt,** sollten Sie auf den **Flug verzichten!**
- Nicht akzeptabel im Umgang mit Stress ist die Flucht in Medikamente, Alkohol oder ähnliches, denn dies würde zu Apathie, Resignation oder Aggression führen.

6.9   Der Faktor Mensch und seine Fehler

Bei vielen Störungen in der Luftfahrt liegt die Ursache nicht in technischen Unzulänglichkeiten, sondern beim Faktor Mensch.

> **Merke:**   Wichtig ist, dass wir unsere Leistungsfähigkeit, unser Können und Urteilsvermögen, unsere Auffassungsgabe und unseren Stresslevel so einschätzen, dass wir innerhalb unserer Möglichkeiten bleiben und damit Unfälle verhindern helfen.

Die möglichen Fehlerquellen im menschlichen Handeln sind vielfältig. Die Zeitschiene zwischen dem Erkennen eines Handlungsbedarfs bis zur vollendeten Handlung bietet „dem Fehler" mehrere Möglichkeiten zum Andocken.

- **Fehler bei der Reizaufnahme;** zum Beispiel Blendung durch die tief stehende Sonne verhindert klares Sehen.
- **Wahrnehmungsfehler;** zum Beispiel durch optische Täuschungen (vgl. Abschnitt 6.6.3).
- **Fehler bei der Entscheidung**; zum Beispiel zur unbedingten Landung auf dem Flugplatz bei einem Seilriss in niedriger Höhe.
- **Fehler bei der Aktion;** zum Beispiel Einfahren des Fahrwerks vor der Landung (weil es die ganze Zeit draußen war), anstatt es auszufahren.

6.9.1   Erkennen von Fehlern

Wird ein Fehler rechtzeitig erkannt, so ist er (meist) auch zu korrigieren. Beim Erkennen oder Herausfiltern von Fehlern hilft die Methode des Feedbacks, d. h. man kontrolliert, ob die Handlung den erwünschten Erfolg brachte. Hat das Flugzeug so reagiert, wie ich es wollte? Hat das Umlegen des Fahrwerkshebels zum Ausfahren desselben geführt?

Der Pilot überprüft den gewünschten Erfolg seiner Aktion. Durch diese Überprüfung (Feedback) wird er in die Lage versetzt, entweder nochmals eine Aktion einzuleiten oder aber den Arbeitsschritt als abgeschlossen zu betrachten. Man spricht von einem **geschlossenen Regelkreis.**

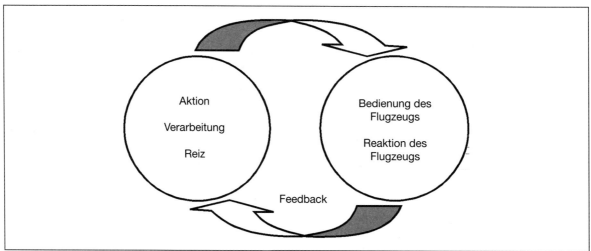

Bild 6.13   Der geschlossene Regelkreis

Feedback ist als Kontrollinstrument extrem wichtig. Natürlich kann es fehlerbehaftet sein, da es wieder als Input in die obige Kette eingespeist wird, aber es ist unter Umständen die einzige Möglichkeit, einen Fehler zu erkennen.

- Überprüfen Sie die Resultate Ihrer Handlungen.
- Stellen Sie einen geschlossenen Regelkreis her.
- Achten Sie auf widersprüchliche Informationen.

Um sicher zu fliegen, müssen wir akzeptieren, dass wir Fehler machen! Unsere „Systemverlässlichkeit" liegt weit unter der für technische Einrichtungen geforderten.

Fehler werden gemacht – man muss aus ihnen lernen. Das kann man nur, wenn man sie kennt. Damit nicht jeder jeden Fehler selber machen muss, ist es wichtig, dass von gemachten Fehlern offen gesprochen werden kann und offen gesprochen wird! Ein offener unsanktionierter Umgang mit Fehlern ist wesentlicher Bestandteil jeder Sicherheitskultur.

Wir müssen die Grenzen unserer Fähigkeiten sehen, akzeptieren und mit unserem (Un-) Vermögen so effektiv wie möglich umgehen. Gemachte Fehler – egal wie gravierend – müssen offen analysiert werden, um Vermeidungsstrategien zu entwickeln.

1. Es gibt keine Fehler, die nicht gemacht werden!
2. Es gibt niemanden, der keine Fehler macht!
3. Man muss mit Fehlern leben und versuchen, sie zu korrigieren bzw. ihre Auswirkungen zu minimieren!
4. Man muss Konzepte finden, um Fehlermöglichkeiten einzuschränken!

Diese vier Punkte sind Gesetz! Es gibt keine Ausnahmen!

6.9.2   Cockpit-Management

Cockpit Management ist ein Begriff aus der kommerziellen Luftfahrt und meint die **koordinierte Zusammenarbeit der Besatzung** ebenso wie die **effiziente Gestaltung der Handlungsabläufe** an Bord. Es betrifft den gesamten „Stimmungsaufbau" im Cockpit sowie im gesamten fliegerischen Umfeld.

Die unter dem Begriff Cockpit-Management zusammengefassten Regeln und Erkenntnisse gelten auch in der sportlichen Luftfahrt; sie gelten sinngemäß ebenfalls im Einsitzer-Cockpit, im Lehrer/Schüler-Verhältnis, beim Flug mit Gästen oder für die Kommunikation zwischen Flugzeug und Boden. Auch ein Team, das in verschiedenen Flugzeugen überland fliegt, ist eine Cockpit-Crew. Oder die Startmannschaft, die als Windenfahrer, Startleiter, Einklinker, Telefonist, Flügelläufer und Pilot einen Windenstart durchführt. Es kommt auf jeden einzelnen an. Jeder Segelflugstart ist eine abgestimmte Teamleistung.

- An erster Stelle stehen **Wachsamkeit und Konzentration;** sie zeichnen ein gutes Cockpit-Team aus. Das gilt auch und besonders, wenn man alleine im Cockpit ist. Wachsamkeit ist aktive Fehler-Vermeidung. Gerade im Einsitzer ist immer die volle Aufmerksamkeit gefragt. Versuchen Sie, organisiert und konzentriert vorzugehen. Sie sind die/der einzige, die/der Ihre Fehler entdecken kann!

- Ein hohes Maß an Wissen und eine hohe Verfahrenstreue helfen, professionell und sicher zu arbeiten. Sollte sich jemand im Cockpit oder im Umfeld nicht daran halten, muss man ihn darauf hinweisen.

- Für den Einsitzer-Piloten gilt in besonderem Maße: Halten Sie Standardverfahren strikt ein – niemand wird Sie auf Ihre Fehler hinweisen können!

- Verantwortungsgefühl für das, was er tut, muss jeder haben; der, der im Cockpit sitzt, genauso wie der am Flugbetrieb Beteiligte.

- Vom verantwortlichen Luftfahrzeugführer wird verlangt, dass er die Führung der Besatzung übernimmt. Zur Besatzung zählt, wer sich an Bord befindet: Flugschüler, Fluggast, ein anderer Pilot usw.

- Der verantwortliche Luftfahrzeugführer muss alle Personen an Bord/im Team zur Kommunikation ermuntern. Sachliche Informationen und persönliches Feedback müssen ausgetauscht werden. Jeder kann etwas übersehen oder etwas Wichtiges bemerken. Niemand ist unfehlbar!

- Persönliche Konflikte müssen angesprochen und gelöst werden. Ein nicht miteinander arbeitendes Team arbeitet zwangsläufig gegeneinander!

- **Cockpit-Management erfordert die ständige Überprüfung des eigenen Verhaltens!**

Ein wichtiger Bestandteil des Handelns im Cockpit ist die Kommunikation, intern (z. B. Fluglehrer/Flugschüler) und extern (z. B. Pilot/Flugleiter). Für eine sachbezogene **Kommunikation im Flugzeug sowie im Funk** gilt:

- Hören Sie konzentriert und aktiv zu!
- Aussagen klar, laut, eindeutig und präzise treffen.
- Keine Interpretationen zulassen oder versuchen.
- Bei Zweifeln: Nachfragen!

Standardverfahren in der Fliegerei sind keine Schikane – vielmehr sind sie die Voraussetzung für einen sicheren Flugbetrieb. Das gilt für die Platzrunde (um für sich und andere einen kalkulierbaren Ablauf herzustellen) ebenso wie für Abläufe im Cockpit. Nur was unzählige Male geübt wurde und in Fleisch und Blut übergegangen ist, wird auch in Stresssituationen beherrscht.

Gewöhnen Sie sich an, festgelegte Verfahren zu befolgen. Diese Verfahren sind richtig und haben ihren Grund. Wenn man sich an standardisierte und festgelegte Verfahren hält, sind Fehler leichter zu vermeiden.

6.9.3   Motivation und Anspannung

Stress, Motivation und Anspannung beeinflussen unsere Leistungsfähigkeit. Bei geringem Stress wird auch die Leistungsabgabe gering sein. Je mehr Stress auf den Menschen einwirkt, desto höher ist seine Leistungsabgabe. Der Punkt, an dem die Kurve der geforderten Leistung die Kurve der möglichen Leistung schneidet, nennt man „cross-over-point". Ab diesem Punkt beginnt die Überforderung, d. h. die Belastung wird zu groß und die Leistungskurve bricht ein (siehe Bild 6.14).

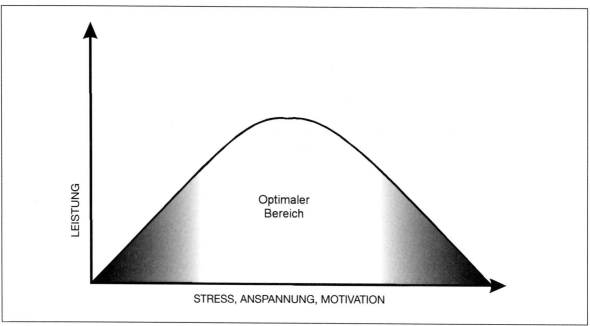

Bild 6.14   Leistungskurve

> **Merke:**   Übermotivation oder ein zu hoher Stresslevel führen zum Überschießen des Zieles. Die Leistungsfähigkeit sinkt, und man leidet unter einem mentalen Tunnelblick. Wichtige Informationen werden nicht mehr wahrgenommen.

6.9.4   Risikobewusstsein und Selbstvertrauen

Das Bewusstsein über ein eventuelles Risiko ist Voraussetzung dafür, das Risiko nicht bedrohlich werden zu lassen. Dazu gehören Wissen und Erfahrung. Langjährige Erfahrung in der Fliegerei kann jedoch auch zu dem Gefühl verleiten, einem selbst könne nichts mehr passieren: Dann wird **Sorglosigkeit zur Gefahr!**

Begünstigt wird das mangelnde Risikobewusstsein häufig durch **mangelnde Selbstkritik.** Man wird dann von einer bedrohlichen Situation völlig unvorbereitet überrascht. Die Folge sind hastige und unstrukturierte Entscheidungen.

Berufliche oder private Erfolgserlebnisse können zu gefühlsmäßigen „Höhenflügen" führen. Das Risiko wird verdrängt, selbstkritische Beobachtung tritt in den Hintergrund.

> **Merke:**   Impulsivität in der Entscheidungsfindung sowie Selbstüberschätzung sind unfallbegünstigende Faktoren.

Entscheidend für die Leistungsfähigkeit des Einzelnen ist auch sein **Selbstvertrauen.** Übermäßiges oder zu geringes Selbstvertrauen kann zur starken Beeinflussung der Entscheidungsfindung führen. Ein zu geringes Selbstvertrauen wird zu zögerlichen Entscheidungen, zu übervorsichtigem Umsetzen der getroffenen Entscheidungen sowie zu geringer Konsequenz führen.

Ein übermäßiges Selbstbewusstsein hat das Gegenteil zur Folge: „mutige" und schnelle Entscheidungen, ohne selbstkritische Überprüfung und ohne Erfolgskontrolle.

6.9.5 Mentales Training und mentale Belastungen

Mentales Training bedeutet, sich eine Situation vorzustellen und einen **Verhaltensablauf** wiederholt im Geiste **durchzuspielen.** Auch damit kann man „richtiges" Handeln „trocken" trainieren und praktische Übungen ergänzen; z.B. kann man das Verhalten bei einem Seilriss im Windenstart mental wiederholen und damit üben. Oft trainierte Handlungen gehen in erlernte Automatismen über. Sie sind im Langzeitgedächtnis abgelegt und können ohne darüber nachzudenken ausgeführt werden.

Merke: • Üben erleichtert das Fliegen und vergrößert die freie Rechenkapazität.
• Das Üben von Notsituationen verschafft Ihnen Zeit.
• Vermeiden Sie Zeitdruck und mentale Überlastung.
• Verbessern Sie Ihre fliegerischen Fähigkeiten durch mentales Training.

Verschiedene äußere Einflüsse – physischer oder psychischer Natur – können zu **mentalen Belastungen** und damit zur Einschränkung unserer Leistungs- und Reaktionsfähigkeit führen. Persönliche Probleme, berufliche Belastungen, Sorgen in der Beziehung usw. können die Informationsaufnahme und Verarbeitung stark einschränken. Wenn man sich von solchen mentalen Belastungen nicht freimachen kann, sollte man auf das Fliegen verzichten!

Auch körperliche Belastungen (z.B. Müdigkeit) bzw. Belastungen des Immunsystems (z.B. Krankheit) schränken die Leistungsfähigkeit ein.

Überprüfen Sie sich vor jedem Flug mit dem **Merksatz:**

I´M SAFE (Ich bin sicher)	**Bin ich sicher?**
I – Illness (Krankheit)	Bin ich gesund?
M – Medication (Medikamente)	Bin ich frei von Medikamenten?
S – Stress (psychische Belastungen)	Bin ich entspannt und frei von psychischen Belastungen?
A – Alcohol (Alkohol)	Habe ich in den letzten 12 Stunden keinen Alkohol getrunken?
F – Fatigue (Müdigkeit)	Bin ich ausgeruht?
E – Eating (Ernährung)	Habe ich ausreichend gegessen und getrunken oder könnten Hunger oder Durst mich belasten?

Wenn Sie diese Punkte als nicht relevant abhaken können, kann nicht mehr so viel schief gehen. Wenn Sie allerdings einen dieser Faktoren bei sich entdecken, sollten Sie nicht fliegen! Manchmal eine schwere Entscheidung!

7 Flugfunk

7.1 Allgemeines

Ähnlich, wie auf dem Gebiet der Zivilluftfahrt die ICAO, gibt es eine Organisation, die eine Koordination und Vereinheitlichung des internationalen Fernmeldewesens zum Ziel hat.

Diese Organisation wird als **„Internationale Fernmeldeunion"** bezeichnet und sie hat ihren Sitz in Genf. Die Abkürzung für diese Vereinigung ist (englisch) **ITU** und (französisch) **UIT**. Nahezu alle Länder der Erde gehören der **UIT** an. Die Grundlage für die Durchführung des internationalen Fernmeldeverkehrs ist der „Internationale Fernmeldevertrag" (IFV) mit seinen Vollzugsordnungen.

In der Bundesrepublik Deutschland liegt die **Fernmeldehoheit** bei der Bundesregierung. Die Fernmeldehoheit wird ausgeübt von der **Bundesnetzagentur,** einer selbständigen Bundesbehörde im Geschäftsbereich des Bundesministeriums für Wirtschaft und Technologie (vormals Regulierungsbehörde für Telekommunikation und Post, ihrerseits hervorgegangen aus dem Bundesministerium für Post und Telekommunikation, das 1998 aufgelöst wurde).

Die Bundesnetzagentur erteilt die Genehmigung zum Errichten und Betreiben von Funkstellen und überpüft die Funkanlagen auf Einhaltung der genehmigten Merkmale.

7.2 Verordnung über Flugfunkzeugnisse (FlugfunkV)

Der Besitz eines Flugfunkzeugnisses ist für jeden Teilnehmer am **„beweglichen Flugfunkdienst"*** grundsätzlich erforderlich.

Ausgenommen von dieser Regelung ist die Ausübung des Flugfunkdienstes:

- bei **Luftfunkstellen*** an Bord von Freiballonen, Luftsportgeräten und Segelflugzeugen – aber nur, wenn sie nicht in Lufträumen der Klassen B, C und D betrieben werden;
- bei Luftfunkstellen an Bord von Luftfahrzeugen, die bei der Ausbildung von Luftfahrtpersonal verwendet werden (Platzrundenflüge der Flugschüler);
- bei Funkstellen in Kraftfahrzeugen, die ausschließlich für die Verbindung mit Luftfunkstellen in Freiballonen, Luftsportgeräten und Segelflugzeugen betrieben werden (z. B. Rückholer und Verfolger);
- bei **Bodenfunkstellen***, die ausschließlich für die Übermittlung von Flugbetriebsmeldungen eingesetzt werden.

Inhaber von Militärluftfahrzeugführerscheinen sind berechtigt, entsprechend ihrem Luftfahrerschein den Sprechfunk bei Boden- und Luftfunkstellen auszuüben.

Obwohl Ballonfahrer, Luftsportgeräteführer und Segelflugzeugführer nach der FlugfunkV auch ohne Flugfunkzeugnis den Flugfunkdienst durchführen dürfen, sind sie unter diesen Umständen in ihrer fliegerischen Entfaltung eingeschränkt; der Durchflug durch Kontrollzonen (Luftraum D) und der Einflug in den Luftraum C sind dann nicht gestattet und das bedeutet, dass auch Höhenflüge über Flugfläche 100 (ca. 3 000 m) nicht möglich sind.

Die Bundesnetzagentur erteilt drei verschiedene Flugfunkzeugnisse:

1. Das Allgemeine Sprechfunkzeugnis für den Flugfunkdienst **(AZF).**
2. Das beschränkt gültige Sprechfunkzeugnis I für den Flugfunkdienst **(BZF I).**
3. Das beschränkt gültige Sprechfunkzeugnis II für den Flugfunkdienst **(BZF II).**

1. AZF
Das Allgemeine Sprechfunkzeugnis für den Flugfunkdienst berechtigt, den Sprechfunk bei einer Boden- oder Luftfunkstelle **uneingeschränkt** auszuüben (deutsch/englisch – VFR/IFR).

2. BZF I
Das beschränkt gültige Sprechfunkzeugnis I für den Flugfunkdienst berechtigt, den Sprechfunk bei einer Luftfunkstelle an Bord eines Luftfahrzeugs, das **nach Sichtflugregeln (VFR)** fliegt, oder bei einer Bodenfunkstelle mit Luftfunkstellen der vorgenannten Art auszuüben (deutsch/englisch – international).

3. BZF II
Das beschränkt gültige Sprechfunkzeugnis II für den Flugfunkdienst berechtigt, den Sprechfunk innerhalb der Bundesrepublik Deutschland **nur in deutscher Sprache** bei einer Luftfunkstelle an Bord eines Luftfahrzeugs, das nach Sichtflugregeln (VFR) fliegt, oder einer Bodenfunkstelle mit Luftfunkstellen der vorgenannten Art auszuüben.

* **Beweglicher Flugfunkdienst**
  Der Funkdienst zwischen Luft- und Bodenfunkstellen und Luftfunkstellen untereinander.

* **Luftfunkstelle**
  Eine Funkstelle des beweglichen Flugfunkdienstes an Bord eines Luftfahrzeugs.

* **Bodenfunkstelle**
  Eine Funkstelle des beweglichen Flugfunkdienstes an Land oder, in bestimmten Fällen, an Bord eines Schiffes oder auf einer Seeplattform.

7.3   Abkürzungen

Im Zusammenhang mit der Luftfahrt und der Funknavigation wird eine Vielzahl von Abkürzungen verwendet. Einige davon sind auch für den Sportflieger, der nur nach Sichtflugregeln fliegt, unerlässlich.

Nachfolgend finden Sie eine kleine Auswahl aus der umfangreichen Sammlung der Abkürzungen des Luftfahrthandbuchs Deutschland:

AIP	aeronautical information publication	Luftfahrthandbuch
AIS	aeronautical information service	Flugberatungsdienst
ATIS	automatic terminal information service	automatische Abstrahlung von Start- und Lande-informationen
CTA	control area	Kontrollbezirk
CTR	control zone	Kontrollzone
FIR	flight information region	Fluginformationsgebiet
GND	ground	Erdoberfläche
H 24	continuous day and night service	ununterbrochener Tag- und Nachtbetrieb
HX	not permanently active	nicht ständig aktiviert – keine festgelegte Betriebszeit
HJ	sunrise to sunset	Sonnenaufgang bis Sonnenuntergang
IFR	instrument flight rules	Instrumentenflugregeln
IMC	instrument meteorological conditions	Instrumentenwetterbedingungen
MSL	mean sea level	mittlere Meereshöhe
PPR	prior permission required	vorherige Genehmigung erforderlich
SAR	search and rescue	Such- und Rettungsdienst
SIGMET	information concerning en-route weather phenomena which may affect the safety of aircraft operations	Informationen bezüglich Wettererscheinungen auf der Flugstrecke, die die Sicherheit des Flugbetriebs beeinträchtigen können.
UIR	upper information region	oberes Informationsgebiet
UTC	universal time coordinated	koordinierte Weltzeit
VFR	visual flight rules	Sichtflugregeln
VMC	visual meteorological conditions	Sichtflugwetterbedingungen
VOLMET	meteorological information for aircraft in flight	Wetterinformationen für Luftfahrzeuge im Fluge

7.3.1   Abkürzungen im Zusammenhang mit Funkpeilungen

QDM	magnetic heading to the station (wind zero)	missweisender Steuerkurs zur Station (Windstärke Null)
QDR	magnetic bearing (station-aircraft)	missweisende Peilung (Station–Flugzeug)
QTE	true bearing (station-aircraft)	rechtweisende Peilung (Station–Flugzeug)
QUJ	true heading to the station (wind zero)	rechtweisender Steuerkurs zur Station (Windstärke Null)

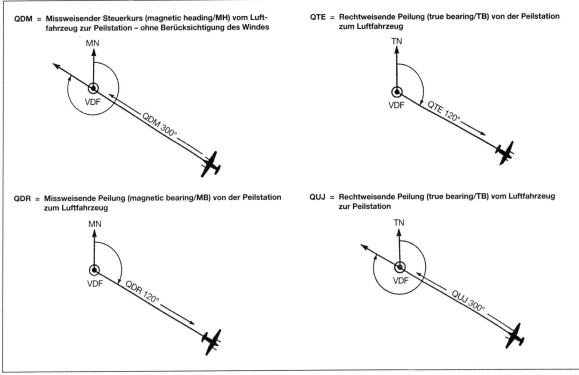

Bild 7.1 Begriffe in der Navigation mit Funkpeilern

7.3.2 Abkürzungen im Zusammenhang mit Höhenmessereinstellungen

QFE	atmospheric pressure at aerodrome elevation (or at runway threshold)	Luftdruck in Flugplatzhöhe (oder an der Start- und Landebahnschwelle)
QNH	altimeter sub-scale setting to obtain aerodrome elevation when on the ground	Höhenmesser-Skalaeinstellung, zeigt am Boden die Flugplatzhöhe an
QNE	pressure altitude	Druckhöhe

7.4 Meldungen im Flugfunkdienst

Um einen reibungslosen und geordneten Flugfunksprechverkehr zu gewährleisten, ist es erforderlich, dass der Luftfahrzeugführer erkennt, wann er mit seiner Meldung beginnen kann, ohne den laufenden Sprechfunk zu stören. Er muss auch die Rangstufe seiner und fremder Meldungen richtig einstufen können. Im beweglichen Flugfunkdienst sind 7 verschiedene Arten von Meldungen in folgender Rangfolge zulässig:

1. **Notmeldungen,**
2. **Dringlichkeitsmeldungen,**
3. **Peilfunkmeldungen,**
4. **Flugsicherheitsmeldungen,**
5. **Wettermeldungen,**
6. **Flugbetriebsmeldungen,**
7. **Staatstelegramme.**

- **Notmeldungen** sind Meldungen über Luftfahrzeuge und deren Insassen, die von schwerer und unmittelbarer Gefahr bedroht sind und sofortiger Hilfe bedürfen.

Die Notmeldung sollte, wenn möglich, an eine bestimmte Bodenfunkstelle gerichtet sein. Sie kann über die augenblickliche Betriebsfrequenz oder die **Notfrequenz 121.500 MHz** übermittelt werden. Ist ein Transponder an Bord, so sollte dort zusätzlich der **Code 7700** eingestellt werden.

Die **Notmeldung** soll folgende Angaben enthalten:

– das Notsignal **MAYDAY** (vorzugsweise 3 x gesprochen),
– das Rufzeichen der Bodenfunkstelle,
– das Rufzeichen des Luftfahrzeugs,
– Art der Notlage,
– Absicht des Piloten,
– gewünschte Hilfe,
– Standortmeldung mit Steuerkurs.

Beispiel: – **MAYDAY, MAYDAY, MAYDAY**
          – **HANNOVER TURM**
          – **D ECYT**
          – **STARKE RAUCHENTWICKLUNG IM COCKPIT, URSACHE UNBEKANNT**
          – **VERSUCHE DEN FLUGHAFEN ZU ERREICHEN**
          – **MACHE DIREKTANFLUG ZUR PISTE ZWO SIEBEN RECHTS**
          – **EINS FÜNF MEILEN NORDÖSTLICH HANNOVER, FLUGHÖHE ZWO TAUSEND FÜNFHUNDERT FUSS, STEUERKURS ZWO DREI NULL GRAD**

Die den Notverkehr steuernde oder die in Not befindliche Funkstelle kann allen, den Notverkehr störenden Funkstellen, eine Funkstille auferlegen. Eine solche Meldung (Anordnung) lautet:

HALTEN SIE FUNKSTILLE – MAYDAY

Wenn der Notverkehr beendet ist oder die Funkstille nicht mehr erforderlich ist, wird die Frequenz mit der Meldung (Anordnung)

NOTVERKEHR BEENDET

wieder freigegeben.

• **Dringlichkeitsmeldungen** sind Meldungen, die die Sicherheit eines Luftfahrzeugs, eines Wasserfahrzeugs, eines anderen Fahrzeugs oder einer Person betreffen.

Die Dringlichkeitsmeldung sollte ebenfalls an eine bestimmte Bodenfunkstelle auf der augenblicklichen Betriebsfrequenz übermittelt werden.

Die **Dringlichkeitsmeldung** soll folgende Angaben enthalten:

– das Dringlichkeitssignal **PANPAN** (vorzugsweise 3 x gesprochen),
– das Rufzeichen der Bodenfunkstelle,
– das Rufzeichen des Luftfahrzeugs,
– Art der Schwierigkeit oder Beobachtung,
– andere für die Hilfeleistung wichtige Informationen,
– falls zutreffend, Absichten des Luftfahrzeugführers,
– falls zutreffend, Angaben über Standort, Kurs und Flughöhe.

Beispiel: – **PANPAN, PANPAN, PANPAN**
          – **HANNOVER TURM**
          – **D ECYT**
          – **BEOBACHTE EINE CESSNA MIT STARKER RAUCHENTWICKLUNG, DAS LUFTFAHRZEUG SCHEINT MANÖVRIERUNFÄHIG ZU SEIN UND VERLIERT STARK AN HÖHE**
          – **POSITION DER WAHRSCHEINLICHEN NOTLANDUNG 2 MEILEN SÜDLICH AUTOBAHNAUSFAHRT BAD NENNDORF, RICHTUNG BARSINGHAUSEN**
          – **FLIEGE IN RICHTUNG DES VORAUSSICHTLICHEN NOTLANDEFELDES ZUR FIXIERUNG DER POSITION**

• **Peilfunkmeldungen** sind Meldungen zur Übermittlung von Peilwerten (z. B. QDM).

- **Flugsicherheitsmeldungen** sind:
  - Meldungen, die bei der Durchführung der Flugverkehrskontrolle übermittelt werden (Flugverkehrskontrollmeldungen) z. B.:
    - D YT START FREI
    - D YT STEIGEN SIE AUF FLUGHÖHE FÜNFTAUSEND FUSS
  - Standortmeldungen von Luftfahrzeugführern,
  - Meldungen von Luftfahrzeugführern oder Luftfahrzeughaltern, die für im Flug befindliche Luftfahrzeuge von unmittelbarer Bedeutung sind.

- **Wettermeldungen** sind Meldungen zur Übermittlung von Wetterdaten.

- **Flugbetriebsmeldungen** sind Meldungen, die den Einsatz, die Wartung oder den Betrieb der Luftfahrzeuge betreffen.

  Es handelt sich bei diesen Meldungen um Informationen des Halters an den Luftfahrzeugführer bzw. Flugkapitän über die fällige Instandsetzung, Koordination der Beladung, Änderung im Flugplan, weiterer Einsatz der Besatzung usw.

Damit die Durchführung der Flugverkehrskontrolle nicht beeinträchtigt wird, sollen **Flugbetriebsmeldungen nicht auf Flugverkehrskontrollfrequenzen** übermittelt werden, da sie mit der Durchführung der Flugverkehrskontrolle nichts zu tun haben.

- **Staatstelegramme** sind Meldungen, die von an Bord befindlichen Staatsoberhäuptern oder diesen gleichgestellten Personen übermittelt werden.

Auch für diese Meldungen gilt, wie bei den Flugbetriebsmeldungen, dass sie auf anderen, von der Flugverkehrskontrollstelle zugewiesenen Frequenzen übermittelt werden, um die Durchführung der Flugverkehrskontrolle nicht zu beeinträchtigen.

7.5 Sprache im Sprechfunkverkehr

Der Sprechfunkverkehr im beweglichen Flugfunkdienst wird in englischer Sprache durchgeführt. Bei Flügen nach Sichtflugregeln und im Rollverkehr kann er auch in deutscher Sprache durchgeführt werden, sofern hierfür besondere Frequenzen festgelegt worden sind.

Die DFS kann in besonderen Fällen die deutsche und die englische Sprache für die Durchführung des Sprechfunkverkehrs auf besonders festgelegten Funkfrequenzen zulassen, sofern dadurch die öffentliche Sicherheit und Ordnung, insbesondere die Sicherheit des Luftverkehrs nicht beeinträchtigt wird. Die erforderlichen Einzelheiten werden von der DFS jeweils in den Nachrichten für Luftfahrer bekannt gemacht.

Bei Flügen nach Instrumentenflugregeln sowie in und oberhalb Flugfläche 100 wird der Flugfunksprechverkehr in englischer Sprache durchgeführt.

> Die Frequenzen für die Durchführung des Sprechfunks findet man auf den Sichtflugkarten. Man erkennt an den Rufzeichen, ob sie in Deutsch und/oder Englisch zu nutzen sind.
>
> Wenn Englisch und Deutsch möglich ist, heißt die Bodenfunkstelle **TOWER/TURM** (hinter der Frequenz befindet sich der Hinweis En/Ge = English/German); heißt sie jedoch nur **TURM** bzw. **TOWER**, dann ist nur deutscher oder englischer Sprechfunk möglich.

Auf Frequenzen der nicht vom Flugsicherungsunternehmen betriebenen Bodenfunkstellen – dies sind alle Segelfluggelände und die meisten Landeplätze – wird der Sprechfunk in deutscher Sprache durchgeführt. Er kann in englischer Sprache durchgeführt werden, sofern hierfür besondere Funkfrequenzen festgelegt worden sind.

7.6 Übermitteln von Uhrzeiten und Zeitsystem

Als Uhrzeit wird im beweglichen Flugfunkdienst die koordinierte Weltzeit **UTC** verwendet. Im Flugfunksprechverkehr wird als Uhrzeit die Minutenzahl der laufenden Stunde (zweistellig) übermittelt. Wenn die Gefahr einer Verwechslung gegeben ist, werden als Uhrzeit alle vier Ziffern in UTC genannt.

Beispiel: Nach einem Start um 14:23 (UTC) wird die Bodenfunkstelle auf die Frage nach der Startzeit folgende Sprechgruppe verwenden: D YT IHRE STARTZEIT ZWO DREI

7.7   Rufzeichen von Luft- und Bodenfunkstellen

7.7.1   Rufzeichen der Bodenfunkstellen

An den Rufzeichen der Bodenfunkstellen ist zu erkennen, welche Aufgabe die gerufene Stelle hat und welche Unterstützung der Luftfahrzeugführer von dieser Stelle erwarten kann.

Das Rufzeichen lässt auch eindeutig erkennen, ob es sich um die Bodenfunkstelle eines kontrollierten oder unkontrollierten Flugplatzes handelt (TURM/INFO). Für die Durchführung des Sprechfunkverkehrs in deutscher Sprache sind folgende Begriffe vorgesehen, die in Verbindung mit der Ortsbezeichnung das Rufzeichen der Bodenfunkstelle ergeben:

1.	... TURM	für die Durchführung des Flugplatzkontrolldienstes an einem kontrollierten Flugplatz,
2.	... ROLLKONTROLLE	für die Bewegungslenkung auf dem Rollfeld,
3.	... INFORMATION	für den Fluginformationsdienst der DFS,
4.	... START oder ... SCHULE	für die Ausbildung von Luftfahrern,
5.	... INFO	für den Flugplatzinformationsdienst durch Luftaufsichtspersonal oder Flugleiter,
6.	... VORFELD	für Bewegungslenkung auf dem Vorfeld durch den Flughafenunternehmer,
7.	... SEGELFLUG	für Segelflugbetrieb,
8.	... RÜCKHOLER	für Segelflugbegleit- und Rückholbetrieb,
9.	... VERFOLGER	für Freiballonbegleit- und Rückholbetrieb,
10.	... WETTBEWERB	für Wettbewerbsveranstaltungen.

7.7.2   Rufzeichen der Luftfunkstellen

Rufzeichen von Luftfunkstellen werden aus dem Staatszugehörigkeitszeichen und dem Eintragungszeichen des Luftfahrzeugs gebildet. Eine weitere Möglichkeit ist die Nennung des Luftfahrzeugmusters in Verbindung mit dem Staatszugehörigkeits- und dem Eintragungszeichen. Diese beiden Verfahren werden von Privatpiloten verwendet. Für Luftfahrtunternehmen und militärische Luftfahrzeuge gibt es gemäß AIP, Abschnitt GEN, noch weitere Möglichkeiten.

Deutsche Luftfunkstellen nennen nach dem Staatszugehörigkeitszeichen „D" das Eintragungszeichen, welches aus einer Folge von vier Buchstaben besteht, bei Segelflugzeugen aus vier Ziffern.

Rufzeichen dürfen während des Fluges nicht geändert werden, es sei denn, dass die Bodenfunkstelle dem Luftfahrzeugführer zur Vermeidung von Verwechslungen für eine bestimmte Zeit ein anderes Rufzeichen zuweist.

Abgekürzte Rufzeichen dürfen nur verwendet werden, nachdem die Bodenfunkstelle das abgekürzte Rufzeichen verwendet hat. Die Bodenfunkstelle wird allerdings das abgekürzte Rufzeichen nur verwenden, wenn Verwechslungen ausgeschlossen sind.

Rufzeichen von Luftfunkstellen werden wie folgt abgekürzt:

1. Wenn als Rufzeichen die Zusammensetzung aus Staatszugehörigkeitszeichen und Eintragungszeichen benutzt wird, besteht die Abkürzung aus dem ersten und den beiden letzten Zeichen.

Beispiel: Rufzeichen **D ECYT**   abgekürztes Rufzeichen **D YT**

2. Wenn als Rufzeichen die Zusammensetzung aus Luftfahrzeugmuster und Eintragungszeichen benutzt wird, besteht die Abkürzung aus der Musterbezeichnung und den beiden letzten Buchstaben des Eintragungszeichens.

Beispiel: Rufzeichen **CESSNA D ECYT**   abgekürztes Rufzeichen **CESSNA YT**

Grundsätzlich wird jeder Buchstabe des Rufzeichens gemäß Buchstabiertafel (siehe Abschnitt 7.10.3 „Buchstabiertafel") einzeln gesprochen.

Um auf eine mögliche Gefährdung anderer Luftfahrzeuge durch Luftwirbelschleppen hinzuweisen, haben Führer von Luftfahrzeugen mit einer höchstzulässigen Startmasse von 136 t und mehr bei jeder Aufnahme des Sprechfunkverkehrs ihrem Rufzeichen das Wort **„HEAVY"** hinzuzufügen.

7.8   Herstellung der Sprechfunkverbindung

Wenn zu erwarten ist, dass die gerufene Funkstelle den Anruf empfängt, kann die Meldung unmittelbar im Anschluss an den Einleitungsruf gesendet werden. Dieses Verfahren darf bei Flügen nach Sichtflugregeln nur nach Aufforderung zum Frequenzwechsel durch die Flugverkehrskontrolle verwendet werden. Nach Herstellen der Sprechfunkverbindung darf das Rufzeichen der Bodenfunkstelle weggelassen werden.

7.8.1 Einleitungsruf

1. Rufzeichen der anzusprechenden Funkstelle;
2. Rufzeichen der rufenden Funkstelle.

HANNOVER ROLLKONTROLLE
DELTA ECHO CHARLIE YANKEE TANGO

Antwort:

1. Rufzeichen der anzusprechenden Funkstelle;
2. Rufzeichen der antwortenden Funkstelle.

DELTA YANKEE TANGO
HANNOVER ROLLKONTROLLE

7.8.2 Mehrfachanruf

Funkstellen des beweglichen Flugfunkdienstes können gleichzeitig mehrere Funkstellen rufen. Die in einem solchen Mehrfachanruf gerufenen Funkstellen haben die Meldung in der von der rufenden Funkstelle benutzten Reihenfolge zu bestätigen.

Beispiel: D YT, D CO UND D AM NEUES QNH 1023 ICH WIEDERHOLE QNH 1023

Antwort: **D YT QNH 1023, D CO QNH 1023, D AM QNH 1023**

7.8.3 Allgemeiner Anruf

Wenn eine Meldung übermittelt werden soll, die für alle Luftfahrzeuge im Hörbereich der rufenden Funkstelle von Wichtigkeit ist, kann diese Meldung als allgemeiner Anruf abgesetzt werden. Ein allgemeiner Anruf wird eingeleitet mit **„AN ALLE"**, er endet mit dem Wort **„ENDE"** und braucht **nicht bestätigt** zu werden.

Beispiel: AN ALLE; HANNOVER TURM GEÄNDERTE PISTE ZWO SIEBEN, ICH WIEDERHOLE, PISTE ZWO SIEBEN. ENDE

7.8.3.1 Unsicherheiten bei der Übermittlung von Rufzeichen

Wenn ein Luftfahrzeugführer bei einem Anruf sein eigenes Rufzeichen versteht, aber das Rufzeichen der rufenden Funkstelle nicht verstanden hat, verwendet er die Verfahrenssprechgruppe **WIEDERHOLEN SIE IHR RUFZEICHEN:**

Beispiel: **DELTA YANKEE TANGO WIEDERHOLEN SIE IHR RUFZEICHEN**

Besteht bei einer Funkstelle Ungewissheit darüber, ob sie gerufen wurde, weil das eigene Rufzeichen nicht verstanden wurde, wird der Anruf **nicht beantwortet,** sondern ein weiterer klärender Anruf abgewartet.

7.8.3.2 Funkausfall

Wenn auf der vorgeschriebenen Frequenz eine Sprechfunkverbindung mit der zuständigen Flugverkehrskontrollstelle nicht zustande kommt, so hat der Luftfahrzeugführer zu versuchen, auf anderen für die Flugstrecke festgelegten Frequenzen den Kontakt herzustellen, z.B. der Notfrequenz 121.500 MHz. Gelingt dies auch nicht, soll er versuchen, mit anderen Boden- oder Luftfunkstellen Sprechfunkverbindung aufzunehmen. Sind auch diese Versuche erfolglos, so hat er die Funkausfallverfahren zu beachten und wenn möglich, den **Transpondercode 7600** einzustellen.

7.8.4 Blindsendung

Wenn alle Versuche, Sprechfunkverbindung mit der zuständigen Flugverkehrskontrollstelle aufzunehmen, ergebnislos geblieben sind und der Luftfahrzeugführer Anzeichen dafür hat, dass seine Sendungen empfangen werden (denn es könnte ja sein, dass nur sein Empfangsteil defekt und sein Sender funktionsbereit ist), hat er sich so zu verhalten als ob sein Funkgerät funktionieren würde. In diesem Fall wird er wichtige Meldungen (z.B. Standortmeldungen bei einem Einflug in eine Kontrollzone ohne Freigabe aus flugbetrieblichen Gründen, wie Notlage oder Treibstoffmangel) als **Blindsendung** übermitteln.

Dieser Meldung wird die Sprechgruppe **Blindsendung** vorangestellt; es wird der nächste Meldepunkt genannt (bei einem Streckenflug der Zeitpunkt der nächsten Meldung) und die Meldung wird einmal wiederholt. Für den Fall eines beabsichtigten Frequenzwechsels ist auch diese Funkfrequenz sowie die zu rufende Bodenfunkstelle zu nennen.

Beispiel: **BLINDSENDUNG**
DELTA YANKEE TANGO NOVEMBER EINS
FLUGHÖHE EINTAUSENDFÜNFHUNDERT FUSS
NÄCHSTE MELDUNG NOVEMBER ZWO
ICH WIEDERHOLE
BLINDSENDUNG
DELTA YANKEE TANGO NOVEMBER EINS
FLUGHÖHE EINTAUSENDFÜNFHUNDERT FUSS
NÄCHSTE MELDUNG NOVEMBER ZWO

7.8.5   Flugrundfunksendung (Rundsendung)

Der Flugrundfunkdienst wird mittels Sprechfunk durchgeführt. Die ausgestrahlten Informationen (SIGMET, VOLMET, ATIS) werden zu den in den Nachrichten für Luftfahrer festgelegten Zeiten und auf den dort genannten Frequenzen durchgeführt. Sie gelten nicht für einen bestimmten Empfänger, sondern sie sind an alle Funkstellen gerichtet.

7.9   Überprüfung der Funkanlagen

Wenn es für notwendig erachtet wird, kann die Funkanlage überprüft werden. Eine solche Testsendung/Sprechprobe sollte aber nicht länger als 10 Sekunden dauern.

Die Verständlichkeit der Testsendung wird mit Hilfe einer **Verständigungsskala** ausgedrückt.

1 = unverständlich
2 = nur zeitweise verständlich
3 = schwer verständlich
4 = verständlich
5 = sehr gut verständlich

Beispiel: **HANNOVER ROLLKONTROLLE, DELTA ECHO CHARLIE YANKEE TANGO, WIE VERSTEHEN SIE MICH**

Antwort: DELTA YANKEE TANGO, HANNOVER ROLLKONTROLLE, VERSTEHE SIE FÜNF

7.10   Verfahrensweise im Sprechfunkverkehr

Grundsätzlich ist der Flugfunkverkehr kurz, knapp und unmissverständlich durchzuführen. Es sind die im Luftfahrthandbuch AIP, Abschnitt GEN, veröffentlichten Verfahrenssprechgruppen zu verwenden. Der Tonfall und die Sprechgeschwindigkeit der Umgangssprache soll beibehalten und Dialekt, soweit möglich, vermieden werden. Sachfremde und unsachliche Äußerungen sind nicht zulässig. Es dürfen nur die Abkürzungen verwendet werden, die in der Luftfahrt allgemein gebräuchlich sind, wie z. B. QDM, QNH, VFR, VMC.

Nach Herstellung der Funkverbindung können das Rufzeichen der Bodenfunkstelle und einzelne Verfahrenssprechgruppen (z. B. VERSTANDEN) weggelassen werden, wenn die Gefahr einer Verwechslung ausgeschlossen ist.

7.10.1   Bestätigung von Meldungen

Jeder Empfang einer Meldung ist zu bestätigen, jedoch ist die Art und Weise der Bestätigung der verschiedenen Meldungen unterschiedlich.

1. **Informationen** — werden bestätigt mit der Verfahrenssprechgruppe **„VERSTANDEN"**, oder, wenn Missverständnisse ausgeschlossen sind, mit dem eigenen Rufzeichen.

2. **Anweisungen ohne Einfluss auf die Bewegungslenkung** — werden mit der Verfahrenssprechgruppe **„WILCO"** bestätigt.

3. – **Freigaben,**
– **Anweisungen mit Einfluss auf die Bewegungslenkung**
– **Anweisung zur Schaltung von Sekundärmodi und Codes**
– **QNH-Werte**
– **Frequenzen**
– **Betriebspistenbezeichnung**

werden bestätigt, indem die entsprechende Meldung wörtlich wiederholt wird.

Das Verlassen einer Kontrollfrequenz ist nur mit Genehmigung der Flugverkehrskontrolle gestattet. Das Verlassen einer Fluginformationsfrequenz ist zu melden.

Flüge in Lufträumen der Klassen E, F und G können von der Flugverkehrskontrolle aufgefordert werden, das Verlassen des Luftraumes zu melden bzw. auf der Frequenz zu verbleiben.

Meldungen von Flughöhen

1. Wenn der Höhenmesser auf QNH eingestellt ist, wird der Höhenangabe die Bezeichnung **Flughöhe** vorangestellt und das Wort **Fuß** angefügt.

   Beispiel: **FLUGHÖHE EINTAUSENDFÜNFHUNDERT FUSS**

2. Wenn der Höhenmesser auf QFE eingestellt ist, wird der Höhenangabe die Bezeichnung **HÖHE ÜBER GRUND** vorangestellt und das Wort **Fuß** angefügt.

   Beispiel: **HÖHE ÜBER GRUND ZWOTAUSEND FUSS**

3. Wenn der Höhenmesser auf den Druck der Standardatmosphäre eingestellt ist, wird der Höhenangabe die Bezeichnung **FLUGFLÄCHE** vorangestellt.

   Beispiel: **FLUGFLÄCHE EINHUNDERT**

7.10.2   Übermittlung von Sichtwerten

Sichtwerte können als Flug-, Boden- und Pistensichtwerte gesendet werden. Die Übermittlung dieser Werte ist in der Antwort auf die Anfrage eines Luftfahrzeugführers, in ATIS-, VOLMET- und SIGMET-Meldungen enthalten, oder aber die Bodenfunkstelle fordert auf, eine Wettermeldung zu senden, in der die Sichtwerte ebenfalls enthalten sein müssen.

Flugsichten werden

- bis zu einer Sicht von 5 km und weniger: in **Metern,**
- bis zu einer Sicht von 10 km aber mehr als 5 km: in **Kilometern,**
- bei einer Sicht von 10 Kilometern und mehr: als eine Sicht von **10 Kilometern**

übermittelt.

Wenn es erforderlich ist, Rufzeichen, Wörter oder vorschriftsmäßige Abkürzungen zu buchstabieren, ist auch in deutscher Sprache das **ICAO-Buchstabieralphabet** zu benutzen.

7.10.3   Buchstabiertafel

Buchstabe	Schlüsselwort	Aussprache	Buchstabe	Schlüsselwort	Aussprache
A	Alfa	Alfa	N	November	Nowemmba
B	Bravo	Brawo	O	Oscar	Osska
C	Charlie	Tschahrli	P	Papa	Papah
D	Delta	Delta	Q	Quebec	Kibeck
E	Echo	Ecko	R	Romeo	Rohmio
F	Foxtrot	Foxtrott	S	Sierra	Sierra
G	Golf	Golf	T	Tango	Tängo
H	Hotel	Hotell	U	Uniform	Juniform
I	India	Indja	V	Victor	Wiktor
J	Juliett	Dschuljett	W	Whiskey	Wisski
K	Kilo	Kilo	X	X-ray	Exre
L	Lima	Lima	Y	Yankee	Jänki
M	Mike	Maik	Z	Zulu	Sulu

7.10.4   Übermittlung von Zahlen

Ziffern oder Zahlen sind wie folgt zu übermitteln:

| Ziffer oder | Aussprache | |
Zeichen	deutsch	englisch
0	null	siro
1	ein(s)	woan (siehe Ausnahme c)
2	zwo	tuh
3	drei	tri
4	vier	fohr
5	fünf	feif
6	sechs	six
7	sieben	sewen
8	acht	äit
9	neun	neiner
100	hundert	handrid
1 000	tausend	tausend
,	Komma	
.		dessimel
/	Schrägstrich	deiägonel

Alle Zahlen, ausgenommen ganze Hunderter, ganze Tausender und Kombinationen von Tausendern und ganzen Hundertern, sind durch die getrennte Aussprache jeder einzelnen Ziffer zu übermitteln.

Ganze Hunderter und ganze Tausender sind zu übermitteln, indem jede einzelne Ziffer in der Zahl der Hunderter oder Tausender ausgesprochen und jeweils das Wort **HUNDERT** oder **TAUSEND** hinzugefügt wird.

Beispiele: 300   DREI HUNDERT
                 4 000   VIER TAUSEND

Kombinationen von Tausendern und ganzen Hundertern sind zu übermitteln, indem jede einzelne Ziffer in der Zahl der Tausender ausgesprochen und das Wort **TAUSEND** hinzugefügt wird, danach die Zahl der Hunderter, gefolgt von dem Wort **HUNDERT**.

Beispiele: 13 600   EINS DREI TAUSEND SECHS HUNDERT
                 4 300   VIER TAUSEND DREI HUNDERT

Ausgenommen von diesen Regelungen sind:

a) Richtungsangaben nach Uhrzeigerstellung bei Verkehrshinweisen, die z. B. als zehn, elf, zwölf Uhr zu übermitteln sind, dabei entspricht die ZWÖLF UHR Position der Flugrichtung des Luftfahrzeugs, welches die Warnung erhält.

   Beispiel: LANGSAM FLIEGENDES LUFTFAHRZEUG IN IHRER ZWÖLF UHR POSITION, AUF GEGENKURS, ENTFERNUNG VIER MEILEN, FLUGHÖHE ZWOTAUSEND FUSS

b) Anweisungen zum Fliegen eines Vollkreises, die in der englischen Sprache mit „MAKE A THREESIXTY (LEFT/RIGHT)" erteilt werden.

c) In Verbindung mit EINHUNDERT und EINTAUSEND ist die Zahl EINS als EIN auszusprechen.

Im Jahr 2002 wurde im europäischen Luftraum das 8,33-kHz-Kanalraster eingeführt. Die Neuerung beschränkt sich auf den Luftraum oberhalb FL 245. Im Luftraum darunter bleibt es (vorerst) beim herkömmlichen 25-kHz-Kanalraster. Bei der Übermittlung von VHF-Frequenzen wird die Anzahl der Ziffern hinter dem Komma durch den Kanalabstand bestimmt.

Gegenüberstellung der Verbindung Kanalabstand/Frequenz für 8,33 kHz und 25 kHz :

Frequenz (MHz)	Kanalabstand (kHz)	Kanal
118,0000	25	118,000
118,0000	8,33	118,005
118,0083	8,33	118,010
118,0167	8,33	118,015
118,0250	25	118,025
118,0250	8,33	118,030
118,0333	8,33	118,035
118,0417	8,33	118,040
118,0500	25	118,050
118,0500	8,33	118,055
118,0583	8,33	118,060
118,0667	8,33	118,065
118,0750	25	118,075
118,0750	8,33	118,080
118,0833	8,33	118,085
118,0917	8,33	118,090
118,1000	25	118,100

usw.

Beträgt der **VHF-Sprechfunkkanalabstand 25 kHz**, sollen im Sprechfunkverkehr nicht mehr als **zwei Stellen nach dem Komma** gesprochen werden. Ist die zweite Ziffer nach dem Komma eine Null, genügt das Sprechen der ersten Ziffer nach dem Komma.

Beispiele:

118,000   EINS EINS ACHT KOMMA NULL
118,025   EINS EINS ACHT KOMMA NULL ZWO

Beträgt der **VHF-Sprechfunkkanalabstand 8,33 kHz**, sollen im Sprechfunkverkehr das Wort **KANAL/CHANNEL** und **drei Stellen nach dem Komma** gesprochen werden.

Beispiele:

118,005   KANAL EINS EINS ACHT KOMMA NULL NULL FÜNF
118,010   KANAL EINS EINS ACHT KOMMA NULL EINS NULL

7.10.5   Redewendungen im Flugfunksprechverkehr

Redewendungen sind Begriffe, die im Flugfunksprechverkehr verwendet werden müssen, um Missverständnisse zu vermeiden. Jeder dieser Begriffe hat eine genau definierte Bedeutung.

Einen im Flugfunksprechverkehr versierten Piloten zeichnet aus, dass er in der Lage ist, den Sprechfunk kurz, knapp und unmissverständlich durchzuführen und die Redewendungen und Verfahrenssprechgruppen ihrer Bedeutung entsprechend in jeder Situation richtig einzusetzen.

Folgende Redewendungen sind im Sprechfunk- bzw. Fernsprechverkehr gemäß Luftfahrthandbuch Deutschland (AIP-VFR), Abschnitt GEN, zu verwenden:

Redewendung	Bedeutung
ACKNOWLEDGE	'Let me know that you have received and understood this message'
BESTÄTIGEN SIE	„Teilen Sie mit, dass die Meldung empfangen und verstanden wurde"
AFFIRM	'Yes'
POSITIV	„Ja"
APPROVED	'Permission for proposed action granted'
GENEHMIGT	„Erlaubnis für das vorgeschlagene Verfahren erteilt"
BREAK	'I hereby indicate the separation between portions of the message. (To be used where there is no clear distinction between the text and other portions of the message.)'
TRENNUNG	„Ich zeige hiermit die Trennung zwischen Teilen der Meldung an. (Zu benutzen, wenn keine klare Trennung zwischen dem Text und anderen Teilen der Meldung erkannt werden kann.)"

Redewendung	Bedeutung
BREAK BREAK	'I hereby indicate the separation between messages transmitted to different aircraft in a very busy environment.'
TRENNUNG TRENNUNG	„Ich zeige hiermit die Trennung zwischen Meldungen an, die in einer hochbelasteten Verkehrssituation an verschiedene Luftfahrzeuge übermittelt werden."
CANCEL	'Annul the previously transmitted clearance'
AUFGEHOBEN	„Die vorher übermittelte Freigabe ist aufgehoben"
CHECK	'Examine a system or a procedure (Not to be used in any other context. No answer is normally expected)'
CHECK	„Prüfen Sie ein System oder ein Verfahren (In keinem anderen Zusammenhang zu verwenden. Eine Antwort wird normalerweise nicht erwartet)"
CLEARED	'Authorized to proceed under the conditions specified'
FREI	„Genehmigung, unter festgelegten Bedingungen zu verfahren"
CONFIRM	'I request verification of (clearance, instruction, action, information)'
BESTÄTIGEN SIE	„Ich erbitte Bestätigung der (Freigabe, Anweisung, Handlung, Information)"
CONTACT	'Establish communications with …'
RUFEN SIE	„Stellen Sie Funkverbindung her mit …"
CORRECT	'True' or 'Accurate'
KORREKT	„Wahr" oder „Richtg"
CORRECTION	'An error has been made in this transmission (or message indicated). The correct version is …'
BERICHTIGUNG	„Bei der Übermittlung ist ein Fehler unterlaufen, es muss richtig heißen …"
DISREGARD	'Ignore'
IGNORIEREN SIE	Selbsterklärend
GO AHEAD	'Proceed with your message'
KOMMEN	„Setzen Sie Ihre Meldung ab"
HOW DO YOU READ	'What is the readability of my transmission'
WIE VERSTEHEN SIE MICH	„Wie ist die Verständlichkeit meiner Sendung"
I SAY AGAIN	'I repeat for clarity or emphasis'
ICH WIEDERHOLE	„Ich wiederhole zur Klarstellung oder Betonung"
MAINTAIN	'Remain at the level specified or in its literal sense, e.g. MAINTAIN VFR'
BEHALTEN SIE … BEI/BLEIBEN SIE	„Behalten Sie z.B. die benannte Flughöhe bei, oder im übertragenen Sinne, z.B. Bleiben Sie VFR"
MONITOR	'Listen out on (frequency/channel)'
MONITOR	„Hören Sie (Frequenz/Kanal) ab"
NEGATIVE	'No/permission not granted/that is not correct'
NEGATIV	„Nein/Erlaubnis nicht erteilt/das ist nicht richtig"
READ BACK	'Repeat all, or the specified part of this message back to me exactly as received'
WIEDERHOLEN SIE WÖRTLICH	„Wiederholen Sie alles oder den bezeichneten Teil dieser Meldung wörtlich"
RECLEARED	'A change has been made to your last clearance and this new clearance supersedes your previous clearance or part thereof'
FREIGABEÄNDERUNG	„Es hat sich eine Änderung gegenüber Ihrer letzten Freigabe ergeben, diese neue Freigabe ersetzt die vorherige Freigabe oder Teile davon"
REPORT	'Pass me the following information'
MELDEN SIE	„Geben Sie mir die folgende Information"
REQUEST	'I should like to know/I wish to obtain'
ERBITTE	„Ich möchte wissen/ich beantrage"
ROGER	'I have received all of your last transmission'
VERSTANDEN	„Ich habe Ihre letzte Meldung vollständig erhalten"
	Anmerkung: Unter keinen Umständen zu benutzen, wenn die Art der Meldung eine **wörtliche Wiederholung, POSITIV** oder **NEGATIV,** als Antwort erfordern würde.
SAY AGAIN	'Repeat all, or the following part of your last transmission'
WIEDERHOLEN SIE	„Wiederholen Sie alles oder den folgenden Teil Ihrer Meldung"

Redewendung	Bedeutung
SPEAK SLOWER SPRECHEN SIE LANGSAMER	'Reduce your rate of speech' „Vermindern Sie Ihre Sprechgeschwindigkeit"
SQUAWK SQUAWK	'Switch transponder to the following setting' „Schalten Sie den Transponder auf Mode/Code …"
STANDBY STANDBY	'Wait and I will call you soon' „Warten Sie und ich werde Sie bald rufen"
UNABLE NICHT MÖGLICH	'I cannot comply with your request, instruction or clearance' „Ich kann Ihrer Anfrage, Anweisung oder Freigabe nicht Folge leisten" **Anmerkung:** NICHT MÖGLICH wird normalerweise durch eine Begründung ergänzt
WILCO WILCO	'I understand your message and will comply with it (Abbreviation for 'will comply')' „Ich verstehe Ihre Meldung und werde entsprechend handeln"
WORDS TWICE WORTE DOPPELT	**Request:** 'Communication is difficult. Please send every word, or group of words, twice' **Information:** Since communication is difficult, every word, or group of words, in this message will be send twice **Aufforderung:** „Die Verständigung ist schwierig. Bitte senden Sie jedes Wort, oder jede Gruppe von Worten, doppelt." **Information:** Da die Verständigung schwierig ist, wird jedes Wort, oder jede Gruppe von Worten, in dieser Meldung doppelt gesendet.

7.11 Begriffe im Zusammenhang mit dem Flugplatz und der Platzrunde

- **Abstellfläche (-platz) für die Allgemeine Luftfahrt (GAT = General Aviation Terminal)**

Auf dieser Abstellfläche stehen in der Regel die Luftfahrzeuge des Individualverkehrs, während die Verkehrsflugzeuge der kommerziellen Luftfahrt den Terminal des Flughafens benutzen.

- **Vorfeld**

Als Vorfeld bezeichnet man auf einem Flugplatz die Abstellplätze für Luftfahrzeuge abseits von Start-/Landepiste und Rollwegen, wenn der Bereich nicht als GAT bezeichnet wird (z. B. vor Luftfahrzeughallen usw.). Die Verantwortung für die Bewegungslenkung auf dem Vorfeld trägt der Flugplatzhalter.

- **Piste**

Die Pistenbezeichnung entsteht aus der missweisenden Richtung (QFU) der Piste, gerundet auf den nächsten vollen Zehner und Streichung der letzten Null.

Beispiel: missweisende Richtung 273° = 270° = Piste 27

Bei parallel verlaufenden Pisten bekommt die in Start-/Landerichtung rechts liegende Piste den Zusatz „**R**", die links liegende den Zusatz „**L**" und die Piste in der Mitte den Zusatz „**C**" (centre).

Beispiel: 27 R (im Sprechfunk) **ZWO SIEBEN RECHTS**
  27 L (im Sprechfunk) **ZWO SIEBEN LINKS**
  27 C (im Sprechfunk) **ZWO SIEBEN CHARLIE**

- **Rollbahn/Rollweg**

Auf einem Flugplatz bezeichnet man die Strecken, die vom Vorfeld zur Startpiste führen, als Rollwege. Sie haben eine gelbe Mittellinienmarkierung, auf der das Luftfahrzeug mit dem Bugrad zu rollen hat. Die Rollwege sind mit Buchstaben gekennzeichnet. Diese Buchstaben sind auf der Flugplatzkarte mit einem Kreis umgeben.

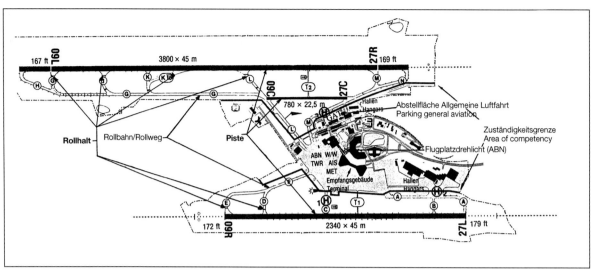

Bild 7.2   Die Flugplatzkarte

Der Controller gibt dem Luftfahrzeugführer die Rollstrecke zum Rollhalt mit Hilfe dieser Buchstabenbezeichnungen an.

Beispiel: D YT ROLLEN SIE ZUM ROLLHALT KILO, PISTE NULL NEUN LINKS, ÜBER ROLLBAHN MIKE, LIMA UND GOLF, WIND EINHUNDERT GRAD FÜNF KNOTEN, QNH EINS NULL ZWO DREI

- **Rollhalt**

Der Rollhalt ist die Position, bis zu der eine Rollanweisung gilt. Diese Position befindet sich für VFR-Flüge ca. 50 Meter vor der Pistenmittellinie bzw. 30 Meter vor der seitlichen Begrenzung der Piste. Der Rollhalt wird durch eine gelbe, querverlaufende Linie gekennzeichnet. Er wird mit dem Buchstaben des Rollweges, auf dem er sich befindet, bezeichnet, unter Hinzufügung der Bezeichnung der Piste.

Beispiel: ROLLHALT KILO, PISTE NULL NEUN LINKS
ROLLHALT LIMA, PISTE ZWO SIEBEN RECHTS   usw.

- **Rollfeld**

Die Definition für Rollfeld finden Sie im § 21a (2) LuftVO, hier heißt es:

Rollfeld sind die Start- und Landebahnen sowie die weiteren für Start und Landung bestimmten Teile eines Flugplatzes einschließlich der sie umgebenden Schutzstreifen und die Rollbahnen sowie die weiteren zum Rollen bestimmten Teile eines Flugplatzes außerhalb des Vorfeldes; das Vorfeld ist nicht Bestandteil des Rollfeldes.

Das Rollfeld ist der Zuständigkeitsbereich des Flugplatzkontrolldienstes.

- **Schwelle**

Der Beginn des Abschnitts der Piste, welcher zur Landung benutzt werden darf. Die Schwelle ist auf der Piste durch weiße Streifen (Zebrastreifen) gekennzeichnet.

- **Abflugpunkt**

Die Position auf der Mittellinie der Piste in Abflugrichtung. Die Freigabe, vom Rollhalt zum Abflugpunkt zu rollen, wird zur Beschleunigung des Verkehrs erteilt, wenn sich z.B. noch ein abrollendes Luftfahrzeug auf der Piste befindet und die Abflugfreigabe noch nicht erteilt werden kann.

Beispiel: D YT ROLLEN SIE ZUM ABFLUGPUNKT PISTE ZWO SIEBEN RECHTS, DORT HALTEN

- **Flugplatzdrehlicht (ABN)**

Ein sich drehendes Luftfahrtleuchtfeuer, das die Lage eines Flugplatzes aus der Luft erkennen lässt. Flugplätze der Zivilluftfahrt benutzen Flugplatzdrehlichter, die nach beiden Seiten weißes Licht abstrahlen (W/W), während militärische Flugplätze weiß/grünes Licht benutzen (W/G).

- **Abflugteil**

Der erste Teil der Platzrunde nach dem Start. Das Luftfahrzeug befindet sich im Steigflug zur Platzrundenhöhe.

- **Querabflug**

Der zweite Abschnitt der Platzrunde nach einer 90°-Kurve. In der Regel wird im Querabflug die Platzrundenhöhe erreicht.

- **Gegenanflug**

Der dritte Abschnitt der Platzrunde nach einer weiteren 90°-Kurve. Das Luftfahrzeug befindet sich genau auf Gegenkurs zur Abflugrichtung. Der Luftfahrzeugführer sieht links von sich (bei einer Standardplatzrunde, die links herum geflogen wird) die Piste.

- **Queranflug**

Den vierten Abschnitt der Platzrunde bezeichnet man als Queranflug. Das Luftfahrzeug befindet sich auf einem Kurs 90° quer zur Landerichtung.

- **Endanflug**

Das Luftfahrzeug befindet sich in Landerichtung im Sinkflug. Der Luftfahrzeugführer richtet das Luftfahrzeug auf die Pistenmittellinie aus. Der Endanflug endet mit dem Aufsetzen des Luftfahrzeugs.

- **Langer Anflug**

Aus Staffelungsgründen wird der Gegenanflug verlängert. Der Controller fordert den Luftfahrzeugführer auf: „MACHEN SIE LANGEN ANFLUG".

- **Kurzer Anflug**

Aus Staffelungsgründen und zur Beschleunigung des Flugplatzverkehrs wird der Gegenanflug verkürzt. Der Controller fordert den Luftfahrzeugführer auf: „MACHEN SIE KURZEN ANFLUG".

- **Lange Landung**

Nach einem kurzen Anflug oder aus Staffelungsgründen wird dem Luftfahrzeugführer gestattet, auf einem Punkt weit hinter der Schwelle zu landen, damit die gesamte Länge der Piste so schnell wie möglich wieder dem nachfolgenden Verkehr zur Verfügung steht.

- **Kurze Landung**

Nach einem langen Anflug oder aus Staffelungsgründen erfolgt eine kurze Landung. Der Luftfahrzeugführer setzt das Flugzeug unmittelbar hinter der Schwelle auf und bemüht sich, die Ausrollstrecke möglichst kurz zu halten.

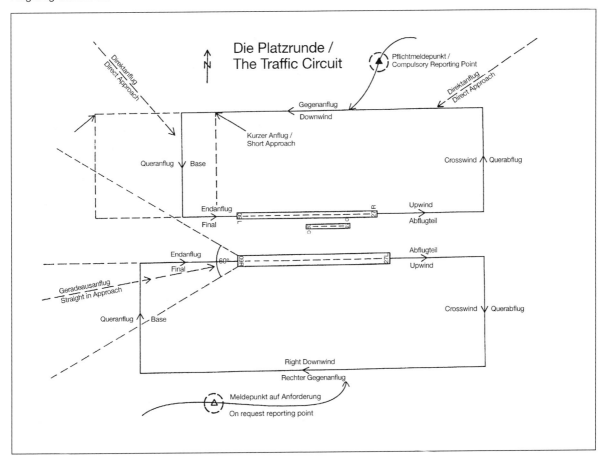

Bild 7.3   Die Platzrunde

- **Direktanflug**

Dem Luftfahrzeugführer wird gestattet, von den veröffentlichten Anflugverfahren abzuweichen und von seiner augenblicklichen Position direkt auf die Platzrunde zuzufliegen. Der Einflug in die Platzrunde kann in diesem Fall auf direktem Wege in jedem Abschnitt der Platzrunde erfolgen (der Einflug in den Abflug- und Querabflugteil wäre allerdings sehr ungewöhnlich).

- **Geradeausanflug**

Das Luftfahrzeug befindet sich in Landerichtung nahezu in der Verlängerung der Piste. Der Luftfahrzeugführer kann sich schon weit vor dem Einleiten des Sinkfluges zur Landung auf die Pistenmittellinie ausrichten. Es wird in diesem Fall von der Platzrunde nur der Endanflug geflogen.

- **Pflichtmeldepunkt**

Eine auf der Erdoberfläche gut erkennbare oder durch Funknavigationsanlagen bestimmte Position, die auf den Karten mit einem ausgefüllten Dreieck gekennzeichnet ist. Beim Überfliegen einer solchen Position ist dem Kontrolldienst unaufgefordert eine Standortmeldung zu übermitteln.

- **Bedarfsmeldepunkt/Meldepunkt auf Anforderung**

Bei einem Bedarfsmeldepunkt ist das Dreieck nicht ausgefüllt. Eine Standortmeldung erfolgt beim Überfliegen einer solchen Position nur, wenn der Controller den Luftfahrzeugführer dazu aufgefordert hat.

7.12   Flugfunksprechverkehr an einem kontrollierten Flugplatz

Für jede Bewegung eines Luftfahrzeugs ist auf einem kontrollierten Flugplatz eine Flugverkehrskontrollfreigabe (im weiteren Verlauf als Freigabe bezeichnet) erforderlich.

Es werden jetzt die Positionen erläutert, an denen ein abfliegendes Luftfahrzeug eine Freigabe benötigt, und wie der Luftfahrzeugführer und die Bodenfunkstellen die einzelnen Meldungen formulieren.

L = Luftfahrzeugführer, R = Rollkontrolle, T = Turm, F = Fluginformationsdienst

(1)   **Abstellplatz für die Allgemeine Luftfahrt**

- Einleitungsruf   **Luftfahrzeugführer**

L   **HANNOVER ROLLKONTROLLE, DELTA ECHO CHARLIE YANKEE TANGO**
R   DELTA YANKEE TANGO, HANNOVER ROLLKONTROLLE
L   **DELTA YANKEE TANGO, CESSNA EINS SIEBEN ZWO, ABSTELLPLATZ FÜR ALLGEMEINE LUFTFAHRT, VFR ÜBER NOVEMBER, ERBITTE ROLLEN**

- Rollanweisung   **Rollkontrolle**

T   DELTA YANKEE TANGO, ROLLEN SIE ZUM ROLLHALT LIMA, PISTE ZWO SIEBEN RECHTS, ÜBER ROLLBAHN MIKE UND LIMA, WIND ZWO ACHT NULL, FÜNF KNOTEN, QNH EINS NULL ZWO DREI
L   **DELTA YANKEE TANGO, ROLLE ZUM ROLLHALT LIMA, PISTE ZWO SIEBEN RECHTS, ÜBER ROLLBAHN MIKE UND LIMA, QNH EINS NULL ZWO DREI**

(2)   **Rollhalt**

- Meldung des Erreichens der Freigabegrenze   **Luftfahrzeugführer**

L   **DELTA YANKEE TANGO, ROLLHALT LIMA, PISTE ZWO SIEBEN SIEBEN RECHTS, ERBITTE ABFLUGANWEISUNGEN**

- Aufforderung zum Frequenzwechsel   **Rollkontrolle**

R   DELTA YANKEE TANGO, RUFEN SIE TURM AUF FREQUENZ EINS ZWO DREI KOMMA FÜNF FÜNF
L   **DELTA YANKEE TANGO, FREQUENZ EINS ZWO DREI KOMMA FÜNF FÜNF**

- Meldung der Abflugbereitschaft   **Luftfahrzeugführer**

L   **HANNOVER TURM, DELTA ECHO CHARLIE YANKEE TANGO ROLLHALT LIMA, PISTE ZWO SIEBEN RECHTS, ABFLUGBEREIT**

- Abfluganweisung/-freigabe   **Turm**

T   DELTA YANKEE TANGO, VERLASSEN SIE KONTROLLZONE ÜBER NOVEMBER, WIND ZWO ACHT NULL, ACHT KNOTEN, START FREI PISTE ZWO SIEBEN RECHTS
L   **DELTA YANKEE TANGO, VERLASSE DIE KONTROLLZONE ÜBER NOVEMBER, START FREI PISTE ZWO SIEBEN RECHTS**

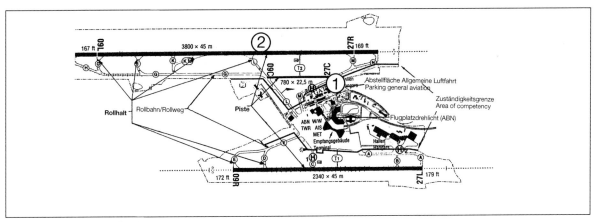

Bild 7.4   Meldepunkte auf dem Flugplatz

③   **Pflichtmeldepunkt**

• Meldung über einem Pflichtmeldepunkt
  Luftfahrzeugführer

L   **DELTA YANKEE TANGO, NOVEMBER ZWO,
    FLUGHÖHE EINTAUSEND FÜNFHUNDERT
    FUSS**

T   DELTA YANKEE TANGO, SINKEN SIE AUF
    FLUGHÖHE EINTAUSEND ZWOHUNDERT
    FUSS, MELDEN SIE NOVEMBER EINS

L   **DELTA YANKEE TANGO, SINKE AUF
    FLUGHÖHE EINTAUSEND ZWOHUNDERT
    FUSS, WILCO**

• Meldung des Verlassens der Kontrollzone
  Luftfahrzeugführer

L   **DELTA YANKEE TANGO, NOVEMBER EINS,
    FLUGHÖHE EINTAUSEND ZWOHUNDERT
    FUSS, VERLASSE DIE KONTROLLZONE
    (bzw. ERBITTE VERLASSEN DER
    FREQUENZ)**

• Genehmigung zum Verlassen der Frequenz
  Turm

T   DELTA YANKEE TANGO, VERLASSEN DER
    FREQUENZ GENEHMIGT

L   **DELTA YANKEE TANGO**

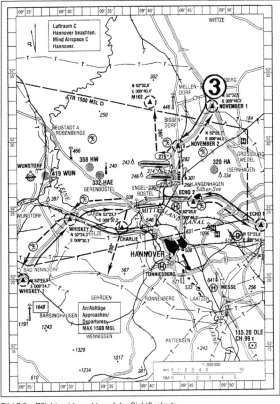

Bild 7.5   Pflichtmeldepunkte auf der Sichtflugkarte

Sollte der Luftfahrzeugführer angewiesen werden, noch weiterhin auf der Frequenz hörbereit zu bleiben, so würde er mit der Sprechgruppe: DELTA YANKEE TANGO, BLEIBEN SIE AUF DIESER FREQUENZ BIS (Position/Zeit) FÜR (Ziffer) MINUTE(N) dazu aufgefordert werden. Andere Möglichkeiten wären WARTEN SIE* AUF (Frequenz)... oder MONITOR (Bodenfunkstelle)* AUF (Frequenz).

Anmerkung: Ein Luftfahrzeug kann angewiesen werden:
a) mit dem Ausdruck „WARTEN SIE": auf eine Frequenz zu wechseln und dort auf die Kontaktaufnahme durch die Flugverkehrskontrolle zu warten;
b) mit dem Ausdruck „MONITOR": auf eine Frequenz zu wechseln, auf der Informationen durch Flugrundfunksendungen verbreitet werden.

Wenn beim Rollen zum Rollhalt Pisten überquert werden müssen, gilt die Freigabe dafür als erteilt, es sei denn, dass der Kontroller ausdrücklich gesagt hat: HALTEN SIE VOR ÜBERQUEREN PISTE ZWO FÜNF. Der Luftfahrzeugführer bestätigt dies mit: **DELTA YANKEE TANGO, WERDE VOR ÜBERQUEREN PISTE ZWO FÜNF HALTEN.**

In diesem Fall benötigt der Luftfahrzeugführer eine Freigabe zum Überqueren der Piste 25. **DELTA YANKEE TANGO, ERBITTE ÜBERQUEREN DER PISTE ZWO FÜNF**. Die Antwort des Kontrolldienstes lautet: DELTA YANKEE TANGO, ÜBERQUEREN PISTE ZWO FÜNF GENEHMIGT. Diese Freigabe ist vom Luftfahrzeugführer wörtlich zu wiederholen.

Sollte der Kontroller beim Überqueren der Startbahn nur eine Meldung wünschen, so wird er die Sprechgruppe: MELDEN SIE ÜBERQUEREN PISTE ZWO FÜNF benutzen. Der Luftfahrzeugführer bestätigt die Meldung mit: **WERDE ÜBERQUEREN PISTE ZWO FÜNF MELDEN**.

Grundsätzlich wird jedoch aus Sicherheitsgründen die Genehmigung zum Überqueren einer Piste explizit erteilt.

7.13   Startmeldung

Der Privatpilot wird in der Regel von einem unkontrollierten Flugplatz abfliegen. Da für einige Flüge eine Flugplanabgabe vorgeschrieben ist, ist er bei solchen Flügen verpflichtet, eine Startmeldung abzugeben. Mit der Startmeldung wird der zuständige Flugberatungsdienst, der zuvor auch den Flugplan entgegengenommen hat (telefonisch, per E-Mail oder per Fax), informiert, dass der Flugplan nun zu aktivieren ist. Der Flugplan wird aktiviert, indem der Flugberatungsdienst dem zuständigen Flugberatungsdienst für den Zielflugplatz die tatsächliche Startzeit übermittelt.

Die Addition der tatsächlichen Abflugzeit (ATD) und der voraussichtlichen Gesamtflugdauer (EET) ergibt die voraussichtliche Ankunftszeit (ETA).

ATD + EET = ETA

Diese Zeit ist die Grundlage für die Durchführung des Alarmdienstes.

Die Startmeldung kann von einem durch den Luftfahrzeugführer Beauftragten telefonisch übermittelt werden oder der Luftfahrzeugführer stellt unmittelbar nach dem Start Funkverbindung mit dem zuständigen Flugverkehrskontrolldienst her und meldet die Startzeit. Sollte der Funkkontakt mit dem zuständigen Flugverkehrskontrolldienst nicht zustande kommen, so besteht auch die Möglichkeit, die Startmeldung dem Fluginformationsdienst mit der Bitte um Weiterleitung an den Kontrolldienst zu übermitteln. Auf jeden Fall ist der verantwortliche Luftfahrzeugführer an einem unkontrollierten Flugplatz für die Abgabe der Startmeldung verantwortlich.

Bei einem Start auf einem kontrollierten Flugplatz entfällt die Abgabe einer Startmeldung.

Inhalt der Startmeldung: – **Rufzeichen**
                                          – **Startflugplatz**
                                          – **Startzeit**
                                          – **Zielflugplatz**

7.14   Streckenflug

Auch während des Streckenfluges ist der Luftfahrzeugführer nicht allein auf sich gestellt. Zwar ist er nicht verpflichtet, eine bestimmte Frequenz einzustellen, jedoch sollte er immer die Frequenz einer Bodenfunkstelle gerastet haben, damit er jederzeit nützliche Informationen für die sichere Flugdurchführung mithören kann und im Falle einer Notlage unverzüglich einen Ansprechpartner für eine eventuell erforderliche Hilfeleistung hat.

Es bietet sich an, die Frequenz des nächstgelegenen Flugplatzes oder des für den jeweiligen Bereich zuständigen Fluginformationsdienstes einzustellen. Die Frequenzen können der Luftfahrtkarte ICAO 1:500 000 entnommen werden.

Für den Flugfunkdienst steht der Frequenzbereich von **117,975 MHz bis 137,000 MHz** mit einer Frequenzrasterung von **25 KHz** (8,33 KHz) zur Verfügung.

Aufgrund dieser im VHF-Bereich zugewiesenen Frequenzen, die sich als Direktwellen ausbreiten, ist der Empfang eines Senders sehr von der Höhe abhängig. Der Empfänger im Luftfahrzeug benötigt eine quasi optische Verbindung zum Sender, damit die Empfangsqualität ausreichend ist.

Man errechnet die etwaige **Reichweite eines Senders** in Seemeilen (NM) nach der **Formel:**

$$\text{Reichweite in NM} = \sqrt{\text{Höhe in Fuß} * 1{,}2}$$

Es ist immer daran zu denken, dass der Flugfunksprechverkehr im Wechselsprechverfahren durchgeführt wird. Für den Luftfahrzeugführer bedeutet das, **Funkdisziplin** einzuhalten (kurz, unmissverständlich), denn wenn die Frequenz belegt ist, kann kein anderer eine – auch noch so wichtige Meldung – absetzen.

Außerdem ist darauf zu achten, dass die Sendetaste nicht versehentlich gedrückt bleibt, denn dann ist die Frequenz blockiert und für alle Luftverkehrsteilnehmer nicht mehr nutzbar.

Wenn während des Streckenfluges Bodenfunkstellen direkt angesprochen werden sollen, so kann die Meldung im kontrollierten Luftraum, also in den Lufträumen der Klassen **C, D** und **E,** an den Flugverkehrskontrolldienst (der nur in den kontrollierten Lufträumen tätig wird) oder an den Fluginformationsdienst gerichtet werden. Im unkontrollierten Luftraum, also in den Lufträumen der Klassen **F** und **G,** nur an den Fluginformationsdienst.

7.14.1   Schaltung des Transponders

Zur besseren Identifizierung kann der Flugverkehrskontrolldienst den Luftfahrzeugführer auffordern, einen bestimmten SSR-Antwortmode/code zu senden, z. B.:

D YT SQUAWK ALPHA DREI ZWO DREI EINS

Einige dieser Transpondercodes sind vom Luftfahrzeugführer selbständig zu senden.

Beispiele:	7500	bei Flugzeugentführung,
	7600	bei Funkausfall,
	7700	in Notlagen,
	0021	empfohlen für VFR-Flüge (außerhalb der Platzrunde) unterhalb von 5 000 ft MSL und 3 500 ft GND,
	0022	bei Flügen über 5 000 ft MSL dabei mindestens 3 500 ft GND,
	0032	bei Flügen in der Identifizierungszone von Luftfahrzeugen, die schneller als 150 kt IAS fliegen und keinen Flugplan abgegeben haben.

7.14.2   Durchflug durch den Luftraum C

Sollte der Luftfahrzeugführer die Absicht haben, während des Streckenfluges durch einen Luftraum der Kategorie C zu fliegen, so muss er spätestens 5 Minuten vor Erreichen dieses Luftraums Funkverbindung mit der zuständigen Flugverkehrskontrollstelle aufnehmen.

Beispiel: **HANNOVER RADAR DELTA ECHO CHARLIE YANKEE TANGO**
DELTA YANKEE TANGO, HANNOVER RADAR
DELTA YANKEE TANGO, CESSNA EINS SIEBEN ZWO, DREI
MEILEN NÖRDLICH NIENBURG VOR, VFR IN FLUGHÖHE
DREITAUSENDFÜNFHUNDERT FUSS, ERBITTE DURCHFLUG
DURCH LUFTRAUM CHARLIE ÜBER NIENBURG UND LEINE
VOR, FLUGHÖHE VIERTAUSEND FUSS

Danach erfolgt die Freigabe durch RADAR, die der Luftfahrzeugführer, wie bekannt, wörtlich zu wiederholen hat. Während des Durchfluges muss der Luftfahrzeugführer auf der entsprechenden Frequenz ständig hörbereit sein, dies gilt auch für das Fliegen innerhalb des Luftraumes der Kategorie D (Kontrollzone).

Wenn der Streckenflug bei Nacht durchgeführt wird, ist in jedem der kontrollierten Lufträume (Lufträume der Kategorien C, D, E) **ständige Hörbereitschaft** vorgeschrieben.

7.14.3   Wettermeldungen

Es kann während des Streckenfluges erforderlich werden, dass sich der Luftfahrzeugführer (trotz vorheriger Wetterberatung) nochmals über die derzeit aktuellen Wetterverhältnisse informieren muss.

Er hat die Möglichkeit, Wettermeldungen über VOLMET, ATIS oder SIGMET zu erhalten oder gezielt den Fluginformationsdienst (FIS) nach der Wetterentwicklung zu fragen. Wenn es die Verkehrslage zulässt, ist in der Regel auch der Flugverkehrskontrolldienst bereit, dem Luftfahrzeugführer eine Wettermeldung zu übermitteln.

Die Begriffe, die in einer Wettermeldung enthalten sein könnten, sollten dem Luftfahrzeugführer bekannt sein. Wenn das vorausliegende Wetter mit **„CAVOK"** bezeichnet wird, beträgt die Sicht 10 km und mehr, es gibt keinerlei Niederschläge und es sind keine Wolken unterhalb von 5000 ft vorhanden (**C**louds **A**nd **V**isibility **OK**).

Der Bedeckungsgrad des Himmels mit Wolken wird in **6 Stufen** gemeldet:

1. Bedeckungsgrad 0	**WOLKENLOS**	**SKY CLEAR**
2. Bedeckungsgrad 1 bis 2 Achtel	**WENIG BEWÖLKT**	**FEW**
3. Bedeckungsgrad 3 bis 4 Achtel	**LEICHT BEWÖLKT**	**SCATTERED**
4. Bedeckungsgrad 5 bis 7 Achtel	**BEWÖLKT**	**BROKEN**
5. Bedeckungsgrad 8 Achtel	**BEDECKT**	**OVERCAST**
6.	**KEINE MARKANTEN WOLKEN**	**NO SIGNIFICANT CLOUDS**

7.15 Flugfunksprechverkehr beim Anflug auf einen kontrollierten Flugplatz

Beim Anflug auf einen kontrollierten Flugplatz muss der Luftfahrzeugführer fünf Minuten vor Erreichen des ersten Pflichtmeldepunktes der VFR-Anflugstrecke Kontakt mit dem zuständigen Flugplatzkontrolldienst aufnehmen. Grundsätzlich hat sich der Pilot darauf einzustellen, dass er über die veröffentlichten Anflugstrecken anfliegen muss. Über den Pflichtmeldepunkten ist unaufgefordert eine Standortmeldung zu übermitteln. Abweichungen von dieser Streckenführung zu einem Direkt- oder Geradeausanflug können nur vom Controller genehmigt werden, wenn die Verkehrslage es zulässt.

7.15.1 Standortmeldungen

Beim Anflug, auf der Anflugstrecke und auch in der Platzrunde sind vom Luftfahrzeugführer mehrere Standortmeldungen abzugeben, dabei unterscheidet man drei verschiedene Verfahren.

Grundsätzlich besteht eine Standortmeldung aus: – **Rufzeichen,**
– **Position,**
– **Flughöhe und**
– **Zeit.**

Das normale Verfahren ist die Standortmeldung ohne Übermittlung der Zeit, nämlich dann, wenn die Meldung genau über dem Meldepunkt erfolgt.

Beispiel: DELTA YANKEE TANGO, NOVEMBER EINS, FLUGHÖHE EINTAUSENDFÜNFHUNDERT FUSS

Sollte es wegen des starken Flugfunksprechverkehrs nicht möglich sein, zum Zeitpunkt des Überfluges die Meldung zu übermitteln, ist der Standortmeldung die Zeit des Überfluges hinzuzufügen.

Beispiel: DELTA YANKEE TANGO, ZWO MEILEN SÜDLICH NOVEMBER EINS, FLUGHÖHE EINTAUSENDFÜNFHUNDERT FUSS, ÜBER NOVEMBER EINS: ZWO FÜNF

In der Platzrunde reicht als Standortmeldung die Angabe der Position.

Beispiel: DELTA YANKEE TANGO, GEGENANFLUG NULL NEUN LINKS

Grundsätzlich benötigt der Luftfahrzeugführer zum Einflug in eine Kontrollzone eine Freigabe. Kann er diese Freigabe z.B. bei Funkausfall nicht bekommen, so darf er nicht einfliegen und muss auf einem Flugplatz ohne Kontrollzone landen.

Der Einflug ist bei Funkausfall ohne Freigabe nur dann gestattet, wenn er aus flugbetrieblichen Gründen erforderlich ist (Notlage, zu wenig Treibstoff um einen Ausweichplatz zu erreichen). In einem solchen Fall muss der Luftfahrzeugführer über eine der veröffentlichten Anflugstrecken anfliegen, über den Pflichtmeldepunkten Blindsendungen absetzen und auf Licht- und Bodensignale achten.

7.15.2 Signale und Zeichen

Ganz allgemein haben Anweisungen über Funk Vorrang vor Signalen und Zeichen, mit Ausnahme des Signals in Form **eines roten Feuerwerkskörpers.** Dieses Signal ist **zwingend** und bedeutet:

„Ungeachtet aller früheren Anweisungen zurzeit nicht landen."

7.15.3 Anflug zu und Rollen auf einem kontrollierten Flugplatz

① **Fünf Minuten vor Erreichen des ersten Pflichtmeldepunktes**

- Einleitungsruf
  Luftfahrzeugführer

L **HANNOVER TURM, DELTA ECHO CHARLIE YANKEE TANGO**

T DELTA YANKEE TANGO, HANNOVER TURM

L **DELTA YANKEE TANGO, CESSNA EINS SIEBEN ZWO, VFR, ACHT MEILEN NORDÖSTLICH NOVEMBER EINS, FLUGHÖHE EINTAUSENDFÜNFHUNDERT FUSS, ZUR LANDUNG**

- Freigabe zum Einflug in die Luftraum-Kontrollzone (Luftraum D)
  Turm

T DELTA YANKEE TANGO, FLIEGEN SIE IN DIE KONTROLLZONE ÜBER NOVEMBER, PISTE NULL NEUN LINKS, QNH EINS NULL ZWO DREI

L **DELTA YANKEE TANGO, FLIEGE IN DIE KONTROLLZONE ÜBER NOVEMBER, PISTE NULL NEUN LINKS, QNH EINS NULL ZWO DREI**

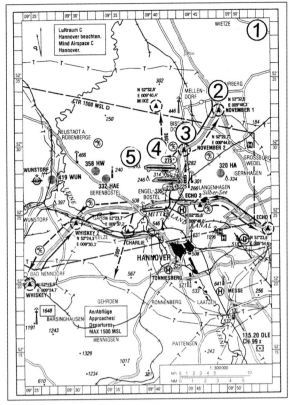

Bild 7.6 Meldepunkte auf der Sichtflugkarte

②③ Meldung der Pflichtmeldepunkte   **Luftfahrzeugführer**

L **DELTA YANKEE TANGO, ÜBER NOVEMBER EINS, FLUGHÖHE EINTAUSENDFÜNFHUNDERT FUSS**

T DELTA YANKEE TANGO, SINKEN SIE AUF FLUGHÖHE EINTAUSENDZWOHUNDERT FUSS, MELDEN SIE NOVEMBER ZWO

L **DELTA YANKEE TANGO, SINKE AUF FLUGHÖHE EINTAUSENDZWOHUNDERT FUSS, WILCO**

L **DELTA YANKEE TANGO, NOVEMBER ZWO, FLUGHÖHE EINTAUSENDZWOHUNDERT FUSS**

T DELTA YANKEE TANGO, MELDEN SIE GEGENANFLUG NULL NEUN LINKS

L **DELTA YANKEE TANGO, WERDE GEGENANFLUG NULL NEUN LINKS MELDEN**

④ **Gegenanflug**

L **DELTA YANKEE TANGO, GEGENANFLUG NULL NEUN LINKS**

T DELTA YANKEE TANGO, MELDEN SIE QUERANFLUG

L **DELTA YANKEE TANGO, WILCO**

⑤ **Queranflug**

L **DELTA YANKEE TANGO, QUERANFLUG**

- Landefreigabe

T **DELTA YANKEE TANGO, WIND EINS ZWO NULL, VIER KNOTEN, LANDUNG FREI, PISTE NULL NEUN LINKS**

L DELTA YANKEE TANGO, LANDUNG FREI, NULL NEUN LINKS

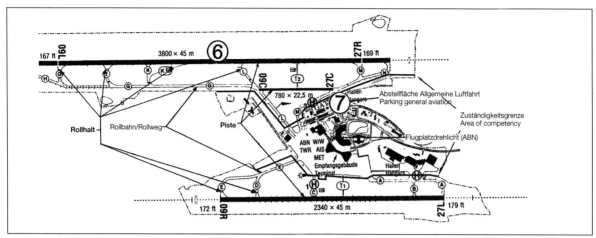

Bild 7.7   Meldepunkte auf dem Flugplatz

⑥   **Auf der Piste**

T   DELTA YANKEE TANGO, RUFEN SIE ROLLKONTROLLE AUF FREQUENZ EINS ZWO EINS KOMMA NEUN FÜNF

L   **DELTA YANKEE TANGO, FREQUENZ EINS ZWO EINS KOMMA NEUN FÜNF**

L   **HANNOVER ROLLKONTROLLE, DELTA ECHO CHARLIE YANKEE TANGO, PISTE NULL NEUN LINKS, ERBITTE ROLLEN ZUM ABSTELLPLATZ FÜR ALLGEMEINE LUFTFAHRT**

R   DELTA YANKEE TANGO, ROLLEN SIE ZUM ABSTELLPLATZ FÜR ALLGEMEINE LUFTFAHRT ÜBER ROLLBAHN LIMA UND MIKE

L   **DELTA YANKEE TANGO, ROLLE ZUM ABSTELLPLATZ FÜR ALLGEMEINE LUFTFAHRT ÜBER ROLLBAHN LIMA UND MIKE**

⑦   **Abstellplatz für die Allgemeine Luftfahrt**

L   **DELTA YANKEE TANGO, ABSTELLPLATZ FÜR ALLGEMEINE LUFTFAHRT, ERBITTE VERLASSEN DER FREQUENZ**

R   DELTA YANKEE TANGO, VERLASSEN DER FREQUENZ GENEHMIGT

L   **DELTA YANKEE TANGO**

Für den Flugbetrieb an einem kontrollierten Flugplatz muss der Luftfahrzeugführer für alle Bewegungen, die im Zusammenhang mit dem Rollen, Starten und Landen stehen, eine Flugverkehrskontrollfreigabe bei dem zuständigen Kontrolldienst einholen. Für den Flugplatzverkehr (der gesamte Verkehr auf dem Vorfeld und alle Luftfahrzeuge, die sich in der Platzrunde befinden oder in diese ein- oder ausfliegen) ist **ständige Hörbereitschaft** vorgeschrieben.

7.16   Landemeldung

Wenn ein Luftfahrzeugführer, der für seinen Flug einen Flugplan aufgegeben hat, auf einem unkontrollierten Flugplatz landet, so muss er unverzüglich nach der Landung telefonisch den Flugplan schließen, indem er eine Landemeldung abgibt, damit der Alarmdienst nicht unnötigerweise aktiviert wird.

Die Landemeldung kann auch über Funk abgegeben werden, aber erst dann, wenn sich das Luftfahrzeug bereits in der Platzrunde befindet und die Landung als sichergestellt erscheint. Zur Übermittlung der Landemeldung über Funk wird Kontakt zum zuständigen Flugverkehrskontrolldienst aufgenommen. Wenn dieser nicht erreichbar ist, so besteht die Möglichkeit, die Meldung dem Fluginformationsdienst (FIS), mit der Bitte um Weiterleitung, zu übermitteln. Bei der Landung auf einem kontrollierten Flugplatz ist die Abgabe einer Landemeldung nicht erforderlich.

Inhalt der Landemeldung: – **Luftfahrzeugkennzeichen**
                             – **Landeflugplatz**
                             – **Landezeit**

Sollte die Landung aus nicht vorhersehbaren Gründen auf einem anderen als dem Zielflugplatz erfolgt sein, so ist zusätzlich

                             – **der Abflugplatz und**
                             – **der im Flugplan angegebene Zielflugplatz**

zu übermitteln.

8   Der Motorsegler

Durch die Europäisierung des Luftrechts (JAR-FCL im Jahr 2003) ist die eigenständige Motorsegler-Lizenz (bis 2003: PPL-B) entfallen. Die Berechtigung zum Führen eines Motorseglers wird seit 2003 in die Lizenz für Privatpiloten (PPL-A) oder in den **Luftfahrerschein für Segelflugzeugführer (GPL** – **G**lider **P**ilot **L**icence**)** eingetragen.

Um Segelflugzeuge mit Klapptriebwerk fliegen zu dürfen, braucht der Segelflieger den Eintrag **„Seg mit Hilfsantrieb"** im GPL; der Eintrag **TMG** (**T**ouring **M**otor **G**lider) berechtigt zum verantwortlichen Führen von allen Reisemotorseglern. Reisemotorsegler starten grundsätzlich im Selbststart, das heißt aus eigener Kraft. Für Segelflugzeuge mit Klapptriebwerk gibt es Einträge für die Startarten Selbststart, Windenstart und Schleppstart hinter Luftfahrzeugen (F-Schlepp). Der Motorsegler in seinen verschiedenen Varianten ist somit in den möglichen Umfang der Segelfluglizenz einbezogen; deshalb werden im vorliegenden Kapitel seine Hauptmerkmale als **Ergänzung zum Stoff des Segelflugs** thematisiert. Über die Voraussetzungen zum Erwerb der Motorsegler-Berechtigungen gibt Abschnitt 1.7 „Luftfahrtpersonal" Auskunft.

8.1   Einführung

Alle Motorsegler tragen in Deutschland ein Kennzeichen, dessen Buchstabenkombination nach dem **D-** mit **K** beginnt – deshalb auch **Kilo-Klasse** genannt.

Die **Motorsegler** der Kilo-Klasse sind in **zwei** grundverschiedene **Baumuster** unterteilt:

- Leichtflugzeuge mit fest eingebautem Motor,
- Segelflugzeuge mit einklappbarem Hilfsantrieb (Hilfstriebwerk).

Bei den Motorseglern mit fest eingebautem Motor handelt es sich meist um Luftfahrzeuge mit nebeneinander liegenden Sitzen in Kunststoff- oder Gemischtbauweise, wahlweise mit einem Einrad-, Zweirad- oder Bugfahrwerk. Sie werden als Reise- oder Touringmotorsegler (RMS oder TMG: Touring Motor Glider) bezeichnet. Mit stillgelegtem Triebwerk kann auch Segelflug betrieben werden, allerdings mit verhältnismäßig schlechten Flugleistungen.

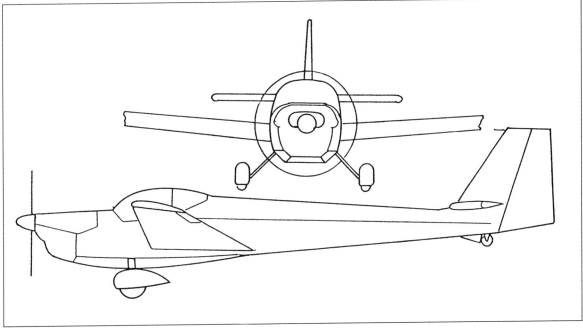

Bild 8.1   Reisemotorsegler (RMS/TMG)

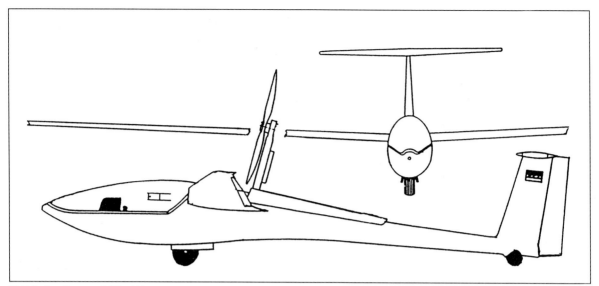

Bild 8.2   Segelflugzeug mit Hilfsantrieb

Die Segelflugzeuge mit Hilfstriebwerk unterscheiden sich in der Segelflugleistung nicht von reinen Segelflugzeugen. Äußere Formgebung und Aerodynamik entsprechen den unmotorisierten Schwestermodellen. Durch das Gewicht des Motors ist allerdings die Flächenbelastung von vornherein höher als beim Segelflugzeug, was in sehr schwacher Thermik ein Nachteil sein kann. Für den Motorbetrieb können Triebwerk und Propeller als eine Einheit oder nur der Propeller aus dem Rumpf herausgeklappt werden.

Die Segelflugzeuge mit Hilfsantrieb unterteilen sich noch einmal grundsätzlich in **eigenstartfähige** und **nicht eigenstartfähige Muster.**

Die Selbststarter haben Triebwerke mit höherer Leistung und machen den Piloten unabhängig vom Windenstart oder einem Schleppflugzeug.

Beim nicht eigenstartfähigen Motorsegler (auch **„Turbo"** oder „Flautenschieber" genannt) ist der Antrieb als reine Heimkehrhilfe gedacht, um bei nachlassender Thermik die Außenlandung zu vermeiden. Da die Motorkraft des Turbos kaum nennenswerte Steigwerte (ca. 0,5 m/s) ermöglicht, verläuft der Heimflug nach dem Starten des Triebwerks weitgehend horizontal.

Beim Selbststarter wird die größte Reichweite dadurch erzielt, das Triebwerk zum Steigflug zu nutzen, es dann einzuklappen, um die erreichte Höhe im Segelflug abzugleiten, danach wieder Steigflug mit Motorhilfe, und so weiter. Diese Vorgehensweise nennt sich **Sägezahntechnik.**

8.2   Navigation mit RMS/TMG

Während mit dem Segelflugzeug mit Hilfstriebwerk thermischer Streckenflug betrieben wird, der meist wieder am Ausgangspunkt endet, ist der RMS ein gutes Gerät für Streckenflüge (Reisen) zu mehr oder weniger entfernten Zielen.

Bei Flügen, die über die Umgebung des Startflugplatzes hinausführen, muss eine **umfassende Flugvorbereitung** erfolgen. Dazu gehören:

- Wetterberatung,
- Streckenflugplanung,
- Berechnung von Beladung und Schwerpunkt,
- Kraftstoffmengenberechnung und
- Startstreckenberechnung gemäß Flug- und Betriebshandbuch.

Ein Streckenflug im Reisemotorsegler ist planbar. Die sorgfältige Vorbereitung des Fluges erspart Pannen und Hektik im Cockpit; sie ist Ausdruck von fliegerischem Verantwortungsgefühl und einer professionellen Grundhaltung. Zur Streckenflugplanung gehören:

- Streckenlängen aus der Karte entnehmen;
- Kurse aus der Karte entnehmen;
- Kursberechnung (OM, Deviation, Wind) durchführen;
- Flugdurchführungsplan erstellen mit
  - Ausweichflugplätzen,
  - Gesamtflugzeit,
  - Checkpunkte und Überflugzeiten,
  - Reiseflughöhen (Lufträume beobachten!),
  - Frequenzen von Ziel- und Ausweichflugplätzen.
- Anflugkarten und Betriebszeiten (AIP) bereithalten;
- VFR-Bulletin konsultieren;
- Papiere (Lfz. und persönlich) überprüfen;
- ggf. Flugplan aufgeben.

Als Grundlage des Flugdurchführungsplanes sollte ein fertiges Formular verwendet werden (siehe Bild 8.3.a und 8.3.b). Vorlagen für den Flugdurchführungsplan gibt es vom LBA, einige Ausbildungsbetriebe haben eigene Versionen und mancher Pilot gestaltet sich am PC sein individuelles Blatt – auf jeden Fall sollte ein Flugdurchführungsplan klar gegliedert und übersichtlich sein. Um während des Fluges die Unterlagen (Karte, Flugdurchführungsplan, Anflugblätter, usw.) organisiert zusammenzuhalten, ist ein Kniebrett unverzichtbar.

Kraftstoffberechnung	Zeit [min]	Kraftstoff [l]	Verbrauch [l/h]		**Flugauftrag**			
Flugzeit			Reiseflug	DAeC-Verein				
Zuschlag für Rollen, Steigflug			Steigflug	Flugschüler				
An- und Abflug (mind. 10 min)				Flugweg von / über / über / nach Zwischenlandung in (x)		( ) ( ) ( ) ( )		
Ausweichflugplatz			Startstrecke (m)					

Kraftstoffberechnung (Zeit [min] | Kraftstoff [l] | Verbrauch [l/h])

Flugzeit			Reiseflug
Zuschlag für Rollen, Steigflug			Steigflug
An- und Abflug (mind. 10 min)			
Ausweichflugplatz			Startstrecke (m)
Reserve			Startlauf
Mindestkraftstoffbedarf			Strecke 15m
Kraftstoffvorrat			Zuschläge*
Sichere Flugzeit (max. Zeit - 30 min)			Startstrecke

Masse / Schwerpunkt	Masse	Moment	
			Bahnlänge
			*Zuschläge für: Höhe, Temperatur, Windeinfluß, Neigung, Graßbahn, Oberflächenzustand
Leermasse			
Pilot / Co / Gast **vorn**			Landestrecke (m)
Gast **hinten**			Landelauf
Kraftstoff			Zuschläge*
Gepäck			Strecke
Startmasse			Bahnlänge

☑ Nach den Vorgaben des Betriebshandbuches geprüft:

Masse ☐ | Schwerpunkt ☐ | Startstrecke ☐ | Landestrecke ☐

Flugauftrag

DAeC-Verein _____

Flugschüler _____

Flugweg von / über / über / nach Zwischenlandung in (x) _____ ( ) _____ ( ) _____ ( ) _____ ( )

Der Flugschüler erhält den Flugauftrag zum Überlandflug für die rückseitig beschriebene Flugstrecke. Abweichungen sind ohne triftigen Grund unzulässig. Bei einer außerplanmäßigen Zwischenlandung wird der weitere Ablauf mit dem Fluglehrer festgelegt. In Notfällen ist die örtliche Polizei und die Luftaufsicht zu informieren.
Der Flugschüler wurde anhand der Luftfahrerkarte 1:500000 in den Streckenverlauf eingewiesen, auf Beschränkungsgebiete hingewiesen und anhand der NFL und AIP unterrichtet.

☒ zutreffendes ankreuzen
☐ Das Luftfahrzeug ist aufzutanken in _____
☐ Jede Zwischenlandung ist durch die Luftaufsicht zu bestätigen!
☐ Nach jeder Zwischenlandung ist der Fluglehrer zu informieren.
☐ Ein Höhenbarograf ist mitzuführen und muß ununterbrochen laufen.

Die Voraussetzungen des §117 LuftPersV sind erfüllt.

Flugschüler   Fluglehrer

Unterschrift   Datum   Name, Unterschrift, Nr.

Flüge außerhalb der Sichtweite des Fluglehrers nach §117 (2) LuftPersV
● BZF ● PPL-Prüfung bestanden ● mindestens 2 Überlandeinweisungen
● theoretische und praktische Einweisung in besondere Flugzustände, in das Verhalten in Notfällen und bei Unfällen
Kontrollen vor dem Überlandflug
Kartenvorbereitung, Wetter- und Flugsicherungsberatung, Bordbuch, Zulassungspapiere, Versicherungsnachweis, Funkgenehmigung, Stundenkontrolle Karten gefaltet und sortiert, AIP, Navigationshilfsmittel (Uhr, Dreieck, Rechner), Sonnenschutz (Brille, Hut, Creme), Geld für Landegebühren, Kraftstoff und Telefon.

☎ _____ (Fluglehrer) _____ (Luftaufsicht)

Bild 8.3.a   Flugauftrag mit Berechnung (Beispiel, Vorderseite)

VFR - Flugdurchführungsplan

D-_____

Typ _____

Luftfahrzeugführer _____
Datum _____ SS _____ :
Verbrauch _____ [l] Reserve _____ [l]

☑ MET ☐   AIS ☐   Reserve > 30 min ☐   Beladung/Schwerpunkt ☐

	Flugplatzname / Kennung	Frequenz	VOR / NDB	Frequenz
Start / Ziel				
1. Landeplatz				
2. Landeplatz				
Ausweichplatz				
QNH-Start			Startzeit	:

rw/K	Wind W |V [	Ve |	Vg [ ]	Luv	rwSK	OM	mwSK	Dev	Streckenpunkt	KSK	Alt [ft] max/min [ ]	DIST	Zeiten [min] Leg | Σsoll | Ist	Überflug-zeit
														:
														:
														:
														:
														:
														:
														:
														:
														:

[km, kmh bzw. NM, KT eintragen]   QNH-Ziel _____   Landezeit _____

Bild 8.3.b   Flugdurchführungsplan (Beispiel, Rückseite)

8.3   Technik

8.3.1   Luftschraube/Propeller

Die Luftschraube hat die Aufgabe, die drehende Kraft des Triebwerks in eine vorwärts in Richtung Flugzeuglängsachse gerichtete Kraft umzusetzen, dass heißt das **Drehmoment (M)** des Motors wird in eine **Schubkraft (S)** verwandelt (Bild 8.4). Dieser Schub entsteht durch Beschleunigung einer **Luftmenge (Schraubenstrahl)** nach hinten, so dass das Flugzeug den erforderlichen Vortrieb erfährt.

Der Querschnitt eines Propellerblattes gleicht dem Querschnitt eines Tragflügelprofils. Man unterscheidet auch hier:

> W = Widerstand
> A = Auftrieb
> L = Luftkraft
> α = Anstellwinkel (alpha)
> E = Einstellwinkel

Genau wie beim Tragflügelprofil ist auch beim Propeller der Winkel zwischen Profilsehne und anströmender Luft der **Anstellwinkel,** der sich aber hier nur mit der Fluggeschwindigkeit ändern kann. Der Vektor der **Fluggeschwindigkeit V_e** (= TAS = True Air Speed) liegt in Flugrichtung. Der Vektor V_u der **Umfanggeschwindigkeit** liegt dagegen parallel zur **Drehebene.** Der daraus resultierende Vektor V_o gibt die Richtung und Geschwindigkeit an, mit der sich das Blattprofil gegen die ruhend gedachte Luft bewegt. Entgegengesetzt ist die Richtung V_w der gegen das ruhend gedachte Profil anströmenden Luft.

Bei zunehmender Fluggeschwindigkeit (Vergrößerung von V_e) wird der Anstellwinkel immer kleiner, da sich die Resultierende V_o ebenfalls in Flugrichtung bewegt und dadurch die Luftströmung V_w einen anderen Winkel zur Profilsehne einnimmt. Im Standlauf entspricht der Anstellwinkel dem **Einstellwinkel.**

Der Winkel zwischen Profilsehne und Drehebene ist der **Einstellwinkel,** der auch **Blattsteigungswinkel** genannt wird. Um nun einen einigermaßen gleichmäßigen Auftrieb (bzw. Vortrieb) zu erreichen, hat das Propellerblatt an der Nabe einen großen Einstellwinkel (auch **Steigung** genannt), der zur Spitze hin kleiner wird. Außerdem ändern sich das Profil und die **Blattbreite.** Man bezeichnet diese Gesamtänderung als **Schränkung.** Der Grund hierfür ist die **unterschiedliche Umfangsgeschwindigkeit der einzelnen Propellerabschnitte.** Bei gleicher Steigung würde an der Nabe fast kein Auftrieb erzeugt und an der Spitze des Propellers infolge der hohen Umfangsgeschwindigkeit die Strömung abreißen, also ebenfalls kein Auftrieb.

8.3.2   Propeller-Bauarten

In Bild 8.4 sind die Richtung der Schubkraft und die Luftbeschleunigung zu ersehen. Da sich der Anstellwinkel mit der Fluggeschwindigkeit ändert, wird erkennbar, dass eine **starre Luftschraube** ihre günstigste, **maximale Leistung** nur bei einer **bestimmten Fluggeschwindigkeit** entfalten kann. Die Steigung eines starren Propellers wird als Kompromiss zwischen Start- und Reiseleistung ausgelegt sein.

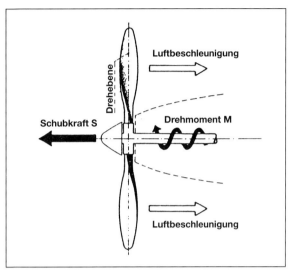

Bild 8.4   Aufgaben der Luftschraube

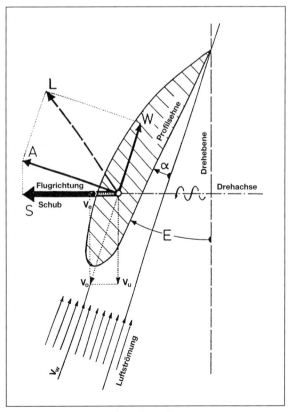

Bild 8.5   Bewegungen und Kräfte am Blattprofil

Beim **Verstellpropeller** sind die Propellerblätter nicht starr, sondern **drehbar gelagert**, so dass sich der **Einstellwinkel verändert** und den Erfordernissen der Flugphase anpassen lässt. Beim **Start** wird eine **kleine Steigung** eingestellt, beim **Steigflug** eine **mittlere** und für den **Reiseflug** wird eine **große Steigung** – und damit der jeweils günstigste Einstellwinkel – gewählt. Ferner lässt sich die Luftschraube in **Segelstellung** bringen, damit sie beim Segelflug möglichst wenig Widerstand erzeugt.

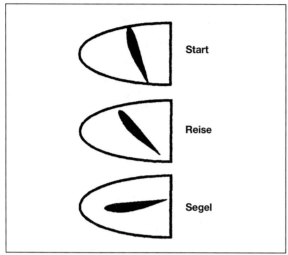

Die Verstellung der Propellerblätter kann mechanisch, über Öldruck (hydraulisch), durch Fliehgewichte oder elektrisch gesteuert werden. Entsprechend unterschiedlich sind die Bedienungselemente im Cockpit. Darüber hinaus gibt es auch sich selbst einstellende Luftschrauben **(Constant Speed Propeller),** bei denen sich die Steigung (bei vorgegebener Drehzahl) automatisch dem Flugzustand anpasst.

Bild 8.6   Blattstellungen eines Verstellpropellers

8.3.3   Luftschraubendrall oder Torque-Effekt

Beim Start mit Propellerflugzeugen lässt sich eine Neigung zum Ausbrechen beobachten. Die Ursache hierfür ist die sich drehende Luftschraube, welche den nach hinten abgeleiteten Luftstrom in eine Drehung um den Rumpf versetzt. Dieser rechtsdrehende Luftstrom (beim rechtslaufenden Propeller) trifft die Seitenflosse und das Seitenruder auf der linken Seite, so dass ein Giermoment nach links entsteht (Bild 8.7).

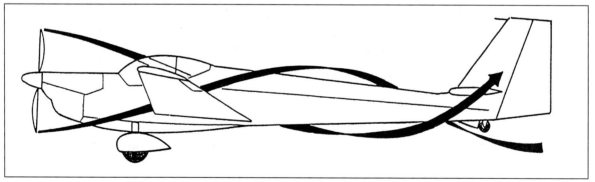

Bild 8.7   Propellerdrall

Außerdem ruft das Moment, das den Propeller in Drehung versetzt, ein Gegenmoment hervor, welches versucht, das Flugzeug entgegengesetzt zu drehen. Dieser Torque-Effekt (Propeller-Drehmoment) tritt umso deutlicher in Erscheinung, je stärker der antreibende Motor ist. Zusätzlich bewirkt die Kreiselwirkung der Luftschraube eine Ausbrechtendenz des Propellerflugzeugs. Mit rechtzeitigem Gegensteuern lässt sich die Neigung zum Ausbrechen kontrollieren.

8.4   Triebwerkskunde

8.4.1   Triebswerksarten

Bei Motorseglern aktueller Bauart kommen vor allem **Kolbentriebwerke** zum Einsatz; in Zukunft könnten auch Elektroantriebe eine größere Rolle spielen. Kolbenmotoren werden als **Otto-, Wankel-** und **Dieselmotoren** gebaut.

Als Motorsegler-Triebwerke werden vorwiegend Ottomotoren eingesetzt, die gemäß ihrer Arbeitsweise nach **Zweitakt- und Viertaktmotoren** unterschieden werden. Wankelmotoren **(= Drehkolbenmotoren)** ergänzen die Palette.

Bei Segelflugzeugen mit Hilfstriebwerk kommen ein- oder zweizylindrige Ottomotoren zum Einsatz, die als Zwei- oder Viertakter ausgelegt sind, ebenso Wankelmotoren. Bei der ersten Generation dieser Klapptriebwerke sind die Motoren zusammen mit dem Propeller an einem Schwenkarm angebracht. Vor Inbetriebnahme wird das gesamte Aggregat, das im Ruhezustand komplett im Rumpf verschwindet, ausgeschwenkt und dann gestartet. Bei aktuellen Konstruktionen bleibt das Triebwerk auch während des Motorlaufs im Rumpf und lediglich der Propeller wird am Schwenkarm ausgeklappt. Bei dieser Bauart sind Lärmentwicklung und Luftwiderstand geringer.

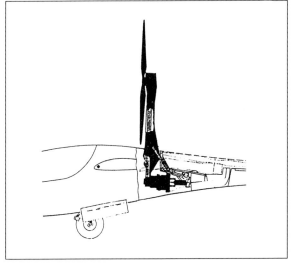 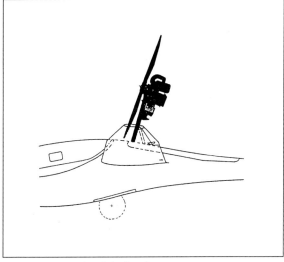

Bild 8.8   Triebwerk im Rumpf   Bild 8.9   Triebwerk außerhalb des Rumpfes

Eine neuartige Konstruktion im Bereich der Klapptriebwerk-Motorsegler funktioniert mit einem Elektromotor. Die „Antares" bezieht ihren „Treibstoff" aus leistungsstarken Akkus, die in den Tragflächen untergebracht sind. Auch im Motorbetrieb ist dieser Selbststarter nahezu lautlos.

In den Reisemotorseglern kommen Vierzylinder-Viertaktmotoren zur Verwendung, die als Boxermotoren ausgelegt sind. Sie können im Bug des Flugzeugs eingebaut sein und arbeiten mit Zugpropeller oder hinter dem Cockpit mit Druckpropeller.

Ein außergewöhnliches Motorkonzept ist bei dem Motorsegler Stemme S10 verwirklicht. Es handelt sich um einen Doppelsitzer mit nebeneinander liegenden Sitzen – also die typische Reisemotorsegler-Konfiguration. Jedoch ist der (Viertakt-) Motor hinter dem Cockpit im Rumpf untergebracht und der über eine Fernwelle angetriebene Propeller faltet sich für den Segelflugbetrieb zusammen und verschwindet in der (beweglichen) Rumpfnase (Bild 8.10).

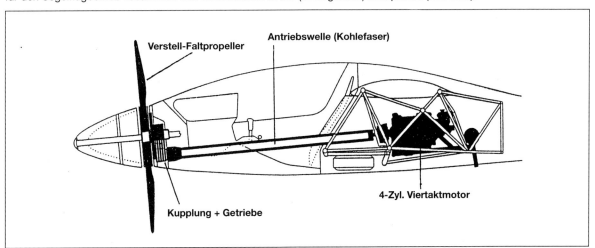

Bild 8.10   Längsschnitt des Stemme-Rumpfes

Durch die hochwertige aerodynamische Form ist das Flugzeug ein ausgezeichnetes Segelflugzeug und ein zuverlässiger, schneller Reisemotorsegler. Dasselbe gilt auch für den Einsitzer Carat; dieses Muster ist ausgestattet mit einem Viertakt-Boxermotor und einem Zweiblatt-Faltpropeller, der sich im Segelflugbetrieb nach vorne zu einer markanten Verlängerung der Rumpfspitze zusammenfaltet.

8.4.2   Der Verbrennungsmotor

Die gebräuchlichsten Verbrennungsmotoren in Motorseglern sind Viertakt- oder Zweitakt-Motoren. Ein Takt ist ein ganzer Weg des Kolbens im Zylinder von ganz unten (unterer Totpunkt = UT) bis ganz oben (oberer Totpunkt = OT). Beim **Viertaktmotor** gehören zu einem Verbrennungsvorgang vier Kolbenhübe: Ansaugen – Verdichten – Verbrennen (Arbeitshub) – Ausstoßen.

Zu den Nebenaggregaten des Triebwerks zählen Anlasser, Vergaser, Zündeinrichtung und Kraftstoffpumpe. Die genaue Arbeitsweise des Viertakters ist im Band 1, Technik I, im Abschnitt „Arbeitsweise des Otto-Viertakt-Motors" dieser Fachbuchreihe detailliert beschrieben.

Der **Zweitakt-Verbrennungsmotor** zeichnet sich durch einen einfachen Aufbau aus, denn er braucht keine Ventile und Steuerungseinrichtungen. Weil ein Verbrennungsvorgang in nur zwei Kolbenhüben erledigt wird, überlagern sich Ansaugen, Verdichten, Verbrennen und Ausstoßen teilweise. Der Kraftstoffverbrauch des Zweitakters ist deshalb größer. Zudem verursacht er mehr Lärmemissionen als der Viertakter. Deshalb kommen Zweitakter in der Fliegerei kaum zum Einsatz – als **Klapptriebwerk in Segelflugzeugen** sind sie allerdings wegen ihres günstigen Leistungsgewichts sehr gut geeignet.

8.4.3   Schmieröl und Kraftstoff

Um alle sich gegeneinander bewegenden Motorteile gleitfähig zu erhalten, wird Schmieröl verwendet, das (bei Viertaktern) in einem eigenen Kreislauf an alle versorgungsbedürftigen Stellen des Motors geführt wird. Ist die Ölversorgung unzureichend, läuft der Motor heiß (erkennbar an der rapide steigenden Motortemperatur) und kommt zum Stillstand. Es ist sorgfältig darauf zu achten, dass das Triebwerk gut geschmiert ist.

Als Kraftstoff wird für die **Viertaktmotoren Mogas** (Kfz-Superkraftstoff) oder **Avgas 100LL** (low lean, bleiarm) verwendet, speziell dafür ausgelegte Motoren können auch mit bleifreiem Benzin betrieben werden. **Zweitaktmotoren** verlangen nach einem **Benzin-Ölgemisch,** da hier die Schmierung über den Kraftstoff erfolgt.

Das **zündfähige Gemisch aus Luft und Kraftstoff** wird im **Vergaser** erzeugt. Der Kraftstoff wird im Vergaser angesaugt, dabei in feine Tröpfchen zerstäubt, er vermischt sich mit der ebenfalls angesaugten Luft zu einem explosiven Dampf, der im Zylinder durch den Funken aus der Zündkerze zur Verbrennung gebracht wird.

Das Kraftstoff-Luftgemisch kühlt sich im Lufttrichter des Vergasers durch Expansion und Verdampfung des Kraftstoffs stark ab, so dass die Temperatur wesentlich niedriger ist als beim Eintritt der Luft. Die Differenz kann bis zu 20 °C betragen, wobei der Wasserdampf der Luft kondensiert und einen **Eisansatz im Ansaugrohr** bilden kann. Durch den Eisansatz wird der Querschnitt des Rohres verringert, und weniger Kraftstoff-Luftgemisch kann das Ansaugrohr passieren.

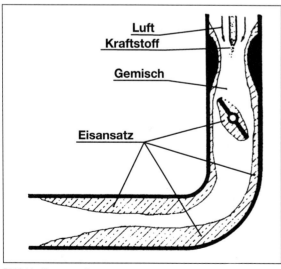

Bild 8.11   Vergaservereisung

Durch den Eisansatz nimmt die Motorleistung ab. Der Leistungsabfall ist am Drehzahlmesser ablesbar und auch akustisch wahrzunehmen. Eventuell läuft der Motor auch rau und ungleichmäßig. Bei fortschreitendem Eisansatz kann die Drosselklappe einfrieren; **Motorausfall** ist die Folge.

Um dieser Gefahr zu begegnen, gibt es die **Vergaservorwärmung;** hierbei wird vom Auspuff erwärmte Luft zum Vergaser geleitet. Die Vergaservorwärmung wird betätigt, um beginnenden Eisansatz aufzulösen oder sie wird vorbeugend eingesetzt, um Eisbildung zu verhindern: vor der Landung, bei längeren Sinkflügen oder bei Wetterlagen mit feuchter, kühler Luft.

Die Funktion der Vergaservorwärmung kann am Boden überprüft werden; bei ihrer Betätigung muss die Motordrehzahl um 50–100 UPM abfallen. Es gibt auch Flugmotoren ohne manuelle Vergaservorwärmung. Bei ihnen wird die Ansaugluft durch andere technische Maßnahmen erwärmt.

8.4.4   Motorüberwachungsinstrumente

Zu den Motorüberwachungsinstrumenten gehören der Drehzahlmesser, eventuell eine Anzeige für den Ladedruck, der Öldruck- und Öltemperaturmesser, eventuell eine Anzeige für die Zylinderkopftemperatur und der Kraftstoffvorratsmesser.

Der **Drehzahlmesser** zeigt die Umdrehungen pro Minute (UPM oder RPM) der Kurbelwelle oder der Luftschraube an. Die Anzeige kann mechanisch über eine biegsame Welle erfolgen oder elektrisch mittels eines Wechselstromdrehzahlmessers.

Der **Öldruckmesser** zeigt den im Motor herrschenden Öldruck an. Dieser sollte bei Motorseglermotoren zwischen **1–4 bar** liegen. Nach dem Anlassen des Motors steigt der Öldruck binnen weniger Sekunden an. Sollte die Anzeige nicht innerhalb von maximal 30 Sekunden in den grünen Bereich wandern, so muss das Triebwerk sofort wieder stillgelegt werden; ein Leck im Ölsystem kann die Ursache sein. Der Motor wäre dann unzureichend geschmiert und würde bei weiterem Lauf schweren Schaden nehmen.

Die **Öltemperaturanzeige** ist in Verbindung mit dem Öldruckmesser ein wichtiges Instrument für den sicheren Betrieb des Motors. Zwischen beiden Anzeigen besteht ein Zusammenhang: steigt die Temperatur, so fällt der Druck etwas ab, weil das Öl bei höherer Temperatur dünner ist. Bei den meisten Motorseglern liegt der grüne Bereich für die Öltemperatur zwischen 50 °C und 120 °C.

Die Öltemperaturanzeige zeigt die Triebwerkstemperatur verzögert an, weil eine Temperaturzunahme an den reibenden Metallteilen zuerst an das Öl weitergegeben werden muss. Eine zusätzliche **Zylinderkopftemperaturanzeige** meldet die herrschende Temperatur unmittelbar. Dazu wird ein Sensor am heißesten Zylinder angebracht und dessen Temperatur unverzögert angezeigt – so dass bei eventueller Überhitzung sofort geeignete Gegenmaßnahmen ergriffen werden können.

Der **Ladedruckmesser** ist bei Motorseglern mit Constant-Speed-Propellern installiert; er funktioniert wie ein Barometer und zeigt den Druck im Ansaugstutzen. Bei stehendem Triebwerk zeigt er den Bodenluftdruck an, bei laufendem Motor zeigt er den **Ladeunterdruck (Sog) im Ansaugrohr.** Ladedruckmesser werden eingesetzt, um bei Constant-Speed-Verstellpropellern die optimale **Abstimmung** (laut Flughandbuch) von **Drehzahl (UPM) und Triebwerksleistung (Ladedruck)** kontrollieren zu können.

Der **Kraftstoffvorratsmesser** des Motorseglers ist eine **elektrische Anzeige,** die auf der Füllstandsmessung mittels eines Schwimmers oder eines Messkondensators beruht. In älteren Modellen sind eventuell auch noch Schaurohre in Gebrauch. Die sicherste Methode, um **am Boden** den Tankinhalt zu bestimmen, ist ein **geeichter Peilstab.** Im Fluge unterliegen alle Tankanzeigen Fehlern, die durch unterschiedliche Längs- und Querneigungen zustande kommen. Für eine hinreichend sichere Ablesung **im Fluge** sollte die vom Handbuch dafür **empfohlene Fluglage** eingenommen werden.

8.5   Verhalten in besonderen Fällen

Wegen des Motors und der anderen Art des Betriebes ergeben sich beim Motorsegler für das Verhalten in besonderen Fällen Ergänzungen zu den Erfordernissen beim Segelflug.

Im Grundsatz gibt das **Flug- und Betriebshandbuch** des Motorseglers für alle Fälle Auskunft, die für den sicheren Umgang mit dem Gerät beachtet werden müssen. Dem Flug- und Betriebshandbuch sind insbesondere die **Kennzahlen des Luftfahrzeugs und seines Motors** zu entnehmen: Höchst- und Mindestgeschwindigkeit, Triebwerksgrenzwerte wie Drehzahl, Öldruck und -temperatur, Kraftstoffnormverbrauch, die zulässige Seitenwindkomponente bei Start und Landung usw.

Neben den **allgemeinen Bedienungsanweisungen** ist vor allem das Kapitel **Notverfahren** unerlässliche Pflichtlektüre vor dem Umstieg auf einen (bestimmten) Motorsegler. Hier hat der Hersteller die während der Erprobung ermittelten Notverfahren beschrieben.

Mit Motorseglern können auch Verkehrsflughäfen angeflogen werden. Bei **Großraumflugzeugen treten erhebliche Vewirbelungen auf,** die für leichtere Luftfahrzeuge zu nicht beherrschbaren Flugzuständen führen können. Deshalb ist darauf zu achten, hinter großen Maschinen immer einen ausreichenden Abstand einzuhalten und möglichst über deren Flugweg zu bleiben. Bei der Landung steil von oben anfliegen und hinter dem Aufsetzpunkt des Airliners aufsetzen. Beim Start vor dem Abhebepunkt des Großraumflugzeugs abheben und möglichst schnell Höhe gewinnen. Die **Wirbelschleppen** können vom Wind seitlich versetzt werden, bis zu 300 m unter die Flugbahn absinken und sich einige Minuten halten.

Der **Ausfall von Bordinstrumenten** während des Fluges führt normalerweise nicht zu akuten Gefahrensituationen. Bei Ausfall der Triebwerksüberwachungsinstrumente muss man die Motorleistung nach Geräusch beurteilen. Beim Ausfall von statischem und/oder Staudruck müssen die Höhe, die Geschwindigkeit und Sinken oder Steigen anhand der Lage des Flugzeugs eingeschätzt werden. Bei totalem Elektrikausfall kann mit Karte und Kompass zum Heimat- oder einem Ausweichflugplatz weiternavigiert werden. Ein eventuell vorhandener elektrischer Kurskreisel läuft nur noch für kurze Zeit.

Bei **Außentemperaturen zwischen –6 °C und +15 °C** und entsprechender Luftfeuchtigkeit kann **Vergaservereisung** auftreten. Bei beginnender Vereisung fällt die Drehzahl kontinuierlich ab; das kann anfangs unbemerkt bleiben, weil es langsam vor sich geht. Durch das Zuschalten der **Vergaservorwärmung** lässt sich die Ursache des Leistungsabfalls – die Eisbildung im System – beseitigen und der Eisansatz auftauen. Bei längeren Sinkflügen wird die Vergaservorwärmung aus Sicherheitsgründen eingeschaltet. Ebenso kann man sie bei feuchten Wetterlagen hin und wieder betätigen, um zu sehen/hören, ob sich die Motorleistung daraufhin erhöht: das wäre ein sicheres Indiz einer beginnenden Vereisung. Allerdings vermindert die Vergaservorwärmung auch die Triebwerksleistung. Deshalb muss sie immer dann ausgeschaltet sein, wenn die volle Motorleistung gebraucht wird: beim Start und beim Durchstarten.

Eine kritische Situation beim Motorsegler ergibt sich immer dann, wenn der Motor ausfällt. Bei **Motorausfall während des Starts:** Start sofort abbrechen. Hat das Flugzeug bereits abgehoben und Höhe gewonnen: geradeaus weiterfliegen und Landung versuchen. Umkehrkurven in Bodennähe sind höchst gefährlich und immer wieder Ursache von (tödlichen) Unfällen.

Beim **Motorausfall während des Fluges** wird man beim Reisemotorsegler (bei ausreichender Höhe) zuerst versuchen, das Triebwerk wieder zu starten; sollte das nicht erfolgreich sein, konzentriert man sich auf die **Außenlandung.** Wie beim Segelflug sollte die Außenlandung idealerweise auf einem ausreichend großen Feld mit niedrigem Bewuchs gegen den Wind oder hangaufwärts ausgeführt werden. Bei der Einteilung der Höhe ist man im freien Gelände auf das eigene Augenmaß und Schätzvermögen angewiesen. Durch eine ordentliche **Landeeinteilung** mit Gegenanflug, Quer- und Landeanflug wird die Einteilung der Höhe sehr erleichtert. Deshalb sollte eine improvisierte Platzrunde vor jeder Außenlandung eingehalten werden.

Im Vergleich zum Motorflugzeug hat der Reisemotorsegler im Falle der notwendigen Außenlandung große Vorteile: besseres Gleiten erlaubt mehr Geländeauswahl; durch die bessere Klappenwirkung lässt sich die Höheneinteilung im Landeanflug in einem großen Bereich steuern und durch die geringere Aufsetzgeschwindigkeit und Masse ist die Gefahr durch kurze Äcker oder Hindernisse am Boden nicht so groß.

Beim Segelflugzeug mit Hilfstriebwerk ist die kritische Situation, wenn der Motor in niedriger Höhe gestartet werden soll, um die Außenlandung zu vermeiden – und dann nicht anspringt. Ursache hierfür kann ein Bedienungsfehler oder ein technischer Ausfall sein.

Wenn die Höhe noch ausreicht und ein Landefeld in sicherer Entfernung ist, sollte ein weiterer **systematischer Startversuch** unternommen werden. Ist die Außenlandung unvermeidlich, so ist zu beachten, dass die Sinkgeschwindigkeit mit ausgefahrenem Triebwerk erheblich größer ist als im Segelflug gewohnt. Entsprechend sinken die Zeitspannen für Entscheidungen und Abläufe. Für das Fliegen mit Segelflugzeugen mit Hilfsantrieb ist zu beachten:

- in niedriger Höhe Referenz zum Außenlandefeld halten;
- beim Motorstart Reihenfolge der Bedienung (per Checkliste) einhalten;
- wenn das Anlassen des Triebwerks misslingt, unbedingt sofort auf die Außenlandung konzentrieren;
- Gleiten und Flugverhalten sind bei ausgefahrenem Triebwerk wesentlich anders;
- sich am Heimatflugplatz mit dem Flugverhalten bei ausgefahrenem Triebwerk vertraut machen.

Aus dem Hause Schiffmann...

Band 1 – Technik I
Verfasser: Wolfgang Kühr
- Hauptbauteile des Flugzeugs
- Aerodynamik und Fluglehre
- Die richtige Beladung des Flugzeugs
- Belastung und Lastvielfache
- Der Propeller
- Triebwerkkunde
- Triebwerküberwachungsinstrumente und -systeme

Band 2 –
Grundlagen der Flugwetterkunde
Verfasser: Wolfgang Kühr
- Die Atmosphäre (Aufbau, Lebensbedingungen, Wärmehaushalt)
- Luftdruck und Luftdichte
- Temperatur, Stabilität und Luftfeuchtigkeit
- Wolkenbildung, Wolkenarten
- Nebelbildung, Sicht und Dunst
- Niederschlagsarten
- Der Wind, Hoch- und Tiefdruckgebiete
- Luftmassen und Fronten
- Wettererscheinungen in Tiefdruck- und in Hochdruckgebieten
- Großwetterlagen in Mitteleuropa
- Gefährliche Wettererscheinungen für die Fliegerei
- Klimatologie
- Wetterkarten
- Flugwettermeldungen, -berichte, -warnungen, -funksendungen und -beratung

Band 3 – Technik II
Verfasser: Wolfgang Kühr
- Staudruck- und statisches Drucksystem und die daran angeschlossenen barometrischen Flugüberwachungsinstrumente
- Grundlagen des Instrumentenfliegens
- Die Kreiselinstrumente
- Flugleistungen und Flughandbuch

Band 4 A – Flugnavigation
Verfasser: Wolfgang Kühr
- Grundlagen der Flugnavigation
- Die Gestalt der Erde
- Die Zeit
- Karten für die Luftfahrt
- Der Magnetkompass
- Grundlagen der Koppelnavigation
- Der Navigationsrechner
- Flugplanung

Band 4 B – Funknavigation
Verfasser: Wolfgang Kühr
- Grundlagen der Funktechnik
- Ungerichtete Funkfeuer (NDB) und das automatische Funkpeilgerät (ADF)
- Das UKW-Drehfunkfeuer (VOR) und die Bordanlage mit Navigationsverfahren
- Das Instrumentenlandesystem (ILS)
- Die Satellitennavigationssysteme
- Das Entfernungsmessgerät
- RADAR für die Flugverkehrskontrolle
- UKW Peiler und Navigation mit Fremdpeilungen (VDF)
- Flugnavigationskarten

Band 4 C – Satellitennavigation
Verfasser: Jan Kupzog
- Geschichte der Satellitennavigation
- Gefahren beim Einsatz von GPS
- Das Koordinatensystem WGS-84
- Aufbau des GPS
- Wie funktioniert GPS?
- Die Fehler des GPS
- Was kann GPS leisten?
- Systeme zur Erhöhung der Genauigkeit
- GLONASS
- Vorschriften
- GPS Anflüge
- Ausblick und Zusammenfassung
- Abkürzungen und Definitionen

Band 5 – Luftrecht
Verfasser: Wolfgang Kühr
- Rechtsvorschriften für den Luftverkehr
- Nationale und internationale Organisationen der Luftfahrt
- Veröffentlichungen der Luftfahrtbehörden
- Flugplätze
- Luftfahrzeuge und zulassungspflichtige Ausrüstung
- Luftfahrtpersonal
- Teilnahme am Luftverkehr
- Haftung im Luftverkehr
- Straf- und Bußgeldvorschriften

Band 7 – Der Segelflugzeugführer,
Aus- und Weiterbildung
Autorenteam: Fred W. Weinholtz, Dieter Franzen, Jan Kupzog und Peter Prybylski
- Luftrecht, Luftverkehrs- und Flugsicherungsvorschriften (Umfang der theoretischen Ausbildung für den Segelflugzeugführer)
- Navigation
- Meteorologie
- Technik
- Verhalten in besonderen Fällen
- Menschliches Leistungsvermögen
- Flugfunk
- Der Motorsegler

Band 8 – Menschliches Leistungsvermögen
Verfasser: Jan Kupzog
- Grundlagen der Flugphysiologie (Einführung)
- Das Steuerzentrum
- Die Erdatmosphäre
- Die Atmung
- Auswirkungen des Luftdrucks auf den Körper
- Herz und Kreislauf
- Überleben in der Atmosphäre
- Beschleunigungen
- Der Gleichgewichtssinn
- Der Sehsinn
- Das Gehör
- Physiologische Belastungen
- Der Faktor Mensch und seine Fehler
- Mögliche Gründe für Fehler
- Ansätze zur Fehlerkorrektur
- Leistungsbeeinflussende Faktoren

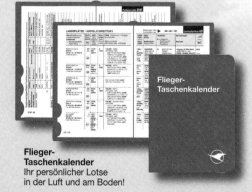

Flieger-Taschenkalender
Ihr persönlicher Lotse
in der Luft und am Boden!

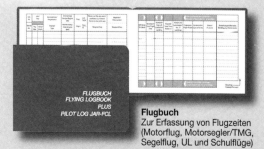

Flugbuch
Zur Erfassung von Flugzeiten
(Motorflug, Motorsegler/TMG,
Segelflug, UL und Schulflüge)

Die interaktive Trainingssoftware für die Ausbildung zum Privatpiloten

EXAM *Plus* / *Schiffmann*

Soft- und Bookware von Fliegern für Flieger

Herausgeber und Copyright:
Luftfahrtverlag Friedrich Schiffmann GmbH & Co. KG,
Bergisch Gladbach in Kooperation
mit der Peters Software GmbH, Köln.

Die Trainingssoftware GOTO PPL

Die Vollversion der auf CD-ROM gelieferten interaktiven Trainingssoftware beinhaltet nicht nur den aktuellen amtlichen PPL-Fragenkatalog, sondern ist gleichzeitig elektronisch gekoppelt mit der Schiffmann-Fachbuchreihe „Der Privatflugzeugführer" sowie der professionellen EXAM-Software zur Vorbereitung auf die theoretische Flugprüfung. Die Prüfungsfragen des Fragenkatalogs sind mit dem Lehrmaterial der Fachbuchreihe optimal aufeinander abgestimmt, sodass bei einer falsch beantworteten Frage sofort der dazugehörige Lehrtext eingeblendet wird. Ebenso unterstützt die Trainingssoftware auch den umgekehrten Weg, und der angehende Pilot kann nach der Bearbeitung eines Lehrabschnittes eine Verständnisüberprüfung anhand eines Tests mit den für diesen Bereich zutreffenden Fragen durchführen.

Die Trainingssoftware GOTO CVFR

Genauso wie bei der bewährten Trainingssoftware GOTO PPL werden auch in der Trainingssoftware GOTO CVFR die Fragen der theoretischen Prüfung zur Erlangung der „Berechtigung zur Durchführung kontrollierter Sichtflüge" (kurz: CVFR-Berechtigung) interaktiv mit der Schiffmann-Fachbuchreihe „Der Privatflugzeugführer" sowie der professionellen Prüfungs-Software EXAM aus dem Softwarehaus Peters gekoppelt. GOTO CVFR enthält um die 880 Prüfungsfragen und das hinterlegte Lehrmaterial der Prüfungsfächer Luftrecht, Technik und Funknavigation.

Der amtliche PPL-Fragenkatalog

Der PPL-Fragenkatalog und die identische Softwareversion sind herausgegeben vom Bundesministerium für Verkehr, Bau- und Wohnungswesen (BMVBW) in Kooperation mit Produktpartnern DAeC, DFS, Peters Software und Luftfahrtverlag Friedrich Schiffmann in enger Zusammenarbeit mit den Luftfahrtbehörden der Länder, dem LBA, dem DWD sowie weiterer staatlicher Einrichtungen. Er erhält die amtlichen Prüfungsfragen mit Lösungsverzeichnissen der flogenden Fächer:

- Luftrecht, Luftverkehrs- und Flug-
  sicherungsvorschriften
- Navigation
- Meteorologie
- Aerodynamik
- Allgemeine Luftfahrzeugkenntnisse, Technik
- Verhalten in besonderen Fällen
- Menschliches Leistungsvermögen
- Flugfunk BZF + AZF

PPL-Fragenkatalog

Herausgegeben vom
Bundesministerium für Verkehr,
Bau- und Wohnungswesen

EXAM *Plus* / *Schiffmann*

DFS Deutsche Flugsicherung

DEUTSCHER AERO CLUB